ERTIBIL 40 ERTIBIL BIZKAIA ERTIBIL 40

ERTIBIL 40 ERTIBIL BIZKAIA ERTIBIL 40

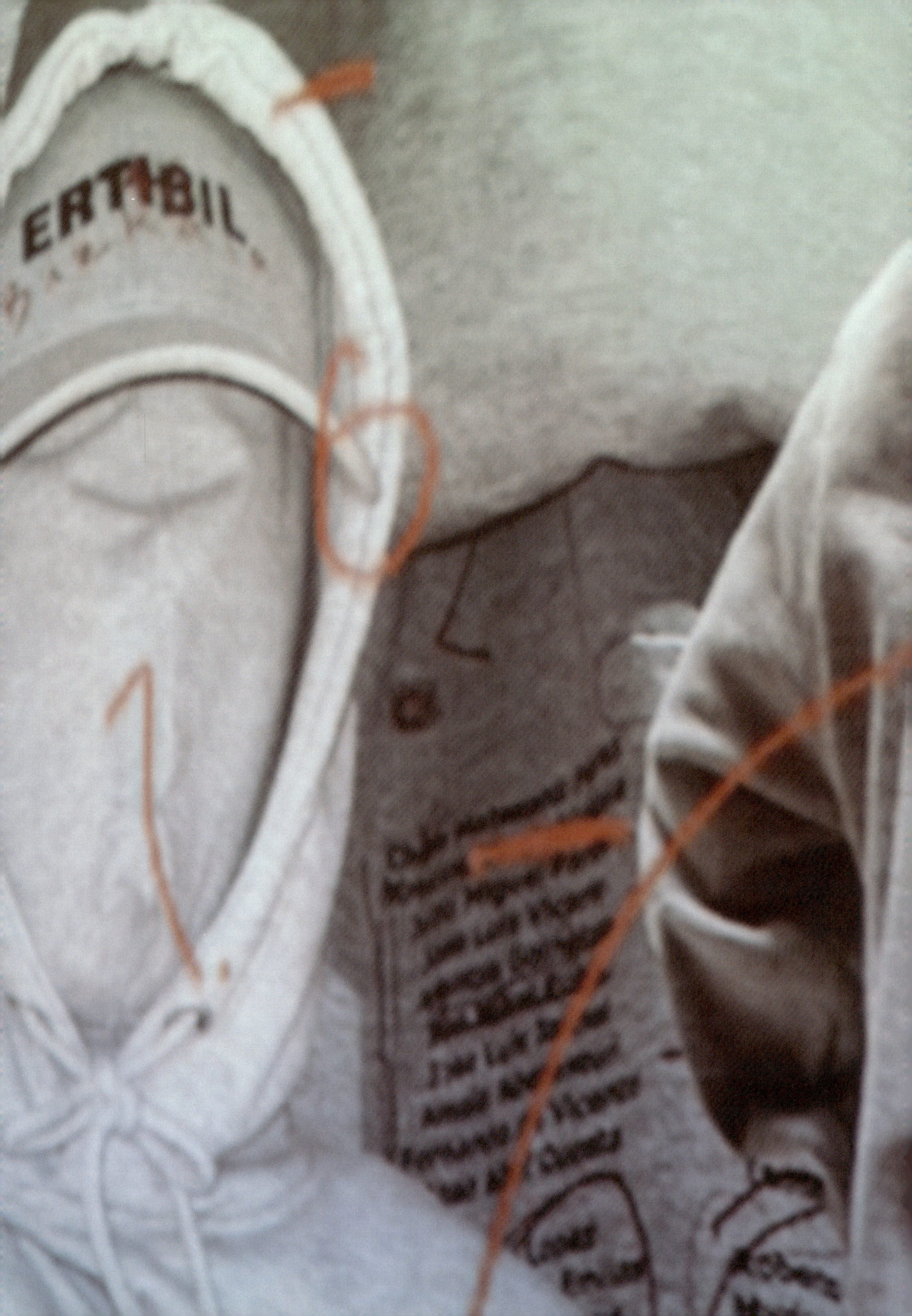

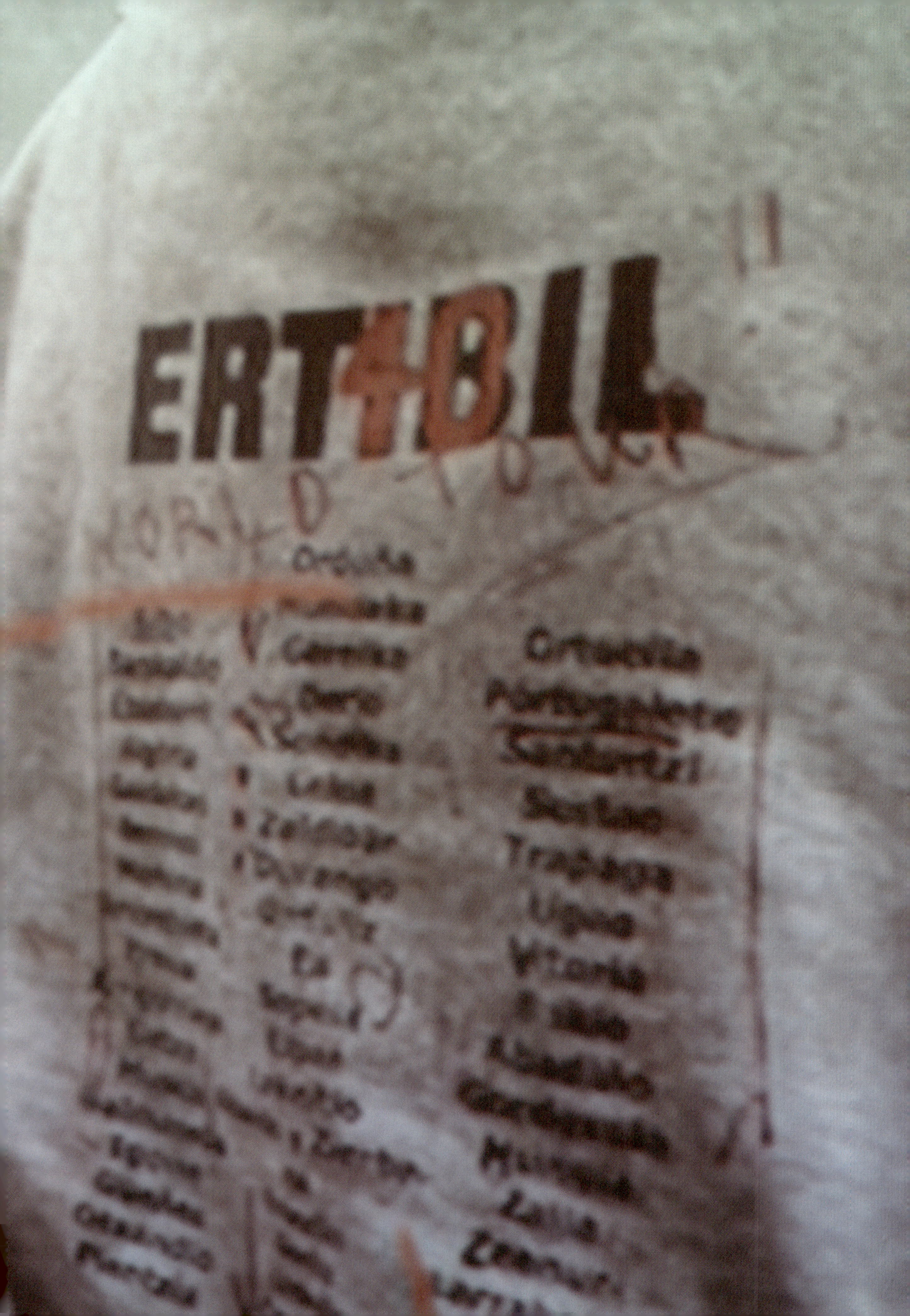

Orduña
Gernika
Durango
Ortuella
Portugalete
Santurtzi
Trapaga
Ugao
Zalla

ERTIBIL 40

KREDITUAK

CRÉDITOS

ERAKUSKETA / EXPOSICIÓN:

Talde Kuratoriala / Equipo Curatorial:
Andrea Estankona
Iván Gómez
Juan Pablo Ordúñez/MawatreS
Ion Macareno

Ikus-entzunezko hausnarketak / Reflexiones audiovisuales:
Arantza Lauzirika
Izaro Ieregi
Estela Miguel+ Victoria Ascaso
M. Benito Píriz
Josu Rekalde
Miren Barrena
Raquel Asensi
Dr. Kortex
Helena Goñi
Luis Candaudap

Testuak / Textos:
Luis Candaudap
Ismael Manterola

Rekalde Aretoa / Sala Rekalde:
Alicia Fernández
Eztizen Esesumaga
Odona Sánchez

Diseinua / Diseño:
Adrián Romero

Muntaia / Montaje:
Camilo Tonon
Ventura A. Pérez
AMD
Antonio Andrade
Azti Cortes
DVE
Ainhoa Estébanez
Estefana Román

Ekoizpena / Producción:
Bizkaiko Foru Aldundia
Diputación Foral de Bizkaia

EGITARAUA / PROGRAMA:

Topaketa dialogikoak / Encuentros dialógicos:
Taxio Ardanaz
Miren Arenzana
Zigor Barayazarra
consonni
Marion Cruza
Jaime Cuenca
Naia del Castillo
Irati Inoriza
Gema Intxausti
Miriam Isasi
Abigail Lazkoz
Maider López
Elena Mendizabal
Mikel Onandia
Sra. Polaroiska
Txuspo Poyo
Ixone Sábada

Proposamenak / Propuestas:
Elena Aitzkoa
Oier Iruretagoiena
Michelle Lima
Pablo Marte
Héctor Rey
Irantzu Yaldebere

Workshop tutoretzak / Tutorías Workshop:
Ane Rodríguez (anemotorazing) + Sandra Amutxastegi
Diego Vivanco

Workshop-eko partaideak / Participantes Workshop:
Estel Falgas
Gari Arambarri
Hodei Herreros
Maite Choya
Mariem Iman
Víctor Ortuño
Viviane Straub

LIBURUA / LIBRO:

Edizioa / Edición:
Talde Kuratoriala / Equipo Curatorial

Ekoizpena / Producción:
Bizkaiko Foru Aldundia
Diputación Foral de Bizkaia

Esku-hartze espezifikoak / Intervenciones específicas:
Alain Urrutia
Lide Billelabeitia
Karlos M.B.
Jone Elorriaga
Nora Aurrekoetxea
Susana Talayero

Kronikak / Crónicas:
Oihana Garro
Edurne González
Mario Espliego
Mar Reykjavik
Laura Díez
Basilika

Testuak / Textos:
Talde Kuratoriala / Equipo curatorial
Ismael Manterola
Carles Saurí

Argazkiak / Fotografías:
Jorge Isla
Talde Kuratoriala / Equipo Curatorial

Zuzenketak / Correcciones:
Naiara Herrera

Diseinua / Diseño:
Adrián Romero

Koordinazioa / Coordinación:
Antonio Andrade

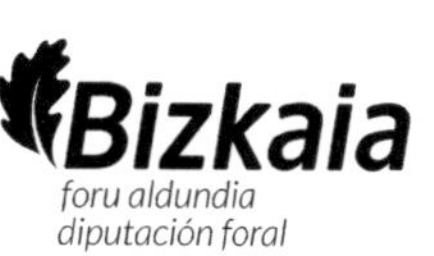

ISBN: 978-84-7752-195-2
LG BI 00513-2024

AURKIBIDEA / ÍNDICE

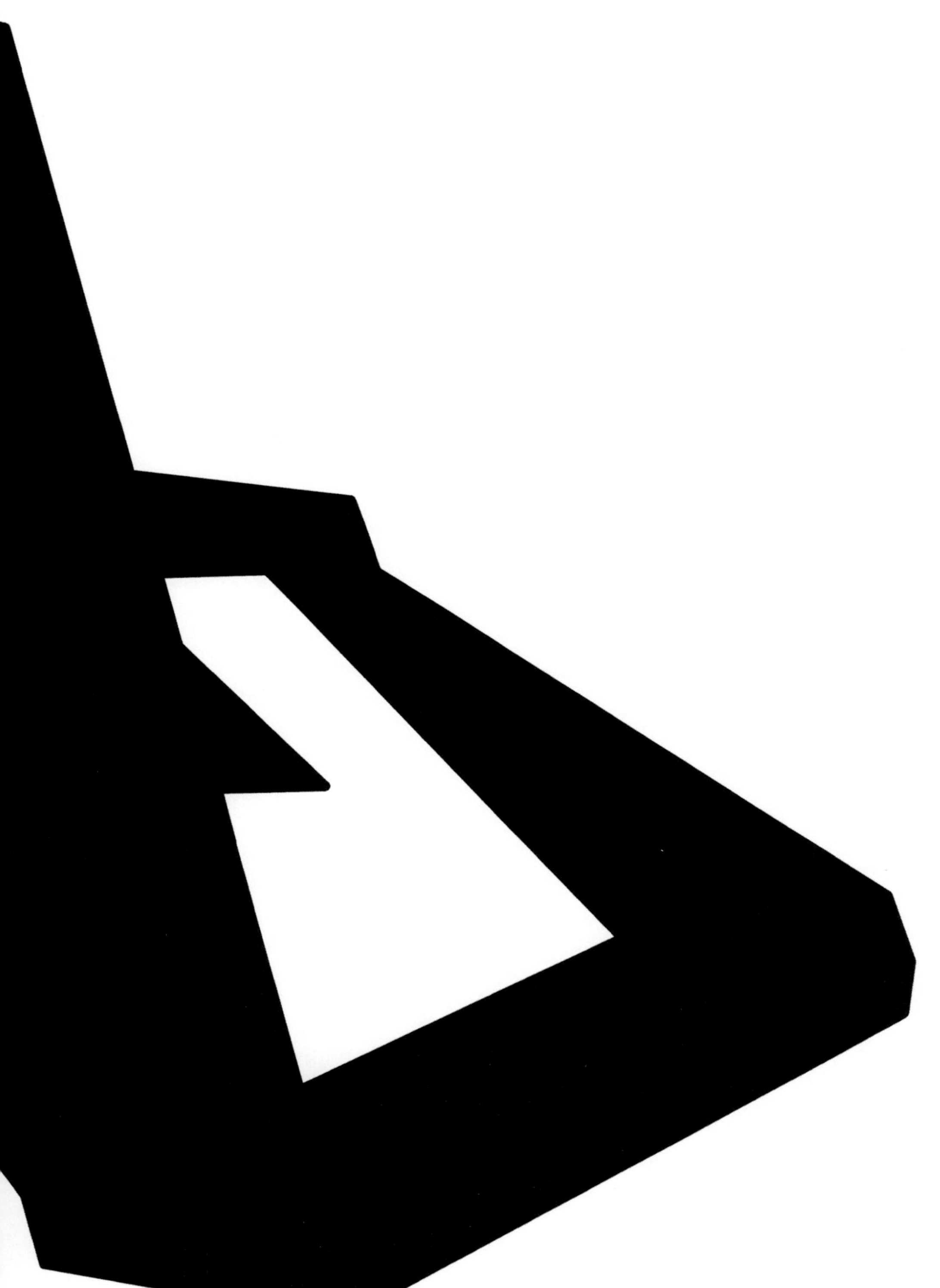

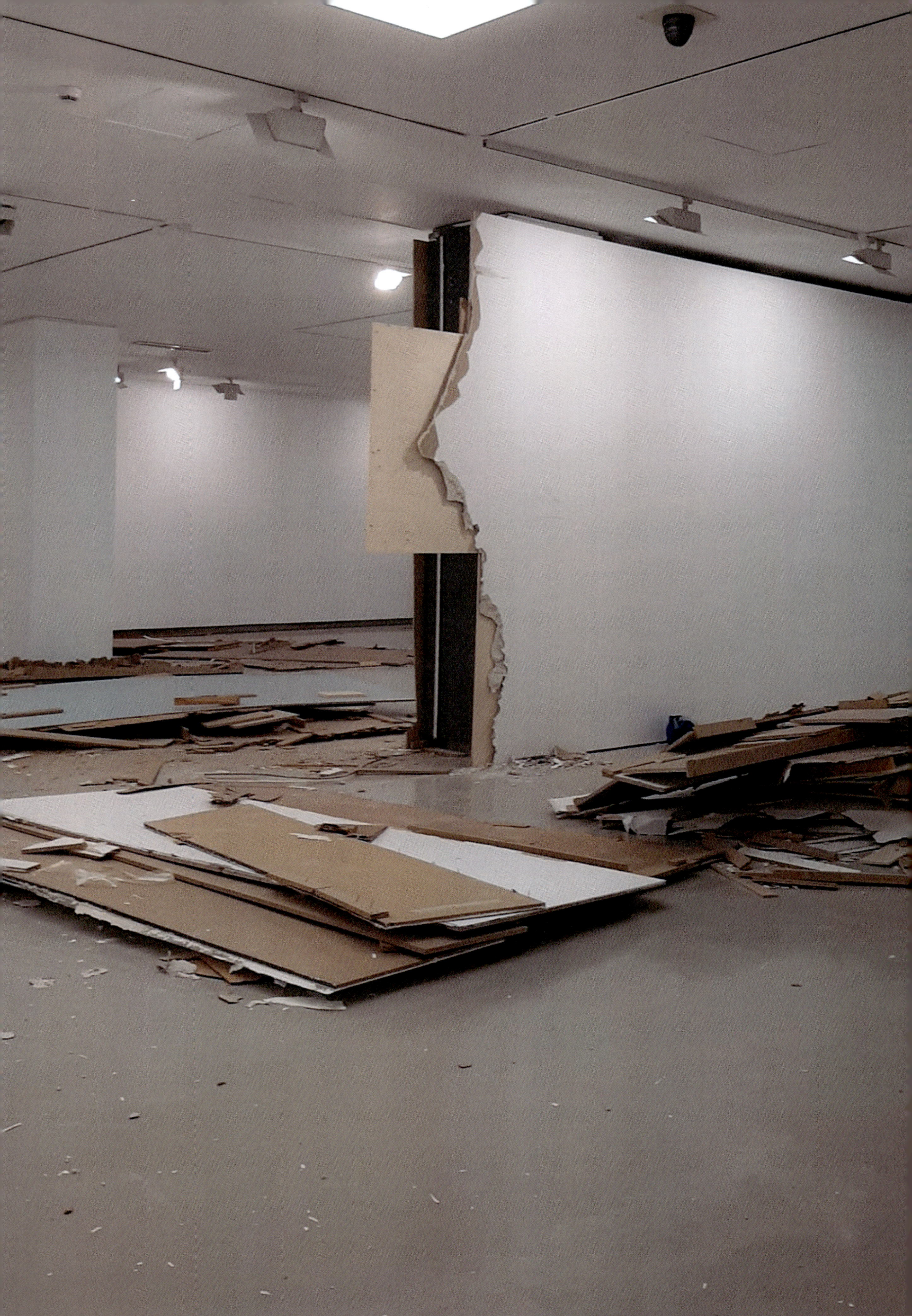

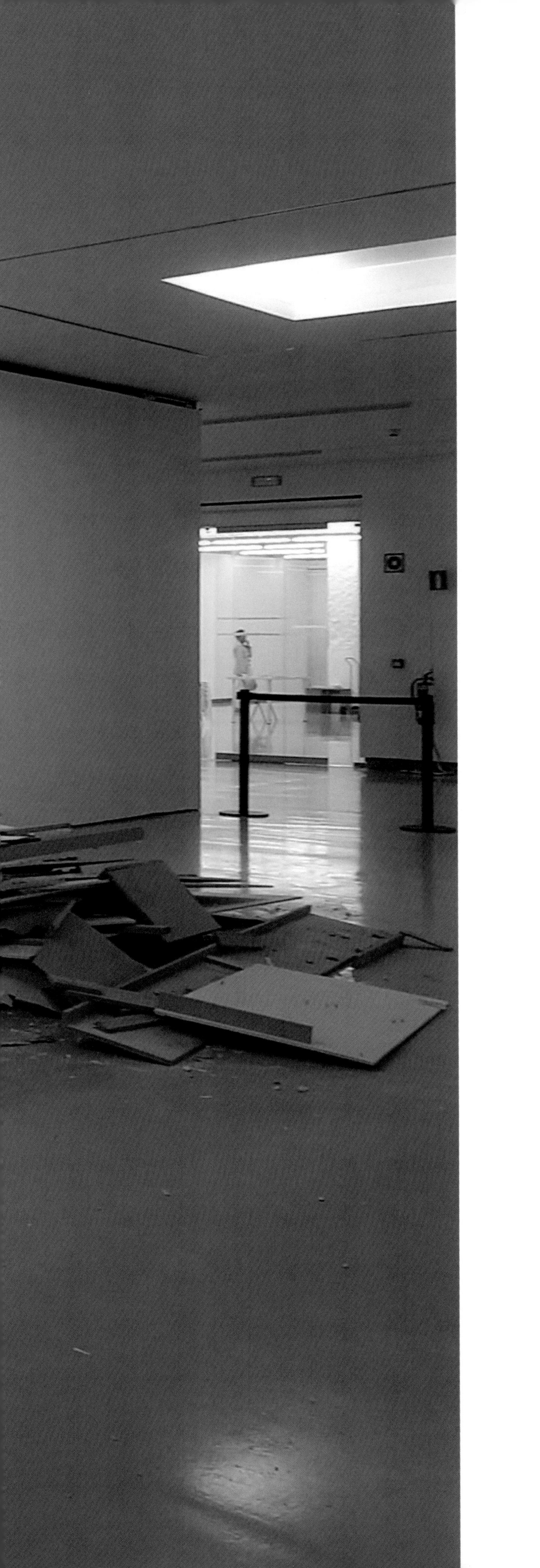

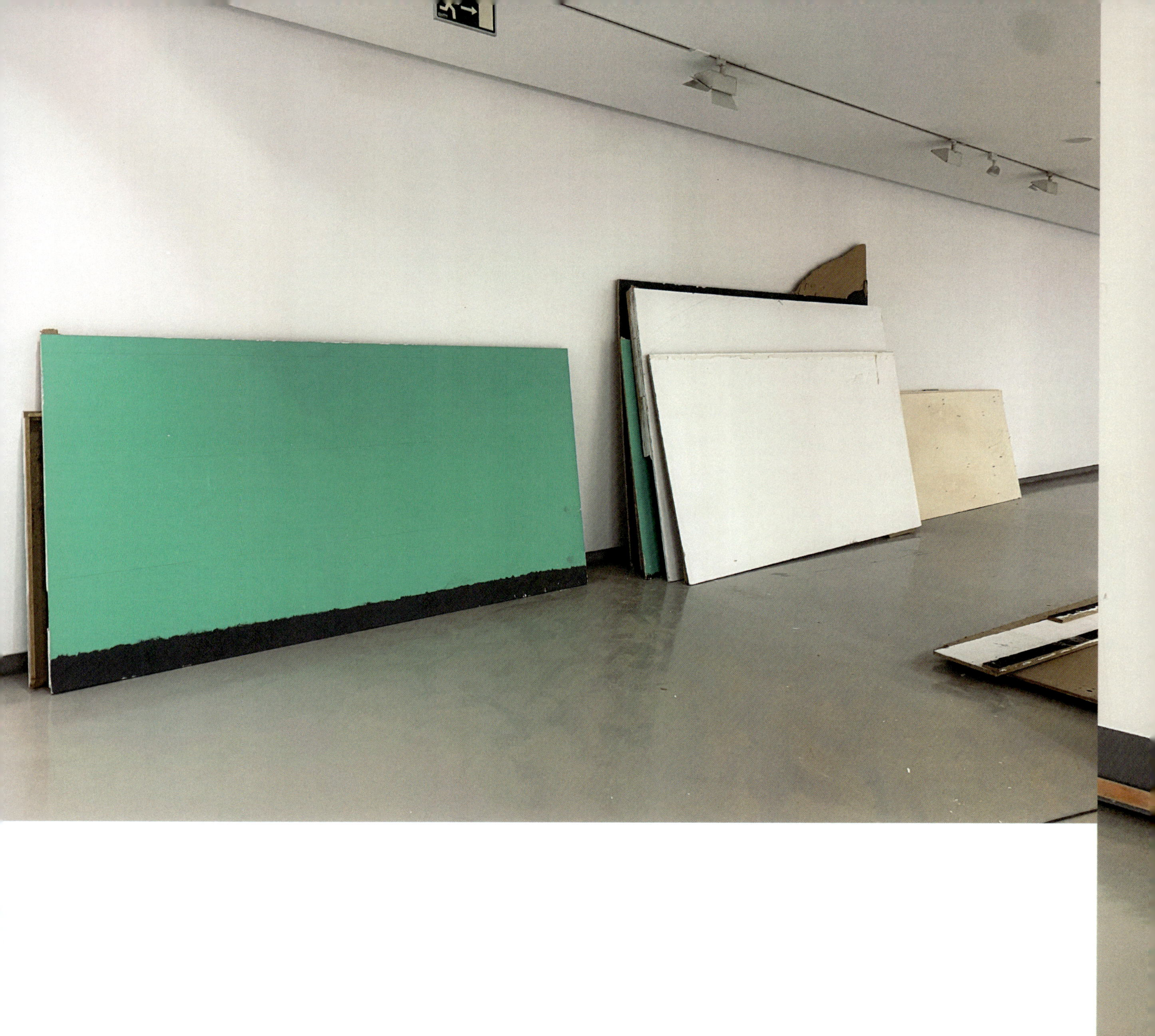

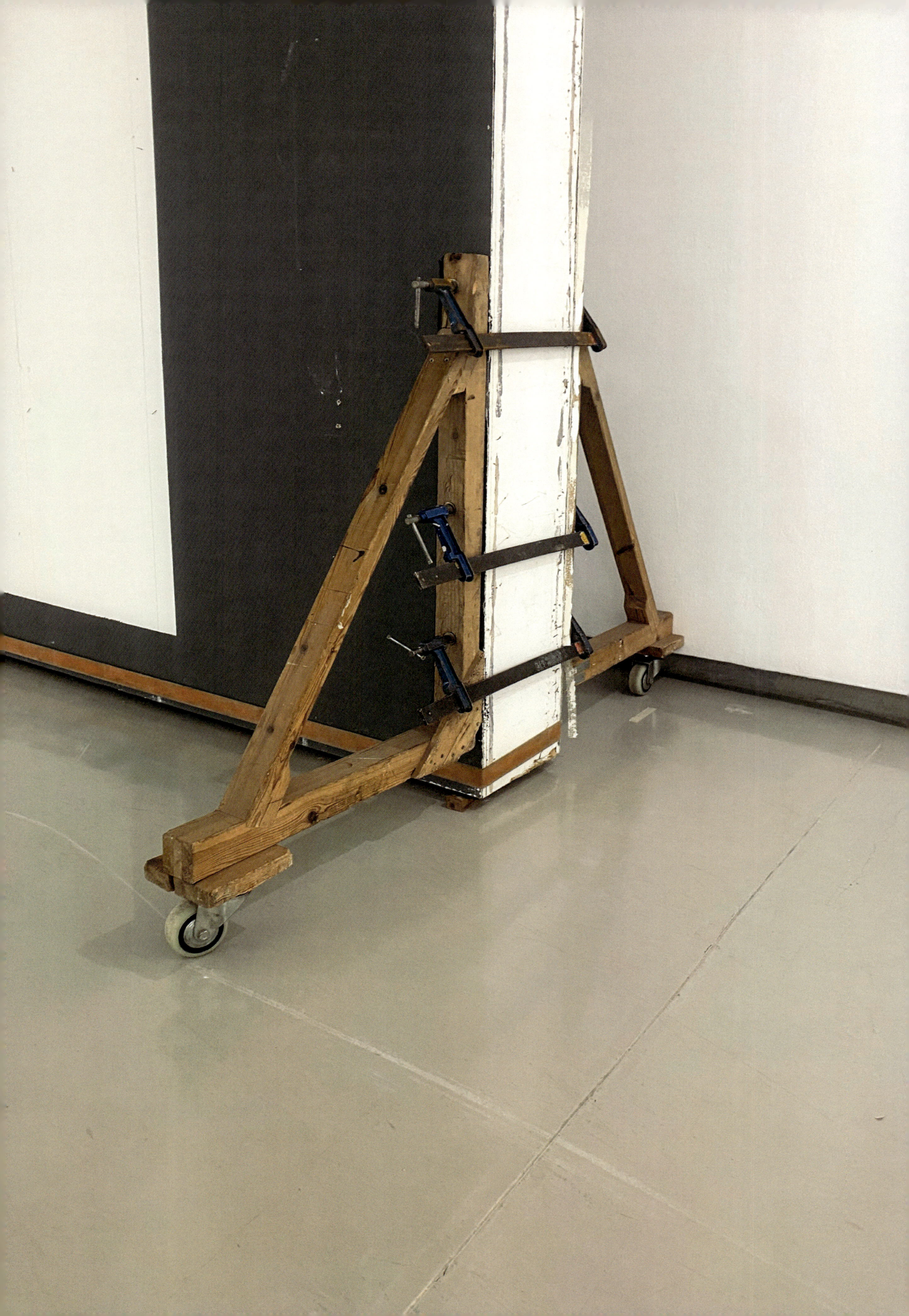

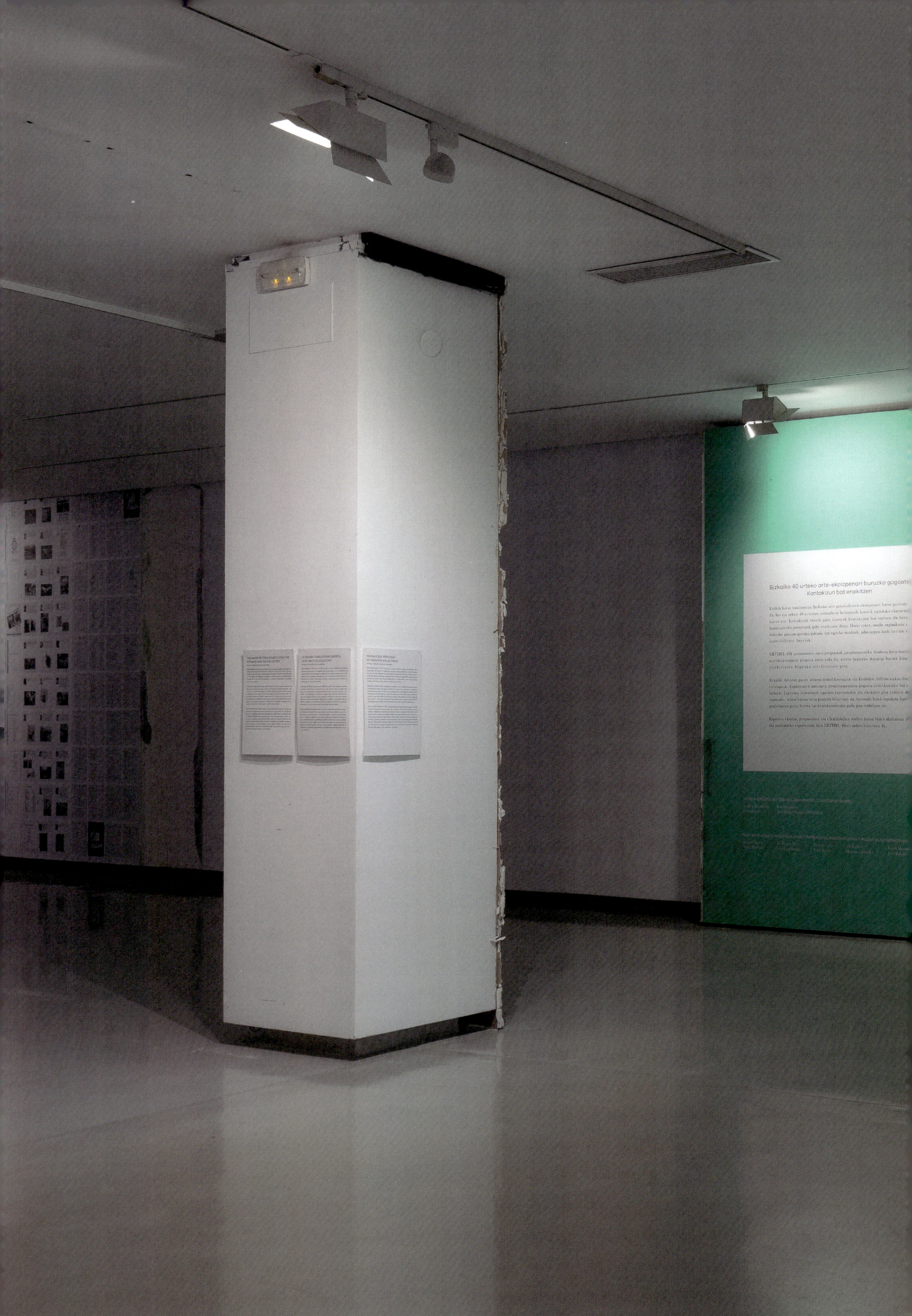
Bizkaiko 40 urteko arte-ekoizpenari buruzko gogoet
Kontakizun bat eraikitzen

ERTIBIL 40

Pensar hoy 40 años de producción artística en Bizkaia. Un relato en construcción

Reflexionar sobre Ertibil es hacerlo sobre la producción de arte contemporáneo en Bizkaia y sobre la aportación de las nuevas generaciones de creadores y creadoras durante los últimos 40 años. La permanencia ininterrumpida en el tiempo del certamen genera, por sí misma, un relato que se va construyendo sin premisas conceptuales. Esto permite que se incorporen de forma orgánica claves de cada época, modos de hacer, nuevos códigos de expresión, nuevas sensibilidades.

40 years of artistic production in Bizkaia today. A story under construction

To reflect on Ertibil is to think about the production of contemporary art in Bizkaia and about the contribution by the new generations of creators during the last 40 years. The uninterrupted permanence over time of the competition generates, in itself, a story that is built without conceptual premises. This allows for the organic incorporation of key aspects from each period, ways of doing things, new codes of expression, new sensitivities.

ERTIBIL 40 proposes a programme that, in its design, seeks to create a framework of analysis specific to that timeline of continuity. Not so much from a retrospective viewpoint, but as a reference that is activated and projected towards the future.

Sala Rekalde is the place where we locate ourselves due to symbolic reasons and because of its connection with the trajectory of Ertibil. The spatial arrangement here becomes one of the artistic reflections of the proposal. It is set up as a stage and the medium for performances that integrate multiple interpretations: an old wall becomes a screen, a grandstand invites us to a gathering, a wall is intervened on as a narrative device.

The space is activated with a set of actions, proposals and dialogues that are extended in a rhizomatic way, making the experience of thinking itself the centrepiece of ERTIBIL 40.

14

Topaketa espekulatiboa
Un encuentro especulativo

TALDE KURATORIALA
EQUIPO CURATORIAL

ERTIBIL 40 ERTIBIL BIZKAIA ERTIBIL 40 ERTIBIL BIZKAIA ERTIBIL 40

TALDE KURATORIALA

TOPAKETA ESPEKULATIBOA

ERTIBIL40 Bizkaiko 40 urteko arte ekoizpenari buruzko topaketa espekulatiboa da. Kontzienteki galdera gehiago egiten dituena erantzunak eman baino, ohikoa den moduan.

ERTIBIL40 hainbat esparrutan topaketa gisa definitu izan da. Erakusketa edo erakustaldi terminoak ere atsegin ditugu, baina uste dugu topaketa batez hitz egitea askoz ere zehatzagoa dela landu nahi izan ditugun gaiei begira. ERTIBIL40 hitzordu bat da egutegi sinboliko batean, urtemuga eta ospakizun bat, gure lurraldean dugun sorkuntzarako deialdi eta laguntza programa baten ibilbidea aztertu nahi den une jakinean ematen dena, datozen urteetarako ekintza-ildo posibleak identifikatu nahi diren une batean.

Horregatik, 'erakustaldi' edo 'erakusketaz' hitz egin beharrean topaketa esatea egokiagoa eta beharrezkoagoa dela uste dugu. Topaketaz hitz egiten dugunean, berez hainbat pertsona hitz egiten imajinatzen ditugu, eztabaidatzen eta elkarrekin partekatzen. Topaketa bat leku batean gertatu behar da, iraupen jakin bat izan behar du eta ziurrenik ezusteko ekimenak, ustekabeko gertakariak eta bukatu gabeko elkarrizketak sortuko dira. Eta, hain zuzen ere, horixe nahi dugu ERTIBIL40 proiektu espezifiko gisa izatea: agertokia eta elkarrizketa aldi berean. Duela lau hamarkada hasi zen elkarrizketa hori eta gaur jarraipena ematen diogu horretarako hartu den espazio batean, zeinetan instalazioa eta ideia, oroitzapen eta ondorio kutsua duen proposamen kuratorial bat nagusitzen diren, espazioa egokitzeko eta bertatik ekoiztu ahal izateko balio izan digutenak.

Gure testuinguruko eta garaiko ekoizpen artistikoari buruz (berriz ere) ikusteko, entzuteko eta eztabaidatzeko agertokia dugu, eta elkarrizketa horren parte-hartzaileak askotariko belaunaldiak eta gaiak, diziplinak eta lan lerroak dira. ERTIBIL40 aldi bateko topaketa fisiko gisa diseinatu da, baita oroitzapenezko ekitaldi bezala ere. Garrantzitsua da oroitzea, baina perspektibarekin egin behar da. Iragana gogoratu eta garrantzia ematea, orainaldiko estrategietatik abiatuta memoria egiten ikasiz. Protagonismoa ekoizpen plastikoa ez den beste edozer gauzatan ardazteko ideiatik ihes egin da. Oinarrizko planteamendua azken edizioetako obra irabazleen lagin bat zatekeen. 40 urteko ibilbide bera ezin zen izan, hasiera batean erakustaldiak ez baitzuen obrarik eskuratzen. Une egokia izan zitekeen ere gutxi gorabehera azken hemezortzi urteetan sariak jaso dituzten obrak bulego eta biltegietatik aldi baterako ateratzeko, berriz ere Rekalde Aretoko hormetan jartzeko, irabazleen edo behintzat hautatu batzuen galeria moduko bat sortuz. Baina 40 urteko lana goraipatzeko horrelako oinarrizko proposamen lehiakor eta baztertzaile baten ordez, nahiago izan dugu bestelako galdetzaile eta premisa batzuekin lan egitea. Arteaz hitz egitea eta ez sariez, hemen elkarrekin eta talde anomalo gisa egiten dugunaz eta ez izen jakinez; egiten dugunaren eta egiteko moduaren inguruan hitz egitea, egin ohi genuen moduari buruz... topatzeko ekitaldi bat, ez bisitatzeko; sormen plastikoan diharduten pertsonak eta gorputzak babesteko lekua, eta ez irabazle eta galtzaileez hitz egiteko proiektu bat.

Proiektu honen komisariotza jorratu duten lau pertsonetatik bat ere ez zen jaio Ertibil proiektua hasi zenean. Horrek bai ala bai belaunaldien arteko hurbilpen bat errazten du, eta horrekin ospatu eta partekatu nahi dugu gure lurraldeko artearen 40 urte laburbiltzen dituen proiektua. Lantaldearentzat horixe izan da ERTIBIL40[1] topaketari forma eta bizia eman dioten gauzetako bat. Proposamenaren ardatza gorputzak presente egoteko eta protagonista izateko espazio bat sortzea izan da. Gaur egun edozein lekutik (ikasleak, profesionalak, irakasleak, kritika, bitartekaritza, argitaletxeak...) arte ekoizpenean diharduten pertsonak konektatuz eta batuz, izenekin eta obren izenburuekin sortutako *wall-paper* batean laburbildutako erakusketa proiektu historizista bat sortu beharrean. 40 urte hauetan Ertibilek erakusketa ekitaldien logika erakutsi digu, topaketa moduan egiten diren inaugurazio oso jendetsuak baina gainerako asteetan bisitari gutxi dituzten aretoak.

Ertibil Bizkaiko hainbat aretotan egoten den erakustaldi ibiltaria da, baina hala ere, bere erdigunea Rekalde Aretoa da. Bere historia, berezitasun eta kapituluak dituen aretoa. Proiektu honetarako berriz ere garden aurkezten da, edozein ikuspegitik bere osotasuna agerian jarriz. Ibilbide, narratiba edo proposamen lineal bat albo batera utzita, aretoa banaketarik eta trazadurarik gabe aurkezten da eta topaketa, kontenplazio, eztabaida, entzute eta laneko agora bihurtu da. Aretoa kultura programazioko arkeologia premisak betez eraitsi eta prestatu da. Beharbada gure aldirako ezustekoak edo berezkoak diren jokaerak, zeintzuek ber-erabilpen eta aprobetxamendu ñabardurak dituzten, esanahi geruzak gehituz. Aurreko erakusketetako koloreak ezkutatzen zituzten hormak, esku-hartze espezifikoen alikatatuen aztarnak, barneko hormetan ezkutatutako pantaila-markoak...

Ertibilen 40 urteez hitz egitea gure testuinguruko erreferenteez hitz egitea ere bada. Erreferente artistikoak, teorikoak, kritikoak, komisariotzakoak, kudeaketakoak... Zer gertatu da? Zeintzuk izan dira esparruak ireki dituzten pertsonak? Zein arazo eta zein forma garatu dira? Nola? Lurralde jakin bat sortzeak aurrera egiten du lan indibidual, indibidualista edo indibidualizatuarekin, baina baita ere elkarrizketarekin, eztabaidarekin eta erreferentzia, ideia, forma eta koloreen trukatzearekin. Testigua eman eta jasotzea ariketa arduratsua eta egokia izateaz gain, beharrizana da. Hori dela eta, kubo zuria izanik ere, aztarna eta aurkikuntza horiek guztiak, ezkutatu nahi izatetik urrun, merezi duten sektoreko protagonismo eta errespetuarekin tratatuak izan dira. ERTIBIL40 berrikuspen proiektu bat izan da, eta behin-behinekotasuna, gainerakoa eta aurriak presente egon dira modu arkitektonikoan, fisikoan eta ekoizpen ideiaren pean. Ertibil laguntza programa gisa Bizkaiko artista gazteentzako aukera baldin bada, ERTIBIL40 topaketaren planteamenduan aukera posible guztiak aprobetxatzea izan da asmoa, horien tamaina edozein izanda ere. Aurreko proiektuetako tresnen eta komisariotza erabakien eraginak gehitzeak proiektuari balio geruza bat ematen dio, eta erabaki hori hartu da ez bakarrik erakusketako piezak aldarrikatzeko, baita komisariotza eta kultura lana ere. Jarraikortasun lerroa topaketa modu sinbolikoan eta fisikoan biltzen duen atmosfera eta azala sortzeko ideiarekin aprobetxatu da. Aretoaren azala osatzeko deialdiaren 40 urteetako 40 katalogo osoen papera erabili da. Modu horretan dena biltzen eta erakusten da, artistak, obrak, epaimahaikideak, testu kritikoak, erakustaldien ibilbideak, egunak, saritutakoak, piezen izenburuak, diziplinak... Rekalde Aretoa gure testuinguruaren memoria artistikoaren zoria bihurtu da. Ez da inor falta, ez dago ezer soberan.

Aretoa informazio horrekin guztiarekin papereztatzea keinu kuratorial, pragmatiko eta artistikoa da. Gure profilak artearen historia, kudeaketa, komisariotza eta arte sorkuntzaren inguruan kokatzen dira. Artistek geroz eta gehiago parte hartzen dute kudeaketan eta komisariotzan, nazioarteko panorama artistiko osoan ikus daitekeen errealitate bat da.

Proposamen kuratoriala denbora-dimentsio desberdinak konektatzen saiatzen da. Materialak berrerabili dira eta fisikoki zein balio historiko gisa aprobetxatu dira. Beste alde batetik, proiektuaren egiturazko elementuak *ad hoc* eraiki dira aretoan. Agoraren ideia indartuz egin den lana. Espazio osoan banatutako hiru proiekzio pantailek aretoa antolatzen dute elkartzeko, lanerako eta bistaratzeko lekuak sortuz. Hiru proiekzio-pantailak eraispenaren ostean geratu ziren horma hondarrak aprobetxatuz eraiki dira, esanahi geruza bat gehituz; gainerako altzari eta egiturak, berriz, berariaz sortu dira. Gertuko materialak, hala nola zura eta burdina, euskarri egiturak, aulkiak, lanerako mahaiak eta partekatzera animatzen gaituzten harmailak egiteko.

1 Ertibil erakustaldi gisa hasi zen. Bere ibilbide eta bilakaera propioekin, gaur egun erakustaldia izaten jarraitzen du eta orain dela 40 urtekoarekiko oso ezberdina da alderdi askotan, baina testuinguruarekin publikoki partekatu nahi du gure lurraldean ekoizten den arte ekoizpenaren zati bat. 40 urte erabakigarriak izan dira gaur egun maila global, testuingurukoan, sozialean, ekonomikoan, kulturalean eta abarrean gauden tokian egoteko, eta oinarrizko abiapuntu horretatik eraiki ditugu topaketa honetarako zutabeak. Erakustaldia sariketa bihurtu zen eta gero nazioartekotu egin zen eta irabazleei Japonian egonaldi artistiko batean proiektu bat egiteko aukera ematen zitzaien. Ertibilen ibilbidea eta bilakaera presente egon dira, baina topaketa honetan bestelako kontuak azpimarratu nahi izan ditugu. Gaiak, pertsonak, asmoak, bilakaera, kezkak, egiteko moduak, aldaketak... nola eta zertan oinarrituta ekoitzi daiteke artistikoki gure testuinguruan?

ERTIBIL40 proiektuak ekoizpenari eman dio lehentasuna, aldez aurretik zegoena komisariatzeari baino gehiago. Hori dela eta, hiru proiekzio pantailek guztira ekoizpen berriko hamar bideo dituzte, proiektu honetarako zehazki sortu direnak. Hiru konstelazio tematikotan (Presentziak eta absentziak, Sorkuntza artistikoaren gorputzak eta ekosistemak, Irudia kode ireki, intimo eta kolektibo gisa) multzokatu diren ikus-entzunezko hausnarketak dira, adierazle aktibatzaileren batetik ERTIBIL40 proiektuarekin harremanak sortzen dituztenak. Zenbaitetan 40 urte hauetako artxibo eta berrikuspen ideiari lotuta, beste batzuetan toki fisiko eta espezifikoetatik abiatuta, eta beste zenbaitetan kontzeptu edo formaren arazoak edo kezkak aintzat hartuta.

Erakusketa-espazioa irekita dagoen denboran zehar, astero gutxienez ekimen bat antolatzen da. Elkarrizketa berriak proposatu ahal izateko zeharkako gai batzuk lantzea edo planteatzea erabaki da. Bi edo hiru pertsonen artean, kasuaren arabera, arazo komun bat abiapuntutzat hartuta bideratzen dute saioa. Saio bakoitzean talde bakoitzak ekimen publikoa modu desberdin batean jorratzen du (aurrez grabatutako aurkezpenak, ekintzak, elkarrizketak, idazlanak...). Hainbat ikuspegi, karrera eta egiteko modu nahasten dira honako giltzarri hauei loturik proposatutako gaiei erantzun komun bat emateko (edo ez): sarbidea, bitartekoa, politikoa, gorputza, desira eta kritika.

Sarbide hitzaren esanahiak leku batera iristearen ekintzari erantzuten dio, eta era berean, beste lekubatera iristeko lekua izendatzen du. Iristearen eta abiatzearen arteko atalase hori praktika artistikoaren ezaugarri propiotzat har dezakegu. Era berean, ikustearen praktikaren "artekoa" dena prozesualtzat aldarrikatu dezakegu. Horrela, sarbide hau Ertibileko 40 urteetara hasiera berri bat bezala ulertzen dugu.

Formak materiala modelatzen duela edo, McLuhan-ek esango lukeen bezala, "bitartekoa mezua dela", zerbait agertzeko moduaren neutraltasun ezari egiten dio erreferentzia. Ideia hori modu berezian ezagutarazten da praktika artistikoan eta diziplinekin duen harremanean. Era berean, gure testuingurua enuntziazio-erregimen jakin bat ahalbidetzen duen bitarteko gisa pentsa dezakegu. Zein izan da azken urteetako mezua?

Eremu sozialaren eraikuntza sinbolikoan ekintza estetikoek funtsezko zeregina dute. Praktika artistikoak zalantzan jartzen du ikusgarria edo adierazgarria denaren ordena, eta ordena komunari aurre egiten dioten espazioak eta denborak sortzen ditu. Azken 40 urteak gizarte aldaketarako urteak izan dira, eta nahiz eta "ordena" etengabe inposatzen den, arteak ere erantzun egiten du, edo gutxienez zalantzan jartzen du, eta nolabaiteko hausturak sortzen ditu komunaren eraikuntza sinbolikoan.

XX. mendean arrazoiketa filosofikoak biraketa linguistikoaren inguruan orbitatzen zuen bitartean, XXI. mendean gorputzaren inguruan galdetzen da, gorputzaren eta adimenaren arteko disoziazioa kritikatuz. Kokatu eta txertatu den arrazoimen berri hau ez da bere zaurgarritasunagatik beldur, eta bere grina eta baldintzekin ahalduntzen da. Azken urteetako praktika artistikoak aldaketa hori defendatu du, gorputza tresna eta materia, neurria eta errepresentazioa, eta birkonfigurazio horren galdera eta erantzuna bihurtuz.

Desira beti da anitza. Gure ustezko desira elementu, espazio, denbora eta esperientzien multzo bat da. Praktika artistikoan, tailerrean, etengabeko negoziaziorako makina bat da, non artisten gogoak eta objektuen hizketa gurutzatzen diren.

Kritika artistikoak estetika eta testuinguru sozio-politiko jakin batzuen aurrean jarduten du, ez bakarrik bere izaera literarioari dagokionez, baita irakaskuntzari lotutako beste arlo batzuei dagokienez ere. Horren paradigma izan dira Xabier Sáenz de Gorbea edo Javier San Martín; haien lanak oinordetza bat markatzen du gure testuinguruan eta pentsamendu kritikoaren ekoizpena indarrean mantentzen du.

Ekitaldiak berak, arratsalde batekoak eta hasiera eta itxiera ordu jakina dutenak, proiektu honen funtsezko zutabeetako bat dira. Garrantzitsua zen espazio bat eta komisariotza-proiektu bat sortzea inor falta ez zedin eta agora bete ahal izateko, eta, horrez gain, hori guztia gerta zedin egun eta ekimen zehatzak planteatzea. Topaketaren topaketa egitea.

Sei jardunaldi tematikok, ikus-entzunezkoen hausnarketen ikustaldi batek eta finissage batek osatzen dute egutegi nagusia. Jardunaldi bakoitzak bere idiosinkrasia propioa du eta bi zatitan banatzen da: eragile ezberdinen arteko eztabaida eta elkarrizketa, eta proposamen artistiko plastiko bat. Behin-behineko ariketa horiek ekoizteak, gainera, aldi baterako ekoizpenen alde egitea dakar, oraingoz Ertibil erakustaldiak posibletzat jotzen ez dituenak. Ekintzak, tailerrak, errezitaldiak, performanceak, kontzertuak, moda-desfileak edo eztabaidak praktika gisa ulertzen diren tresna artistikoak dira guztiz, baina behin-behinekoak direnez, zaila da erakustaldi objektual ibiltari batean programatzea.

ERTIBIL40 topaketak ahal denaren eta dugunaren inguruko ekimen analitikoa izan nahi du, baina horretaz gain, baita izan litekeenaren edo oraindik ere kanpoan geratzen denaren ingurukoa. Ekintza edo artea euskarri teknologikoetan edo birtualetan egitearen ideiak talka egiten du lau hamarkada dituen deialdi baten dinamika errotu eta klasikoarekin. Hala, ikertu eta planteatu nahi izan dugu ea praktika horiek ikusgarriak izan daitezkeen ekimen ibiltaritik haratago, beharbada jarduera paraleloen programa baten bitartez.

Gertatutako ekitaldi eta topaketek, ERTIBIL40 topaketako hausnarketa kolektiborako sortuak izan diren pieza guztiek bezala, ekoizpena praktika, esperimentazio eta ikerketa gisa aldarrikatzea dute helburu. Ekoizpenetik berrikusketa lana egin daiteke, ekoizpenetik pentsatu eta hausnartu daiteke, ekoizpenetik gainditutako gaiei zein gai berrien inguruan hitz egin daiteke. Kontua ez da artista gehiago izatea (eta bakarrik zenbakiez edo ehunekoez hitz egitea). Kontua da beharrekin, aukerekin, ekonomiarekin eta lanarekin koherenteak diren esparru bat eta errealitate bat eraikitzea.

Proiektuaren agendarekin batera artista gazteei zuzendutako deialdi ireki bat proposatu zen lantalde bat osatzeko. Aretoa izan da beraien estudioa, tailerra, eta horrek ERTIBIL40 osoan zehar espazioa aktibo egotea ahalbidetu du. Lantaldeak espazioa leku aktibo bilakatu du, zeinetan bukatu gabeko prozesuak sortu diren, ariketak eta erakusketan zehar garatzen joan diren piezak. Horrela, bisitari gisa espazio bizi batez gozatu dezakegu, gauzak gertatzen ari diren leku batez. Komisariotza-proposamen horrek zerikusia du, halaber, esperientzia partekaturako gune bat irekitzearekin, non lantaldeko kide bakoitzak bere praktika artistikoa garatu dezakeen, aldi berean talde izatearen ideia aktibatuz, komunitatearen ideia. Bere prozesuan, taldea erakusketan zehar gertatzen joan denaz elikatu da, eta sorkuntza artistikotik aretoarekiko eta erakusketarekiko "erreakzioa" esploratu du, *finissage* ekitaldian erakutsi dena.

Finissage honek era berean inaugurazio izaera izan du, lantaldearen emaitzak jai giroan erakutsiz. Hitz egiteko eta elkarren artean gurutzatzeko espazioa izan da, taldean egoteko lekua. Era berean, *finissage* hau erakusketa-gune berri gisa suertatu da, non tailerreko emaitzak aretoa okupatu duten obra bihurtu diren. Orain bai, artelanak dituen erakusketa areto bat, nahiz eta ekitaldia ixteko behin-behinean erakutsi diren soilik. Horrela, deialdiko 40 urteak erakusketa areto bat tailer bihurtu duen *workshop* bateko emaitzekin itxi dira, prozesua ere erakutsi daitekeen zerbait dela defendatuz, bere nolakotasunarengatik zailtasunak sortzen badira ere. Betiereko itzuleraren biraketa sinboliko honekin, prozesuala azpimarratu da, amaitu gabekoa, eta nolabait, Ertibilen 40 urteak horrela ospatu ditugu, bizitza eta bizirik dagoena aldarrikatuz, ez iristeko leku gisa, ez egutegiko egun baten modura, baizik eta bidearen parte bezala.

Testu hau egiteko, Marian Alzuriri eskatu zitzaion ERTIBIL40 proiektuaren inguruko elkarrizketa bat egin ziezaiola talde kuratorialari. Elkarrizketa horrek planteatzen zuen, kanpoko begirada batetik, proiektuak izan zuen harreman-ariketaren garrantzia eta bere interesa gure testuinguruan bertan. Elkarrizketa testu hau sortzeko material gisa erabili da.

EQUIPO CURATORIAL

UN ENCUENTRO ESPECULATIVO

ERTIBIL40 es un encuentro especulativo sobre 40 años de producción artística en Bizkaia. Un encuentro que conscientemente lanza más preguntas que respuestas, como casi siempre.

ERTIBIL40 se ha definido en diferentes marcos como un encuentro. No rechazamos la idea de exposición o muestra, simplemente pensamos que hablar de un encuentro es mucho más acertado dentro de las cuestiones que hemos querido trabajar. ERTIBIL40 es un punto en un calendario simbólico, un aniversario y una celebración en un momento en el que se quiere analizar la trayectoria de una convocatoria y programa de apoyo a la creación en nuestro territorio, y al mismo tiempo, identificar las posibles líneas de acción para los próximos años.

Por ello, lo que supone hablar de 'encuentro' en lugar de 'muestra' o 'exhibición' nos parece no solo más adecuado, sino también más necesario. Si hablamos de encuentro, por la naturaleza propia del término es fácil imaginarse diferentes cuerpos hablando, debatiendo y compartiendo. El encuentro tiene que darse en algún lugar, debe tener una duración y posiblemente dé lugar a eventos inesperados, sucesos fortuitos y conversaciones inacabadas. Y eso es precisamente lo que se ha propuesto que sea ERTIBIL40 como proyecto específico: el escenario y la conversación al mismo tiempo. Una conversación que se inició hace cuatro décadas y que hoy continúa en un lugar tomado para ello a través de la instalación y la ocupación por una propuesta curatorial con una textura de ideas, recuerdos y repercusiones que nos han servido para acomodar el espacio y poder producir desde él.

Es el escenario donde (volver a) ver, escuchar y debatir sobre la producción artística de nuestro contexto y en nuestro tiempo, teniendo como participantes de esa conversación a diferentes generaciones y diferentes temáticas, disciplinas y líneas de trabajo. ERTIBIL40 se ha confeccionado como un encuentro temporal, físico y también conmemorativo. Es importante recordar, pero también es importante hacerlo con perspectiva. Recordar y dar importancia al pasado aprendiendo a hacer memoria desde las estrategias del presente. Se ha huido de la idea de focalizar el protagonismo en cualquier cosa que no fuese directamente la producción plástica. El planteamiento básico hubiera sido una muestra a partir de las obras ganadoras de las últimas ediciones. Ni siquiera un recorrido por los 40 años, ya que en sus inicios la muestra no contemplaba la adquisición de obras. Podría haber sido el momento de sacar temporalmente de despachos y almacenes obras que recibieron galardones durante los últimos dieciocho años aproximadamente, para ubicarlas de nuevo en las paredes de la Sala Rekalde creando una suerte de galería de los vencedores, o al menos, una selección de elegidos. Pero ante esa posibilidad de propuesta básica, competitiva y excluyente de conmemoración de 40 años de trabajo, se ha preferido trabajar bajo otros interrogantes y otras premisas. Hablar de arte y no de premios, hablar de lo que aquí hacemos en conjunto y como grupo anómalo, no de nombres concretos; hablar de qué hacemos, cómo lo hacemos, cómo lo hacíamos... un evento para encontrarnos, no para visitarlo; un lugar que arropa a las personas y los cuerpos que se están dedicando a la creación plástica, y no centrar el proyecto en hablar de ganadores, ganadoras, perdedores y perdedoras.

Ninguna de las cuatro personas que han abordado el comisariado de este proyecto había nacido cuando el proyecto Ertibil dio comienzo. Este hecho propicia un acercamiento necesariamente intergeneracional, con el que celebrar y compartir un proyecto que recorre 40 años de arte en nuestro territorio. Para el equipo ha sido una de las muchas cosas que han dado forma y vida a este encuentro de ERTIBIL40[1]. El foco de la propuesta se ha centrado en generar un espacio donde los cuerpos pudiesen estar presentes siendo protagonistas. Conectar y juntar personas que actualmente están involucradas en la producción artística y cultural desde la posición que sea (estudiantes, profesionales, profesorado, crítica, mediación, editoriales...), frente a la opción de generar un proyecto expositivo historicista resumido en un *wall-paper* con nombres y títulos de obras. 40 años de Ertibil nos han enseñado la lógica de los eventos expositivos en inauguraciones muy concurridas a modo de encuentro, pero con salas poco transitadas en las semanas restantes.

Ertibil, aun siendo una muestra itinerante por diferentes salas de Bizkaia, tiene como epicentro la Sala Rekalde. Una sala con su propia historia, sus particularidades y sus capítulos. Para el proyecto, vuelve a presentarse de una manera diáfana, dejando ver su totalidad desde cualquier punto de vista. Obviando un recorrido, una narrativa o una propuesta lineal, la sala se presenta sin divisiones ni trazado, es un espacio reconvertido en un ágora de encuentro, contemplación, debate, escucha y trabajo. El derrumbe y preparación de la sala han sido ejecutados bajo premisas de arqueología de programación cultural. Actitudes quizás fortuitas o intrínsecas a nuestro tiempo, que albergan matices de re-utilización y aprovechamiento añadiendo capas de significado. Paredes que escondían colores de exposiciones anteriores, restos de alicatados de intervenciones específicas, marcos de pantalla ocultos en muros interiores...

Hablar de los 40 años de Ertibil también es hablar de los referentes de nuestro contexto. Referentes artísticos, teóricos, críticos, curatoriales, de gestión... ¿qué ha sucedido?, ¿quiénes han sido aquellas personas que han abierto campos?, ¿qué problemáticas y qué formas han sido las que se han ido desarrollando?, ¿cómo? La creación en un territorio determinado avanza no solo por el trabajo individual, individualista o individualizado, sino por el debate, la conversación y el intercambio de referencias, ideas, formas y colores. Pasar y recoger el testigo es un ejercicio responsable y adecuado, además de una necesidad. Por ello, aun siendo un cubo blanco, todos estos restos y hallazgos, lejos de querer ser ocultados, han sido tratados con el protagonismo y el respeto sectorial que merecían. ERTIBIL40 ha sido un proyecto de revisión y la temporalidad, el resto y la ruina han estado presentes de una manera arquitectónica, física y bajo la idea de producción. Si Ertibil como programa de apoyo es una oportunidad para artistas jóvenes de Bizkaia, desde el planteamiento de ERTIBIL40 se han querido aprovechar todas las oportunidades posibles, fueran de la talla que fueran. Sumar a ERTIBIL40 las reminiscencias de herramientas y decisiones curatoriales de proyectos anteriores aporta una capa de valor al proyecto, y eso ha sido una decisión tomada con la voluntad de reivindicar no solo las piezas expositivas, sino también el trabajo comisarial y cultural en general. Una línea de continuidad aprovechada con la idea de construir una atmósfera y una piel que envolviese el encuentro de una manera simbólica y también física. La piel de la sala se completa con un empapelado de los 40 catálogos completos de los 40 años de la convocatoria. De esta manera artistas, obras, personas del jurado, textos críticos, recorridos itinerantes de las muestras, fechas, nombres de las personas premiadas, títulos de las piezas, disciplinas... todo queda recogido y mostrado. Una Sala Rekalde que se convierte en una suerte de memorial artístico de nuestro contexto. No falta nadie, no sobra nada.

Empapelar la sala con toda esta información es un gesto curatorial, programático y también artístico. Nuestros perfiles pivotan entre la historia del arte, la gestión, el comisariado y la creación artística. Los artistas cada vez están más presentes en la gestión y el comisariado. Una realidad tangible en todo el panorama artístico internacional.

La propuesta curatorial intenta conectar distintas dimensiones temporales. Se han reutilizado materiales y se han aprovechado como parte física y también como valor histórico. Por otro lado, los elementos estructurales del proyecto en la sala han sido construidos *ad hoc*. Un trabajo realizado fortaleciendo la idea de ágora. Tres pantallas de proyección distribuidas en el espacio organizan la sala generando lugares de encuentro, de trabajo y de visualización. Mientras que las tres pantallas de proyección se han construido aprovechando restos de muros que quedaban tras la demolición, sumando una capa de significado, el resto de los muebles y estructuras han sido creadas específicamente. Materiales cercanos como la madera y el hierro para hacer estructuras de soporte, sillas, mesas de trabajo y gradas que invitan a compartir.

1 Ertibil se inició como una muestra. Teniendo sus propios recorridos y sus evoluciones, hoy sigue siendo una muestra, diferenciada en muchos aspectos de la de hace 40 años, pero que quiere compartir con el contexto de una manera pública una parte de la producción artística que se produce en nuestro territorio. 40 años que han sido decisivos para estar en el punto donde nos encontramos hoy a nivel global, contextual, social, económico, cultural..., y a partir de estas cuestiones básicas es desde donde se han levantado los pilares de este encuentro. La muestra pasó a ser premio y después se internacionalizó ofreciendo a las personas ganadoras la posibilidad de desarrollar un proyecto en una residencia artística en Japón. La trayectoria y las evoluciones de Ertibil han estado presentes, pero el encuentro ha querido recalcar otras cuestiones. Temáticas, personas, intenciones, evolución, preocupaciones, modos de hacer, cambios... ¿cómo y en base a qué se puede estar produciendo artísticamente en nuestro contexto?

ERTIBIL40 es un proyecto que ha dado prioridad a la producción más que al comisariado de lo existente. Por ello, las tres pantallas de proyección albergan un total de diez vídeos de nueva producción creados específicamente para el proyecto. Reflexiones audiovisuales que han sido agrupadas en tres constelaciones temáticas (Presencias y ausencias, Cuerpos y ecosistemas de la creación artística, La imagen como código abierto, lo íntimo y lo colectivo), generando relaciones con el proyecto propio desde algún significante activador. Unas veces vinculadas a la idea de archivo y la revisión de estos 40 años, otras a partir de lugares físicos y específicos y otras teniendo en cuenta problemáticas o preocupaciones de concepto o forma.

Durante el tiempo en el que estuvo abierto el espacio expositivo, cada semana se organizó al menos un evento. Se decidió trabajar y plantear unos temas transversales sobre los que poder proponer conversaciones nuevas. Entre dos o tres personas, según el caso, planteban las sesiones desde una problemática común. Cada sesión y cada equipo decidió abordar de diferente manera el evento público (presentaciones en diferido, acciones, conversaciones, redacciones...). Diferentes perspectivas, carreras y modos de hacer que se entrelazaron en conjunto para dar una respuesta común (o no) a las temáticas planteadas bajo las siguientes palabras clave: el acceso, el medio, lo político, el cuerpo, el deseo y la crítica.

El significado de la palabra acceso responde a la acción de llegar a un lugar y, a su vez, da nombre al lugar por el que se llega a otro. Podemos pensar este umbral entre el llegar y el partir como una cualidad propia de la práctica artística. Del mismo modo, podemos reivindicar el "entre" de la práctica espectatorial como algo procesual. Así, entendemos que este acceso a los 40 años de Ertibil supone también un nuevo comienzo.

Que la forma modela el material o que "el medio es el mensaje", como diría McLuhan, alude a la no neutralidad del modo desde el que algo se manifiesta. Esta idea se revela de manera peculiar en la práctica artística y en su relación con las disciplinas. A su vez, podemos pensar nuestro contexto como un medio en sí mismo que propicia un régimen de enunciación concreto. ¿Cuál ha sido el mensaje de estos últimos años?

En la construcción simbólica de lo social las acciones estéticas juegan un papel fundamental. La práctica artística cuestiona el orden de lo visible o enunciable propiciando espacios y tiempos que se enfrentan al orden común. Los últimos 40 años han sido años de cambio social y, aunque el "orden" vuelve a imponerse constantemente, constantemente también el arte responde, o al menos lo problematiza, generando ciertas fracturas en esa construcción simbólica de lo común.

Mientras que en el siglo XX la razón filosófica orbitaba en torno al giro lingüístico, en el siglo XXI se pregunta por el cuerpo criticando la disociación entre el cuerpo y la mente. Esta nueva razón situada y encarnada no teme por su vulnerabilidad y se empodera de sus pasiones y condiciones. La práctica artística de los últimos años ha abanderado este cambio, haciendo del cuerpo la herramienta y la materia, la medida y la re-presentación, y la pregunta y la respuesta de esta reconfiguración.

El deseo es siempre múltiple. Nuestro supuesto objeto de deseo es en realidad un conjunto de elementos, espacios, tiempos y experiencias. En la práctica artística, en el taller, es una máquina de negociación continua en la que se cruzan los entusiasmos de los y las artistas y el habla de los propios objetos.

La crítica artística actúa frente a una estética y un contexto socio-político determinados, no solo desde su condición literaria, sino muchas veces ligada a otros campos como la docencia. Paradigma de ello han sido Xabier Sáenz de Gorbea o Javier San Martín, cuya labor traza una herencia en nuestro contexto y mantiene vigente la producción de pensamiento crítico.

Los eventos propiamente dichos, eventos de una tarde con una hora concreta de inicio y de cierre, son uno de los pilares fundamentales de este proyecto. No solo era importante propiciar un espacio y un proyecto curatorial para que no faltara nadie y el ágora pudiera llenarse, sino plantear fechas y eventos concretos para que eso sucediese. Hacer el encuentro del encuentro.

Seis jornadas temáticas, un visionado de reflexiones audiovisuales y una *finissage* componen el calendario principal. Cada jornada tiene su propia idiosincrasia y se divide en dos partes. Una de debate y diálogo entre diferentes agentes y una segunda parte que acoge una propuesta artística plástica. Producir estos ejercicios temporales también conlleva la defensa de un tipo de producción temporal que, por el momento, la muestra de Ertibil no alberga como posible. Acciones, talleres, recitales, performances, conciertos, desfiles de moda o debates son herramientas artísticas totalmente asumidas como práctica, pero que, por sus cualidades temporales, son difíciles de programar en una muestra objetual itinerante.

ERTIBIL40 no solo ha querido ser un evento analítico de lo que sí se puede y se tiene, sino también de lo que podría ser o de lo que se sigue quedando fuera. La idea de acción o de arte en soportes tecnológicos o directamente virtuales choca con la dinámica arraigada y clásica de una convocatoria que recorre cuatro décadas. En ese punto, se ha querido investigar y plantear si estas prácticas podrían tener una visibilidad más allá de la itineraria, quizás a través de un programa de actividades paralelas.

Los eventos y los encuentros acontecidos, al igual que todas las piezas producidas para esta reflexión conjunta de ERTIBIL40, se centran en reivindicar la producción como práctica, experimentación e investigación. Se puede revisar desde la producción, pensar y debatir desde la producción, se puede hablar de cuestiones superadas o de otras nuevas a través de la producción. No se trata de tener más artistas (y que estemos hablando solo de números o de porcentajes). Se trata de construir un marco y una realidad coherentes con las necesidades, las posibilidades, la economía y el trabajo.

En paralelo a la agenda del proyecto se propuso una convocatoria abierta para jóvenes artistas de cara a formar un grupo de trabajo. La sala fue su estudio, su taller, dando pie a que el espacio estuviera habitado de forma activa a lo largo de todo ERTIBIL40. El grupo de trabajo convirtió el espacio en un lugar activo donde surgieron procesos inconclusos, ejercicios y piezas que se fueron desarrollando durante el tiempo de la exposición. De esta manera, como visitantes pudimos asistir a un espacio vivo en el que las cosas estaban sucediendo. Esta propuesta curatorial tiene que ver también con el hecho de abrir un espacio para la experiencia compartida donde cada miembro del grupo de trabajo puede desarrollar su práctica artística a la vez que se activa la idea de grupo, de comunidad. En su proceso el grupo se nutrió de lo que fue sucediendo en el tiempo de la exposición y desde la creación artística exploró una "reacción" a la propia sala y a la propia exposición que se mostró en la *finissage*.

La *finissage* tuvo a su vez carácter de inauguración, mostrando los resultados del grupo de trabajo bajo un paraguas festivo. Fue un espacio donde poder dedicar el tiempo a la conversación, al cruce, y donde poder estar en grupo. A su vez, la *finissage* se resolvió como un nuevo espacio de exhibición, donde los resultados del taller se convirtieron en las obras que después ocuparon la sala. Ahora sí, una sala de exposiciones con obras, aunque solo hayan sido presentadas temporalmente para el cierre del evento. 40 años de una convocatoria que se han cerrado con los resultados de un *workshop* que ha convertido una sala de exposiciones en taller, reivindicando la idea de que el proceso también es una parte que se puede mostrar dentro de las complicaciones de su naturaleza. Con este giro simbólico de eterno retorno se ha hecho hincapié en lo procesual, lo inconcluso y, en cierta manera, se han celebrado así los 40 años de Ertibil reivindicando la vida, lo vivo, no como un lugar al que se llega, una fecha en el calendario, sino como parte del camino.

Para la realización de este texto se solicitó a Marian Alzuri que hiciera una entrevista al equipo curatorial sobre el proyecto ERTIBIL40. Esa entrevista planteaba, desde una mirada externa, la importancia de ejercicio relacional que supuso el proyecto y sus interés en nuestro contexto. Fué una conversación que sirvió como material para el presente texto.

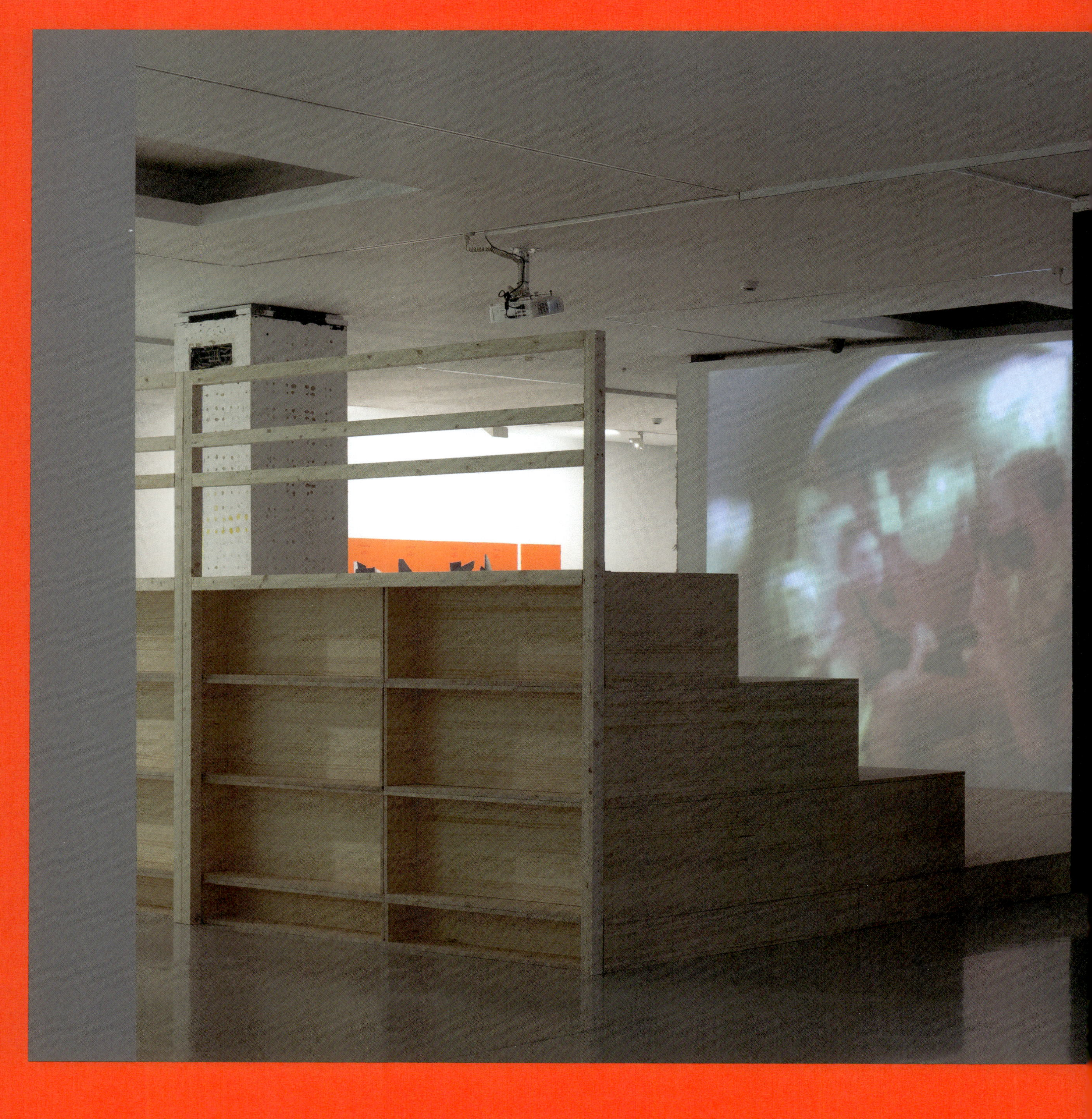

26

Kronikak
Crónicas

OIHANA GARRO
EDURNE GONZÁLEZ
MARIO ESPLIEGO
MAR REYKJAVIK
LAURA DÍEZ
BASILIKA

ERTIBIL 40 ERTIBIL BIZKAIA ERTIBIL 40 ERTIBIL BIZKAIA ERTIBIL 40

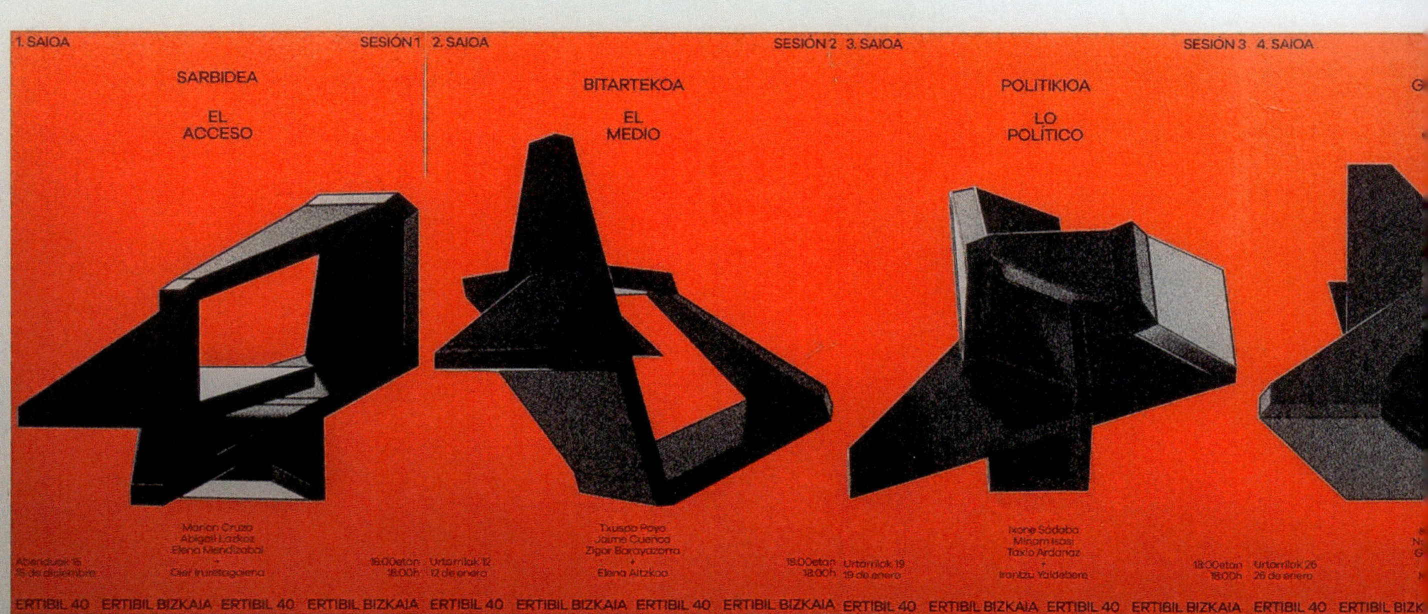
1. SAIOA
SESIÓN 1
SARBIDEA
EL ACCESO
Abenduak 15
15 de diciembre
18:00etan
18:00h
2. SAIOA
SESIÓN 2
BITARTEKOA
EL MEDIO
Urtarrilak 12
12 de enero
18:00etan
18:00h
3. SAIOA
SESIÓN 3
POLITIKIOA
LO POLITICO
Urtarrilak 19
19 de enero
18:00etan
18:00h
4. SAIOA
Urtarrilak 26
26 de enero
ERTIBIL 40 ERTIBIL BIZKAIA ERTIBIL 40 ERTIBIL BIZKAIA ERTIBIL 40 ERTIBIL BIZKAIA ERTIBIL 40 ERTIBIL BIZKAIA ERTIBIL 40 ERTIBIL BIZKAIA ERTIBIL 40 ERTIBIL BIZKAIA ERTIBIL 40 ERTIBIL BIZKAIA

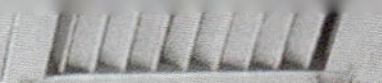

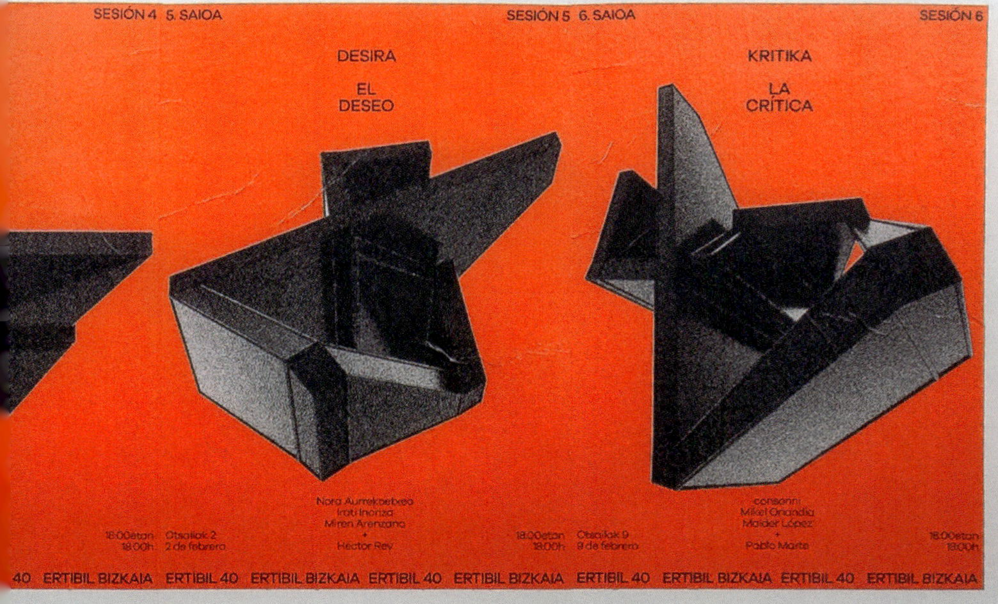
SESIÓN 4 5. SAIOA
DESIRA
EL DESEO
18:00etan 18:00h
Otsailak 2
2 de febrero
SESIÓN 5 6. SAIOA
KRITIKA
LA CRÍTICA
18:00etan 18:00h
Otsailak 9
9 de febrero
SESIÓN 6
18:00etan 18:00h
40 ERTIBIL BIZKAIA ERTIBIL 40 ERTIBIL BIZKAIA ERTIBIL 40 ERTIBIL BIZKAIA ERTIBIL 40 ERTIBIL BIZKAIA ERTIBIL 40 ERTIBIL BIZKAIA

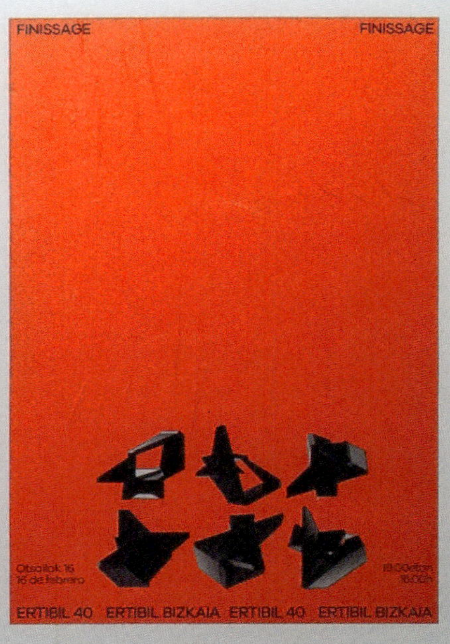
FINISSAGE
FINISSAGE
Otsailak 16
16 de febrero
ERTIBIL 40 ERTIBIL BIZKAIA ERTIBIL 40 ERTIBIL BIZKAIA

Argitalpen honetan ERTIBIL40 proiektuko jarduera-programan zehar gertatu izan zenaren berri emateko, jarduera-programan gertatu zenaren berri emateko, programaren saioetan kronikari gisa parte hartzeko eskatu zitzaien hainbat pertsonari, ondoren haien esperientzia konta zezaten.

Jarraian biltzen diren testuak kronika horiei dagozkie.

De cara a dar cuenta en esta publicación de lo que sucedió durante el programa de actividades que habitó el proyecto ERTIBIL40, se encargó a distintas personas que asistieran en calidad de cronistas a las diferentes sesiones del programa para que posteriormente relataran su experiencia.

Los textos que se recopilan a continuación corresponden a esas crónicas.

1. SAIOA SESIÓN 1

SARBIDEA

EL ACCESO

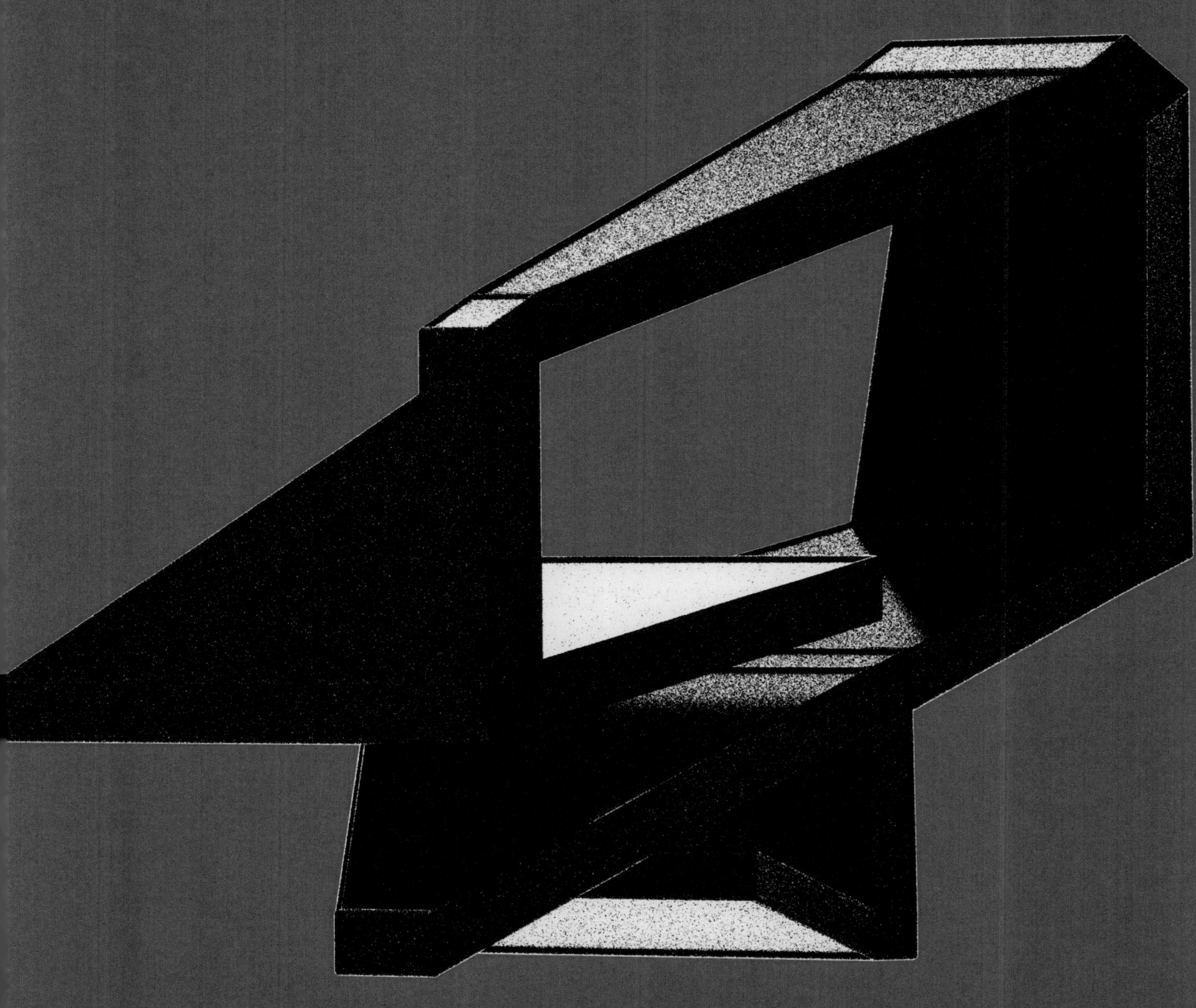

Marion Cruza
Abigail Lazkoz
Elena Mendizabal
+
Oier Iruretagoiena

Abenduak 15
15 de diciembre

18:00etan
18:00h

ERTIBIL 40 ERTIBIL BIZKAIA ERTIBIL 40 ERTIBIL BIZKAIA

OIHANA GARRO

SARBIDEA

Sarbidea deitzen den atal honetarako idazteko eskatu zidatenetik buruan darabildana artelanaren jaiotza testuingurua da.

Rekalde Aretoan izandako saioan Marion Cruzak, Abigail Lazkozek eta Elena Mendizabalek arte *sarbide* ezberdinen inguruko gogoetak aurkeztu zituzten. Berbaldian artelanaren existentziarako lekuek duten erresonantziari buruz asko hitz egin zela esango nuke. Hauexek izan ziren nagusiki nabarmendutako lekuak: Arte Ederren Fakultatea, Rekalde Aretoa, Ertibil lehiaketako lanen biltegia eta Txarraska Gaztetxea. Lekua bera, instituzionala izan edo ez, positiboan irakurria izan edo ez, artelanean sartzeko giltza bezala identifikatu zuten hizlariek. Non jaiotzen dira lanak? galdetu zuen Marionek.

Testu honetan, Rekalde Aretoko aurkezpenetan lekuek hartu zuten balio zentrala desfokuratzea erabaki da, fokua beste puntu batera eraman eta berbaldiari geruza berri bat eskaini. Nahiz eta planteatuko den ideia nagusiak, ezinbestean, leku, denbora eta testuinguruen erabateko menpekotasuna duen. Ideia nagusia da, hitz batez, arte prozesuetan sartu ahal izateko jarrera arretatsu[1] bat izan behar dugula.

Sarbidea, izate eta ez izatearen arteko mugarri bezala kontsideratuko dugu, hau da, artelanaren atalasea. Horregatik, argi bereizi nahi da, jakinik konplexuaren sinplifikazioan erortzeko arriskuan nabilela, artelanaren hasiera faserako ez ditugula museo eta areto legitimatzaileak osagai nagusi kontsideratuko. Museo edo aretoen moduko leku instituzional eta legitimatzaileek *sarbidea*ren harira gehiegitan hartzen duten protagonismoa zalantzan jarri nahi da.

Arte Ederren Fakultatean Elena Mendizabalek Eskultura irakasgaia ematen du Arte Graduko hirugarren mailan eta ikasleek gelan egindako eskulturak Rekalde Aretora eraman zituen egun batzuetarako. Lanak ohiko ingurunetik atera eta modu duin batean ikustea garrantzitsua dela dio Elenak. Bai Marion, bai Abigail eta baita Elena ere, arte irakaskuntzan dabiltzan edota ibili diren pertsonak dira. Ni ere irakaslea naiz Arte Ederren Fakultatean eta esperientzia hori ere badakart hona.

Irakasle naizen aldetik, esango nuke nahikotan izan naizela ikasle batek egindako artelan baten jaiotzaren testigu. Material *hutsa* artelan bihurtzen den momentua magikoa dela kontsideratzen dut eta une horren alde jartzen ditugu gorputz eta gogoak. Era berean, kuriosoa da, nola uzten dugun artelan materializatua segituan albo batera Arte Ederren Fakultatean. Ez gaude erakusketa areto batean.

Artelanaren jaiotza ñabarduraz beteriko prozesu konprometitu baten ondorio gisa ulertzen dut, eta prozesu konprometitu horrekiko atxikimendua lortzea, premiazkoak diren arte prozesuak identifikatu eta horietan murgiltzen laguntzea, izan liteke arte irakaskuntzaren helburu nagusi bat.

Eta, lekuek eta denborek, prozesu horiek ahalbidetu beharko lituzkete. Egitetik sortzen den jakintza bat dela arte jakintza aipatu zuen Abigailek, egileak garela. Egiteko, beraz, egite prozesuari berari zentzua aurkitu behar zaio.

Juan Luis Morazak *El deseo del artista* (2009) testuan arte eta desiraren inguruko gogoeta egiten du, artearekin erlazionatu daitezkeen hainbat desira identifikatuaz: egite, transformazio, forma, jakintza, erlazio edo topaketaren desirak.

Morazak garatutako desira pilo honen azalpena neureganatu eta 'egite' desira azalduko da. Berau prozesu arretatsuarekin, subjektu zaurgarriarekin eta forma inklinatuarekin elkarlotuaz.

Nolakoa behar du izan egiteak artean?

Egiteak nolakoa izan behar duen ezin daiteke definitu, egiteak aurretik egindako guztia bizkarrean hartu eta jaio berriaren alde egiten duelako. Eta etortzear dagoen formarentzako aurreko formen formula berberek ez dute balio. Aurrekoa gogoan hartuaz, askotan miretsiaz, lan egiten da artean, baina, era berean, izandako hori iraultzea, jaiotzaren aldarri egitea, ezinbestekoa da.

Marion Cruzak, Isabel de Naveránen hitz batzuk saiora ekarriz, esan zuen ahaztu egiten zaigula elkarrizketa batean murgiltzea lehengo aldiz gerta daitekeen zerbaitetarako prest egotea dela. Baina, hori horrela izanagatik, ez garela elkarrizketan modu guztiz inprobisatuan murgiltzen, baizik eta duelu bat eusteko gai den egitura baten sostenguan sartzen garela berbaldian. Arte lanaren norakoa ezin du diziplina prozedura batek definitu, ez dugu ez liburuetan ez irakasleon hitzetan aurkituko etengabe asmatua izan behar den egitea. Egite hori izandakoaren oihartzunean sortuko da, baina batik bat, aldarrikatuko du, nire ustez, berriaren jaiotza gaitasuna.

1 Simone Weil pentsalariaren *attention* kontzeptua 'arreta' hitzarekin itzuliko dugu.

Zentzu horretan, labur bada ere, Hannah Arendtek egiten duen jaiotzaren inguruko gogoeta aipatu nahi dut, Adriana Cavarerok pentsalariaren inguruan egindako gogoetaren zordun[2]. Arendtentzako gizakia, hilko bada ere, zerbait berria hasteko jaioa izan da eta horregatik jaiotza, bere pentsamendu politikoan kategoria eraldatzaile nagusi kontsideratuko da. Arendtek jaiotza ekintzarekin erabat lotzen du, akzioa edo ekintza kontsideratuaz gizakiok daukagun iniziatiba gaitasuna. Arendtek dio "heriotzara zuzendutako giza bizitzak hondamendira eta suntsipenera eramango luke ezinbestean gizakia, hau eten eta zerbait berria hasteko ahalmenagatik ez balitz. Ekintzari atxikitako ahalmen bat da hau, gizakia, hil behar bada ere, hiltzeko barik, hasteko jaio dela gogorarazten diguna"[3].

Hau da, ekintza, egintza ere deitu dezakeguna, berria sortzeko pertsonok dugun gaitasuna da. Arendtek dio bi aldiz jaiotzen garela, gure jaiotza fisiologikoaren unean eta gure akzio gaitasuna kontzienteki martxan jartzen dugunean. Arteak eman diezaioke, nire ustez, bide, bigarren jaiotza horri.

Zer gara ba, galdetzen digu George Didi-Hubermanek, munduaren berun honen guztiaren azpian? Aldi berean gara, dio, titan garaituak eta haur dantzariak, eta azken horregatik, izan gaitezke, etorkizun irabazleak ere[4].

Jaiotzaren aukera hori aldarrikatzeko, nolako testuinguruak behar ditu egiteak? Edo, hobe esanda, zein jarrera mota izan behar dugu lan prozesu bat hastean, lehenengo aldiz gertatzen ari den zerbaitetan murgiltzen ari garela sentitzeko?

Cavarerok dio Emmanuel Levinas pentsalariari zor diogula filosofia metafisikoak babestu ohi dituen dikotomia erlazionalak astintzea. Horren adierazgarri da, esaterako, nia eta bestea, figura eta hondoa, posizio argi eta banatuetatik astindu eta egoismoen aurrean altruismo erradikal bat aldarrikatu behar dela defendatzen duela. Bestearekin topo egiteak ni itxiaren subjektibotasuna traumatikoki urratzen du eta horregatik, Levinasen etika harreman edo erlazioaren etika da, norbere buruan zentratua dagoen ontologia indibidualistatik aldentzen dena.

Artean, uste da, bestearekiko (*bestea den guzti horrekiko* esango luke Levinasek) irekiera posizio batetik jardun behar dugula. Alegia, arte prozesu interesgarriei sarbide emateko garrantzitsuena norbere buruaren itxitasunetik irten eta besteaz arduratzea dela. Horregatik, esan bezala, bestearekiko posizio arretatsu hori kontsideratuko da; leku, denbora edo forma konkretuez haratago, artelanaren sarbiderako osagai nagusia.

Arreta, Simone Weil pentsalariaren ikuspegitik, trebatu genezakeen itxarote aktibo posizio bat da, desirarekin estuki erlazionatua dagoena.

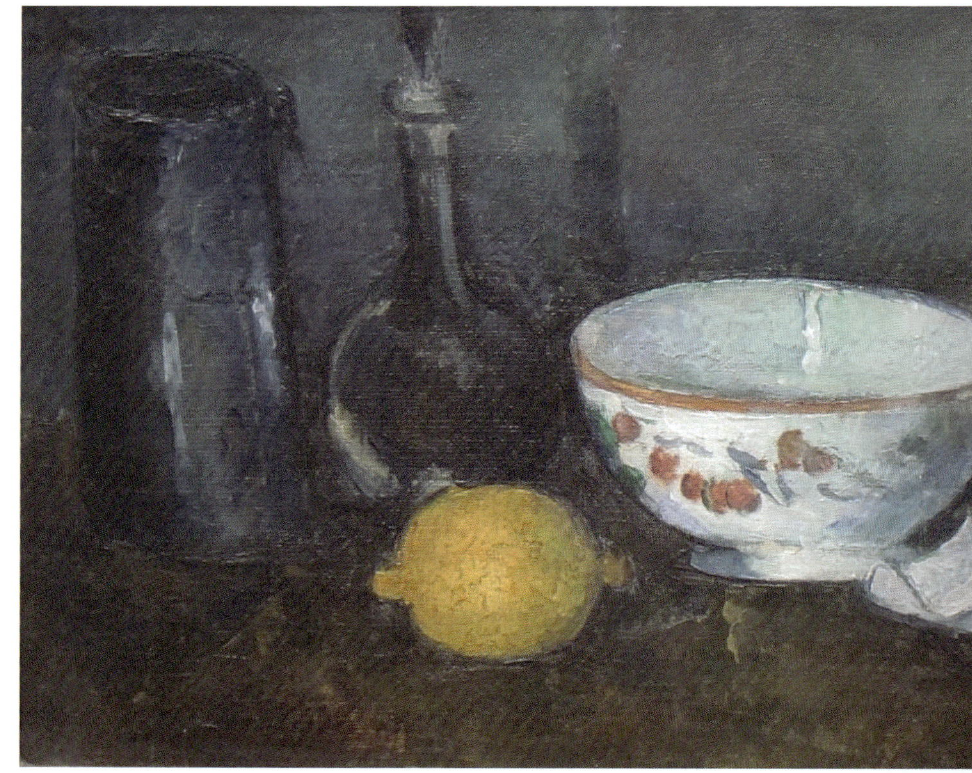

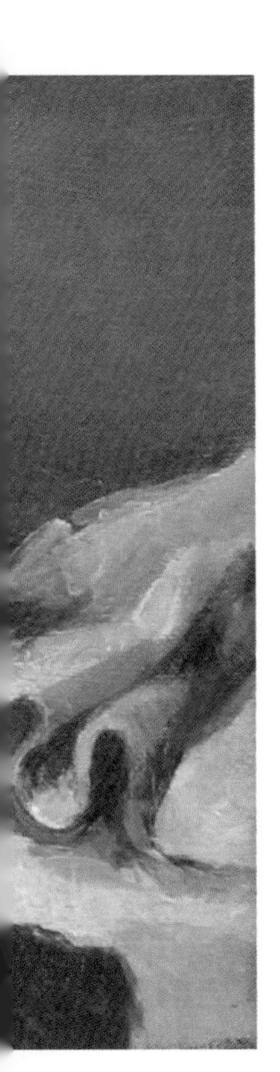

2 Cavarero, A. (2022). Arendt: Un niño ha nacido entre nosotros. Hemen: A. Cavarero, *Inclinaciones. Crítica a la rectitud*. Fragmenta. 2013.

3 Cavarero, A. (2022). *Inclinaciones. Crítica a la rectitud* (180-181 orr.). Fragmenta. 2013. Gaiari buruz sakontzeko ikus Hannah Arendten *La condición humana* (2008) liburuko «Vita activa» kapitulua.

4 Didi-Huberman, G. (2018). *Sublevaciones* (23 orr.). RM. 2017.

Esaterako, aurrean dudan limoiondoa begiratzen dut. Cézannek katilu hutsarekin parez pare solasean ipini zintuenean edo zure bila joan ginen udaberriko egun bero hartan, nork jakin, noiz jaio zinen zu.

Zuhaitz bat arretaz begiratzen badugu, artelan bat, soineko bat edo gaztetxeko pareta bat arretaz begiratzen badugu... zaila egingo zaigu, ohiko logika espazial eta kronologikoak albo batera utziz gero, izate ezberdin horien jaiotza momentua, arrazoia, zehatz definitzea.

Desira, dio Deleuzek, testuinguru konposatuetan sortzen da, elkar harremanean. Weilek, horren harira esaten du aparteko ezagutza bat sor dadin besteak gugan eragiten duen erresonantziarekiko sentikorrak izan behar garela. Besteari arreta jarri esango du, behin baino gehiagotan.

Weilek mundua ezagutzeko bi akzio mota ezberdintzen ditu: bata, arretazkoa eta bestea, borondatezkoa. Arretatsua, lehen adierazi den bezala, elkar erlazioaren desiratik dator eta bestearekiko irekiera du ardatz. Borondatezkoa, ordea, zuzenduagoa den akzio bat da, aldez aurretik datorrena eta indibiduoaren borondate aldebakarrekoz mugitzen dena. Atentzioak, zentzu honetan, desira den objektuarekiko atzera pauso bat suposatzen du, borondate indibidualak baretzea bestearen izaera antzemanez lan egin ahal izateko. Weilek dio ez dugula ezer lortuko aurrez ez badugu pixka bat gure borondatea baretzen. Zeharkako akzio bat bakarrik, dio Weilek, da eraginkorra arretarentzako[5]. Zentzu horretan, kontu izan beharko genuke arreta ardaztuarekin. Beti entzun izan dugu zenbat eta zerbaitetan kontzentratuago egon, orduan eta hobeto egiten dugula lan, baina Weil arretarekin bestelako planteamendu batekin datorkigu.

Nolanahi, bestea (*bestea den hori guzti hori*) arretaz landu ahal izateko ez da gehiegi fokatu behar puntu bakar batean: gauzen arteko artikulazioa, kosmologia, ahaidetasunak... antzemateko, noranzko ardaztuan jardun baino (pentsatu dezagun perspektibaren sisteman adibidez) modu hedatu baina kontzentratuan jardun beharko genuke, gauzen kokapen zehatzetatik ihesi. Harreman-eremu zabal baten entzute arretatsuan emango da atentzioa.

Arte irakaskuntzan sarri erabiltzen diren bi kontzeptu aipatu nahi ditut orain, Weilen borondate arreta, bi akzio mota ezberdinduekin, zerikusia dutelakoan: arte egite prozesuala eta arte egite proiektuala. Proiektu eran lan egitean, norbanakoaren ideiek eta ohiturek leku handia hartzen dute. Era prozesualean lan egiterakoan, pausoz pauso lan egin behar izaten da, momenturo gertatzen ari dena arretaz jaso eta etengabean, bestearen erresonantziaren arabera, ideia aurreikusiak eraldatu.

Arreta, bestearen entzutean sortzen den akzioa, artearen sarbide nagusi kontsideratzen badugu, egiteak prozesuala izan behar duela babestuko da. Morazak, aurrez aipatutako desiren inguruko testuan dio prozesuaren ideia proiektuaren logika eta pentsamendu estrategikoetatik kanpo dagoen ideia dela eta zaila dela arte tailerrean gertatzen dena egokitzapen proiektibo batera murriztea. Artistaren nahia, dio Morazak, ez da desira estrategiko bat. Prozesua bera ziurgabetasunen, gertaera bitxien eta aurkikuntza harrigarrien denbora eta espazio bat da.

Honegatik, prozesu arretatsu batean murgiltzerakoan, babesten gaituzten gotorlekuak galdu egiten ditugu eta besteari lotzeak dakarren plazeraz aparte, norbere limiteak desitxuratzeak sortzen dituen ziurgabetasun eta hauskortasun egoerak ere askotan ematen dira. Juhani Pallasmaak dio ziurgabetasunak gurekin akabatzen ez badu, prozesuetan lagun min bihurtzen zaigula.

Artelanaren sarbide bezala jarrera arretatsua seinalatu eta gero, bi figura aipatu nahi dira, jarrera horrekin harreman estuan sortzen direlako: forma inklinatua eta subjektu zaurgarria. Forma eta subjektuen eraikuntzaz haratago jarrera arretatsuak bestelako eremuetan ere eragin dezakeela uste da, baina gaurko honetan arte prozesuan ematen diren zuzeneko efektuak aztertu nahi direnez, jarrera arretatsu, subjektu zaurgarri eta forma inklinatuaren arteko lotura aipatuko dut.

Arretaz lan eginez gero arteak forma makurtuago batzuk munduratu eta pertsonon subjektitibitatea modu irekiago batean berreraikitzeko balio dezakeela uste da. Goazen astiroago azaltzera.

Zein da gure geometria? Galdetzen du Jose Ramón Amondarain artistak koadro batean[6] eta galdera horrek Adriana Cavarerok *Inclinazioni. Critica della rettitudine* (2013) liburuan egiten duen gogoetara eramaten gaitu zuzenean.

Cavareroren ustez, modernitateak, beste aukera batzuen gainetik, eredu ontologiko indibidualistari dagokion forma bertikala gailendu zuen. Modelo horrek Kanten filosofiaren arrasto handia du eta esan bezala, tentea, beraren baitako erlazioan sortzen dena da. Cavarerok dio historikoki filosofiak ez dituela bertikalak ez diren geometriak estimatu, alderantziz, kontrastatu eta borrokatu egin dituela. Momentuaren arabera borroka hori metodo ezberdinez egin omen da eta, Foucaultek zioen bezala, gizaki autonomo eta zuzena helburu zituzten bertikalizazio dispositiboak behin eta berriro erabili dira.

5 Weil, S. (2007). *La gravedad y la Gracia* (154. orr.). Trotta. 1947.

6 Iñaki Imazek Donostiako Tabakaleran emandako hitzaldi batean ezagutu nuen kuadro honen existentzia.

Bestetik, Cavareroren liburuak aipatzen du, posmodernitate garaian geometria bertikala eta geometria bertikal horretatik eratortzen den subjektu autonomo modernoa askotan kritikatu dela. Artean, filosofian, literaturan... subjektu bertikal heroikoa bestelako forma eta subjektu batzuk ordezkatu dutela, eta lehen zurruna, autonomoa eta norberaren baitan bakarrik sortua zena, gero zatikatu, lohitu eta txikitu egin da.

Orduan, forma bertikalaren kritikaren ondoren, ez-forma edo txikizioa eratorri zaigu. Artean abjekzio edo arte informe korronteei begiratzen badiegu luze jardun genezake joera horretaz. Postmodernitate garaian subjektibitateak duen noranzko faltak ere izango du geometria bertikalaren txikizioarekin zerikusirik.

Cavarerok, ordea, forma bertikal edo txikituaren ondotik, bestelako forma baten aldarria egiten du, guztiz txikitua ez dagoena baina, horregatik, bertikal sendoa ere ez dena. Forma hori *forma inklinatu* gisa izendatzen du eta Levinas, Arendt eta beranduago Judith Butler bezalako pentsalarien hitzetatik gertu uler genezake.

Cavarerok historian zehar egin diren zenbait artelan —konkretuki Andre Mariaren irudikapen erlijiosoak—, aztertzen ditu geometria inklinatuari buruz jarduteko. Argi adierazten du emakumearen makurdura, ama den emakumearen makurdura, ez dela inoiz kezka izan gizon zuzen eta bertikalarentzako.

Emakumeari normalean bi rol egotzi izan zaizkio, ama rola edo maitale rola, eta rolak bata bestearekin kotigatzen ez badira, ez dago arazorik. Cavarerok dio amatasunaren inklinazio "naturala" ongi kontsideratua izan dela historikoki, bederen egokitutako klixeetara mugatzen bada, hau da, indarguneetatik urruti mantendu eta bestelako pasioekin nahasten ez bada. Ondotik, zenbait kasutan bestearekiko pertsona inklinatu bat izatea, Andre Maria eredu, balioetsitako aukera bat da.

Testuinguru horretan badirudi gizarteak rol ezberdinak egokitzen dizkigula pertsonoi, gizon eta emakumeoi, eta batzuk garela makurragoak, inklinatuagoak eta beste batzuk tenteagoak, eraginkorragoak. Makur edo tente izate hori zerbait inposagarri edo aukeragarri izango balitz bezala.

Baina, ideia horri kontra eginez eta Butlerren hitz batzuk gogoan hartuz, esaten dugu bestearekiko inklinazio edo makurdura ez dela inoiz aukera eran planteatu behar. Hau da, inklinazioa pertsonaren formazio prozesuan baldintza bat dela kontsideratzen da eta, horregatik, bestearekin harremana, estrukturala, jatorrizkoa eta ezinbestekoa da. Harremana, gogoratu dezagun, arte prozesuan eta baita subjektibitatearen eraikuntzan ere, oinarrizko osagaitzat hartuko da.

Horregatik, klixeetatik haratago, Cavarerok Andre Mariaren irudikapenak arte irudikapen bertikalizatzaileetatik ezberdindu eta geometria inklinatu bezala balioztatzen ditu. Bertan gorputzen kurbatura edo makurduraren bitartez ama eta umearen arteko ezinbesteko erlazioa irudikatzen delako, irudiek *tarteari*, erlazioari ere, ematen diotelako balioa. Erlazioa irudiaren erdigunera eramateak irudikatutako subjektuen ardatz guneak aldatzen ditu, erauzi egiten dira pixka bat eta denak daude (ama eta seme) apur bat euren baitatik kanpo marraztuak, Arendtek dioen bezala *besteari jaurtiak*.

Jaiokunde irudiei buruz Cavarerok idazten du "ezin konta ahala artistak erretratatuak eta milaka eliza, museo, etorbide, kale eta bidegurutzetan barreiatua, Ama Birjina eta semearen irudia ez da soilik fededunen bihotza hunkitzen duen ikono kristau bat. Historian gehien irudikatu izan den amatasun forma da, erlazioari buruz jarduten duten ontologiak baztertu ezin dezaketena"[7]. Cavarerok dio irudikapen horiek ohiko erlazioen irudikapen biolentoetatik aldentzen direla, nahiz eta oraindik ere oreka estatiko perfektu batean mantendu, eta horregatik baliagarri zaizkigula forma inklinatuaren inguruan pentsatzeko. Zentzu horretan, ezinbestean aintzat hartu behar ditut Simone Weilen hitz hauek, dioenean, haurtzaro samurrenetik hasi eta hilobira arte, egindako, sufritutako eta ikusitako krimenen esperientzia ororen gainetik badagoela pertsona guztion bihotzaren barrenean, besteak ongia, eta ez gaizkia, egingo dionaren esperantza[8].

7 Cavarero, A. (2022). *Inclinaciones. Crítica a la rectitud* (41. or.). Fragmenta. 2013.

8 Weil, S. (2019). *La persona y lo sagrado.* Hermida Editores. 1943.

Artea arretatik egiten bada, bestearekiko irekieratik egiten bada, lehen babestu den bezala, sortzen den formak norbere izate autonomoa irudikatu baino, izate konpartitu baten esperientzia irudikatuko du.

Arte prozesu batean, bederen, harremana ez da aukera bat, baldintza bat da. Arretatsua den prozesu artistiko batentzat ezinbestekoa da harremana ez izatea ezarpen erakoa. Pentsatu nahi da egite arretatsutik ondorioztatuko den forma irekia, makurtua edo inklinatua izango dela ezinbestean eta horrela agertzeko ez duela zertan makurdura baten irudikapen literala izan behar, birjina eta semearen adibidea kasu.

Hona iritsita, Elenak klasean eskatutako ariketa, gero Rekalde Aretoan ikusitakoa, etortzen zait berriro gogora. Ariketaren premisa bakarra forma bertikal bat sortzea zen. Nola ulertu gaur egun forma bertikal baten aldarri egitea?

Agian bertikaltasuna berriro aldarrikatzea, arte irakaslearen lekutik, izan liteke postmodernitateko forma suntsituari erantzun bat, nolabait, formaren ezintasun baten aurrean egin dezakegun eraikitze eskaera txikia. Jakinik, arte prozesuetan, gorantz edo beherantz lan egin, besteari eskainiak gaudela beti. Bestearekiko erlazio kontzientzia horrek, erabat ezberdintzen du gaur egungo bertikaltasunaren ideia aro modernoko bertikaltasunaren ideiatik. "Erori banaiz ere gorantz erori naiz [...]. Baina erortzen bagara ere, amets berriei helduz, gorantz erortzen gara" kantatzen du Anarik.

Eta bukatzeko, bibrazio hitza hartu nahi dut hizketagai, berbaldiaren bukaera aldera aipatu zena. Eta bai, gaurko artearen formak, estatiko, orekatsu eta itxiak baino gehiago, dardarkariak, irekiak eta makurtuak izan daitezkeela defendatzen dugu. Ez horregatik suntsituak, formarik gabekoak.

Lanek, zioen Elenak, bizitasuna izan behar dute, pertsona eta landareek bezala.

Saioan ezin izan nintzen presentzialki egon eta material dena bideo bitartez jaso dut. Jasotakotik gehien harritu nauena Oier Iruretagoienaren soinu entzunaldiaren erregistroa izan da. Publikoa Oierren soinu lana entzuten ari den bitartean, bideo-kamerak enfokatu egiten du. Enfokatutako gorputzek denbora luzez entzun behar izan dute soinua, entzun, gainera, ez etxeko goxotasunean eta argi itzaliekin, baizik eta errepresentazio gainkarga bat izan ohi duen testuinguru batean eta grabatuak izaten ari diren bitartean. Denak elkarrekin, ondoan jarrita baina geldi nahian, bibrazio deserosoan azaltzen dira gorputzak. Erlazioa, beti eroso edo harmoniatsua ez dela gogoraraziaz.

Erosoa, deserosoa, maitagarria, dardartia... dena da erlazioa eta, Chantal Maillardek dioen bezala, hori gara batik bat gutariko bakoitza: bestearekiko erresonantzia trakets edo harmoniatsuagoetan dantzatzen dabilen eremu dardarti bat, elkartzeko eta desagertzeko sortua dena.

Aipatutako bibliografia:

Cavarero, Adriana (2022). *Inclinaciones. Crítica a la rectitud*. Fragmenta. 2013

Moraza, Juan Luis (2009): http://www.victordelrio.es/blog_docente/wp- content/uploads/2013/04/EL-DESEO-DEL-ARTISTA.pdf (azken ikustaldia 2023/3/19).

Didi-Huberman, George (2018). suble*vaciones*. RM VERLAG. 2017.

Pallasmaa, Juhani (2012).

La mano que piensa. Gustavo Gili. 2009.

Weil, Simone (2007). *La gravedad y la gracia*. Trotta. 1947.

Weil, Simone (2019). *La persona y lo sagrado*. Hermida. 1943.

Maillard, Chantal (2008): https://www.cccb.org/es/multimedia/videos/la-condicion- humana-la-creacion/212594 (azken ikustaldia 2023/3/19).

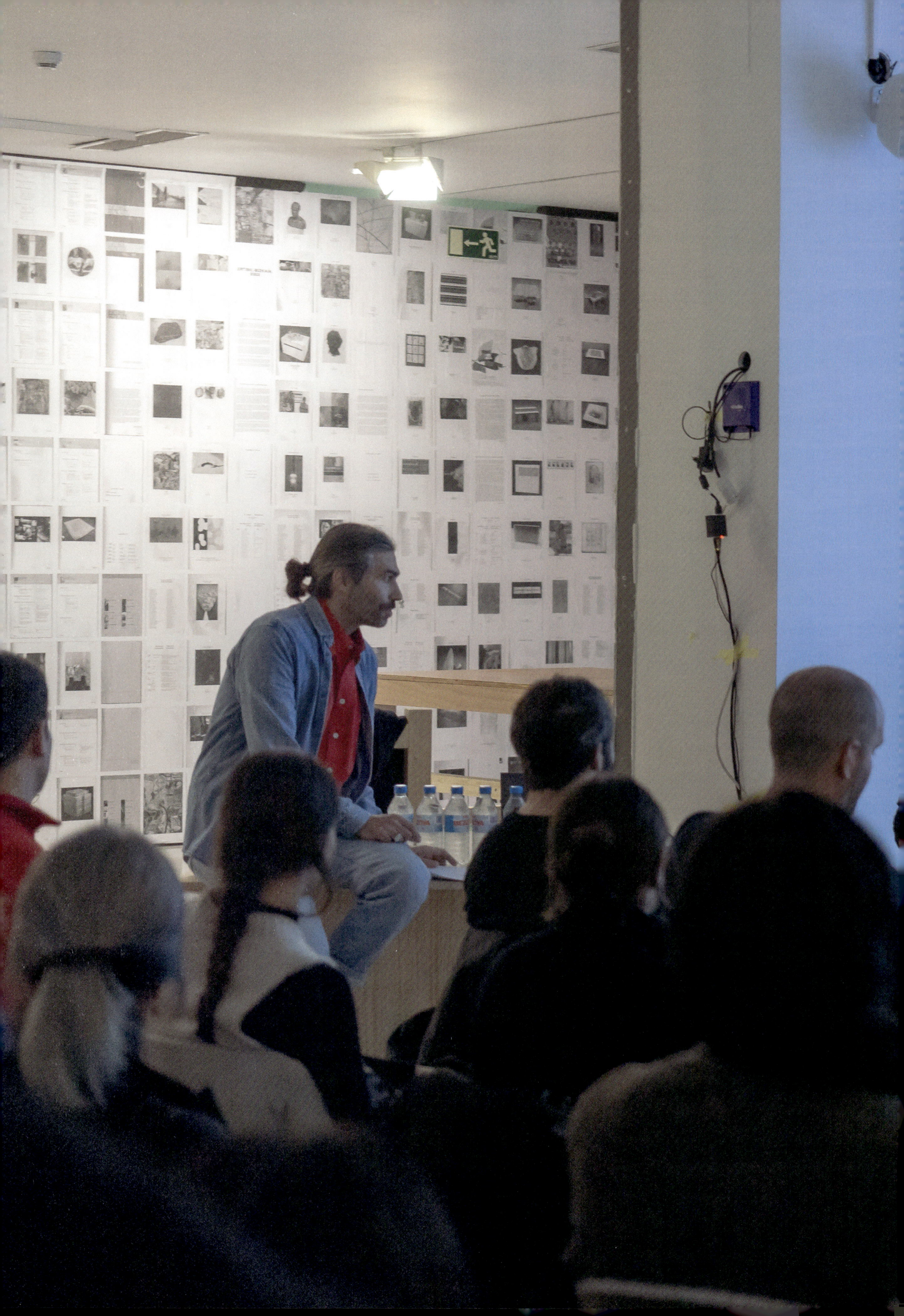

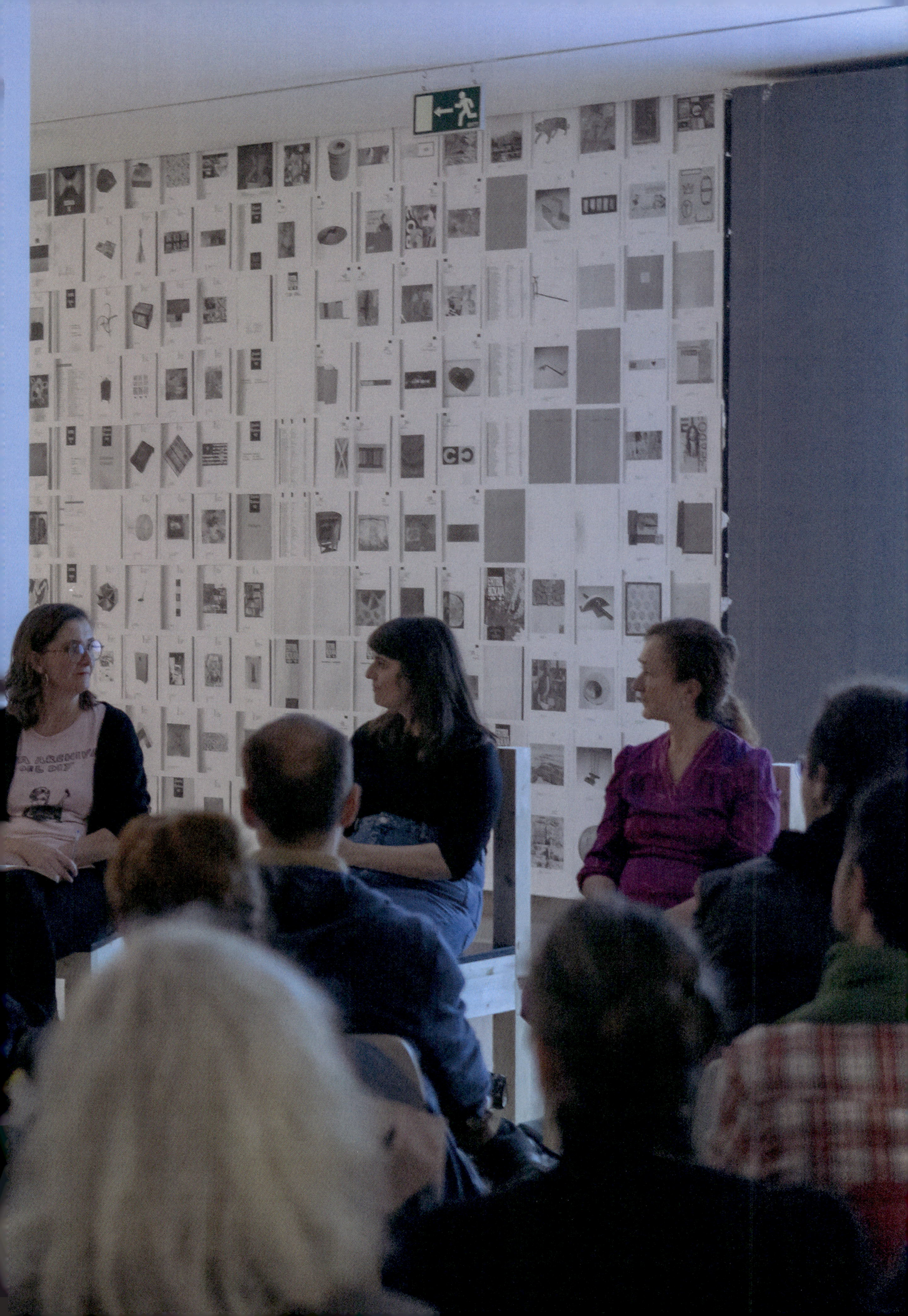

OIHANA GARRO

EL ACCESO

Desde que me pidieron que escribiera para este apartado denominado *El acceso* (Sarbidea), lo que ronda en mi mente es el contexto del nacimiento de la obra.

En la sesión celebrada en la Sala Rekalde, Marion Cruza, Abigail Lazcoz y Elena Mendizabal presentaron sus reflexiones sobre los diferentes *accesos* al arte. Diría que en aquel coloquio se habló mucho de la resonancia que tienen los lugares para la existencia de la obra de arte. Los sitios que destacaron, principalmente, fueron los siguientes: la Facultad de Bellas Artes, la Sala Rekalde, el almacén de obras del concurso Ertibil y el gaztetxe Txarraska. El lugar en sí, sea institucional o no, se lea o no en positivo, fue identificado por los ponentes como la llave para acceder a la obra de arte. ¿Dónde nacen las obras?, preguntó Marion.

En este texto se ha decidido desfocalizar el valor central que adquirieron los lugares en las presentaciones de la Sala Rekalde, trasladar el foco a otro punto y ofrecer una nueva capa al coloquio. Aunque la idea central que se planteará tiene inevitablemente una dependencia absoluta de lugares, tiempos y contextos. La idea principal es, en definitiva, que para poder acceder a los procesos artísticos debemos tener una actitud atenta[1].

Consideraremos el acceso como un hito entre el ser y el no ser, es decir, el umbral de la obra de arte. Por ello, quiero distinguir claramente, sabiendo que corro el riesgo de caer en la simplificación de lo complejo, que para la fase inicial de la obra de arte no consideraremos los museos y las salas legitimadoras como elementos principales. Se trata de cuestionar el protagonismo que demasiadas veces adquieren ciertos lugares institucionales y legitimadores, como pueden ser museos o salas, en cuanto al *acceso*.

En la Facultad de Bellas Artes, Elena Mendizabal imparte la asignatura de Escultura en el tercer curso del Grado en Arte y llevó por unos días las esculturas realizadas en el aula por sus alumnos a la Sala Rekalde. Según Elena, es importante sacar las obras de su entorno habitual y observarlas de una manera digna. Tanto Marion como Abigail y Elena son personas que se dedican o se han dedicado a la enseñanza artística. Yo también ejerzo la docencia en la Facultad de Bellas Artes y traigo esa experiencia hasta aquí.

Como profesora, diría que he sido testigo en numerosas ocasiones del nacimiento de una obra de arte realizada por el alumnado. Considero que el momento en que el *simple* material se convierte en obra de arte es mágico y preparamos el cuerpo y la mente a favor de ese momento. También es curioso cómo abandonamos inmediatamente la obra materializada en la Facultad de Bellas Artes. No estamos en una sala de exposiciones.

Entiendo el nacimiento de la obra de arte como la consecuencia de un proceso comprometido, lleno de matices, y alcanzar la adhesión a ese proceso comprometido, identificar los procesos artísticos indispensables y contribuir a su inmersión en ellos podría ser uno de los objetivos principales de la enseñanza artística.

Y los lugares y los tiempos deberían posibilitar esos procesos. Abigail mencionó que el saber artístico es un saber que nace de la acción, que somos autoras. Por lo tanto, para 'realizar' una obra hay que encontrar el sentido del proceso de la realización.

Juan Luis Moraza reflexiona en su texto *El deseo del artista* (2009) sobre el arte y el deseo, identificando una serie de deseos que pueden relacionarse con el arte: deseos de realizar, transformar, dar forma, saber, relacionar o encontrar.

Me apropiaré de la explicación de este montón de deseos desarrollados por Moraza y explicaré el deseo de 'realizar'. Y lo entrelazaré con el proceso atento, el sujeto vulnerable y la forma inclinada.

¿Cómo debe ser la realización en el arte?

No se puede definir cómo debe ser la realización artística, porque todas las realizaciones creadas con anterioridad se echan a los hombros e interceden a favor de la nueva realización. Pero para la forma que está por venir no valen las mismas fórmulas de las formas anteriores. Y en el arte se trabaja teniendo en cuenta lo ya realizado, muchas veces admirado, pero también es imprescindible revolucionar lo que se ha hecho, reivindicar la creación.

Marion Cruza, utilizando en la sesión unas palabras de Isabel de Naverán, comentaba que se nos olvida que sumergirse en una conversación es estar preparados para algo que puede suceder por primera vez. Pero, a pesar de ello, no nos adentramos en el diálogo de forma totalmente improvisada, sino que nos asimos al sustento de una estructura capaz de aguantar un duelo. El destino de la obra de arte no puede ser definido por un procedimiento disciplinario, no encontraremos ni en los libros ni en las palabras de los y las docentes una forma de crear que debe ser inventada constantemente. Esa creación o realización se conformará como un eco de lo que fue, pero sobre todo, reivindicará, en mi opinión, la capacidad creativa de lo nuevo.

1 Hemos utilizado la palabra 'atención' para traducir el concepto *attention* de la pensadora Simone Weil.

En este sentido, quiero referirme brevemente a la reflexión que hace Hannah Arendt sobre el nacimiento, deudora de la reflexión de Adriana Cavarero sobre la pensadora[2]. Según Arendt, el ser humano, aunque morirá, ha nacido para empezar algo nuevo y, por eso, ese nacimiento será considerado la principal categoría transformadora en su pensamiento político. Arendt relaciona absolutamente el nacimiento con la acción, considerando dicha acción como la capacidad de iniciativa que posee el ser humano. Dice Arendt que «una vida humana encaminada a la muerte conduciría inevitablemente al ser humano a la ruina y a la destrucción, si no fuera por la facultad de interrumpir esa convicción y por la capacidad de crear algo nuevo. Esa es una facultad inherente a la acción, que nos recuerda que las personas, aunque hayan de morir, no han nacido para morir, sino para empezar algo»[3].

Es decir, la acción, que también podemos llamar acto, es la facultad que tenemos los seres humanos para crear algo nuevo. Dice Arendt que nacemos dos veces, una en el momento de nuestro nacimiento fisiológico y otra cuando ponemos conscientemente en marcha nuestra capacidad de acción. En mi opinión, el arte puede dar lugar a ese segundo nacimiento.

¿Qué somos, realmente —nos pregunta George Didi-Huberman—, bajo todo este plomo del mundo? Somos a la vez, dice, titanes vencidos y niños bailarines, y por esto último, podemos ser, ganadores del futuro[4].

Para reivindicar esa posibilidad de nacimiento, ¿qué contextos necesita la realización artística? O, mejor dicho, ¿qué tipo de actitud debemos tener al iniciar un proceso de trabajo para sentirnos inmersos en algo que está ocurriendo por primera vez?

Cavarero dice que le debemos al pensador Emmanuel Levinas el agitar las dicotomías relacionales que la filosofía metafísica tiende a proteger. Prueba de ello es, por ejemplo, que defiende la necesidad de agitar el yo y el otro, la figura y el fondo, desde posiciones claras y separadas y reivindicar un altruismo radical frente a los egoísmos. El encuentro con el otro vulnera traumáticamente la subjetividad del yo cerrado y, por eso, la ética de Levinas es la ética de la relación o del trato, que se aparta de la ontología individualista centrada en uno mismo.

En el arte, se cree que debemos actuar desde una posición de apertura hacia el otro (*hacia todo lo que es el Otro*, diría Levinas). Es decir, que lo más importante para dar acceso a procesos artísticos interesantes, es salir de la cerrazón de uno mismo y ocuparse del otro. Por eso, como se ha dicho anteriormente, se considerará esa posición atenta al otro; elemento principal para el acceso a la obra de arte, más allá de lugares, tiempos o formas concretas.

La atención, desde la perspectiva de la pensadora Simone Weil, es una posición de espera activa que podríamos formar y que está estrechamente relacionada con el deseo.

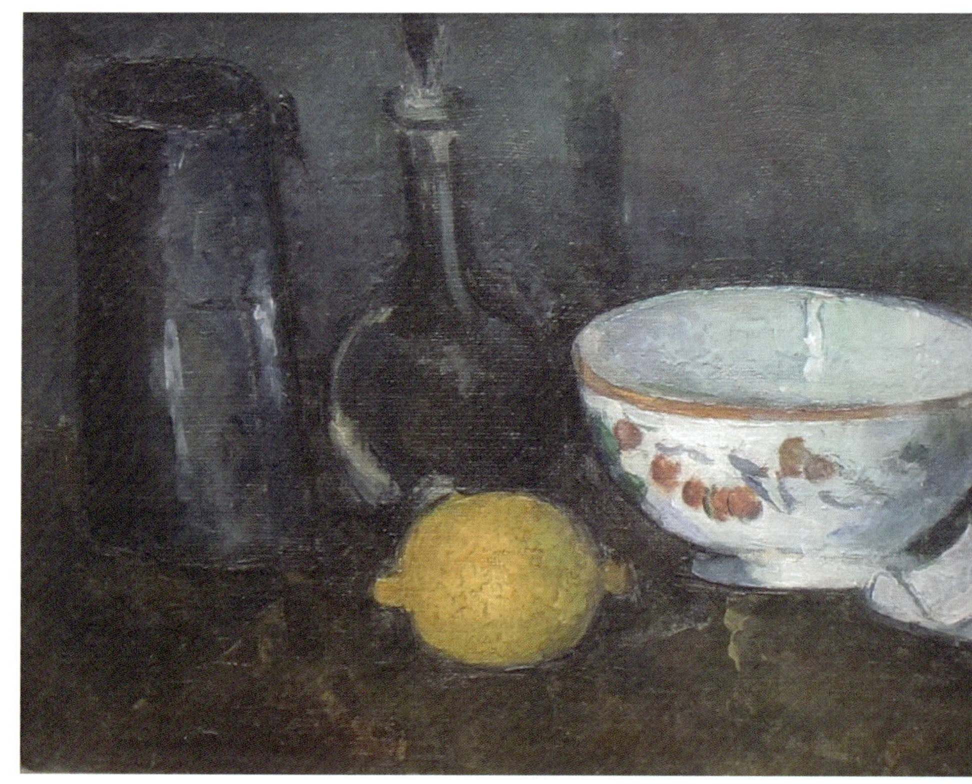

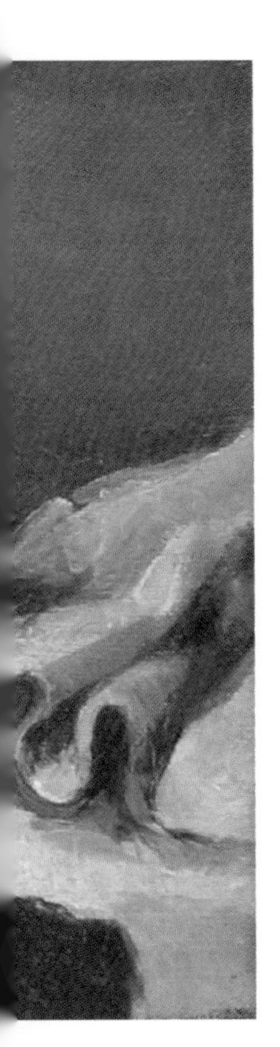

2 Cavarero, A. (2022). Arendt: Un niño ha nacido entre nosotros. En: A. Cavarero, *Inclinaciones. Crítica a la rectitud.* Fragmenta. 2013.

3 Cavarero, A. (2022). *Inclinaciones. Crítica a la rectitud* (pp. 180-181). Fragmenta. 2013. Para profundizar sobre el tema, véase el capítulo «Vita activa» del libro *La condición humana* (2008) de Hannah Arendt.

4 Didi-Huberman, G. (2018). *Sublevaciones* (p. 23). RM. 2017.

Por ejemplo, miro el limonero que tengo delante. Quién sabe cuándo naciste, cuando Cézanne te puso a charlar de par en par con la taza vacía o aquel caluroso día de primavera en que fuimos a buscarte.

Si miramos un árbol con atención, si miramos con atención una obra de arte, un vestido o una pared del gaztetxe... nos será difícil, al margen de las lógicas espaciales y cronológicas habituales, definir con precisión el momento de nacimiento, la razón, de esos entes diferentes.

El deseo, dice Deleuze, surge en contextos compuestos, en la relación mutua. Weil añade al respecto que para que surja un conocimiento extraordinario hay que ser sensibles a la resonancia que el otro provoca en nosotros. Dirá, más de una vez, prestar atención al otro.

Weil diferencia dos tipos de acciones para conocer el mundo: una de atención y otra de voluntad. La acción atenta, como se ha indicado anteriormente, proviene del deseo de interrelación y se centra en la apertura al otro. La acción voluntaria, sin embargo, es una acción más dirigida, que viene provocada de antemano y se ejecuta mediante la voluntad unilateral del individuo. En ese sentido, la atención supone un paso atrás respecto al objeto del deseo, un apaciguamiento de las voluntades individuales para poder trabajar reconociendo la naturaleza del otro. Weil dice que no conseguiremos nada si previamente no apaciguamos un poco nuestra voluntad. Solo una acción indirecta, según Weil, es eficaz para la atención[5]. En ese sentido, deberíamos tener cuidado con la atención focalizada. Siempre hemos oído que cuanto más concentrados estemos en algo, mejor trabajaremos, pero en lo que se refiere a la atención, Weil pone sobre la mesa un planteamiento diferente.

En todo caso, para poder trabajar cuidadosamente el otro *(todo eso que es el Otro)* no hay que enfocarse demasiado en un único punto: para detectar la articulación entre las cosas, la cosmología, los parentescos..., más que actuar en un sentido focalizado (pensemos, por ejemplo, en el sistema de la perspectiva) deberíamos actuar de forma extendida pero concentrada, huyendo de las ubicaciones concretas de las cosas. Se pondrá la atención sobre la escucha atenta de un amplio ámbito de relación.

Me referiré seguidamente a dos conceptos muy utilizados en la enseñanza artística que de alguna manera están en relación con la voluntad o atención de Weil, dos tipos de acciones diferenciada: la creación artística procesual y la creación artística proyectual. Al trabajar en forma de proyecto, las ideas y costumbres individuales ocupan un lugar importante. A la hora de trabajar de forma procesual, hay que trabajar paso a paso, advertir cuidadosamente lo que está sucediendo en cada momento y transformar continuamente las ideas previstas, según la resonancia del otro.

Si consideramos la atención, la acción que surge en la escucha del otro, como principal acceso al arte, se admitirá que la realización artística debe ser procesual. Moraza, en el texto sobre los deseos anteriormente mencionado, señala que la idea de proceso es una idea ajena a las lógicas y pensamientos estratégicos del proyecto y que es difícil reducir lo que ocurre en el taller de arte a una adaptación proyectiva. La voluntad del artista, dice Moraza, no es un deseo estratégico. El proceso en sí mismo es un tiempo y un espacio lleno de incertidumbres, de hechos curiosos y de descubrimientos sorprendentes.

Por ello, al adentrarnos en un proceso atento, perdemos las fortalezas que nos protegen y, además del placer que supone unirnos al otro, también ocurren muchas veces situaciones de incertidumbre y fragilidad que generan la distorsión de los propios límites. Como dice Juhani Pallasmaa, si la incertidumbre no acaba con nosotros, se convierte en nuestra amiga íntima en los procesos.

Tras señalar una actitud atenta como vía de acceso a la obra de arte, quiero mencionar dos figuras que surgen en estrecha relación con esa actitud: la forma inclinada y el sujeto vulnerable. Más allá de la construcción de formas y sujetos, se piensa que la actitud atenta también puede incidir en otros ámbitos, pero como en esta disertación pretendemos analizar los efectos directos que se dan en el proceso artístico, voy a mencionar la relación entre la actitud atenta, el sujeto vulnerable y la forma inclinada.

Se cree que, trabajando con atención, el arte puede servir para introducir en el mundo formas más inclinadas y reconstruir la subjetividad de las personas de una manera más abierta. Vamos a explicarlo más despacio.

¿Cuál es nuestra geometría?, se pregunta el artista José Ramón Amondarain en un cuadro[6], y esa pregunta nos conduce directamente a la reflexión que hace Adriana Cavarero en su libro *Inclinazioni. Crítica della rettitudine* (2013).

En opinión de Cavarero, la modernidad priorizó, sobre otras opciones, la forma vertical que corresponde al modelo ontológico individualista. Este modelo tiene una gran impronta de la filosofía de Kant y, como se ha dicho, lo erguido es aquello que surge de la relación con uno mismo. Cavarero dice que históricamente la filosofía no ha estimado las geometrías no verticales, al contrario, las ha contrastado y combatido. Según el momento parece ser que esa lucha se ha realizado mediante diferentes métodos y, como decía Foucault, se han utilizado y otra vez los dispositivos de verticalización que tenían como objetivo el ser humano autónomo y recto.

5 Weil, S. (2007). *La gravedad y la Gracia* (p. 154). Trotta. 1947.

6 Conocí la existencia de dicho cuadro en una charla impartida por Iñaki Imaz en Tabakalera (Donostia).

Por otro lado, el libro de Cavarero menciona que, en tiempos de posmodernidad, la geometría vertical y el sujeto autónomo moderno que se deriva de esa geometría vertical han sido muchas veces criticados. Que en arte, filosofía, literatura... el heroico sujeto vertical ha sido sustituido por otras formas y sujetos, y el antes rígido, autónomo y creado exclusivamente en uno mismo se ha fragmentado, embarrado y destruido después.

Entonces, tras la crítica de la tendencia vertical derivan la no-forma o la destrucción. Si en arte atendemos a las corrientes de abyección o de arte informe, podríamos hablar largo y tendido sobre esa tendencia. La falta de sentido de la subjetividad en tiempos de posmodernidad también tiene que ver con la destrucción de la geometría vertical.

Cavarero, sin embargo, después de la forma vertical o destrozada, muestra su clamor por otra forma que, aun no estando completamente despedazada, tampoco es sólidamente vertical. Designa esa forma como *forma inclinada* y podríamos entenderla cercana a las palabras de pensadores como Levinas, Arendt y, más tarde, Judith Butler.

Cavarero analiza algunas obras de arte realizadas a lo largo de la historia —concretamente, las representaciones religiosas de la Virgen María—, para tratar sobre la geometría inclinada. Indica claramente que la inclinación de la mujer, la inclinación de la mujer que es madre, nunca ha sido una preocupación para el hombre recto y vertical.

A la mujer se le han atribuido habitualmente dos roles, el de madre o el de amante, y si dichos roles no se encadenan el uno con el otro, no hay problema. Cavarero dice que la inclinación "natural" de la maternidad ha sido históricamente bien considerada, al menos si se ciñe a los clichés proporcionados, es decir, si se mantiene lejos de las fortalezas y no se mezcla con otras pasiones. En consecuencia, en determinados casos, ser una persona inclinada respecto de la otra, tomando como modelo a la Virgen María, es una opción valorada.

En ese contexto, parece ser que la sociedad asigna diferentes roles a las personas, a los hombres y a las mujeres, y que en función de los mismos algunas somos más torcidas, más inclinadas, y otros, en cambio, son más tiesos, más eficaces. Como si estar inclinado o erguido fuera algo impositivo o elegible.

En cualquier caso, contraviniendo esa idea y recordando a Butler, diremos que la inclinación o flexión hacia el otro no debe plantearse nunca como una oportunidad. Es decir, se considera que la inclinación es una condición en el proceso de formación de la persona, por lo que la relación con el otro es estructural, natural e imprescindible. Recordemos que la relación, en el proceso artístico y también en la construcción de la subjetividad, está considerada como un elemento básico.

Por ello, más allá de los clichés, Cavarero diferencia las representaciones de la Virgen María de las representaciones artísticas verticalizantes y las valora como geometría inclinada. Porque en ellas se representa la relación indispensable entre la madre y el niño a través de la curvatura o flexión de los cuerpos, ya que las imágenes dan valor al espacio, así como a la relación. El traslado de la relación al centro de la imagen altera los centros de los sujetos representados, se liberan ligeramente y todos ellos (madre e hijo) se dibujan un poco fuera de sí mismos, como dice Arendt, *arrojados al otro*.

Sobre las imágenes de los nacimientos Cavarero escribe que "retratados por innumerables artistas y esparcidos por miles de iglesias, museos, avenidas, calles y cruces, la imagen de la Virgen y del niño no es un mero icono cristiano que conmueve solamente el corazón de los fieles. Es la forma maternal más representada de la historia, y no puede ser apartada por la ontología que trata sobre la relación"[7]. Cavarero dice que estas imágenes se alejan de las representaciones violentas de las relaciones usuales, aunque se mantengan todavía en un perfecto equilibrio estático y nos sean por ello útiles para pensar en torno a la forma inclinada. En ese sentido, debo considerar inevitablemente estas palabras de Weil cuando dice que, desde la más tierna infancia hasta la tumba, por encima de toda la experiencia de los crímenes cometidos, sufridos y presenciados, existe en el fondo del corazón de todas las personas la esperanza de que el otro le haga el bien y no el mal[8].

7 Cavarero, A. (2022). *Inclinaciones. Crítica a la rectitud* (p. 41). Fragmenta. 2013.

8 Weil, S. (2019). *La persona y lo sagrado.* Hermida Editores. 1943.

Si el arte se hace desde la atención, desde la apertura al otro, tal y como se ha defendido antes, la forma que se crea, más que representar el propio ser autónomo representará la experiencia de una creación compartida.

En un proceso artístico, al menos, la relación no es una opción, sino una condición. Para un proceso artístico atento es imprescindible que la relación no sea de tipo impositivo. Se quiere pensar que la forma que resulte del obrar atento será necesariamente abierta, inclinada o flexionada, y que para manifestarse así no tiene por qué ser la representación literal de una inclinación, como en el ejemplo de la Virgen y el niño.

Llegados aquí, vuelvo a recordar el ejercicio solicitado por Elena en clase, luego visionado en la Sala Rekalde. La única premisa del ejercicio era crear una forma vertical. ¿Cómo se puede entender que hoy en día se reivindique una forma vertical?

Quizá, volver a reivindicar la verticalidad, desde la posición de docente de arte, podría ser una respuesta a la forma destruida de la posmodernidad, o de alguna manera, una pequeña demanda constructiva que podemos hacer ante una impotencia de la forma. Sabiendo que, en los procesos artísticos, a pesar de trabajar hacia arriba o hacia abajo, estamos siempre dedicados al otro. Esta conciencia de relación con el otro, diferencia totalmente la idea de la verticalidad actual de la idea de la verticalidad en la era moderna. "Aunque he caído, he caído hacia arriba [...]. Pero aunque caigamos, aferrándonos a nuevos sueños, caemos hacia arriba" canta Anari.

Y, para terminar, quiero hablar de la palabra vibración, que se mencionó hacia el final del coloquio. Y sí, defendemos que las formas del arte actual, más que estáticas, equilibradas y cerradas, pueden ser vibrantes, abiertas e inclinadas. Y no por eso son formas destruidas o deformadas.

Decía Elena que las obras deben tener vitalidad, como las personas y las plantas.

No pude estar presente en la sesión y he recibido todo el material por vídeo. Lo que más me ha sorprendido de todo lo que he recibido ha sido el registro de la audición sonora de Oier Iruretagoiena. Mientras el público escucha el trabajo sonoro de Oier, la cámara de vídeo lo enfoca. Los cuerpos enfocados han tenido que escuchar el sonido durante mucho tiempo, además, no en el calor del hogar y con las luces apagadas, sino en un contexto que suele tener una sobrecarga de representación y mientras estaban siendo grabados. Todos juntos, colocados al lado pero queriendo detenerse, los cuerpos aparecen en una vibración incómoda. Recordándonos que la relación, no siempre es cómoda o armoniosa.

Cómodo, incómodo, cariñoso, vibrante... todo es relación y, como dice Chantal Maillard, eso somos, sobre todo, cada uno de nosotros: un campo vibrante que baila en resonancias más o menos torpes y armoniosas con el otro, que nace para juntarse y desaparecer.

Bilbliografía citada:

Cavarero, Adriana (2022). *Inclinaciones. Crítica a la rectitud*. Fragmenta. 2013

Moraza, Juan Luis (2009): http://www.victordelrio.es/blog_docente/wp- content/uploads/2013/04/EL-DESEO-DEL-ARTISTA.pdf (última consulta 19/3/2023).

Didi-Huberman, George (2018). suble*vaciones*. RM VERLAG. 2017.

Pallasmaa, Juhani (2012).

La mano que piensa. Gustavo Gili. 2009.

Weil, Simone (2007).
La gravedad y la gracia. Trotta. 1947.

Weil, Simone (2019).
La persona y lo sagrado. Hermida. 1943.

Maillard, Chantal (2008): https://www.cccb.org/es/multimedia/videos/la-condicion- humana-la-creacion/212594 (última consulta 19/3/2023).

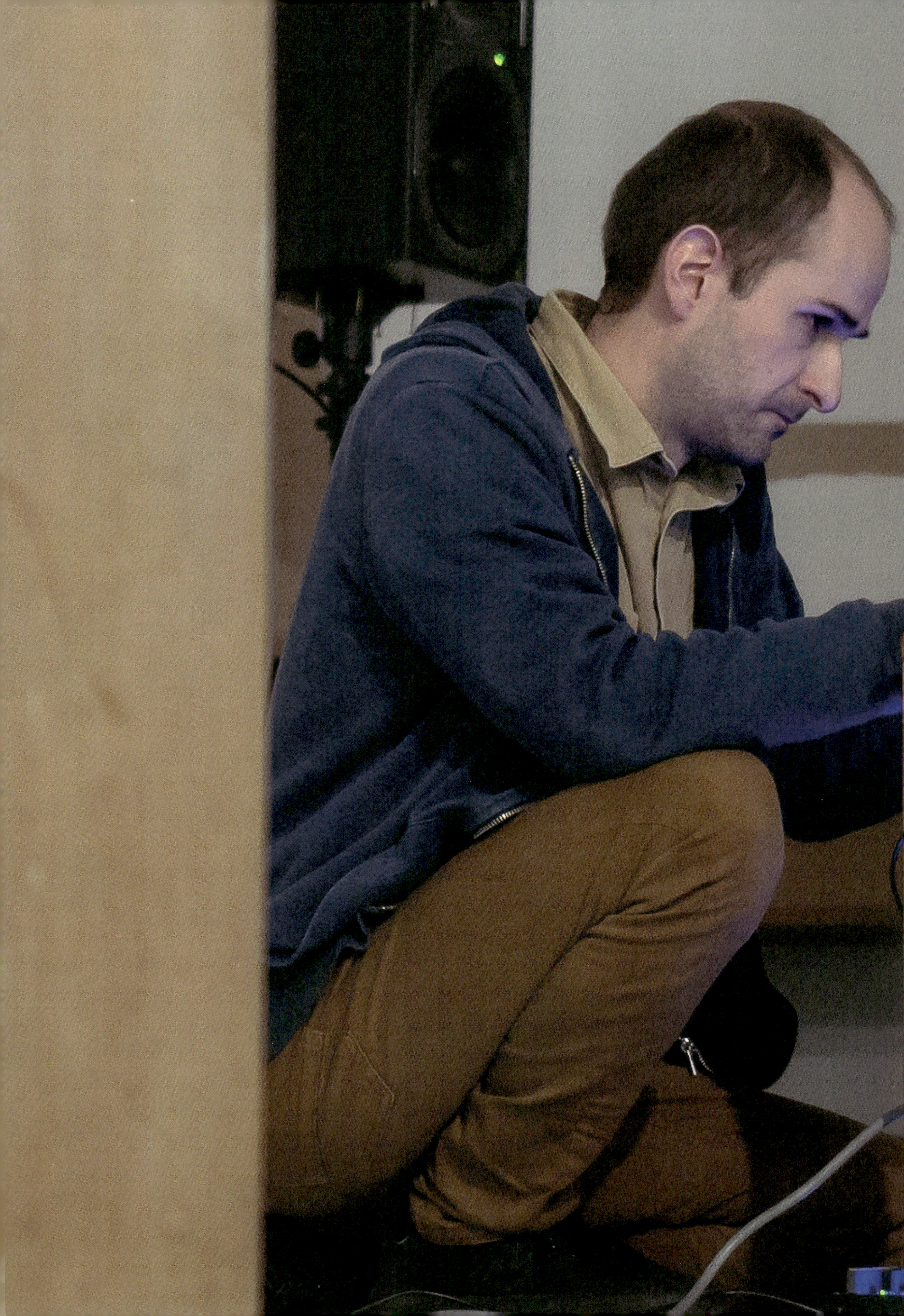

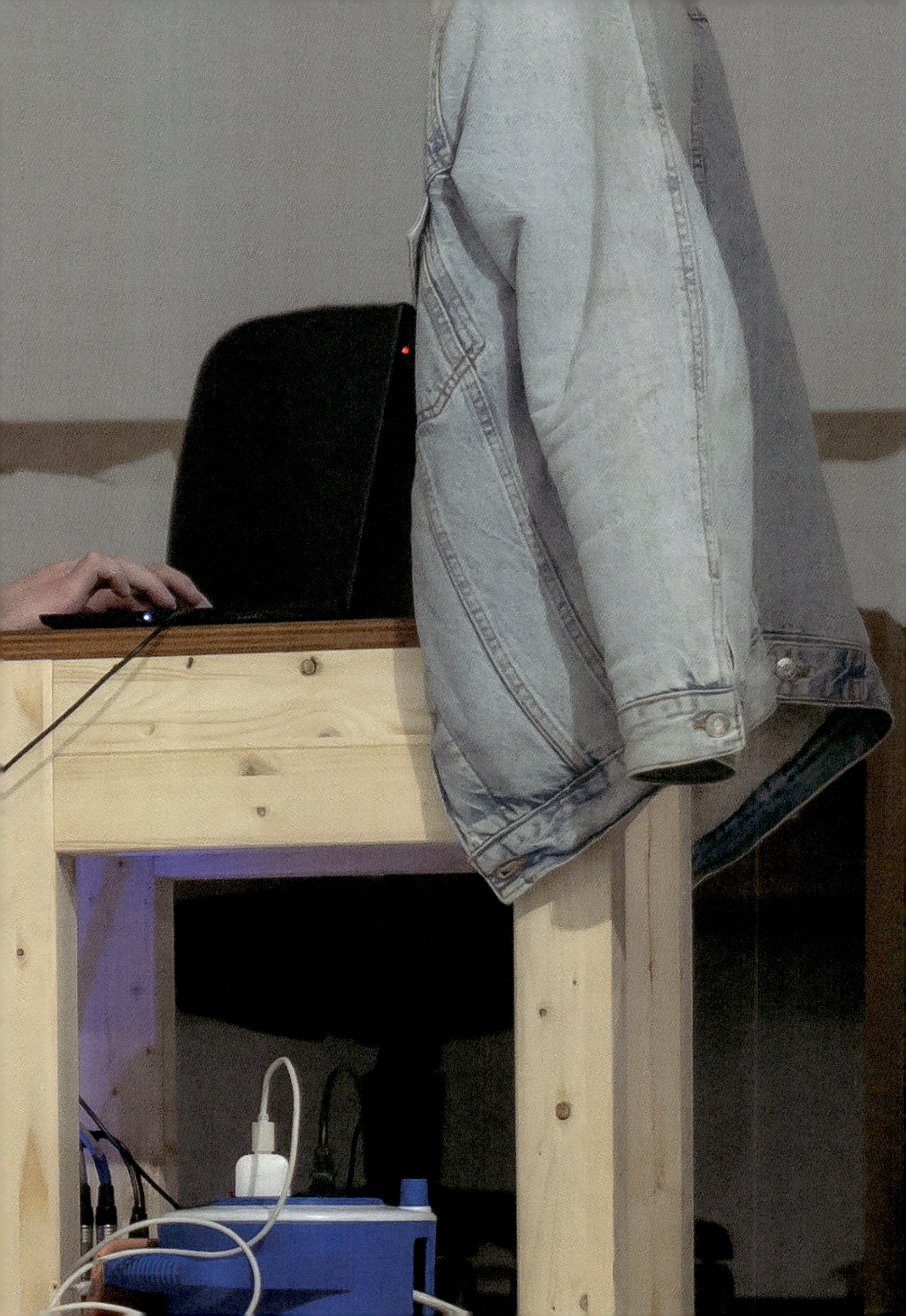

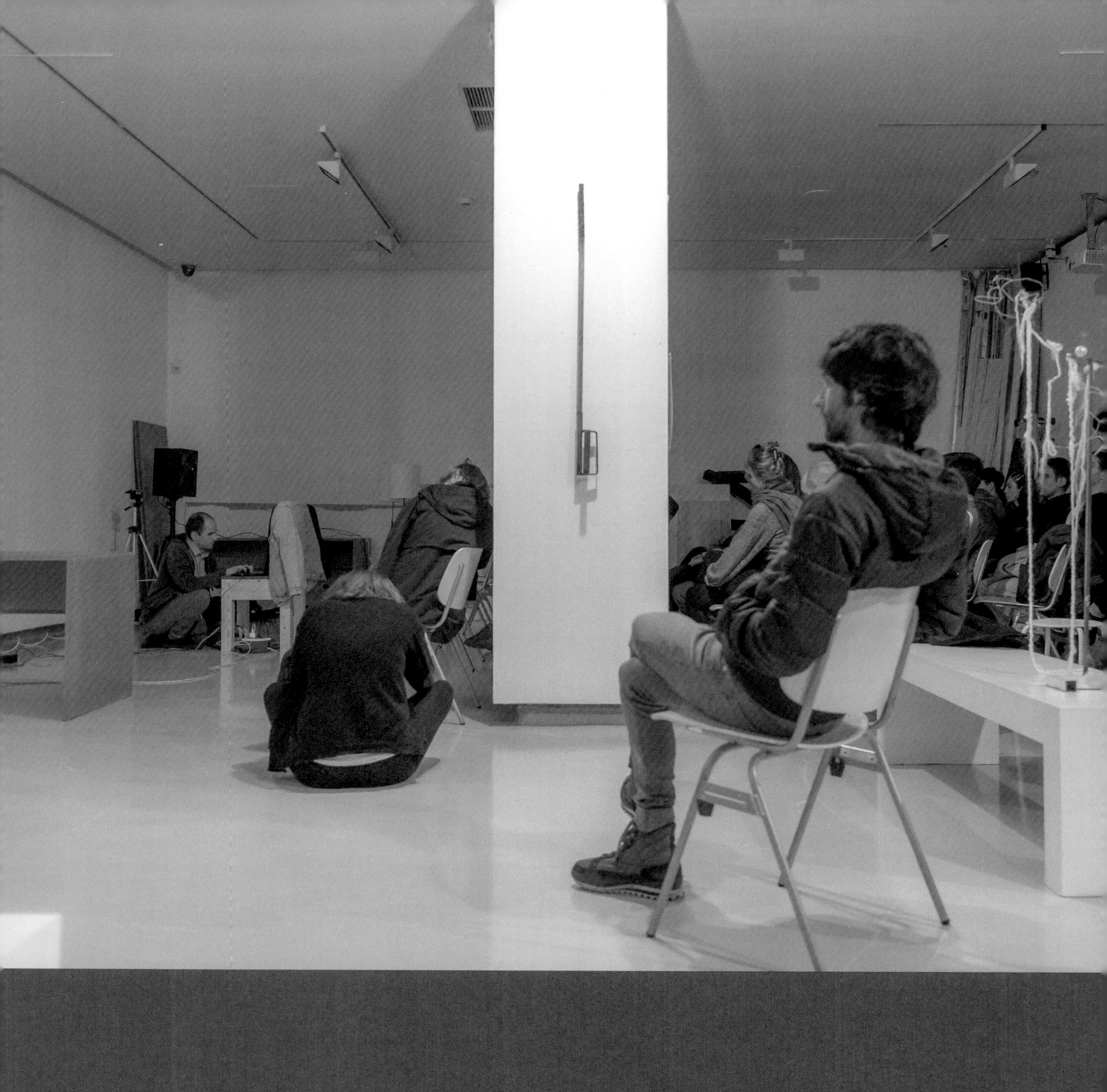

2. SAIOA

SESION 2

BITARTEKOA

EL MEDIO

Txuspo Poyo
Jaime Cuenca
Zigor Barayazarra
+
Elena Aitzkoa

Urtarrilak 12
12 de enero

18:00etan
18:00h

ERTIBIL 40 ERTIBIL BIZKAIA ERTIBIL 40 ERTIBIL BIZKAIA

ERTIBIL BIZKAIA

EDURNE
GONZÁLEZ IBÁÑEZ

The Medium

58

ERTIBIL40

1 McLuhan, M. eta Fiore, Q. (1962). Koord.: Jerome Agel. *El medio es el masaje. Un inventario de efectos.* Paidós Studio. 1987.

2 Farocki, Harun. 1969. *Nicht löschbares Feuer.* Deutsche Film- und Fernsehakademie Berlin (DFFB).

3 Farocki, H. 1969. *Nicht löschbares Feuer.* Deutsche Film- und Fernsehakademie Berlin (DFFB).

Ertibileko edizio ezberdinetako katalogoen bilduma berrikustean, 2023ko urtarrilaren 12an Bilboko Rekalde Aretoan INGURUNEA/EL MEDIO gaiaren inguruan egindako saioaren protagonistak agertuz doaz. Ekitaldiaren berrogeigarren urteurrena berrikusteko, eguneratzeko eta berrinterpretatzeko lan-esparrua eraikitzeaz arduratzen den komisario-taldeak antolatu zuen saio hori. Horrela hasi naiz testu hau idazten, beste garai bateko irudi, hitz eta ideien artean, beste ordena batean, orainetik begiratuta, trantsizioan ulertzen dudan espazio batean, baina orainarekin, iraganarekin eta etorkizunarekiko lotura hertsian.

Argitalpen hauen orrien artean, bat nator eta berriro topatzen ditut mahai-inguru baten bueltan, elkarrizketa nahiz talde-hausnarketa baliatuz, erakusketa aktibatu zutenen hainbat ekarpenekin. Saio horretan, Jaime Cuenca, Txuspo Poyo eta Zigor Barayazarra *streaming* bidez konektatu ziren nor bere lantokitik edo estudiotik erakusketaren agorako pantailarekin.

J. Cuencak eta T. Poyok bitartekoaren inguruko iruditeria zirriborratzen zuten aipamen eta erreferentzia heterogeneoak adierazi zituzten; bien bitartean, Z. Barayazarrak espazio birtuala eta fisikoa kontaktuan eta tentsioan jarri zituen ekintza bat gauzatzen zuen, hasierako kokalekutik Errekalde Zumarkaleko 30. zenbakira joan, ibilbidea zuzenean ematen zuelarik, lehenengoz oinez eta geroago metroz, aretora iritsi arte. Amaieran ateratako ondorioen ostean, Elena Aitzkoaren performance-ari ekin zitzaion. Elenak, bere gorputza mugituz eta txistu bereizgarri bat eginez, topaldian parte hartu genuenon erritmoa eta giroa aldarazi zituen.

Berrogei urte hauetan, izen horiek eta beste askok, hautaketan aukeratu ez zituztelako eta/edo lehiaketaren proposamenarekin bat egiten ez zuten formatuetan lan egiten zutelako ertzean bizi izan bizi izan diren artistekin batera presente egon direnak —Arantza Lauzirikak erakusketan aurkeztutako *Ez aurkeztuak / No presentados* izeneko ikus-entzunezko proposamenean agerian geratu denez—, hartu-emanen, absentzien eta baliokidetasunen kartografia bat eratu dute, Bizkaiko lurralde historikoari lotuta dagoen etengabeko bilakaeran dagoen testuinguru artistiko hori gorpuzten duena, eta orain, ERTIBIL40 testuinguruan jartzeko bigarren jarduera haren izenburuaren konplexutasunari heltzeko abiapuntu gisa balio diguna.

Bitartekoak dakarrenaren inguruan hausnartzean, bat nator gonbidatuek definizio bakarrak dakarren zailtasunari buruz izandako elkarrizketan azaldutako ohar batzuekin, eta uste dut nik ere intuizio bera dudala. Hurbilketa horietan, lehenengoz eta bat, beste nozio batzuetatik, hala nola diziplinatik, euskarritik eta formatutik bereizteko beharra ageri da. Berehala etortzen zaizkit burura Marshall McLuhanek proposatzen zituen adierazleen eta adierazien joko haiek, bitartekoari erreferentzia eginez: ***message, massage, mess age, mass age***[1]. Kontzeptuzko aldaketa horiek guztiek antzeko ozentasuna dute, eta bat datoz bitartekoak daroan faktore baldintzatzailea adieraztean —kasu honetan, teknologikoa—. Ildo horretan, teknologiak lengoaiak, egiteko eta errepresentatzeko erak eta sartzeko eta jasotzeko moduak eraldatzeko erabiltzen dituen bideen inguruko ideia garatzen du, eta bitartekoari buruzko azterketari aplika dakiokeen funtsezko premisa bihurtzen da, edozein adierazpen-motaren gauzatzearekin loturik.

Aurrekoa kontuan hartuta, gogoan dut *Nicht löschbares Feuer* filma[2], jarrera politiko nabarmena erakusten duen ikus-entzunezko saiakera. Film horretan, Harun Farockik, armen industria eta gerra iraunarazteko arduradunak modu kritikoan zalantzan jartzeaz gain, lantegi kimiko bateko langileen testigantza fikzionatuen bidez kontakizuna boteretik eraikitzen eta administratzen den heinean subjektuek izaten duten pertzepzioaren eta ulermenaren inguruan arrazoitzen du. Horrela, *lanaren banaketa gero eta handiagoa denez*[3], norbanako bakoitzak, langileek, ingeniariek eta ikasleek, azken produktua ulertzen du beraren eguneroko zereginaren eremu bereziaren ikuspegitik. Hala ere, bere lanen konbinazioaren emaitzak ez dauka inolako zerikusirik benetan ekoizten denaren helburuarekin. Horrela, agerian geratzen da ikuspuntuak, esperientzia pertsonalak eta bestearen egitekoari buruzko ezagutzak berebiziko garrantzia dutela bitartekoari buruzko edozein irakurketa proposatzerakoan; pelikula honen kasuan, bitartekoa ekoizpen-sistema gisa ulertuta.

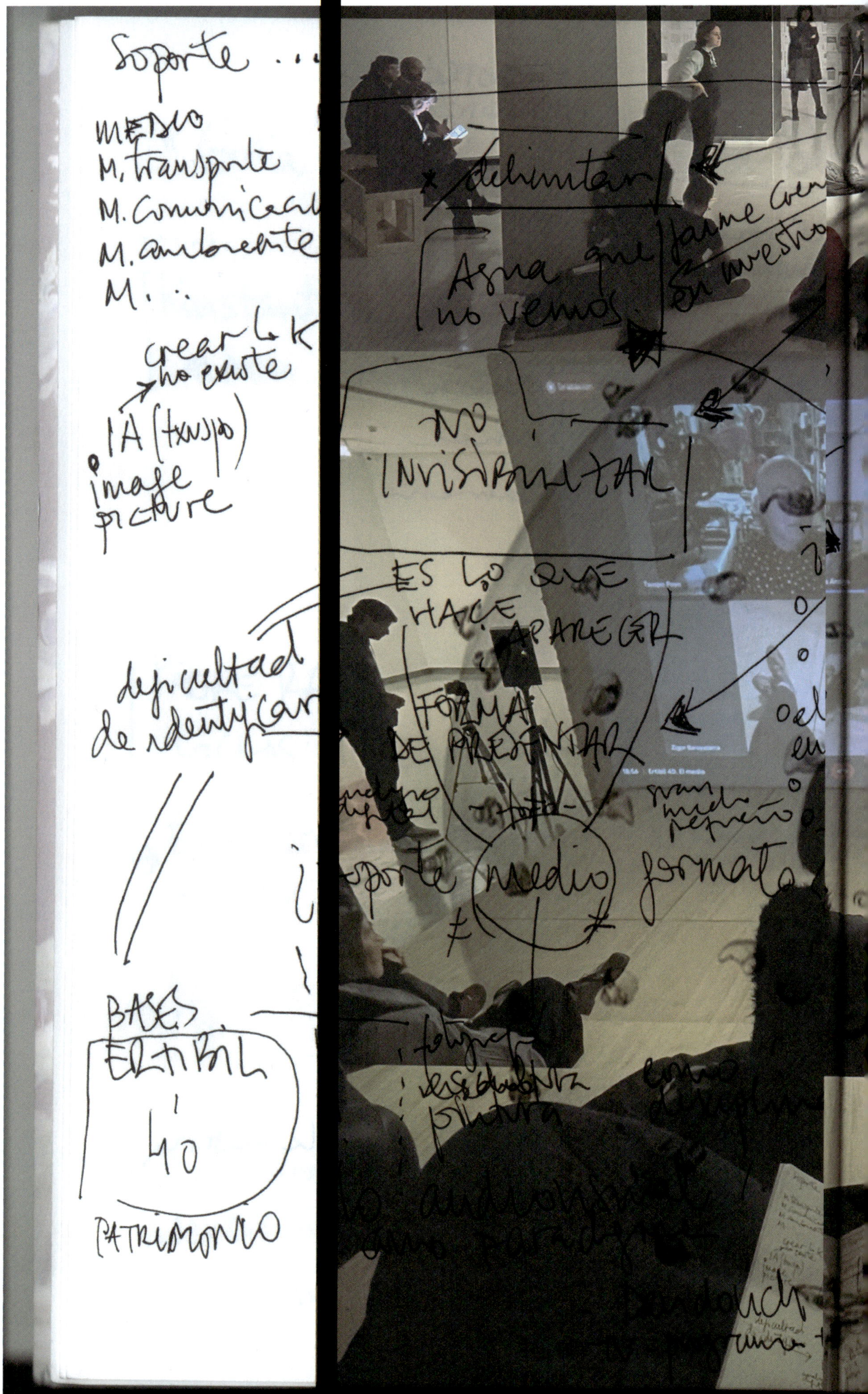

Soporte ...

MEDIO
M. transporte
M. comunicac
M. ambiente
M. ...

crear lo
no existe

IA (transp.)
image
picture

delimitar

Agua que
no vemos

NO
INVISIBILIZAR

ES LO QUE
HACE APARECER

FORMA
DE PRESENTAR

dificultad
de identificar

soporte medio formato

BASES

40

PATRIMONIO

Sala Rekalde
2023/01/12
Jaime Cuenca
[encuentro(s)]
performance
Elena Aitzkoa
This is water
Baldessari
→ quitar todo menos el arte
lo artístico
magia
Aparición digital
[Series de luz]
de la luz
ser artista es un punto de luz en la oscuridad
¿para mantener → artista?
el relato como luz que nos orienta en la oscuridad

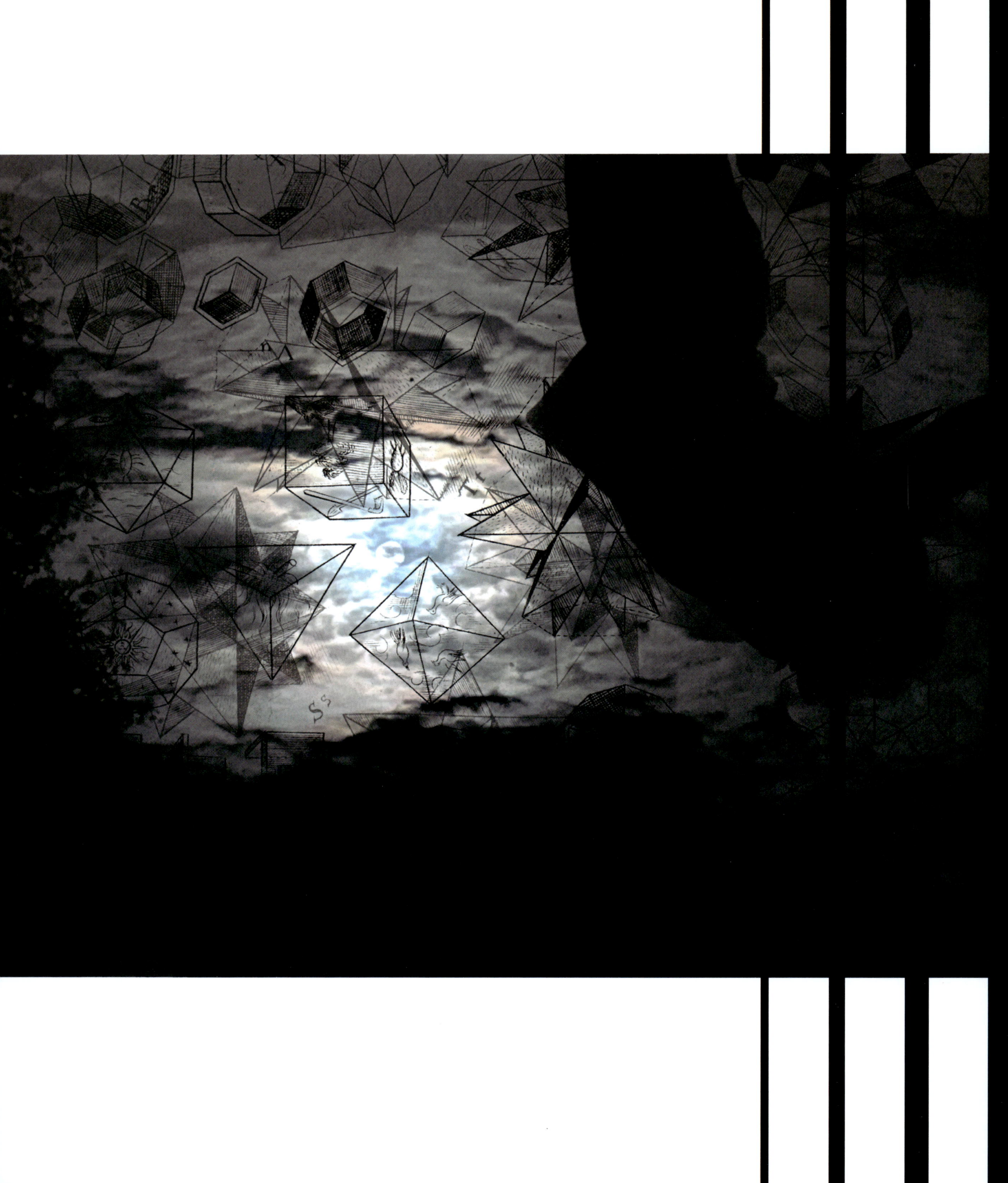

Beste leku batetik, bidaiari espazialak izendatzeko dauden kontzeptu ezberdinei erreparatzen diet: kosmonautak, astronautak, taikonautak, espazionautak edo vyomanautak; guztiek ere esploratzailea esateko erabiltzen den latindar sarrera partekatzen dute, baina ikusteko dagoen espazio mugagabea izendatzeko aurrizki desberdinak darabiltzate tokian tokiko ikusmoldearen, itxaropenaren edo esanguraren arabera. Horrela, kanpoko espazioa, landu eta atzeman nahi den ingurunetzat ulertuta, hizkuntzari atxikitako ikuskeretatik eta horiek kultura bakoitzean duten lekutik proiektatzen da. Ondorioz, kosmobisio bakoitzean sustraitutako begiradak ezartzen dira, elkarrengandik bereizi nahi direnak, espazioa menderatzeko nagusitasuna lortzeko bideak bilatuz beti.

Honaino iritsita, eta edozein bitartekok inplikatzen duen ekintza-eremu espezifikoa kontuan hartuta, bere aukera eta mugekin, kontakizunak partzialak eta subjektiboak direla onartuta eta gu guztiok goian daukagun zeru berdina izendatzeko botereak dituen ikuspuntu eta interes ugariez jabetuz, orain aztertzen ari garen bitartekora hurbiltzen ari naiz, eremu artistikoari lotuta ulertuta. Bitarteko hori mugatzea oso konplexua da, ez estatikoa, nahiz eta higigarriegia ere ez dirudien, ez dugu haren guztizko ulermenaren erabateko ziurtasunik, ez makro eskalan, ez mikro eskalan. Izaera deszentratu eta ezegonkor horrek pentsarazten digu bitartekoak izaera anbibalentea duela, inguru heterogeneo eta hibrido batez elikatzen dela erreferentzia iraunkorrak egon arren, horietako batzuk unibertsalak, bukle amaigabe batean behin eta berriro gertatzen direnak.

Ezaugarri bereizgarri hauek aukera ematen dute ikuspuntua esperientzia bakoitzetik aldatzeko, ez baita denbora jakin batera edo leku zehatz batera mugatzen; hedatu egiten da, uzkurtu egiten da, batzuetan argitsua izaten da eta, beste batzuetan, iluntasun ilunenean biltzen den orban beltz bihurtzen da.Ez du pisurik, baina bere zama eta herentziak sumatzen dira; ez du zaporerik, baina, batzuetan eztia da, mingostasuna baztertu gabe. Etengabeko borrokan diharduen gudu-zelaia da, non aliantzak eta, jakina, gatazka azaleratzen diren; testuinguru bat da, non metodoak, teknikak, formatuak eta diziplinak defendatzen edo urratzen dituzten praktikak eta artistak (berr)idazten eta (berr)irakurtzen diren.

Bitartekoa modu eta mezuen aglutinatzaile bihurtzen da, konbultsioan dagoen organismo handi baten masaje elektrikoa, bere buruaren mende dago baina ez da autonomoa, bere independentzia eskatzen du baina baliabideak behar ditu, nahiz eta batzuetan bere burua kudeatzeko gauza den. Sare bilakatzen da, egitura garai baten parte da, non erakundeak, eragileak, subjektuak, esperientziak, proposamenak, obrak eta prezioak elkarrekin bizi diren, batzuetan aldi berean bizi besterik ez, zeru beraren azpian, baina, batez ere, non prekaritate ezberdinak eta argi-ilun mugagabeak partekatzen diren.

THE MEDIUM / EDURNE GONZÁLEZ IBÁÑEZ

The Medium the Massage

The Medium is the Massage

THE MEDIUM / EDURNE GONZÁLEZ IBÁÑEZ

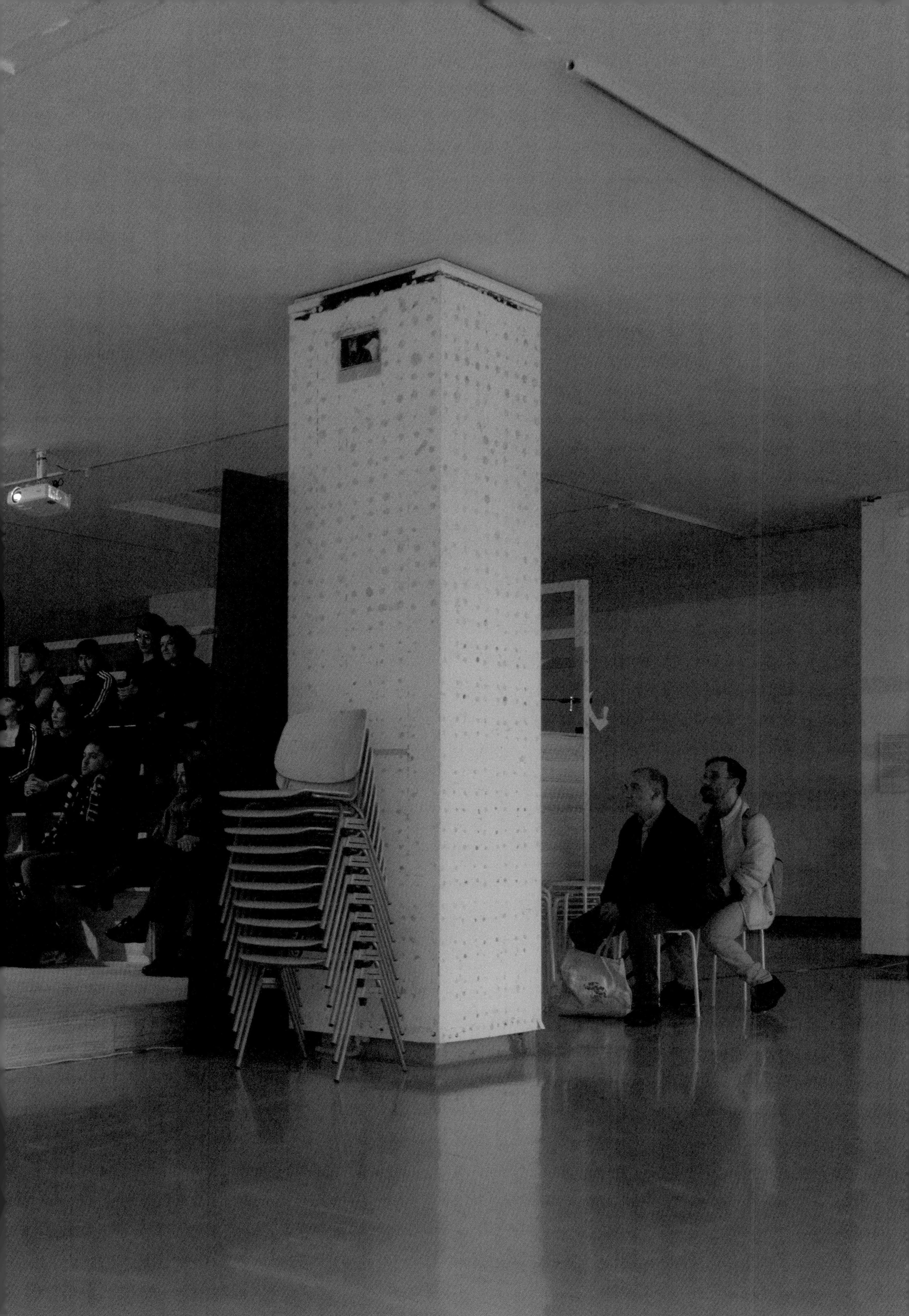

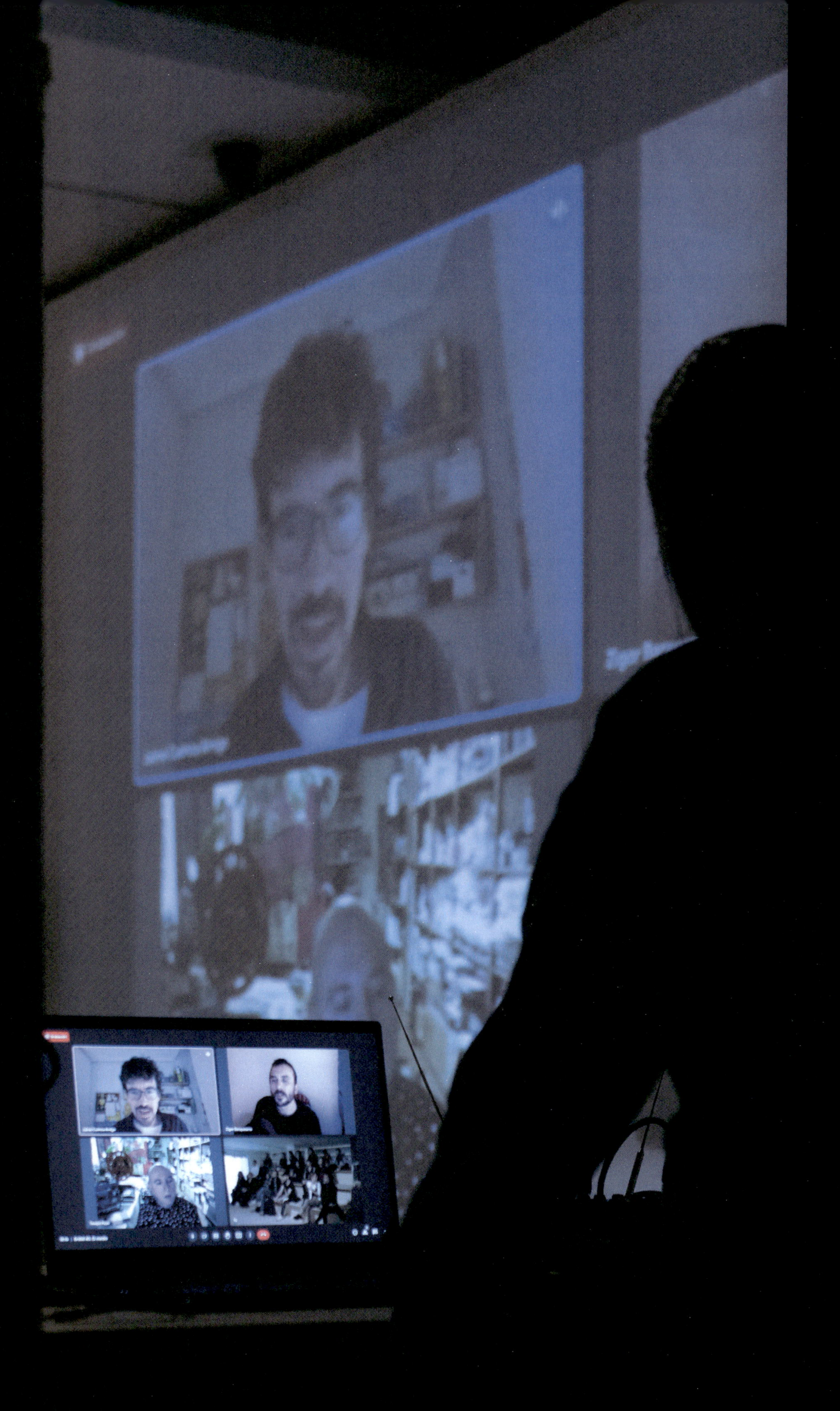

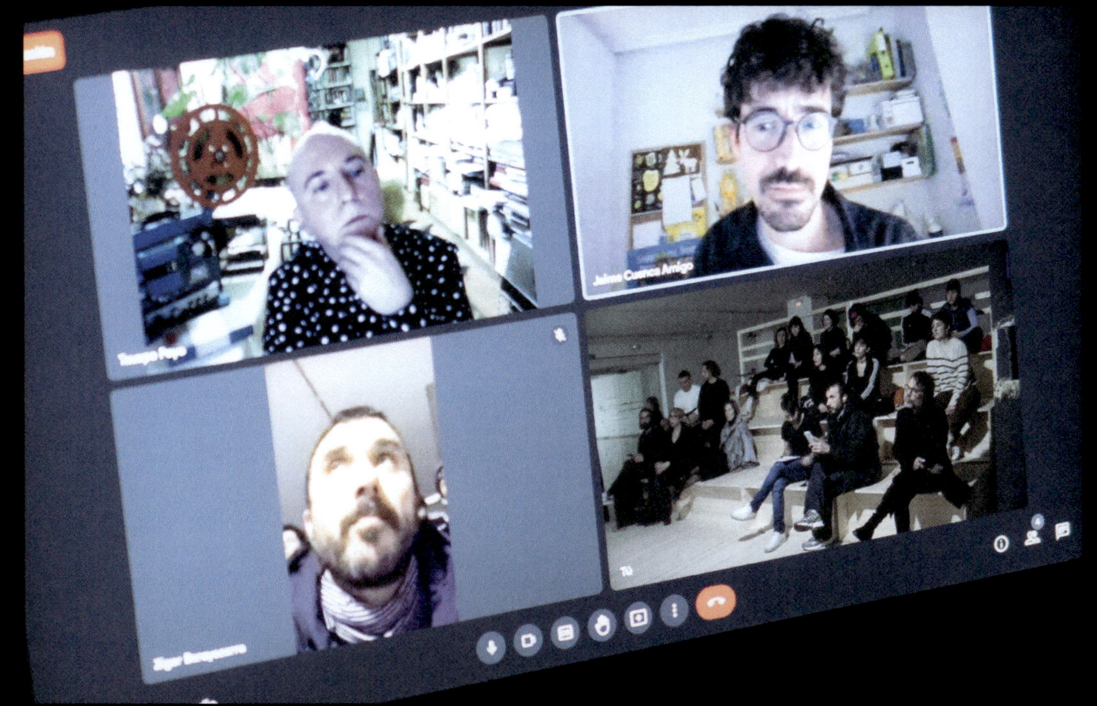

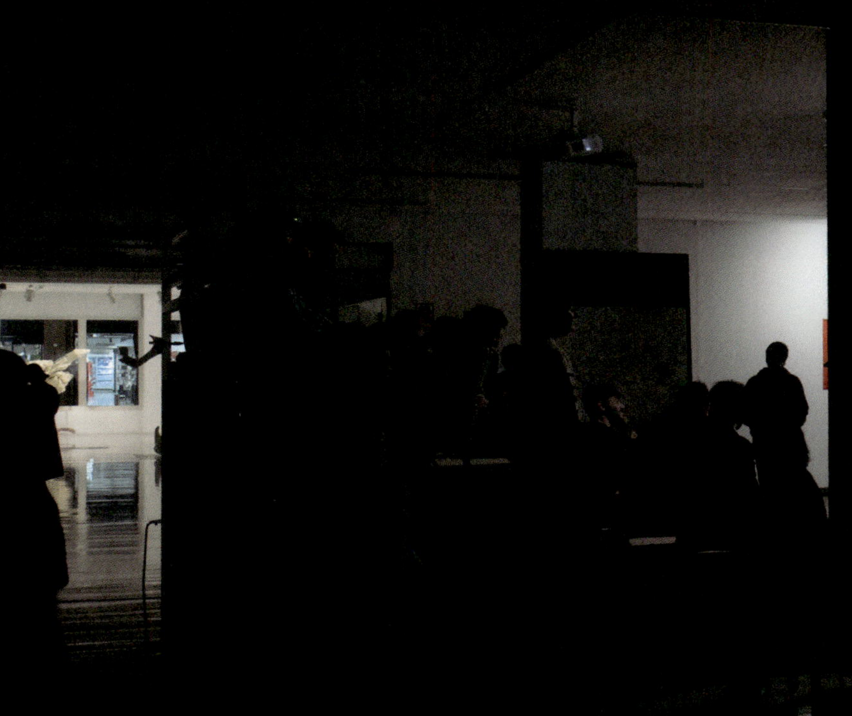

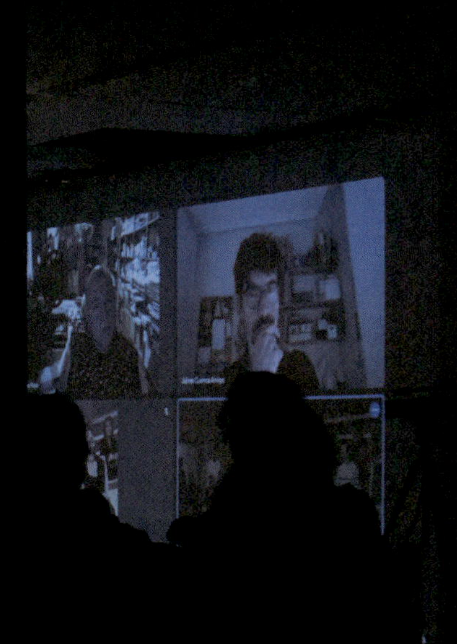

EDURNE
GONZÁLEZ IBÁÑEZ

The Medium

1 McLuhan, M. eta Fiore, Q. (1962). Koord.: Jerome Agel. *El medio es el masaje. Un inventario de efectos.* Paidós Studio. 1987.

2 Farocki, Harun. 1969. *Nicht löschbares Feuer.* Deutsche Film- und Fernsehakademie Berlin (DFFB).

3 Farocki, H. 1969. *Nicht löschbares Feuer.* Deutsche Film- und Fernsehakademie Berlin (DFFB).

Al volver a revisar la colección de los catálogos de las distintas ediciones de Ertibil, van apareciendo los y las protagonistas de la sesión en torno a EL MEDIO que tuvo lugar el 12 de enero de 2023 en la Sala Rekalde de Bilbao, organizada por el equipo comisarial encargado de construir un marco de trabajo para revisitar, traducir y re-interpretar el cuadragésimo aniversario del certamen. Así comienzo a escribir este texto, entre imágenes, palabras e ideas de otro tiempo, en otro orden, en un espacio que desde el ahora lo entiendo en transición, pero en estrecho vínculo con el presente, el pasado y el futuro.

Entre las páginas de estas publicaciones coincido y me reencuentro con diversas aportaciones de quienes se ocuparon en esta ocasión de activar la muestra a través del diálogo y la reflexión conjunta en formato de mesa redonda, en la que los participantes Jaime Cuenca, Txuspo Poyo y Zigor Barayazarra se conectaron vía *streaming* desde su lugar de trabajo o estudios con la pantalla del ágora de la exposición.

Mientras Cuenca y Poyo intercambiaban alusiones y referencias heterogéneas que iban trazando un imaginario en torno a el medio, Barayazarra llevaba a cabo una acción que pondría en contacto y tensión el espacio virtual y el físico, trasladándose desde su ubicación inicial hasta Alameda Rekalde 30 mientras retransmitía en directo su recorrido, primero a pie y, posteriormente, en metro, hasta llegar a la sala. Tras las conclusiones a modo de cierre, se dio paso a la performance de Elena Aitzkoa que, a través de los movimientos de su cuerpo y un silbido característico, cambiaría el ritmo y la atmósfera de quienes asistimos al encuentro.

A lo largo de estos cuarenta años, estos nombres y otros muchos, que han estado presentes junto a los y las artistas que han habitado el margen por no formar parte de la selección y/o por trabajar en formatos que no encajaban con el planteamiento del concurso, —como queda de manifiesto en la propuesta audiovisual *Ez aurkeztuak / No presentados* de Arantza Lauzirika para la muestra—, han configurado una cartografía de relaciones, ausencias y correspondencias que van dando forma a este contexto artístico en proceso continuo unido al territorio histórico de Bizkaia, y que ahora nos sirve como punto de partida para abordar la complejidad del título de aquella segunda actividad de contextualización de ERTIBIL40.

Al reflexionar sobre lo que implica el medio, creo tener la misma intuición y comparto algunas de las observaciones expuestas en el diálogo que mantuvieron los invitados sobre la dificultad que conlleva una única definición. Lo primero que aparece en estas aproximaciones es la necesidad de diferenciarlo de otras nociones como disciplina, soporte y formato. Inmediatamente, vienen a mi cabeza aquellos juegos de significantes y significados que proponía Marshall McLuhan refiriéndose al medio como: message, massage, mess age, mass age[1]. Todas estas variaciones conceptuales, que comparten una sonoridad similar, coinciden en señalar el factor condicionante que posee el medio —en este caso tecnológico—. En este sentido, desarrolla la idea de cómo la(s) tecnología(s) permean los lenguajes, las formas de hacer y (re)presentar(se), así como los modos de acceso y recepción, convirtiéndose en una premisa fundamental que se puede aplicar al análisis en torno a el medio, vinculado a la materialización de cualquier tipo de expresión.

Teniendo en cuenta lo anterior, recuerdo el film *Nicht löschbares Feuer*[2], ensayo audiovisual con un marcado posicionamiento político, donde Harun Farocki, además de cuestionar de manera crítica la industria de las armas y a los responsables de perpetuar la guerra, también razona a través de testimonios ficcionados de los operarios de una fábrica química sobre la percepción y el entendimiento de los sujetos según se construye y administra el relato desde el poder. De esta forma, cada protagonista, trabajadores, ingenieros y estudiantes, *debido a la creciente división del trabajo*[3] entienden el producto final exclusivamente desde la parcela particular de su quehacer cotidiano. Sin embargo, el resultado de la combinación de sus trabajos poco tiene que ver con el objetivo de lo que se produce realmente. De esta manera, se pone de manifiesto cómo el punto de vista, la experiencia personal, así como el conocimiento sobre el hacer del otro, resultan ser extremadamente importantes a la hora de plantear cualquier lectura sobre el medio; en el caso de esta película, el medio como sistema de producción.

THE MEDIUM / EDURNE GONZÁLEZ IBÁÑEZ

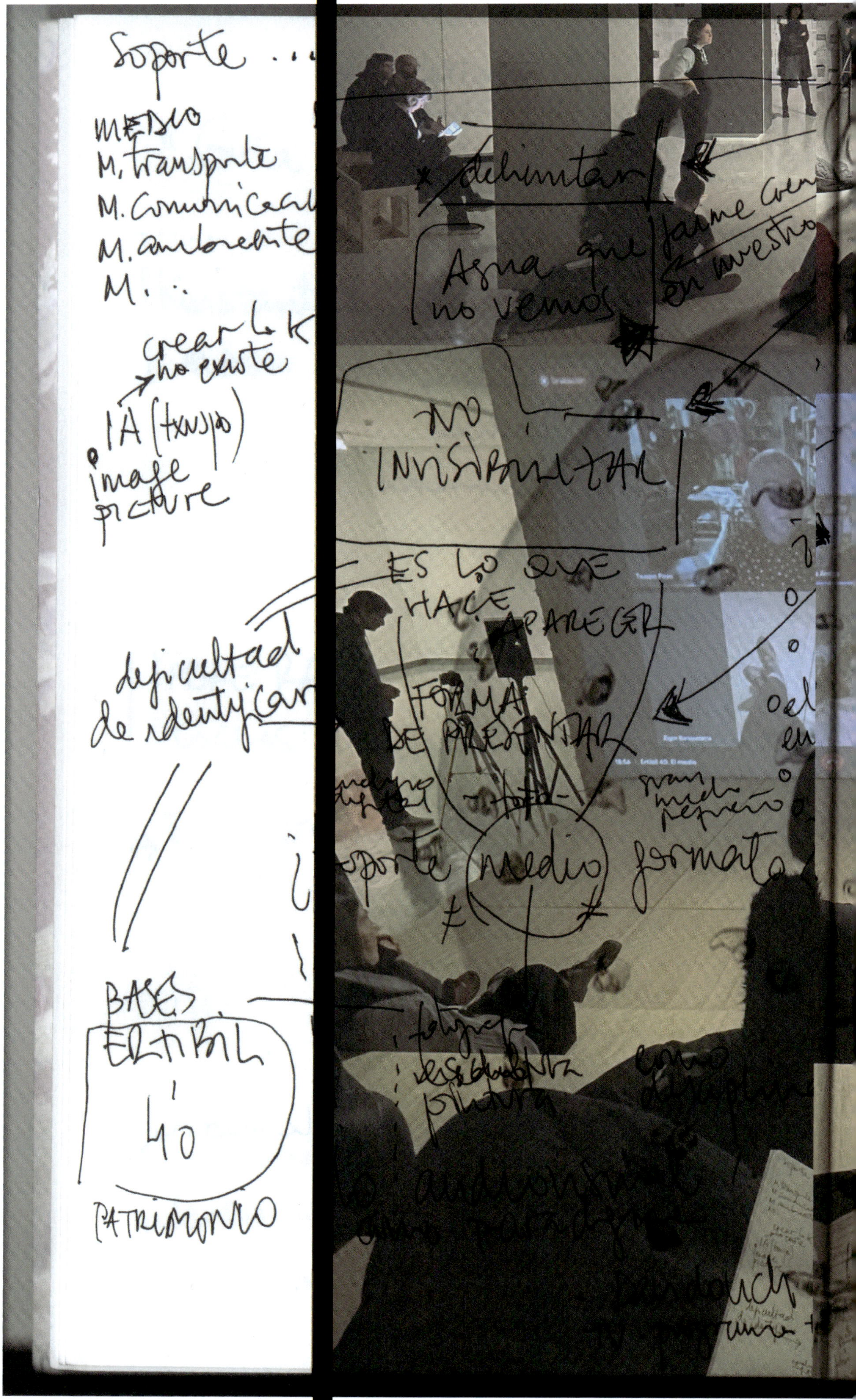

Soporte ...

MEDIO
M. transporte
M. comunicac
M. ambiente
M. ..

crear lo q
no existe

IA (transp)
image
picture

dificultad
de identificar

BASES
EXTIBIL
4'0
PATRIMONIO

delimitar

Agua que
no vemos

Jaime com
en nuestro

NO
INVISIBILIZAR

ES LO QUE
HACE APARECER

FORMA
DE PRESENTAR

soporte medio formato

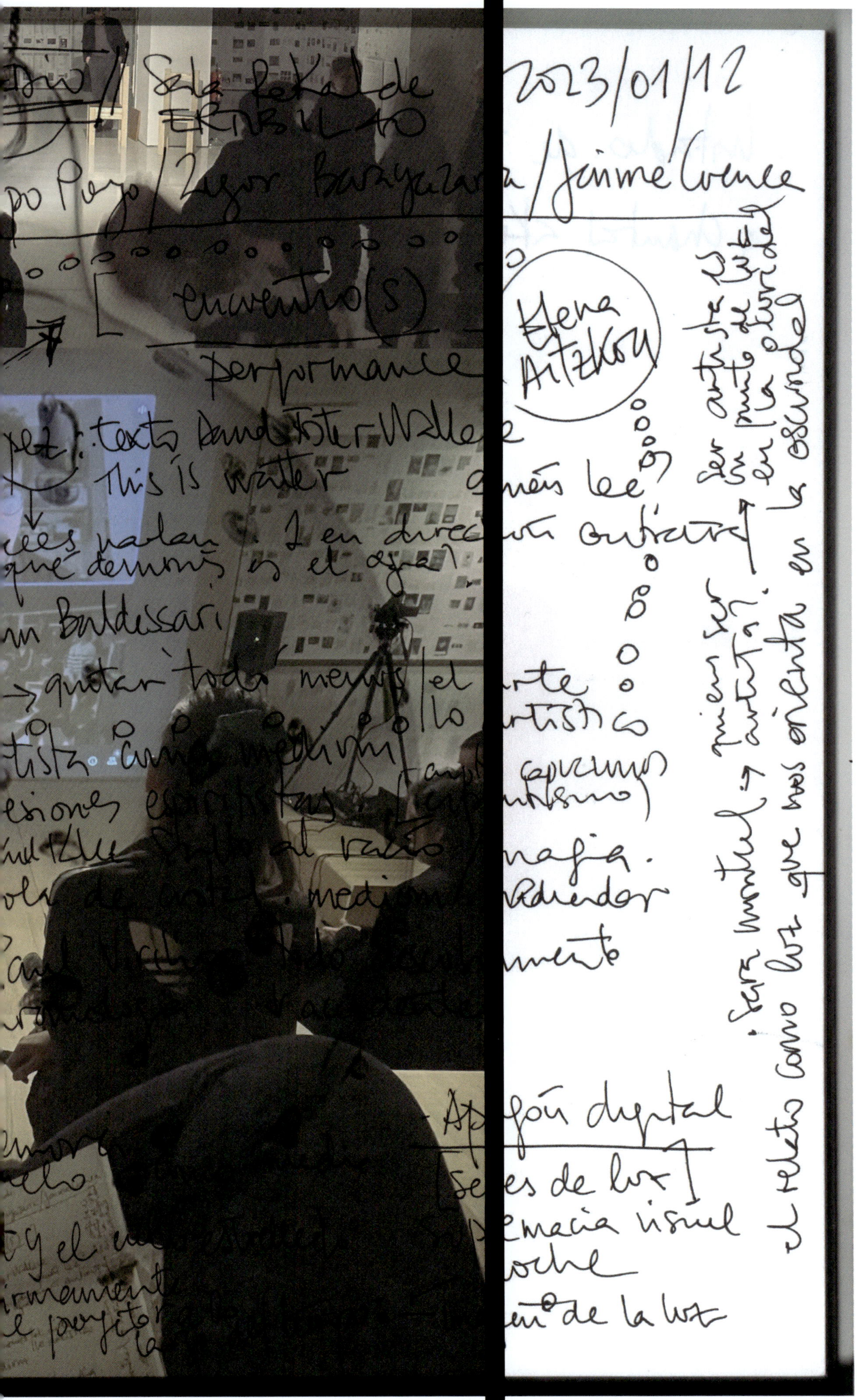

2023/01/12

Sala Rekalde ERTIBILAO

/ Jaime Cuenca

encuentro(s)

Elena Aitzkoa

performance

textos David Foster Wallace

This is water

en dirección contraria

Baldessari

→ quitar todo menos el arte

artístico

mediums

magia

medium vendedor

Apagón digital

[Series de luz]

supremacía visual

noche

de la luz

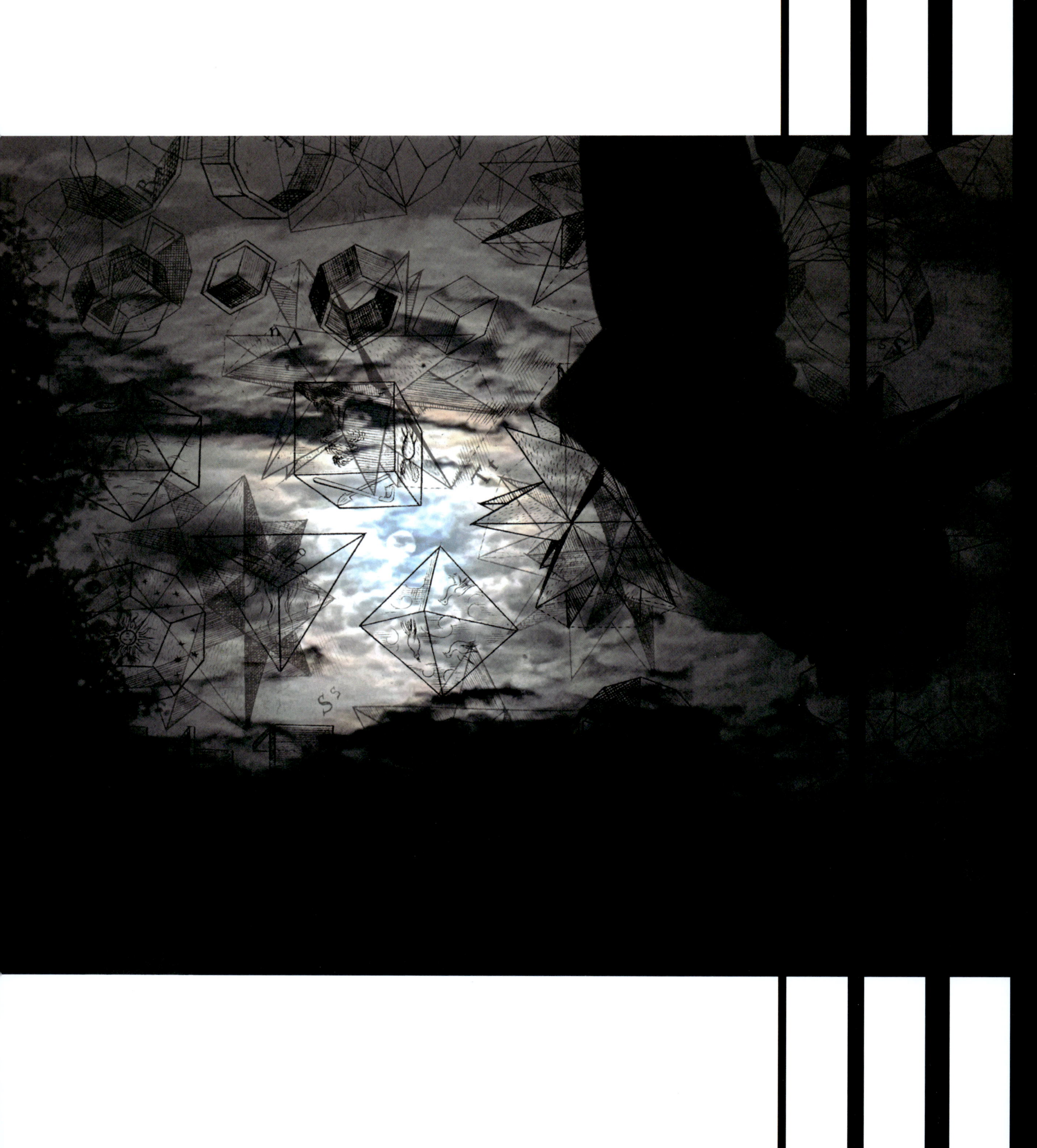

Desde otro lugar, reparo en los diferentes conceptos que existen para designar a los y las viajeros/as espaciales: cosmonautas, astronautas, taikonautas, espacionautas o vyomanautas, que comparten la voz latina que designa a la persona exploradora, pero que varían en el prefijo que define el inmenso espacio por conocer según la mirada, expectativa y sentido desde donde se plantean. Así, el espacio exterior, entendido como el medio que se pretende abordar y aprehender, resulta proyectarse desde concepciones vinculadas al lenguaje y al modo en el que estas se resuelven desde cada cultura. En consecuencia, se establecen miradas enraizadas en cada cosmovisión que pretenden diferenciarse unas de otras, buscando caminos y vías por las cuales transitar para hacerse con la hegemonía de la carrera espacial global.

Llegada a este punto y teniendo en cuenta el campo específico de acción que implica cualquier medio con sus posibilidades y limitaciones, asumiendo la construcción de los relatos como parciales y subjetivos y siendo consciente de los múltiples puntos de vista e intereses del poder para designar el mismo cielo bajo el que nos encontramos, me voy aproximando al medio que ahora nos ocupa, planteado y entendido en relación con el ámbito artístico. Este resulta ser muy complejo de acotar, no es estático aunque tampoco parezca demasiado móvil, no tenemos certeza absoluta de su comprensión en conjunto, ni en macro ni en micro escala. Este carácter descentrado e inestable nos lleva a plantearnos que el medio posee una condición ambivalente, se nutre de un entorno heterogéneo e híbrido a pesar de que existan referencias perennes, algunas universales, que se reproducen en un bucle interminable.

Estas características distintivas permiten cambiar el punto de enfoque desde cada experiencia, no se circunscribe a un tiempo concreto o a un lugar específico, si no que se expande, se contrae, resultando ser a veces luminoso y, otras, volviéndose mancha negra que se encierra en la oscuridad más absoluta. No tiene peso, pero se percibe su carga y sus herencias; no tiene sabor, pero a veces resulta ser dulzón, sin olvidar la amargura. Es campo de batalla en permanente pugna, donde existen alianzas y, por supuesto, conflicto; se constituye como un contexto desde donde se re-escriben y re-leen prácticas y artistas que defienden o transgreden métodos, técnicas, formatos y disciplinas.

El medio se convierte en aglutinante de modos y mensajes, masaje eléctrico de un gran organismo en convulsión, depende de sí mismo pero no resulta ser autónomo, reclama su independencia pero precisa de recursos aunque a veces se autogestione. Se transforma en red, entramado en alturas, donde conviven y a veces solo coexisten bajo el mismo cielo instituciones, agentes, sujetos, experiencias, propuestas, obras y precios, pero por sobre todo, donde se comparten distintas precariedades e infinitos claroscuros.

THE MEDIUM / EDURNE GONZÁLEZ IBÁÑEZ

The Medium

the Massage

The Medium

is

the

Massage

THE MEDIUM / EDURNE GONZÁLEZ IBÁÑEZ

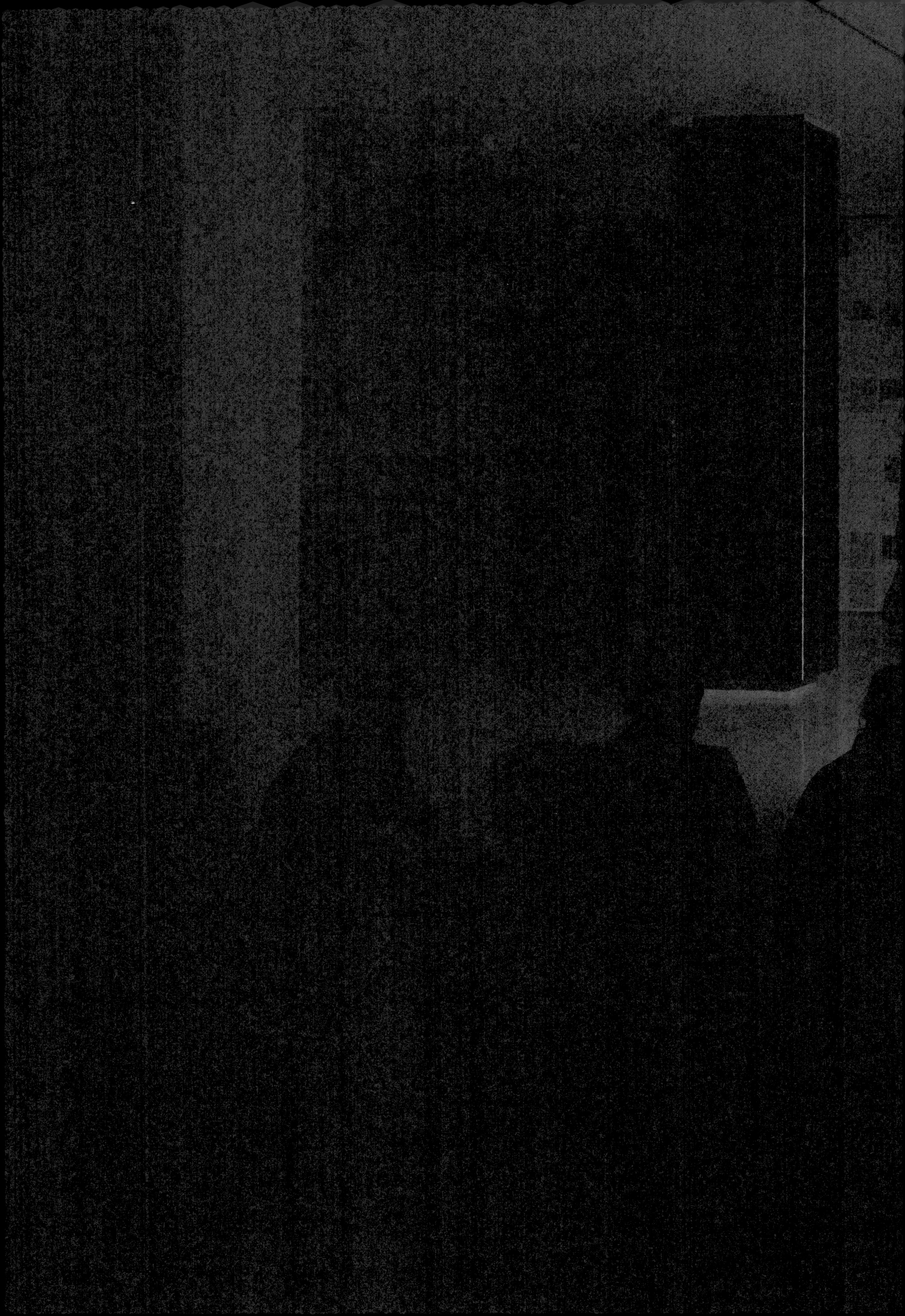

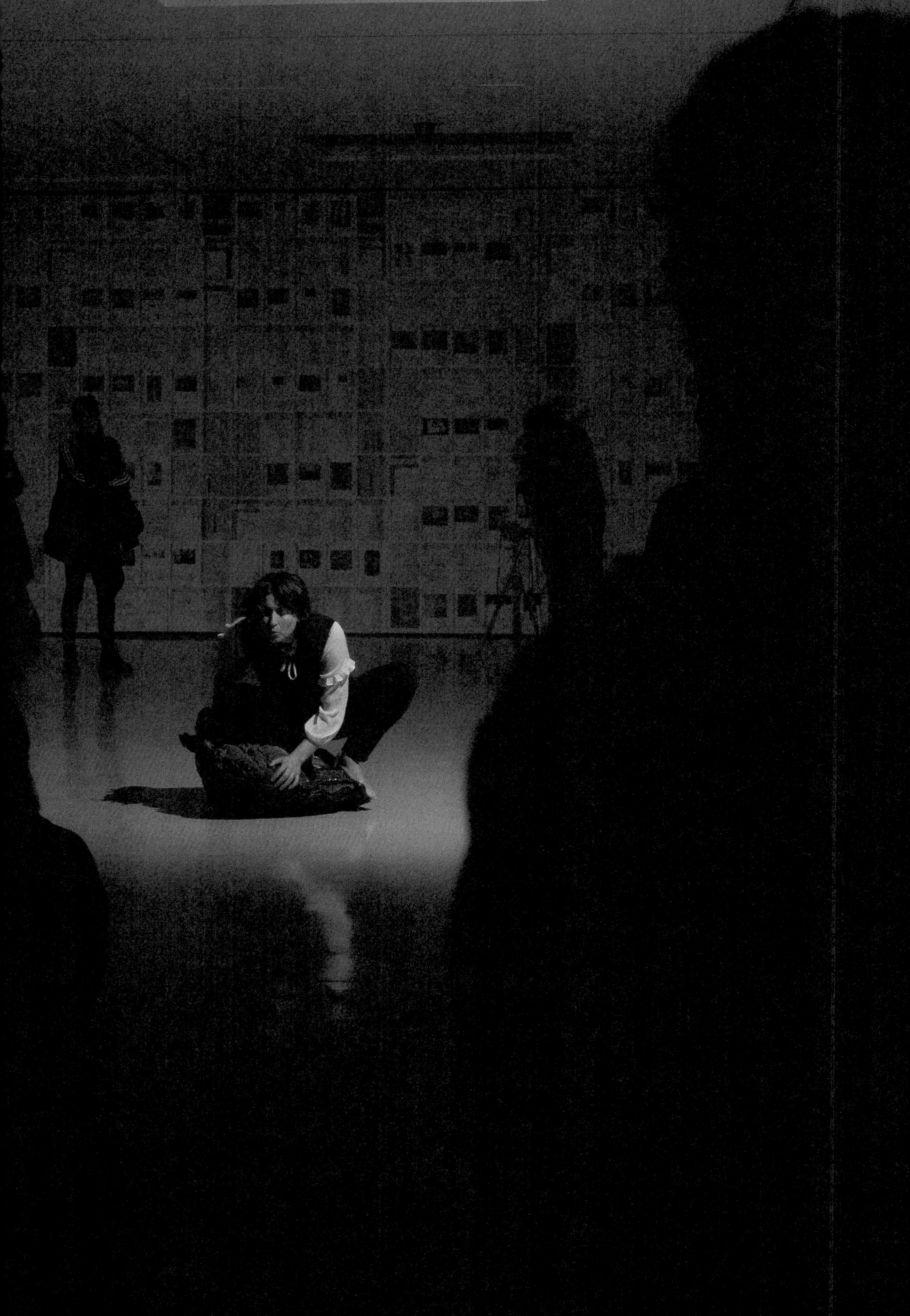

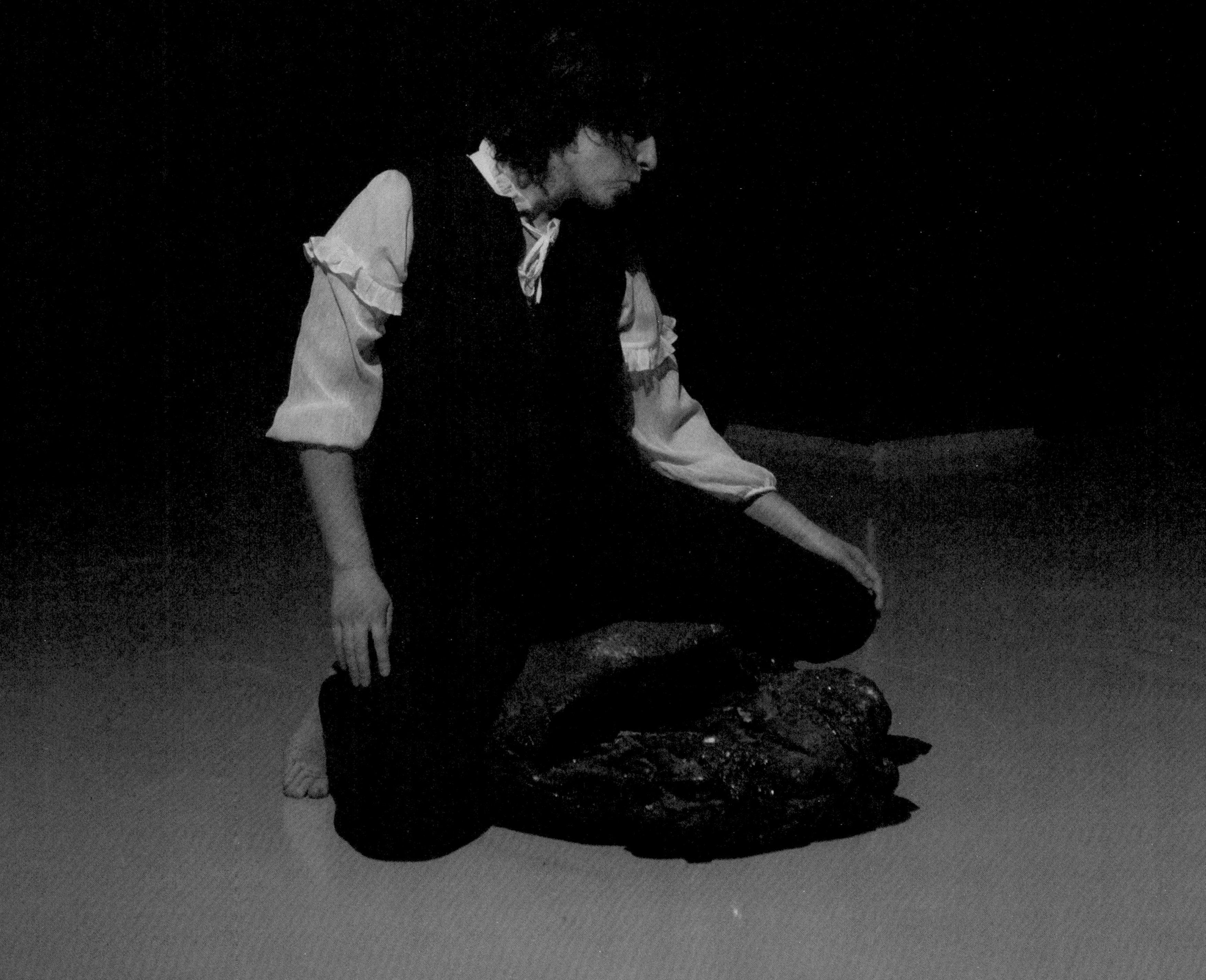

3. SAIOA

SESION 3

POLITIKOA

LO POLÍTICO

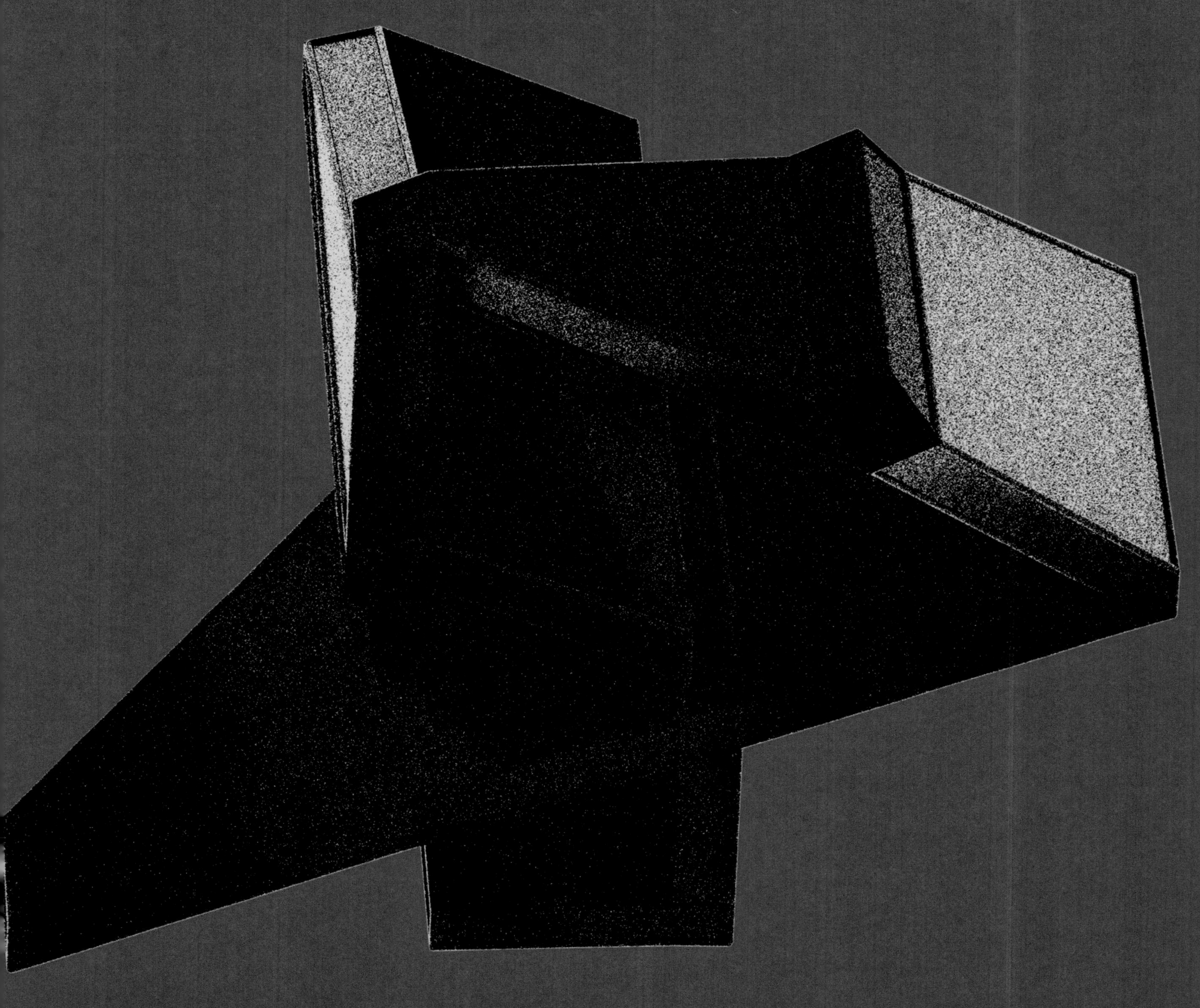

Ixone Sádaba
Miriam Isasi
Taxio Ardanaz
+
Irantzu Yaldebere

Urtarrilak 19
19 de enero

18:00etan
18:00h

ERTIBIL 40 ERTIBIL BIZKAIA ERTIBIL 40 ERTIBIL BIZKAIA

MARIO ESPLIEGO

PAPER ETA TINTA MASA BAT

ERTIBIL40 topaketak Bizkaiko arte garaikidearen ekoizpen lehiaketa baten lau hamarkada ospatzen ditu; lehiaketa honek ahotsa eman die belaunaldi ugariri urteen joanean. Rekalde Aretoan topaketak hartzen dituzten hormen gainazalean parte-hartzaile guztien irudi inprimatuen collage handia dugu, bere sorreratik gaur egunera arte. Irudia, edo, hobeto esanda, horien guztien batuketa, fantasma itxuraz hedatzen da aretoan, euskarriari itsatsitako larruazal bat bezala, memorialaren ideia horri berriro heltzen diola dirudi, zeinaren irudia eta leloa memoria kolektiboarekin batera agertzen baitira. Kasu honetan, zuri-beltzeko fotokopiak erabiliz gauzatu da, artistek hainbestetan burutzen dituzten autoekoitzitako argitalpenak gogora ekar ditzakeen egikera batekin.

Irudi-amalgama gorpuztu egiten da hartu eta horma bihurtzen da, aretoa besarkatuz bere forma erdizirkularrarekin erakusketa-espazioa marko bat bailitzan inguratzen duena. Irudiek begiratzen digute. Artistak begira dauzkagu.

Aretora sartzean, ezin dut saihestu begirada hori sentitzea, eta hurbildu ondoren, denbora luzea eman dut irudi horiei arretaz eta xehetasunez begiratzen. Horietan parte-hartzaile bakoitzaren aurpegia agertzen da, eta gehienei ez diet etxekotasunik igartzen.

Ehunka aurpegi —diot neure artean. Garai bateko eta besteko artistak, zu eta ni bezala, zentzuzko lan bat proposatzen ahalegindu zirenak.

Aretora joateko gonbidapenaren xede den eztabaida-saioa hasi da, gai interesgarri bezain jorraezin bati buruz: "politikoa" artean. Sutsuki eztabaidatu da: askatasunaren garrantziari buruz, artearen eraldatzeko gaitasunari buruz, politikaren fetitxizazioari buruz, etika eta moral indibidualari buruz, erantzukizun kolektiboari buruz, publikoaren parte-hartzearen eta aktibazioaren inguruan, arte politikoa zer den edo ez den asmatu gabe definitzen saiatzen gara... eta beste. Langileen borroken irudiak ikusi ditugu, gerra zibilaren oroimenari lotutako irudiak, sare sozialen irudiak, xehetasun biografikoak, ibilaldiak, bizipenak, aurkitutako objektuak, ekintza zehaztugabeen arrastoak, oroitzapenen irudiak, fokuratu gabeko argazkiak.

Publikoaren aurrean eserita nagoela, bat-batean, hormako irudiek eztabaidan parte hartzeko beharra sentitzen dutela ikusten dut. Solasaldian esandako hitz bakoitza koruan errepikatzen du paper gainean inprimatutako aurpegi txiki bakoitzak. Zerbait atsegina dago egoeran, gure hitzak berehala bihurtzen dira oihartzun. Egoerak horrela iraun du minutu batzuetan.

Halako batean, marmar burrunbatsu bat hedatu da areto osoan:

-Uhhhhmaaaa waar ki makma di gostoooop. Makkkkkmaaaa di wana fu furttuuuu. Furtu di makma de harrrrt.... Uhhhhmaaaa waar ki makma di gostoooop. Makkkkkmaaaa di wana fu furttuuuu. Furtu di makma de harrrrt.... Uhhhhmaaaa waar ki makma di gostoooop. Makkkkkmaaaa di wana fu furttuuuu. Furtu di makma de harrrrt.... Uhhhhmaaaa waar ki makma di gostoooop. Makkkkkmaaaa di wana fu furttuuuu. Furtu di makma de harrrrt...

Paperean inprimatutako aurpegiek ezagutzen ez ditugun esaldiak ahoskatzen hasten dira, hitz zehaztugabeak, ulertezinak. Bertaratutakoek ezagutzen ez duten hizkuntza batean eta kode batzuk erabiliz hitz egiten dutela dirudi. Geroago, isiltasuna.

Bat-batean, premia bat sortzen da kolektiboki, jarduteko premia. Elkartzekoa eta jardutekoa. Ustekabean, bertaratutako guztiok era batera hurbiltzen gara irudiotara, eta haiekin bat egiten dugu, aretoan nonahi dagoen papera erauzi eta pusketak egiten ditugu. Irudi inprimatuen tintak arrastoa uzten du gure ermamietan, pixkanaka ilunduz doazelarik kolore azabatxez margotu arte. Azkenik, eztabaida amaitzeko, adostasunez erabakitzen dugu topaketaren ondoriozko pieza bat eraikitzea. Hala, mugarri bat eraikitzea adosten dugu guztion artean. Oraina eta iragana lotuko dituen mugarria. Gaur egun lekua eta topaketa bera besarkatzen eta biltzen gaituzten belaunaldi horien guztien iraganarekiko lotura materiala.

Minutu batzuk geroago, aretoko hormetan itsatsita dauden irudi guztiak amorruz erauzi ditugu. Txikitzen ditugu, kontu handiz. Gutako bakoitzak aurpegia urratzen du, ekarpen guztien Curriculum Vitaea, lan askoren testu pertsonalak. Jarraian, paper zati horiek guztiak kubo batean bota ditugu, eta, geroago, erakundeko bi kidek ura eta lekeda gehitu dituzte, ore lodi bat prestatzeko.

Atera den orea baliatuz, kubo bat sortu dugu aretoaren albo ezkutu batean. Lehen zabal-zabal hedatzen zen irudia 40 x 40 zentimetroko kubo txikia da orain, trinkoa eta isila.

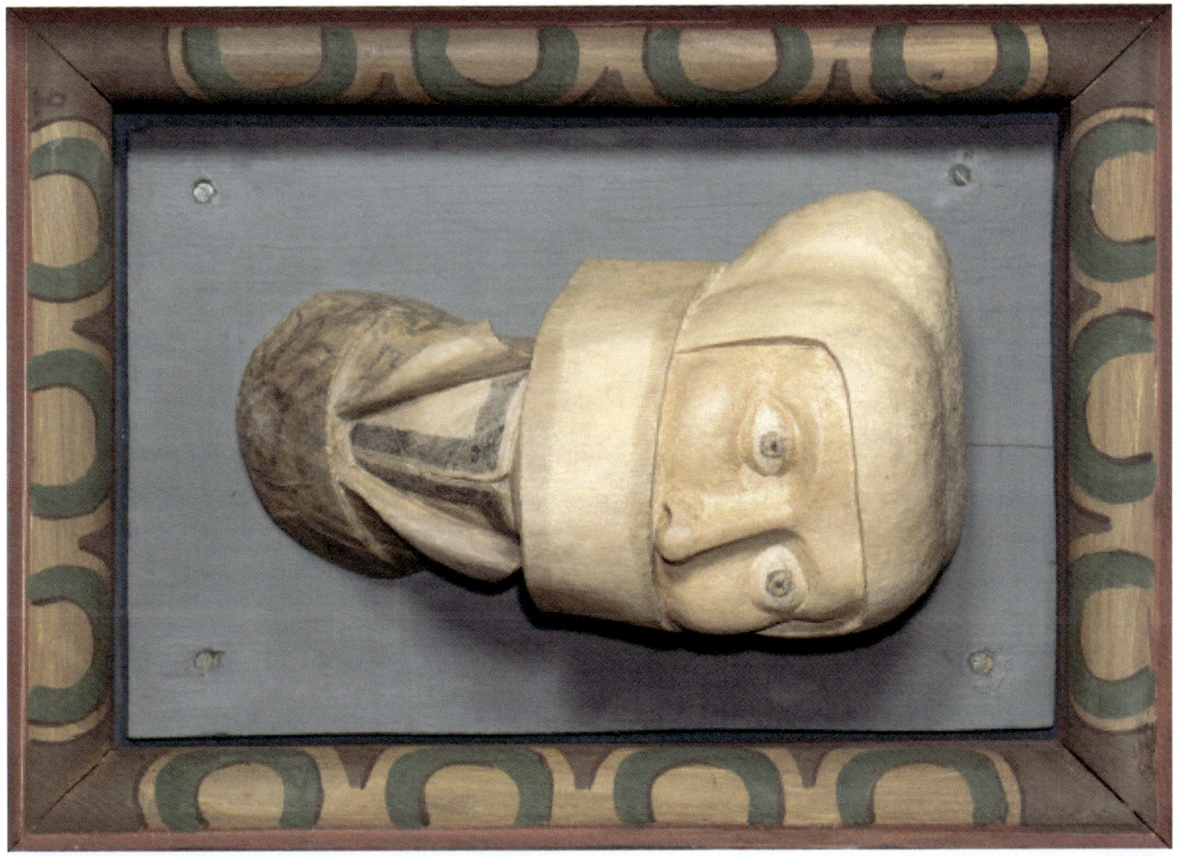

Goizeko 8:00ak dira eta tren bat hartu behar dut Madrilera. Geltokirako bidean hainbat gauza ditut buruan.
Alde batetik, Wawel gazteluaren sabaiko kasetoiduran zizelkatutako buru batzuk gogoratzen ditut, epaiketa-gelan, XVI. mendeko Krakovian. Hamarnaka buru polikromatu ageri dira aretoaren goialdean eta, guztien artetik, aho estalia duen bat nabarmentzen da. Poloniako errege Augustok agindu zuen zerrenda bat zizelkatzea buru horren ahoa estaltzeko, audientzietako epaien bidegabekeria goialde horretatik zalantzan jartzen eta epaiketak eteten ausartzen zelako.

Bestalde, lankide batekin «politikari» buruz izandako elkarrizketa bat datorkit burura, desberdintasunaren aurreko gatazka gisa ulertua, eta artelan bakoitza blaitzen duena, baita normalean arte politikotzat hartzen den horretatik urrun daudela diruditenak ere. Hala eta guztiz ere, artista gisa, gure konpromisorik hertsiena hizkuntzarekin, formarekin eta irudimenarekin gertatzen da; erregistro horretatik soilik uler daiteke konpromiso ideologikoa jarduera artistikoan. Hau da: obra baten izaera politikoa ez dago bakarrik lanaren edukian, baizik eta obra hori landu eta gauzatzeko egintzan. Zortzi edo hamar orduko lan prekario baten ostean poema bat irakurtzeko edo eskultura bat egiteko gai den norbaitek, zeharkatzen gaituen gizarte kapitalistaren barruan keinu erabat politikoa planteatzen du. Kulturaren berezko izaera emantzipatzailea bere izate hutsean ere badago, aurkakoa saritzen duen errendimenduaren gizarte baten barruan; adibidez, «denbora galtzea» praktika artistikoarekin. «Denbora galtzen» ikastea, hori bai dela garrantzitsua.

Baina, orduan, non dago, antza denez, arteak bere gain hartzen duen nolakotasun eta jaidura eraldatzaile hori? —galdetzen diogu geure buruari. Artea egitea, poesia idaztea, politikoa da berez. Agian ez gaitasun politikoa, baina zalantzarik gabe, eraldatzeko asmoa.

Bereziki, beti interesatu izan zait keinu txikietan, subertsioaren marra eta xuxurletan sortzen den politika. Miroslaw Balkaren pieza bat gogoratzen dut, Auschwitzeko kontzentrazio-esparruko B letraren gainean. Bertan, letra horri, tipografiari, eskalari, materialari, formari, fakturari, kokapenari begiratzen dio artistak. Arretaz behatzean, letra alderantzikatuta dagoela ohartu da. Nola da posible legearen eta ordenaren paradigma den erregimen nazionalsozialistaren pean, kontzentrazio-esparru bateko atxiloketa-aldi batean eta guardiaren begiradapean, atxilotu batzuek, metaleko langileek, historiako kontzentrazio-esparru garrantzitsuena izan denaren sarrera-kartel hori fakturatu zutenek, ez erreparatzea letra bat alderantzikatzeko subertsio-keinu txiki horri?, galdetzen digu Balkak bere lanean.

Paul Viriliok *Desagerpenaren estetika* lanean aipatu zuenez, «norberak begiratuko ez lukeenari begiratzea, entzungo ez lukeenari entzutea, hutsalari, arruntari, azpiarruntari adi egotea». Bada, funtsezkoa denetik anekdotikoraino doan hierarkia ukatzea, anekdotikoa existitzen ez delako, baizik eta geure baitatik eta besteengandik erbesteratzen gaituzten kultura menderatzaileak, kontzientziaren lo-kuluxka ez ezik, existentziaren gainbehera ere baden zentzu-galera dugu.

Azkenik, uste dut badela zerbait magikoa fosil baten topaketan, izarrei begiratzeak liluratzen gaituen bezala.

Ikusten dugun hori jada ez dago.

Ikusten dugun hori iragana da.

Zerura begiratu eta izar bati so egitea, agian duela milioika urte gertatu zen une bati begiratzea da. Duela gutxi, Hubble teleskopioak orain arteko izarrik urrunena antzeman du, Eearendel izenekoa. Hain urrun dagoenez, atzemandako argia unibertsoak mila milioi urte baino gutxiago zituenean igorri zen, hau da, ia 13.000 milioi urtez espazioan zehar bidaiatzen egon da sentsore elektrooptikoetan arrasto txikia utzi arte. Gerra Zibilean berebiziko garrantzia izan zuen Alcarriako leku zehaztugabe batean (ez dut haren izena emango, babesteko helburuz) borrokaren arrasto ugari daude. Denbora gelditu egin da eta paisaia malkartsu horretatik ibiltzean arrasto ugari aurkitzen dira: balak, zeramika hautsiak, borroka garaian datatutako kontserba-latak, metalezko tresnak, lubaki zatiak, aireko metrailadoreak jartzeko habiak, eta abar.

Hondakin horietatik guztietatik badira batzuk nire arreta erakarri zutenak. Inoiz ezer gertatu ez dela dirudien paisaia hura, bai, borrokak iraun zuen hiru urteetan matxinatuak Madrilgo hirira sar ez zitezen defendatzen zuten miliziano anarkistek eta Brigada Internacional 50eko partisanoek populatu zuten. Eremu alper eta baldarra da, gaur egun ahaztua eta abandonatua, Madrilen defentsa garatzeko lurralde estrategikoa izan zena. Bertan, kareharrizko haitz handiak daude, mendi-hegaletan pilatuta eta paisaian tumuluak osatuz pilatzen direnak. Horietako gehienek tokian bertan hartzen dute atseden euren berezko eiteari esker; gutxi batzuek, ordea, han zeudenetako eskultore izengabe baten jardueraren arrastoa darakutsate. Hainbat erliebe daude bertan: 50 idazkuna duen bost puntako izar bat (nazioarteko brigadari erreferentzia eginez), igitai bat eta eskala handiko mailu bat, emakumezko busto biluzi bat, Errepublikaren alegoria, Nazioarteko Brigaden hegazkin baten silueta bat, etab.

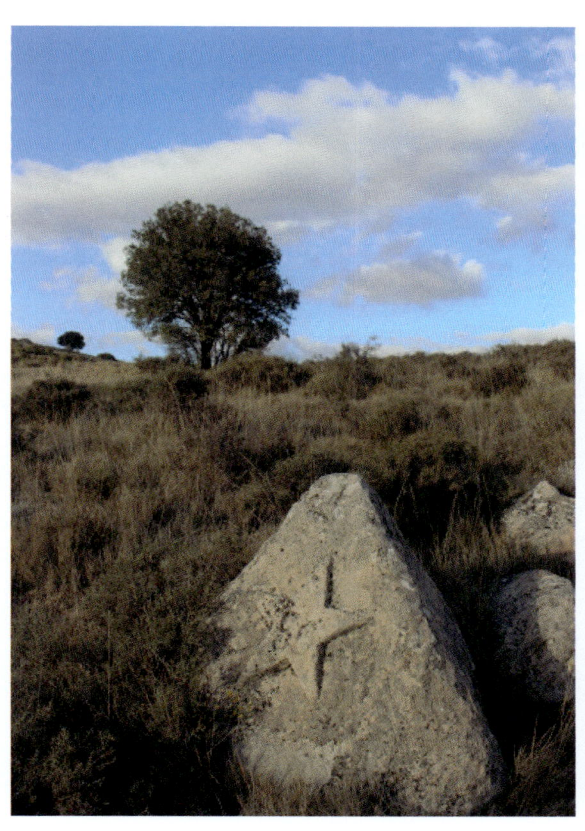

Aztarna hauek, zalantzarik gabe, garrantzi historiko nabarmena dute, agian gerrako fronte batean landutako izaera antifaxistako harrizko eskultura-hondarrak dituzten leku bakanetako bat delarik. Aurkitu nituenean harrituta geratu nintzen, ez baitira inskripzio edo marrazki soil batzuk, momentuak premiatzen zuen presaz eginikoak, harrizko tailuak baizik, jarduera horrek behar duen denbora eta lanketa kontuan hartuta. Eskultorearen eskuzko moldea dute, arroka eroapen handiz pitzatuz joan zena, egun ageri diren diseinuak egin arte.

Haiek ikustean, harriduraz imajinatzen saiatzen naiz erliebe horien exekuzio-baldintzak nolakoak izango ziren. Data horiek guztiak 1937ko lehen hilabeteetakoak dira, gehienak Guadalajarako bataila deritzona gertatu zen egunekoak. Halako une batean, nola eskaini ahal izan zitzaion horrenbesteko denbora lan horri? Agian, indartsuagoa izan zen hurrengo belaunaldietan agertzeko grina, unibertsoaren espazio osoa zeharkatzen duen izarraren argiarena bezala, unean uneko pragmatismo nagusia baino. Jakina, bere balio artistikoaz haraindi, bere existentzia hutsa izugarria iruditzen zait.

Aretoan sortutako lehen aipatu dudan kubo hori gogoratzean, hainbat eta hainbat obra datozkit burura, leku isiletatik larrialdi politikoko kontuak xuxurlatzen dizkigutenak. Adibidez, Robert Morrisen kutxa ezaguna datorkit gogora, bere eraikuntzaren soinu bat igortzen duena, non tresnek eta lanari eskainitako denborak funtsezko eginkizuna betetzen duten. Artelan guztien keinuak eta trazu txikiak, edo haien gabezia, euren uneaz, ekoizpen-baldintzez, historiaz hainbeste kontatzen digutenak, funtsezko balioa dute edukian.

Gogoan dut, hala berean, Alexander Klugeren *Antzinate ideologikoaren berriak* izeneko filma, emakume bat kalean korrika agertzen den une batean zeinetan eszena gelditu egiten den, zer gertatzen den oso ondo azaldu gabe. Filmak fotograma geldituta jarraitzen du aurrera, xehetasun txiki bakoitza ia eldarnioz aztertuz, kameraren fokua irristatuz eta hartualdia osatzen duen objektu bakoitzaren istorioan barneratuz. Horrela, eszenan bertan bizi diren materialak eta arrastoak azpimarratzen dira. Klugek osagai ñimiño bakoitza aztertzen zuen, narratiba ofiziala izan zena kontuan hartu gabe. Jarrera batez ere politikoa da, narrazioa eta istorioaren eraikuntza zalantzan jartzea, alegia.

Arrasto txiki horietatik, adi egonez gero, belarria finduz gero, azal porotsua erabiliz gero eta beharrezko denbora emanez gero, irakurketa-bide txiki eta sotilak atzeman ahalko ditugu. Hor datza, nire ustez, eraldaketaren hasiera oro, arrasto txiki minimo horietan.

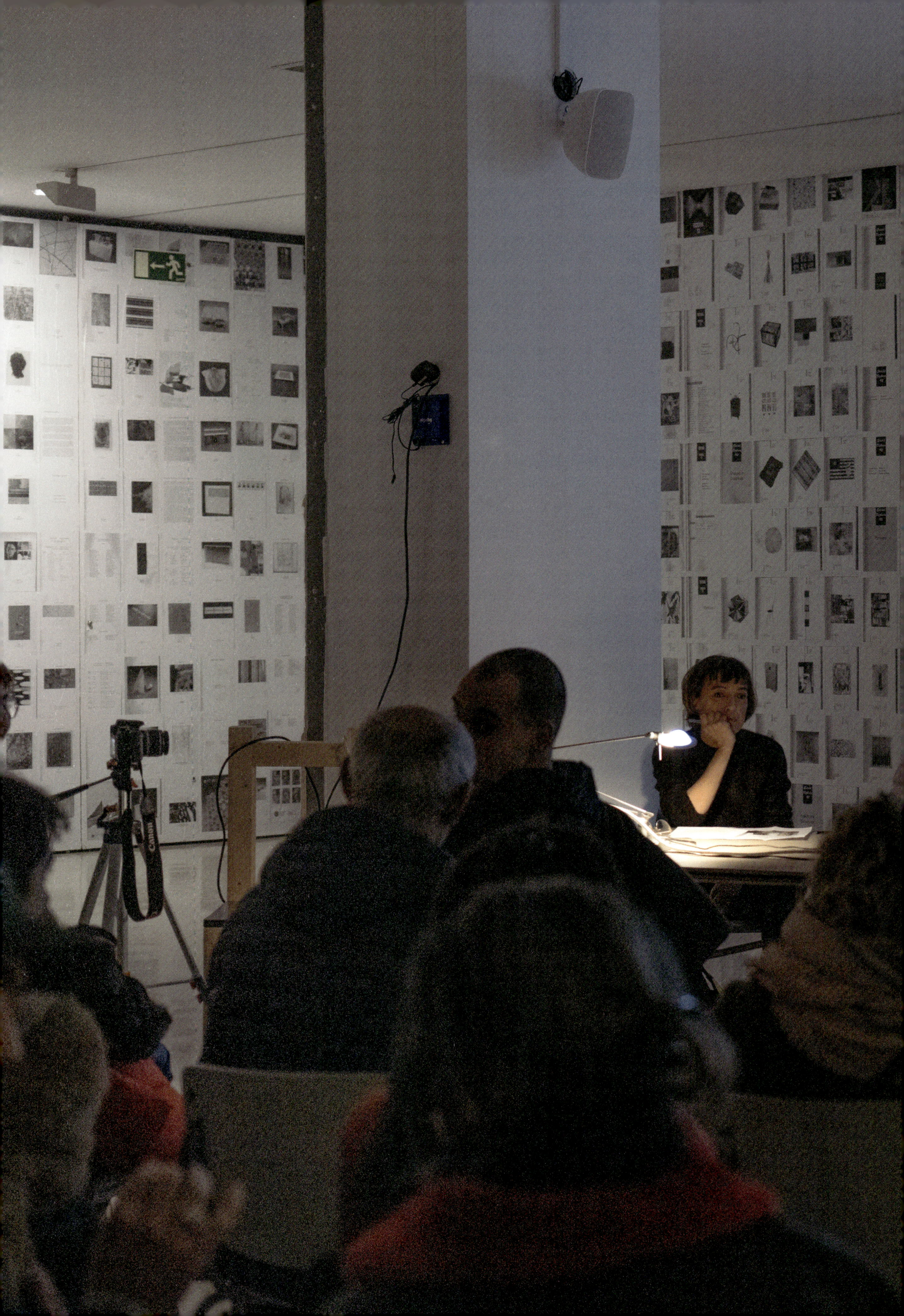

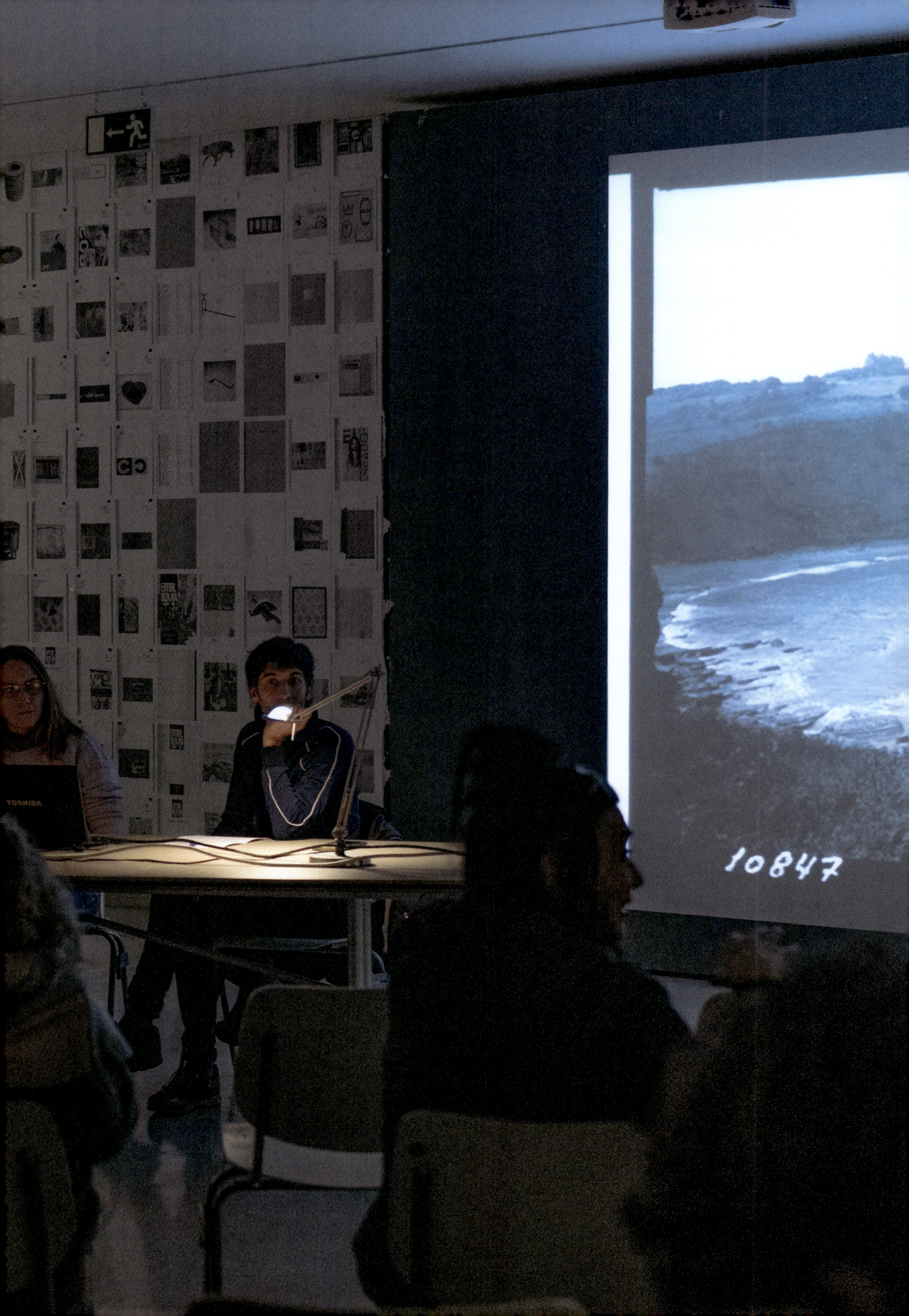
TOSHIBA
10847

MARIO ESPLIEGO

UNA MASA DE PAPEL Y TINTA

ERTIBIL40 celebra cuatro décadas de un certamen de producción de arte contemporáneo en Bizkaia que, de forma continuada, ha dado voz a numerosas generaciones en el transcurrir de los años. Los muros que acogen los encuentros en la Sala Rekalde presentan en su superficie un gran collage de imágenes impresas de todos los participantes, desde su origen hasta la actualidad. La imagen, o más bien la suma de todas ellas, se propaga en la sala de modo fantasmal, como una piel adherida al soporte, que parece retomar esa idea del memorial cuya imagen y lema acompañan de modo material a la memoria colectiva. En este caso es materializado con unas fotocopias en blanco y negro, con una factura que podría recordar a las publicaciones autoproducidas tan practicadas por los artistas.

La amalgama de imágenes toma cuerpo y se convierte en muro, que abraza la sala cuya forma semicircular rodea como un marco el espacio expositivo. Las imágenes nos miran. Los artistas nos miran.

Al entrar en la sala no puedo evitar sentir esa observación y tras acercarme paso un largo tiempo mirando con cuidado y detalle esas imágenes. En ellas aparece el rostro de cada uno de los participantes, la mayoría de los cuales ni siquiera me causa familiaridad.

Centenares de rostros —me digo. Artistas de una y otra época que, como tú y como yo, trataron de proponer un trabajo de sentido.

Tiene lugar el debate por el que he sido invitado a acudir al espacio, sobre un tema tan interesante como inabarcable: "lo político" en el arte. Se debate de manera encendida: sobre la importancia de la libertad, sobre la capacidad transformadora del arte, acerca de la fetichización de la política, en torno a la ética y la moral individual, sobre la responsabilidad colectiva, de la participación y activación del público, tratamos de definir sin mucho acierto qué es o no arte político, etc. Vemos imágenes de luchas obreras, imágenes de memoria de la guerra civil, imágenes de redes sociales, detalles biográficos, paseos, vivencias, objetos encontrados, rastros de acciones indeterminadas, imágenes de recuerdos, fotografías desenfocadas.

Mientras estoy sentado ante el público asistente, observo cómo de repente las imágenes de la pared sienten la necesidad de intervenir en el debate. Cada una de las palabras pronunciadas en la charla es repetida a coro por cada uno de los pequeños rostros impresos sobre papel. Hay algo placentero en la situación, nuestras palabras rápidamente se convierten en eco. Continúa así durante varios minutos.

En un momento dado, un murmullo ensordecedor se va apoderando de la sala:

-Uhhhhmaaaa waar ki makma di gostoooop. Makkkkkmaaaa di wana fu furttuuuu. Furtu di makma de harrrrt.... Uhhhhmaaaa waar ki makma di gostoooop. Makkkkkmaaaa di wana fu furttuuuu.

Furtu di makma de harrrrt.... Uhhhhmaaaa waar ki makma di gostoooop. Makkkkkmaaaa di wana fu furttuuuu. Furtu di makma de harrrrt.... Uhhhhmaaaa waar ki makma di gostoooop.

Makkkkkmaaaa di wana fu furttuuuu. Furtu di makma de harrrrt....

Los rostros impresos en papel comienzan a pronunciar frases cuyo significado desconocemos, palabras indeterminadas, indescifrables. Parecen hablar en un lenguaje y bajo unos códigos irreconocibles para los asistentes. Más tarde, se hace el silencio.

De repente emerge colectivamente una necesidad, una necesidad de práctica. De juntarnos y actuar. De un modo inesperado todos los asistentes nos acercamos a las imágenes de manera conectada y nos fundimos con ellas, arrancamos el papel que impregna la sala y lo hacemos jirones. La tinta de las impresiones deja huella en las yemas de nuestros dedos, que van poco a poco oscureciéndose hasta tomar un tono azabache. Finalmente, para cerrar el debate decidimos de manera consensuada realizar una pieza conclusiva del encuentro. Juntos acordamos construir un hito. Un hito que vincule el presente con el pasado. Un nexo material con el pasado de todas esas generaciones que a día de hoy nos abrazan y envuelven el lugar, el encuentro.

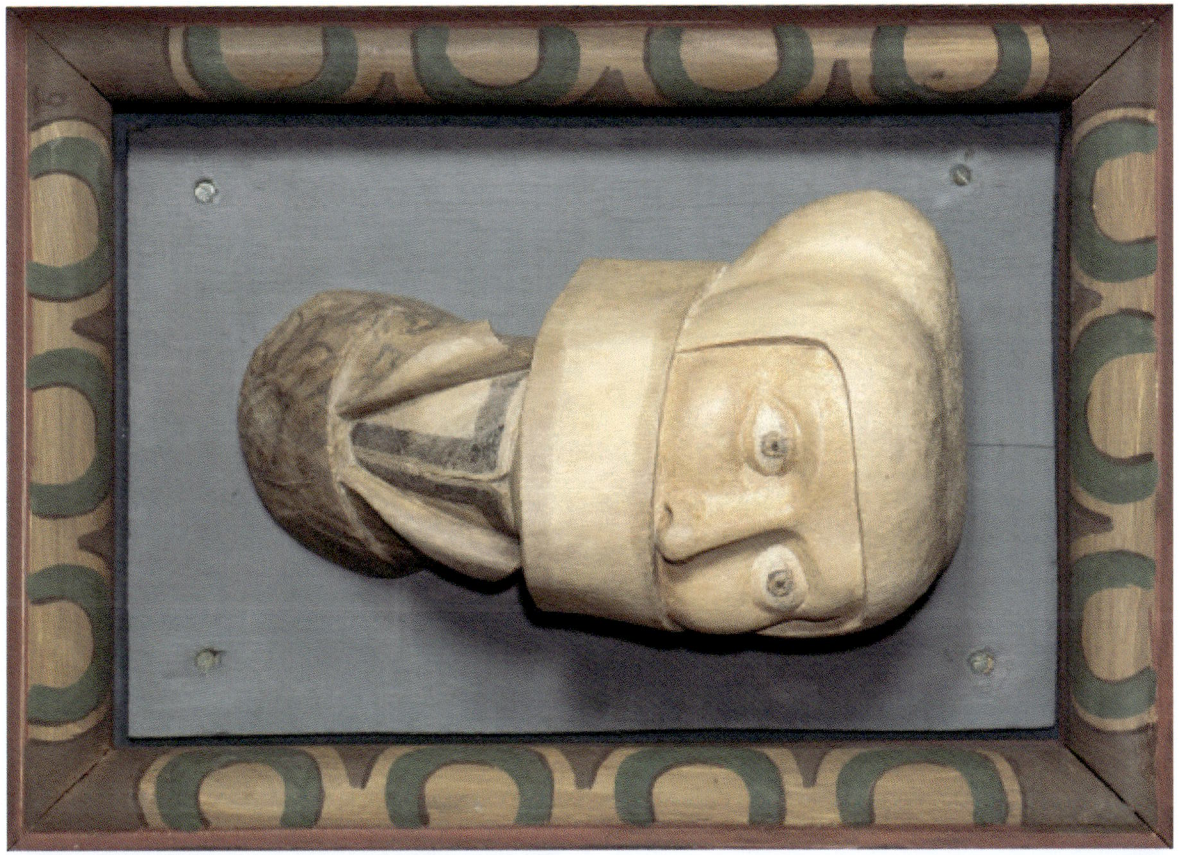

Minutos después todos los asistentes ya hemos arrancado de manera rabiosa las imágenes que hay adheridas a las paredes de la sala. Las trituramos, cuidadosamente. Cada uno de nosotros rasga el rostro, el Currículum Vitae de todas las aportaciones, los textos personales que acompañan muchos de los trabajos. A continuación vamos echando todos esos retales de papel arrancado en un cubo al que más tarde dos miembros de la organización añaden agua y cola, para crear una masa consistente.

Con la masa resultante generamos un cubo en un lateral oculto de la sala. La imagen que antes se desplegaba como una gran presencia es ahora un pequeño cubo de tan solo 40 x 40 centímetros, compacto y silencioso.

Son las 8:00 de la mañana y tengo que coger un tren a Madrid. De camino a la estación pienso en varias cosas.
Por un lado, recuerdo unas cabezas talladas en el artesonado del techo del castillo de Wawel, en la sala de juicios, en la Cracovia del siglo XVI. Decenas de cabezas policromadas pueblan la parte superior de la sala y de entre todas ellas, sobresale una con la boca tapada. El rey Augusto de Polonia ordenó tallar una banda sobre la boca de la cabeza que se atrevía a cuestionar e interrumpir habitualmente desde la parte superior la injusticia de sus juicios durante las audiencias.

Por otro lado, me viene a la cabeza una conversación mantenida con un compañero de trabajo sobre "la política", entendida como un conflicto ante la desigualdad, y que impregna cada obra de arte, incluso aquellas que parecen más alejadas de lo habitualmente entendido como arte político. Ahora bien, como artistas, nuestro compromiso más radical es con el lenguaje, con la forma y con la imaginación, solo desde ese registro se puede entender el compromiso ideológico en la práctica artística. Quiero decir: el carácter político de una obra no está simple o únicamente en el contenido de la misma, sino en el mero acto de su práctica, de su realización.

Alguien que tras un trabajo precario de ocho o diez horas es capaz de leer un poema o hacer una escultura, plantea un gesto radicalmente político dentro de la sociedad capitalista que nos atraviesa. El carácter intrínsecamente emancipatorio de la cultura está también en su mera existencia, dentro de una sociedad del rendimiento que premia lo opuesto; "perder el tiempo" con la práctica artística, por ejemplo. Aprender a "perder el tiempo", eso sí que es relevante.

Pero entonces, ¿dónde reside esa cualidad y querencia transformadora que el arte parece asumir? — nos preguntamos. Hacer arte, escribir poesía, es político de manera inherente. Quizá no la capacidad, pero si la inequívoca intención de transformación.

De modo particular, siempre me ha interesado la política que emerge en los pequeños gestos, los trazos y los susurros de la subversión. Recuerdo una pieza de Miroslaw Balka sobre la letra *B* del campo de concentración de Auschwitz. En ella el artista se detiene a mirar esa letra, la tipografía, su escala, su material, su forma, su factura, su ubicación. Al observarla detenidamente se percata de que la letra esta invertida. ¿Cómo es posible que bajo el régimen nacionalsocialista, paradigma de la ley y el orden, en un período de detención en un campo de concentración y bajo la supervisión de la guardia al mando, unos detenidos, los obreros del metal, que facturaron ese cartel de entrada del que ha sido el campo de concentración más relevante de la historia no repararan en ese pequeño gesto de subversión de invertir una letra?, nos cuestiona Balka en su trabajo.

Paul Virilio comentaba en su *Estética de la desaparición* que habría que "mirar lo que uno no miraría, escuchar lo que no oiría, estar atento a lo banal, a lo ordinario, a lo infraordinario". Negar la jerarquía que va desde lo crucial hasta lo anecdótico, porque no existe lo anecdótico, sino culturas dominantes que nos exilian de nosotros mismos y de los otros, una pérdida de sentido que no es tan solo una siesta de la conciencia, sino un declive de la existencia.

Por último, pienso que existe algo mágico en el encuentro de un fósil, del mismo modo que nos fascina mirar a las estrellas. Aquello que vemos ya no está. Aquello que vemos es el pasado.

Mirar al cielo y observar una estrella es mirar, tal vez, a un momento que ocurrió hace millones de años. Recientemente el telescopio Hubble ha detectado la estrella más lejana hasta el momento, bautizada como Eearendel, la cual está a una distancia tan remota que la luz captada se emitió cuando el universo tenía menos de mil millones de años, o sea que ha estado viajando por el espacio durante casi 13.000 millones de años hasta dejar su leve rastro en los sensores electroópticos.

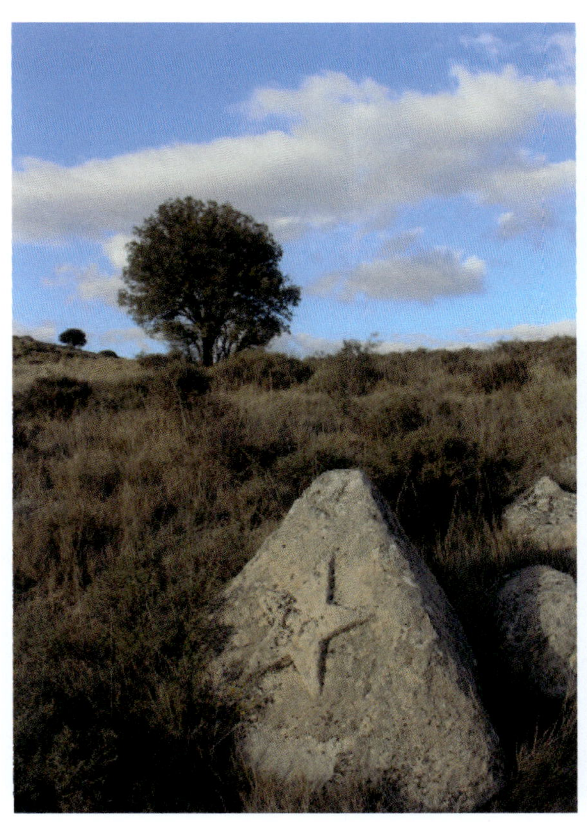

En un lugar indeterminado de la Alcarria (y que no desvelaré en favor de su protección), de vital importancia durante la Guerra Civil, existen numerosos rastros de la contienda. El tiempo se ha detenido y al caminar por este agreste paisaje se van encontrando numerosos rastros: balas, cerámicas rotas, latas de conserva fechadas en los años de la contienda, útiles metálicos, fragmentos de trincheras, nidos para colocar ametralladoras antiaéreas, etc.

De entre todos estos restos hay unos que llamaron mi atención. Aquel paisaje donde parece que jamás ocurrió nada, estuvo poblado, durante los tres años que duró el enfrentamiento, por milicianos anarquistas y partisanos de la Brigada Internacional 50, que defendían la entrada de los sublevados a la ciudad de Madrid. Un terreno baldío, hoy olvidado y abandonado, que suponía un territorio estratégico para el desarrollo de la defensa de Madrid. En el lugar hay grandes rocas de piedra caliza que yacen amontonadas por las laderas y que se agolpan formando túmulos en el paisaje. La mayoría de ellas descansan con su forma natural sobre el terreno, unas pocas, por el contrario, presentan la intervención de un escultor anónimo que formaba parte de los allí presentes. Existen varios relieves en el lugar: una estrella de cinco puntas con la inscripción 50 (en referencia a la brigada internacional), una hoz y un martillo a gran escala, un busto desnudo femenino, alegoría de la República, una silueta de un avión de las Brigadas Internacionales, etc.

Estos restos, no cabe duda, poseen una relevancia histórica manifiesta, tal vez uno de los pocos lugares con restos de escultura en piedra de carácter antifascista elaborados en un frente de guerra. Cuando los descubrí quedé sorprendido, ya que no se trata de unas inscripciones, o unos dibujos elaborados con la premura que el momento demandaba, sino de tallas en piedra, con el tiempo y la elaboración que esta práctica demanda. Poseen la factura manual del escultor, que con esmero fue surcando la roca hasta elaborar los diseños que aparecen.

Al verlos trato de imaginar, con asombro, como serían las condiciones de ejecución de estos relieves. Todos ellos aparecen fechados, la mayoría en los primeros meses de1937, fecha señalada en la que tuvo lugar la conocida como Batalla de Guadalajara. En un momento como aquel, ¿cómo fue posible dedicar tiempo a esta labor? Tal vez fue más poderosa la querencia de penetrar en las generaciones venideras, como la luz de la estrella que va recorriendo todo el espacio del universo, que el pragmatismo imperante del momento. Desde luego, más allá de su valor artístico su mera existencia me parece abrumadora.

Al recordar el cubo mencionado anteriormente generado en la sala, me vienen a la cabeza tantas y tantas obras que nos susurran cuestiones de emergencia política desde lugares silenciosos. Por ejemplo, viene a mi memoria la conocida caja de Robert Morris, que emite un sonido de su propia construcción, donde las herramientas y el tiempo de dedicación al trabajo cumplen un papel fundamental. Los gestos y pequeños trazos de toda obra de arte, o su ausencia, que tanto nos cuentan de su momento, de sus condiciones de producción, de su historia, poseen un valor primordial en el contenido.

Recuerdo también el film *Noticias de la antigüedad ideológica* de Alexander Kluge, en un momento en el que aparece una mujer corriendo por una calle y la escena se detiene sin explicarnos muy bien qué ocurre. Continúa la película con el fotograma detenido, sobre-analizando de un modo casi delirante cada pequeño detalle, deslizando el foco de la cámara y penetrando en la historia de cada uno de los objetos que compone la toma. Subrayando de esta forma los materiales y rastros que habitan en la escena. Kluge examina cada componente ínfimo, desatendiendo además lo que sería la narrativa oficial. Se trata de una actitud eminentemente política, como es la de cuestionar la narración y la construcción de la historia.

Es desde esos pequeños rastros desde donde, si permanecemos atentos, si afinamos el oído, si mantenemos la piel porosa, si dedicamos el tiempo necesario, podremos detectar pequeños y sutiles caminos de lectura. Es ahí, en esos pequeños rastros mínimos donde reside, a mi entender, todo inicio de transformación.

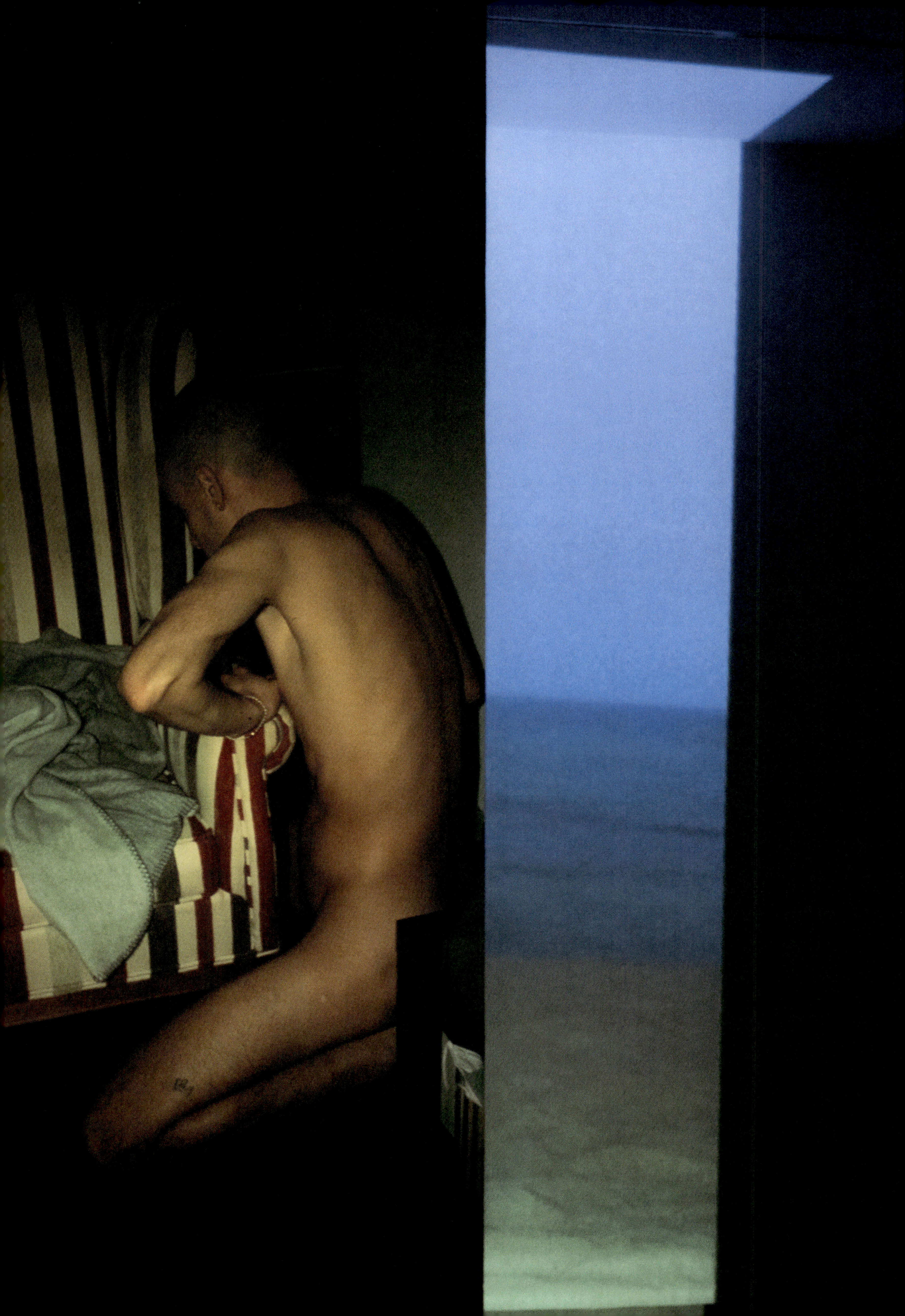

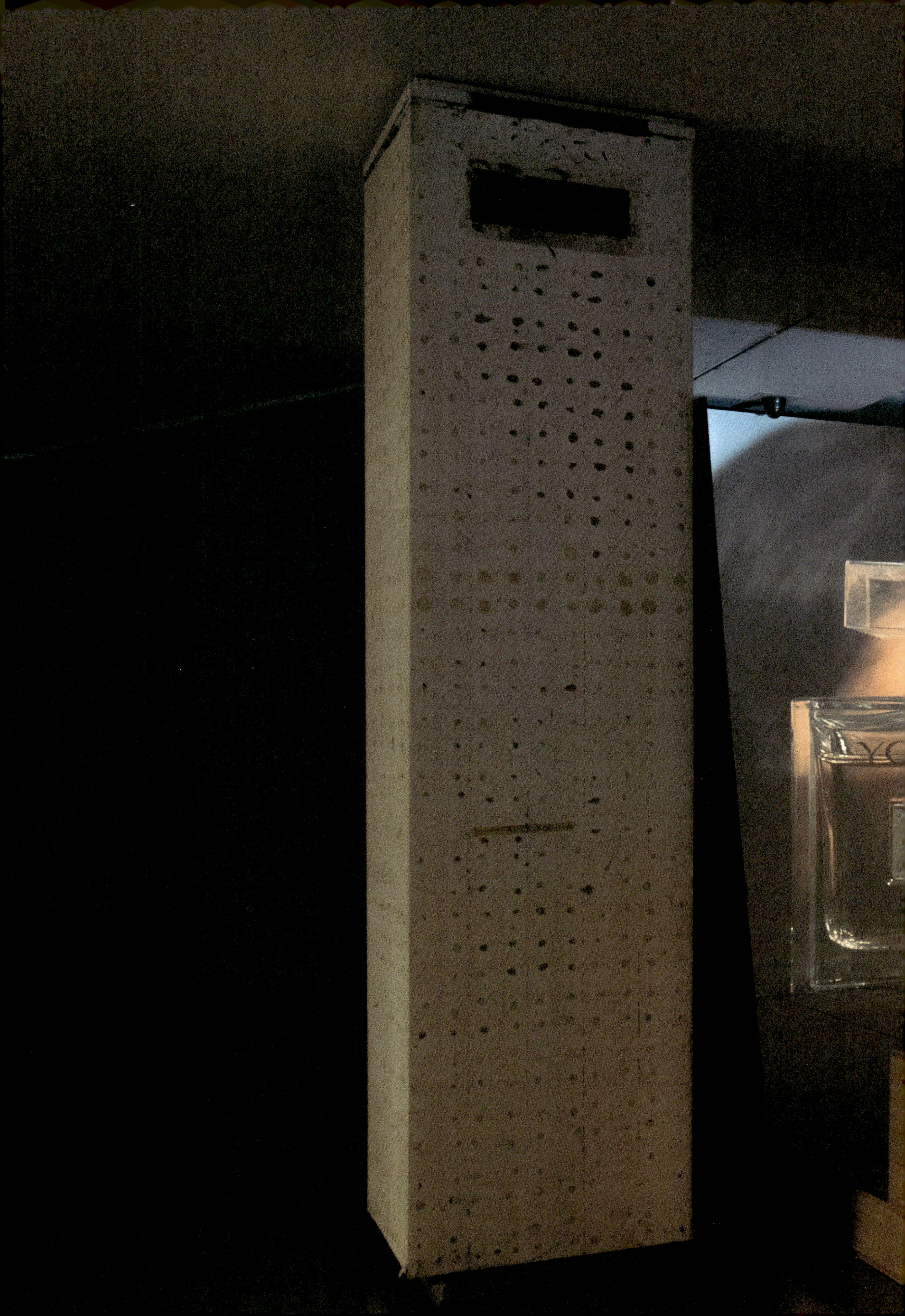

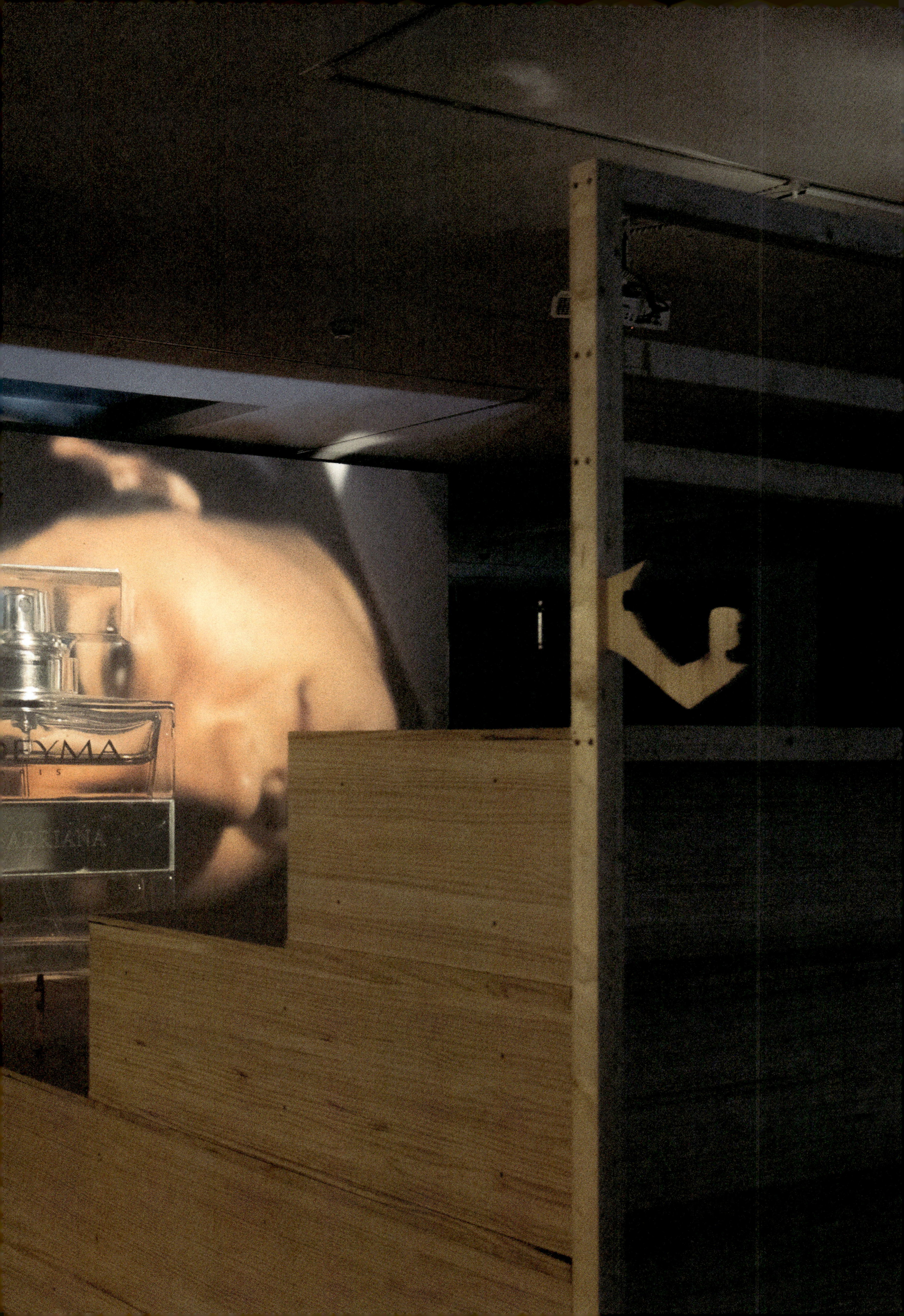

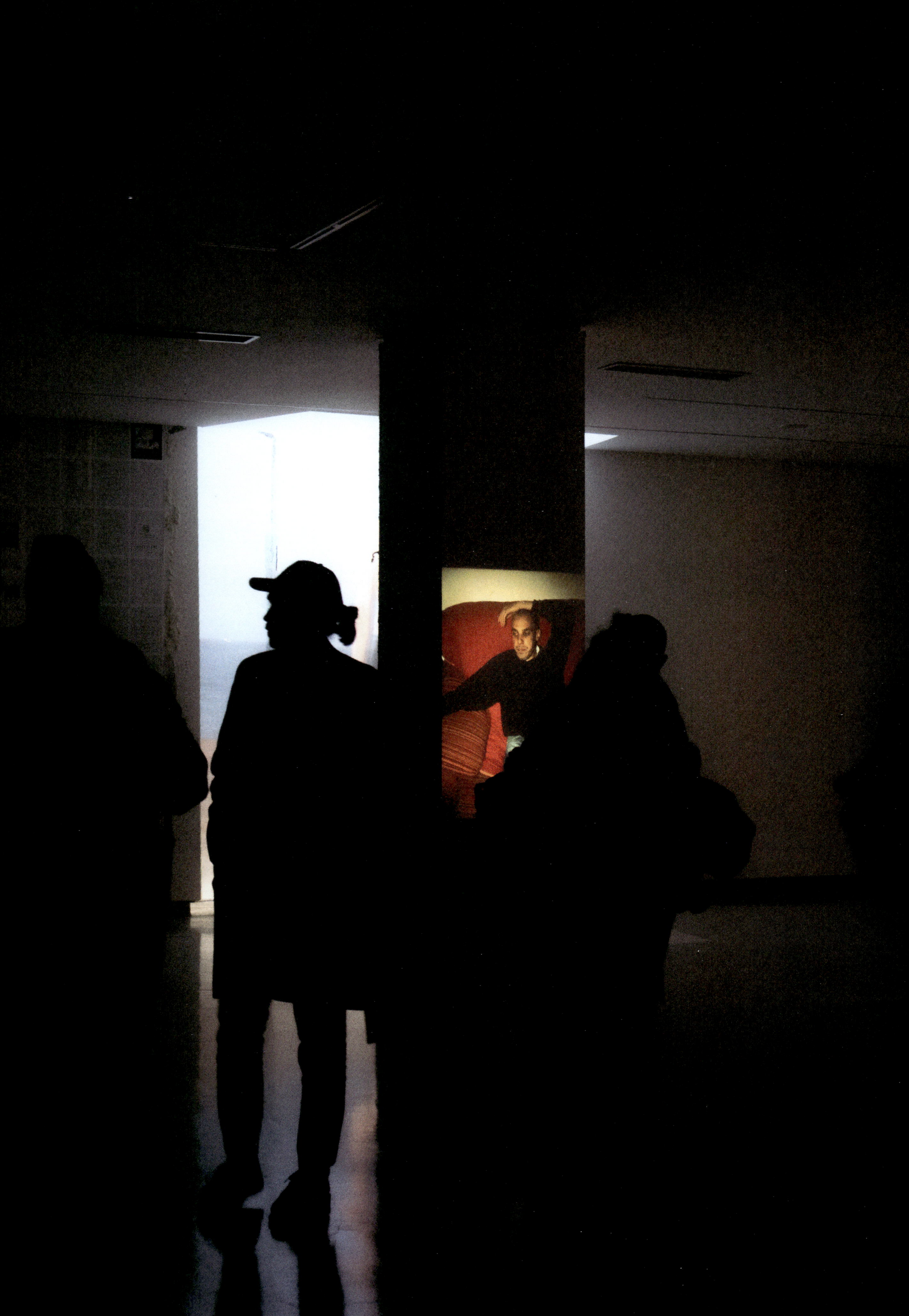

4. SAIOA

SESIÓN 4

GORPUTZA

EL CUERPO

sraPolaroiska
Naia del Castillo
Gema Intxausti
+
Michelle Lima

Urtarrilak 26
26 de enero

18:00etan
18:00h

ERTIBIL 40 ERTIBIL BIZKAIA ERTIBIL 40 ERTIBIL BIZKAIA

MAR REYKJAVIK

ORBIT-ETIK GERATZEN DENA

Hauexek dira materialak:
Bilboko taberna batean gonbidapen bat, *Hori* izango dena.
Testu hau, *Hau*
Javierrek* egindako bideo bat, gertatu zen *Hura* erreproduzitzen duena.
Naiaren aurreko testu bat, *Bestea* deituko duguna.

Egoera bat:
Listoi-zurez egindako mahai ez hain handi batean, *Pages* programa zabalik daukan ordenagailu bat dago, eta orain bertan irekitzen dut *Hori, Hura eta Bestea*.

Hori zen *Hau* egin nezakeen: *Hura* eta *Bestea* elkartzea, hortik tiraka erabat bereizten ez den kontakizun batean.

Batek beti arrastaka eramaten du zola txikle bat zapaldu duela dakienean. Nire buruari galdetu diot ea posible izango litzatekeen *Hau* egitea *Hori* gabe, *Hura* ikusi eta *Bestea* irakurri eta gero.
Gauzak larritu egiten dira, esku hartzen dute.

Profil bat
Pertsona asko aulkietan jesarrita, beste batzuk zutik, aulkirik gabe; ai ene, aulkirik gabe. Urrunetik, honek guztiak auto bat dirudi. Lehen, hau guztia areto bat zen.

Txikia nintzenean gorputzetan pentsatu ohi nuen, jasaten edo eusten dituzten gauzak aintzat hartu gabe. Leonerantz gindoazen autopistatik, eta familietan pentsatzen nuen, hutsean eserita, lehengo autoak zihoazen abiadura berean. Laugarren solairuan bizi ginen eta esekidura horretaz pentsatzen nuen; horrela, aurreko auzokideek zer egitn ari ziren ikusten saia nintekeen, behekoek lurra kenduz gero. Uste dut Harry-ren ikusezintasun-kapagatik hasi nintzela pribatua edo publikoa ezabatzeko ariketa hau egiten, Chroma Key bat zela jakin nuen arte.

Norbaitek ura edan du. Gorputzik gabe, ura.
Javik bozgorailu baten planoa eman du, justu buru baten parean dagoena. Dio.

Maria eta Alaitz. Gemak eta berak ez dute elkarrekin lan egiten. *Hura* egiteko elkartu dira eta zergatia azaldu digute. Errepresentazioa dela-eta gonbidatu dituzte, baina beste zerbait egiten dute. Aurrez aurre egoteaz eta orainaz hitz egin dute. Bi gauza proposatu dituzte, bata Sra. Polaroiska-rekin eta bestea biena. Gero desfile bat. *Hura* zabalik dago. *Bestearen* zati bat irakurtzen dute. Irudia, gorputza eta errepresentazioa txirikordatuta daude, *egitura itzulgarria* diote. Lotu eta tenkatu egin dute. Hark ez du transferitu nahi eta laburbildu du: ez dago *erreferentzia jasaterik*. Hans Belting. *Hands belting* gerorako.

Meditazio gidatua dago, musikatua. Gorputza berrikusten da.

Esperientziak leku batetik beste leku batera eramanak dira. Ostatu hartzea, janztea edo apaintzea: autonomoa dela dioen gorputz hori bera. Bere prestakuntzaz hitz egin du.

Badirudi entrenatzera doazela. ***Kontua ez da egitea, baizik eta honako hauek baliatuz lan egitea: pertzepzioa, ekintza, pentsamendua. Harremanetan egonda izatea.*** Adi, ariketak eraman daitezke —beste batzuenak, norberarenak—. Irakur dezagun. Eskola arraro bat da. Baldintzak daude, baina nahi dutena. Isiltzea: koru bat dirudi. *Oh, happy day* jartzen dut.

Zurrumurruak, zurrumurruak. *Speakerra speaking*.

'Please', 'Bronx' bi pertsonaren bizkarrean eta mahukan idatzitako bi hitz dira. Irakurri dezakedan testua da.

Egurrezko arkatz gorri batez, norbaitek zerbait idatzi du moxal bati buruz. Inprimatutako liburu baten orrialde bikoitza erabiliz puzzle bat eratu du, eta orain sei zatitan banatua dagoen eskaneatze bat da. *Ice age*, izotz aroa.

Orri zuri bat esuten da bi eskuekin, zer idatziko den pentsatzen da.

Norbaitek bi lerro paralelo egin eta zirkulu batez zedarriztatu ditu. Tximistak gehitu dizkio zirkuluari. Eguzkiaren antza hartu diot.

Puzzlearenak —muntatu egiten du— zeloa jarri du piezetan. Gogoan dut Pilar Carreraren *La Lógica del Fragmento* lanean norbaitek esan zuen zerbait:

> Moztutako soka berriro lotu daiteke, berriro eutsiko du, baina moztuta dago. Agian estropezu egingo dugu berriro, baina abandonaturik utzi ninduzun lekuan ez nauzu berriro aurkituko.

Brecht zen Pilarrek esandakoa esan zuena.

Aldi batean, Saguntoko udako eskoletan lan egin nuen. Uda haietako baten azken egunean, Javi bistatik galdu genuen, haren bila joan ginen, haren bila etorriak ziren jada. Udako eskola batean egiten ziren gauzak egiten genituen gelara igo nintzen; han zegoen, bere bost urteekin eta bere *bost jazmin nerabeekin*, ahoarekin zelofan zatiak mozten. Arbelean bere zakutoa itsatsi zuen, mahaiak ere zeloarekin lotuta zeuden, ogitarteko bat zeloz jositako lurrean, koloretako arkatzak mahaiaren ondoan. Zer egiten ari zen galdetu nion eta dena prest uzten ari zela erantzun zidan, mugitu ez zedin eta hurrengo udan geratu ginen unetik bertatik jarraitu ahal izateko.

Beste Javierrek aurpegiak erakutsi dizkigu, Juan, aurpegiak: paperenak, pertsonenak; plano orokorrago batean besteek beste gauzak egiten ari dituzte. Haietako batek zirkulua marraztu du airean, besteei paperean zer egin duen azaltzen die, lehen formatik edo marrazkitik azaltzen nizuena. Zoom motela urez beteriko edalontzi batera. Zooma irakurri ezin dudan beste testu batera. Hiru lagunen artean folio bat hausten dute eta bakoitzak zati batekin geratzen da. Orria partekatzen dute.

Zatitzen eta banatzen duenak, bada, zatitu eta banatu egiten du. Liak, Gorkak eta hirurok hiru seme-alabena egiten dugu, neba-arrebena, alegia. Jostailu batzuk genituen zatitu gabe erabiltzen genituenak, batzuetan elkarrekin beste batzuetan ez. Errezeloak hartzen gintuenean eta dena delako gauza norberarentzat nahi genuenean, gelditzen irakatsi ziguten. Beste jolas bat erabiliz —aditz-jostailua— gutako bakoitzak silaba bat esan behar zuen, eratzen zen aditzaren ekintzari lekua ematen ziona. Liak hauxe esaten zuen: -Com; Gorkak: -Par eta nik, bihurriagoa nintzela, ahapeka eta *delay* edo atzerapenez -Tir esaten nuen. Orduan denbora eta jostailua partekatzen genituen. Hitza zatituko bagenu bezala aritzen ginen: kon par titzen.

Esku batek folioa laztantzen du, bic-ari birak ematen dizkio. Bolaluma eskuan, arritmiaz jotzen du mahaia —agian ez zuen inoiz katuka egin—, rumbatxo bat zure oinentzat. Kristalezko BIC bolaluma, perkusio arrunta. Bolalumaren ipurdia mahaiaren gainean jartzen du eta, askatu gabe, bueltak ematen dizkio aldi batean. Irakurtzean eta bolaluma bat eskuartean izatean egiten diren gauzak dira.

Mauka horiak dituen bat uraren gainean idazten ari da; urari buruzko saiakera bat ez, uraren gainean baizik. Edalontzikoa. Atzo norbaiti entzun nion ur-ogitarteko bat jatea gustatuko litzaiokeela. Orain, parpailez apaindu du folioa, etxe bat saltzean edo lan bat bilatzean edo txakur bat bilatzean egiten den bezala.

Biren artean mahaia alboratu dute, gurpilak zituena. Atzeko aldean proiektore bat dago, zeinetan <seinaleak bilatzen> jartzen duen. Uste dut hau Hau osatzeko dela, bilatzen ditut.

Antzeko zerbait gertatu zen Paularekin, Javiren klasera udan bakarrik joaten zena. *WALL•E* proiektatu genuen eta filma amaitu zenean haurren zenbaketa egin genuen. Filma proiektatu genuen errezelaren azpian etzanda aurkitu genuen, hura altxatuz eta aldi berean bere sorbalda txikiak altxatuz guztiz harriturik. Begiratu ninduen eta esan zidan: —Ez dakit non dauden panpinak. Paula, irudiekin mesfidati, nahi gabean beste leku eta garai batzuetan modu naturalean gertatu izan den eta gertatzen den fikzioa lehian jarriz agertzearen eta errepresentazioaren inguruan galdezka zegoen, *Hura* delakoan bezala edo Belgradon telebista publikoan telenobelak ematen hasi zirenean bezala. Aleksandrak kontatu zidan Kassandra eman zutela, Venezuelako telenobela popular bat zeinetan Coraima Torres gaztea —Kassandra irudian— bidegabe kondenatu zuten —fikzioan—. Jendea etxetik atera zen Kassandraren askatasuna eskatzera.

Javi urrundu egin da eta erakusketa erakutsi dit, nik jada ikusi nuen egun batean. Proiektoreak piztuta daude, erakusketa bat antolatzeko, erakusketa honetarako, proiektore-moten Start-up delako bat lirudike.

Aretoa argi urdin batez tindatu da, kliskadak ageri dira eta *render* batzuk jantziak dituzten gorputzak erreproduzitzen. Norbait desfilatzen ari da koltxoi moduko bat gainean duela. Pantailatik irteten ari dela dirudi, Paula haurrarengan pentsatzen dut. Atzeko aldean gona zabalik duen eta film-paperezko bufanda handi bat daraman norbait du atzetik. Dieter Meierren *Paperfilm* etorri zait gogora.

Valentzian askotan aulkiak jartzen ditugu espazio publikoan. Prozesioetan jendeak etxetik jaisten ditu; emakumezko auzotarrak aurretik etxetik atera dituzten eta arkitektura espazialari teknologia propioak erabiliz lotu dituzten aulkietan jesartzen dira, publikoaren eta pribatuaren arteko disrupzioarekin eta espazioaren ordena berri batekin zerikusia duena. Nire ikastetxe publikoko jolastokian, Sant Antoni egunaren arratsaldean, bi aulki-ilara jartzen dira parez pare, haur bakoitza bere animaliarekin —animaliarik baldin badauka,—igarotzeko moduko distantzian. Prestatutako aulkietan —ezker-eskuin— senideak jesarri edo finkatu egiten dira. Frantziako Iraultzan, Asanbladan, horrela jartzen ziren diputatuen eserlekuak, gorputzak banatzen ziren —ahotsak— jarrera politikoen arabera halako banaketa binaurala sortuz, ezkerra eta eskuina terminoak sortuz. Dena da posizioa.

Guk ez genuen animaliarik. Gure aitona Palància ibaira jaisten zen pare bat egun lehenago eta hiru barraskilo bilatzen zituen. Aurretiazko gordetako kristalezko hiru poto irekitzen zituen eta barraskilo bana sartzen zuen bakoitzean, bai eta letxuga zati bat ere. Umeak banan-banan ibiltzen ziren bere maskotekin. Nire ahizparen ikastaldea lehenengoa zen beti. Martxa hasi baino lehen, gure mamorroak aurkezten genituen mikrofono batekin. Berak hauxe esaten zuen: hau Meltxor da. Gero Gorkaren txanda zen, eta esaten zuen: hau Gaspar da. Eta, azkenik, hauxe esaten nuen nik: hau Baltasar da. Publikoak — jakobinoek edo menditarrek—, adi egonez gero, ahaidetasuna susma zezakeen. Ahalik eta zuzenen genbiltzan —zuzentasuna basapiztien indarraren eta, orduan, orain ere bai batzuetan, besteei gorputzetik zerbait erakusteko herabetasunaren araberakoa zen—; paraleloen amaieraraino iritsi eta itzuli egiten ginen.

Eguna amaitzen zenean, Palància ibaira jaitsi eta erregeak askatzen genituen. Horrela egin genuen urte batzuetan. Beti pentsatu izan dugu hiru barraskilo besterik ez zegoela.

Gorputzak irtetzen jarraitzen dute. Mal Studio Custom Project-eko Michelle Limak diseinatu eta egin dituen jantziak aurkezten ari dituzte. Oraindik ez dut bereizten ibiltzean espazioan egiten duten marrazkia. *Andar Andar Andita*. Beste bat txanoarekin neurriz gaineko moduan ibiliz: zangoak gorputzaren gainerakoaren aurretik, Ceciliak zioen bezala: *kontua ibiltzea da*.

Jarraian etorriko zena baino lehen behitegietako mahuketan sartzeko, behiek zuzen joan behar zuten; haien ezker-eskuinetara, material gogorren batez hornituko hormek behien larrua urratzen zuten. Temple Grandin-ek plano batzuk egin zituen, non espazio horien arkitektura lineala zirkulu-erako sistema batengatik ordezkatzea proposatzen zuen, behien ikuspegia erdigunean jarriko zuena; dakigun moduan, behiek alboetan dituzte begiak —bideo-kamera angeluhandien antzera— eta horregatik zirkulatzen dute. Zirkulatzea jada itxita dagoen ibilbide batetik mugitzea da, zirkular forma bat da.

Gorputzak adarkatzen dituen harmaila dago, korrala bat dirudi. Egitura horri esker inklinazioa sortzen da eta gorputz eta aurpegi horiek hobeto ikus dezakete desfilea. Estadio aldapatsua da, ekintza era independentean kontsumitzea ahalbidetzen duena. *In the pendiente*.

Templek, halaber, behi berdinak parasitoak hiltzeko urmaelera irrist eginez jaitsarazten zituen metalezko arrapalaren ordez hormigoizko bat jarri zuen, behiek irmo zapaldu ahal izateko uretan erori arte. Diseinu horri «Uraren gainean dabilen ganadua» deitu zion.

Jendeak gogoko duena jarraitzen du. Batek kamerara begiratzen du. Lehen ikusitakoaren eta oraingo begiraden arteko pasealdia berreraiki behar dut. Inor ez da jesarlekutik erortzen.

Arrazoiren bategatik, hilabete eman nuen Madrilen antzinako korrala batean. Emparrek gutunazal txiki batean bidali zizkidan giltzak. Goiko giltzetan «goikoak» zegoen eskuz idatzita denbora aurrez nezan, nahiz eta bi giltza bakarrik egon. Gogoan dut Mateok eskolan Maped makina zuela bere izena erliebean jartzeko gauzen gainean —batez ere bere gauzen gainean—. Etxera igo eta etxea arrapalan zegoela ikusi nuen.

Korraletako solairuek patiotik hartzen dute arnasa, korrala honetan pisu gisa funtzionatzen zuena. Korrala sofa bat balitz, erdian gorputz astunena jesarrita egongo zen eta gainerako gorputzak alboetara makurtuko ziren, jada alde baterantz okertuak. Bada, gauzak erortzen zitzaizkidan eta irteteko atean aurkituko nituen, patiotik gertuen zegoen tokian. Orduan, pentsatu nuen goikoek etxe hark sortzen zuen maldaren goiko aldean egon behar zutela, horretarako giltza biak uztaitik bereizi behar izan nituen.

Badirudi noiz irten behar duten dakitela. Partitura —'partiri' hitzetik— bat izango dute, une hori noiz gertatzen den jakin dezaten.

Aspaldi ez dela, Lyonen izan nintzen. Itzultzeko —hemen nago jada— kartelak irakurtzen aritu nintzen —seinaleen bila— kaleetan zehar aireporturaino. Bideko une batean, lau gurpildun maleta bat zeraman pertsona baten atzetik joatea erabaki zuen. Minutu batzuetan egin nuen hori, agian berak ere norabidea nire esku uzten ari zuela pentsatu arte. Segimendu horretatik aldendu nintzen, ni ere ideia hauskor haren uztaitik askatu nintzen.

Harmaila gogorra da, maileria.
Dura que dura va, esan nuen.

Amak Niveaz igurzten zuen larruzko sofa marroi hura, denboraren poderioz pitzatu eta gero eta hareatsuago nahiz mugikorrago bihurtzen ari zena. Noizbait erabaki genuen gorputz bakoitzak zer leku hartuko zuen. Banaketa hura gutariko bakoitzaren pisuak toki horretan utzitako arrailduraren araberakoa izan zela ulertzen dut. Gauzek inguruan dituztenen araberako eitea dutela esaten badut, erabakia ezabatu egiten da.

Gorputzik astunenak altxatzen zirenean —munduan eta eserleku hartan denbora luzeen egondakoak—, nirea igotzen zen. Orduan, amen batean altxatu eta orain blindatuta dagoen aterantz joaten nintzen. Nire aitona-amonak etxera joaten ziren, eta nik, manifestazio eta performatibitate ariketa batean, besoak gurutzean jartzen nituen —egia esatera, ixa marraztuta— nire ermamiekin ateko markoak ukitzen saiatuz. Etxetik ez irteteko eskatzeko modu bat zen. Beste gauza bat proposatu, besterik ez zidaten egin behar.

Javik etenik ez daukan tximista bat grabatzen du. Lehengo eguzkia ekartzen dit gogora, ilargia.

Eguzki-sistemari izan nion beldurra inoiz sistema bati izandako lehen beldurra izan zen. Umeek poesiari esker gailentzen dute beldurra, mundua oratzeko ukendu bezala funtzionatzen duena: gorputza munduari. Ibilaldi batean, ilargiari nion beldurra arindu nuen, zirkulu hori zulo bat zela pentsatuz. Atzamarra luzatu nuen Ilargia seinalatuz, hura estaliz. Bat zetozen! —egia esan, eskua Ilargiaren neurrira egokitzeko behar zen distantziara jarri nuen —. Atzean argia egongo zen.

Zerua Lurraren gaineko mantu biribila zela pentsatzeak aldi batez sistema hori etentzen lagundu zidan. Lehenago ere Miguel Hernández olerkariak horrela ebatzi zuen *Tipularen sehaska-kantetan*; honela esan zuen —Barre egizu, ume, Ilargia ekarriko dizut, behar denean.

Hura jorratuko dut berriro. Desfilatzea ibiltzetik dator, ilaran pasatzetik. Egia esanda, arlo militarrerako aditza da itzuli ahalko genukeena. *Hura* delakoan horrela egin zela dirudi, desegin egin zela. Ilara eta sorbatza desegin.

Besarkada bat dago. Biren artean besoekin biltzen dira. Jendea gauzak esaten ditu une oro.

Igandeetarako, paellaren ondoren, neba-arrebek eta hirurok emankizun txiki bat prestatzen genuen. Batzuetan, poema bat ikasten genuen buruz. Gloria Fuertesen hau geratu zait buruan: «Eskerrak herrenak ez garen, eta bi beso ditugun besarkadak emateko». Gaur egun kapazitista bezala ulertu ahalko genukeen saio bat, baina lehen gozotasunez beterik zegoena eta, espero bezala, besarkada batekin amaitzen zena.

Ostiraletan, emanaldiaren aurretik, aitona-amonen etxera joaten ginen hirurok. Aitona-amonen etxeko atearen markoaren neurria bai betetzen zuen nire besoek irudikatutako ixak; badakit, probatu nuelako, baina ez zen beharrezkoa, aitona-amonen etxea zen. Han antzeko gauzak egiten genituen beti. Goizean elkarrekin gosaltzen genuen. Aitonak erroskiletak bustitzen zituen kafesnean, zokalodun edalontzi garden horietako batean. Atzealdean, *Pepe* zioen ahots bat ageri zen beti, nahiz eta, batzuetan, ez zuen ezer nahi. Aurreikuspena eta errepikapena hipotesitzat hartuta, egun batean jakin nuen nire aitonak gauza bera hartuko zuela, nire amonak gauza bera esango zuela, bere izena. Trabatu nintzen eta gogoratzen dudan denborari buruzko lehen pentsamendua izan nuen: egun guztiak berdinak izango ote ziren? Egun hura horren antzekoa izango zela jakiteko gai banintzen, bizitza bizitzeko gai izango ote nintzen, gertatuko zen hurrengoa sumatzen? Erroskiletaren punta basoaren hondora jausten ari nintzela, hauxe esan nion nire buruari:

> Ez da ezer gertatzen, beste egun batean honengatik berriro larritzen banaiz, kalera aterako naiz besoa jasota, egingo nukeen guztia egingo dut, eta, horrela, dena desberdina izango da betiko.

Bharatik 48 urte eman zituen horrela. Macacok pixka bat gutxiago.

Badira beste besarkada batzuk.

Nerabezaroan, Templek Hugh Machine asmatu zuen. Ganaduaren gorputza presionatuz abelburuak baretuko zituelako intuiziotik abiatuta fabrikatu zuen gailu hori, beste bat beste batengatik; besarkada bat neurtzen edo pisatzen duena pisatzen edo neurtzen duen indar bat eragiten duen kutxa moduko bat. Presio-ariketa bat, beste sistema bat baretzen duena: nerbio-sistema.
Gorputzak beste tipologia batean biltzen dira bere besoekin: hankak gurutzatuta, bi eskuak paratzen dituzte belaun baten beheko aldean. *Hura*-rekin amaitzen den bildura da. Txalo egiten da, ahurrak behin baino gehiagotan elkartzen eta banatzen dira. Eskuak elkartu eta banatu, nork bere burua besarkatu eta airea utzi besarkatzen dena sar eta irten dadin.

Javik grabatzeari utzi dio.

Oinetakoen zolari begiratu diot eta zotz bat hartu dut Orbit-etik geratu dena kentzeko.

* Javier Azcoidiren laguntzarekin bideo-erregistroan.

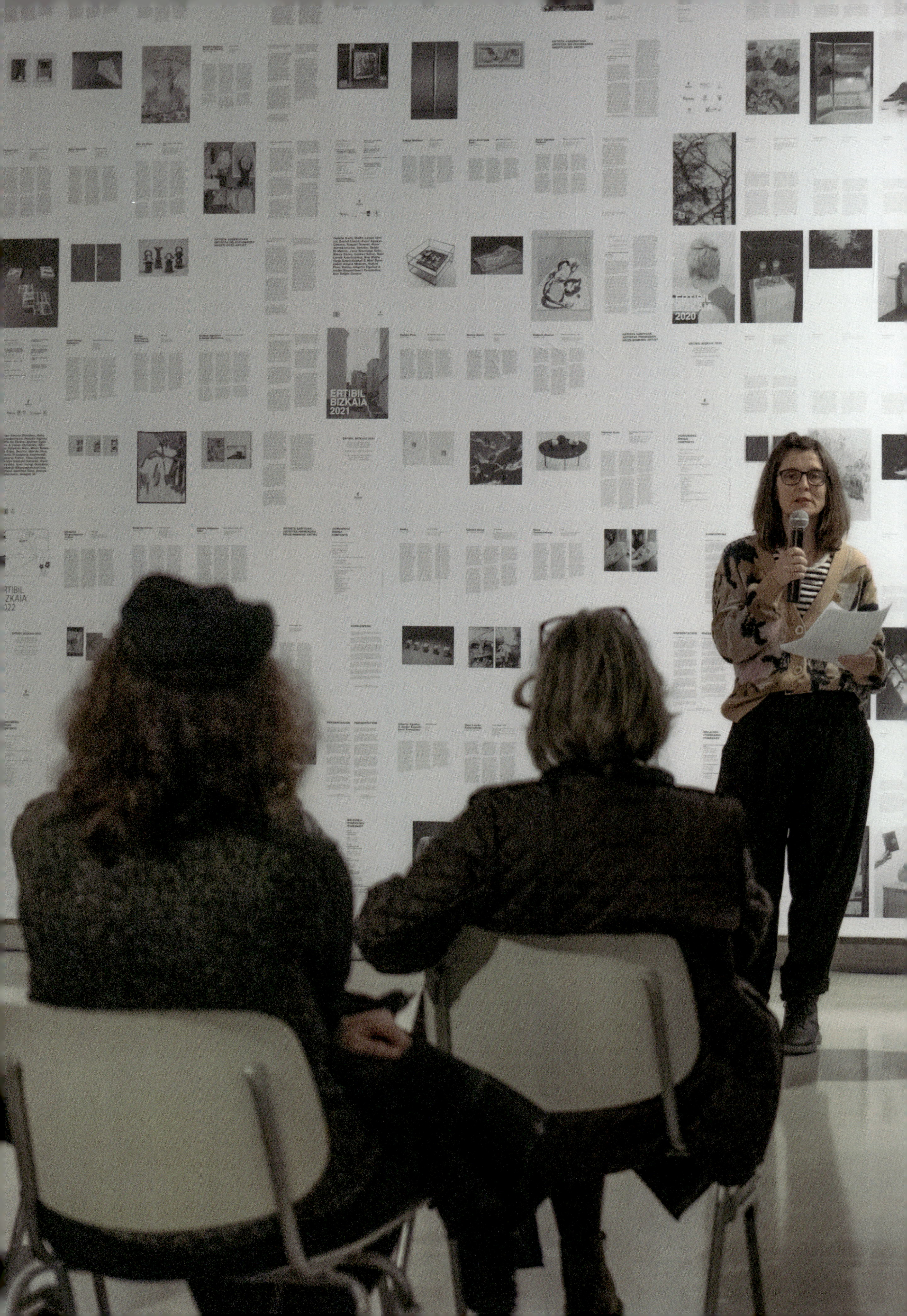
ERTIBIL
BIZKAIA
2021
BIZKAIA
2020

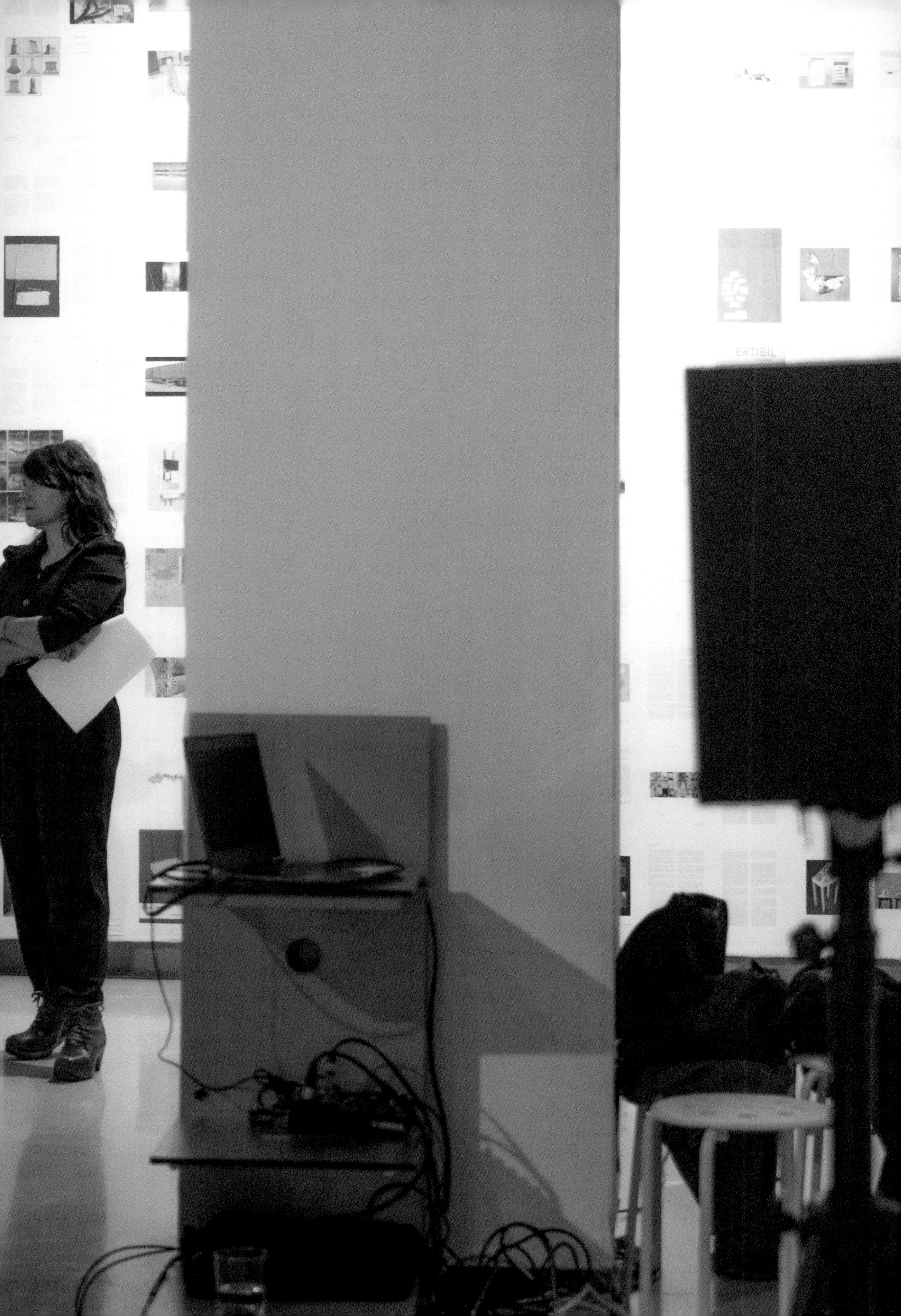
ERTIBIL

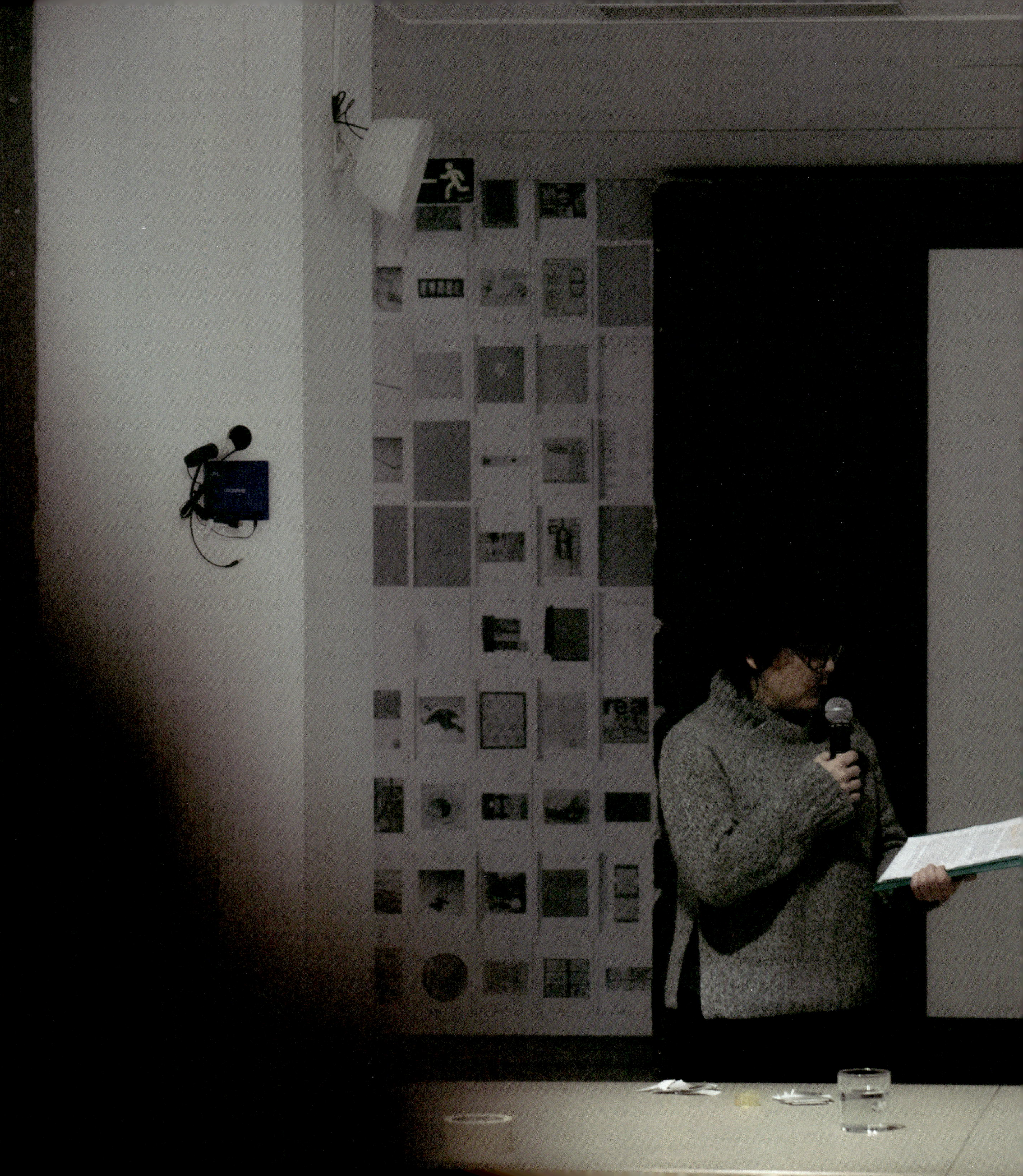

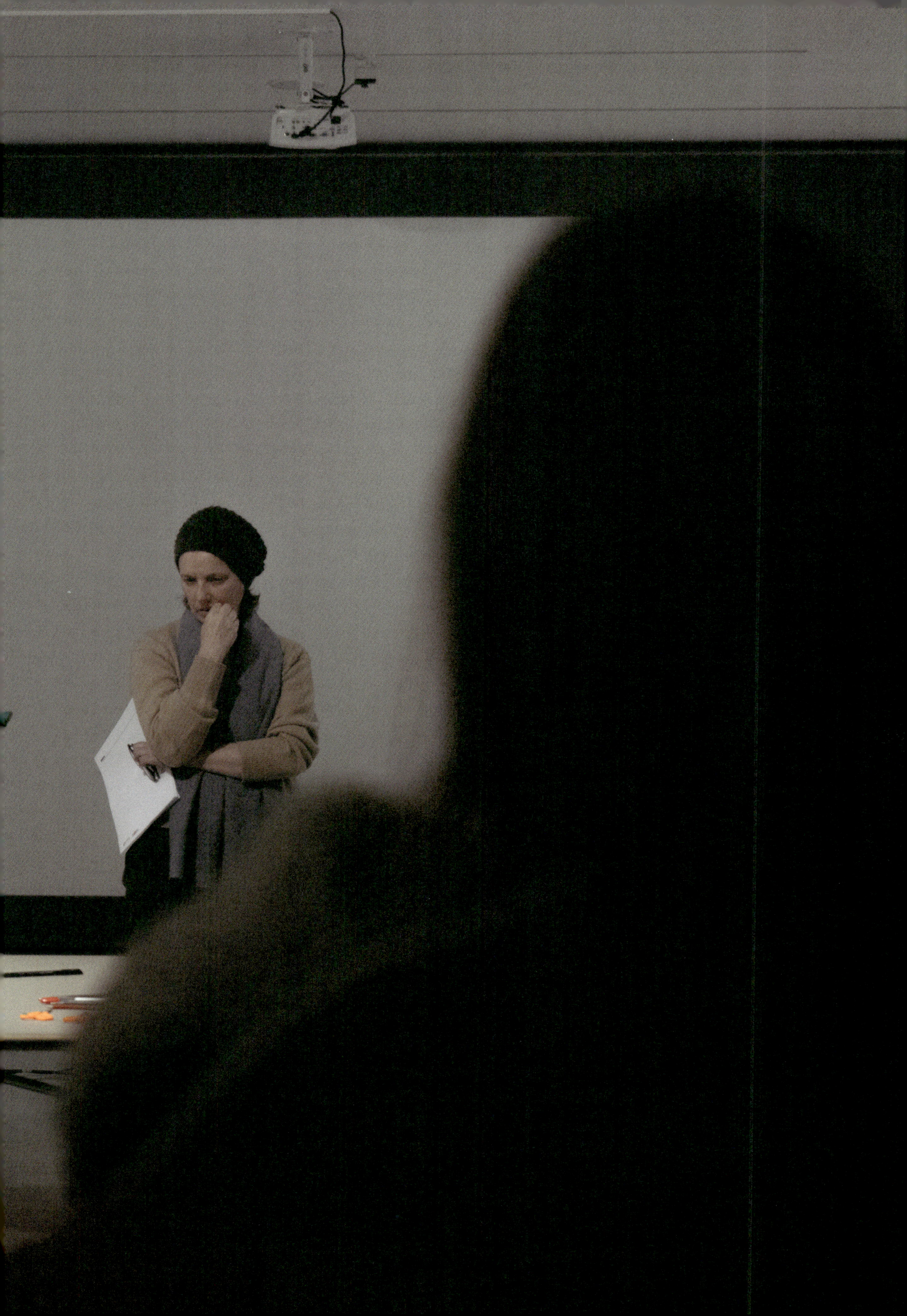

LO QUE QUEDA DEL ORBIT

Los materiales son:
Una invitación en un bar de Bilbao que será *Eso*
Este texto, *Esto*
Un video que registró Javier* que reproduce *Aquello* que ocurrió
Un texto previo de Naia al que llamaremos *Lo Otro*

Una situación:
En una mesa no tan grande de madera alistonada hay un ordenador con un *Pages* abierto en el que ahora abro *Eso, Aquello y Lo Otro*.

Eso era si podía hacer *Esto*: conjuntar *Aquello* y *Lo Otro* en un relato que tirando de ahí no se separe del todo.

Una siempre arrastra la suela por todo cuando sabe que ha pisado un chicle. Me pregunto si sería posible hacer *Esto* sin *Eso* habiendo visto *Aquello* y leído *Lo Otro*.
Las cosas se cuelan, intervienen.

Un perfil.
Muchas personas sentadas en sillas, otras de pie sin sillas, ay que sin sillas. De lejos todo esto parece un coche. Antes todo esto era una sala.

Cuando era pequeña solía pensar en los cuerpos sin las cosas que los soportan o sostienen. Íbamos por la autopista hacia León y pensaba en las familias sentadas sobre la nada a la velocidad a la que iban sus antes coches. Vivíamos en un cuarto piso y pensaba en esa suspensión; así podía intentar ver qué hacían las vecinas de delante, las de abajo si quitaba el suelo. Creo que fue por la capa de invisibilidad de Harry que empecé a hacer este ejercicio de supresión de lo privado o propio, hasta que supe que se trataba de un Chroma Key.

Alguien bebe agua. Sin el cuerpo, agua. Javi da el plano de un altavoz que justo está a la altura de una cabeza. Dice.

Maria y Alaitz. Gema y ella no trabajan juntas. Se han unido para *Aquello* y nos explican por qué. Se les invita por la representación, pero hacen otra cosa. Hablan de presencialidad y presente. Plantean dos cosas, una con Sra. Polaroiska y otra de las dos. Luego un desfile. *Aquello* está abierto. Leen parte de *Lo Otro*. Imagen, cuerpo y representación están trenzadas, dicen *estructura reversible*. Vinculan y tensan. Ella no quiere transferir y resume: *la referencia no se aguanta*. Hans Belting. *Hands belting* para luego.

Hay una meditación guiada, musicada. Se repasa el cuerpo.

Las experiencias son transportadas de un lugar a otro lugar. Alojar, vestir o decorar: ese cuerpo en sí que dice que es autónomo. Habla de su formación.

Parece que van a entrenar. *No se trata de hacer, sino de trabajar con: percepción, acción, pensamiento*. Ser en relación. Ojo, se pueden llevar los ejercicios —de otres, suyos—. A leer. Es un cole raro. Hay condiciones, pero lo que quieran. Muteo: parece un coro. Pongo *Oh, happy day*.

Rumores, rumores. El *speaker speaking*.

'Please', 'Bronx' son dos palabras escritas en la espalda y manga de dos personas. Es el texto que puedo leer.

Con un lápiz rojo de madera, alguien escribe algo sobre un potro. Se monta un puzle con una doble página de un libro impreso, es un escaneo partido ahora en seis partes. *Ice age*, la edad de hielo.

Se sujeta un folio blanco con dos manos, se piensa qué se va a poner.

Alguien hace dos líneas paralelas y las sitia con un círculo al que pone rayos. Me parece un sol.

La del puzle —que lo monta— pone celo en las piezas. Me acuerdo de algo que dijo alguien en la Lógica del fragmento de Pilar Carrera:

> La cuerda cortada puede volver a anudarse, vuelve a aguantar, pero está cortada. Quizá volvamos a tropezar, pero allí donde me abandonaste no volverás a encontrarme.

Era Brecht quien dijo lo que dijo Pilar.

Trabajé durante un tiempo en las escuelas de verano de Sagunto. El último día de uno de esos veranos perdimos de vista a Javi, lo buscamos, que ya habían venido a por él. Subí al aula en la que hacíamos las cosas que se hacen en una escuela de verano; allí estaba, con sus cinco años y sus *cinco jazmines adolescentes* cortando trozos de celofán con la boca. En la pizarra había pegado su saquito, las mesas estaban unidas también con celo, un bocadillo en el suelo encelado, los lápices de color junto a la mesa. Le pregunté qué estaba haciendo y me dijo que lo estaba dejando todo listo para que no se moviera y pudiéramos así seguir el verano siguiente por donde nos habíamos quedado.

El otro Javier nos enseña las caras, Juan, las caras: las de los papeles, las de las personas; en un plano más general las demás están haciendo las demás cosas. Una de ellas dibuja el círculo en el aire, les explica a las otras lo que ha hecho en el papel, lo que os explicaba antes desde la forma o dibujo. Zoom lento a vaso de agua. Zoom a otro texto que no consigo leer. Entre tres rompen un folio y se quedan cada una con una parte. Comparten la hoja.

Quien parte y reparte, pues parte y reparte. Lía, Gorka y yo hacemos los tres hijos, de hermanos. Teníamos unos juguetes que sin dividir usábamos, a veces juntes otras no. Cuando el recelo nos tomaba y queríamos la cosa para cada una nos enseñaron a parar. Desde otro juego —juguete de verbo— nos hacían decir una sílaba a cada una, que daba lugar a la acción del verbo que se formaba. Lía decía -Com; Gorka -Par y yo, que tenía un carácter más difícil, decía en voz bajita y con *delay* -Tir. Entonces compartíamos el tiempo y el juguete. Estábamos como partiendo la palabra: *com par tiéndola*.

Una mano acaricia el folio, le da vueltas al bic. Boli en mano golpea la mesa con arritmia —quizás nunca gateó—, una rumbita para tus pies. Bic cristal, percute normal. Pone el culo del bolígrafo sobre la misma mesa y sin soltarlo le da vueltas durante un rato. Son cosas que se hacen mientras se lee y se tiene un boli.

Una con mangas amarillas está escribiendo sobre el agua; no un ensayo, sino encima de. La del vaso.Ayer escuché a alguien decir que le gustaría comerse un bocadillo de agua. Ahora le ha puesto flecos al folio, como cuando se vende un piso o se busca un trabajo o un perro.

Entre dos apartan la mesa, que tenía ruedas. En el fondo hay un proyector en el que pone <buscando señales>. Creo que esto es para *Esto*, las busco.

Pasó algo parecido con Paula, que iba a clase con Javi solo en verano. Proyectamos *WALL·E* y al terminar la película hicimos el recuento de niñes. La encontramos tumbada bajo la cortina sobre la que se había proyectado la película, levantándola y levantando a su vez sus pequeños hombros a modo de desconcierto. Me miró y me dijo: —No sé dónde están los muñecos. Paula, desconfiando de las imágenes, preguntándome sin querer sobre presentación y representación en un desafío a la ficción que se había dado y que se da de forma natural también en otros lugares y tiempos, como en *Aquello* o como cuando en Belgrado se empezaron a reproducir telenovelas en la televisión pública. Me contó Aleksandra que emitieron Kassandra, una telenovela popular venezolana en la que la joven Coraima Torres —Kassandra en la imagen— fue condenada injustamente —en la ficción—. El público salió de sus casas a pedir libertad para Kassandra.

Javi se aleja y me enseña la exposición, que ya la había visto un día. Los proyectores están encendidos, podría parecer un Start-up de tipos de proyectores para una exposición, para esta.

La sala se tiñe de una luz azul, hay parpadeos y unos *renders* reproduciendo cuerpos con trajes. Desfila alguien con una especie de colchón encima. Parece que sale de la pantalla, pienso en la niña Paula. Le sigue alguien con la falda abierta por atrás y una bufanda considerable de papel film. Pienso en *Paperfilm* de Dieter Meier.

En Valencia ponemos muchas veces sillas en el espacio público. En las procesiones la gente las baja de sus casas; las vecinas se sientan en sillas que antes han sacado de sus casas y que han atado con tecnologías propias a una arquitectura espacial, que tiene que ver con la disrupción de lo público/privado y con un nuevo orden de lo espacial. En el patio de mi colegio público, la tarde de Sant Antoni, se enfrentan dos filas de sillas a una distancia suficiente para que pueda pasar cada niñe con su animal, si lo tiene. En las sillas dispuestas —a izquierda y derecha— se sientan o asientan les familiares. En la Revolución Francesa, durante la Asamblea se ponían así los asientos de los diputados, se separaban los cuerpos —las voces— según las posturas políticas generando una suerte de división binaural que dio lugar a los términos izquierda y derecha. Todo es posición.

Bien, nosotras no teníamos animales. Mi abuelo bajaba al río Palancia un par de días antes y buscaba tres caracoles. Abría tres botes de cristal que había guardado antes de ese antes y metía un caracol en cada uno, también un trozo de lechuga. Les niñes desfilaban una a una con sus correspondientes mascotas. Primero iba siempre la clase de mi hermana. Antes de la marcha presentábamos a nuestros bichos con un micrófono. Ella decía: este es Melchor. Luego iba Gorka, y decía: este es Gaspar. Y yo, y decía: este es Baltasar. El público —los jacobinos o montañeses— si había estado atento podía sospechar el parentesco. Andábamos lo más recto posible —la rectitud dependía de la fuerza de las fieras y de la timidez que suponía entonces, a veces ahora, enseñar algo a los demás desde el cuerpo—; llegábamos hasta el final de las paralelas y volvíamos.

Cuando terminaba la jornada, bajábamos al Palancia y soltábamos a los reyes. Así durante varios años. Siempre pensamos que solo había tres caracoles.

Los cuerpos siguen saliendo. Lo que presentan aquí son los trajes que ha diseñado y confeccionado Michelle Lima de Mal Studio Custom Project. Todavía no distingo el dibujo que hacen en el espacio al andar. Andar Andar Andita. Otre con una capucha andando de manera exagerada: las piernas por delante del resto del cuerpo, como decía Cecilia: el caso es andar.

Para entrar en las mangas de las vaquerías antes de lo siguiente, las vacas debían ir rectas; a su izquierda y derecha, con algún material duro, unos muros rozaban sus cueros bovinos. Temple Grandin hizo unos planos en los que planteaba la sustitución de la arquitectura lineal de estos espacios por un sistema circular que pusiera en el centro el punto de vista de las propias vacas que, como sabemos, tienen los ojos a los lados —como una cámara de vídeo provista de un gran angular— y por eso circulan. Circular es moverse por una trayectoria ya cerrada, circular es una forma.

Hay una grada que *rampea* cuerpos, parece una corrala. La conformación que resulta es una inclinación de cuerpos y caras que pueden ver mejor el desfile. Es un estadio en pendiente que permite un consumo de la acción independiente. *In the pendiente*.

Temple también sustituyó la rampa de metal que deslizaba a las mismas vacas hacia el estanque desparasitario por una de hormigón, para que las reses pudieran pisar con firmeza hasta dejarse caer en el agua. A ese diseño le llamó "Ganado que anda sobre el agua".

La gente sigue lo que prefiere. Una mira a cámara. Tengo que reconstruir el paseo entre lo que vi antes y las miradas de ahora. Nadie se cae de su asiento.

Por alguna razón viví un mes en una antigua corrala en Madrid. Empar me mandó las llaves en un sobre pequeño. En las de arriba ponía "las de arriba" escrito a mano para ahorrarme tiempo, aunque solo hubiera dos llaves. Recuerdo que Mateo tenía la máquina Maped para poner su nombre en relieve sobre las cosas —preferiblemente sobre las suyas— en el cole. Subí a casa y vi que la casa estaba en rampa.

Los pisos de las corralas respiran por el patio, que funcionaba en esta como un peso. Si la corrala fuese un sofá, en el medio se habría sentado el cuerpo de más peso inclinando así los cuerpos a sus lados, ladeados ya. Bien, se me caían las cosas y las iba a encontrar en la puerta de salida, el momento más cercano al patio. Entonces pensé que las de arriba deberían estar en la parte más alta de la pendiente que generaba aquella casa, para esto tuve que separar las dos llaves de su anilla.
Parece que saben cuándo tienen que salir. Deben tener una partitura —de 'partiri'— que les permite saber cuándo.

Hace no tanto tiempo estuve en Lyon. Para volver —que ya estoy aquí— estuve leyendo carteles —buscando señales— por las calles hasta el aeropuerto. En un momento del camino decidí dejarme llevar por otra persona que llevaba una maleta con cuatro ruedas. Lo hice durante unos minutos hasta que pensé que quizás él también estaba delegando en mi la dirección. Me separé del seguimiento, me solté yo también de la anilla de aquella idea frágil.

La grada es dura, el graderío.

Dije, dura que dura va.

Mi madre untaba de Nívea aquel sofá marrón de cuero que el tiempo iba agrietando y volviendo arenoso y movedizo. En algún momento decidimos qué posición ocuparía cada cuerpo. Entiendo que el reparto se relacionaría con la hendidura con la que nuestro peso ya había marcado la cosa. Si digo que las cosas tienen la forma en la que se desenvuelven, se borra la decisión.

Cuando se levantaban los cuerpos más pesados —aquellos que habían estado más tiempo en el mundo y en el asiento— el mío subía. Entonces me alzaba del disparo e iba hacia la puerta ahora blindada. Mis abuelos se iban a sus casas y yo, en un ejercicio de manifestación y performatividad, ponía los brazos en cruz —en realidad en equis— intentando tocar con mis yemas los marcos de la puerta. Era una forma de pedirles que no salieran de casa. Solo había que proponerme otra cosa.

Javi graba un rayo, que no cesa. Me recuerda al sol de antes, a la luna.

El miedo al sistema solar fue el primer miedo que tuve a un sistema. Les niñes atajan el miedo con la poesía, que funciona como un ungüento para asir el mundo: el cuerpo al mundo. En un paseo palié el miedo que le tenía a la luna pensando que ese círculo era un agujero. Puse el dedo señalándola, que la estaba tapando. ¡Coincidía! —en realidad puse la mano a la distancia que hacía falta para el encaje—. Detrás habría luz.

Pensar que el cielo era un manto también redondo sobre la tierra me ayudó a suspender ese sistema durante un tiempo. Esto ya lo había resuelto antes Miguel Hernández así en las *Nanas de la cebolla*; dijo —Ríete niño, que te traigo la luna, cuando es preciso.

Vuelvo a *Aquello*. Desfilar viene de marchar, de pasar en fila. En realidad es un verbo para lo militar que podríamos también restituir. En *Aquello* parece que se hizo, que se deshizo. Deshacer la fila y el filo.

Hay un abrazo. Se envuelven entre dos con los brazos. La gente dice cosas todo el tiempo.

Para los domingos, después de la paella, mis hermanos y yo preparábamos un numerito. Algunas veces era la memorización de un poema. Recuerdo "Menos mal que no somos mancos, y tenemos dos brazos para dar abrazos" de Gloria Fuertes. Un número que hoy podría resultar capacitista, aunque antes estaba lleno de ternura y terminaba, como era de esperar, en un abrazo.

Los viernes, antes del número, nos íbamos los tres a la casa de mis abuelos, que tenía una puerta con un marco que mis brazos sí alcanzaban para mi equis; lo sé porque lo probé, aunque no hacía falta, era su casa. Allí hacíamos siempre cosas parecidas. Por la mañana desayunábamos juntas. Mi abuelo *sucaba* rosquilletas en un café con leche en uno de esos vasos transparentes con rodapié. De fondo siempre aparecía una voz diciendo *Pepe*, aunque algunas veces no quisiera nada. En un ejercicio de previsión y repetición, supe un día que mi abuelo tomaría lo mismo, que mi abuela diría lo mismo, su nombre. Me atoré y tuve el que recuerdo como mi primer pensamiento sobre el tiempo: ¿iban a ser todos los días iguales? Si yo era capaz de saber que ese día iba a ser tan parecido, ¿sería capaz de vivir una vida sospechando siempre lo próximo? Mientras veía como caía la punta de la rosquilleta en el final del vaso, me dije:

> No pasa res, si otro día vuelvo a agobiarme por esto, saldré a la calle con el brazo levantado, haré todo lo que hubiera hecho y así todo diferente para siempre.

Bharati estuvo 48 años así. Macaco un poco menos.

Hay otros abrazos. En su adolescencia Temple inventó la Hugh Machine, un dispositivo que fabricó desde la intuición de la reparación que habría de calmar al ganado presionando su cuerpo, otro por otro; una especie de caja que ejerce una fuerza que pesa o mide lo que mide o pesa un abrazo. Un ejercicio de presión que apacigua otro sistema: el nervioso.

Los cuerpos se recogen en otra tipología con sus brazos: con las piernas cruzadas ponen dos manos sobre la parte más baja de una rodilla. Es un recogimiento que termina con *Aquello*. Se aplaude, se juntan y separan las palmas varias veces. Juntar y separar las manos, abrazarse a una misma y dejar aire para que entre y salga lo que se abraza.

Javi deja de grabar.

Me miro la suela de los zapatos y cojo un palillo de dientes para retirar lo que queda del Orbit.

* Con la colaboración de
Javier Azcoidi en el registro de vídeo.

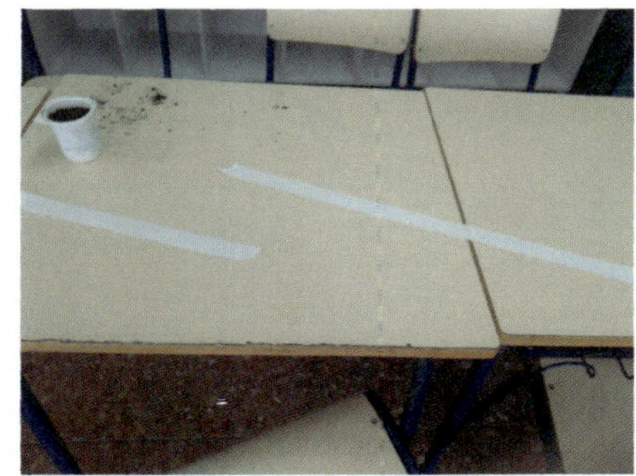

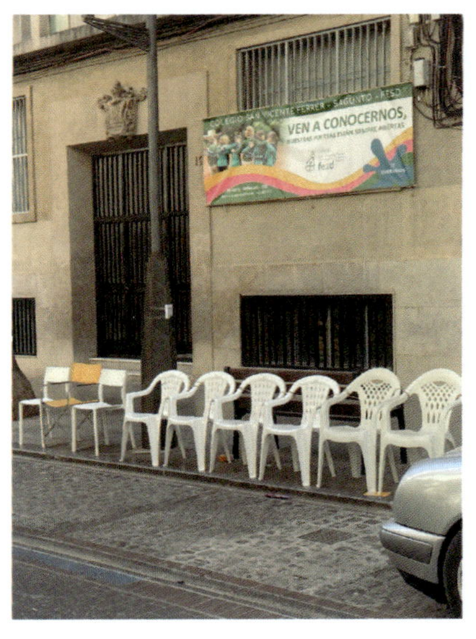
VEN A CONOCERNOS,

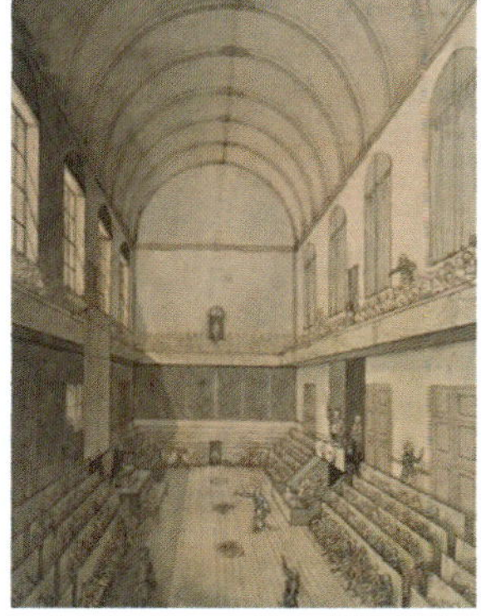

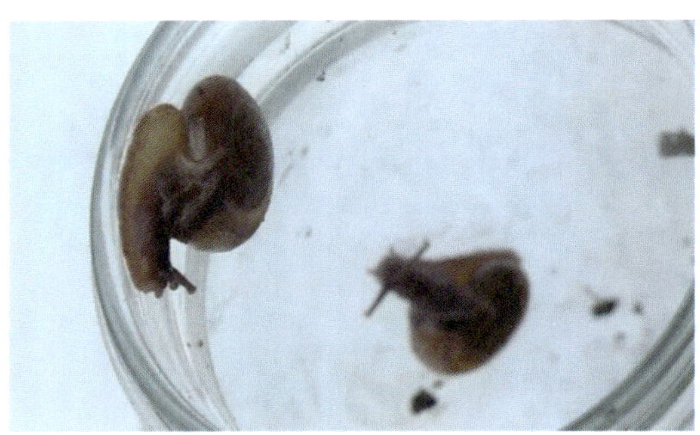

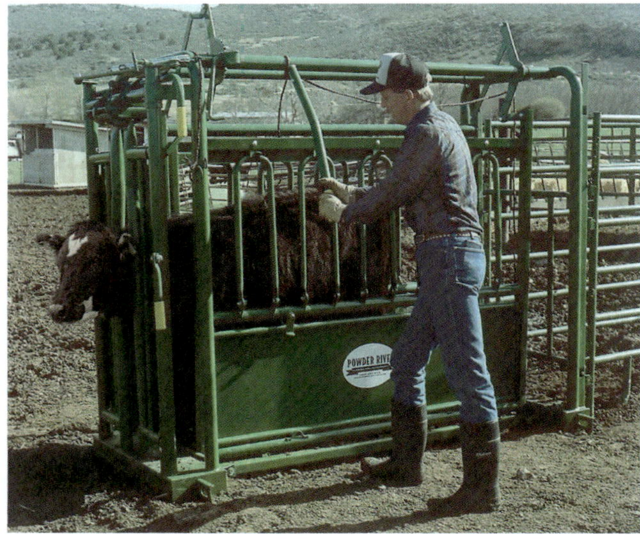

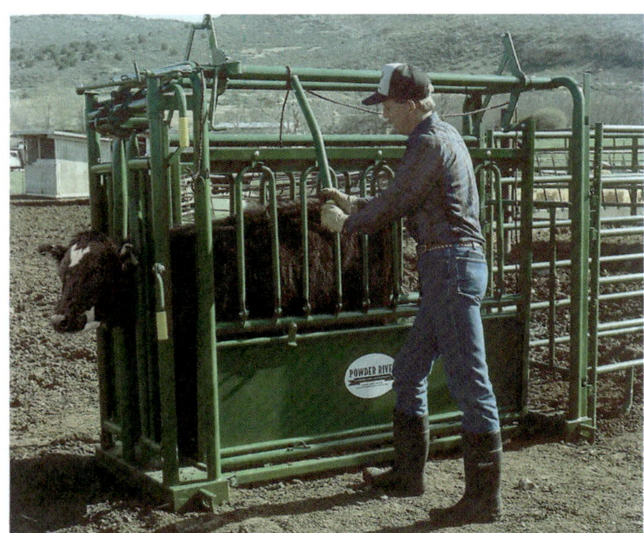

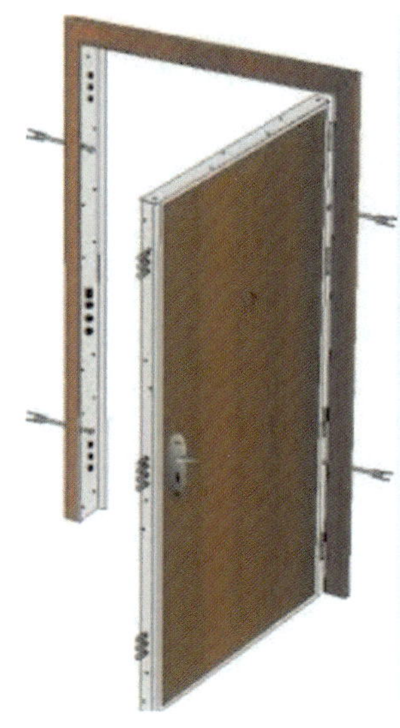

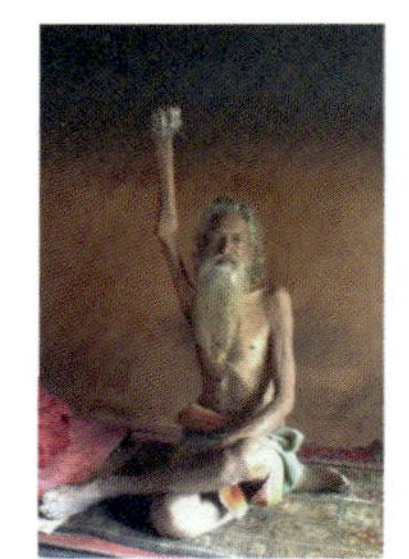

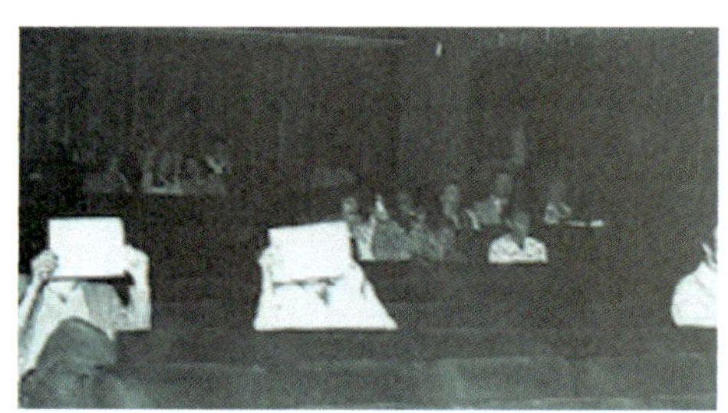

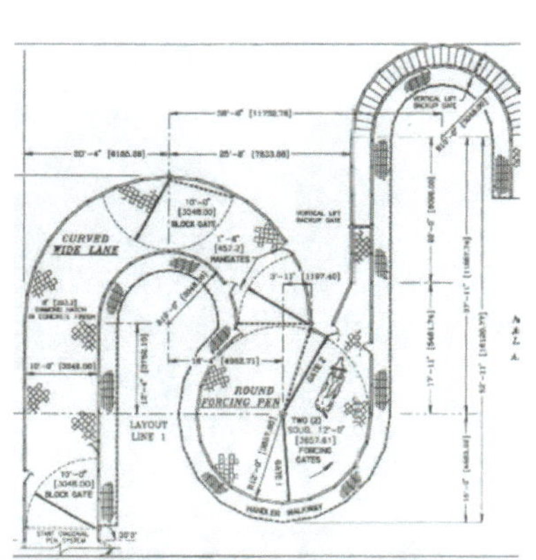
CURVED
WIDE LANE
ROUND
FORCING PEN
LAYOUT
LINE 1

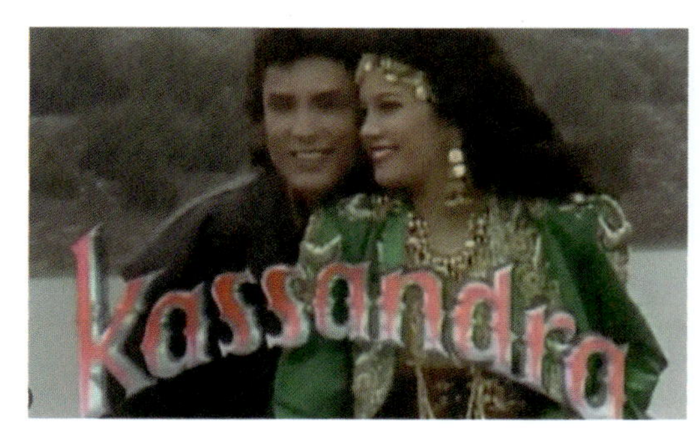
Kassandra

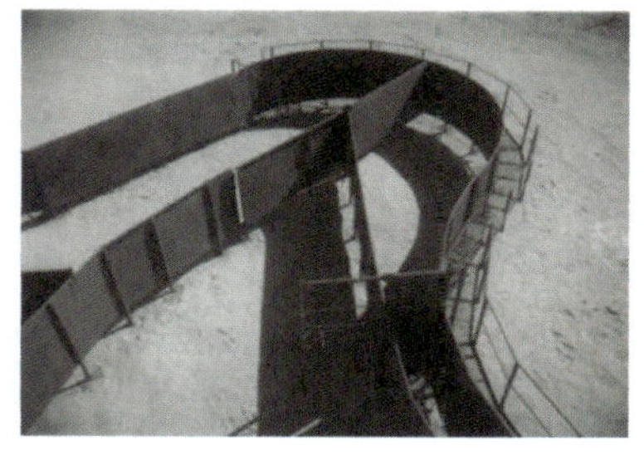

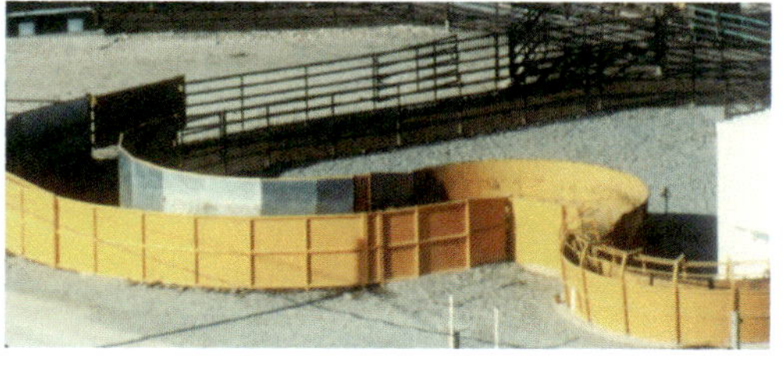

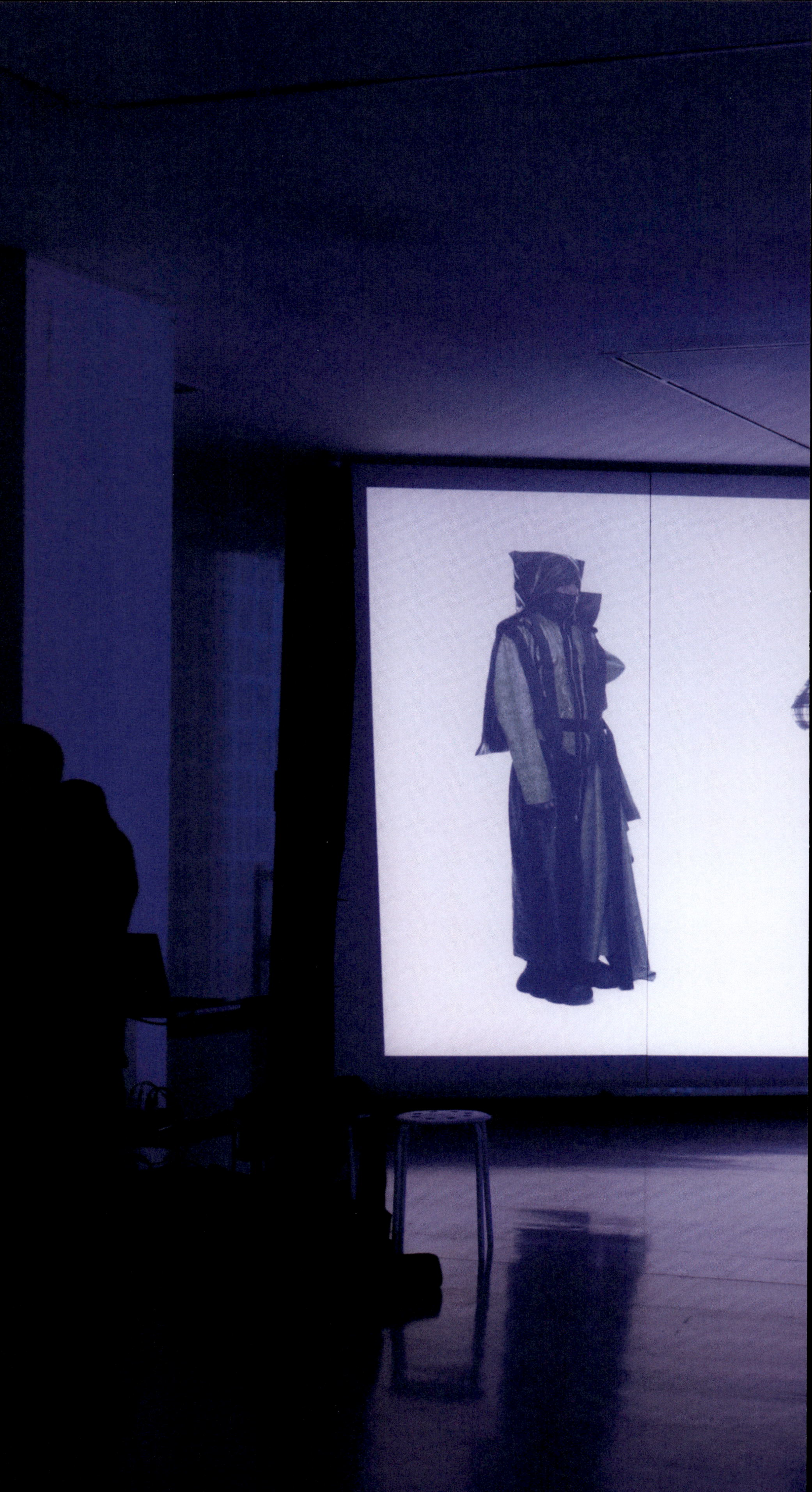

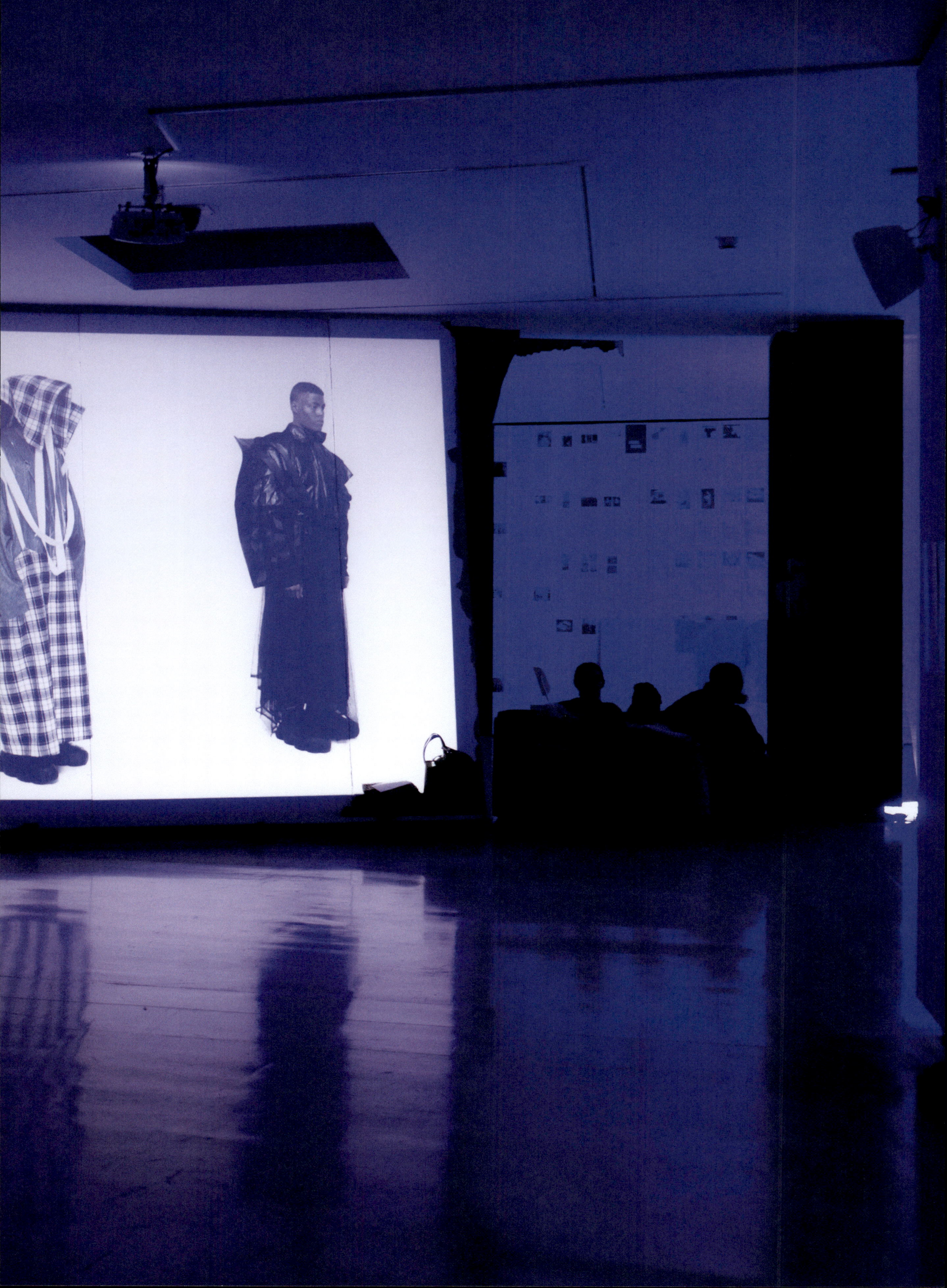

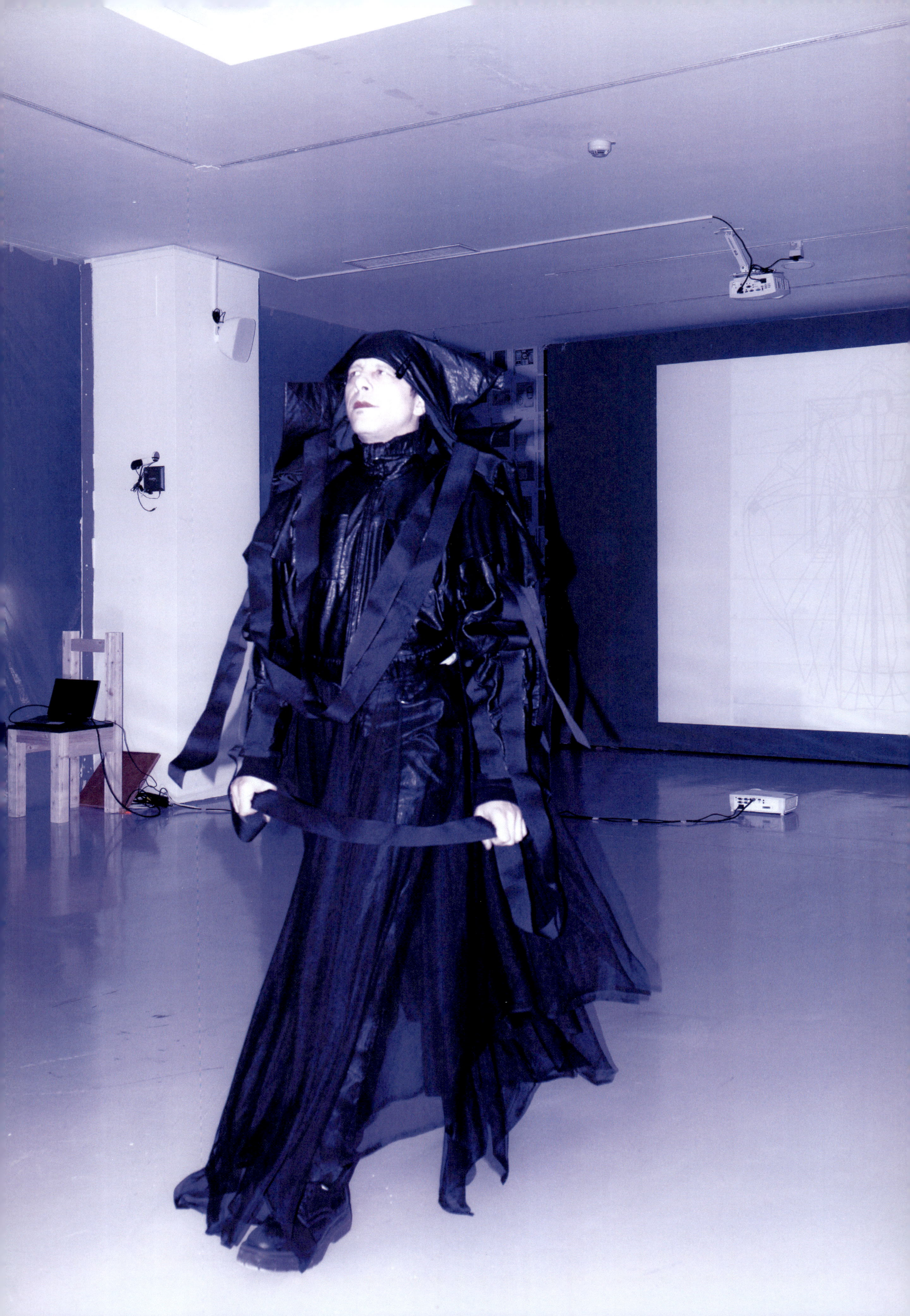

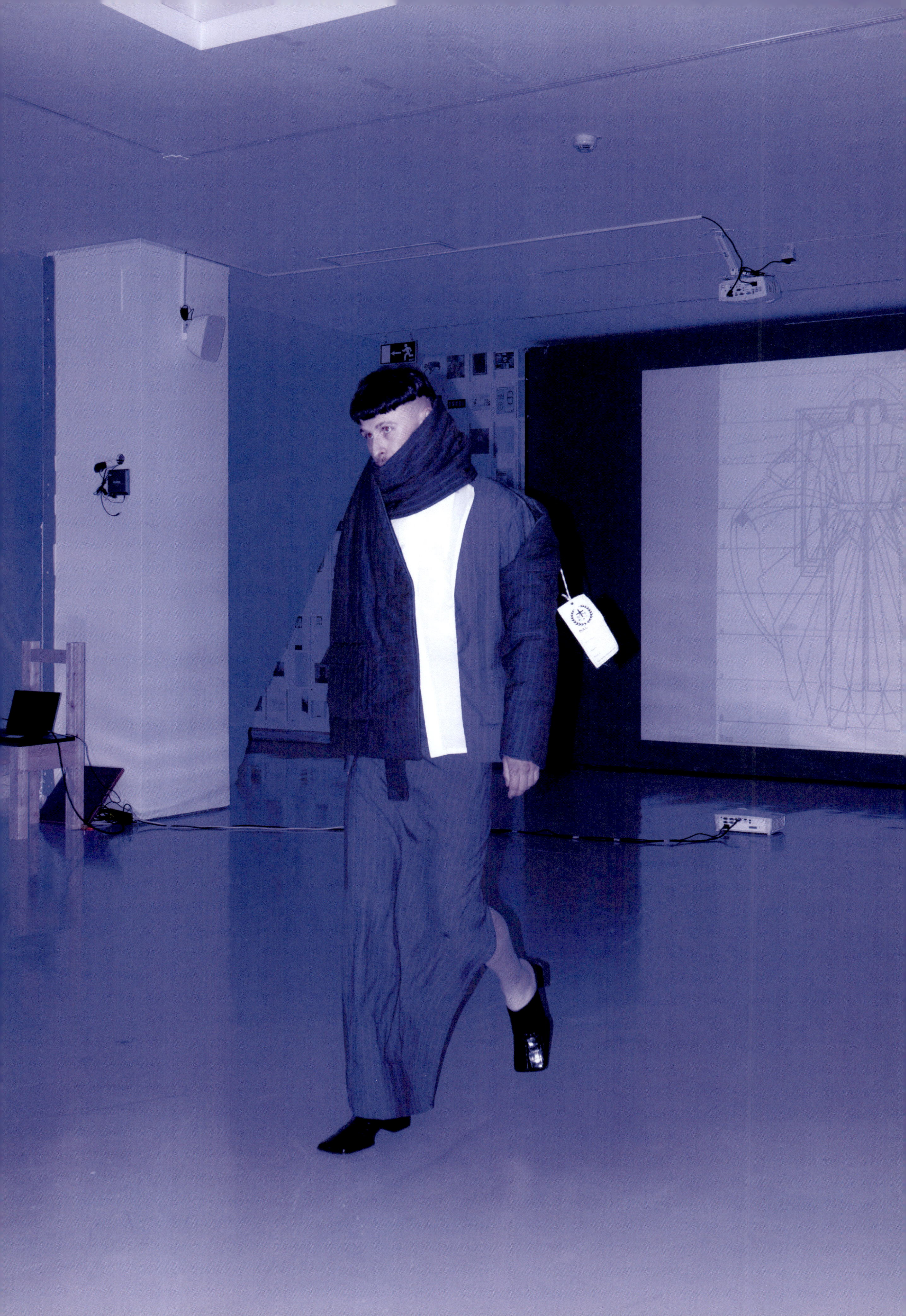

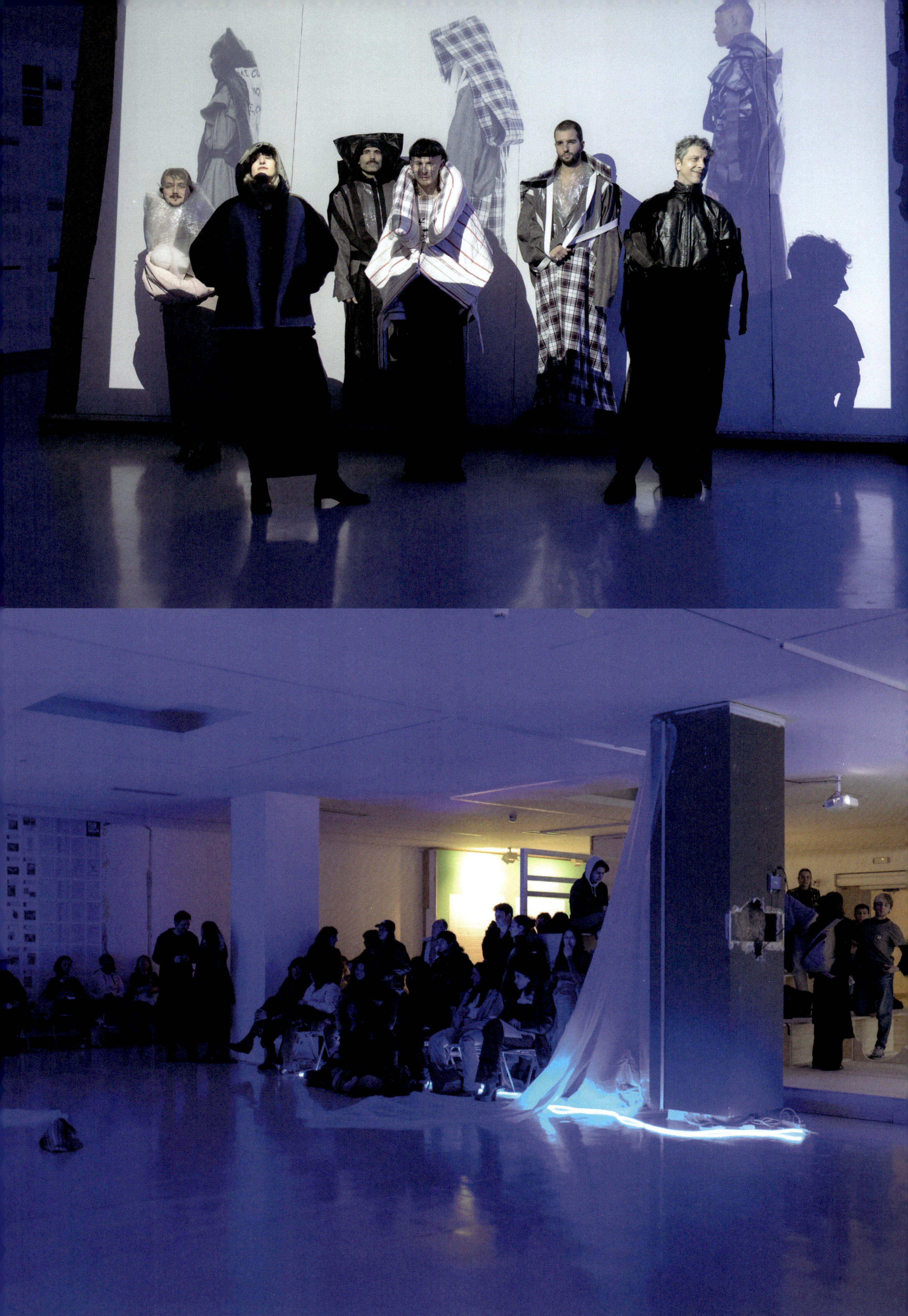

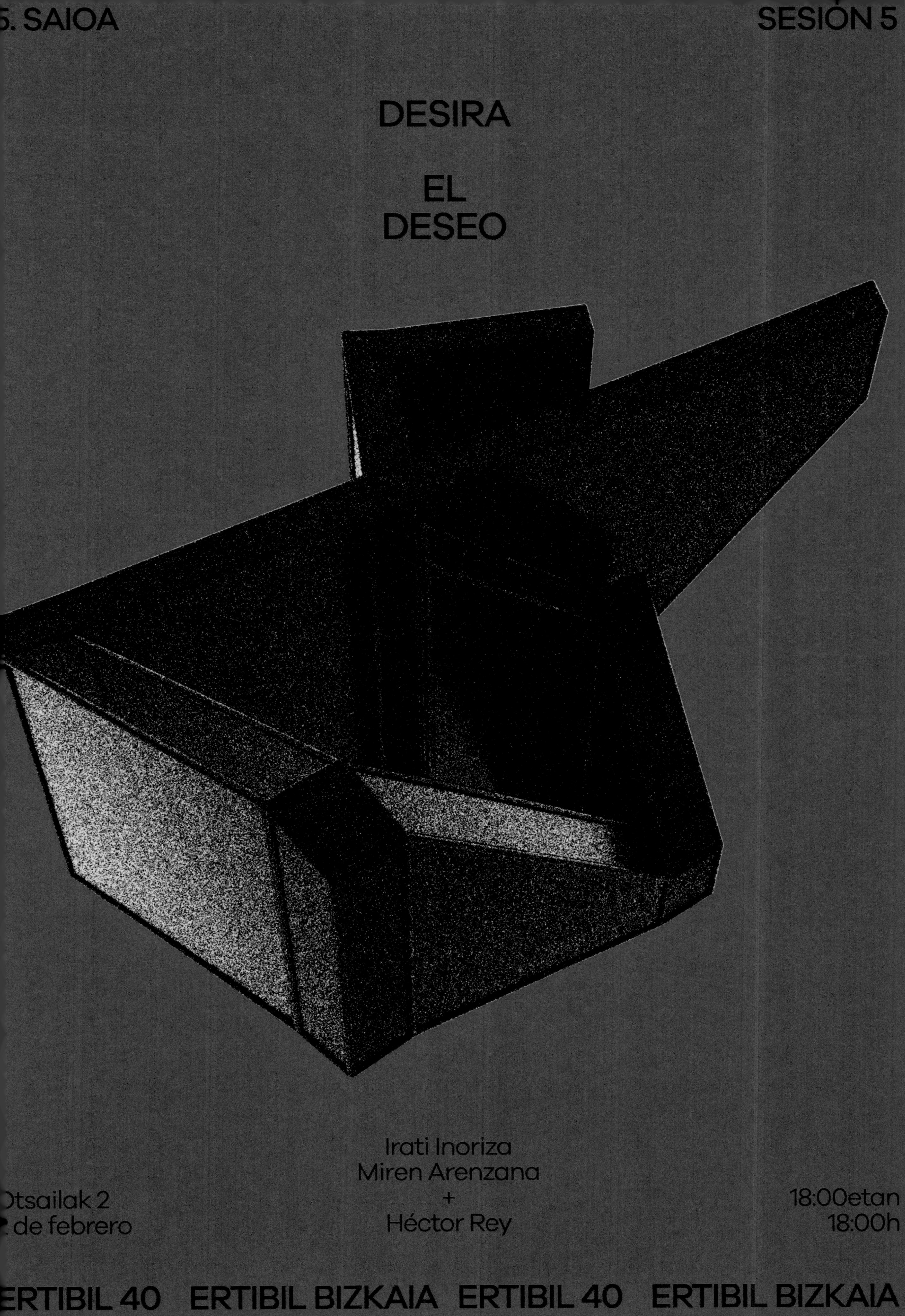
5. SAIOA
SESIÓN 5
DESIRA
EL
DESEO
Irati Inoriza
Miren Arenzana
+
Héctor Rey
Otsailak 2
2 de febrero
18:00etan
18:00h
ERTIBIL 40
ERTIBIL BIZKAIA
ERTIBIL 40
ERTIBIL BIZKAIA

LAURA
DÍEZ

ETA DESIOAK BALIRA...

Rekalde Aretora noa egoteko desiotik, konektaturik sentitu nahirik. Nik ezagutzen dudanaz bestelako espazioa aurkitzen dut, eta aldi berean, etxe-etxekoa, Irati Inorizaren eta Miren Arenzanaren proposamena jasotzeko bitxikeriaz eta gogoz beteriko leku benetan atsegina. Bi artistok desira zirkuluarekin konektatzen dute, betiereko irrika baten errepresentazio gisa, bizitza desirak etengabe burutzea bilatzen duen prozesutzat hartuta. Neure buruari galdetzen diot: gaur Rekalde Aretoan al nago nire existentzia osatzen duten zirkunstantzien bilakaera batengatik edo kateatuz joan diren erreferentzia eta kasualitateen arabera sortu den desio propio batengatik? Zer erabakitzen dugu benetan desio edo bulkadetatik abiatuta, eta zer da dagoeneko hartuta dauden erabakien erantzukizunaren emaitza? Badira oinarri-oinarrizko desioak edo grinak eta desio intelektualagoak, adimena elikatzen dutenak; lehenengoak egunerokoak dira, baina batzuk eta besteekin gurutzatu behar dira, eta horiek guztiak entzun eta errespetatu egin behar dira, arrazoitzean une batez gelditzea, teklatua alde batera uztea eta aurreko gauean prestatutako dilistak dastatzea erabaki dezagun. Bi une horiez goza dezakegu oraina biziz, baina badirudi desioak ez digula uzten, desioak eta betebeharrak nahasten diren gurpil zoroa sortzen baita.

Zaila da desira bezalako termino jaso bati heltzea, horri buruz milaka teoria idatzi baitira eta hamaika sailkapen baitaude. RAEk honela definitzen du desira: zerbaiten ezagutza, edukitza edo gozamena sutsuki lortzeko ekintza; era berean, gertaera bat jazo dadin edo jazo ez dadin desiratzeko ekintzari egiten dio erreferentzia. Umetxoen berezko joera izaten da beste ume batek daukanaren jabe izateko desira izatea, beti izango baita berak daukana baino interesgarriagoa. Hasieran desioak sinpleagoak dira, baina gero eta konplexuago bilakatzen dira gure bizitzak ere anizten diren heinean, eta gure interesen sarea eraikitzen duten erreferentziez eta esperientziez elikatzen diren neurrian. Iratik eta Mirenek goizero-goizero beren estudiora joanarazten dituen akuilu horri buruz hitz egiten digute, sortu nahi izatera eramaten dituen bulkada horri buruz. Desira mugiarazten gaituen eragingarri gisa; desira identifikatzen gaituen elementu gisa. Zalantza eta galdera askok asaldatzen naute. Desirak izateari utzi al diogu ala gizakiari datxekion berezko kinada da? Zer leku dauka zalantzak desioan? Zer lotura daude desioaren eta kulturako prekarietate-testuinguruaren artean? Noiz bihurtzen da desira kapitalismoa elikatzen duen sistema? Zer gertatzen da desioak gurutzatzen direnean eta gatazka sortzen denean? Jakina, gure hezkuntzaren alderdi bat desira horiek araupetzean oinarritzen da; desira asko ezinezkotzat joko dira, eta beste batzuek eragin negatiboa izango dute ondoan dugunarengan; beraz, kontrolatu eta birbideratu egin behar dira. Desiratzen irakasten da eta naturala denaren eta betebeharraren arteko harreman gatazkatsu hori gordetzen. Desiren metaketa batek kontakizun posible bat eraikitzen du, fikzio bat, agian beste mundu posible baten utopia bat. Desio eraldatzaile batean pentsatzen badugu, desio hori ezinegonetik sortzen da, egoera baten aurreko adostasunik ezatik, eta horrek bultzatzen gaitu antzeko desioak dituzten pertsonekin bat egitera; hala, desio kolektibo bat sortzen da, beharbada beteko dena edo beteko ez dena, baina aldaketa gerta daitekeelakoan biziko gara, tentuz bizi ere, frustrazioan edo handinahian ez jausteko.

Iratik eta Mirenek zirkulu bat osatzeko ariketa batzuk diseinatu dituzte. Lehenengo proposamenean, lurrean marraztutako puntu-lerroari jarraituz ibiltzera gonbidatu gaituzte; nik ez dut lerroa ikusten, baina aurrean dudan pertsonaren senari jarraitzen diot, konfiantzazko zirkulu bat sortzen dugu eta elkar ezagutu gabe inertziari kasu egiten diogu, katean ematen den mugimendu bat transmititzeko elementu gisa funtzionatzen dugu. Gainazaletik igarotzen gara, errepikapen jarraitua aldaera desberdinekin. Aurrera egin nahi horretan, muga bat gainditzeko bulkada hartzen dugu, baina abiapuntura itzultzen gara. Mugitzearen plazer hutsa izango ote da, agian, mugiarazten gaituena? Edo geldirik egoteko beldurra? Beste zirkulu posible bat, desplazamendurik eskatzen ez duena, gure ardatzaren inguruan biratzea da; horrek perspektiba aldatzen digu eta beste ibilbide posible batzuk irekitzen dizkigu.

Arte-sorkuntzak desioarekin eta ezarritako bideetatik irten nahi izatearekin du zerikusia, gure lanean gogobetetzea bilatzen dugu, ez bakarrik ordain-elementutzat hartuz, baita elementu eraldatzailetzat ere. Horren ondorioz, lanaren eta plazeraren arteko mugak lausotu egiten dira; egiten duguna gustatzen bazaigu, zergatik ez eskatu pixka bat gehiago prezio beraren truke, mugak finkatu behar dizkiogun gurpil amaigabe batean. Buztanari hozka egiten dion sugea da, zirkulu amaigabea, aitzakia ezin hobea artearen munduan prekarietatea elikatzeko. Ikerkuntza orotan eta baita arte sorkuntzan ere, probatzeko gogoa gailentzen da. Iratik eta Mirenek gurekin partekatu dituzte euren probak egiteko espazioak, aukerari dimentsio bat zabalduz, zergatik ez? edo, zer ekintza dugu desiraren ondorio? galderei. Zirkulu bat eratzeko modu ezberdinak arakatzean erakutsi digute esku-argi batek argi-koroa sortzen duela, foku bat, arreta-puntu bat bide jakin bat adieraz dezakeena edo begiratu beharreko puntuaren berri eman. Horrek pentsarazten dit desira zerk sortzen duen eta nola eta non kokatzen dugun. Desira-objektua, normalean, argiz jositako agertoki batean egoten da, begirada bideratzeko eredu bihurtzen duten elementuen artean.

Desioa sortzea beste helbururik ez duten estimuluz inguratuta gaude etengabean, eta gehiegizko zarata horrek gure kontzentrazio-gaitasuna apaltzen du. Desirak ere eraiki egiten dira eta konfigurazio historiko jakin baten emaitza dira, inguruabarren arabera gure desioen lehentasuna aldatu egiten da. Badaude beharrezko eta egiazko estatusa hartu duten harremanak, eta aldaezinak dirudite; zenbait dinamika onartu eta barneratu egin dira, eta, agian, identifikatzen gaituzten desio propiotzat hartzen ditugu. Zenbateraino baldintzatzen dute gure desira kanpoko faktoreek, okerreko iritzia sortzeraino? Zer geratzen da fokutik kanpo? Baliteke arteak mugekin lan egiteko duen lehia horretan artistaren desira atalasean kokatzea, desfokuratzeetan, ilunpetan antzeman eta argitara atera nahi dugun horretan, eta ariketa horixe izan daiteke, hain zuzen ere, fokurantz mugiaraztea, hausnarketa partekatuko espazio bat sortzeko.

Gogoeta-espazio hori konplexuago bihurtzen joan daitekeen espazio zirkular sinple bat bezala hartzen dut, non zirkulu zentrokideak edo gainjarritako zirkuluak agertzen diren. Alderdi grafikoari dagokionez, elementu horiek gure lankidetza-jardunak edo antolatzeko moduak definitzeko eskema gisa balio digute. Gaur egun, zirkulu-erako sistema ikuspegi positiboz erabiltzen da merkatuak arautzen dituen egitura hierarkikoagoetatik kanpo dauden beste dinamika gertagarri batzuk islatzeko, adibidez, ekonomia zirkularra, GJHak, permakultura..., bizitzaren zikloei gehiago lotuz, baina, nolanahi ere, zirkuluak barruan daukana ere adierazten du. Antolatzeko egitura gisa, zirkulua dantza eta herri-jolas edo kirol ugariren oinarria da (ikus Leongo borroka-korroak). Korroan beti dago kanpoan geratzea erabakitzen duen norbait edo taldeak kanpoan uzten duena. Iratiri eta Mireni begiratuz gero, enpatia eta elkarri entzutea lehenesten direla ikusten dut, gogoetarako espazio erkide horretan elkarrekin bizitzeko nahia dute. Halako batean, Toru Takemitsuren uraren soinua entzun dugu, haren bila joan naiz eta berriro entzun dut hitz hauek idazten ditudan bitartean. Ura erortzen da, eta erortzean soinua ateratzen du, tantek eta oihartzunak uhin hedakorrak sortzen dituzte. Zirkuluan pentsatzen dut ihes egiteko gogoa, askatasun-irrika edo, besterik gabe, ihes-balbula bat errepresentatu dezakeen zulo bezala. Keinuaren bidez gure eskuekin zerbait sartu ahal izateko zulo bat sor dezakegu, baina desirari ihes egin nahi dion babesleku gogoetatsua ere izan daiteke.

Iratiren eta Mirenen proposamenaren ostean, horretarako egokitu diguten lekuan itxaron dugu jesarrita. Itxaronaldiak desira elikatzen eta indartzen du. Isiltasuna dago, adi entzuten ari gara eta atzealdeko soinu txiki guztiek garrantzia hartzen dute. Bertan dauden pertsonen aurpegiko keinuei erreparatzen diet. Zer keinuk adierazten dute desioa? Desio kontzienteekin batera erantzun emozionala gertatu ohi da. Zer-nolako espektatibak sortzen ditu itxaronaldiak?

Hector Rey bere akordeoi berezia jotzen hasi da. Nola interpretatu desioa soinuaren bidez? Hari entzunda, neure buruari uzten diot soinuak eraman nazan inolako asmorik gabe, begiak ixten ditut eta nire gogoak haurtzaroko oroitzapenetara eta sasoi horretara itzultzeko desira zehatzera eraman nau. Udako arratsaldeak gogoratzen ditut, igerilekura joateko prestatzen, leihoa irekita, eta barruko patiotik zetorren arrain frijituaren hotsa eta usaina. Usainez eta ehundurez betetako irudi bat, faltan botatzen dudana sosegua transmititzen didalako. Aretora itzultzen naiz eta berriro bilatzen ditut ikusleen aurpegiak, begi asko itxita daude, bidaiatzen, nireek egin duten bezala, aurpegi distraitu batzuk ere badaude, agian bihar bete beharreko "desioak" gogoan dituztenak, eta beste batzuk liluratuta, arreta osoa Hectorren jardunean jarriz. Minutu batzuen buruan, testu hau idazteko oharrak hartzen ari naizen koadernoan, nire eskua lerratu eta marrazten hasi da paperaren gainean. Amaitzean, niri begira egon den norbaitek nire marrazkiak ikusteko desioa du, Hectorren musika era plastikoan nola irudikatu dudan ikusteko jakin-mina du. Desira txikiek eta handiek eskua ematen diote elkarri. Une honetan, nire desioak ez dira oso handiusteak, etxera itzuli, alabak oheratu eta atseden hartzea.

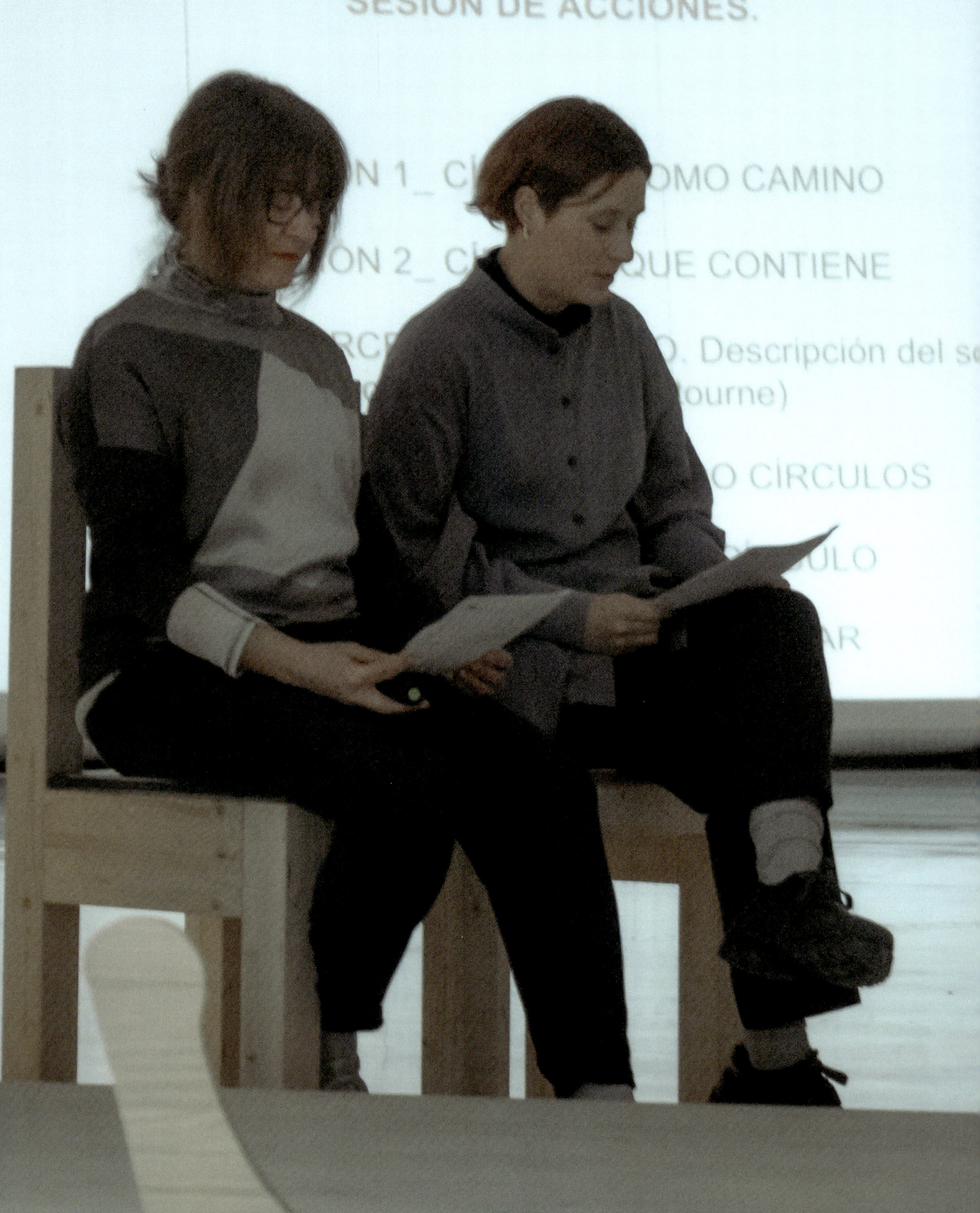
DESEO COMO IMPULSO.
El CÍRCULO COMO ACTO:
SESIÓN DE ACCIONES.

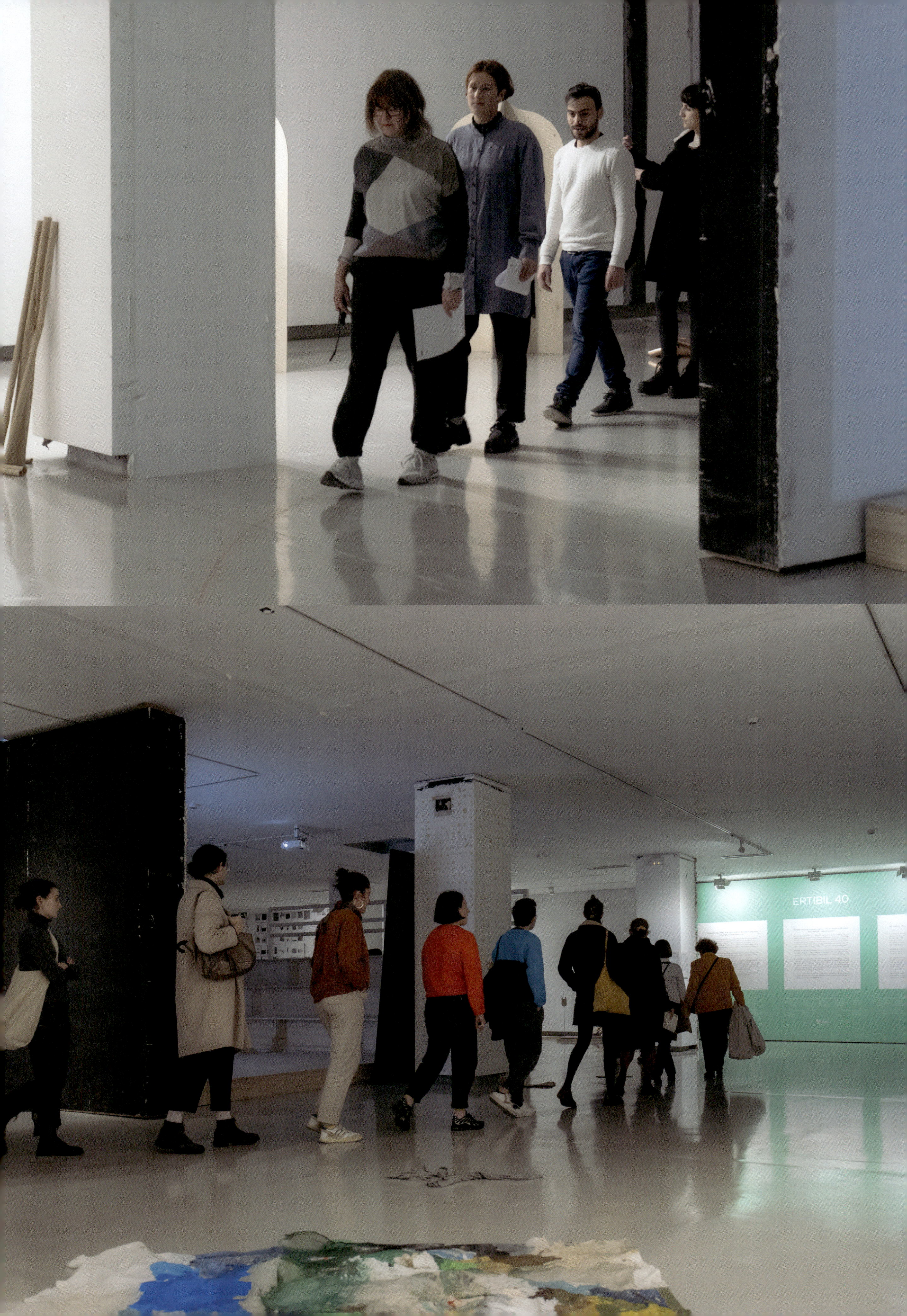
ERTIBIL 40

LAURA DÍEZ

Y SI LOS DESEOS FUERAN...

Acudo a la Sala Rekalde desde el deseo de estar, de sentirme conectada. Me encuentro con un espacio muy diferente al conocido y a la vez muy familiar, un lugar acogedor lleno de apetencias y curiosidades que se entremezclan para acoger la propuesta de Irati Inoriza y Miren Arenzana. Ellas conectan el deseo con el círculo como representación de un eterno anhelo, con la vida como proceso que busca continuamente culminar deseos. Me pregunto: ¿hoy estoy en la Sala Rekalde por un devenir de las circunstancias que acompañan mi existencia o por un deseo propio creado en base a referencias y casualidades que se han ido encadenando? ¿Qué decidimos realmente a partir de deseos o impulsos y qué es fruto de la responsabilidad de decisiones ya tomadas? Existen deseos más primarios y deseos más intelectuales, que alimentan la mente; los primeros son más cotidianos, pero unos deben cruzarse con los otros y todos ellos deben ser escuchados y respetados para que al razonar decidamos parar un momento, dejar el teclado y degustar aquellas lentejas hechas la noche anterior. Podemos disfrutar de ambos momentos viviendo el ahora, pero parece que el deseo no nos lo permite, se genera un círculo ansioso donde los deseos se entremezclan con los deberes.

Es difícil abordar un término tan grandilocuente como el deseo, sobre el cual se han escrito miles de teorías y hay diversidad de clasificaciones. La RAE define el deseo como la acción de aspirar con vehemencia al conocimiento, posesión o disfrute de algo, igualmente hace referencia a la acción de anhelar que acontezca o no un suceso. Uno de los primeros instintos de los bebés es el deseo de poseer lo que el otro tiene, que siempre será más interesante que lo propio. Primero los deseos son más sencillos, pero cada vez se van elaborando más a medida que nuestras vidas se complejizan, y se van nutriendo de referencias y experiencias que construyen nuestro círculo de intereses. Irati y Miren hablan de ese motor que les hace ir cada mañana a su estudio, ese impulso que las lleva a querer crear. El deseo como estímulo que nos mueve, el deseo como elemento que nos identifica. Hay muchas dudas y preguntas que me asaltan. ¿Podemos parar de desear o es algo inherente al ser humano? ¿Qué lugar hay para la duda en el deseo? ¿Qué conexiones existen entre el deseo y el contexto de precariedad en la cultura?
¿Cuándo el deseo se vuelve un sistema que alimenta el capitalismo? ¿Qué ocurre cuando los deseos se cruzan y hay un conflicto? Evidentemente, parte de nuestra educación se basa en regular esos deseos; muchos serán tildados de imposibles y otros afectarán negativamente a quien tenemos al lado, por lo que tienen que ser controlados y reconducidos. Se enseña a desear y a guardar esa tensa relación entre lo natural y el deber. Una acumulación de deseos construye un posible relato, una ficción, quizás una utopía de otro posible mundo. Si pensamos en un deseo transformador, este nace del malestar, del inconformismo ante una situación, lo cual genera que nos unamos a aquellas personas que comparten los mismos deseos, y se genera un deseo colectivo que quizás veamos satisfecho o no, vivimos de la ilusión del cambio con cuidado de no caer en la frustración o en la ambición.

Irati y Miren diseñan una serie de ejercicios con los que formar un círculo. En la primera propuesta nos invitan a caminar siguiendo la línea de puntos dibujada en el suelo; yo no veo la línea, pero me dejo llevar por el instinto de la persona que tengo delante, generamos un círculo de confianza, sin conocernos seguimos la inercia, funcionamos como un elemento de transmisión de un movimiento en cadena. Nos deslizamos sobre la superficie, una repetición continua con diferentes variantes. En ese deseo de avanzar, tomamos impulso para sobrepasar un límite, sin embargo, volvemos al mismo punto de partida. ¿Quizás simplemente sea el placer de movernos aquello que hace que nos traslademos? ¿O el miedo a permanecer quietos? Otro posible círculo, que no implica desplazamiento, es el de girar sobre nuestro propio eje, esto nos cambia la perspectiva y nos abre otros posibles recorridos.

La creación artística tiene que ver con el deseo y con querer salir de los caminos marcados, buscamos la satisfacción en nuestro trabajo no solo considerándolo un elemento remunerador, sino también transformador. Esto hace que los límites entre el trabajo y el placer se diluyan; si lo que hacemos nos gusta, por qué no pedir un poco más por el mismo precio, en una rueda sin fin a la que debemos poner límites. Es una pescadilla que se muerde la cola, un círculo infinito, la excusa perfecta para alimentar la precariedad en el mundo del arte. Algo que prima en toda investigación y también en la creación artística es el deseo de probar. Irati y Miren nos han hecho partícipes de sus espacios de prueba, abriendo una dimensión a la posibilidad, al ¿por qué no?, ¿qué acciones son consecuencia del deseo? En ese transitar por las diferentes maneras de formalizar un círculo nos muestran cómo una linterna genera un halo de luz, un foco, un punto de atención que puede guiar un camino o marcar el punto hacía el que deberemos mirar. Esto me hace pensar en qué genera deseo y en cómo y dónde lo situamos. El objeto de deseo habitualmente se encuentra bajo un escenario de luces, entre elementos que lo convierten en un modelo hacia al cual se invita a dirigir la mirada.

Estamos rodeados permanentemente de estímulos que buscan generar deseo y este excesivo ruido merma nuestra capacidad de concentración. Los deseos también se construyen y son producto de una configuración histórica determinada, según las circunstancias nuestra prioridad de deseos cambia. Hay relaciones que han adquirido el estatus de necesarias y verdaderas y que parecen resultar inmodificables, hay dinámicas asumidas e interiorizadas que quizás asumimos como deseos propios que nos identifican. ¿Hasta qué punto nuestro deseo está condicionado por factores externos que nos pueden dar una impresión equivocada? ¿Qué se queda fuera del foco? Puede ser que en ese afán del arte por trabajar con los límites, el deseo del artista se sitúe en los umbrales, en los desenfoques, en lo que intuimos en la penumbra y queremos sacar a la luz, puede ser que el ejercicio sea precisamente ese, producir un desplazamiento hacia el foco para generar un espacio de reflexión compartido.

Pienso en ese espacio de reflexión como un espacio circular sencillo que se puede ir complejizando, hay círculos concéntricos o diversos círculos que se superponen unos a otros. En el aspecto gráfico estos elementos nos sirven como esquema para definir nuestras prácticas colaborativas o formas de organización. Hoy en día el esquema circular se suele utilizar en positivo para plasmar otras posibles dinámicas que escapan a las estructuras más jerárquicas que se rigen por el mercado, por ejemplo la economía circular, los ODS, la permacultura..., ligándolo más a los ciclos de la vida, sin embargo, el círculo también selecciona lo que contiene. Como forma de organización, lo circular es la base de muchos bailes y juegos populares o incluso deportes (véanse los corros de lucha leonesa). En el corro siempre hay alguien que puede decidir quedarse fuera o hay quien es dejado fuera por el grupo. Observando a Irati y Miren, veo que prima la empatía y la escucha mutua, hay un deseo de cohabitar juntas ese espacio común de reflexión. En un momento dado, escuchamos el sonido del agua de Toru Takemitsu, lo busco y vuelvo a escucharlo mientras escribo estas palabras. Agua que cae, y al caer produce sonido, las gotas y el eco generan ondas expansivas. Pienso en el círculo como un agujero que puede representar el deseo de fuga, las ansias de libertad o simplemente una válvula de escape. A través del gesto con nuestras manos podemos crear un agujero donde poder introducir algo, pero también puede ser un refugio meditativo que busca escapar al deseo.

Tras la propuesta de Irati y Miren, esperamos sentadas en el lugar que nos han acondicionado para ello. La espera nutre y potencia el deseo. Hay silencio, escuchamos atentamente y cada pequeño sonido de fondo cobra protagonismo. Me fijo en los gestos faciales de las personas presentes. ¿Qué gestos expresan deseo? Los deseos conscientes suelen ir acompañados de una respuesta emocional. ¿Qué expectativas genera la espera?

Héctor Rey comienza a hacer sonar su especial acordeón. ¿Cómo interpretar el deseo a través del sonido? Escuchándole me permito dejarme llevar por el sonido sin ninguna pretensión, cierro mis ojos y mi mente me lleva a memorias de infancia y al deseo puntual de volver a ellos. Recuerdo las tardes de verano preparándonos para ir a la piscina con la ventana abierta y el sonido y el olor a pescado frito que venían del patio interior. Una imagen con olores y texturas que añoro porque me transmite sosiego. Vuelvo a la sala y busco de nuevo las caras del público, hay bastantes ojos cerrados que están viajando como han hecho los míos, también caras distraídas que quizás estén pensando en los "deseos" a cumplir mañana y otras absortas concentradas en el proceder de Héctor. Al de unos minutos, en el cuaderno en el que estoy tomando notas para este texto, decido dejar deslizar mi mano dibujando sobre el papel. Al finalizar, alguien que me ha observado desea ver mis dibujos, tiene curiosidad por ver cómo he podido interpretar plásticamente la composición musical de Héctor. Pequeños y grandes deseos se dan la mano. Ahora mismo mis deseos son poco pretenciosos, volver a casa, acostar a mis hijas y descansar.

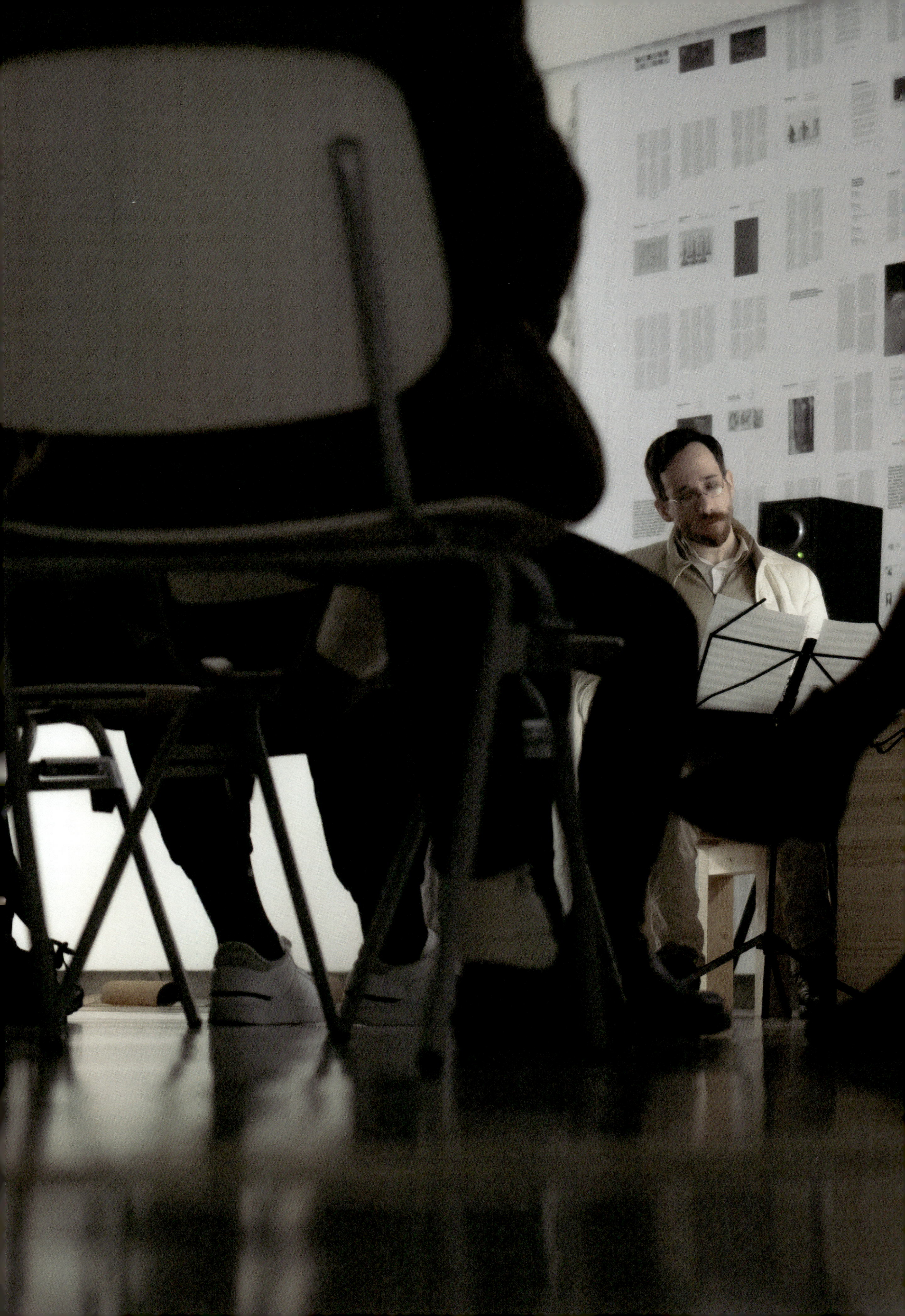

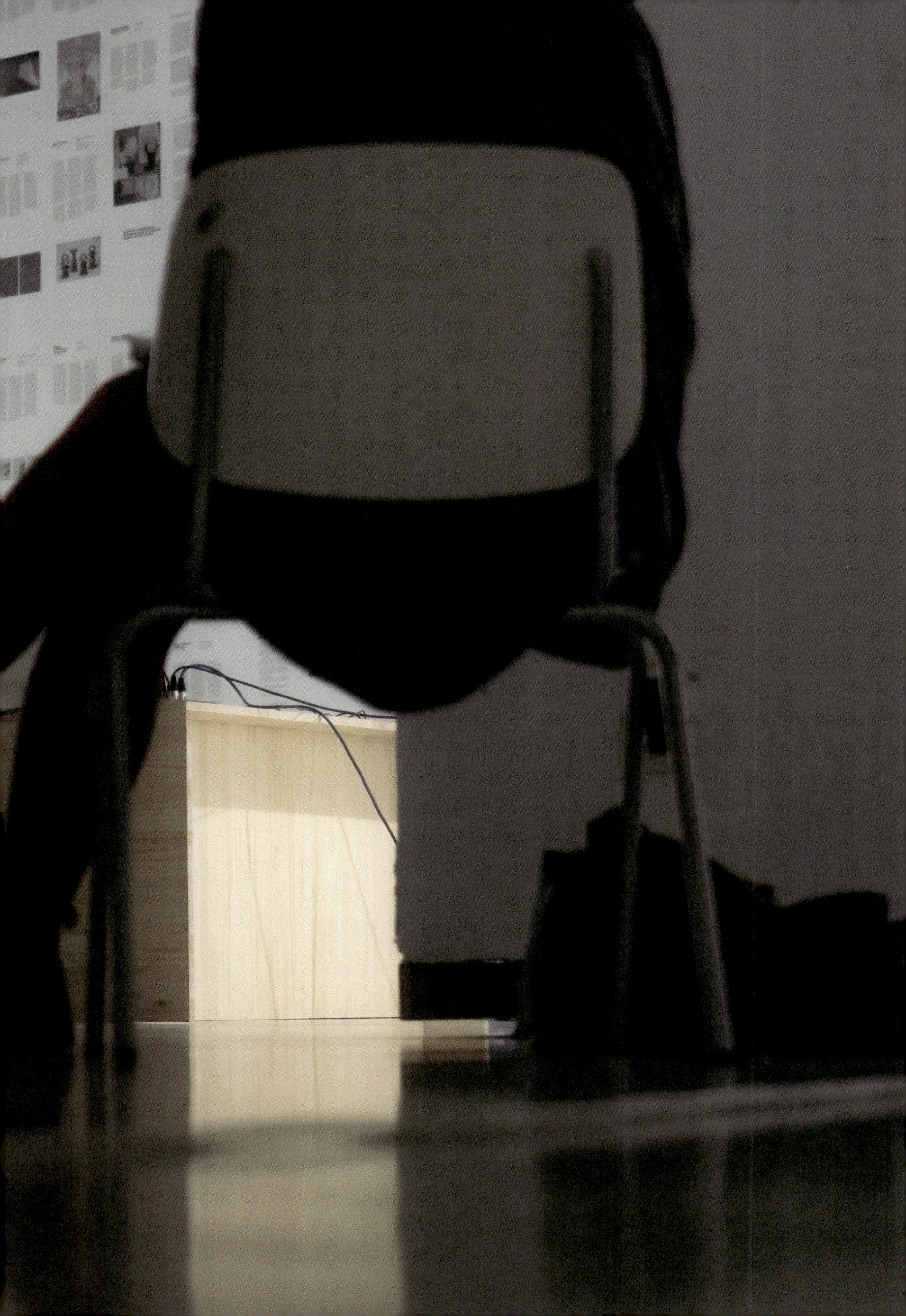

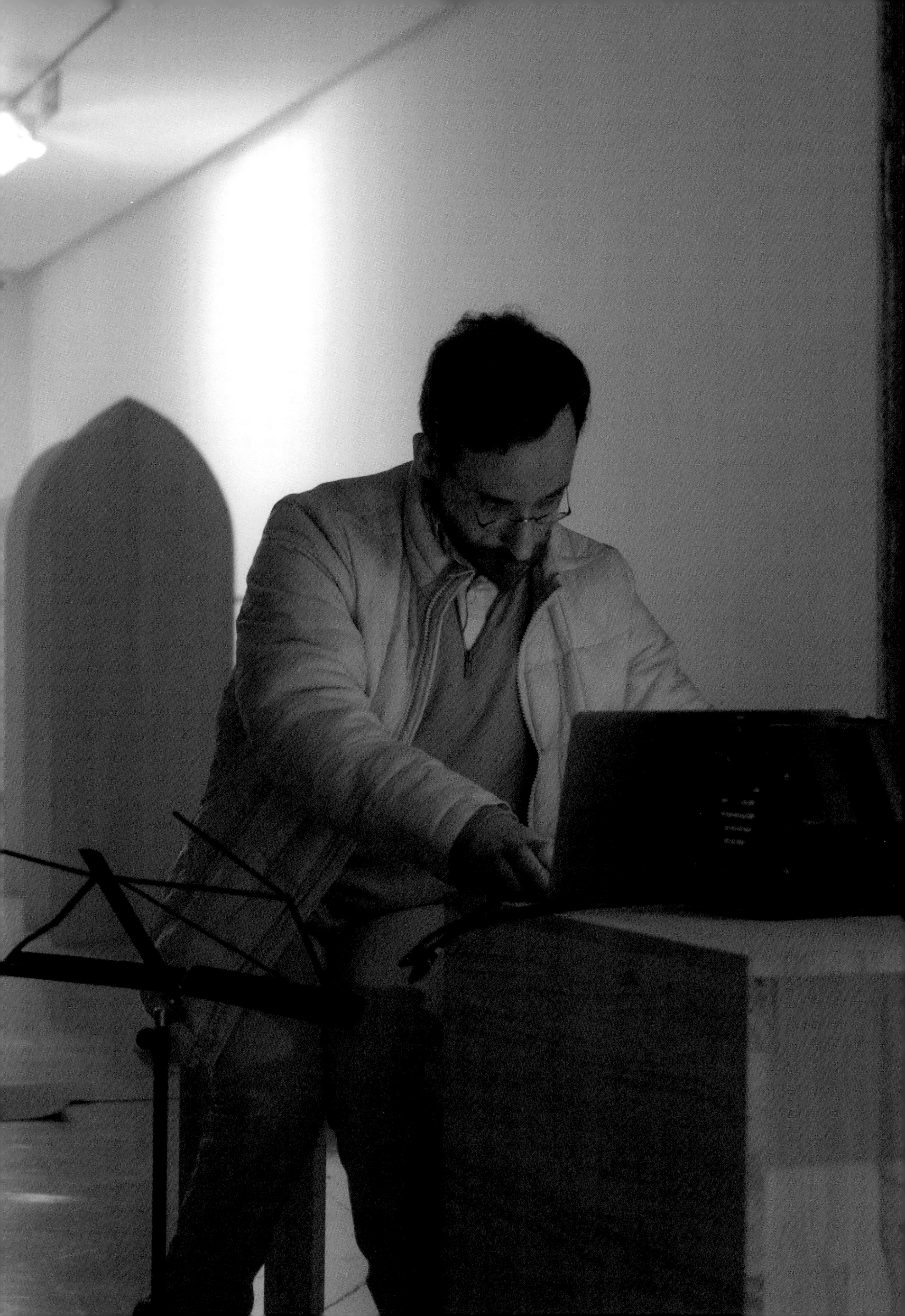

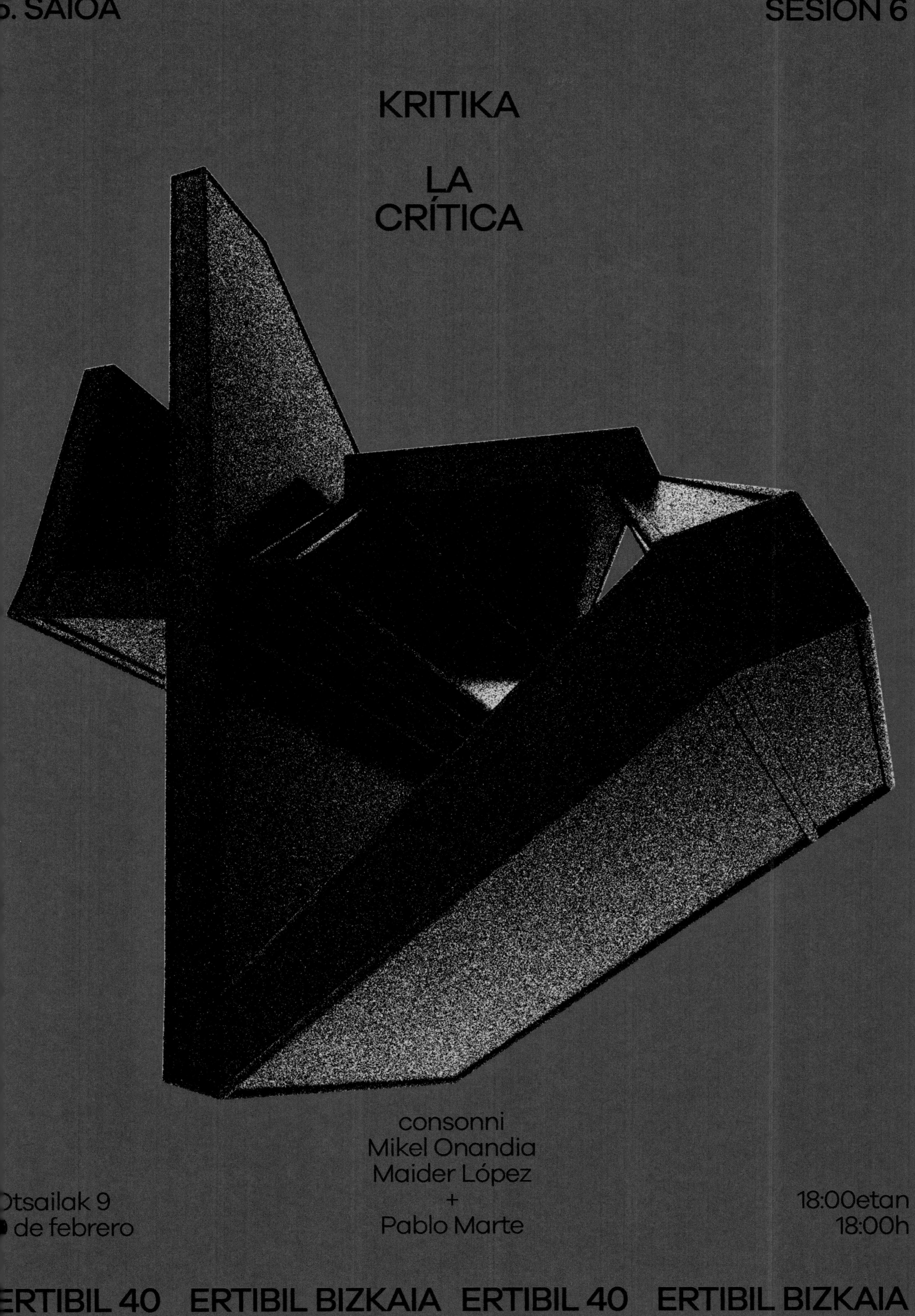
6. SAIOA
SESIÓN 6
KRITIKA
LA
CRÍTICA
consonni
Mikel Onandia
Maider López
+
Pablo Marte
Otsailak 9
9 de febrero
18:00etan
18:00h
ERTIBIL 40
ERTIBIL BIZKAIA
ERTIBIL 40
ERTIBIL BIZKAIA

PABLO MARTE

BASILIKA

1

Susan Sontag maitea,

Nire liburuak irakurriko zenituzke eta ospetsu egingo nindukezu?

Eguna - arratsaldea

han

alderantziz izan zen.

—Zer esan nahi duzu?

—Beno Eskaletak dioenagatik gutuna irakurtzen hasi beharko zutela Baina...

badirudi norbaitek galdu zuela.

—Zer gutun?

—Rosak Susani idatzi ziona.

(Honako hau amaieratik hasten den hasiera baten adibidea da Ez du ezertarako balio)

Egia esatera gutunean esaten zen berak ez zuela ospetsu izan nahi jende aspertuaren kontuagatik Jende aspertuak kaleetara jotzen du famatuak izorratzera Eta Rosak gorroto ditu telefonoz deitzen diotenak edo mezuak bidaltzen dizkiotenak Beti desengainuak hartzen dituelako. Mezu gehienak ezkutuko publizitatea dira Triste baino tristeagoa Publizitatea adibidez Maita nazazu Txortan egin nirekin Hauta nazazu ni hiltzeko bada ere Ezer ez da lehen bezalakoa Autoa saldu eta karabana erosten duzu Ez xaxatu argiekin Abisatu nizun eta galdu egin zenuen Zenbat jaten duzun alaba! Eta abar.

Gutunaren gainerakoa zoragarria da Rosak artista pobreei buruz hitz egiten dio Susani Baina badirudi Rosak bere buruari galdetzen diola zein artista den pobre (benetan).

Egia ez da Rosarentzat gauza handia esan nahi duen ideia bat. Rosak gorroto ditu pobre izatea gauzarik handiena dela uste duten akademikoak.

A gainera Maite dut Rosak nola amaitu duen Susanentzako gutuna.

Ez ahal da gizarte hau pikutara joango. Jende askok irakurtzen dizula ulertzen dut, Susan Sontag.

Zurea,

Rosa.

Rosak ostegun hartan eskainitako ponentziaren kronika egiteko enkargua zuen LA CRÍTICA izenburua jarrita. Rosak poema bat imajinatu zuen.

Kritika —Rosak imajinatzen jarraitzen du— ez datza zuloak sakonegi egitean.

Hobiaren eta zuloaren arteko aldea mamitzean baizik.

Hobi batean erori egiten da.

Zulo batetik zehar pasatu egiten da.

Irteteko modu bat.

2

Zer iruditu zitzaizun? Ez dut hitzik.

Horixe bera erantzun zuten galdetutako pertsona guztiek Hitzik ez zutela Eta orduan berak hurrengo erreportajea bidali zuen egunkariaren edizio digitalerako:

«Inork ez zuen hitzik: horrekin nahikoa izan zen». Eta gero orri zuri bat.

Kaleratu egin zuten.

—Zer egingo duzu ostegun honetan? —baina bera ez zegoen ligatzeko umorez eta keinua aurpegiratu zion.

Zoaz pikutara Esan zion.

—Ez da imajinatzen duzuna —Rosak ez zuen ligatu nahi — Ez naiz ligatzen ari —Rosak nahi zuena laguntzea zen— Lana da Ondo letorkidake lagunduko bazenit Zure belarriak Zure begiak Zure argia Ezpain horiek —Egia esan Rosak BAI ligatu nahi zuen baina ia ez zen kontziente.

Great Expectations zuen izena. Bere ama New Yorkeko kubatar bat Hope deitzearen aurka agertu zen baina handik gutxira hil zen Eta aita Barrualdeko herri txiki erlijioso batekoa zena Nope proposatu zuen No-Hope izendapenaren laburduratzat Aita ezezkoaren zaleagoa zelako Baiezkoarena baino gehiago Aita apaiz buruarin bat zen erretolika nornahiri bota zekiokeela uste zuen horietakoa. Eta gauzak aitaren ahots whiskizalearen alde jartzen zirela zirudienean Izeko Kathy —amaren ahizpa— aitaren elizan sartu zen Eliztarrentzat ere jasangaitza zen maila bateraino hurbildu zitzaion eta hozkada batez lepagora urratu zion Gero sotanatik astindu zuen eta azkenean abadeak Pistolero izozkien —izozki merkeenen— makilatxoak erabiliz eraikitako gurutze ugerdo hori inguratzen zuten lore zimelen kontra jaurti zuen. Izeko Kathyk Lower East Side-ra eraman zuen jaioberria han bizi baitzen bera. Great Expectations izena izeko Kathyri bururatu zitzaion. Izeko Kathy idazlea zen Bai eta jaizale Hiperaktiboa ere Falta zitzaionaren edo erostea ahaztutako guztiaren menpekoa Beraz etxean sartu eta irtetea tik bat bezalakoa zen berarentzat. Asko idazten zuen eta leku guztietan Adibidez Bazekien idazten oinez Baita abiada bizian ere. Gau batean lauoinka joan zen ohera eta bi begi ikusi zituen logelaren ilunean su urdinak bezala distira egiten zutenak —Nolatan ez zituen lehenago ikusi? Hain itsu al zebilen beti? Itsu bizi zen Argia ikusi zuen arte—. Argi hori umetxoaren begi txikitxoak ziren Etorkizuneko bedeinkazio balira bezala. ETA PLAS Etorri zitzaion: Great Expectations Eta aurrerantzean ezin izan zion bestela deitu.

Great Expectations Etxera ez etorri hamarrak baino beranduago! Entzun didazu?

Great Expectationsek pentsatu zuen Rosarekin gutxiago aspertuko zela Rosa gabe baino Eta laguntzea onartu zuen. Baina gainera onartu egin zuen Rosak esan ziolako saio bakoitza gai bati buruzkoa zela Saio honetan gaia artearen kritika zela eta berak Susan Sontagi idatzitako gutun bat irakurriko zuela. Great Expectationsek segundo batzuk itxaron zituen Rosaren aurpegi sineskorra adierazpen egiazkoago bihurtu arte Tik Tok-en ageri diren aurpegi inozo horietako bat edo bi milako telebistako lehiaketen aurkezle batena edo ezkondu-dibortziatu-ezkondu nahi duen country kantari gazte batena Baina Rosak ez zuen aldartea aldatu. Eta Great Expectationsek jakin zuen orduan Rosak serio hitz egin zegoela. Argi eta garbi. Eta maite izan zuen.

3

Rekalde Aretoan jende ugari zegoen. Hizlariak Maider López Mikel Onandia eta Munts Brunet ziren —azken hau consonniren ordezkari gisa. Geroago Pablo Marteren performancea etorriko zen. Rosak ez zekien Susan Sontagi gutuna irakurtzea noiz zegokion.

Rosak pentsatu zuen hiru hizlarien izena eta performerraren abizena M hizkiarekin hastea Zerbaiten zeinua zela. Baina jada haien artean hitz eginda zuten Great Expectationsek han edozein itxaropen zantzu suntsitzeko eginkizuna beteko zuela. Eta bereziki eldarniozko itxaropena. Dena Rosaren alde Egiatan. Rosak predestinazio fantasmatikoa gorroto zuelako. Rosa apetatsu samarra zen. Rosak esaldi bat hasten zuen eta litekeena zen esaldia ez bukatzea. Rosak bere buruaz esaten zuen berak aise saihesten zituela berrogei urteko jendeak jasotzen dituen balak: aurreikus daitezkeenak. Eta Great Expectationsek izugarri gogoko zuen Rosaren alderdi hori. Beraz Great Expectationsek arretaz begiratu zion Rosari bere begi distiratsuekin eta esan zion adi egoteko jendeak zenbat denbora behar zuen esertzeko.

Eta alkoholik ez zegoela. Ezta musikarik ere. Eta argiztapena deskribatzeko hitz bakarra bururatzen zitzaion: goibeltsua. Edo bestela Apalgarria.

Great Expectationsek pare bat buelta eman zuen aretotik Ea txokoonddorik eskuratzen zuen. Baina ez zirudien han inor arduratzen zenik. Gero Lekua nolakoa zen ikusita Ondorioztatu zuen dealer bat egongo balitz andre bat izango zela Edo andrea bailitzan joango zela. Aulkien atzean zegoen pantaila handi batean proiektatzen ari zen bideoa ikusi eta gero pentsatu zuen hori Baina, Adi oso polita baitzen (Sic) Leku guztietako postako seiluetan ageri ziren argi-oilarren irudiak ziren Egipto Hegoafrika Kanada Eta abar. Argi-oilar bakoitzak folklore diva kutsua zuen koloretako parpailekin.

Tipo bat hurbildu zitzaion eta bideoa berea zela esan zion. Nola zurea? Great Expectationsek ez zuen ulertzen. —Tira Nik egin nuela. —Oso ondo. Eta orduan Great Expectationsek pentsatu zuen hauts pixka bat eskaintzen ari zitzaiola eta sudurra pinpirindu zuen. Tipoak bakarrik esan zuen Argi-oilarra oso txori bitxia da Isidoro de Sevillak zioen kakan bizi zela.

—Isidoro ala argi-oilarra?

—Argi-oilarra... Edo baliteke Isidoro ere kakan bizitzea Inodoro hitzarekin errima egiten du.

—Ostia.

—Ezta?

Baina ez. Biek ELKAR asperrarazten zuten. Great Expectationsek asperduraren mutualitatean pentsatu zuen Hain ahaztua dagoen elkarrekikotasun horretan —Asko hitz egiten da maitasunez Baina Nor gogoratzen da asperduraz?— Eta hala ere hain da gauza arrunta: mundu honetan ez dago bi elkarrekin aspertzea nahiago ez dutenik. Pentsamendu hauek zerabiltzan Great Expectationsek txoritxo batzuen soinu argitsua entzuten zuen bitartean. Argi-oilarren bideotik zetorren txioa. Maitasuna asperdura erromantizatu bat da. Bikote maitasuna Txio-Txio Esan nahi dut. Tipoak barkamena eskatu zuen. Ez zekien ezer bikote maitasunaz Txio-Txio Ez zuen bikoterik izan azken hamar urteetan Azken hilabeteak Txio-Txio mutil batez izugarri maiteminduta bizi izan zen duela gutxi zerbait lotsagarria aurkitu zuen arte Dena asmakizun hutsa zela Txio-Txio mutila eta guzti. Eta hala ere jolasarekin jarraitu zuen Bizitza erosoagoa zelako birentzat batentzat baino Bakarrik hitz egiten zuen kaleetatik Mezuak bidaltzen zizkion arretaz erantzuten zion IA bati Eskakizun guztietan bera beti zen erdi bat besterik ez Eta x2 egiten zuen den-dena. Great Expectationsek hauxe esan zion —Lasai egon Ni ere zoratuta nago.

4

Bien bitartean Rosak desengainu moduko bat zuen Iparra galduta zegoen bere metodologiaren iparraldean Artikoa eta minigona bezalakoa zen.

Era berean bazekien irakurriko zuen gutuna galdu egin zela —baina ez Rosak gordeta zuelako Izan ere Rosa baitzen gutuna— Edo ez zen existitzen Edo bere buruan bakarrik —Eta Great Expectationsen buruan Baina Great Expectations ezin zen aintzat hartu Great Expectations Rosaren zalea zelako Bere bikia Bere Bikoitza edo Ezer Ez—Eta den-denak asmatutako kausa bat zeukan Irudimen zorabiagarri eta agortezin baten emaitza.

Galdetzea erabaki eta Munts Brunetengana hurbildu zen. Elbarrituta zegoelako hautatu zuen Ihes egiterik ez zeukalako —egia esan bihurdura bat besterik ez zen Baina apain-apain zihoan makuluekin.

Hauxe izan zen Rosak Muntsez pentsatu zuena: begi argiak Ile horia Kemenez astintzen duen txorta Ezin jatorragoa BEGIRADA ZABALA.

Muntsek esan zion ponentziaren ondoren Pabloren performancea zetorrela eta inork ez zekiela ezer Rosak Susan Sontagi idatzitako gutun bati buruz.

—Eta nor da Rosa? —erantsi zuen. Eta Pablo seinalatzea besterik ez zitzaion bururatu Rosari. Eta Muntsek esan zuen: —Ez Hori Pablo da —eta Rosa orduan damutu egin zen bere buruari hauxe entzuteaz Ba ideiarik ere ez Rosa nor den.

5

Hau da Rosak Pablori buruz pentsatu zuena: Argi-oilar Ile hori Isildu zaitez —baina Zintzoak izanik Ez zegoen ezer Rosak Pablori buruz pentsa zezakeenik Pablok ordurako pentsatuta ez zuena—.

Are gehiago Litekeena zen Pablori gauza bera gertatzea Rosarekin eta Rosa eta Pablo beti pentsamendu partekatu eta erkide baten luzapen bereziak izatea.

Beraz

Nork bere buruaz uste zuena Nor nolakoa zen pentsatzen zuena Nork bere nortasuna bere izaera bere akatsak Ibilbidearen arlo balistikoaren ikuspegitik pentsamolde garden eta itxuraz garrantzitsu hori Talentua bidaiak egunerokoa familia jabetza pribatua Txio-txio bikotea Eta abar Desbiderapenak baino ez ziren

Noizbehinkako birak Alcizkako distirak Orainaldi hutsaren iheskortasuna.

—Rosa konbentzituta zegoen—.

Eta Gogoratu zen Beti egiten baitzuen Barbara Hammerren film hartaz uda batean Bartzelonan ikusi zuena non Barbara Hammerrek bere maitaleak eta lagunak filmatzen dituen zuhaitz batera igota Biluzik maitasun handi bakar baten ernamuinak loreak fruituak hostoak tximeletak inurriak urtxintxak ezpalak adartxoak adaxkak bezala.

Hauxe da Rosak bere buruaz pentsatu zuena: laztana Zoaz ondoko tabernara Eskatu txupito bat tekila Sartu komunean Eta masturbatu —Eta mesedez Oraingo honetan hurrenkera horretan. Eta hori egin zuen Ondoko tabernara joan zen Txupito bat eskatu zuen Komunean sartu zen Eta dena hurrenkera horretan egin zuen. Great Expectationsi eskatuko zion lagundu ziezaiola Baina egia esan orain bere nahia beste bat zen Agindu teluriko bati erantzuten zion.

Orduan Great Expectations bilatu zuen begiradarekin Argi-oilar Iledunarekin zegoen Aretoko hormetako batean idazten zuten Letra gorri handiz SENTIMENTALISMOAREN AURKA esaldia.

6

Great Expectationsek hauxe esan zion Ez kezkatu Rosa Bihotza Joan eta masturbatu zaitez lasai nik hartuko ditudala ponentziaren gaineko oharrak.

Great Expectationsen apunteak Rosaren kronikarako

—Argi dago kronika hau traketsa dela. Great Expectations distraitu ohi zen—.

Nire gusturako oso ospel dago dena.

Gustatzen zaizkidan hitz batzuk (duten soinuagatik eta begi-bistako beste kontu batzuengatik —Inoiz ez nuke ezkutatuko zeinen oinarrizkoa eta inozentea naizen): izaki mutantea eta buru askotakoa Komunitatea Superbotereak Feminismoak Entzuketa Konplizeak Pentsamendu arraroaren bozgorailua...

Pozten nau horrek.

Guztiz konbentzitzen ez... Batzuetan Aitaren ahotsa balitz bezala hitz egiten dutela kritikaz

Baina

kontua da Aita hil egin zela

Eta geratzen dena hilobiko ahots bat da. Bazter adina oihartzunekin.

Eta goitik dator —Nondik etorriko zen bestela?

Edo hori da behintzat nik daukadan sentsazioa.

Hizlarietako batek kritikari batek bere lanari buruz idatzitakoa irakurtzen duenean bezala. Poetaren oroigarri hura gogorarazten dit zoroen herri horretan zeinetan kritikariaren hitzak usoen uriolak bezala jausten diren.

Halaber ez nator bat fakultateari edo esaten dioten moduan fakul-ari buruz hitz egiten den giro onarekin Gainera Horrela esanda L horrekin.

Gainerakoan Gustatu zitzaidan. Bazirudien jendea pozik zegoela. Ohiko GIZONA eta guzti egon zen gu guztiok bere galderan bizitzen gera gintezen nahi zuena.

Zorionez ihes egin ahal izan genuen.

Kathy Ackerri

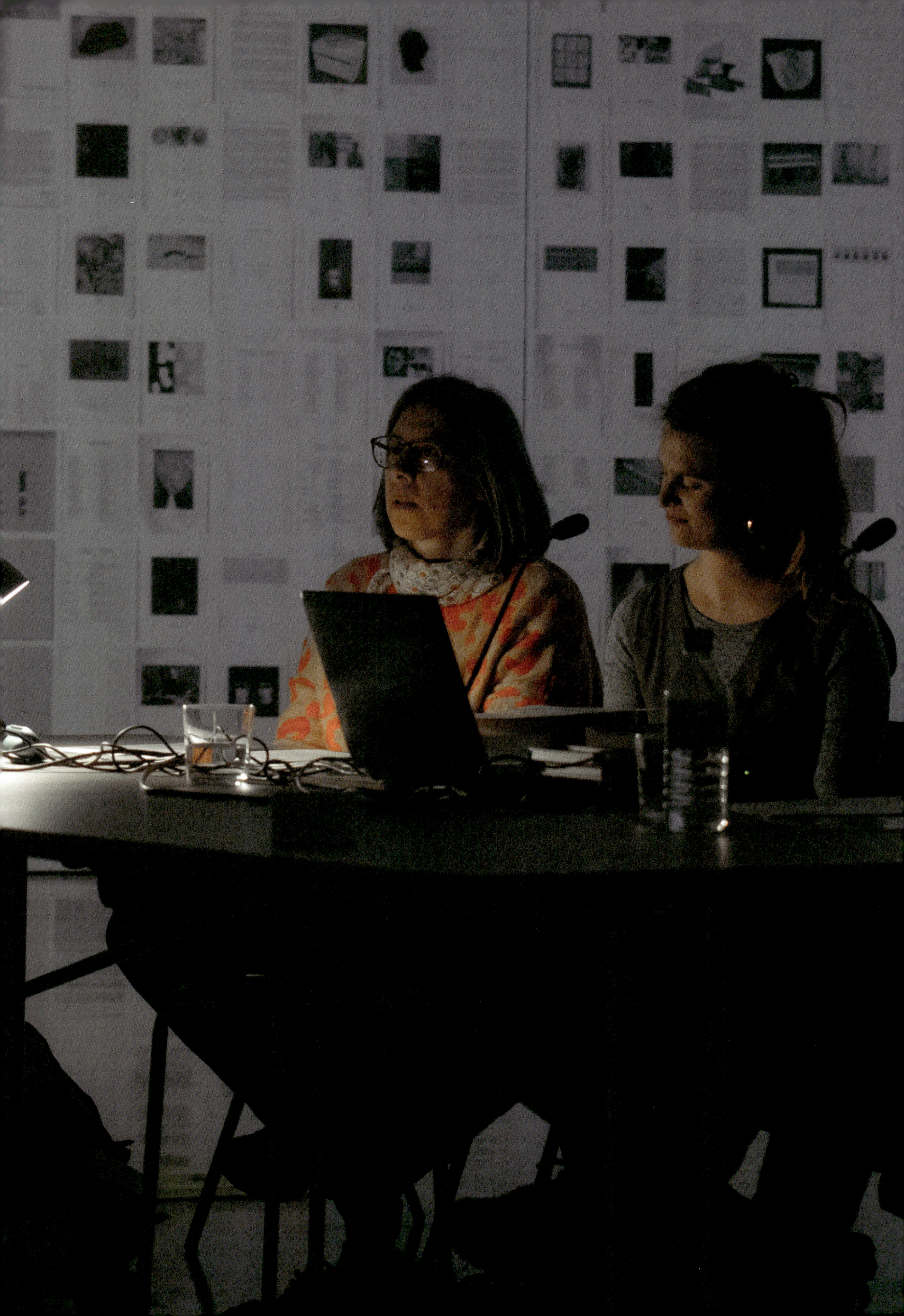

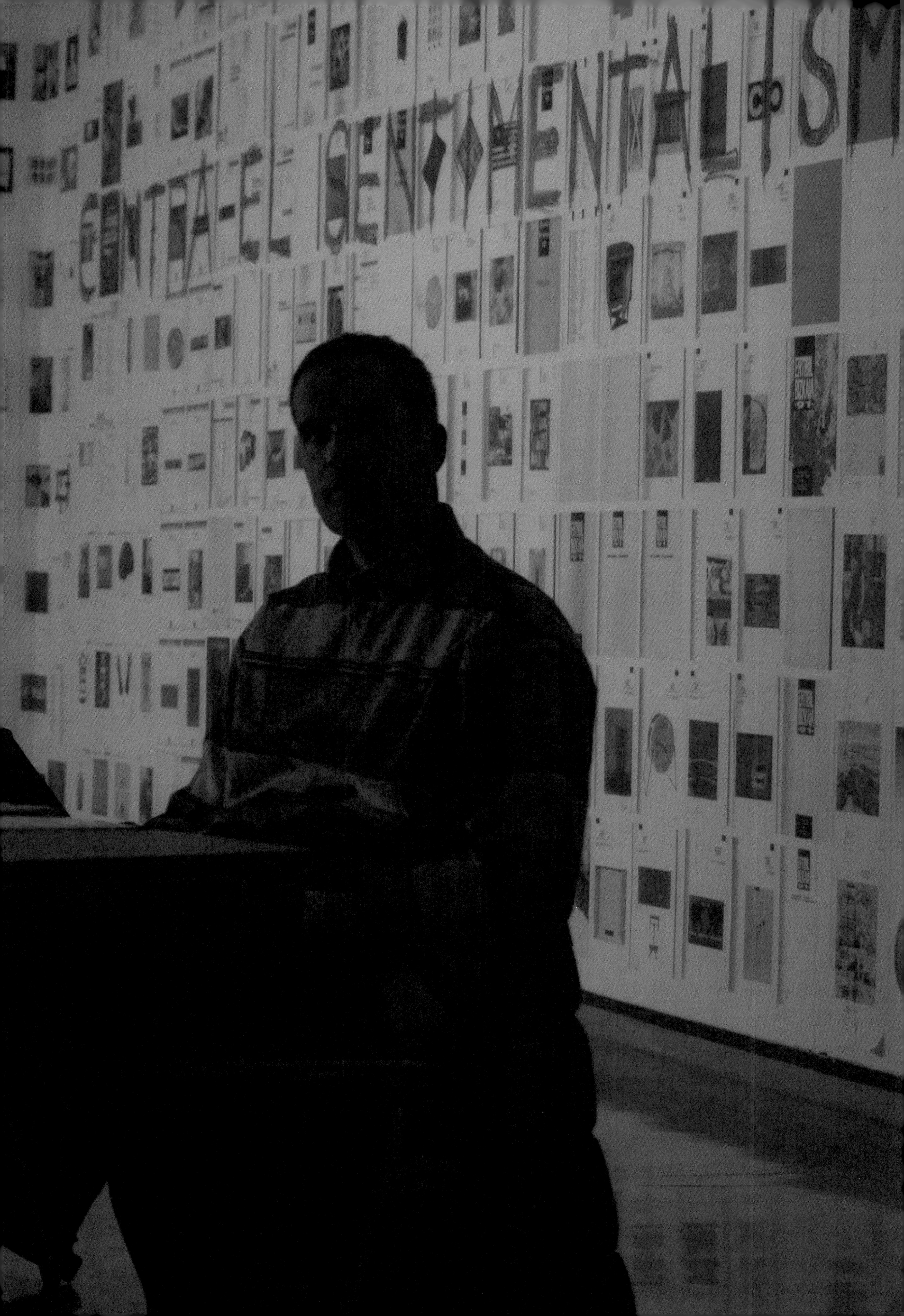

PABLO MARTE

BASILIKA

1

Querida Susan Sontag,
¿Me harías el favor de leerte mis libros y de hacerme famosa?
El día - la tarde
allí
fue al revés.

—¿A qué te refieres?
—Bueno Que por lo que decía la escaleta tendrían que haber comenzado leyendo la carta Pero...
se ve que alguien la perdió.
—¿Qué carta?
—La que Rosa le escribió a Susan.

(Esto es un ejemplo de principio que empieza por el final No sirve para nada)

En realidad la carta decía que ella en realidad no quería ser famosa por el tema de la gente aburrida La gente aburrida se echa a las calles a incordiar a las famosas Y Rosa ya odia a la gente que la llama por teléfono o que le manda mensajes Porque siempre se lleva desilusiones. La mayoría de los mensajes son publicidad encubierta De lo más triste Publicidad como por ejemplo Quiéreme a mí Fóllame a mí Elígeme aunque sea para matarme Nada es como antes Vendés el auto y comprás la caravana No me azuces con las luces Te avisé y te lo perdiste ¡Cuánto comes hija mía! Etcétera.
El resto de la carta es una maravilla Rosa le habla a Susan de los artistas pobres Pero Rosa parece preguntarse qué artistas lo son (de verdad).
Verdad no es una idea que signifique gran cosa para Rosa. Rosa odia a los académicos y las académicas que piensan que ser pobre es lo más.
Ah por cierto Me encanta cómo acaba Rosa su carta a Susan.
Ojalá esta sociedad se vaya al carajo. Entiendo que eres muy leída, Susan Sontag,

Tuya,

Rosa.

Rosa tenía el encargo de hacer una crónica de la ponencia ofrecida aquel jueves bajo el título de LA CRÍTICA. Rosa imagina un poema.
La crítica —continúa imaginando Rosa— no consiste en cavar muy profundo.
Sino en sustanciar la diferencia entre hoyo y agujero.
En un hoyo se cae.
Por un agujero se pasa a través.
Una forma de salir.

2

¿Qué te pareció? No tengo palabras.
Eso mismo contestaron todas las personas preguntadas Que no tenían palabras Y entonces ella envió el siguiente reportaje para la edición digital del periódico:
"Nadie tenía palabras: con eso fue suficiente". Y después una página en blanco.
La despidieron.
—¿Qué haces este jueves? —pero ella no estaba de humor para ligar y le afeó el gesto.
Vete a la mierda Le dijo.
—No es lo que te imaginas —Rosa no quería ligar—
No estoy ligando —Rosa lo que quería era que la acompañara— Es curro Me vendría bien que me echaras una mano Tus oídos Tus ojos Tu luz Esos labios —En realidad Rosa Sí quería ligar pero apenas era consciente.

Ella se llamaba Great Expectations. Su madre Una cubana de Nueva York Se opuso a que la llamaran Hope pero murió poco después Y el padre Que era de un pequeño pueblo muy religioso del interior Propuso Nope como contracción de No-Hope Pues el padre era más del No que del Sí El padre era un pequeño cura tarambana que se creía que podía ir por la vida sacerdotando a toquisqui. Y cuando la cosa parecía que se inclinaba hacia la voz güisquera del padre La tía Kathy —hermana de la madre— entró en la iglesia del padre Se le acercó hasta un grado insoportable para los feligreses y le desgarró el alzacuello de un mordisco Luego lo estuvo zarandeando de la sotana y acabó lanzándolo contra las flores ajadas que circundaban esa mierda de cruz que el padre había construido con los palitos de los helados Pistolero —los baratos—. La tía Kathy se llevó a la bebé al Lower East Side Donde vivía. El nombre Great Expectations se le ocurrió a la tía Kathy. La tía Kathy era escritora Y también una fiestera Hiperactiva Adicta a todo cuanto le faltara o hubiera olvidado comprar Así que entrar y salir de casa era para ella como un tic. Escribía mucho y en todas partes Por ejemplo Sabía hacerlo caminando Incluso a buen ritmo. Una noche fue a acostarse a cuatro patas y vio dos ojos que brillaban como fuego azul en la oscuridad del dormitorio —¿Cómo es que no los vio antes? ¿Iba siempre tan ciega? Vivía ciega Hasta que vio la luz—. Esa luz eran los ojos pequeñikis de la bebé Eran como una bendición del futuro. Y PLAS Le vino: Great Expectations Y ya no pudo llamarla de otro modo.

¡Great Expectations A casa no me vengas más tarde de las diez! ¿Me oyes?

Great Expectations pensó que se aburriría menos con Rosa que sin Rosa Y aceptó acompañarla. Pero aceptó además porque Rosa le dijo que cada sesión iba de un tema Que en esta sesión el tema era la crítica de arte y que ella iba a leer una carta que le había escrito a Susan Sontag. Great Expectations aguardó unos segundos a que la cara crédula de Rosa se convirtiera en una expresión más real En uno de esos rostros estúpidos de Tik Tok o en el de un presentador de concursos de la tv de los dosmiles o en el de una joven cantante de country que lo que quiere es casarse-divorciarse-casarse Pero Rosa no cambió el gesto. Y Great Expectations supo entonces que Rosa hablaba en serio. Y alto y claro. Y la amó.

3

En la Sala Rekalde había mucha gente. Los ponentes eran Maider López Mikel Onandia y Munts Brunet —esta última en representación de consonni. Luego habría una performance de Pablo Marte. Rosa desconocía cuándo le tocaba leer la carta a Susan Sontag.
Rosa pensó que el hecho de que el nombre de los tres ponentes y el apellido del performer comenzara con la misma letra La M Era un signo de algo. Pero ya estaba hablado entre ellas que Great Expectations cumpliese allí la función de destruir cualquier atisbo de esperanza. Y en especial la delirante. Todo por Rosa En realidad. Porque Rosa odiaba la predestinación fantasmática. Rosa era más bien caprichosa. Rosa empezaba una frase y era muy probable que no la acabara. Rosa decía de sí misma que esquivaba esas balas que recibe la peña a los cuarenta: las de lo previsible. Y a Great Expectations le encantaba eso de Rosa. Así que Great Expectations miró detenidamente a Rosa con sus ojos brillantes y le dijo que se fijara mejor en lo mucho que tardaba la gente en sentarse.
Y en que no había alcohol. Ni música. Y para la iluminación solo se le ocurría una palabra: lúgubre. O también Deprimente.
Great Expectations dio un par de vueltas por la sala Por si conseguía chocohongos. Pero allí no parecía que se encargara nadie. Luego dedujo Por cómo era el sitio Que si hubiera dealer sería una señora O iría de señora. Lo pensó tras contemplar el vídeo que se estaba proyectando en una pantalla enorme colocada detrás de las sillas Pero Ojo que era muy bonito (Sic) Eran imágenes de abubillas en sellos de correos de todas partes Egipto Sudáfrica Canadá Etcétera. Cada abubilla tenía un algo de diva folclórica en faralá de colores.
Se le acercó un tipo y le dijo que el vídeo era suyo. ¿Cómo tuyo? Great Expectations no entendía. —Bueno Que lo hice yo. —Ah Muy bien. Y entonces Great Expectations creyó que le estaba ofreciendo algo de polvo y se acicaló la nariz. El tipo solo dijo La abubilla es un pájaro muy curioso Isidoro de Sevilla decía que vivía en la caca.
—¿Isidoro o la abubilla?
—La abubilla... O igual también Isidoro Que rima con inodoro.
—La hostia.
—¿Verdad?
Pero no. Ambos se aburrían MUTUAMENTE. Great Expectations pensó en la mutualidad del aburrimiento Esa reciprocidad tan olvidada —Se habla mucho del amor Pero ¿Quién se acuerda del aburrimiento?— Y sin embargo tan común: en este mundo no hay dos que no prefieran aburrirse juntos. Estos pensamientos le sobrevolaban a Great Expectations a la vez que escuchaba el piar luminoso de unos pajaritos. Provenía del vídeo de las abubillas. El amor es un aburrimiento romantizado. El amor pareja Pío Pío Quiero decir. El tipo se disculpó. No sabía nada de amor pareja Pío Pío No había tenido pareja desde hacía diez años Había vivido los últimos meses enamorado terriblemente de un chico Pío Pío hasta que hace no mucho descubrió algo vergonzante Que se lo había inventado todo Hasta el chico Pío Pío. Y aun así continuó el juego Porque la vida era más cómoda para dos que para uno Hablaba solo por las calles Mandaba mensajes a una IA que le respondía con diligencia Para todos los requerimientos él era siempre solo una mitad Y todo-todo lo hacía x2. Great Expectations le dijo —Ah tranqui Yo también estoy loca.

4

Mientras tanto Rosa vivía una suerte de desengaño Se hallaba desnortada en el norte mismo de su metodología Era como el Ártico y la minifalda.
A su vez sabía que la carta que iba a leer o bien se había perdido —aunque no Porque Rosa la tenía consigo Pues era Rosa la carta— O bien no existía O solo en su mente —Y en la de Great Expectations Pero Great Expectations no contaba Great Expectations era su fan Su gemélesis Su Doble o Nada— Y todo tenía más bien una causa inventada Producto de una imaginación vertiginosa Inagotable.
Decidió preguntar y se acercó a Munts Brunet. La eligió por lisiada Porque no podría escaparse —lo cierto es que era solo un esguince Pero iba divina con las muletas.
Esto fue lo que Rosa pensó de Munts: ojos claros Pelo rubio Coleta que agita con brío estupendo Simpática a más no poder MIRADA AMPLIA.
Munts le dijo que después de la ponencia lo que había era la performance de Pablo y que nadie sabía nada de una carta de Rosa a Susan Sontag.
—¿Y quién es Rosa? —añadió. Y a Rosa no se le ocurrió otra cosa que señalar a Pablo. Y Munts dijo: —No Ese es Pablo —y Rosa entonces lamentó escucharse decir Pues no tengo ni idea de quién es Rosa.

5

Esto fue lo que Rosa pensó de Pablo: Pelo Abubilla Córtate —pero Siendo honestas No había nada que Rosa pensara de Pablo que Pablo no hubiese pensado ya—. Es más Era bastante probable que a Pablo le ocurriera lo mismo con Rosa y que Rosa y Pablo hubiesen sido siempre prolongaciones singulares de un pensamiento compartido y común.
Por lo tanto Lo que cada una se consideraba Lo que cada una pensaba que era Con su personalidad su carácter sus defectos Eso diáfano y aparentemente importante en términos balísticos de la trayectoria El talento la rutina los viajes la familia la propiedad privada la pareja Pío Pío Etcétera Etcétera Eran solo desvíos Giros ocasionales Destellos intermitentes La fugacidad del puro ahora.
—Estaba Rosa convencida— .
Y Se acordó Siempre lo hacía De aquella peli de Barbara Hammer que vio un verano en Barcelona y en el que Barbara Hammer filma a sus amantes y amigas subidas a un árbol Desnudas como yemas flores frutos hojas mariposas hormigas arcillas astillas ramitas ramas de un mismo grande amor.
Esto fue lo que Rosa pensó de sí misma: cariño Vete al bar de al lado Pídete un chupito de tequila Entra en el baño Y mastúrbate —Y por favor Por esta vez por este orden. Y eso hizo Se fue al bar de al lado Se pidió un chupito Entró en el baño Y todo lo hizo en ese orden. Le habría pedido a Great Expectations que la acompañara Pero en realidad su deseo ahora era otro Respondía a un imperativo telúrico.
Buscó entonces a Great Expectations con la mirada Estaba con Pelo Abubilla Escribían en una de las paredes de la sala En grandes letras rojas La frase CONTRA EL SENTIMENTALISMO.

6

Great Expectations le había dicho a Rosa No te preocupes Rosa Corazón Vete y mastúrbate tranquila que ya tomo yo nota de la ponencia.

Apuntes de Great Expectations para la crónica de Rosa
—Es evidente que esta crónica es torpe. Great Expectations era más de distraerse—.

Para mi gusto está todo muy sombrío.
Algunas palabras que me gustan (por cómo suenan y por otras obviedades —Jamás ocultaría lo obvia y simplona que soy): criatura mutante y policéfala Comunidad Superpoderes Feminismos La escucha Los cómplices El altavoz de pensamiento raro...
Eso me alegra.
Lo que no me termina... Que a veces hablan de la crítica como si fuera la voz del Padre
Pero
resulta que el Padre murió
Y lo que queda es una voz sepulcral. Con tantos ecos como rincones.
Y viene de arriba —¿De dónde iba a venir si no?
O esa es al menos la sensación que me da.
Como cuando una de las ponentes lee lo que un crítico escribió sobre su trabajo. Me recuerda aquel monumento al poeta en ese pueblo de locos sobre el que las palabras del crítico caen como un regadío de palomas.
Tampoco comparto el buen rollo que comentan de la facul Dicho así Además Con esa ele.
Por lo demás Me gustó. El público parecía satisfecho.
Hasta hubo el típico HOMBRE que quería que todxs nos quedásemos a vivir en su pregunta.
Por suerte pudimos escaparnos.

A Kathy Acker

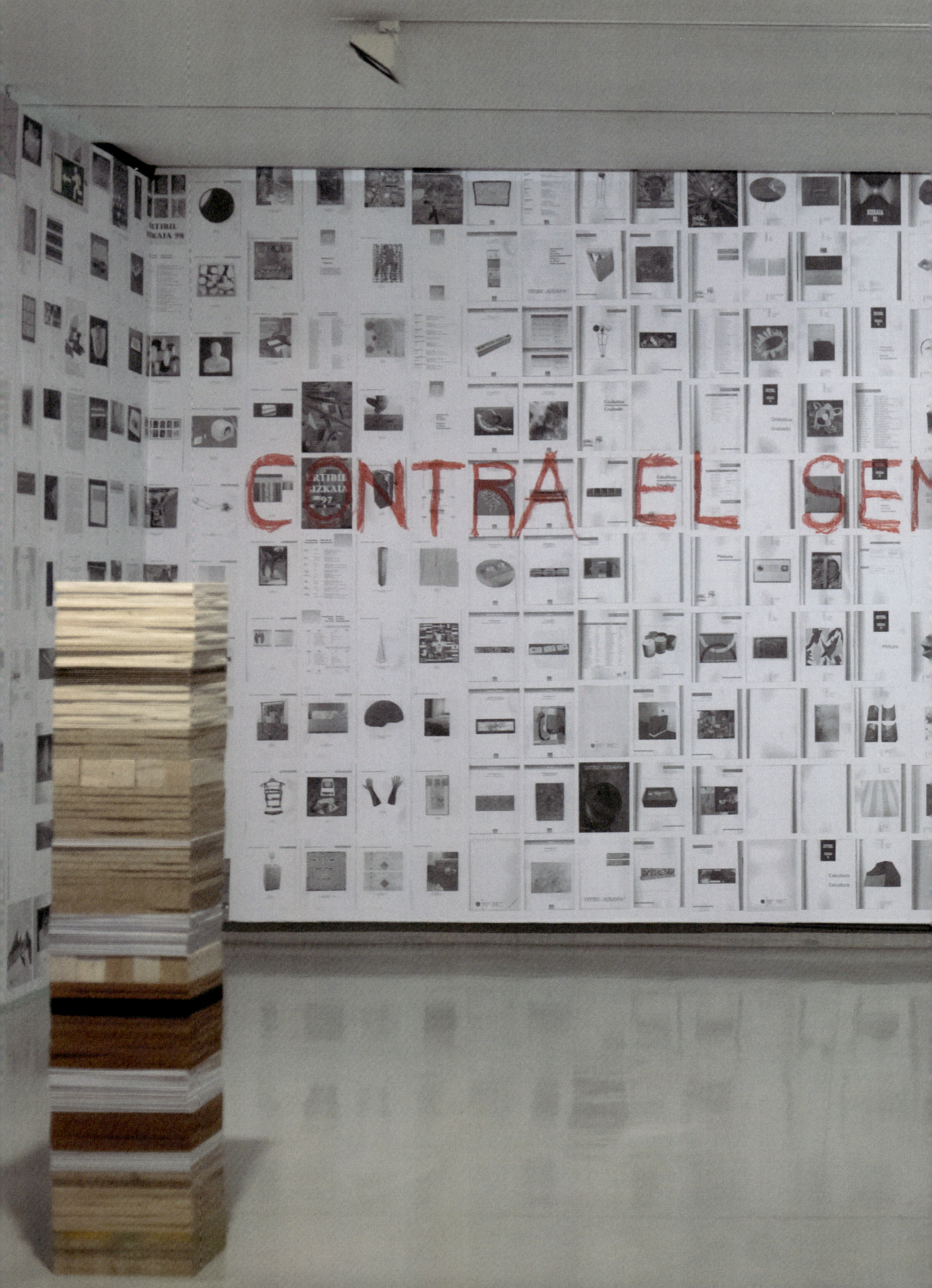
CONTRA EL SEN

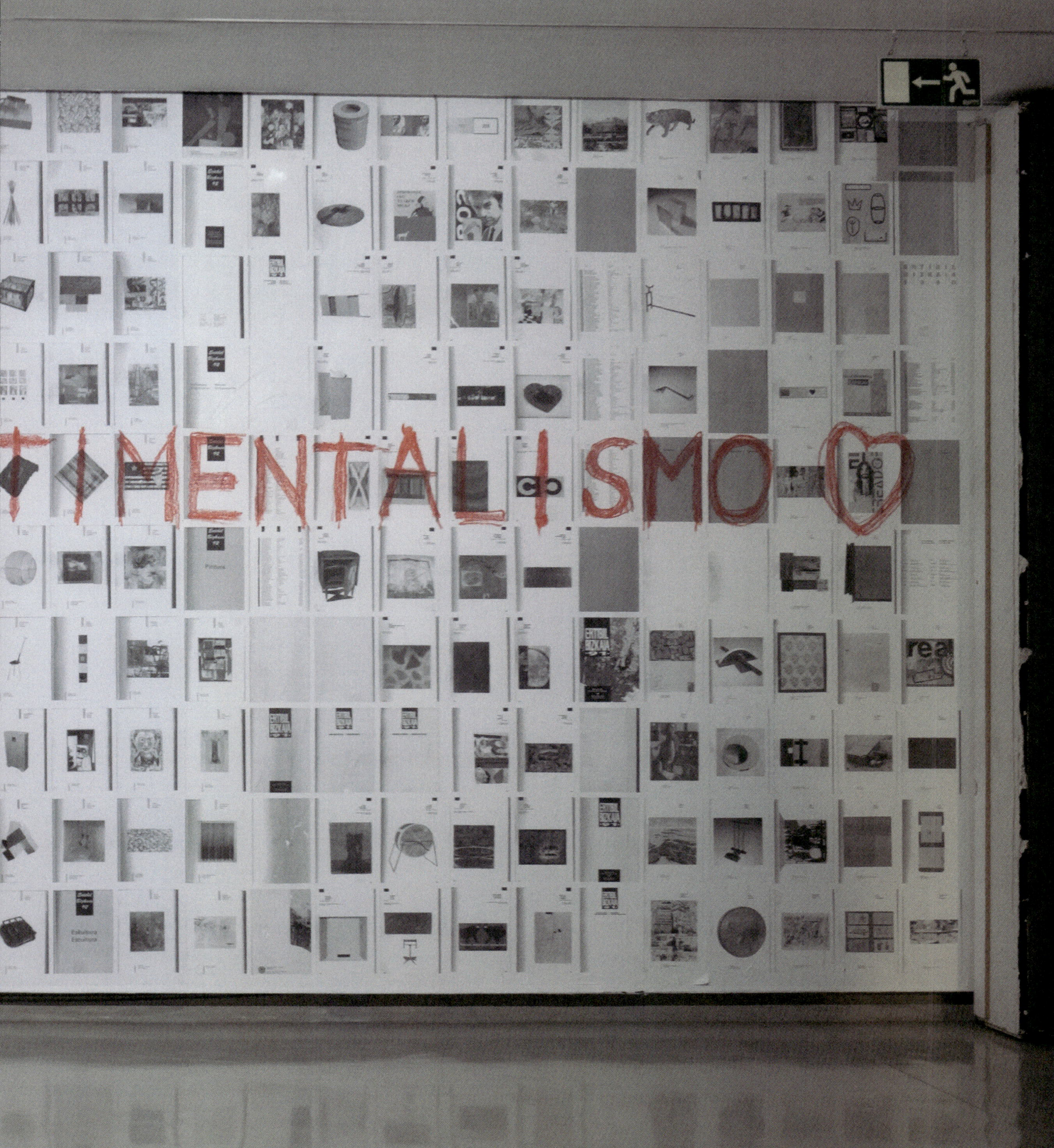
TIMENTALISMO

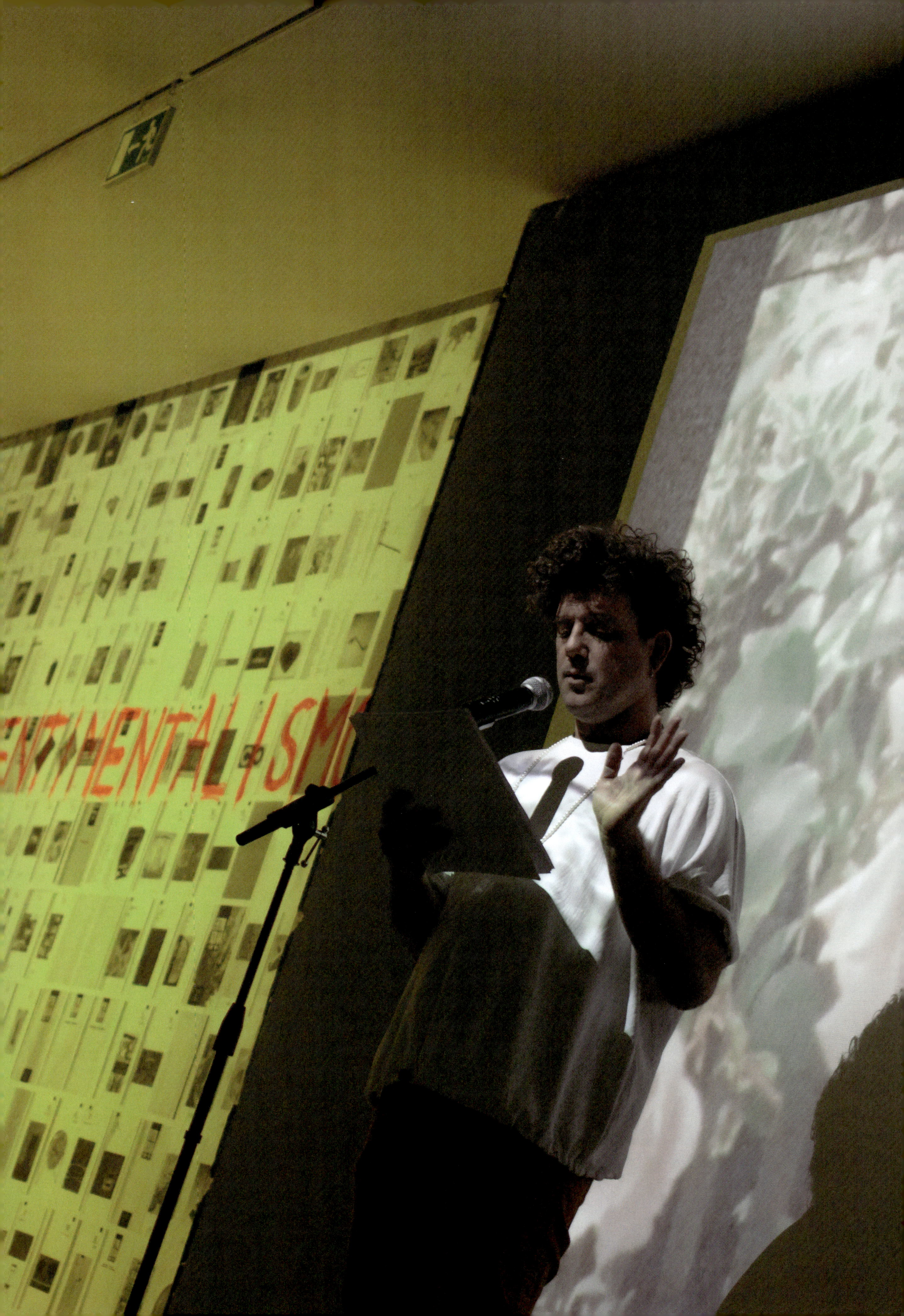
ENTIMENTALISM

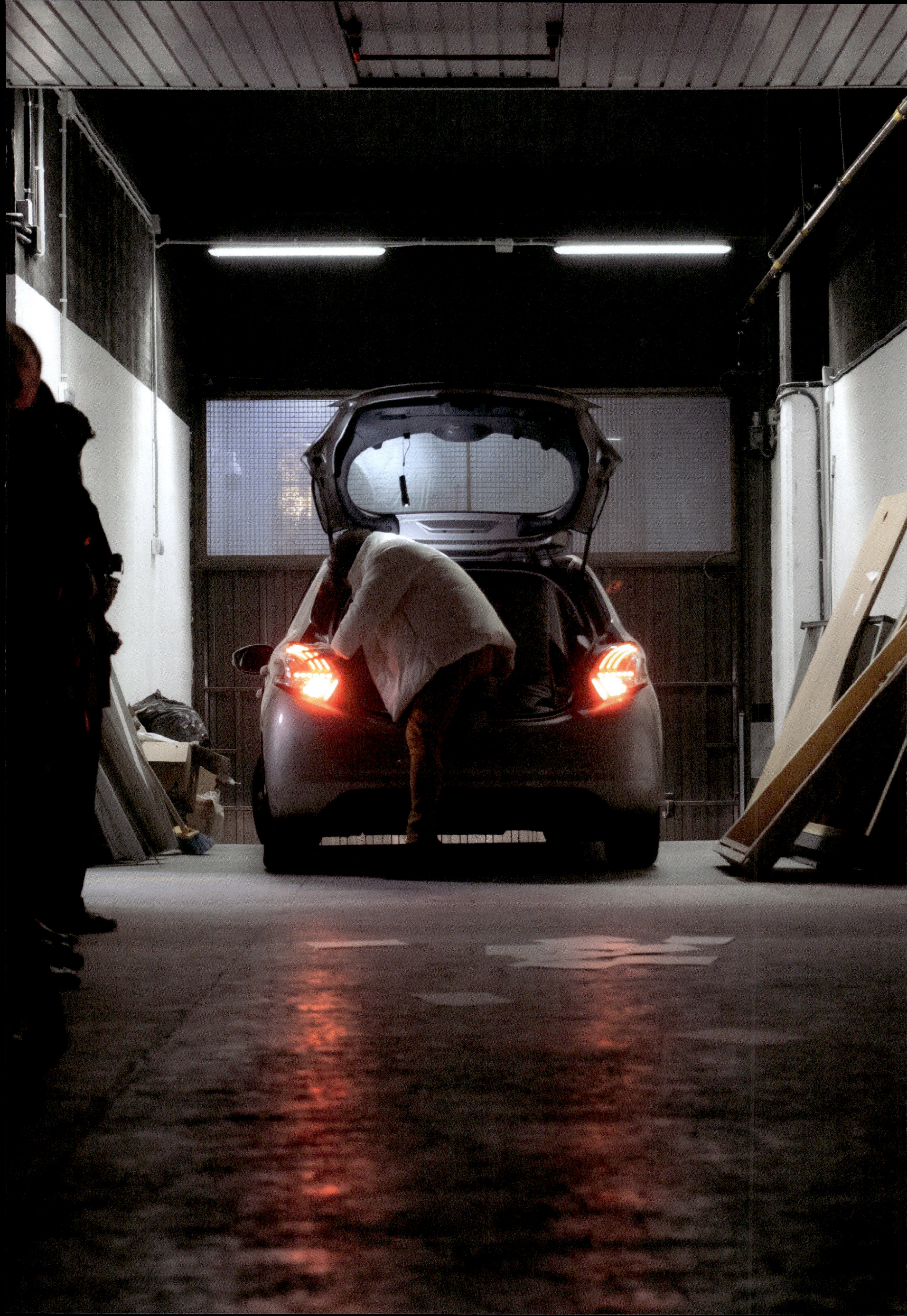

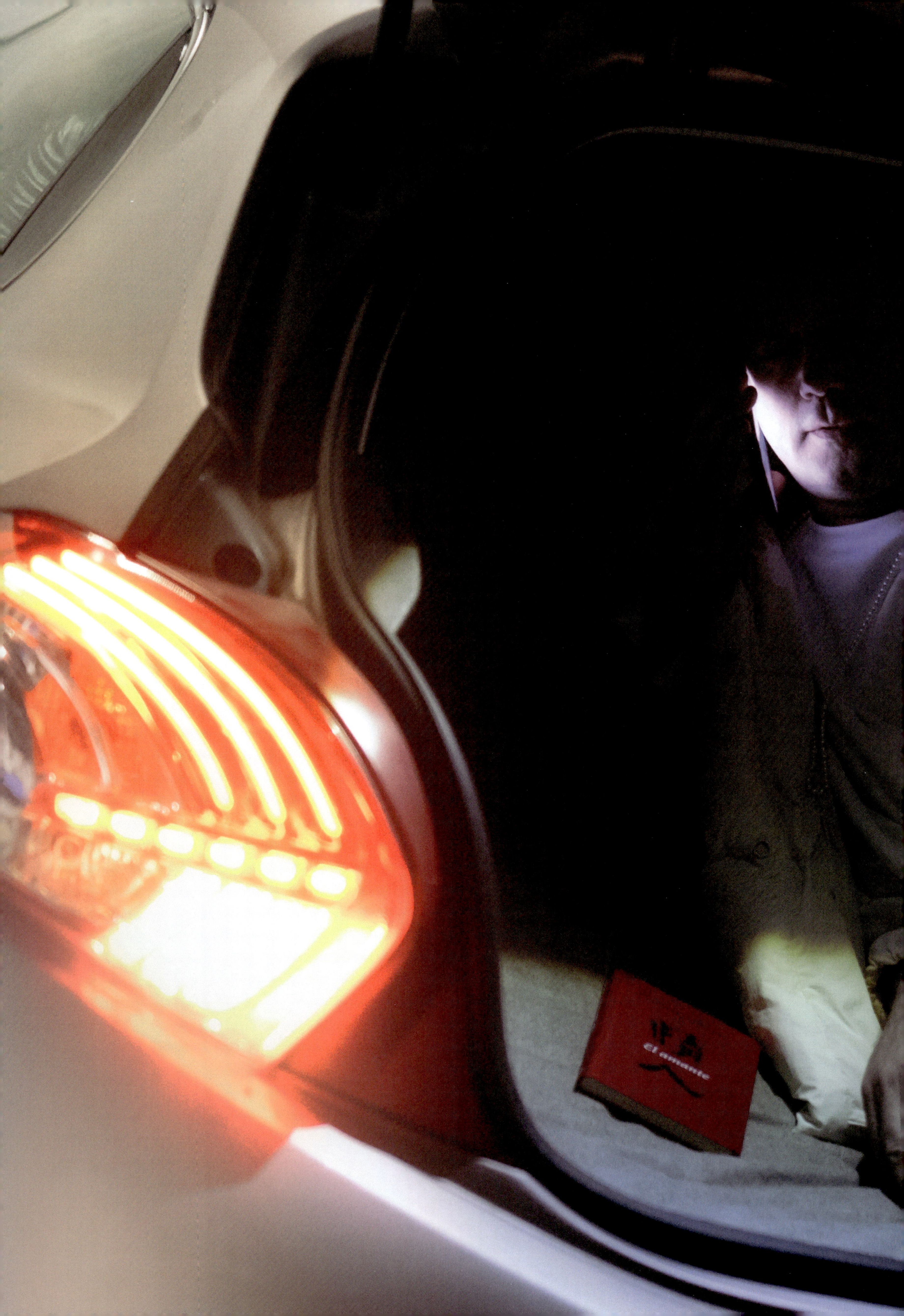
El amante

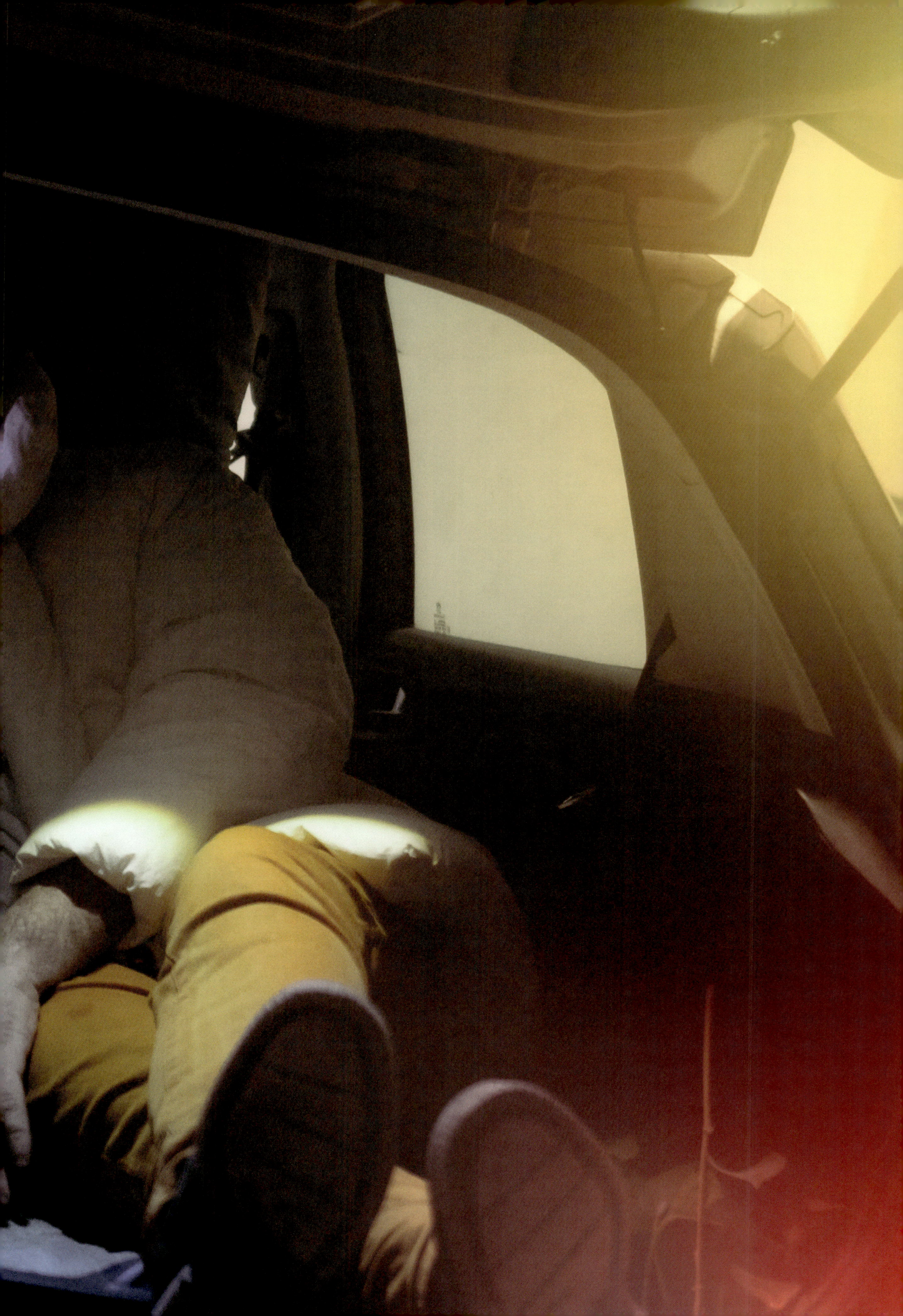

Artea erakusteko 40 urteko ikastaldia

40 lecciones para una exposición de arte

ISMAEL
MANTEROLA

ERTIBIL 40 ERTIBIL BIZKAIA ERTIBIL 40 ERTIBIL BIZKAIA ERTIBIL 40

ISMAEL
MANTEROLA

ARTEA ERAKUSTEKO 40 URTEKO IKASTALDIA

Ertibil artista gazteentzako lehiaketa baino zerbait gehiago da. Artista gazteak diruz laguntzeaz gainera, 1982an Ertibil abian jarri zenetik erakusketa ibiltaria izan da. Beraz, erakusketa dago ekimenaren oinarrian eta horrela jarraitu du 40 urtetan. Ertibil erakusketa handien garaian jaio eta hazi zen; mendebaldeko artearen sistemaren barruan erakusketek protagonismo handia hartu zuten garaian, alegia, eta beste ekimen batzuek emaitzak gizarteratzeari muzin egin badiote ere (Gure Artea sariak, adibidez), Ertibilek erakusketa bere horretan mantendu du, gazteek Bizkaian egiten duten artea jendearen artean zabaltzeko.

Sarritan artearen ikuskizun handienak edo erakusketa entzutetsuenak hiriburutan egiten dira. Horregatik, Ertibilen berezitasuna aipatu behar da, Bizkaiko herri askotara zabaltzen duelako artista gazteen lana. Asmo dibulgatibo horretan argi-ilunak daude eta horrek ere erakusketa bera baldintzatzen du, edo, are gehiago, ekimen bera esan beharko genuke. Adibidez, instalazioak aurkezteko dauden mugak zerikusi handia du espazio ez oso egokietara bidaiatzeko erakusketak duen mugarekin.

Erakusketa denez ekimenaren zutabeetako bat, azken 40 urteetan jendearen aurrean artisten lana aurkezterakoan zer gertatu den aztertzeko baliatu dezakegu. Alde batetik, ibiltaria izatea Ertibilen ezaugarria denez, erakusketa baino gehiago erakusketei buruz hitz egin beharko genuke, 40 urtetan erakusketa areto ugari inauguratu dituelako, tartean hasiera ematen dion Rekalde Aretoa. Bestalde, erakusteko moduak ere asko aldatu direla esatera ausartuko nintzateke, nahiz eta iruditu erakusketa formatuak 40 urtetan aldaketa handirik gabe mantendu dela.

Erakusketaren edukiontziak

XX. mendeko 80ko hamarkadan Ertibil ekimena sortu zen sarien bitartez gazteen artea sustatzeko eta beraien lana Bizkaiko hainbat herritan erakusteko. Aldeko testuingurua zuen, erakunde autonomikoen berrezarpena eta Bizkaiko Foru Aldundiaren antolaketa berriarekin lurralde historikoen legeari esker. Erakunde autonomiko berriek ere artea sustatzeko ekimenak bultzatzen ari ziren eta ia aldi berean sortu ziren Eusko Jaurlaritzak ematen duen Gure Artea saria eta Ertibil.

80ko hamarkada arte garaikidearen hamarkada izan zen, bai azpiegiturei begiratuta, bai sari edo beste erakusketa motari begiratzen badiogu ere. Horregatik, Ertibilen lehendabiziko urratsa lehiaketa abian jartzea izan zen, emaitzak nola gizarteratuko ziren gehiegi pentsatu gabe. Baina, garai hartako baliabideak ez ziren oso egokiak, edo ez behintzat artearen profesionalizaziotik begiratuta. 60ko hamarkadatik arteak Euskal Herrian bizi zuen jarduerak ez zuen izan diktadura garaiko erakundeen aldetik erantzun oso zuzena, eta horregatik, azpiegitura falta handia somatzen zen artearen sistemaren hainbat urratsetan. Tartean eta garrantzi handia zuena, erakusketarena zen. Non erakutsi artistek egiten zuten lana? Nola erakusten ziren lanak Europako beste herrialde modernotan? Nahiz eta oso poliki, diktadura pixkanaka desagertzen hasi zen eta erakunde antolatu berriek 40 urteko atzerapenei erantzuna eman behar zieten.

Modernizazio kezkek, edo Europarekiko eguneratzeak, azpiegiturak birpentsatzeko aitzakia eman zuten. Kulturaren gaineko konpetentziak izan ziren Eusko Jaurlaritzak eta gero Foru Aldundiek jaso zituzten lehenak eta ez da arraroa aldundiak izatea kultur azpiegiturak sortzen aitzindari, adibidez Arteleku Gipuzkoan. Hala ere, Bizkaiak gazteentzako lehiaketa abian jartzea hobetsi zuen, sormenerako dirulaguntzekin batera. Baina, ekimena aurrera zihoan heinean, berehala konturatu ziren ez zegoela, ez hiriburuan, ezta herrietan ere, Ertibilen aukeratutako lanak erakusteko azpiegitura duin edo berezirik. Horregatik 1991an zabaldu zen Bilboko erdialdean

Rekalde Aretoa; maila handiko erakusketak antolatzeko espazio egokia. Rekalde Aretoaren zabaltzearekin konpondu nahi izan zuten Bilboko arte azpiegituren ataletako bat, baina beste arazo bat zintzilik geratu zen; erakusketa ibiltaria zenez, herrietan non erakutsi behar ziren Ertibileko lanak? Horrek azpiegituren bigarren kapitulura garamatza: kultur etxeak.

60. hamarkadako euskal arteak gizarteratzeko bokazioa izan zuen. Garai hartako ideien edo terminologiaren barruan zegoen herriak sortutako artea herriarentzat izan behar zuela eta horregatik herri askotan erakusketak antolatzeko asmoak ikusi genituen 60ko hamarkadan bertan, baita hurrengo bi hamarkadetan ere. Ez zen arraroa artistek frontoietan edo beste edozein espaziotan erakustea, beti ere jendearengandik hurbil egotea errazten bazien.

Hainbat herri handitan erakusketa aretoak (orokorrean aurrezki kutxei lotutakoak) edo kultur etxeak zeuden eta bertan erakusketak antolatzea ohikoa zen, baina salbuespenak ziren Euskal Herriko geografian. 80ko eta 90eko hamarkadak izan ziren herrietako kultur etxeak sortzeko edo eraikitzeko urteak. Erakunde autonomiko berriek eta herrietako udalek dirua bideratu zuten kultur azpiegiturak sortzeko eta horrek posible egin zuen Ertibiletik zetozen erakusketei aterpe duinago eta egokiago ematea.

Alde onak nabariak badira ere, instituzionalizazioaren alde txarrak ere aipatu behar dira. Artea kultur etxeetan sartzeak jendearengandik urrundu zuela esan daiteke; nahiz eta hasieran ez zen horrelakorik somatu, gaur egun ohikoa den zerbait da. Herrietako espazioak banatzera ohitu gara eta, gaur egun, artea erakusketa areto batean gertatzen den zerbait dela iruditzen zaigu. Kultur etxeen ekipamenduak (gehienetan) egokiak dira maila bateko erakusketak jasotzeko, baina ikus-entzuleak falta dira. Kulturak sistema duin bat lortu duenean, jendeak beste alde batera begiratu duela ematen du.

Erakusketaren edukiak

Erakusketa non kokatzen den garrantzi handikoa bada ere, ez da arreta gutxiago jarri behar erakusteko moduari. Artelanak erakusteko espazioa behar da eta, ondoren, erakusketa antolatu egin behar da espazio horretara egokitzeko, zerbait kontatzeko edo ideia bat indartzeko. Ertibilen hasieran ez zegoen hainbesteko arazorik erakusketen inguruan. Azpiegitura egokirik ez izateak lanak erakusteko modua ere baldintzatzen zuen eta horregatik erakusketa bera ahalik eta txukunen montatzea zen arduradunen helburua.

Baina 80ko hamarkada erakusketen garaia izan zen eta 90ekoak erakusketa entzutetsuak utzi zizkigun. Beraz, Ertibilen 40 urteetan ondo baino hobeto ikus dezakegu erakusketa beraren bilakaera: lanak elkartze hutsetik lanen arteko harremanak bilatzera. Egia da Ertibil askotariko erakusketa dela eta horrek ez duela aukera handirik ematen lanen arteko harremanak sortzeko edo erakusketa osoa hari baten bitartez lotzeko, baina lehen aipatutako baliabide ekonomikoek eta espazioen duintasunek asko lagundu dute Ertibil erakusketa xume bat izatetik erakusketa interesgarria bihurtzera.

Rekalde Aretoak ematen duen espazioaren neutraltasunak askotariko erakusketak laguntzen ditu, batez ere espazioak zatitu eta bildu daitezkeelako lanen arteko harremanak ahalbidetuz eta argiztapen egokiarekin jokatuz. Lanak isolatzea edo harremanetan jartzea muntaiaren oinarrizko erabakiak izan daitezke erakusketaren arrakasta ziurtatzerako orduan. 1991. urtetik gaur egunera Rekalde Aretoan erakutsitakoa in crescendo joan dela iruditzen zait. Hasierako urteetan tramiteko erakusketa zirudien, nazioarteko ibilbidea egin nahi izanez gero aretoak bertako artearekiko ordaindu beharreko zerga. Baina, pixkanaka interesa hazten joan da, artisten eta erakusketa aretoaren profesionalizazioari esker. Lehiaketan egindako aldaketak ere horretan lagundu dute, parte hartzaileen adin tartea igotzeari edo beste baliabide artistikoen presentziari esker. Bideoaren onarpenak on egin zion erakusketari, lehen gabezia handia somatzen genuelako Bizkaian egiten zen arteari zegokionez. Bestalde, Arte Ederren Fakultatean izena emanda dagoen edozein gaztek, nahiz eta bizkaitarra ez izan, parte hartzeko aukera izateak ere erakusketaren alde egin duela esango nuke.

Baina —beti dago bainaren bat—, erakusketari garrantzia emateak kontrako efektuak ere izan ditu. Adibidez, artista asko lanak aurkezterako orduan white cube delako horretan erakusteko pentsatutako lana aukeratzera bultzatu ditu. Badirudi erakusketak aje batzuk edo maniera batzuk eragin dituela eta horrek produkzioa baldintzatu duela (tamaina nahiz egiteko erak izan). Ertibilek artista gazteen profesionaltasuna erakusten du, baina agian beste gauza asko galdu ditu: freskotasuna, zentzu kritikoa edo dispositibo bera zalantzan jartzeko aukera. Lehiaketaren oinarriak ere zerikusia izango dute horrekin, oraindik performanceak edo instalazioak ezin direlako aurkeztu, edo azken hauek aukeratzen direnean, erakusketa aretora eta formatura egokitu behar direlako, kontuan izanda erakusketa ibiltaria dela.

Bukatzeko, esan daiteke Ertibilek 40 urtetan antolatu dituen erakusketek arteak jasan dituen aldaketak aztertzeko balio dutela eta, aldi berean, gizarteratzeko moduak ere aldatu direla konturatzeko ikastaro ederra izan direla.

ISMAEL
MANTEROLA

40 LECCIONES PARA UNA EXPOSICION DE ARTE

Ertibil es algo más que un certamen para jóvenes artistas. Además de subvencionar a artistas noveles, Ertibil ha sido, desde su puesta en marcha en 1982, una exposición itinerante. Una iniciativa unida desde su origen a la exposición y que así se ha mantenido durante 40 años. Ertibil nació y creció en la época de las grandes exposiciones (época en la que estas adquirieron un gran protagonismo dentro del sistema del arte occidental), y a pesar de que otras iniciativas han optado por no socializar los resultados de sus certámenes (como es el caso del premio Gure Artea) Ertibil ha mantenido viva su exposición para difundir entre la gente el arte que crean los jóvenes en Bizkaia.

A menudo, los grandes espectáculos del arte o las exposiciones más prestigiosas se desarrollan en las capitales. Por eso, hay que destacar la singularidad de Ertibil, que divulga la obra de jóvenes artistas por muchos pueblos de Bizkaia. Esta intención divulgativa no está exenta de luces y sombras, y esto condiciona la propia exposición, o incluso deberíamos decir la iniciativa misma. Por ejemplo, las limitaciones a la presentación de instalaciones tienen mucho que ver con la limitación para viajar a espacios poco adecuados.

Siendo la exposición uno de los pilares de esta iniciativa, podemos servirnos de ella para analizar qué ha sucedido en los últimos 40 años al presentar públicamente la obra de los artistas. Por un lado, dado su carácter itinerante, más que de una sola exposición deberíamos hablar de exposiciones, y, de hecho, en estos 40 años Ertibil ha inaugurado numerosas salas; entre otras, la propia sala Rekalde de la que parte. Por otro lado, me atrevería a decir que la manera de exponer también ha cambiado mucho, aunque pueda parecer que el formato expositivo se ha mantenido sin grandes cambios durante 40 años.

Contenedores de la exposición

En la década de los 80 del siglo XX se creó la iniciativa Ertibil para fomentar el arte juvenil a través de premios y mostrar el trabajo de los artistas en diferentes localidades de Bizkaia. El contexto era favorable para ello, con el restablecimiento de las instituciones autonómicas y la nueva organización de la Diputación Foral de Bizkaia gracias a la ley de territorios históricos. Las nuevas instituciones autonómicas se sumaron al impulso de iniciativas para la promoción del arte, y así surgieron casi al mismo tiempo Ertibil y el premio Gure Artea que concede el Gobierno Vasco.

La de los 80 fue la década del arte contemporáneo, tanto desde el punto de vista de las infraestructuras como de los premios u otro tipo de exposiciones. Por eso, el primer paso que se dio en Ertibil fue poner en marcha el concurso, sin pararse demasiado a pensar en cómo se iban a socializar los resultados de este. Sin embargo, los recursos de la época no eran muy adecuados, o al menos no desde el punto de vista de la profesionalización del arte. Desde los años 60 la actividad artística en Euskal Herria no había recibido una respuesta adecuada por parte de las instituciones de la dictadura, por lo que se observaba una gran falta de infraestructura en diversas fases del sistema artístico. Entre otras, en una de suma importancia: la exposición. ¿Dónde podía exponerse el trabajo de los y las artistas? ¿Cómo se exponían las obras en otros países modernos de Europa? Aunque muy lentamente, la dictadura fue extinguiéndose poco a poco, y las nuevas instituciones debían dar respuesta a 40 años de retraso.

Las inquietudes de modernización, o el deseo de actualización con respecto a Europa, proporcionaron la excusa adecuada para repensar las infraestructuras. Las competencias en cultura fueron las primeras que recibió el Gobierno Vasco y posteriormente las diputaciones forales, y no es de extrañar que las diputaciones fueran pioneras en la creación de infraestructuras culturales, como es el caso de Arteleku en Gipuzkoa. No obstante, Bizkaia prefirió poner en marcha un certamen para jóvenes, unido a ayudas económicas a la creación.

Pero, a medida que se desarrollaba la iniciativa, enseguida pudo observarse que no existía en la capital ni en los pueblos una infraestructura digna o especial donde mostrar las obras elegidas en Ertibil. Por esto, en 1991 se abrió en el centro de Bilbao la Sala Rekalde, un espacio adecuado para la organización de exposiciones de alto nivel.

Con la apertura de la Sala Rekalde se trató de solucionar uno de los problemas de las infraestructuras artísticas de Bilbao, pero otro quedó pendiente: tratándose de una exposición itinerante, ¿dónde iban a exponerse en los pueblos las obras de Ertibil? Esto nos conduce al segundo capítulo sobre infraestructuras: las casas de cultura.

El arte vasco de los años 60 tuvo vocación socializadora. Según las ideas o terminología de la época, el arte surgido del pueblo tenía que ser para el pueblo, y así observamos, en muchas localidades, proyectos de exposiciones tanto en los años 60 como en las dos décadas siguientes. No era extraño que los artistas expusieran sus obras en frontones o en cualquier otro espacio, siempre que esto les facilitara estar cerca de la gente. Muchas grandes localidades contaban con salas de exposiciones (generalmente vinculadas a las cajas de ahorro) o con casas de cultura, y era habitual que se organizaran exposiciones, pero también en eso había excepciones en la geografía del País Vasco. Los años 80 y 90 fueron años de creación o construcción de casas de cultura en los pueblos. Las nuevas instituciones autonómicas y los ayuntamientos destinaron dinero a la creación de infraestructuras culturales, lo que permitió acoger de una manera más digna y adecuada las exposiciones que provenían de Ertibil.

Aunque las ventajas de la institucionalización son evidentes, también deben mencionarse sus inconvenientes. Podría decirse que la introducción del arte en las casas de cultura lo alejó de la gente y, aunque en un principio no se percibiera así, es algo habitual hoy en día. Nos hemos acostumbrado a dividir los espacios de los pueblos y hoy en día el arte nos parece algo que ocurre dentro de una sala de exposiciones. Los equipamientos de las casas de cultura (en la mayoría de los casos) son adecuados para acoger exposiciones de cierto nivel, pero falta público. Parece que cuando la cultura ha logrado un sistema digno, la gente ha mirado hacia otro lado.

Contenidos de la exposición

A pesar de la importancia que tiene la ubicación en una exposición, no debe prestarse menos atención a la forma de exponer. La exposición de obras de arte requiere, en primer lugar, un espacio y, posteriormente, organizar la exposición para adaptarse a él, contar algo o reforzar una idea. En los comienzos de Ertibil no se planteaban tantos problemas en torno a la exposición.

La falta de una infraestructura adecuada condicionaba la forma de exponer las obras, por lo que el objetivo era montar la exposición de la manera más adecuada posible. La década de los 80 fue, con todo, la época de las exposiciones y también la de los 90 nos dejó prestigiosos ejemplos de ello.

Así pues, los 40 años de Ertibil son una muestra perfecta de la evolución de la exposición en sí: desde la mera agrupación de obras a la búsqueda de relaciones entre estas.

Si bien es cierto que Ertibil es una exposición variada que no ofrece demasiadas posibilidades de establecer relaciones entre obras o de enlazar toda una exposición a través de un hilo conductor, los recursos económicos y la dignidad de los espacios antes mencionados han contribuido en gran medida a que Ertibil haya pasado de ser una exposición sencilla a convertirse en una interesante exposición.

La neutralidad espacial que ofrece la Sala Rekalde favorece la diversidad de exposiciones, sobre todo porque permite la fragmentación y concentración de los espacios, posibilitando las relaciones entre las obras y jugando con la iluminación adecuada. El aislamiento o la conjunción de las obras pueden resultar decisiones básicas en el montaje para asegurar el éxito de una exposición. En mi opinión, las obras expuestas en la Sala Rekalde desde 1991 hasta la actualidad han ido *in crescendo*.

En los primeros años parecía tratarse de una exposición de trámite, el peaje que debía pagar respecto al arte local una sala que pretendía hacer un recorrido internacional. Sin embargo, poco a poco, el interés ha ido creciendo gracias a la profesionalización de los artistas y de la sala de exposiciones. Los cambios realizados en el concurso también han contribuido a ello gracias a la ampliación de la franja de edad de los participantes o a la presencia de otros recursos artísticos. La aceptación del vídeo benefició a la exposición, ya que antes observábamos una gran carencia en este aspecto en cuanto al arte que se realizaba en Bizkaia. Por otra parte, diría que el hecho de que cualquier persona joven inscrita en la Facultad de Bellas Artes, aun no siendo de Bizkaia, tenga la oportunidad de participar también ha beneficiado a la exposición. Pero (siempre hay algún *pero*) haberle dado importancia a la exposición también ha tenido efectos adversos, puesto que, por ejemplo, ha llevado a muchos artistas a presentar una obra que han concebido para que fuera exhibida en el *white cube*. La exposición parece haber dado lugar a ciertos dejes que han condicionado la producción (tanto respecto al tamaño como a las formas de realización). Ertibil nos muestra la profesionalidad de los jóvenes artistas, pero quizá haya perdido muchas otras cosas: la frescura, el sentido crítico o la posibilidad de cuestionar el propio dispositivo. Las bases del concurso también habrán contribuido a esto, ya que todavía no pueden presentarse performances o instalaciones, o cuando estas últimas resultan seleccionadas, deben adaptarse a la sala y al formato de exposición, teniendo en cuenta su carácter itinerante.

Por último, podríamos decir que las exposiciones organizadas por Ertibil en estos 40 años sirven para analizar los cambios que ha experimentado el arte y, al mismo tiempo, han sido un excelente curso para darse cuenta de que también han cambiado las formas de socialización.

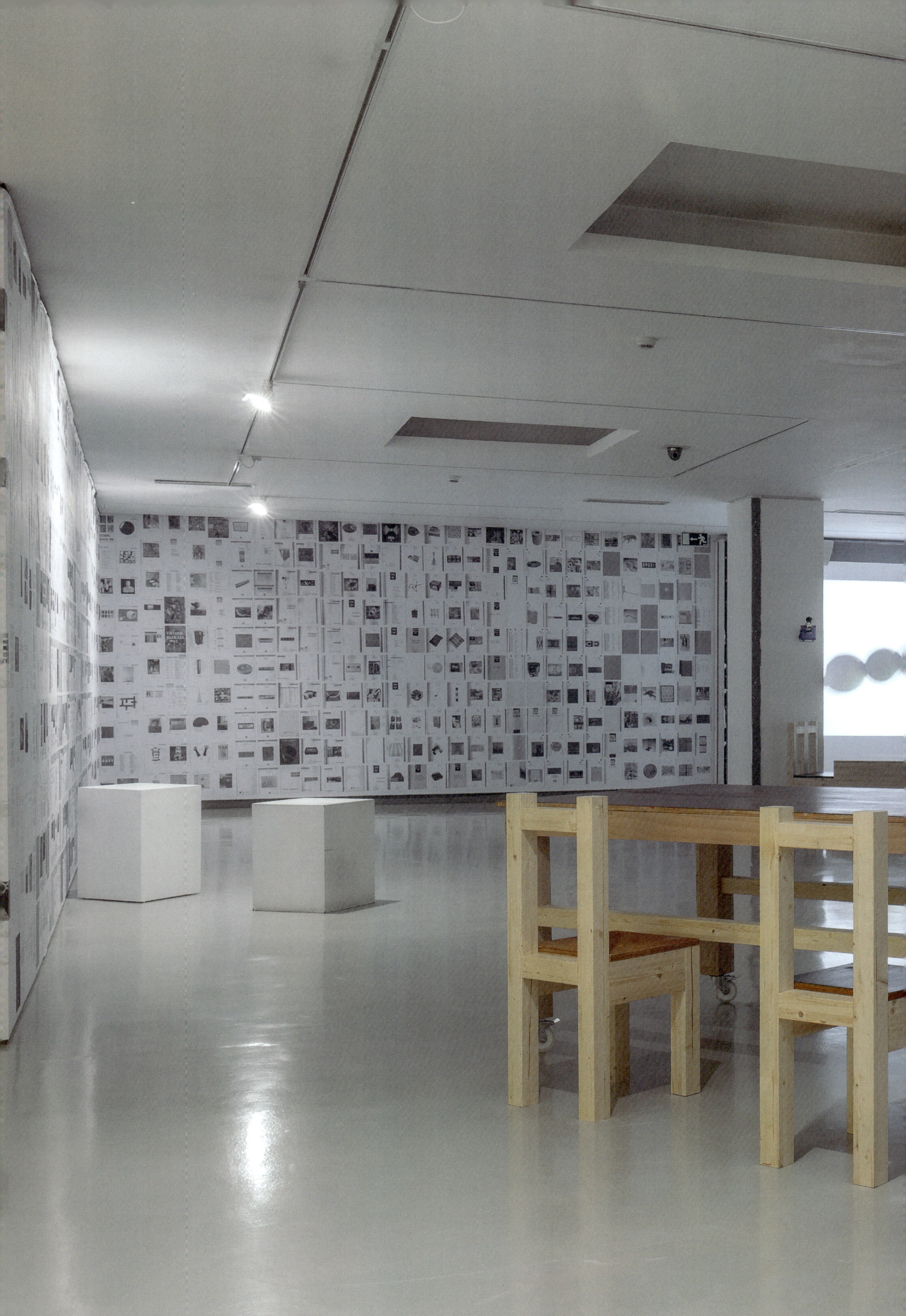

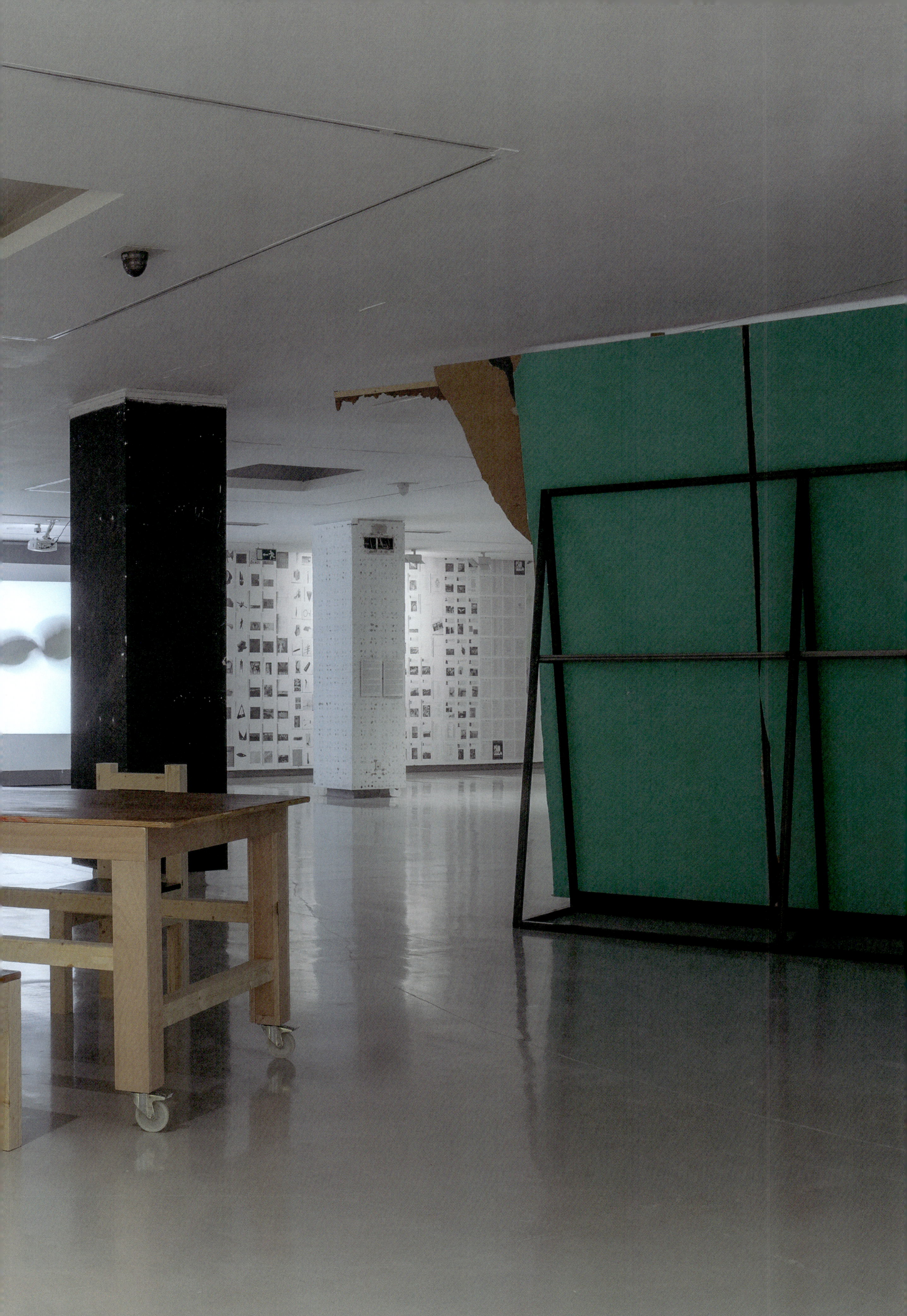

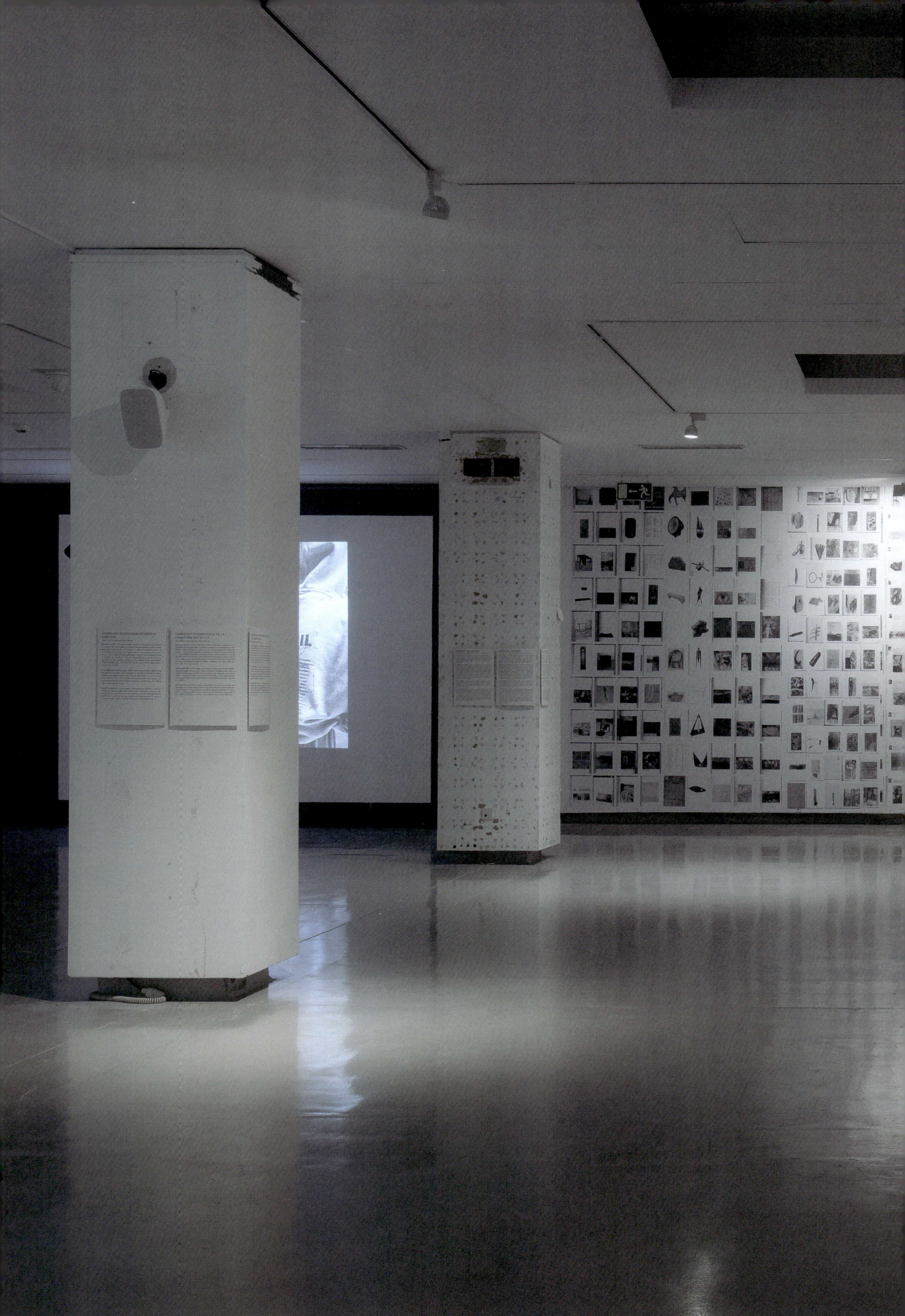

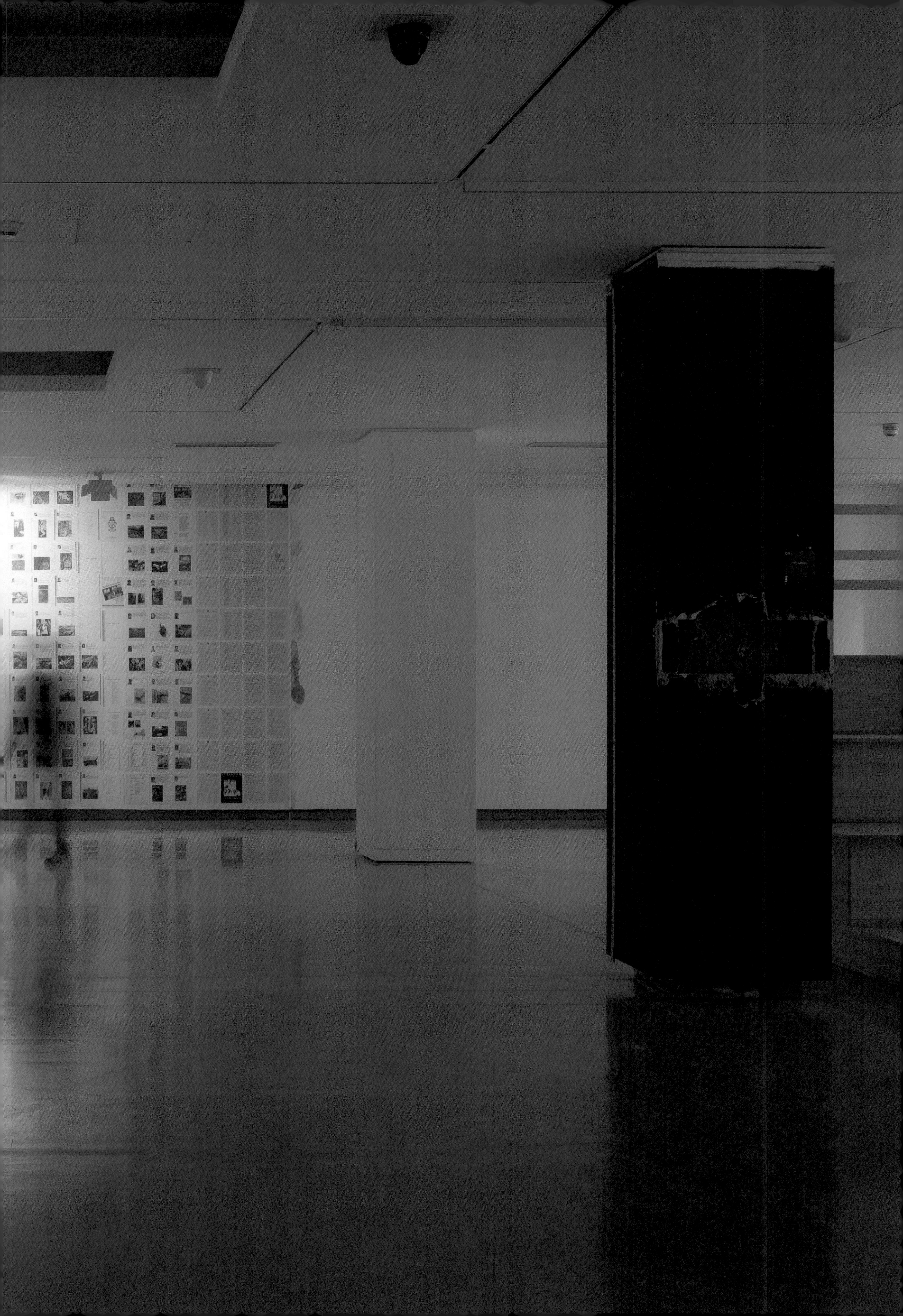

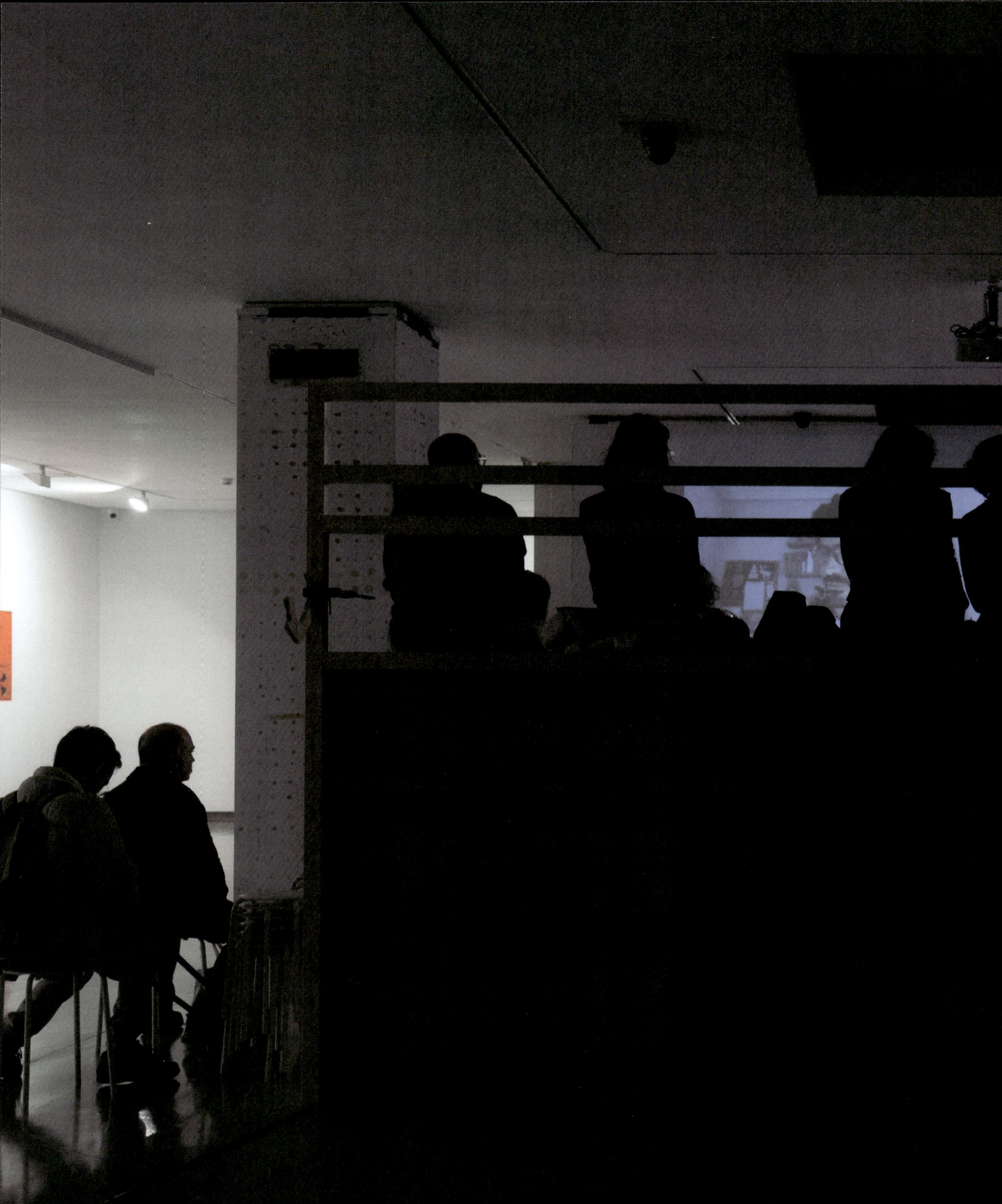

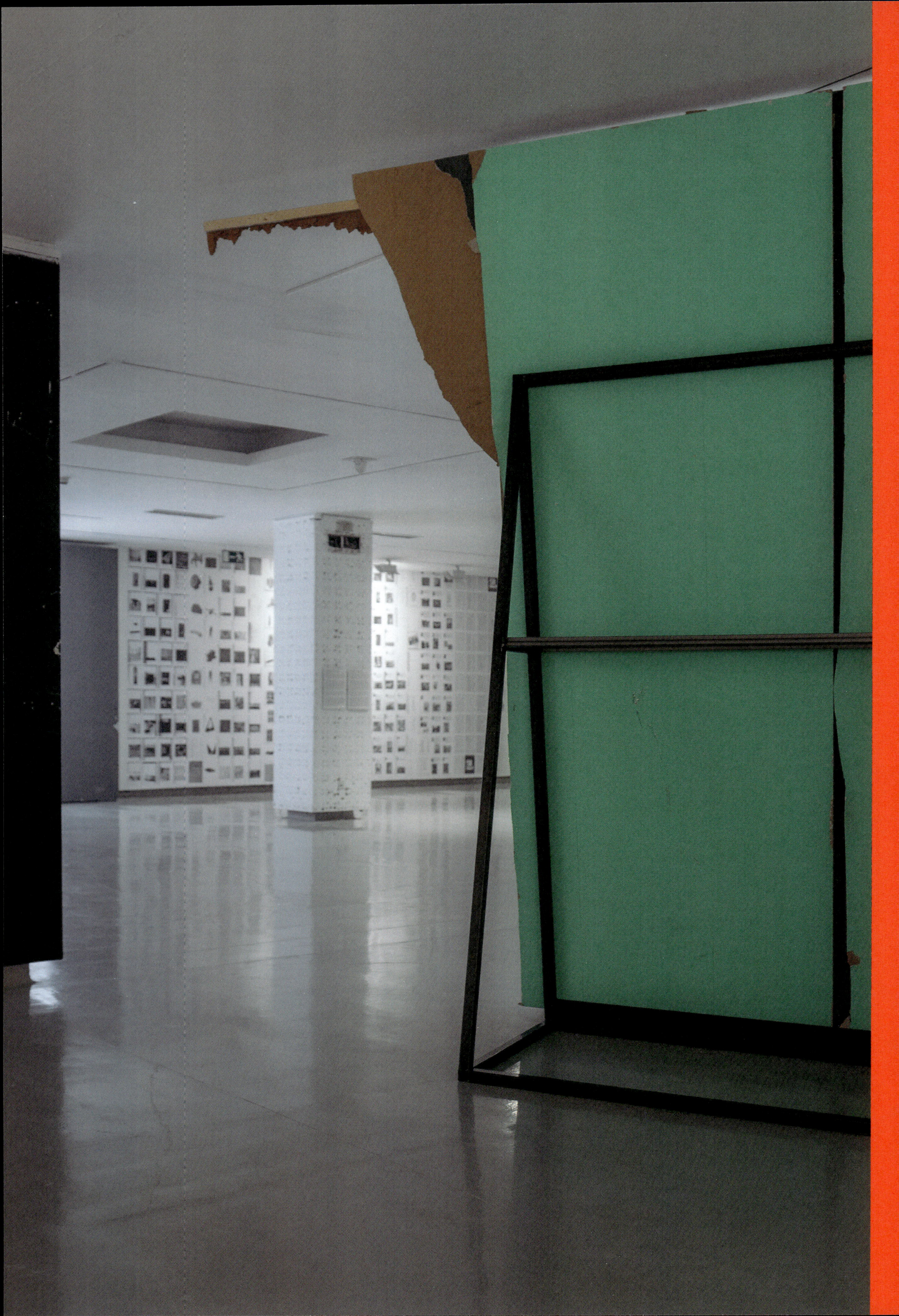

158

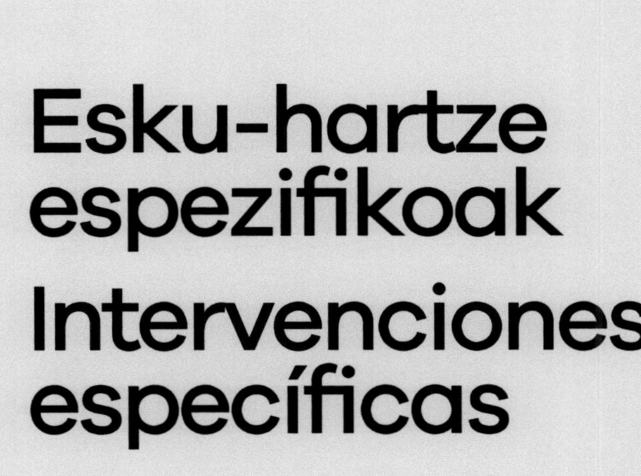

Esku-hartze espezifikoak
Intervenciones específicas

ALAIN URRUTIA
LIDE BILLELABEITIA
KARLOS MARTÍNEZ
JONE ELORRIAGA
NORA AURREKOETXEA
SUSANA TALAYERO

ERTIBIL 40 ERTIBIL BIZKAIA ERTIBIL 40 ERTIBIL BIZKAIA ERTIBIL 40

ALAIN URRUTIA

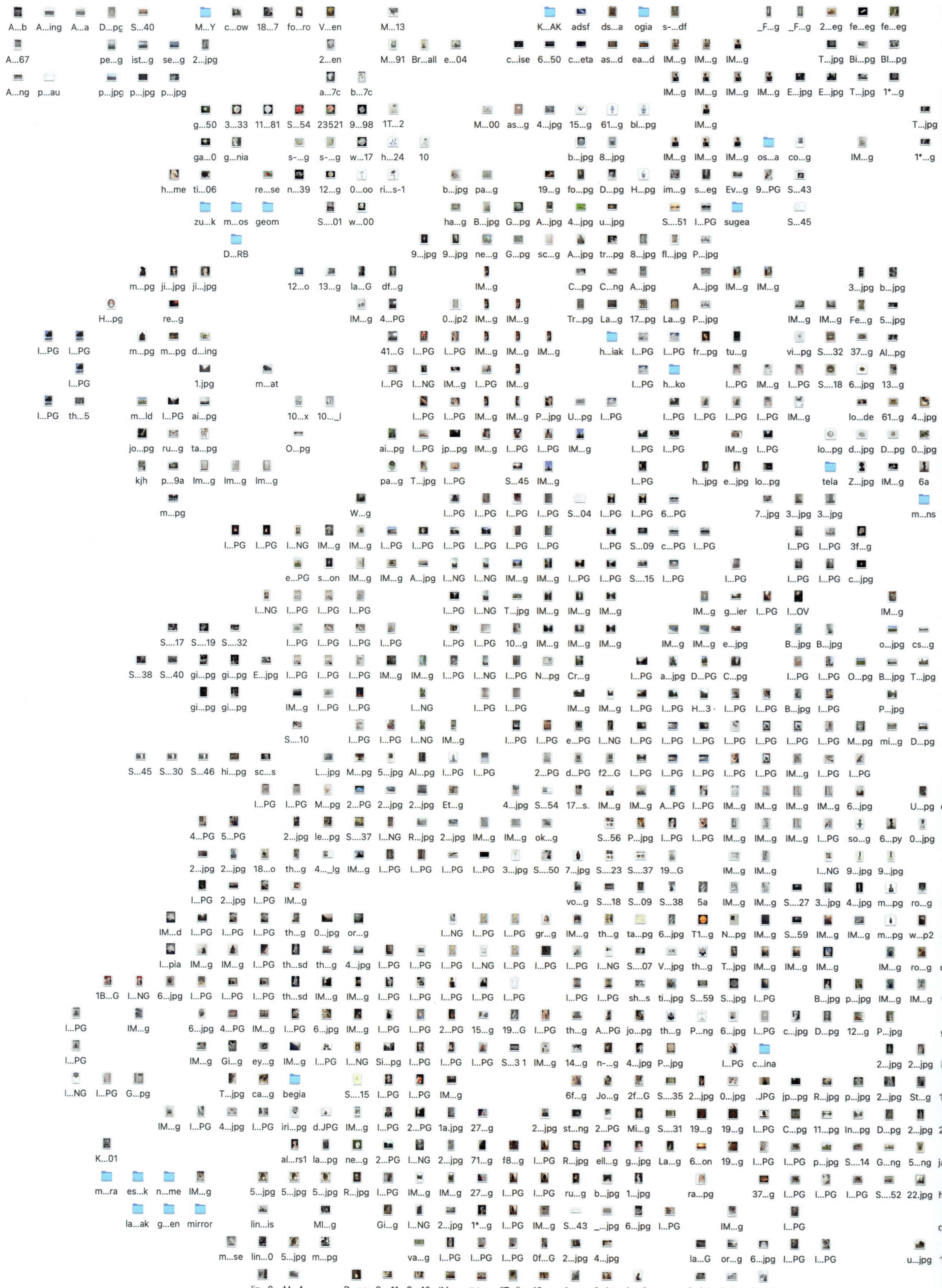

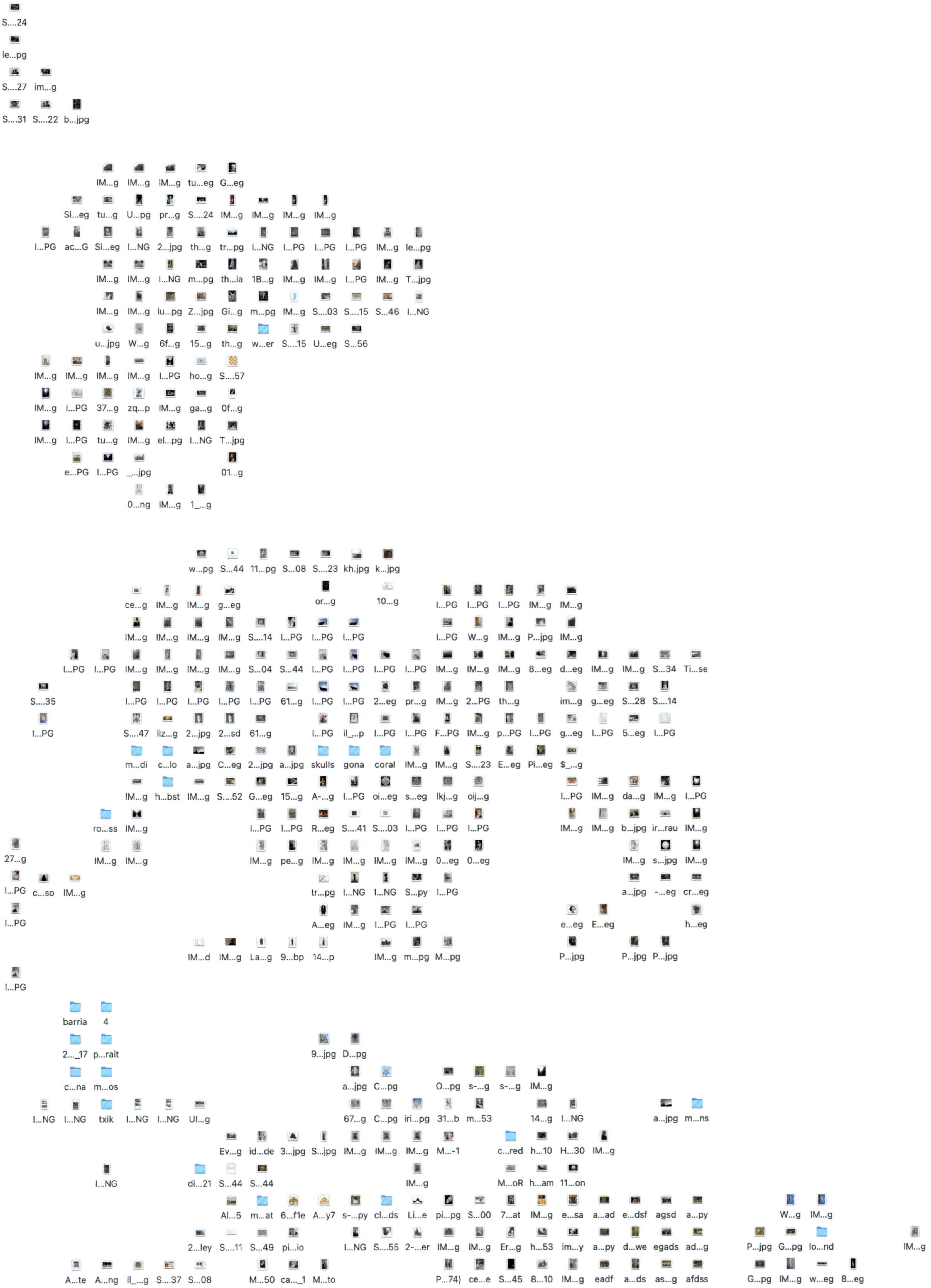

S....24
le...pg
S....27 im...g
S....31 S....22 b...jpg

IM...g IM...g IM...g tu...eg G...eg
Sl...eg tu...g U...pg pr...g S....24 IM...g IM...g IM...g IM...g
I...PG ac...G Sl...eg I...NG 2...jpg th...g tr...pg I...NG I...PG I...PG I...PG IM...g le...pg
IM...g IM...g I...NG m...pg th...ia 1B...g IM...g IM...g I...PG IM...g T...jpg
IM...g IM...g lu...pg Z...jpg Gi...g m...pg IM...g S....03 S....15 S...46 I...NG
u...jpg W...g 6f...g 15...g th...g w...er S....15 U...eg S...56
IM...g IM...g IM...g IM...g I...PG ho...g S....57
IM...g I...PG 37...g zq...p IM...g ga...g 0f...g
IM...g I...PG tu...g IM...g el...pg I...NG T...jpg
e...PG I...PG _...jpg 01...g
0...ng IM...g 1_...g

w...pg S...44 11...pg S...08 S....23 kh.jpg k...jpg
ce...g IM...g IM...g g...eg or...g 10...g I...PG I...PG I...PG IM...g IM...g
IM...g IM...g IM...g IM...g S....14 I...PG I...PG I...PG I...PG W...g IM...g P...jpg IM...g
I...PG I...PG IM...g IM...g IM...g IM...g S...04 S...44 I...PG I...PG I...PG I...PG IM...g IM...g IM...g 8...eg d...eg IM...g IM...g S...34 Ti...se
S....35 I...PG I...PG I...PG I...PG I...PG 61...g I...PG I...PG 2...eg pr...g IM...g 2...PG th...g im...g g...eg S...28 S....14
I...PG S....47 liz...g 2...jpg 2...sd 61...g I...PG il_...p I...PG I...PG F...PG IM...g p...PG I...PG g...eg I...PG 5...eg I...PG
m...di c...lo a...jpg C...eg 2...jpg a...jpg skulls gona coral IM...g IM...g S....23 E...eg Pi...eg $_...g
IM...g h...bst IM...g S...52 G...eg 15...g A-...g I...PG oi...eg s...eg lkj...g oij...g I...PG IM...g da...g IM...g I...PG
ro...ss IM...g I...PG I...PG R...eg S....41 S....03 I...PG I...PG I...PG IM...g IM...g b...jpg ir...rau IM...g
27...g IM...g IM...g IM...g pe...g IM...g IM...g IM...g IM...g 0...eg 0...eg IM...g s...jpg IM...g
I...PG c...so IM...g tr...pg I...NG I...NG S...py I...PG a...jpg -...eg cr...eg
I...PG A...eg IM...g I...PG I...PG e...eg E...eg h...eg
IM...d IM...g La...g 9...bp 14...p IM...g m...pg M...pg P...jpg P...jpg P...jpg
I...PG

barria 4
2..._17 p...rait 9...jpg D...pg
c...na m...os a...jpg C...pg O...pg s-...g s-...g IM...g
I...NG I...NG txik I...NG I...NG Ul...g 67...g C...pg iri...pg 31...b m...53 14...g I...NG a...jpg m...ns
Ev...g id...de 3...jpg S...jpg IM...g IM...g IM...g M...-1 c...red h...10 H...30 IM...g
I...NG di...21 S...44 S...44 IM...g M...oR h...am 11...on
Al...5 m...at 6...f1e A...y7 s-...py cl...ds Li...e pi...pg S...00 7...at IM...g e...sa a...ad e...dsf agsd a...py W...g IM...g
2...ley S....11 S...49 pi...io I...NG S....55 2-...er IM...g IM...g Er...g h...53 im...y a...py d...we egads ad...g P...jpg G...pg lo...nd IM...g
A...te A...ng il_...g S...37 S...08 M...50 ca..._1 M...to P...74) ce...e S...45 8...10 IM...g eadf a...ds as...g afdss G...pg IM...g w...eg 8...eg

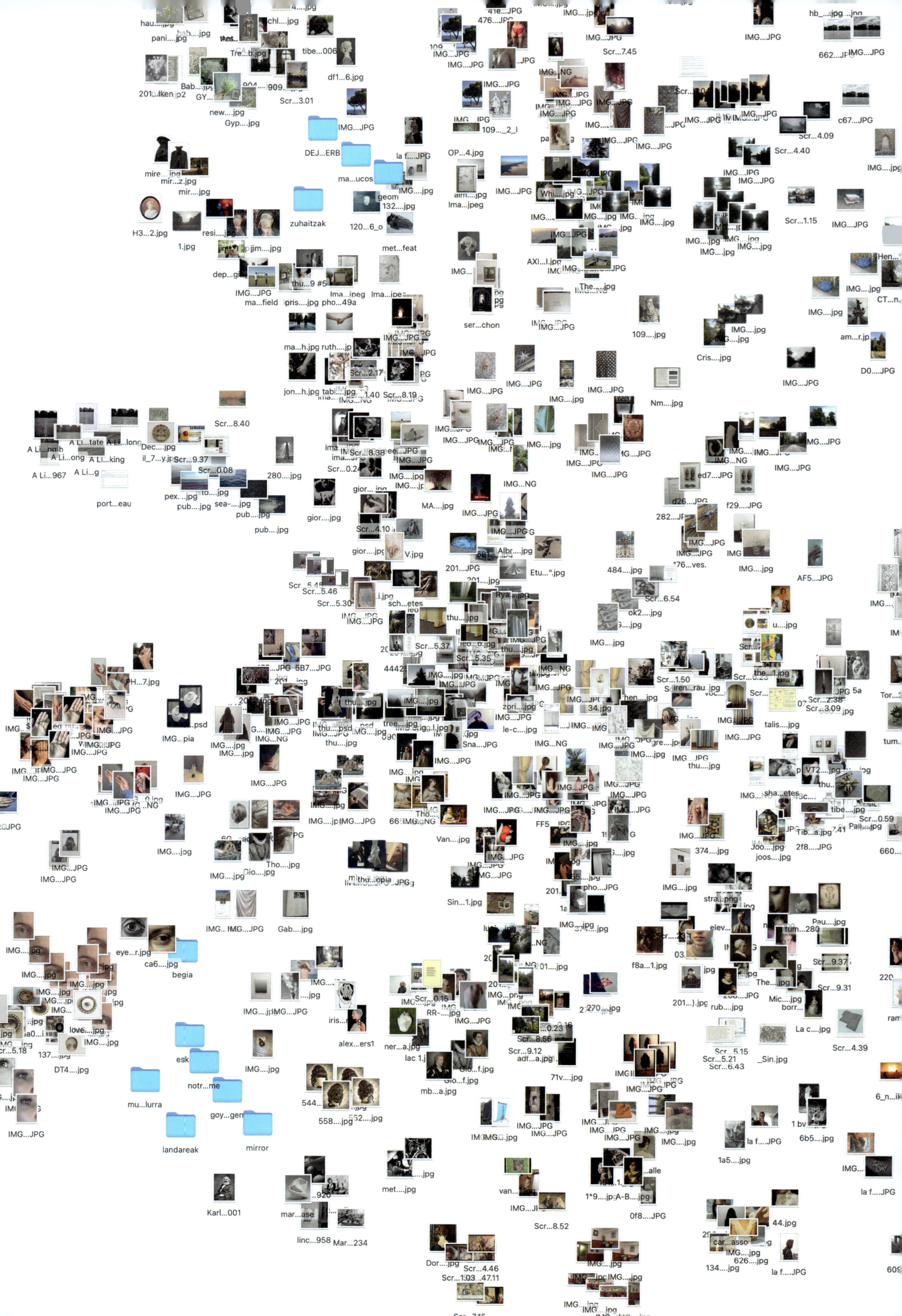

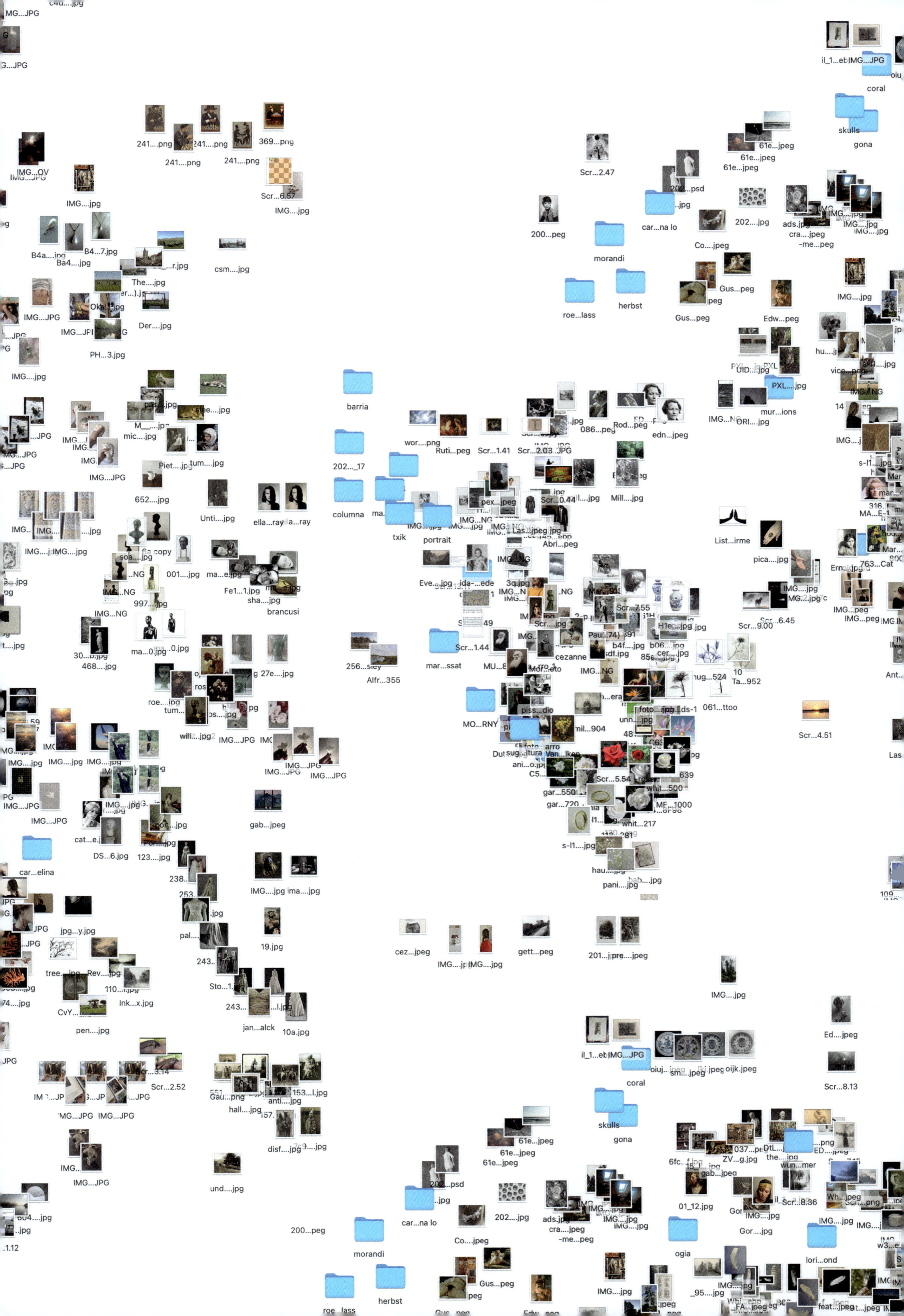

IMG...JPG

il_1...eb IMG...JPG

coral

skulls

gona

241....png 241....png 369...png

241....png 241....png

IMG...OV

Scr...6.57

IMG....jpg

Scr...2.47

61e...jpeg

61e...jpeg

61e...jpeg

202...psd

IMG....jpg

B4a....jpg B4...7.jpg

Ba4....jpg

csm....jpg

The....jpg

200...peg

morandi

car...na lo

Co....jpeg

202....jpg

ads.jpg

cra....jpeg

-me...peg

IMG...JPG

Der....jpg

PH...3.jpg

roe...lass

herbst

Gus...peg

Gus...peg

Edw...peg

IMG....jpg

IMG....jpg

barria

mur...ions

IMG...JPG

mic....jpg

IMG...JPG

tum....jpg

Piet....jpg

wor....png

Ruti...peg

Scr...1.41

Scr...2.03

086...peg

Rod...peg

edn...jpeg

202..._17

652....jpg

Unti....jpg

ella...ray

columna

txik

portrait

Abri...peg

Mill....jpg

List...irme

pica....jpg

IMG....jpg IMG....jpg

001....jpg

ma...e.jpg

Fe1...1.jpg

sha....jpg

brancusi

Eve....jpg

ida-...ede

3q.jpg

Scr...7.55

Scr...9.00

Scr...6.45

IMG...NG

997....jpg

468....jpg

ma...0.jpg

256...sley

Alfr...355

mar...ssat

Scr...1.44

cezanne

Pau...74)

b4f....jpg

b06....jpg

27e....jpg

roe....jpg

Mor...eto

MO...RNY

unn....jpg

mil...904

061...ttoo

Scr...4.51

Ta...952

IMG...JPG

IMG...JPG IMG...JPG

piss...dio

Scr...5.54

gar...550

gar...720

whit...500

whit...217

s-l1....jpg

hau....jpg

pani....jpg

gab...jpeg

cat...e.jpg

DS...6.jpg

123....jpg

car...elina

IMG....jpg ima....jpg

19.jpg

cez...jpeg

IMG....jpg IMG....jpg

gett...peg

201...jpg pre...jpeg

IMG....jpg

Ed....jpeg

pal....jpg

243...

Sto...1.jpg

Ink...x.jpg

pen....jpg

jan...alck

10a.jpg

il_1...eb IMG...JPG

coral

oiuj...jpeg sm...jpeg oijk.jpeg

Scr...8.13

Scr...3.14

Scr...2.52

Gau...png

hall....jpg

anti....jpg

153....l.jpg

disf....jpg

skulls

gona

61e...jpeg

61e...jpeg

61e...jpeg

202...psd

IMG...JPG

und....jpg

200...peg

car...na lo

morandi

202....jpg

ads.jpg

cra....jpeg

-me...peg

Co....jpeg

IMG....jpg

01_12.jpg

ZV...g.jpg

gab...jpeg

Gor....jpg

ogia

lori...ond

roe...lass

herbst

Gus...peg

IMG....jpg

95....jpg

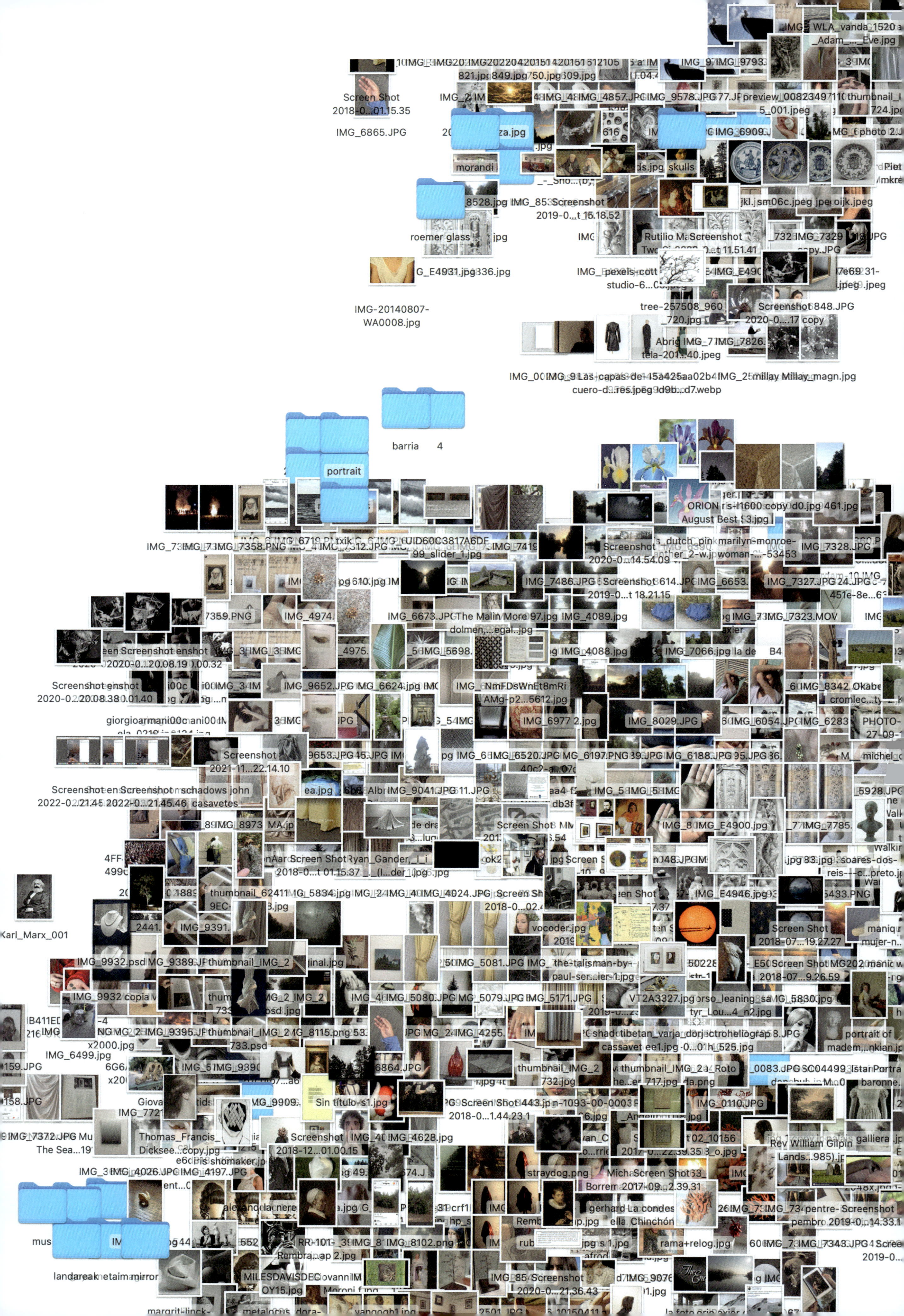

IMG WLA_vanda_1520 a
Adam..._Eve.jpg

Screen Shot
2018-0...01.15.35

IMG_6865.JPG

821.jpg 849.jpg 750.jpg 609.jpg

IMG_4857.JPG IMG_9578.JPG 77.JPG preview_00823497 thumbnail_I
5_001.jpeg 724.jpg

za.jpg IMG_6909. IMG photo 2.J

morandi ds.jpg skulls Piet

8528.jpg IMG_85 Screenshot jkl.jpg m06c.jpeg jpe oijk.jpeg
2019-0...t 15.18.52

roemer glass jpg Rutilio Ma Screenshot 732 IMG_7329 JPG
t 11.51.41 copy.JPG

G_E4931.jpg 836.jpg IMG pexels-cott IMG_E490 7e69 31-
studio-6...C jpeg jpeg

IMG-20140807-
WA0008.jpg

tree-257508_960 Screenshot 848.JPG
_720.jpg 2020-0....17 copy

Abrig IMG_7 IMG_7826.
tela-201...40.jpeg

IMG_00 IMG_9 Las-capas-de- 45a425aa02b4 IMG_25 millay Millay_magn.jpg
cuero-d...res.jpeg 9d9b...d7.webp

barria 4

portrait

ORION 1600 copy d0.jpg 461.jpg
August Best 3.jpg

IMG_7 IMG_7358.PNG IMG_6719 txik IMG_UID60C3817A6DF IMG_7419
99_slider_1.jpg

Screenshot dutch_pink marilyn-monroe- IMG_7328.JPG
2020-0...14.54.09 woman-...-53453

pg 610.jpg IMG_7486.JPG Screenshot 614.JPG IMG_6653. IMG_7327.JPG 24.JPG
2019-0...t 18.21.15 451e-8e...6

7359.PNG IMG_4974. IMG_6673.JPG The Malin More 97.jpg IMG_4089.jpg IMG_7 IMG_7323.MOV
dolmen,...egal..jpg

Screenshot enshot 4975. 5 IMG_5698. IMG_4088.jpg IMG_7066.jpg la de B4
2020-0...20.08.19 0.00.32

Screenshot enshot i00c i00 IMG_3 IMG_9652.JPG IMG_6624.jpg IMG IMG_NmFDsWnEt8mRi 6 IMG_8342 Okabe
2020-0...20.08.38 0.01.40 AMg-p2...5612.jpg cromlec...

giorgioarmani00 armani00 IMG_6977 2.jpg IMG_8029.JPG IMG_6054.JPG IMG_6283 PHOTO-
27-09-1

Screenshot 9653.JPG 45.JPG IMG pg IMG_6 IMG_6520.JPG IMG_6197.PNG 39.JPG IMG_6188.JPG 95.JPG 36. michel
2021-11...22.14.10 40c2-a...07c

Screenshot en Screenshot schadows john ea.jpg 668 Albi IMG_9041.JPG 11.JPG IMG_5 IMG_5 IMG 5928.JPG
2022-0...21.45 2022-0...21.45.46 casavetes

IMG_89 IMG_8973 MA.jp Screen Shot IMG_8 IMG_E4900.jpg IMG_7785.
201 5.54

4FF Aar Screen Shot Ryan_Gander,_I_i 048.JPG jpg 83.jpg soares-dos-
499 2018-0...t 01.15.37 (I...der_1.jpg reis-...-preto.jp

Karl_Marx_001

1889 thumbnail_62411 IMG_5834.jpg IMG_2 IMG_4 IMG_4024.JPG Screen Sh IMG_E4946.jpg 5433.PNG
9EC- 3.jpg 2018-0...02.

2441. IMG_9391. vocoder.jpg Screen Shot maniqu
2019 2018-07...19.27.27 mujer-n...

IMG_9932.psd IMG_9389.JPG thumbnail_IMG_2 inal.jpg 5 IMG_5081.JPG IMG the-talisman-by- 50228 Screen Shot IMG 202
paul-ser...ier-1.jpg 2018-07...9.26.59

IMG_9932 copia thum IMG_2 IMG_2 IMG_4 IMG_5080.JPG IMG_5079.JPG IMG_5171.JPG VT2A3327.jpg orso_leaning sa IMG_5830.jpg
733 psd.jpg tyr_Lou...4_n2.jpg

B411ED IMG IMG_2 IMG_9395.JPG thumbnail_IMG_2 IMG_8115.png 53. IMG_2 IMG_4255. shadc tibetan_varja_dorje ctroheliograp 8.JPG portrait of
x2000.jpg 733.psd cassavet ee1.jpg -0...01 h_525.jpg madem...nkian.jpg

IMG_6499.jpg

159.JPG IMG_5 IMG_9390 6864.JPG thumbnail_IMG_2 thumbnail_IMG_2 Roto 0083.JPG SC04499 Istar Portra
732.jpg 717.jpg a.png baronne

158.JPG IMG_772 IMG_9909. Sin título-s1.jpg Screen Shot 443.jpg n-1093-00-0003 IMG_0110.JPG
2018-0...1.44.23

IMG_7372.JPG Mu Thomas_Francis_ Screenshot IMG_4 IMG_4628.jpg 02_10156 Rev William Gilpin galliera
The Sea...19 Dicksee...copy.jpg 2018-12...01.00.15 2017-0...22.39.35 o.jpg Lands...985).jpg
e6c Iris shomaker.jpg

IMG_3 IMG_4026.JPG IMG_4197.JPG straydog.png Micha Screen Shot 33
Borrem 2017-09...2.39.31

aleandelacnere jpg 31 crf1 IMG gerhard La condes 26 IMG_7 IMG_73 pentre- Screenshot
Remb ella Chinchón pembro 2019-0...14.33.1

mus RR-101- 3 IMG_8 IMG_8102.png rub jpg s 1.jpg rama+relog.jpg 60 IMG_7 IMG_7343.JPG 4 Scree
Rembra...ap 2.jpg 2019-0...

landareak netaim mirror MILESDAVIS DEC ovann IMG IMG_85 Screenshot IMG_9076
OY15.jpg Moroni 2020-0...21.36.43

margrit-linck- metalrogs dora- vangogh1.jpg

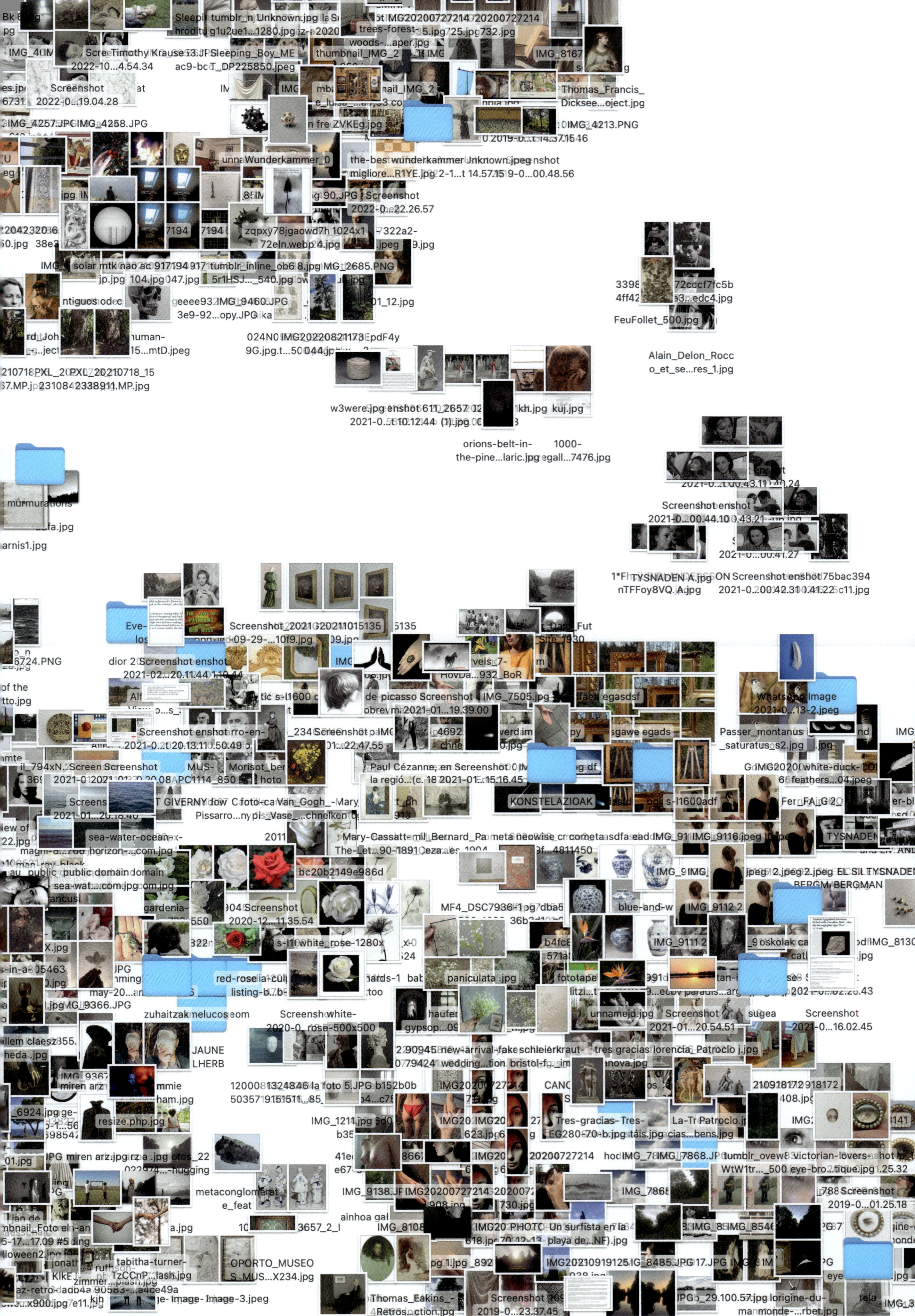
Thomas_Francis_
Dicksee...oject.jpg
IMG_4213.PNG
the-best
migliore...R1YE.jpg
FeuFollet_500.jpg
Alain_Delon_Rocc
o_et_se...res_1.jpg
orions-belt-in-
the-pine...laric.jpg
1000-
egall...7476.jpg
kuj.jpg
murmurations
arnis1.jpg
Passer_montanus
_saturatus_s2.jpg
KONSTELAZIOAK
de-picasso
IMG_7505.jpeg
paniculata .jpg
unnamejd.jpg
tres gracias
Patroclo j.jpg
sea-water-ocean
white_rose-1280x
red-rose
zuhaitzak
JAUNE
LHERB
resize.php.jpg
Tres-gracias-
OPORTO_MUSEO
tabitha-turner-
Thomas_Eakins_-
Retros...ction.jpg
metaconglomerat
e_feat
lorigine-du-
monde-...rbet.jpg
blue-and-w
fototape
Un surfista en la
playa de...NF).jpg

LIDE BILLELABEITIA

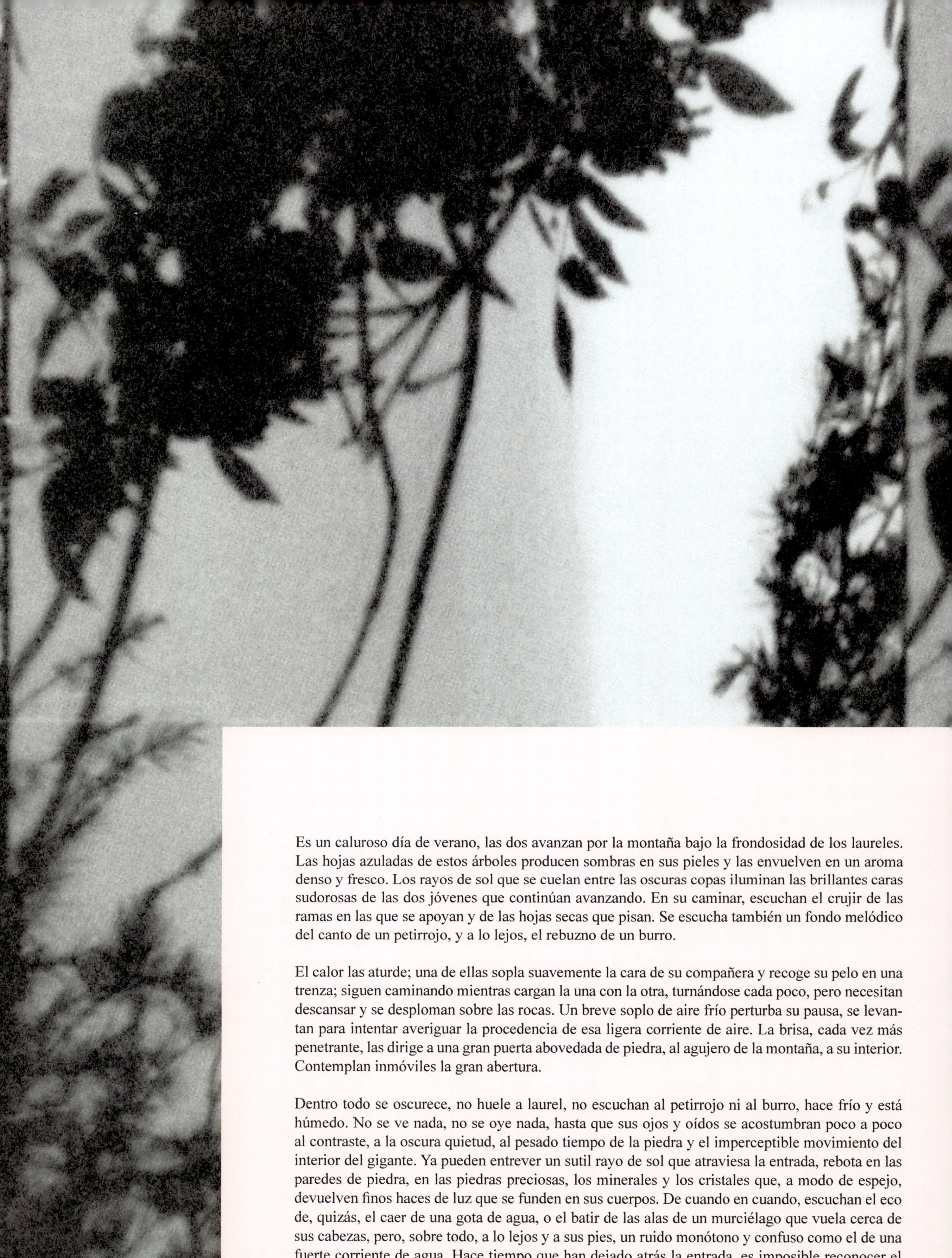

Es un caluroso día de verano, las dos avanzan por la montaña bajo la frondosidad de los laureles. Las hojas azuladas de estos árboles producen sombras en sus pieles y las envuelven en un aroma denso y fresco. Los rayos de sol que se cuelan entre las oscuras copas iluminan las brillantes caras sudorosas de las dos jóvenes que continúan avanzando. En su caminar, escuchan el crujir de las ramas en las que se apoyan y de las hojas secas que pisan. Se escucha también un fondo melódico del canto de un petirrojo, y a lo lejos, el rebuzno de un burro.

El calor las aturde; una de ellas sopla suavemente la cara de su compañera y recoge su pelo en una trenza; siguen caminando mientras cargan la una con la otra, turnándose cada poco, pero necesitan descansar y se desploman sobre las rocas. Un breve soplo de aire frío perturba su pausa, se levantan para intentar averiguar la procedencia de esa ligera corriente de aire. La brisa, cada vez más penetrante, las dirige a una gran puerta abovedada de piedra, al agujero de la montaña, a su interior. Contemplan inmóviles la gran abertura.

Dentro todo se oscurece, no huele a laurel, no escuchan al petirrojo ni al burro, hace frío y está húmedo. No se ve nada, no se oye nada, hasta que sus ojos y oídos se acostumbran poco a poco al contraste, a la oscura quietud, al pesado tiempo de la piedra y el imperceptible movimiento del interior del gigante. Ya pueden entrever un sutil rayo de sol que atraviesa la entrada, rebota en las paredes de piedra, en las piedras preciosas, los minerales y los cristales que, a modo de espejo, devuelven finos haces de luz que se funden en sus cuerpos. De cuando en cuando, escuchan el eco de, quizás, el caer de una gota de agua, o el batir de las alas de un murciélago que vuela cerca de sus cabezas, pero, sobre todo, a lo lejos y a sus pies, un ruido monótono y confuso como el de una fuerte corriente de agua. Hace tiempo que han dejado atrás la entrada, es imposible reconocer el camino, llevan mucho tiempo perdidas pero han dejado de ser conscientes de ello. A medida que avanzan, la piedra se va sustituyendo por barro, las brillantes estalactitas dan paso a otras más

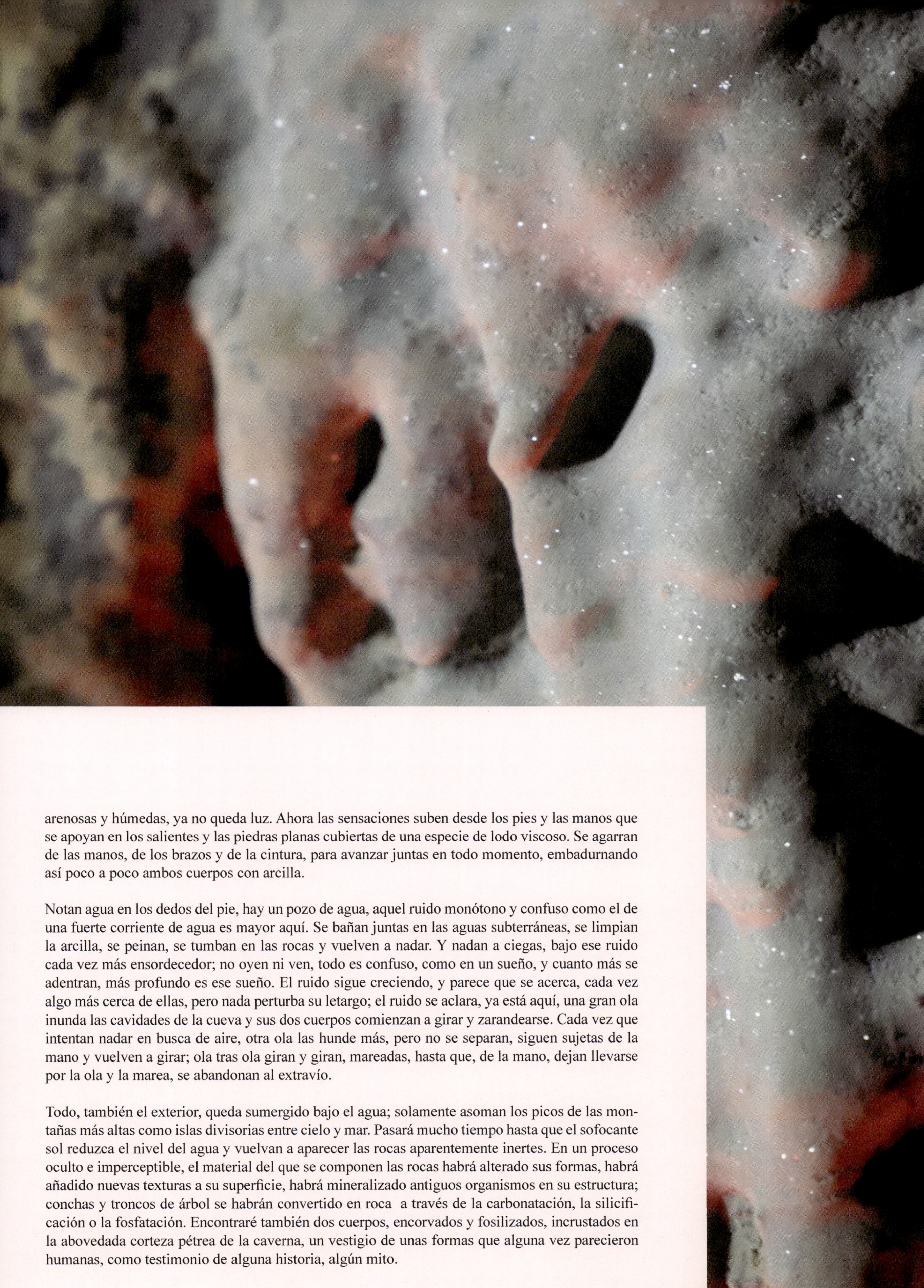

arenosas y húmedas, ya no queda luz. Ahora las sensaciones suben desde los pies y las manos que se apoyan en los salientes y las piedras planas cubiertas de una especie de lodo viscoso. Se agarran de las manos, de los brazos y de la cintura, para avanzar juntas en todo momento, embadurnando así poco a poco ambos cuerpos con arcilla.

Notan agua en los dedos del pie, hay un pozo de agua, aquel ruido monótono y confuso como el de una fuerte corriente de agua es mayor aquí. Se bañan juntas en las aguas subterráneas, se limpian la arcilla, se peinan, se tumban en las rocas y vuelven a nadar. Y nadan a ciegas, bajo ese ruido cada vez más ensordecedor; no oyen ni ven, todo es confuso, como en un sueño, y cuanto más se adentran, más profundo es ese sueño. El ruido sigue creciendo, y parece que se acerca, cada vez algo más cerca de ellas, pero nada perturba su letargo; el ruido se aclara, ya está aquí, una gran ola inunda las cavidades de la cueva y sus dos cuerpos comienzan a girar y zarandearse. Cada vez que intentan nadar en busca de aire, otra ola las hunde más, pero no se separan, siguen sujetas de la mano y vuelven a girar; ola tras ola giran y giran, mareadas, hasta que, de la mano, dejan llevarse por la ola y la marea, se abandonan al extravío.

Todo, también el exterior, queda sumergido bajo el agua; solamente asoman los picos de las montañas más altas como islas divisorias entre cielo y mar. Pasará mucho tiempo hasta que el sofocante sol reduzca el nivel del agua y vuelvan a aparecer las rocas aparentemente inertes. En un proceso oculto e imperceptible, el material del que se componen las rocas habrá alterado sus formas, habrá añadido nuevas texturas a su superficie, habrá mineralizado antiguos organismos en su estructura; conchas y troncos de árbol se habrán convertido en roca a través de la carbonatación, la silicificación o la fosfatación. Encontraré también dos cuerpos, encorvados y fosilizados, incrustados en la abovedada corteza pétrea de la caverna, un vestigio de unas formas que alguna vez parecieron humanas, como testimonio de alguna historia, algún mito.

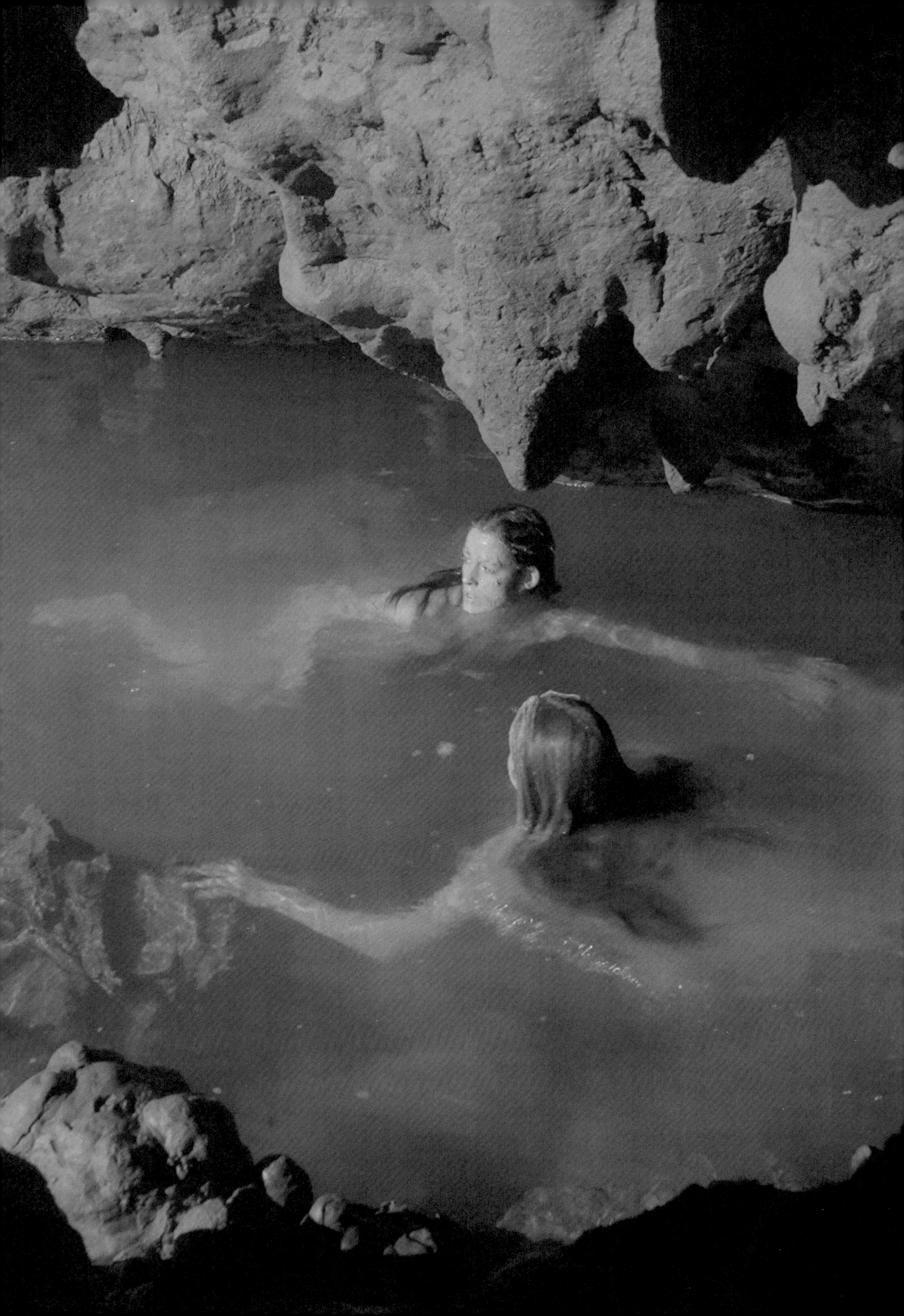

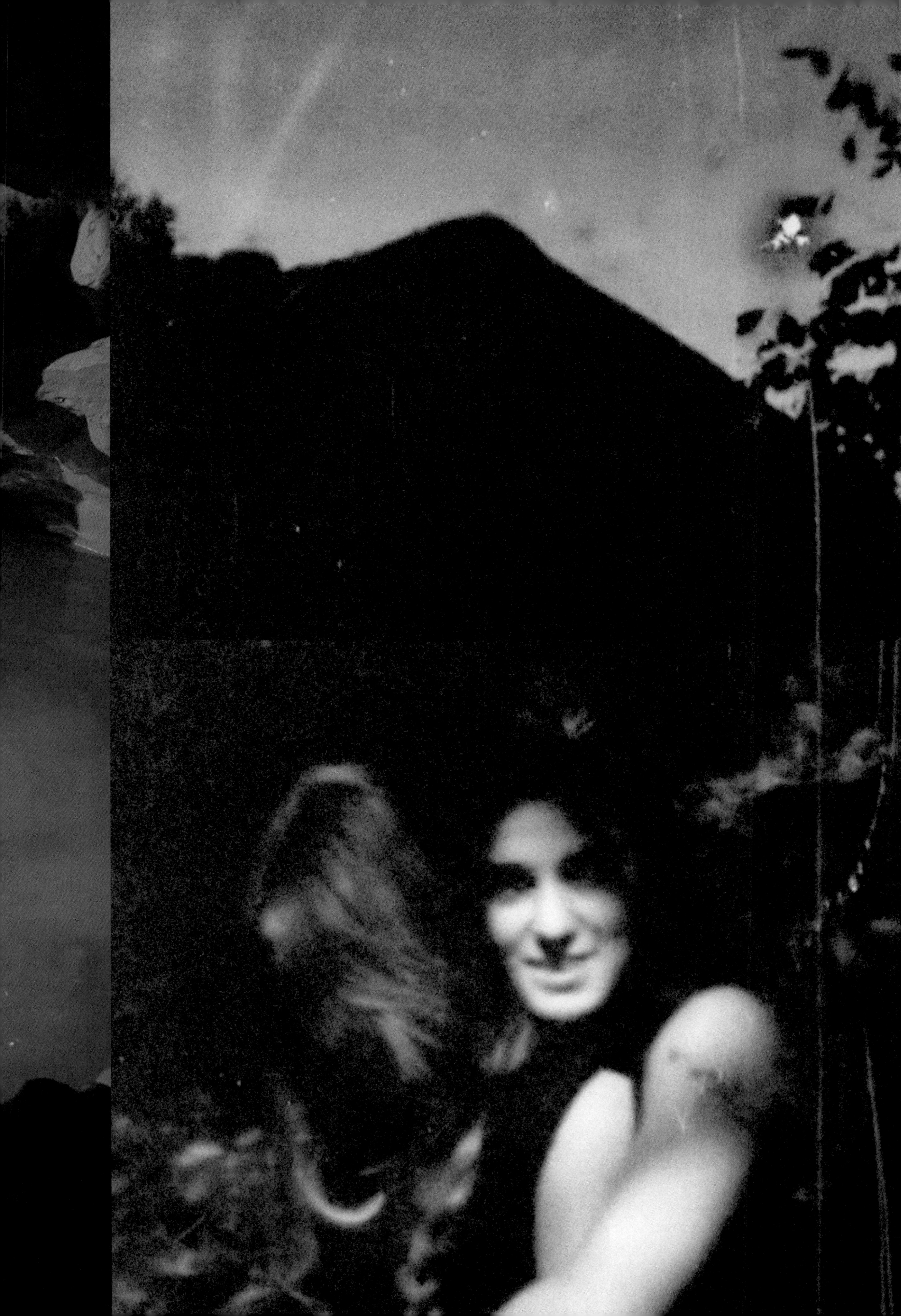

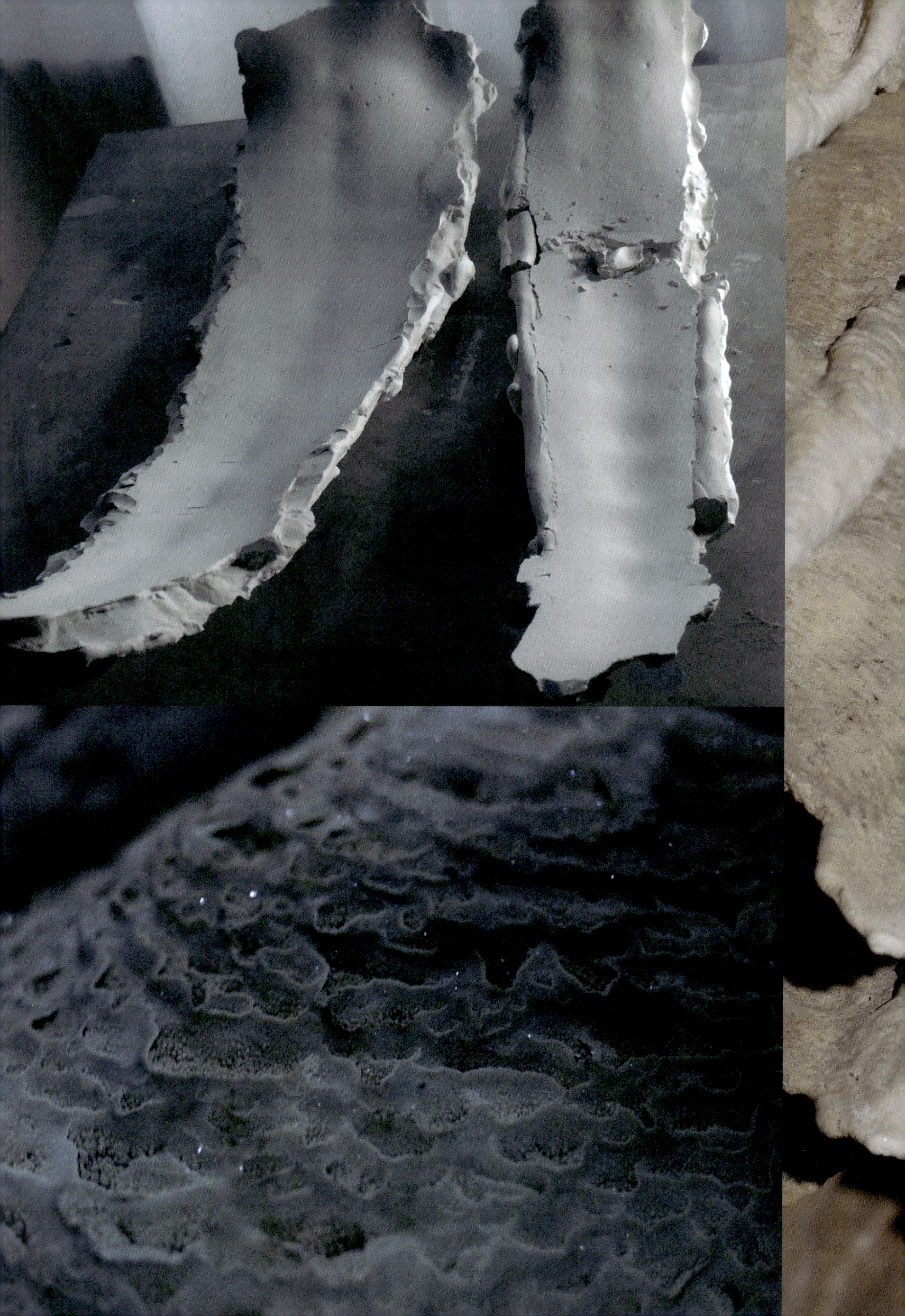

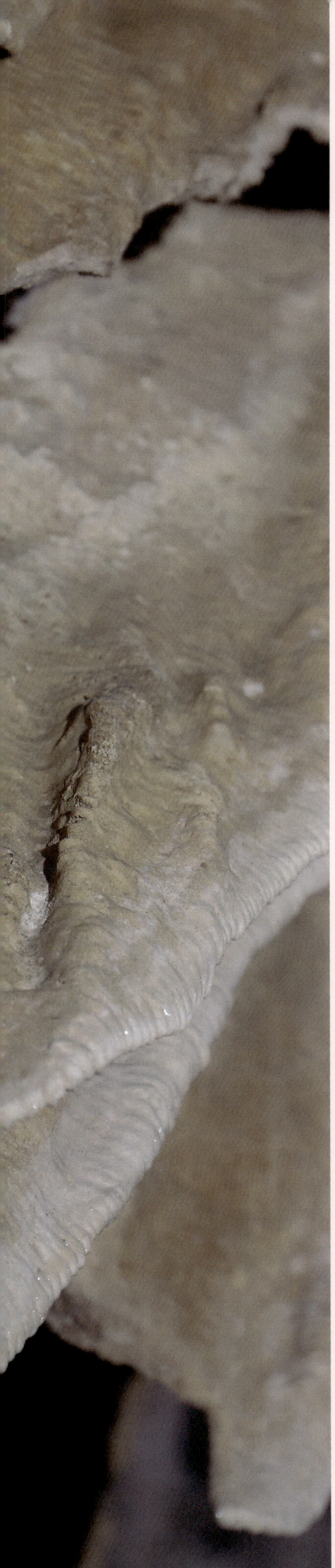

* Estoy observando lentamente el grupo de imágenes que guardo en la carpeta "koba". Una por una, intentando hacer una selección, emparejándolas o relacionándolas por grupos. Sigo pulsando la flecha derecha y avanzando en la carpeta, las imágenes se superponen una tras otra en una continuidad cinética. La repetición de dos personajes avanzando entre la densa vegetación, las superficies viscosas, las brillantes formaciones rocosas, las aguas subterráneas...[1] Las imágenes me arrastran hacia el deseo de relatar sensaciones y experiencias. La misteriosa oscuridad, el dilatado tiempo de la cueva y las imágenes de aquellos días, archivadas en esta carpeta, me hacen pensar e imaginar. Reflexiono sobre la capacidad de la naturaleza para hacernos imaginar, construir historias, mitos y leyendas. Pienso en el concepto mismo de naturaleza y en las malas traducciones en las que ha derivado a través de nuestros procesos de mitificación.[2]

** Quiero encarnar un relato[3] en estas imágenes; sé que hay algo que las une, hay algo que une cada experiencia y cada forma. Intento alejarme del carácter fabuloso del mito y despojarme de interpretaciones o traducciones predispuestas, o quizás no, quizás aprovecho eso que digo desechar.[4] Las imágenes y sonidos que ahora reviso están en un terreno intermedio, un *intervalo* entre el ello y nosotras, entre la cosa (que aun no sabemos o podemos llamar objeto) y los seres (más allá de sus representaciones). Entiendo que esta exploración del material en sí misma desprende una idea de *estructura* en el hacer, una forma de hacer.

*** Se trata de un *montaje* de revisión, reflexión y escritura. Escribo para intentar situarme y comprender qué es para mí ese algo en cada imagen o grupo de imágenes; me siento perdida entre las carpetas de la pantalla del ordenador, y se me hace necesario, de nuevo, el trato con la materia física de los cuerpos, de las piedras, de los dispositivos de registro... Escribo también para intentar tropezar con ciertas señales como indicadores que guían a quien se encuentra perdida. Esta exploración entre materia, imágenes y texto parece ayudar a enfrentarme a lo indecible, a un no saber que desea conocer. Y en ese deseo noto que choco con los inconexos intereses que trae y se lleva la marea, pero me abandono a esa marea.

---

1 Roger Caillois, en su libro *Piedras*, se refiere así al *agua de las piedras*: «A veces un nódulo de ágata, de dimensiones modestas, si se sopesa, parece anormalmente ligero. Se sabe así que estaba hueco y tapizado de cristales. Si se sacude cerca de la oreja, sucede, aunque muy de tarde en tarde, que se escucha el sonido de un líquido que golpea las paredes. Sin duda, la habita el agua, prisionera en una cárcel de piedra desde el inicio del planeta. Surge el deseo de percibir esta agua anterior». Más adelante, en el capítulo III Metafísica; «Las cavernas procuran la imagen de la bóveda del cielo. Las estalactitas crecen al revés, son como campanas o ubres. Los Sabios maman de ellas la inmortalidad. Toda piedra que se desarrolla a la inversa al borde de los precipicios o de los salientes montañosos es preciosa. Se parece al murciélago colgado en las cuevas boca abajo. El murciélago es inmortal. (...) La nada del cielo se llama *vacío*, la nada de las montañas *caverna*, la nada del hombre *retirada*, habitación vacante de su morada o de su corazón. A los Cielos-Cavernas se entra agachándose, arrastrándose, empequeñeciéndose. Sólo quien sabe volverse microscópico, encuentra asilo o puede circular en ellos. (...) Es una cuestión de escala. Toda piedra es una montaña en potencia.»

2 En Oriente Próximo, la cueva, como una matriz, simboliza orígenes. Una leyenda turca cuenta que en las fronteras de China, en la Montaña Negra, las aguas inundaron una cueva y llevaron arcilla allí, que llenó un pozo con forma humana. La cueva sirvió de molde y después de nueve meses, bajo el efecto del calor solar, el molde cobra vida: es el primer hombre. Durante cuarenta años, vive solo y más adelante una nueva inundación da luz a un segundo ser humano. Esta vez la cocción queda incompleta; el ser imperfecto es la primera mujer.
El psicoanálisis explica la equivalencia simbólica de la mujer y los interiores como casa y cueva. En muchos cuentos, la virgen por conquistar vive en una cueva. Y la virgen cristiana estaba, en más de un lugar, asociada a la gruta o a la cripta.

3 Algo que arriesga una estructura, casi una explicación tal y como señalaba Jane Bennett en *Materia Vibrante*, aun siendo muy extraña y aun cuando los medios lingüísticos resulten inadecuados para la tarea.

4 Recuerdo que a principios de año visitamos la exposición de Laure Prouvost "En la profundidad el calor se fuga" donde a través del audiovisual se refería a la elasticidad del lenguaje y al alejamiento de las narrativas lineales tradicionales jugando a menudo con malas traducciones intencionadas que desbaratan las conexiones supuestas y habituales. Esto provocaba una constante discordancia entre lo que ocurría dentro de las pantallas y lo que estaba fuera, haciendo evidente una conciencia de presencia en nosotras, era una forma de sacarnos fuera, un extrañamiento del relato. De algún modo algo contrario al exceso de contenido e interpretación, sobre todo del psicoanalisis, que Susan Sontag desarrollaba en su texto "Contra la interpretación".

ERTIBIL 40 ERTIBIL BIZKAIA ERTIBIL 40 ERTIBIL BIZKAIA ERTIBIL 40

KARLOS MARTÍNEZ

KARLOS M.B.

Zebren larruazalak, besterik iruditu dezakeen arren, kolore biko ilajez estalita baitago, kolore bakarra du: beltza.

Sekuentzia honetan, sei irudiz osatutako erritmoa ezartzen da, artistak berreskuratu nahi izan duen patroi baten bazterkinari dagozkionak. Triangelu erako eitea da, orain dela zortzi urte Bilboko Rekalde Aretoan Ertibil 2014 Ikusizko Arteen Erakusketaren XXXII. edizioari atxikitako erakusketan erakusgai jarri zuen beste lan baten antzekoa. Argazki-filmaren gainean labanaz egindako ebaki zakar hartaz, Bizkaiko Foru Aldundiaren katalogoaren testuan honako hau idatzi zen: Karlos Martínez Bordoyk argitu du «proiektatutako eskultura» bat aurkeztu duela. Nonbait, eskulturaz hitz egin ahal izateko, argi dirudi espazioa bitarteko gisa hartu behar dela. Hormaren gainean proiektatzen den poligonoaren bidimentsionaltasun hutsak ezin du eskultura izateko asmorik izan, eta, beraz, pieza, batez ere, poligonoa oinarri duen argi-piramide ikusezinean funtsatu behar da. Bi ariketa formalek, bai 2014koak, bai hemen erakutsi ditugunak, ibilbidean zehar egindako hainbat lanetan interesgarriak diren zenbait gai bildu dituzte.

La piel de las cebras, a pesar de lo que pueda parecer, debido a que está recubierta de pelaje a rayas bicolor, tiene un único color: el negro.

En esta secuencia se marca un ritmo compuesto de seis imágenes que corresponden al descarte de un patrón que el artista ha decidido recuperar. Una forma triangular que se asemeja a otra que realizó ocho años atrás para una obra que se mostró en la exposición de la edición XXXII de la Muestra de Artes Visuales Ertibil 2014 en la Sala Rekalde de Bilbao. De aquel recorte burdo a navaja sobre película fotográfica se escribió en el texto del catálogo de la Diputación Foral de Bizkaia lo siguiente: Karlos Martínez Bordoy aclara que presenta una «escultura proyectada». Para que pueda hablarse de escultura en algún sentido, parece claro que debe considerarse el espacio como un medio. La pura bidimensionalidad del polígono que se proyecta sobre la pared no puede aspirar a la naturaleza escultórica, luego la pieza debe consistir más bien en la invisible pirámide de luz cuya base es dicho polígono". Ambos ejercicios formales, tanto el de 2014 como los que aquí se muestran, recogen algunas cuestiones de interés en varias obras realizadas a lo largo de su carrera.

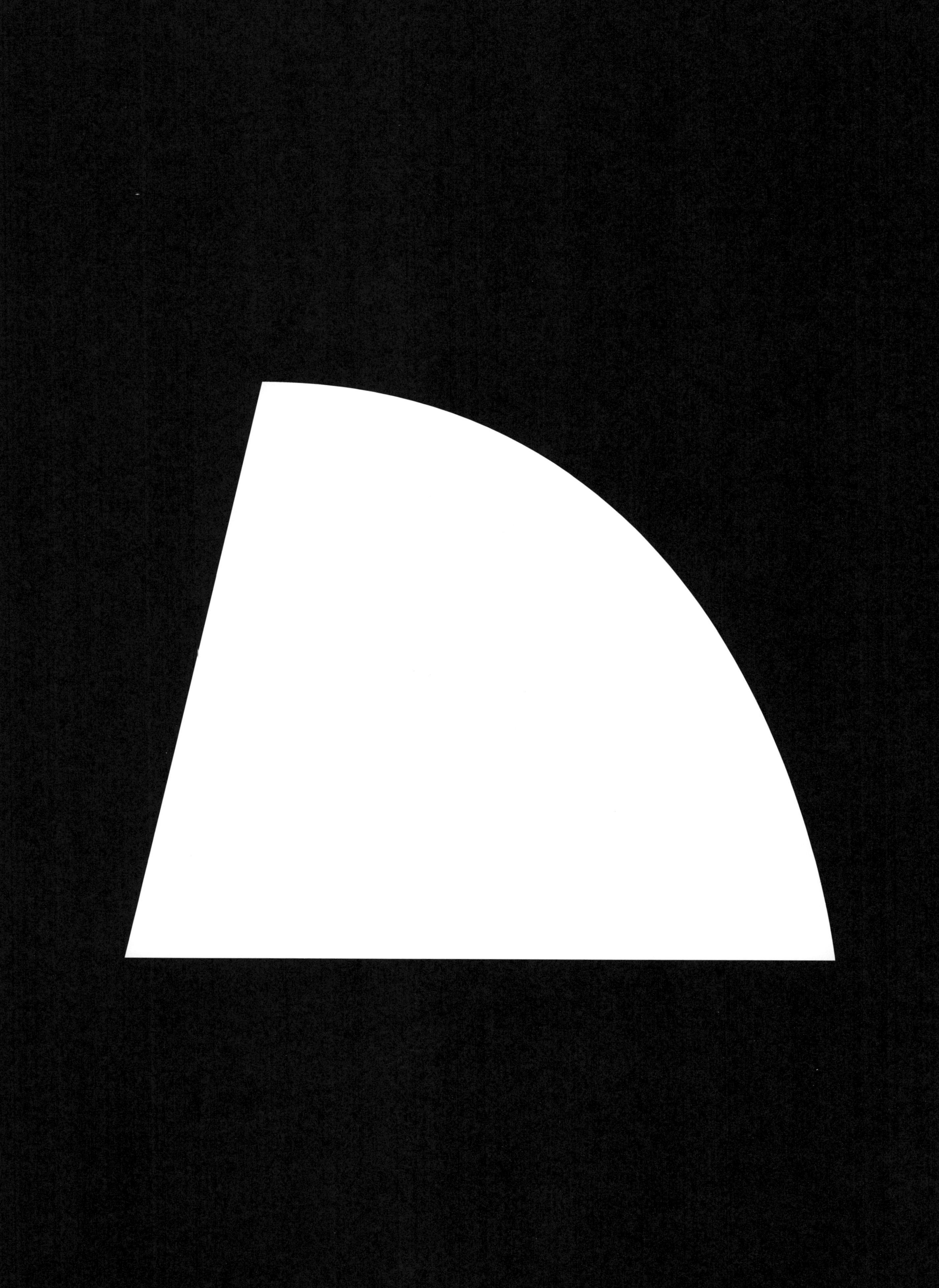

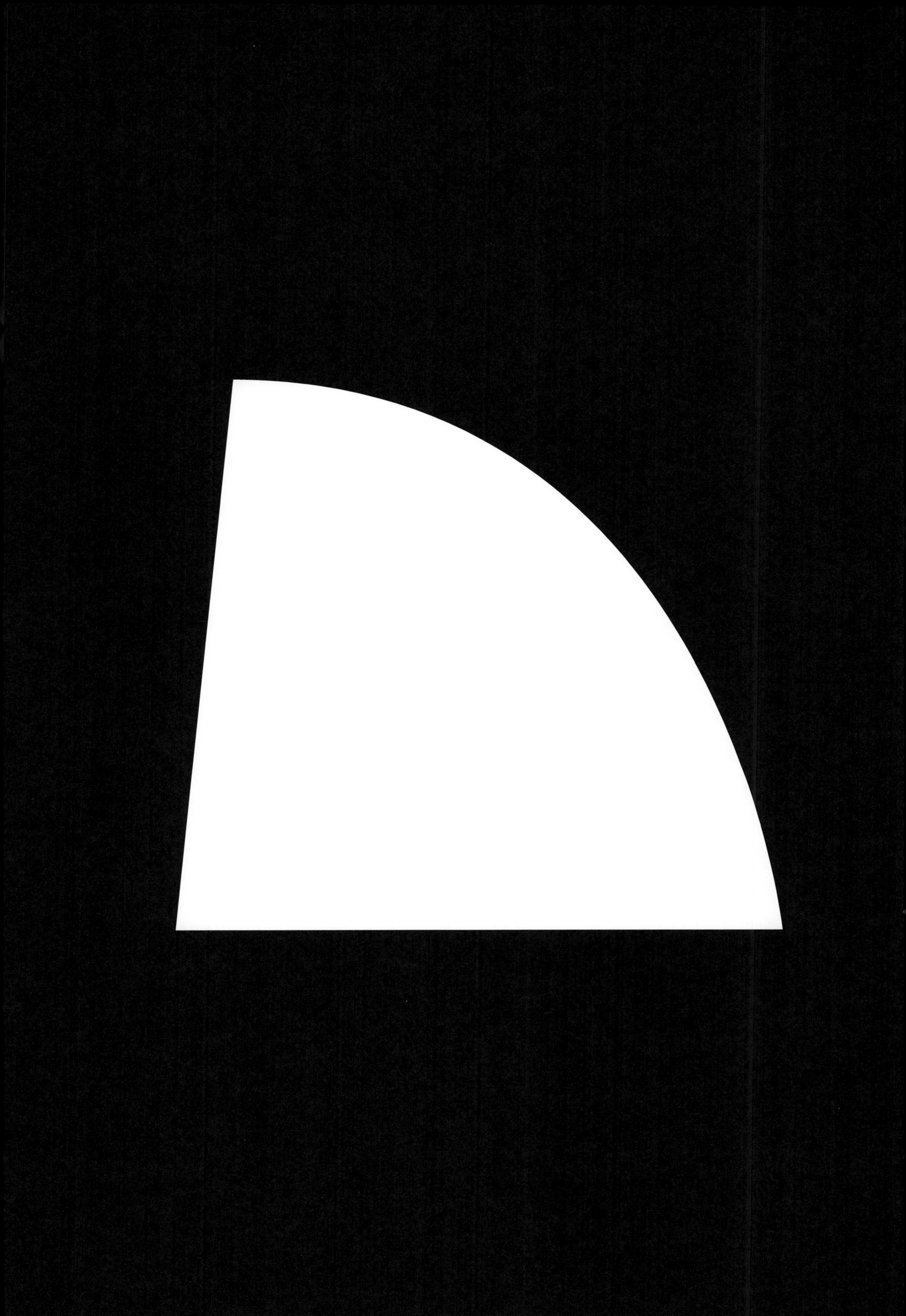

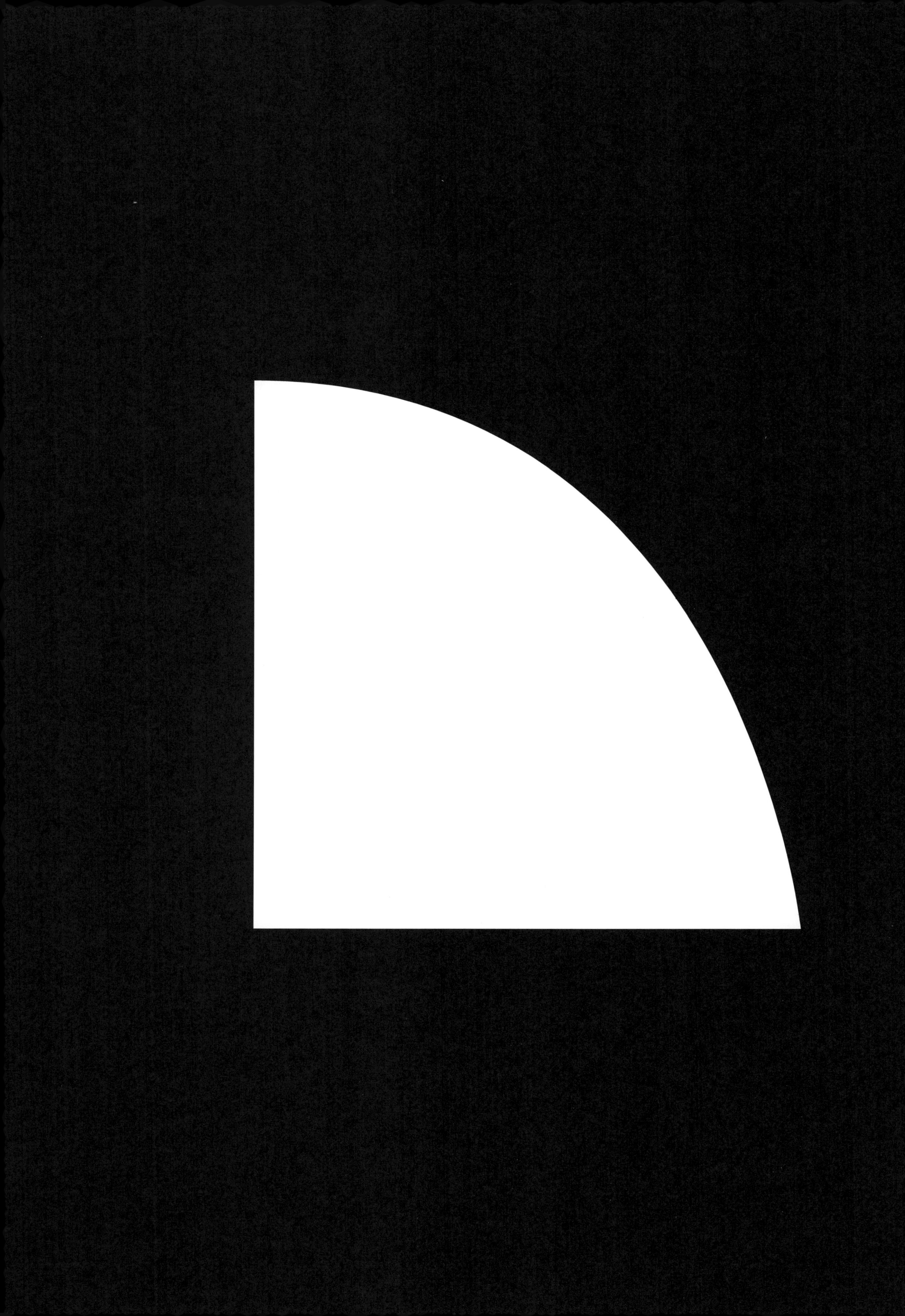

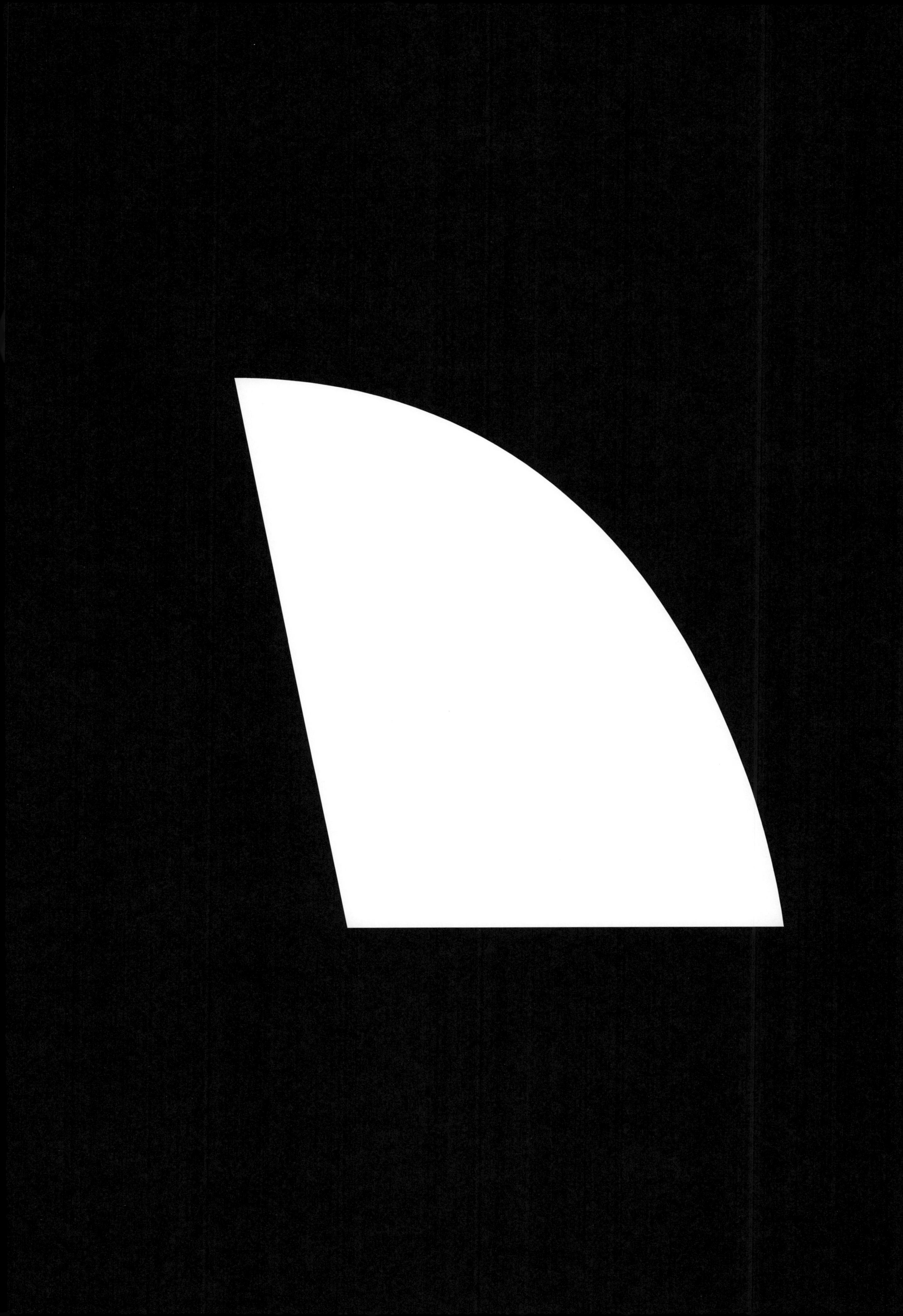

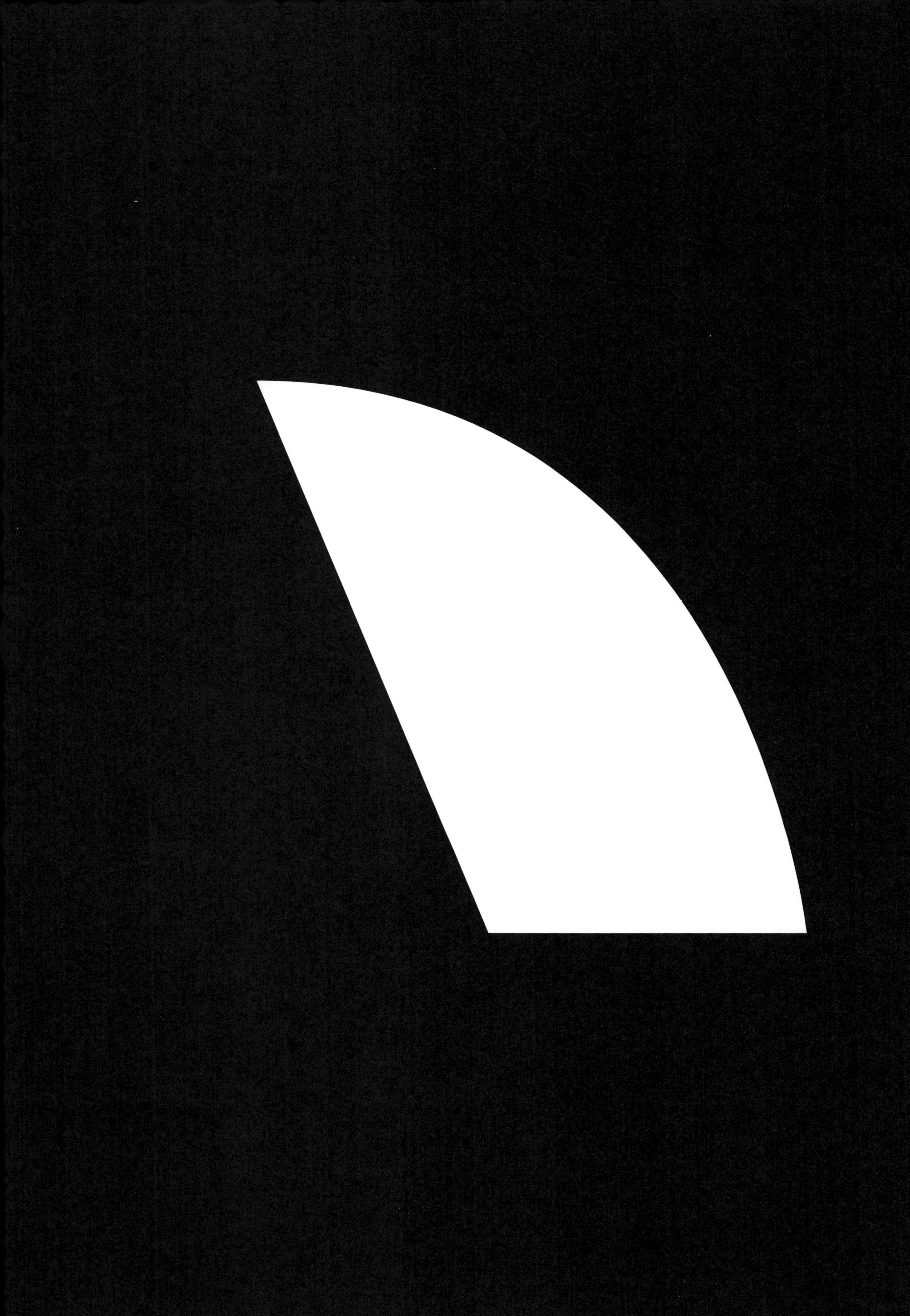

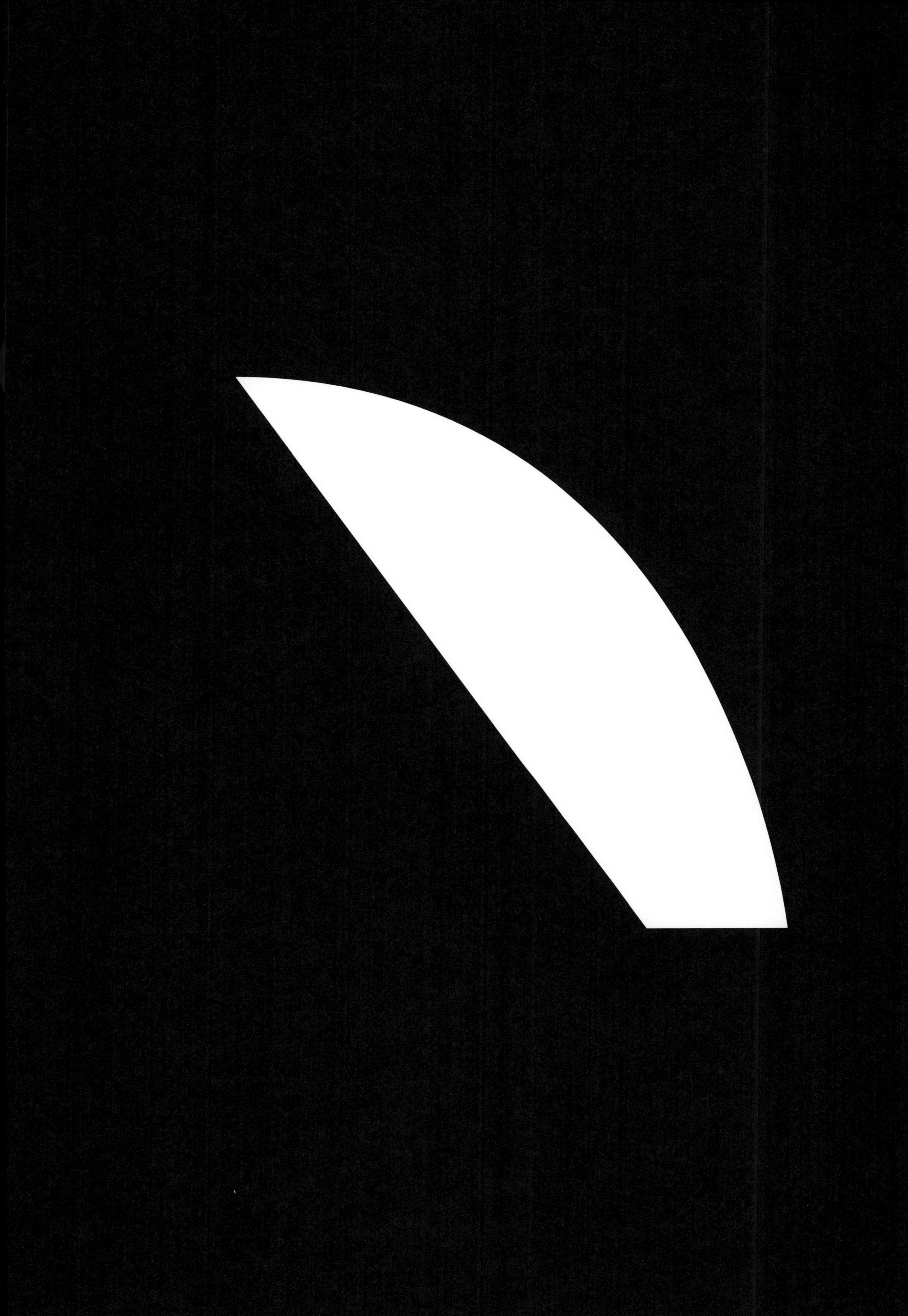

JONE
ELORRIAGA

JONE ELORRIAGA

Argitalpen honetan egin dudan proposamenak testua eta irudia ezkondu nahi ditu, zeinahi katalogoren oinarria direnak, nire lana ulertzen lagunduz. Nik egindako prozesua ulertzeko modukoa izan dadin idaztea gustatzen zait, materialek, eiteek eta koloreek bultzatzen nautela nabari dadin. Balirudike testuak irudiak baino garrantzi handiagoa duela, baina argazkien koloreek, materialaren distirak eta testuaren koloreak irakurketa zailtzen dute, dena gauza bera bihurturik. Begira zaudela, irakurri nahi duzu. Nire pieza batzuen xehetasunezko irudiak proposatzen ditut, ezkontza hori, distortsioa eta gaizki-ulertua errazteko. Materiala aurrealdeko planoan jartzen dut eta testua dena nahastean lantzen dut, gainjartzen den material gisa.

Orrialde batzuek ez dute testurik eta erritmoa sortzen da, azken irudiraino, non testua piezaren zati den, barruan baitago, ez gainean.

Mi propuesta para esta publicación trata de ensamblar texto e imagen, la base de cualquier catálogo, con la idea de ayudar al entendimiento de mi trabajo. Me gusta escribir de manera que se entienda mi proceso, que se sienta que me mueven los materiales, las formas y los colores. Puede parecer que el texto tiene más importancia que la imagen, pero los colores de las fotos, el brillo del material y el color del texto dificultan la lectura para volverlo todo la misma cosa. Quieres leer mientras miras. Propongo imágenes detalle de algunas de mis piezas para favorecer el ensamblaje, la distorsión y el malentendido. Pongo el material en primer plano y trato el texto en bloque, como un material que se superpone.

Algunas de las páginas no tienen texto y se crea un ritmo, hasta la última imagen, donde el texto forma parte de la pieza, está dentro y no encima.

JONE ELORRIAGA

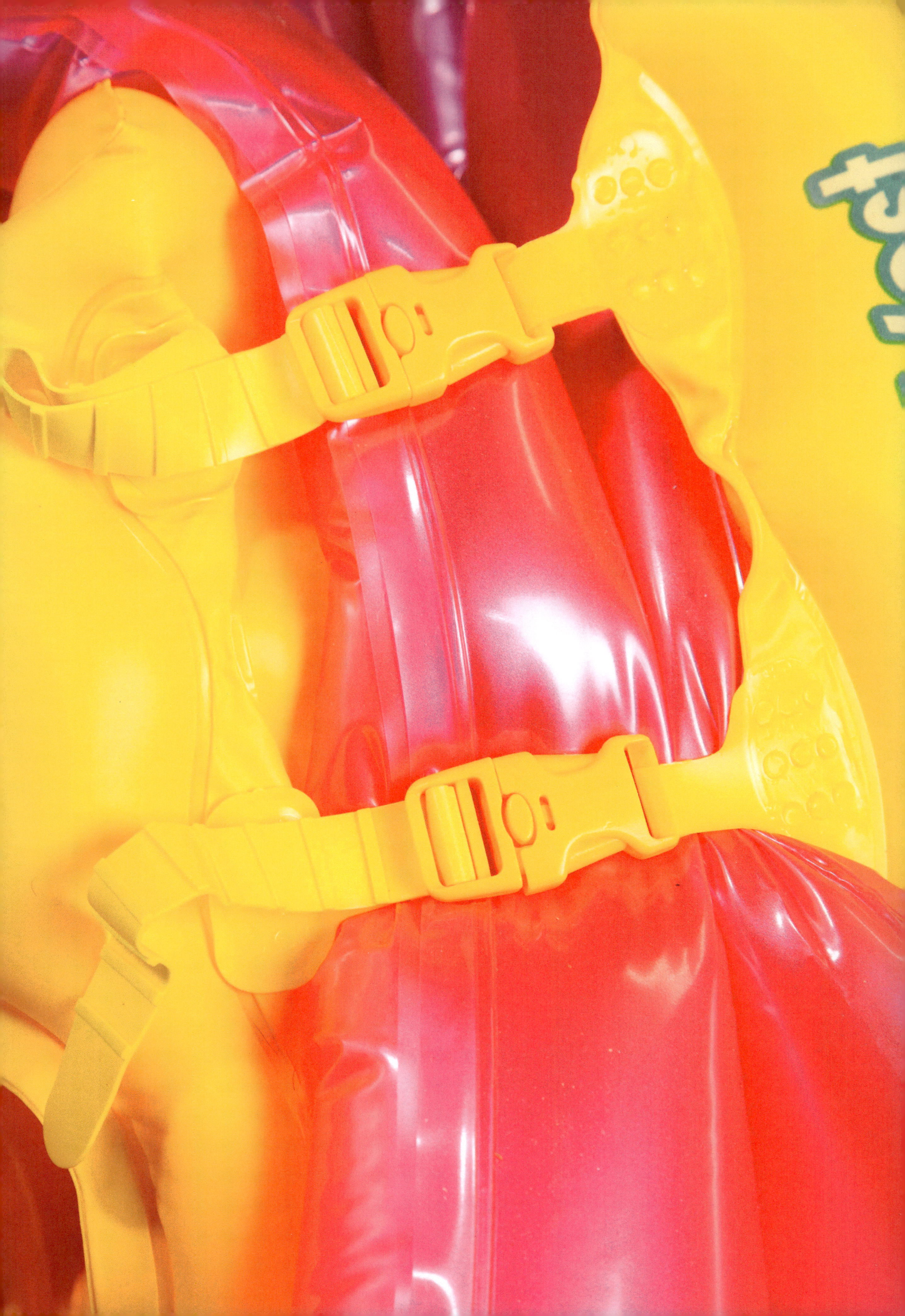

Lleno el interior de un cuerpo con aire para que aumente su volumen, de manera que, las piezas solo adquieren sentido cuando están infladas. Al trabajar con aire, las piezas se comportan de manera distinta a cualquier otra técnica convencional que ejerce fuerza hacia el suelo.

Me interesa la referencia a inflar-lo de más y estar a punto de explotar por su relación con el comportamiento de alguien que se ve superado por algo.

Otras veces he trabajado con el riesgo de derrumbamiento y semejantes.

Someter un hinchable a una o varias fuerzas que hagan que la situación pueda volverse desgraciada y peligrosa y, en consecuencia, derrumbarse.

Como una persona que no ha podido con el peso de sus problemas.

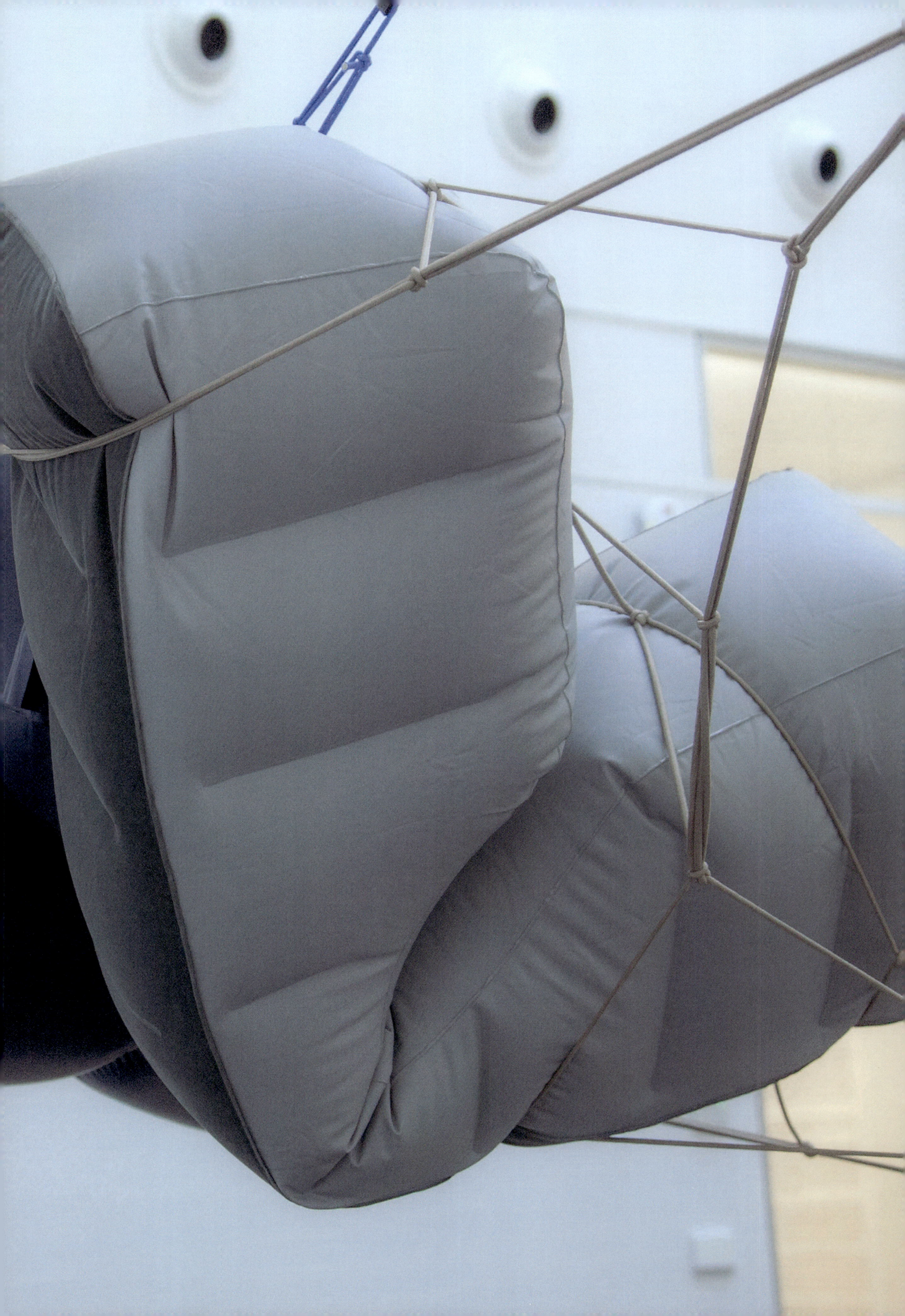

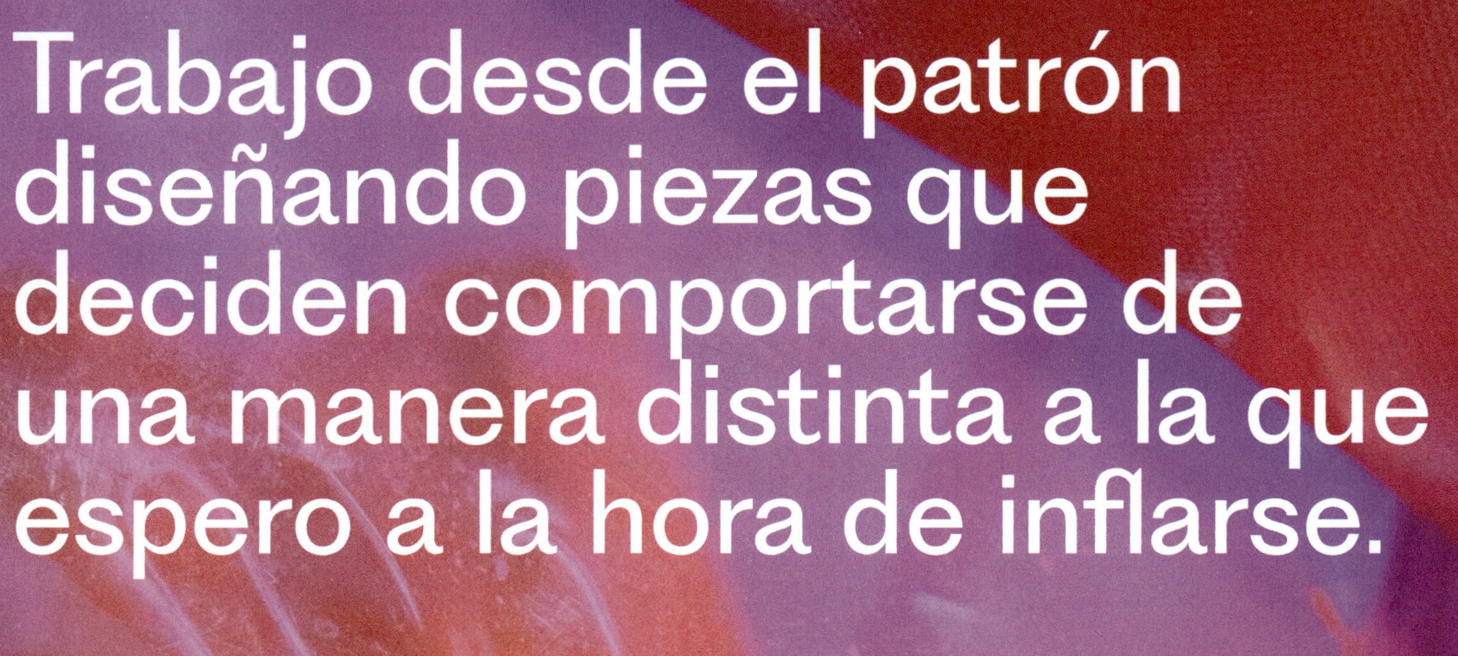

Trabajo desde el patrón diseñando piezas que deciden comportarse de una manera distinta a la que espero a la hora de inflarse.

Y pretendo
que mis gestos o mis respuestas al enfrentarme a mi trabajo y a resolver una pieza, también sean otros.

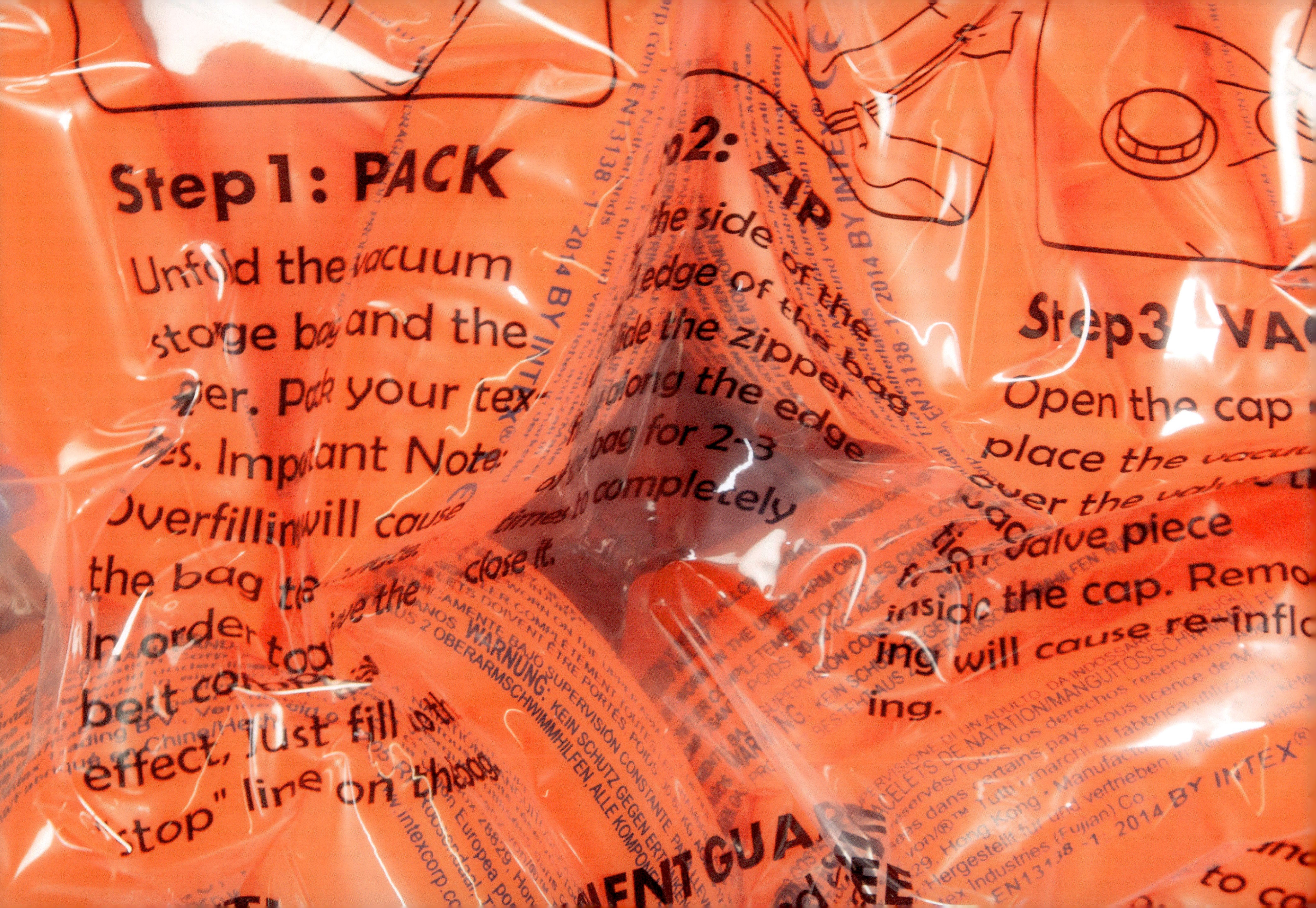

Step1: PACK
Step3
close it.
ing.
WARNUNG: KEIN SCHUTZ GEGEN ERTRINKEN
EN13138 -1 2014 BY INTEX®

196

NORA
AURREKOETXEA

NORA AURREKOETXEA

ERTIBIL40
mawak orri zurietan esku hartzera gonbidatu nau
eta mugikorrean jasotako oharrak partekatzea erabaki dut
bertan nahasten baitut trabeskatzen nauen guztia

honakoa duzu txoko digital barru-barruko horren
erakusgarria

oharrak
egunerokoa
apunteak
emotional labour

zirriborroak / sketxak:
brontze eta pladurrezko eraztunak
buru hutsak

Sareta, Xamuk azalduta
desioaren bideak
sexuazio-prozesua

nora begoña
aurrekoetxea etxebarria

Ertibil 40
mawa me invita a intervenir las páginas en blanco
y decido compartir mis notas del móvil
donde voy mezclando todo lo que me va atravesando

esta es una muestra de ese íntimo rincón digital

notas
diario
apuntes
emotional labour

bocetos / sketch:
anillos de bronce y pladur
cabezas vacías

la rejilla explicada por
Xamu, las vías del deseo
el proceso de sexuacion

nora begoña
aurrekoetxea etxebarria

NORA AURREKOETXEA

Paco acaricia la espalda de Manolo:

A11 A Paco le resulta agradable (le gusta) la sensación de suavidad que él recibe en sus manos cuando toca la espalda de Manolo

A12 A Paco le gusta lo que (cree/sabe/supone)que le gusta a Manolo, la sensación de suavidad que Paco recibe en sus manos cuando le acaricia la espalda

Nota: yo sé que valoras la sensación suave de mi espalda en tu mano cuando me acaricias y tú sabes que me gusta mucho que pongas en juego ese gesto para recibir tú esa sensación que mi espalda te da. Tú, vas por el A12, te centrarías en lo agradable que es para mí que tú percibas esa sensación en mi espalda.

A21 A Paco le gusta la sensación de suavidad que recibe Manolo cuando Paco acaricia la espalda de Manolo.
Nota: Paco se está centrando en la sensación que emite/recibe Manolo. En este caso, sensación de calor y dirección de recepción. Podría ser "la sensación de calor que emite la piel de Manolo; sensación que emite/recibe el otro.
(El 2 indica el otro, siempre).
La piel de Manolo emite calor. La mano de Paco percibe el calor. Ese es el hecho y la consecuencia inherente: tú emites calor y yo lo percibo. Ahora ¿en qué se centra Paco? Si Paco se centra en la sensación propia, es 1 (qué calor siento); si se centra en el otro, es 2 (qué calor das). Qué calor emito (1), qué calor recibes (2). Mismo hecho, dos componentes. Yo emito y recibo sensaciones y todas esas son propias (en el sentido de percibidas). El otro emite y recibe sensaciones. Si me centro en las que yo emito/recibo, es 1. Si me centro en las que (entiendo que) tú emites/recibes, es 2.

A22 A Paco le gusta lo agradable que es para Manolo la sensación de calor que recibe (percibe) Manolo cuando Paco le acaricia la espalda.

B11 A Paco le gusta la elasticidad que ve (sentido de la vista) en la piel de Manolo cuando la espalda de Manolo es acariciada.
Nota: siempre es A Paco porque la acción que es has propuesto es "Paco acaricia la espalda de Manolo". Ser hecho porque estamos en el B; se trata de la consecuencia de acariciar y, por tanto, no centrarse en la acción (hacer: acariciar) sino la consecuencia (ser acariciado). Aquí ya no importa tanto si la caricia la hace o no Paco No es lo central. Paco se está centrando en la consecuencia de la acción: que Manolo sea acariciado. Y la sensación que toma parte de su sentido (1) de la vista y toma como elemento la elasticidad. Podría ser el sonido, por ejemplo.
B12 A Paco le gusta lo que le gusta a Manolo (2) que Paco vea (sentido propio: 1) la elasticidad de su piel cuando es acariciado en la espalda.
B21 A Paco le gusta la presión que siente Manolo (2) cuando es acariciado en (o se le acaricia) la espalda.
B22 A Paco le gusta lo agradable que para Manolo es (2) la presión que siente Manolo (2) cuando se le acaricia la espalda (B)

*apuntes In.Ci.Sex (Xamu)

the event will change you
in different ways
as every experience in life does
and
you (me) will never be the same
we will be -rized by each other

I knew it

however some experiences end up being more significant than others
so meaningful they are that they leave a trace
almost like a scar
so your skin reminds you what happened
so you remember
so you do not forget
the immense beauty that is gone with the time passing
like an open wound
that you don't want to close
because at least
while open
you can still feel it

that wound opened when we became physical

When was the last time I was touched like this?
It forms an image because of the slowness
Something to look at
Something very formal

Human body as a medium
a sculptural work that takes place on the crowd

Horizontal and vertical at the same time
Trying to find proportions
a person as a complex story
a complex material
Can u present intimacy?

stronger because-ING
without hid -ING
Lo que dices
O cómo lo dices
O dónde lo dices

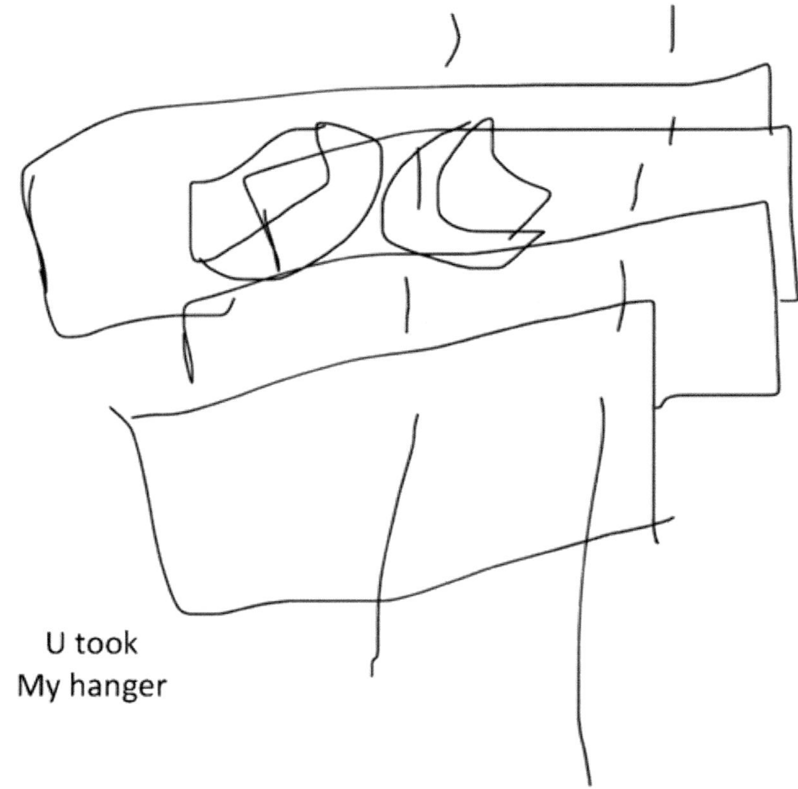

My feet are heavy
Touching the ground
I left everything
I felt everything

You see?
I start using the past

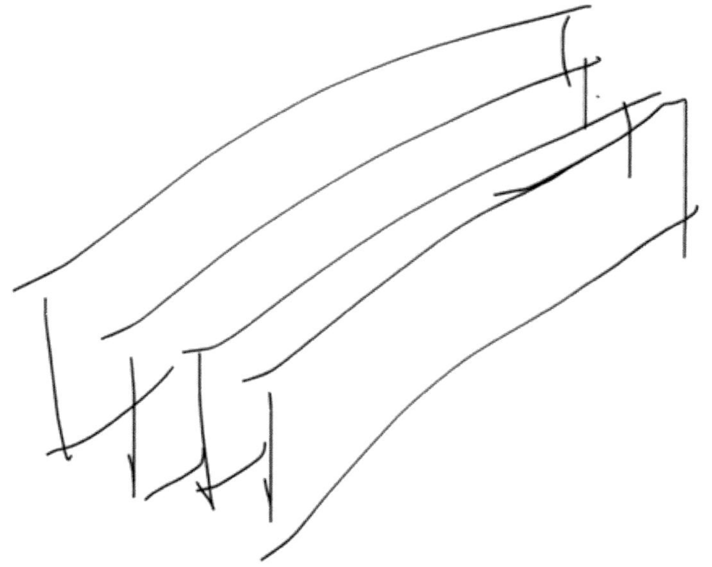

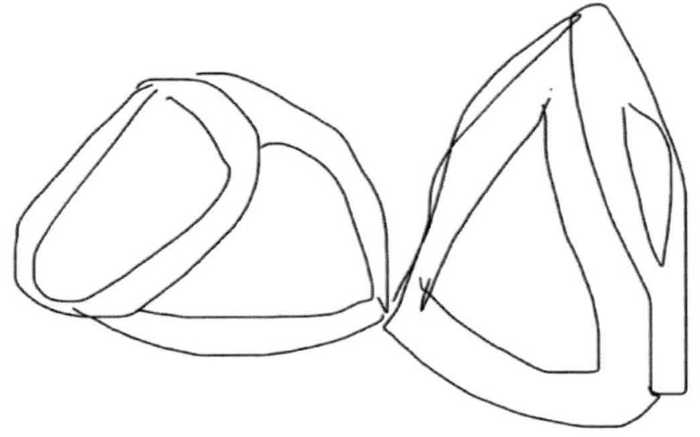

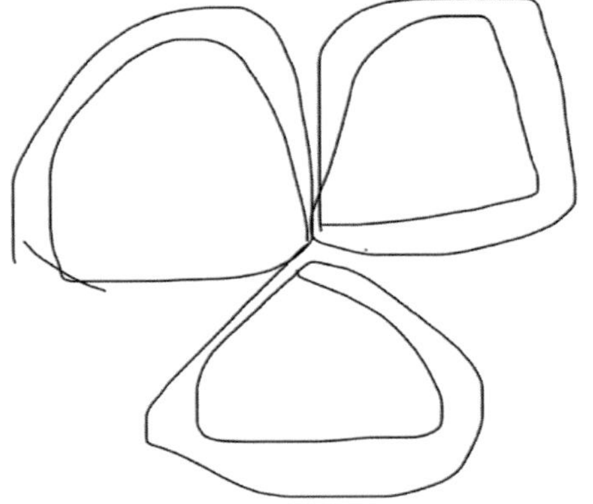

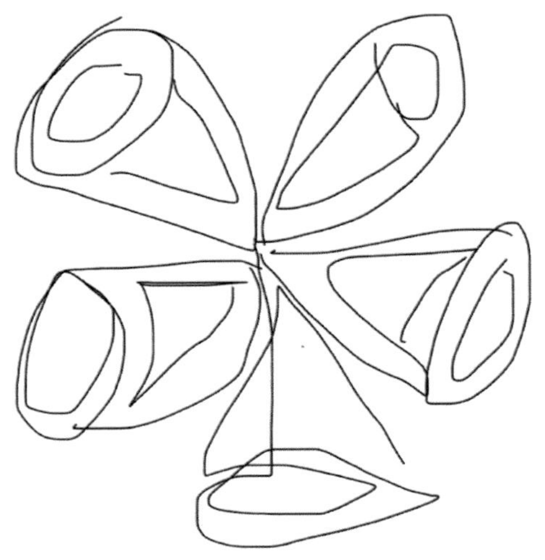

opens what normally takes place in privacy:

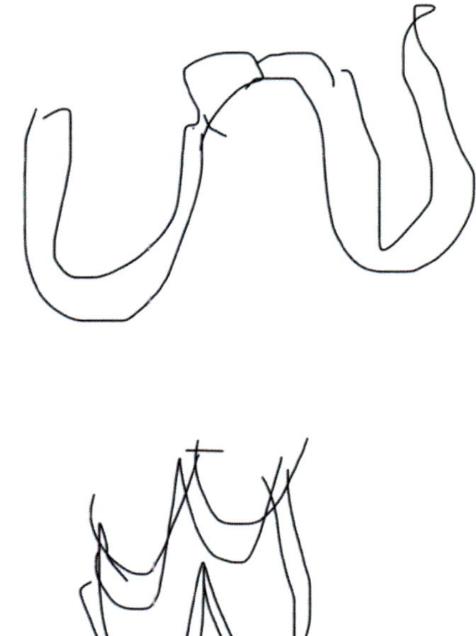

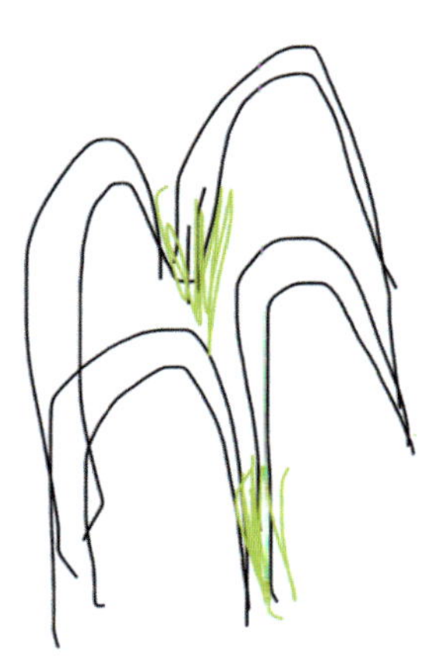

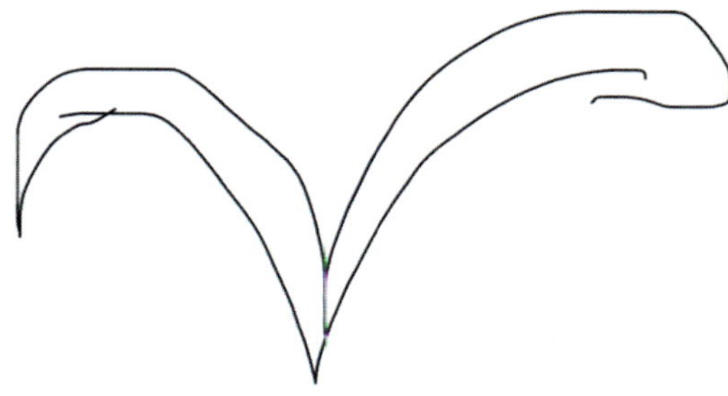

Mmmm

plastilina
De
Colores
En cabeza
De corcho

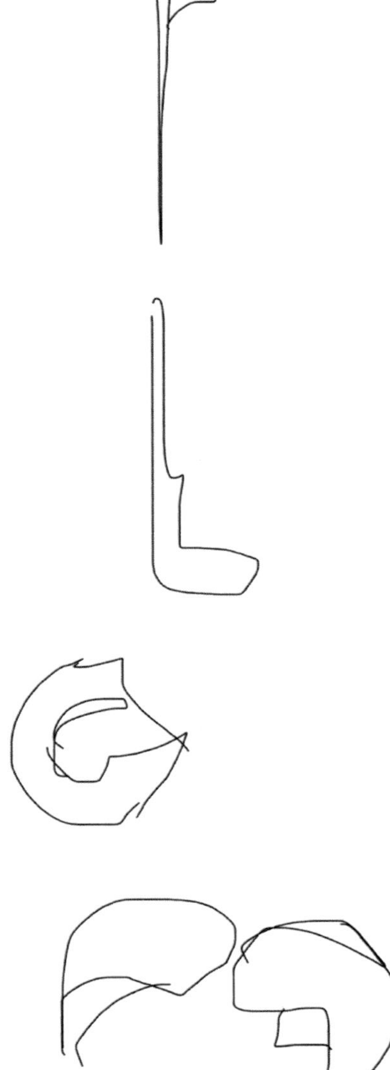

Gorriak

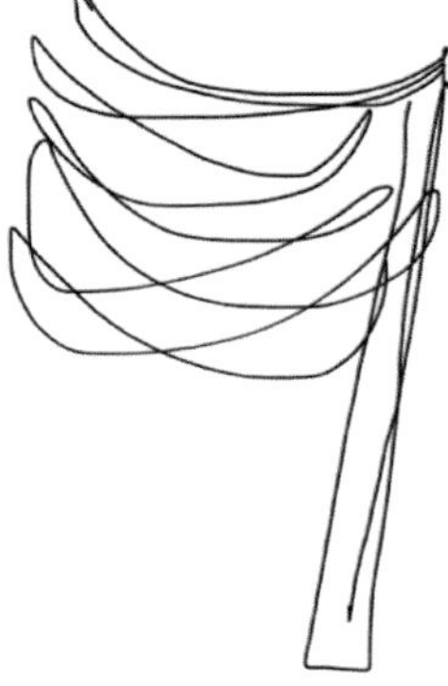

Red
Red
Red

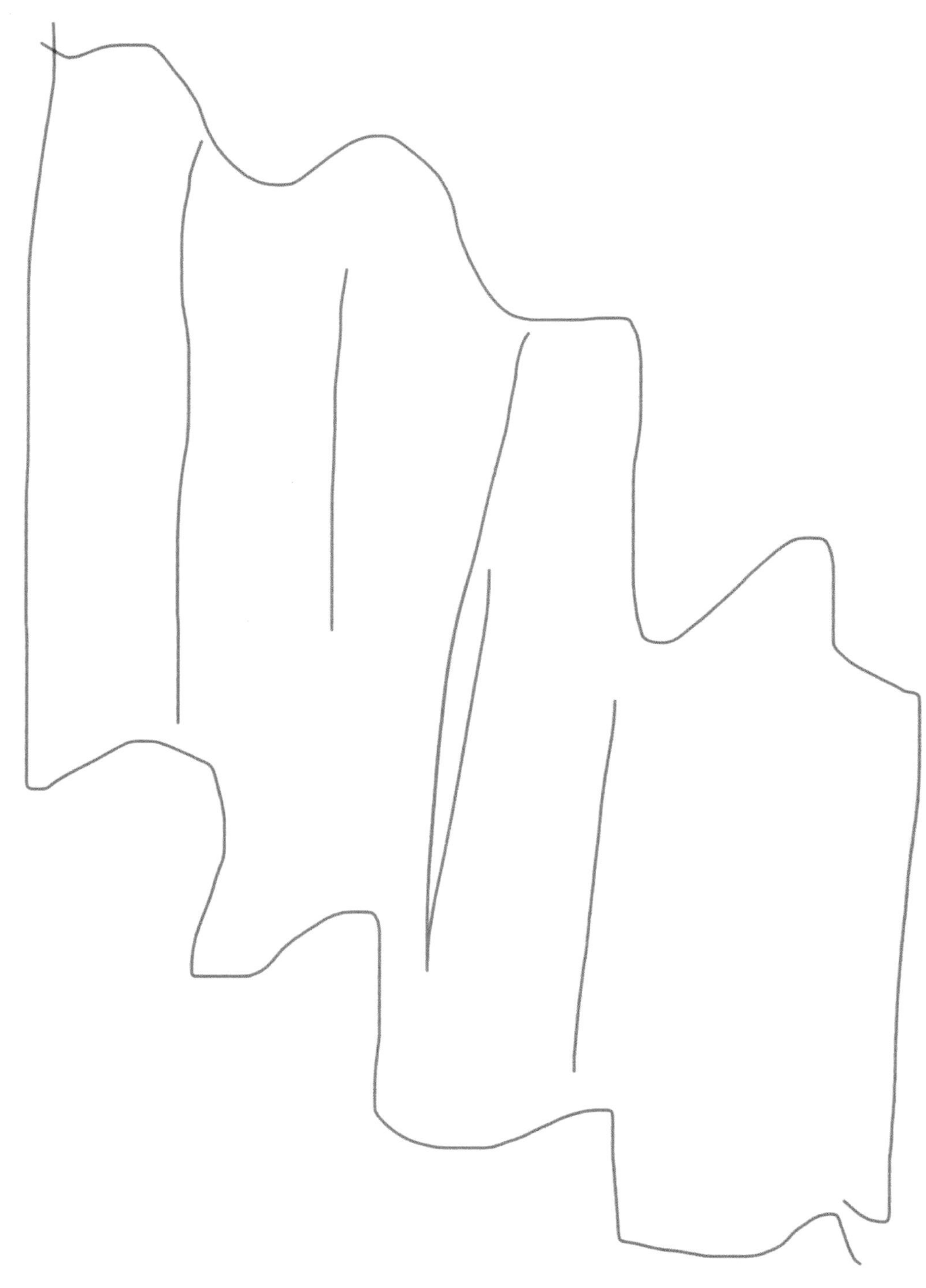

To say
I love you
To ease my pain
Is different from
I love you
Because i love you
And i can not

……..you

…….. you
means
desiring someone
weak and fearful
vulneraling by the
-ING

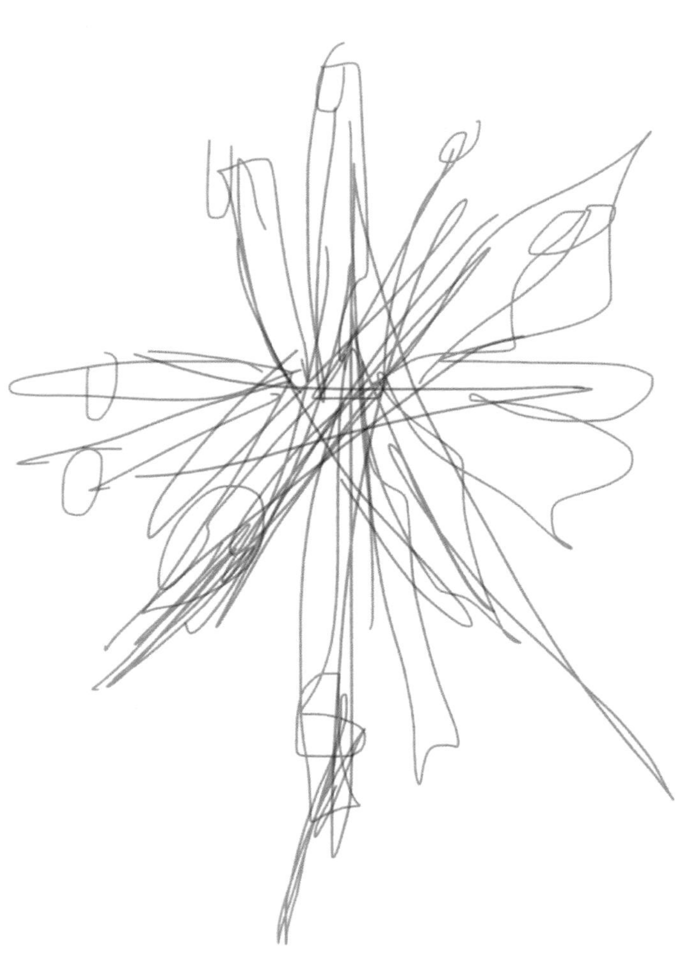

Gerund
Gas
Gasolina
G
G
G
Echar gas
Gas lighting
Light

S
S
S

Void
Breach

Hurts
Heal

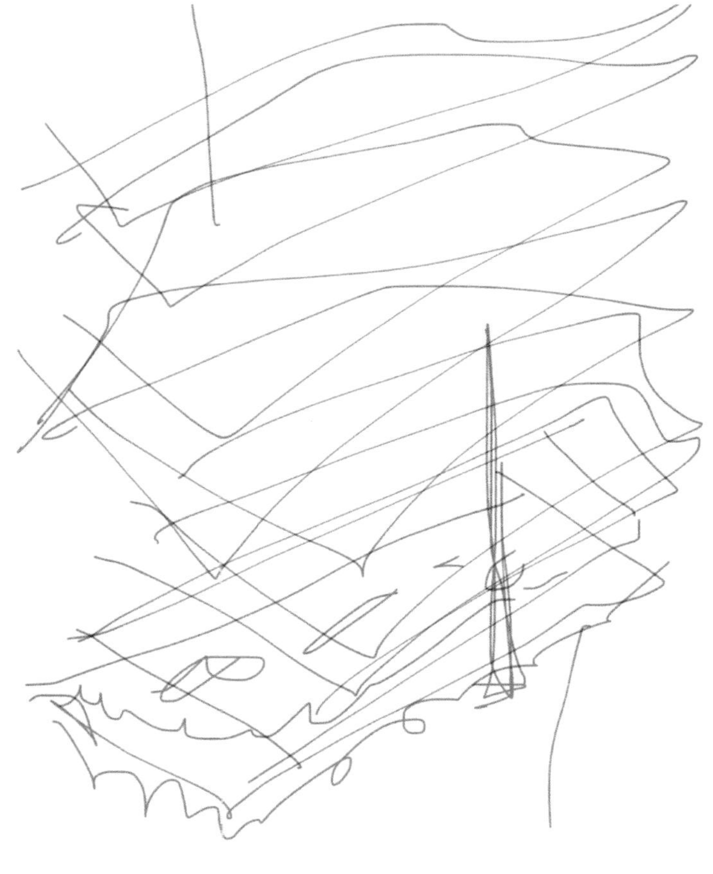

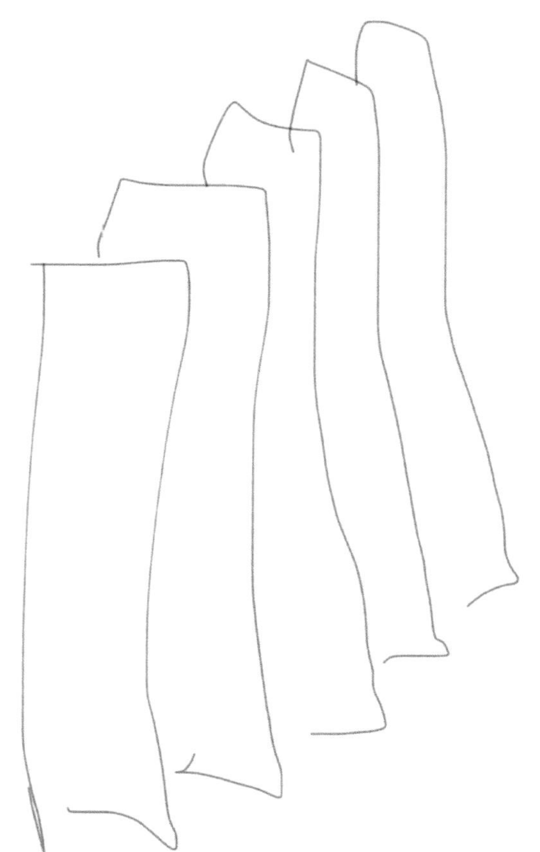

NEGAR LA FUNCIONALIDAD DE UN OBJETO A TRAVES DE OPERACIONES QUE LO ANULAN
para ser
otra cosa

Espacio interior ficticio
Estar sin cuerpo
Estar sosteniendo un cuerpo

Miedo
Miedo
Riesgo
Riesgo
paralisis
Mirar debajo de la cama
Enfréntate a los monstruos
Cartas de amor
Acumulación de
colchones
Horizontal
De
suelo
al techo
Vertical
De pared a pared
Metal
que metal
Es azul
Terciopelo
Espuma
espuma de cur

Bailar la arquitectura
Bailar sobre la arquitectura
Un cuerpo sin carne
Un cuerpo sin piel
Un cuerpo con muellles
Y plumas

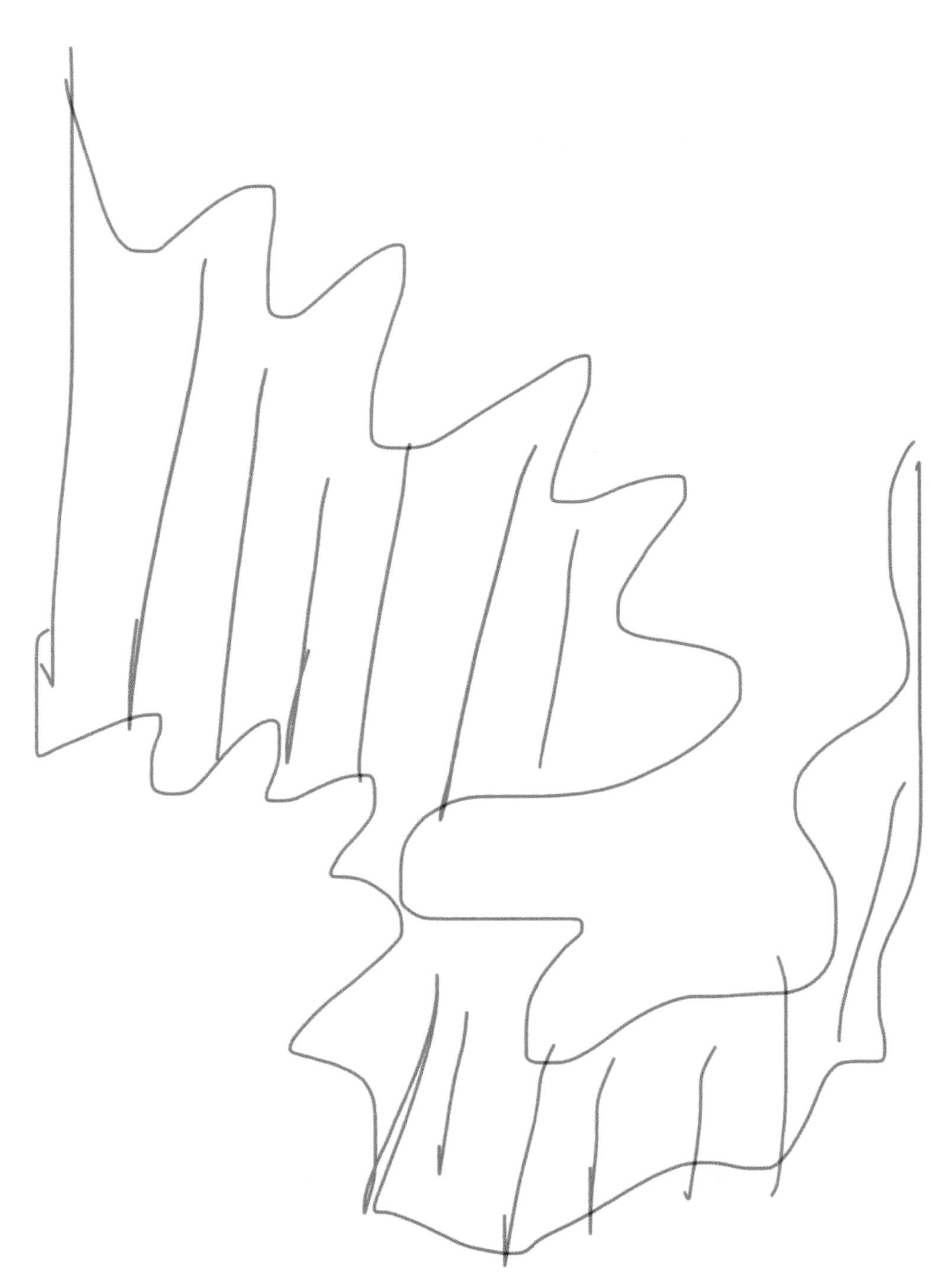

SUSANA
TALAYERO

ERTIBIL 40 ERTIBIL BIZKAIA ERTIBIL 40 ERTIBIL BIZKAIA ERTIBIL 40

QUALCOSA

SUSANA TALAYERO

Estamos a punto de acabar de golpe
así que adelante punk, hazlo estallar*

Me dicen:
máximo 6 hojas
responder al contexto
a los últimos 40 años
de producción
artística
en bizkaia
pueden ser menos hojas
puedes con dibujos de antes
tú puedes
por legendaria
~~por legendaria talaglieri~~
diría jesús ♡
otras no ~~pueden~~
por babys ~~no boom~~
pero lo que quieras
¿también texto?
si, lo que quieras.
In the shadow of
foward motion
notes by felix guattari
david wojnarowicz
me lo regaló itziar
por cuidar de su gato
me gusta el librito
black and noir
~~no será así~~
~~aunque digan~~
~~no un catálogo~~
~~al uso.~~
Me invitan
a publicar algo
algo, qualcosa
en un catálogo
no al uso
lo que quiera
tu deseo, dicen
me paralizo
~~pobre deseo~~
~~tan manoseado~~
~~insatisfecho~~
~~(pide algo, te dicen~~
~~y al árbol~~
~~del lugar antiguo~~
~~has pedido~~
~~nada, dijo toni)~~
no desear
solo potencia
hazlo estallar.

Se supone:
publicar dibujos

tener en cuenta
40 años
de producción
artística
en bizkaia
sobre certamen
premio
remuneración, paga
300 euros
no te compliques, dicen
lo que tengas
a mano
~~(è un mestiere duro~~
~~fare la bella donna~~
~~dijo baudelaire~~
~~y ginsburg dijo:~~
~~ten la convicción~~
~~de que es un trabajo~~
~~que harás~~
~~toda la vida, charles~~
~~le dijo natalia)~~
máximo 6 hojas
¿6 pliegos, 6 páginas?
siempre me lío.
No suponer
lo inesperado
y también
lo inadecuado.

Pienso en dibujos
sale texto
solo texto
nada de dibujos
pero luego veré
me propongo:
no leer
los textos
del mostrador
de sala rekalde
sobre el premio
leerlos después
o en medio
no entrar.
Certamen para jóvenes
palmadita amiga
hazlo estallar.

40 años, la cifra
la cifra en sí: 40
40 años de
producción
artística

~~año es anno, en italiano~~
~~40 anni, en plural~~
~~merde d'artista~~
se produce
se genera
se hace
se rehace
no se entiende
en precario
no más premios
renta básica
eta kitto
una se hace
y rehace
en el hacer
se va haciendo
un hacer incendiario
mesedez, plis
hazlo estallar.

Me digo:
me fui sin premio
no lo sabía
no me enteraba
estaba en babia
en 7 calles
zazpi kalean
corriendo, bailando
entre bolas de goma
pelo olor a tabaco
no itineré por pueblos
no concursé
no lo sabía
estaba en babia
me desvié
fui desviada
un resorte
una urgencia
escapar
elogio a la huída
dijo paula
irse del todo
todo hostil.
Del margen al centro
al centro del agujero
grande
espiral, fagocita
negro, luminoso
un arder incendiario
giorndano bruno
(y tú ardías incendiario
dijo valente)

un volcán invertido.
Roma.

Rekalde
en bilbao
al lado del deportivo
la sala rekalde
había una revista:
rekarte.
Ahora en obras
la sala en obras
acoge a sus artistas
40 años
empapelan paredes
en obra
con hojas ¿pliegos, páginas?
sobre artistas
paredes en obra
no hay obras
de artistas
recolocan
estructuras
en obra
sin obras
hazlo estallar.
Rekalde desplegó
sus alas de polilla
aliento de polilla
(dijo sylvia
de su bebé)
corrientes de aire
cruzan la sala
la sala rekalde
if i can't dance...
las alas se deshacen
el sol quema
el cuerpo prieto
de polilla
se acurruca
bebé, esquinado
en espera
abre la boca
con limpieza de gato
dijo sylvia
de su bebé.

40 años
y yo, moi
susiii, suuu
me digo: eta zu
en paredes de
rekalde aretoa

qué tuviste?
¿recolecto dibujos?
no va a funcionar
ese muestrario de polillas
(una de ellas pulga)
solo lógicas
azarosas
tienen
su no sentido
no sense
senza senso
senza titolo
sin tema
plus nosens
plus 0
plus non
te dijo giro, susi
giro annen
escultor, amigo
amor a los artistas
plus 0
plus non
año 1992
¿por cuantas páginas
pliegos, hojas vas?.
Cómeme! decía la galleta
la galleta de alicia.

Parigi accoglie i suoi artisti
serie de collages
año 2000
en yaddo
una residencia
cerca estuvo sylvia
sylvia plath
con ted
año 1958
el porche
la camisa a cuadros
su simpatía
el bosque
el oscuro en su interior:
sylvia
y cerca
un pequeño lago
se ahogó una niña
su última palabra
no sense: yaddo
creo fue así
aunque invento cosas
dice gema.
Una canción

para los collages
conte paolo
paris, artistas
bilbao, artistas de
bilbao acoge a sus artistas
también de bizkaia
y de fuera
ya se sabe
las de bilbo nacen
donde quieren
¡¡¡grasiosa!!!
nací en roma
nacida libre
peli
peli que veíamos
de pequeños
una leona
la tele
telefunken
con la funda
de la tele
me hice una camiseta
gris
ponía: telefunken
me la puse
en una boda
en bermeo
no me daba cuenta
estaba en babia
me iba a roma
sabor amargo
de gominola.

Me quedo sin páginas
hojas, pliegos
estoy a punto
de acabar de golpe
pocas imágenes
apretadas
al final
~~cuerpo denso~~
~~polilla esquinada~~
~~son estas~~
~~las fotos~~
~~a salto de pulga~~
inquietas
imposible fijarlas
son estas:

collage yaddo, año 2000
dibujo roto, año 1990
(a corte de cuchillo

dijo giro)
foto estudio romano, mismo año
subterráneo
gratuito, húmedo
cal para blanquear la porquería
gafas para protegerme de la cal
la cal quema
destruye la carne
no el esqueleto
huesos en el techo
del estudio
¿de leona?
(2023-1983=
40 años de cal)
no sé porqué
posé así:
con la pierna
en la mesa.
Otra foto
con gato pelado
en nuestra casa
romana, quemada
black and noir
año 1986
casi 40 años
de producción
de rendimiento
improductivo
casi siempre
a menudo
frecuentemente
no recuerdo su nombre
el del gato
pero sí su piel
el tacto húmedo de su piel
repulsión
algo excepcional.
Y ese cuadro
en berna
año 1988
160 x 160 cm
en el bosque
3 siluetas cubiertas
lo vendí
algo excepcional.
Y otra foto
año 2021
a vueltas con la pintura
rehacer foto
del 86
la de la plaza
~~(piazza grande~~

~~dalla: bella canzione~~)
trasiegos
que se resisten
a ser fijados
casi 40 años
entre foto
y acción
casualidad
casi 40
de producción
fuera contexto
en contexto
con contexto
haciendo contexto
casa mia
casa vostra
l'occasione
2011 - 2019
en bilbao, bizkaia.
La pulga azul
de diputación
de bizkaia
desaparecida
toda infección
es una seducción
su título, año 1998.
Cauchos
residuos de
volteretas
volteretas de
enigmas
dirección ornitológica
(me dijo milton
milton gendel
muy muy legendario)
y una niña
bailarina
con jersey
esquinada, prieta
¿año 96?
ificantdance
idontobepart
ofyourevolution
emmagolman
2023-1869=
másde150años
dedefensa
contraelfrío.
Plásticos, telas
imaginarios
de subsuelo
la bicha

ser cráneo
presagios
microbiana, ama.
No exit
lanzar dibujos
por la ventana
emparedada
año 2020
(soliloquio
della murata
anno 1424
escribió toni
maraini, amiga)
todas, todas
emparedadas.
La foto de vito
vito trombetta
profe, amigo
en perugia
año 1981
hace más de 40
de 40 años
qualcosa
pone qualcosa
isabella
marina
valeria
qualcosa es algo
pone w algo
viva algo
creo.

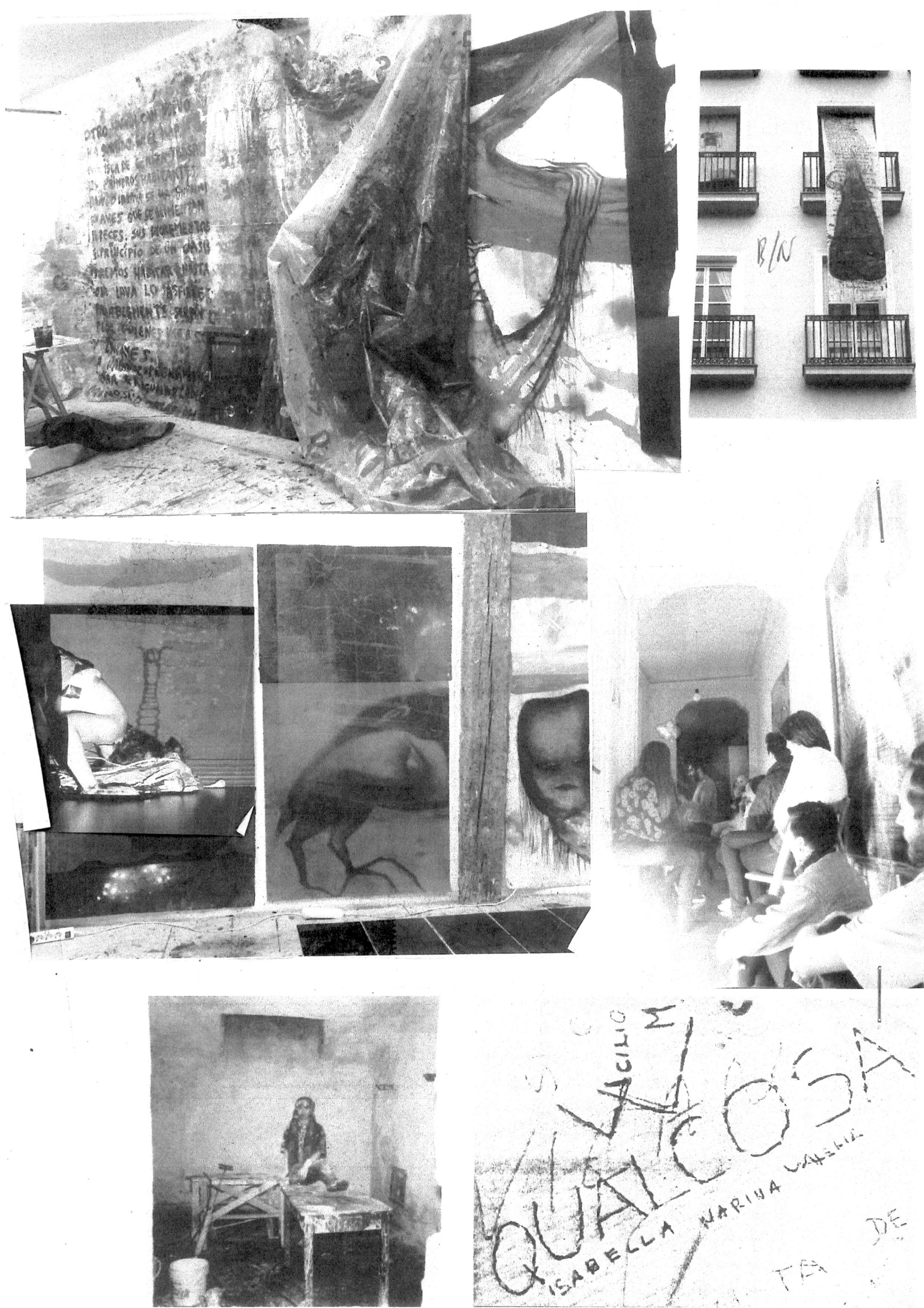
B/N
QUALCOSA
ISABELLA MARINA
DE
TA

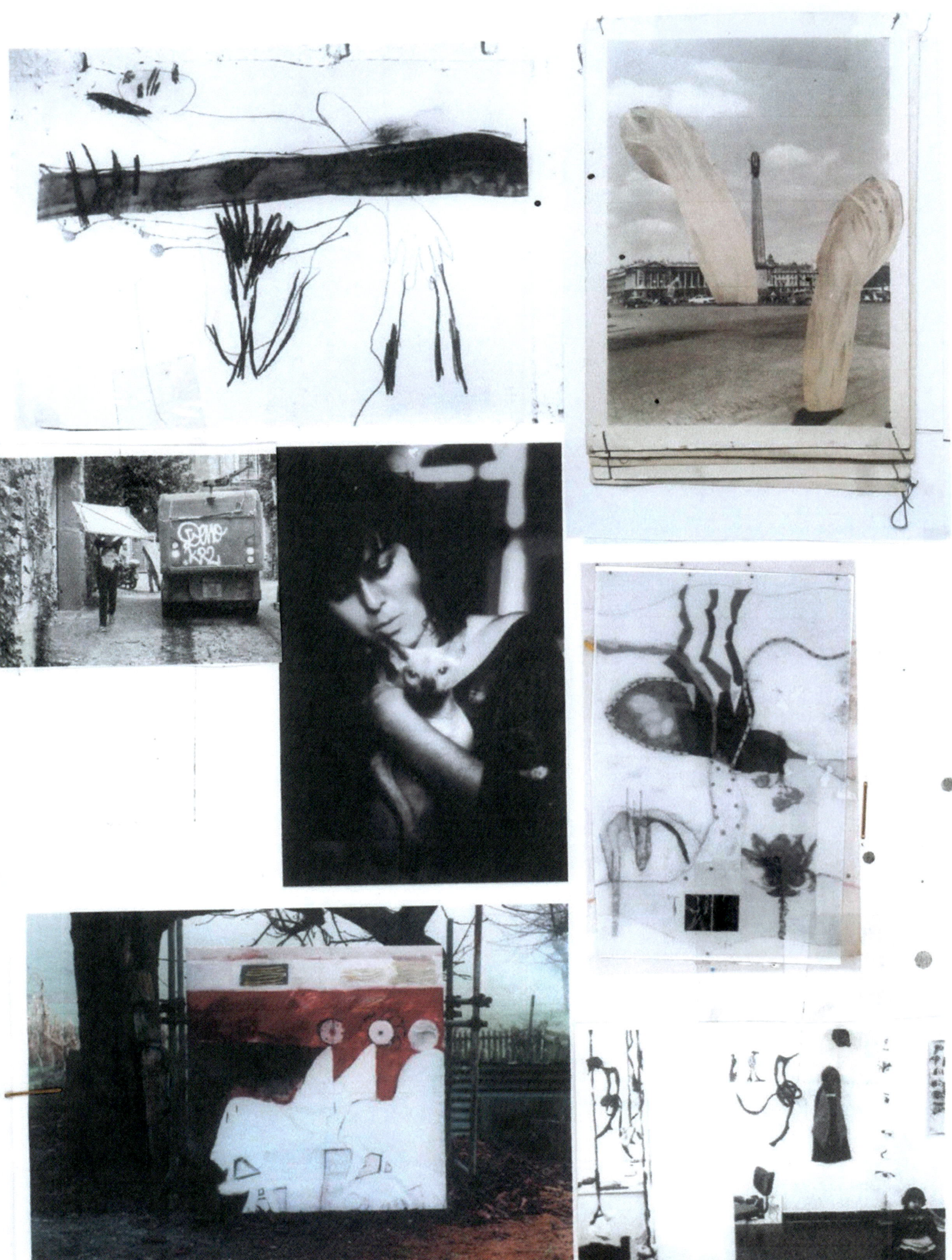

230

Esborrany: Versió preliminar d'un assaig per a un catàleg

CARLES
SAURÍ

ERTIBIL 40 ERTIBIL BIZKAIA ERTIBIL 40 ERTIBIL BIZKAIA ERTIBIL 40

CARLES SAURÍ

ESBORRANY: VERSIÓ PRELIMINAR D'UN ASSAIG PER A UN CATÀLEG

ERTIBIL40 erakusketa-keinu batekin hasten da. Azpian dagoena ikusarazten duen formatu bat, Duchampek *infraleve* deitzen zuena azaltzen duena (termino horrek kontingentearen poetika adierazten du eta desagertzerantz tentsioan dauden elementuak aipatzen ditu). Keinu hori poetikoaren ilusioari eusten dioten elementuak, afektuak eta gorputzak azalduz hedatzen da. Duchampek hauskorraren edertasuna ikusten bazuen ere, artearen alde katartikoa eta monumentala gainditzeko aukera emanez, edertasunaren bilaketa hori, berez, pribilegiozko espazioa da orain. Eusten duen hori azaltzeko, aurkezteko edo ikusarazteko ariketa pentsamendu finkatu batetik abiatzen den ariketa bat da, kontingentzia atzean utzi nahi ez duena, *shock* estetikoa edo kontzeptuala alde batera utzita.

Artea erabateko askatasun-espazioa bada ere, horrek erantzukizun handiko ariketa bihurtzen du. Horri testuinguru instituzional, zuri, mendebaldar eta nolabaiteko kaudimen ekonomikoa gehitzen badiogu, erantzukizun hori areagotu egingo da. Sortzea jada ezin da izan bere baldintzak ahazten dituen gozamen pribilegiatu batetik sortzen den ariketa. Era berean, ezin du jarraitu mendebaldeko eta gizonezkoen genealogien aktibazioan oinarritutako ariketa metalinguistikoa izaten. Hau da, une honetan, txizatoki bat iturri bihur dadin biratzeko egintza/keinuak ezin du ahaztu objektu hori X baldintza dituen fabrika batean ekoitzi dela, X materialen erabileratik abiatuta eta merkatu (sinboliko eta ekonomiko) batean zirkulazioan jartzea dakarrela.

Iván Gómezek, MawatreS-ek, Andrea Estankonak eta Jon Macarenok komisariatutako erakusketa da ERTIBIL40, poetikaren fikzioari eta instituzionaltasunaren ilusioari eusten dioten elementuak, afektuak, harremanak eta gorputzak azaltzeko keinuak erabiliz eraikia. Espainiako Errege Akademiak lau adierarekin definitzen du «ilusioa». Lehenengoak honela dio: «benetako errealitaterik gabeko kontzeptua, irudia edo errepresentazioa, irudimenak iradokiak edo zentzumenen engainuak eragindakoak». Adiera horretan, «benetako errealitaterik gabeko» ideia hori zalantzan jartzea komeniko litzateke. Hala ere, ilusioaren konbentzio pentsaraziko liguke ERTIBIL40k nola erakusten eta irekitzen dituen erakutsitako materialak ilusioa urratuz, artifizioari eusten dion guztia ikusgai dago aretoan.

Rem Koolhasek, *New Yorkeko Eldarnioa* lanean azaltzen du XX. mende hasierako mendebaldeko arkitektura modernoa, neurri handi batean, teknologiari bide ematen zion fantasiazko ilusioan edo sintetiko xarmangarrian oinarritu zela. Sintetiko xarmangarria irudipen bat litzateke, jolas-parke batean, Indiana Jonesen eszena baten osagai zarelarik, meategiko tren batean sartzen zarela sinesteko aukera ematen dizuna. Liluraren eta eskapismoaren bilaketa horrek erabat ahazten eta ezkutatzen du amets hori ahalbidetzen duen teknologiari gaizki ordaindutako, arrazializatutako eta klase apaleko pertsonek eusten diotela. XX. mendearen hasierako New York hirian pentsatzen badugu, non fantastikoarekiko ilusioak etxe-orratz handiak eraiki zituen, pentsa genezake ilusio hori, beste behin ere, sustatzaile aberatsen ametsa piztu zuten klaseak eta identitateak ezkutatzea zela, familia kolonoetako gizon zuriak.

Rekalde Aretoko errealitate garaikidera itzuliz, ERTIBIL40k nork eusten dion zer, nori eta nola ez ahaztean ardazten du keinua. Adibidez, azaleko ariketa sinpleak baliatuz, hala nola proiektore baten konexioa edo aurreko erakusketetako margo-geruzak agerian utziz. Horiek artifizio estetikoaren, fantasiazko ilusioaren, forma erakargarrien edo sintetiko xarmangarriaren edertasuna bilatzen ez duten keinuak dira. Keinu horiek erakusketa-areto batek eraiki ohi duen fikzioaren hausturak bezala irakur daitezke. Erakusketa-aretoa mekanismo higienista bat da, fikzio artistikoa aktibatzeko eta eusten diona ezkutatzeko prestatua. Karga-horma batek zer eusten duen agerian uztea kubo zuriaren indar higienista hori haustea da. Ez da Bertolt Brechen laugarren paretaren haustura bezalako jolas linguistiko bat ere, absurdoaren antzerkiarekin sortzaile alemaniarrak soilik artifizioa erakusten zuelako, baina ez nor zegoen hor eusteko.

Guerrilla Girls izenekoek museo-erakundea zalantzan jarri zutenean eta museoen funtsei eta emakumeek museoetan betetzen duten zereginari buruz galdetu zutenean, museoko fikzioari bide ematen dion ilusioa apurtzeaz gain, fikzio horretatik nor eta zer proiektatzen zen epaitu zuten. Sheela Gowdaren lanek ez dituzte bere lanetan bizi diren objektuen materialak edo ekoizpen-prozesuak ahazten. Duchampen *ready made* delakoa, Bertold Brechten laugarren paretaren haustura edo Rem Koolhaasen sintetiko xarmangarria gorputz eta identitateek sortutako hizkuntza-jolas moduan igartzen dira, fikzioari buruz hitz egiteko pribilegioa eman dezaketenak, nork eta zerk eusten dioten ahaztuta, eta, hausturarekin kontingentziak ikusarazteko aukera ematen badute ere, horiek egoera semantikoan irauten dute.

RAEren «ilusio» sarreraren hurrengo hiru adierak ondokoak dira:

2. f. Itxaropena, betetzea bereziki erakargarria dirudiena.
3. f. Pertsona batengan, gauza batean, zeregin batean eta abarretan izaten den atsegin handia.
4. f. Erret. Ironia bizi eta mingarria.

Hirurak batera joan litezke erakundeen ilusioaz hitz egiteko. Lehenik eta behin, Rekalde Aretoa bezalako espazioek komunitate edo eszena artistikoan pentsatzeko aukera ematen duten kontakizunak, egitura sinbolikoak eta harremanezkoak mantentzeko funtzionatzen dute. Sektore artistikoari gagozkiola, ilusioa, askotan, ironia bizi bihurtzen da, segurua eta iraunkorra dirudien ibilbide zehatz batetik joanda. ERTIBIL40 bigarren eta hirugarren definizioen aurka doa laugarrenarekin. Erakusketak ironia dakar du Rekalde Aretora sartzen den ikusle batek espero duenari begira. Norbait panorama baten izen berrien izenak espero dituen areto batean sartzen da, eta hemen egiten duena areto horretan bizi izan ziren izenekin topo egitea da, bere kontingentziak ikusteko aukera ematen duen muntai baten barruan.

ERTIBIL40 kuradoreek espazioarekiko eta espazioak kuradoreekiko duten eztabaidatze erlazionaletik abiatzen den kuradoretza-keinu bat da. Zer dira 40 urte? Zer da Rekalde Aretoa? Zeri oratu dio eta zerk oratzen dio leku horri? Pentsamendutik eta kritika irmotik abiatuta, horrelako keinuak gero eta ohikoagoak dira. Arteak, lehen esan bezala, erantzukizun-ariketa gisa, barne-eztabaida eta eztabaida kolektiboa sortzen ditu, testuinguruek norbanakoei eta komunitateei dagokienez eraikitzen dituzten potentzialtasunei buruzkoak. Hori dela eta, garrantzitsua da geure buruari galdetzea zer leku eta posizio hartzen dugun autoretza eta garatzeko aukerak ditugunean. Erakusketan horma bat dago, zeini azken pintura-geruzak kendu dizkioten. Desugerketari esker, aurreko bainu plastikoak agertu dira. Geruza zuriak gehituta, *white cube* deritzonak aldi baterako ezabatzeko gailu gisa jardun dezake. Kubo zuriek denbora esekiak sortzen dituzten makinak legez jarduten dute, beren historiaren autonomiaz, eta erakusketa berri bakoitzak denbora-esparru autonomo berri bat izan behar du. 1999an Pierre Huyghek *Timekeeper* pieza aurkeztu zuen *Le process du temps libre* erakusketan, Vienna Secession-en. The Hauptraum-en kokatua, agian «lehen kubo zuria», artista frantziarrak hormaren atal bat lixatu zuen. Lixagailu zirkular bat erabiliz, artistak zirkulu zentrokide batzuk sortu zituen, non hormak izandako egoera kromatiko ezberdinak ikus zitezkeen. Huygheren piezarekin, edo Rekalde Aretoaren aurreko geruzak agertzeko keinuarekin, kubo zuria denbora-espazio bat dela adostu dezakegu, eta erakusketak muga fisiko batzuen fikziotik (bere harresiak) eta denbora-mugetatik (bere datak) abiatuta eraikitzen direla.

Bi keinu horiek, *Timekeeper* eta ERTIBIL40ko hormen desugertzeak, mugen zati bat agerian uzten badute ere, ez dute biderik ematen sistema artistikoan diharduten beste muga birtual batzuk ikusteko. Bi jarduera horietatik abiatuta, muga fisiko eta denborazkoetan pentsa dezakegu, baina zer gertatzen da Rekalde Aretoko edo Ertibil lehiaketako nerbio-sistemari eusten dion egitura burokratikoarekin? Galdera hori Patricia Gómez eta María Jesús Gonzálezek IVAMen 2018an egindako erakusketa batean erantzun nahi izan zen. *Fins a cota d'afecció* erakusketan, Galeria 4 aretoan, Valentziako erakundearen bi solairuko areto bat, Gómezek eta Gonzálezek aurreko erakusketetako pintura-geruzak agerraraztea erabaki zuten beheko solairuan. Goiko mailan, artistek IVAMek bere programak egiteko sortutako dokumentu, artxibo eta harreman burokratiko guztiak atera zituzten. Desugerketa-ariketa bikoitz batean, *Fins a cota d'afecció* erakusketa instalazio edo obra bat zen, kubo zuriaren ilusioari eusten zion egitura tenporal, fisiko eta birtualean pentsatzeko aukera ematen zuena. Azaldutako artxibo eta dokumentuek Institut Valencià d'Art Modern-en masa grisa ikusarazi zuten.

Pieza edo erakusketa horiek ariketa kengarrietatik abiatuz egiten dute lan. Ekintza horiei esker, kubo zuriaren espazio higienikoaren zuriak ikusezin bihurtzen zituen geruzak ikus zitezkeen. Thomas J. Priceren *Licked* (2001) piezak, aldiz, bere listua areto bateko hormaren gainean gehituta ziharduen. Pieza horretan, artistak areto bateko hormak miazkatzen ditu bere mihi lehorra odoletan hasi arte eta horma oso modu sotilean tindatzen duen listu eta odol arrasto bat uzten du. Performance horrekin, Pricek modu poetiko eta metaforikoan azaltzen du arte garaikidearen arkitekturaren indarkeria estrukturala, sinbolikoa eta espaziala. Gainera, gertaera zulatzaileak objektu artistikoari eusten dion gorputza errotik ikusarazteko aukera ematen du. Era berean, gorputz arrazializatua den aldetik, pieza higienismoaren eta gailu zuri eta mendebaldar baten (kubo zuria) autonomia bilatzearen aurkako kritika gisa ere irakur daiteke. *Licked* erakusketa areto bateko espazio autonomoaren ilusioaren azpian dauden indarkeria sinboliko, genealogiko eta zuriez mintzo da. Objektu horrek, neurri batean, identitate, arraza eta klase kontingente eta disidenteak ikusezin bihurtzeko balio izan du.

Duela hilabete batzuk, Claire Bishop-ek *Information Overload. Claire Bishop on the superabundance of research-based art* argitaratu zuen Artforumen. Testuan, zalantzan jartzen da ikerketa edo artxiboen irekitze (ia) amaigabean oinarritutako erakusketen ugaritasuna. Azken aldaketek akademian eta unibertsitateetan ekarri duten neoliberalizazioak ikerketa artistikoaren kontzeptua agertzea eta sendotzea ahalbidetu du. Maniobra horren bidez, unibertsitate-sistemak neurketa- eta errentagarritasun-sistema bat inposatu nahi die proiektu artistikoei, beste ikasketa eta unibertsitate-jakintza batzuen metodologiaren arabera. Unibertsitate-jardunaren uniformizazio horrek eragina izan du erakusketen hedapen-prozesuetan ere, eta gero eta ohikoagoa da ikerketen laginean oinarritutako erakusketak ikustea. Normalean, dokumentu, artxibo eta testu ugarien erakusketa trinkoak izaten dira, eta, askotan, defendatu nahi den tesiaren inposizioa urritzen duen erlazio mota bat sortzen dute. Bishopen ustez, horrelako erakusketek denbora-arazo bat dakarkie ikusleei irakurketarako aukeran. Teorialariaren arabera, irakurketa aukerak gainditzen dituzten erakusketak dira.

Artxiboen gaitza, espiral errizomatikoa edo bukaera zehatza duten formatuen aurkako jarrera etikoa ere *ad infinitum* ez oso argi batean eror daiteke, eta, azkenean, ez da oso inklusiboa. Baliteke ERTIBIL40 Bishopek aipatzen duen deriba horretan jaustea. Hala ere, Rekalde Aretoan egindako keinu kuratorialak Ertibil artxibo gisa ulertzeko obertura zaindua proposatzen du. Ertibil lehiaketaren imajinarioa setiatzen duten genealogiak eta iraganak zaintzen ditu, sentsibilitate, gorputz eta kontingentzien konponketan arreta jarriz. Erakusketa espazioa bere buruaren artxibo gisa ulertzeko ariketa bat da; horrek Faustin Linyekularen *My Body, My Archive* lanean pentsatzera bultzatu ninduen.

My body, My Archive pieza eszeniko horretan, Faustin Linyekula kongoar koreografo eta dantzaria artxiboko paradigma garaikide guztien aurka borrokatzen da. *My Body, My Archive* zera da, liburuxkaren hitzetan, «bere gorputzaren sakonean aztoratzen duen pieza da, bere herrialdearen eta arbasoen artxibo ukigarria dena». Dantzariaren lana eta familiaren genealogia zeharkatzen ditu, emakumeen istorioei tartea emanez. Musikaren eta dantzaren arteko elkarrizketa batetik abiatuta, dantzariak, kafe zoru baten gainean, bere egikera eszenikoa eraiki duten hainbat keinu, mugimendu eta mantra eta bere dantzaren euskarria den hiztegia taularatzen ditu. Dantzariaren gorputza artxibotzat hartzen da eta bere genealogiak zeharkatzen ditu argi utzi gabe, bere eraikuntzen irudi objektibo eta amaierara iritsi gabe. Hala ere, piezak ez ditu exotizatzen eta ez du uzten bere kodeak erretratura murriztuak izatea. *My Body, My Archive* jarduera finkatutzat aurkezten da, artxiboa harremanen ekosistema baten legez ulertuta, bere nortasuna eraikitzen duten afektuen multzo legez, non egunerokotasunaren oinordeko diren keinu eta jakintza afoniko batzuek jarduten duten.

Bai ERTIBIL40, bai *My Body, My Archive*, artxiboaren irekieraren poesia egiten duten objektuak dira. Bi lan, keinu edo erakusketa, zein espazio betetzen duten galdetzetik abiatzen direnak, zer erlazio ezartzen den jasotako materialekin eta nola erakusten diren, haien hedapenarekiko sentikorrak izanik, haien exotizazioan edo fetitxismoan erori gabe. Proposamen biek erakusten dute gorputzek nola eusten, berrirakurtzen eta zeharkatzen dituzten dantzaren edo arte garaikidearen eraikuntza kulturalak. Eta *My Body, My Archive* bere tipologiagatik dantza pieza bat den arren eta gorputzak oholtzaren gainean ipintzen dituen arren, bien arteko erlazioak ERTIBIL40ren kasuan ematen den objektuaren gainditzean pentsarazten du.
Objektutik haratago, ERTIBIL40 artxiboa instalazio bilakatzen duen erakusketa gisa hedatzen da, ekintza-espazio bihurtzen dena eta ez hainbeste erakusketa-espazio, eta bere ohiko erakusketa-nortasuna alde batera uzten duena. Jarduera-programa batetik eta lantalde desberdinetatik abiatuta, Rekalde Aretoa topaketarako, hitzaldirako eta ekintzarako gune bihurtzen da. Keinu hori, aldi berean, krisian jar liteke, erakundeek beren eragina kapitalizatzeko duten premian pentsatuko bagenu.

ERTIBIL40 ere erakusketa-formatuaren eraldaketaren adibide gisa funtziona dezake, publikoarekin duen elkarreraginetik abiatuta haren aurkezpena justifikatzen duen ekintza-espazio baterantz, askotan gatibu izatera pasatzen den publikoa. Kultura-sistemen neoliberalizazioak errentagarritasunaren diskurtsoak iristea ahalbidetu du, errazagoa da espazio aktibo gisa azaltzen den erakusketa batek zifra hobeak aurkeztea.

Publiko gatibua tresna interesgarria da, gardentasunaren sistemarekin, zenbakiekin eta publikoen errentagarritasunarekin kontraesanean dagoelako. Lehenik eta behin, tresna horrek erakusten digu publiko jakin batzuek zerikusia dutela sektorearen beraren hermetismoarekin. Ikusmin- eta aktibazio-egoera hori lotuta dago, halaber, kontsumoa kapitala ekartzen duen ekintza gisa birdefinitzen den kulturaren esparruarekin, prosumitzailearen figurarekin. ERTIBIL40n, bere katalogoan idatzitako testu batzuk bere jardueretara gonbidatutako agenteen kontakizunetik abiatzen dira. Rekalde Aretoan bizitzea kapital sinboliko bihurtzen duten irudiak.

Eta horrek zenbateraino ez du ekintza kontenplazio-objektu bihurtzen? Documenta 15ean, zeinetan Ruangrupa kolektiboak egin zuen kuradoretza lana, galdera hori ikusle askok egin zuten. Kuradoreek bost kolektibo gonbidatu zituzten beste kolektibo batzuk gonbidatzera eta, horrela, gonbidapen amaigabea egin zen. Gonbidapen horietako askoren funtsa Kassel egonaldiak egiteko espazio bihurtzean zetzan. Publiko zuriak, mendebaldekoak, funtsean alemanak eta Kassel herriak berak ez zuten proposamena ulertu nahi izan. Hasteko eta bat, ez zutelako ulertzen zer ikusi behar zen Documenta 15ean, ez zegoelako jarraitu zitekeen erakusketa sistema tradizional bat. Bigarrenik, Documentak arte garaikidearen egoitza-formatuaren kontraesanak azaleratzen zituen. Artista ugari ibili zen hiritik zehar tokiko bilbearekin lotura handiagoa edo txikiagoa ezarriz, eta tokiko bilbe horrek mesfidati ikusten zuen aldez aurreko gainkostu batetik zetorren eta Kassel herriak bere gain hartu nahi ez zuen lehiaketa hura. Horrela, harreman gogorra eta bortitza suertatu zen bi komunitateen artean, topaketa hauskorren esparru badaezpadako batean. Era berean, pentsatu beharko genuke zer gertatzen den arte garaikideko egonaldien sistemaren indarkeriarekin, artista horien gorputza urratzen baitu, batzuetan nahi ez dituzten testuinguruetan jartzen baititu. Documenta, neurri batean, partehartzaileen aldetik Kassel herriari eta bere testuinguruari bizirauteko ekintza xede bihurtu zen espazio izatera heldu zen.

Agian, Documenta 15 jarduera kuratorialaren paradigma bihurtu da, ekoizpen- eta topaketa-prozesuen oberturara gonbidatzeko gune gisa. Documentak lehendik ere berezkoa bazuen arren, *site-specific* delakoaren bikaintasun-eremu gisa, Documenta 15 topaketarako erakusketa-gune bezala funtzionatu zuen, erakusketa bat behin-behineko esparru gisa bere gonbidatuek, bai artistek, bai publikoek, modu erradikalean bizi behar duten espazioa izan behar dela ulertuz. ERTIBIL40k ehundura horren alde bat du, lehiaketaren kontenplazioa gainditzea dakar bere genealogia eta kontingentzien topagune bihurtuz. Erakusketa-makinaren ilusioa eta instituzionalizazioa hautsi nahi dituen erakusketa bat, haren egitura afektiboak eta oroimenari eusten dioten gorputz, izen eta objektuak ikusarazteko.

CARLES SAURÍ

ESBORRANY: VERSIÓ PRELIMINAR D'UN ASSAIG PER A UN CATÀLEG

ERTIBIL40 empieza con un gesto expositivo. Un formato que visibiliza lo que subyace, expone aquello que Duchamp llamaba *infraleve* (término que expresa la poética de lo contingente y hace referencia a elementos que se encuentran en tensión hacia la desaparición). Este gesto se despliega exponiendo aquellos elementos, afectos y cuerpos que sostienen la ilusión de lo poético. Si bien Duchamp veía la belleza de lo frágil, permitiendo la superación de lo catártico y monumental del arte, esa búsqueda de la belleza *per se* es ahora un espacio de privilegio. El ejercicio de exponer, presentar o visibilizar aquello que sostiene es un ejercicio que parte de un pensamiento situado, que no quiere dejar atrás la contingencia, dejando de lado el *shock* estético o conceptual.

Si bien el Arte es un espacio de radical libertad, esto lo convierte en un ejercicio de extrema responsabilidad. Si a ello le añadimos un contexto institucional, blanco, occidental y con cierta solvencia económica, esta responsabilidad se dispara. Crear ya no puede ser un ejercicio que nazca desde un gozo privilegiado que olvide sus condiciones. Tampoco puede seguir siendo un ejercicio metalingüístico basado en la activación de genealogías occidentales y masculinas. Es decir, ahora mismo el hecho / el gesto de girar un urinario para transformarlo en fuente ya no puede olvidar que ese objeto ha sido producido en una fábrica con unas condiciones X, a partir del uso de X materiales y que conlleva la puesta en circulación en un mercado (simbólico y económico).

ERTIBIL40 es una exposición curada por Iván Gómez, MawatreS, Andrea Estankona y Jon Macareno, construida desde el gesto de exponer aquellos elementos, afectos, relaciones y cuerpos que sostienen la ficción de lo poético y la ilusión de lo institucional. La Real Academia Española define 'ilusión' a partir de cuatro acepciones. La primera de ellas dice: "concepto, imagen o representación sin verdadera realidad, sugeridos por la imaginación o causados por engaño de los sentidos". De esta acepción convendría poner en duda esa idea de "sin verdadera realidad". Sin embargo, esta convención de la ilusión nos serviría para pensar cómo ERTIBIL40 expone y abre los materiales expuestos de una manera que rasga la ilusión, todo aquello que sostiene el artificio se presenta visible en la sala.

Rem Koolhas, en *Delirio de Nueva York*, explica cómo la arquitectura occidental moderna de principios del siglo XX se basó, en gran medida, en la ilusión fantástica, o el sintético irresistible, que permitía la tecnología. Un sintético irresistible sería el espejismo, en un parque de atracciones, que te permite creer que entras en un tren de la mina como parte de una escena de Indiana Jones. Esta búsqueda de la fascinación y del escapismo olvida y oculta completamente que la tecnología que permite esa ensoñación está sostenida por un cuerpo de personas, seguramente mal pagadas, racializadas y de clase baja. Si pensamos en la Nueva York de principios del siglo XX, donde la ilusión por lo fantástico construyó los grandes rascacielos, podríamos pensar que esa ilusión era una vez más el ocultamiento de las clases e identidades que levantaron el sueño de los promotores pudientes, hombres blancos pertenecientes a familias colonas.

Volviendo a la realidad contemporánea de la Sala Rekalde, ERTIBIL40 pone el gesto en no olvidar quién sostiene qué, a quién y cómo. Por ejemplo con ejercicios superfluos y simples, como el hecho de dejar ver la conexión de un proyector o las capas de pintura de anteriores exposiciones. Estos son gestos que no buscan la belleza del artificio estético, de la ilusión fantástica, de las formas atractivas o del sintético irresistible. Estos gestos pueden leerse como roturas de la ficción que suele construir una sala de exposiciones. La sala de exposiciones es un mecanismo higienista preparado para activar la ficción artística y ocultar aquello que la sostiene. Dejar a la vista qué sostiene un muro de carga es quebrar esa potencia higienista del cubo blanco. Tampoco es un juego lingüístico como la rotura de la cuarta pared de Bertolt Brech, porque con el teatro del absurdo el creador alemán tan solo demostraba el artificio, pero no quién estaba allí para sostenerlo.

Cuando las Guerrilla Girls cuestionaron a la institución museística y preguntaron sobre sus fondos y el papel que desempeñan las mujeres en ellos, no solo rompían la ilusión que da pie a la ficción museo, sino que además ponían en juicio a quién y qué se proyectaba desde esa ficción. Las obras de Sheela Gowda no olvidan los materiales o los procesos de producción de los objetos que habitan sus obras. El *ready made* de Duchamp, la rotura de la cuarta pared de Bertolt Brecht o el sintético irresistible de Rem Koolhaas se sienten ya como juegos lingüísticos producidos por cuerpos e identidades que se pueden permitir el privilegio de hablar de la ficción olvidando quién y qué la sostiene, y aunque con su ruptura permitan visibilizar las contingencias, estas se mantienen en un estado semántico.

Las siguientes tres acepciones de 'ilusión' de la RAE son:

2. f. Esperanza cuyo cumplimiento parece especialmente atractivo.
3. f. Viva complacencia en una persona, una cosa, una tarea, etc.
4. f. *Ret.* Ironía viva y picante.

Las tres podrían ir juntas para hablar de la ilusión de lo institucional. En primer lugar, espacios como la Sala Rekalde funcionan para mantener relatos, estructuras simbólicas y relacionales que permiten pensar en comunidad o escena artística. Algo que en el caso del sector artístico acaba muchas veces convirtiéndose en viva complacencia por una ruta definida que parece segura y permanente. ERTIBIL40 funciona contra la segunda y la tercera definición con la cuarta. La muestra implica una ironía sobre aquello que espera una espectadora o un espectador que entra a la Sala Rekalde. Alguien entra en una sala de la que espera los nuevos nombres de un panorama y lo que hace aquí es reencontrarse con nombres que ya habitaron esa sala, dentro de un montaje que permite ver sus contingencias.

ERTIBIL40 es un gesto curatorial que parte del cuestionamiento relacional de lxs curadorxs hacia el espacio y del espacio hacia lxs curadorxs. ¿Qué son 40 años? ¿Qué es la Sala Rekalde? ¿Qué ha soportado y qué soporta este lugar? A partir del pensamiento y la crítica situada este tipo de gestos son cada día más comunes. El Arte como ejercicio de responsabilidad, como decíamos anteriormente, presenta un cuestionamiento que conlleva un debate interno y colectivo sobre qué potencialidades generan los contextos en relación a lxs individuxs y comunidades. Debido a ello es importante preguntarse qué lugar y qué posición se ocupa cuando se tiene autoría y posibilidad de desarrollo.

Hay una pared en la exposición a la que se le han retirado las últimas capas de pintura. El decapado ha permitido que aparezcan anteriores recubrimientos plásticos. La adición de capas blancas permite al *white cube operar como dispositivo de cancelación temporal. Los cubos blancos operan como una máquina que genera tiempos suspendidos con autonomía de su historia, cada exposición nueva debe ser un nuevo marco temporal autónomo. En 1999 Pierre Huyghe presentó la pieza Timekeeper* en la exposición *Le process du temps libre* en el Vienna Secession. Ubicada en The Hauptraum, tal vez "el primer cubo blanco", el artista francés lijó una sección del muro. Utilizando una lijadora circular el artista generó una serie de círculos concéntricos en los que se podían ver los diferentes estados cromáticos que había tenido la pared. Con la pieza de Huyghe, o el gesto de revelar capas anteriores de la Sala Rekalde, podemos convenir que el cubo blanco es un espacio temporal y que las exposiciones se construyen a partir de la ficción de unos límites físicos (sus muros) y fronteras temporales (sus fechas).

Si bien estos dos gestos, *Timekeeper* y el decapado de las paredes de ERTIBIL40, revelan parte de los límites, siguen sin dar pie a ver otros límites virtuales que operan en el sistema artístico. A partir de estos dos ejercicios podemos pensar en límites físicos y temporales, pero ¿qué pasa con la estructura burocrática que sostiene el sistema nervioso de la Sala Rekalde o del certamen Ertibil? Esta pregunta se trató de responder en una exposición de Patricia Gómez y María Jesús González en el IVAM en 2018. En la muestra *Fins a cota d'afecció*, en la Galería 4, una sala de dos pisos de la institución valenciana, Gómez y González decidieron revelar las capas de pintura de anteriores exposiciones en el piso inferior. En el superior las artistas sacaron todos los documentos, archivos y relaciones burocráticas que había generado el IVAM para confeccionar sus programas. En un doble ejercicio de decapado, *Fins a cota d'afecció* era una exposición, instalación u obra que permitía pensar en la estructura temporal, física y virtual que sostiene la ilusión del cubo blanco. Los archivos y documentos expuestos visibilizaron la masa gris del Institut Valencià d'Art Modern.

Estas piezas o exposiciones trabajan desde ejercicios sustractivos. Estas son acciones que permitían ver las capas invisibilizadas por el blanco del espacio higiénico del cubo blanco. En cambio, la pieza *Licked* (2001) de Thomas J. Price operaba desde la adición de su saliva sobre la pared de una sala. En esta pieza el artista lame los muros de una sala hasta que su lengua seca empieza a sangrar y deja un rastro de saliva y sangre que tiñe de manera muy sutil la pared. Con esta performance Price expone de manera poética y metafórica la violencia estructural, simbólica y espacial de la arquitectura del arte contemporáneo. Además, el hecho performático permite visibilizar el cuerpo que sostiene el objeto artístico de manera radical. A su vez, como cuerpo racializado la pieza se puede leer también como una crítica hacia el higienismo y la búsqueda de autonomía de un dispositivo blanco y occidental como es el cubo blanco. *Licked* habla de las violencias simbólicas, genealógicas y blancas que subyacen en la ilusión del espacio autónomo de una sala de exposiciones, un objeto que ha servido en parte como dispositivo invisibilizador de identidades, razas y clases contingentes y disidentes.

Hace unos meses Claire Bishop publicaba en Artforum el artículo *Information Overload. Claire Bishop on the superabundance of research-based art*. En el texto se pone en tela de juicio la abundancia de exposiciones basadas en la apertura (casi) infinita de investigaciones o archivos. La neoliberalización que han supuesto los últimos cambios en la academia y en las universidades ha permitido que aparezca y se solidifique el concepto de investigación artística. Con esta maniobra el sistema universitario trata de imponer un sistema de medida y rentabilidad a los proyectos artísticos semejante por metodología al de otras carreras y saberes universitarios. Esta uniformización del hacer universitario ha afectado también a los procesos de despliegue expositivo y cada vez es más habitual ver exposiciones basadas en la muestra de investigaciones. Estas suelen ser exposiciones habitualmente densas en su cantidad de documentación, archivos y textos y suelen producir muchas veces un tipo de relación que roza la impostura por parte de la tesis que quiere defenderse. Para Bishop, este tipo de exposiciones presenta un problema de tiempos con la posibilidad de lectura de lxs espectadorxs. Se trata de un tipo de muestras que según la teórica superan las posibilidades de lectura.

El mal de archivo, la espiral rizomática o la posición ética contra los formatos conclusivos puede caer también en un *ad infinitum* poco claro y acaba siendo poco inclusivo. Puede que ERTIBIL40 caiga en él en algún momento en esta deriva de la que habla Bishop. Sin embargo, el gesto curatorial desarrollado en la Sala Rekalde plantea una obertura cuidada de Ertibil como archivo. Demuestra un cuidado por las genealogías y los pasados que asedian el imaginario del certamen Ertibil, con atención a la reparación de sensibilidades, cuerpos y contingencias. Un ejercicio de entendimiento del espacio expositivo como archivo de sí mismo; esto me llevó a pensar en *My Body, My Archive* de Faustin Linyekula.

My Body, My Archive es una pieza escénica del coreógrafo y bailarín congoleño Faustin Linyekula. En esta obra Linyekula lucha contra todos los paradigmas contemporáneos del archivo. *My Body, My Archive* es, según palabras del folleto, una pieza que "escarba en las profundidades de su propio cuerpo, que sirve de archivo tangible de su país y sus antepasados". Una pieza que recorre su obra y su genealogía familiar, dando espacio a las historias de las mujeres. A partir de un diálogo entre música y danza, el bailarín pone en escena, sobre un suelo de café, diferentes gestos, movimientos y mantras que han construido su presencia escénica y el vocabulario que construye su danza. El cuerpo del bailarín se asume como archivo y recorre sus genealogías sin dejarlas claras, sin llegar a emitir una imagen objetiva ni conclusiva de sus construcciones. Sin embargo, la pieza no exotiza ni permite una reducción de sus códigos al retrato. *My Body, My Archive* se presenta como un ejercicio situado, entendiendo el archivo como un ecosistema de relaciones, un cúmulo de afectos que construyen su identidad, en los que operan toda una serie de gestos y saberes afónicos herederos de su cotidianidad.

Tanto ERTIBIL40 como *My Body, My Archive* son objetos que hacen poesía de la apertura situada del archivo. Dos obras, gestos o exposiciones que parten de preguntarse qué espacio se ocupa, qué relación se establece con los materiales contenidos y cómo mostrarlos siendo sensibles a su despliegue sin caer en su exotización o fetichismo. Ambas propuestas muestran cómo los cuerpos sostienen, releen y transitan las construcciones culturales de la danza o el arte contemporáneo. Y pese a que *My Body, My Archive* por su tipología es una pieza de danza y pone en escena los cuerpos, la relación entre ambas hace pensar en la superación del objeto en el caso de ERTIBIL40.

Más allá del objeto, ERTIBIL40 se despliega como una exposición que vuelve instalación el archivo, que se vuelve un espacio de acción y no tanto de muestra y que deja de lado su habitual identidad expositiva. A partir de un programa de actividades y de diferentes grupos de trabajo, la Sala Rekalde se convierte en un espacio para el encuentro, la charla y la acción. Un gesto que a su vez podría ponerse en crisis si pensáramos en la necesidad de las instituciones por capitalizar su afección. ERTIBIL40 puede funcionar también como ejemplo de la transformación del formato expositivo hacia un espacio de acción que justifica su presentación a partir de su interacción con el público, que muchas veces pasa por ser cautivo. La neoliberalización de los sistemas culturales ha permitido la llegada de los discursos de la rentabilidad, una exposición como espacio activo es más fácil que presente mejores cifras.

El público cautivo es una figura interesante por su contradicción con el sistema de la transparencia, los números y la rentabilidad de los públicos. En primer lugar, es una figura que muestra que algunos públicos tienen que ver con un hermetismo del propio sector. Un estado de expectación y activación que también está en relación con el marco de una cultura donde el consumo es redefinido como acción que aporta capital, con la figura del prosumidor. En ERTIBIL40 algunos de los textos escritos en su catálogo parten de la relatoría de agentes invitadas a algunas de sus actividades. Unas figuras que convierten en capital simbólico su habitar en la Sala Rekalde.

¿Y hasta qué punto esto no convierte la acción en objeto de contemplación? Esta fue una pregunta que muchxs espectadorxs se hicieron en la pasada Documenta 15, curada por el colectivo Ruangrupa. Lxs curadorxs invitaron a cinco colectivos a invitar a otros colectivos y de esa manera se hizo una invitación infinita. Muchas de esas invitaciones partían de transformar Kassel en un espacio de residencia. El público blanco, occidental, básicamente alemán y el pueblo de Kassel no quisieron entender la propuesta. En primer lugar, porque no entendían qué había que ver en Documenta 15, porque no había un sistema expositivo tradicional al que acoplarse. En segundo lugar, Documenta visualizaba las contradicciones del formato residencial del arte contemporáneo. Una cantidad ingente de artistas transitó por la ciudad estableciendo más o menos relación con la trama local, una trama que además veía ya con ojos de sospecha un certamen que venía de un sobrecoste anterior y que el pueblo de Kassel no quería asumir. De este modo, la relación fue dura y violenta por parte de dos comunidades que se encontraron en el marco de unos encuentros frágiles. A su vez deberíamos pensar qué pasa con la violencia del sistema de residencias del arte contemporáneo que vulnera el cuerpo de lxs artistas exponiéndolos a contextos donde a veces no se les quiere. Documenta, en cierta medida acabó siendo un espacio donde la acción por sobrevivir a Kassel y a su contexto por parte de las participantes se volvía objeto de contemplación.

Tal vez Documenta 15 se haya convertido en el paradigma del gesto curatorial como espacio de invitación a la obertura de los procesos de producción y encuentro. Si bien es algo que Documenta ya traía consigo, como espacio de excelencia del *site-specific*, Documenta 15 funcionó como un espacio de exposición del encuentro, que entendía que una exposición como marco temporal es un espacio que debe ser habitado de forma radical por sus invitadxs, tanto artistas como públicos. ERTIBIL40 tiene parte de esta textura, de superación de lo contemplativo del certamen para volverse un espacio de encuentro de sus genealogías y contingencias. Una exposición que pretende quebrar la ilusión de la máquina expositiva y su institucionalización para hacer visibles sus estructuras afectivas y sobre qué cuerpos, nombres y objetos se sostiene su memoria.

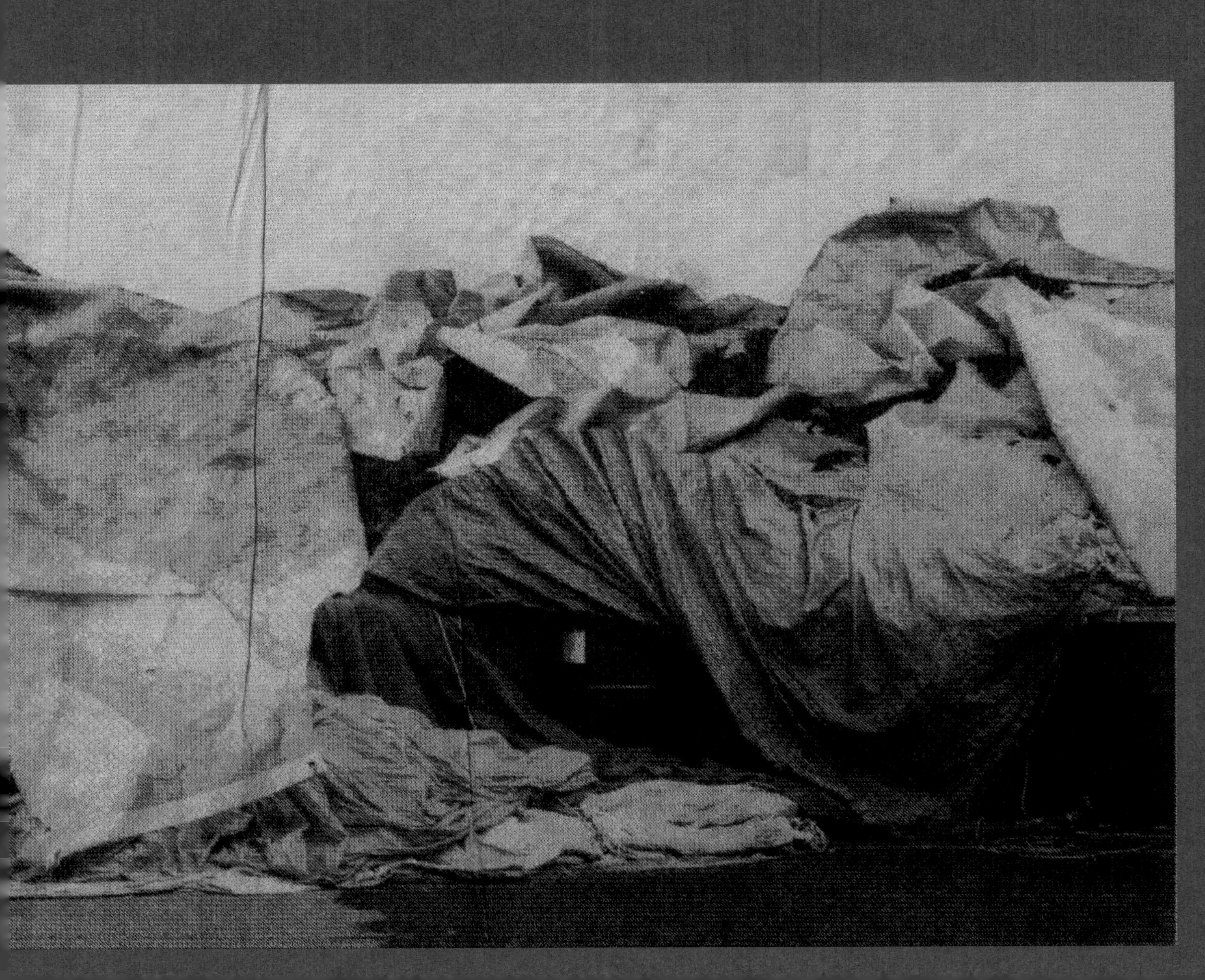

Ikus-entzunezko hausnarketak

Reflexiones audiovisuales

ARANTZA LAUZIRIKA
IZARO IEREGI
ESTELA MIGUEL
+ VICTORIA ASCASO
M. BENITO PÍRIZ
JOSU REKALDE
MIREN BARRENA
RAQUEL ASENSI
DR. KORTEX
HELENA GOÑI
LUIS CANDAUDAP

ERTIBIL BIZKAIA ERTIBIL 40 ERTIBIL BIZKAIA ERTIBIL 40 ERTIBIL BIZKAIA ERTIBIL 40

GRUPO 1

Presencias
y ausencias

Izaro Ieregi
Arantza Lauzirika
Estela Miguel + Victoria Ascaso
M. Benito

1. TALDEA

Presentziak
eta absentziak

Izaro Ieregi
Arantza Lauzirika
Estela Miguel + Victoria Ascaso
M. Benito

Desde el almacén donde se depositan y se guardan las obras que se presentan a la convocatoria de Ertibil, Izaro Ieregi propone una reflexión poética que alude simultáneamente a una dimensión temporal y a un marco espacial, cuestionando y resignificando artísticamente palabras como promover, depositar, obtener, desear, participar, almacenar. Sucesivos recorridos por pasillos y estanterías nos ponen en contacto con una tensión de presencias y ausencias.

Arantza Lauzirika opta por pensar ERTIBIL40 desde las ausencias. Su reflexión parte de la transformación de la mirada y los códigos de expresión artística a través del tiempo. Ertibil no admitió piezas en formato vídeo hasta 2006. En la Facultad de Bellas Artes de la UPV/EHU se trabaja en vídeo desde 1983. Esta pieza se genera a partir de los archivos de la propia facultad y las fichas incluidas en los catálogos de la exposición anual Audiovisual y Sonora celebrada entre 1987 y 2013. Siguiendo una estética que utiliza el error como recurso y sin la pretensión de ser un repositorio ni un documento histórico, *Ez Aurkeztuak* (No Presentadxs) es un homenaje a todxs aquellxs que no pudieron presentarse durante más de 20 años a un certamen que ha servido de plataforma a generaciones de artistas que se formaban o residían en Bizkaia.

La reflexión artística de Estela Miguel y Victoria Ascaso, a través de sus frutas tatuadas, nos habla de la huella de Ertibil, una impronta que modifica un organismo que está conectado a la presencia de esquemáticos personajes que marcan un adentro y un afuera, que establecen agrupaciones y sugieren conexiones en un desplazamiento interno y externo.

M. Benito Píriz hace presente la trayectoria de Ertibil proponiéndonos una versión artística de un posible *merchandising* para su 40 aniversario, transformando el hilo temporal al aplicarlo expresivamente a prendas que pueden vestirnos con un componente cotidiano y contemporáneo. La actualización de los catálogos de toda la historia de Ertibil en un conjunto de gorra, sudadera y camiseta. En la camiseta se encuentran los nombres de todxs los seleccionadxs y premiadxs en Ertibil y en la sudadera *world tour* están escritos todos los pueblos y ciudades por donde ha pasado la exposición itinerante hasta el momento, con un estampado basado en las marcas de bolígrafo y lápiz que tienen los listados de artistas de las primeras ediciones pre-catálogo, que se repite de nuevo sobre estos vídeos de archivo.

Ertibil deialdira aurkezten diren lanak gordetzen diren biltegitik, Izaro Ieregik aldi berean denborazko dimentsio bati eta espazio-esparru bati erreferentzia egiten dien hausnarketa poetiko bat proposatzen du, sustatu, gordailutu, lortu, desiratu, parte hartu, biltegiratu eta antzeko hitzak zalantzan jarriz eta artistikoki esanahi berri bat emanez. Ondoz ondoko ibilbideak korridore eta apalategietatik, presentzien eta absentzien tentsioarekin kontaktuan jartzen gaituzte.

Arantza Lauzirikak ERTIBIL40 absentzietatik pentsatzea erabaki du. Begiradak eta adierazpen artistikoko kodeek denboran zehar denboran zehar jasandako eraldaketatik abiatzen da bere gogoeta. Ertibilek ez zituen bideo formatuko piezak onartu 2006ra arte. UPV/EHUko Arte Ederren Fakultatean bideogintza 1983tik lantzen da. Pieza hau fakultatearen beraren artxiboetatik abiatuta sortzen da, bai eta 1987tik 2013ra bitartean egindako Ikus-entzunezko Erakusketaren katalogoetan sartutako fitxetatik abiatuta ere. Akatsa baliabide gisa erabiltzen duen estetikari jarraituz eta gordailu edo dokumentu historiko izateko asmorik gabe, *Ez Aurkeztuak* (No Presentadxs) omenaldi bat da, hain zuzen ere, Bizkaian ikasitako edo bizitako artisten belaunaldiei plataforma gisa balio izan dien lehiaketa honetara 20 urte baino gehiagoz aurkeztu ezin izan ziren guztiei egindako omenaldia.

Estela Miguelen eta Victoria Ascasoren hausnarketa artistikoa, bere tatuatutako fruituen bidez Ertibilen aztarnaz ari dira, barrualde bat eta kanpoalde bat markatzen dituzten, multzoak ezartzen dituzten eta barneko eta kanpoko desplazamendu batean konexioak iradokitzen dituzten pertsonaia eskematikoen presentziara konektaturik dagoen organismo bat eraldatzen duen aztarna bat.

M. Benito Píriz-ek Ertibilen ibilbidea gogora ekartzen du bere 40. urteurrenerako balizko *merchandising* baten bertsio artistiko bat proposatuz, hari tenporala eraldatuz osagai egunerokoa eta garaikidea izan dezaketen jantziei modu adierazkorrean aplikatzean. Ertibilen historia osoko katalogoen eguneraketa txapel, jertse eta kamisetetan. Kamisetan Ertibileko hautatu eta saritu guztien izenak jaso dira eta *World tour* jertsean erakusketa ibiltariak orain arte igaro dituen herri eta hiriak ageri dira idatzita, eta, gainera, katalogo aurreko lehen edizioetako artisten zerrendek dituzten boligrafo eta arkatzezko marketan oinarritutako estanpatu bat dute, artxiboko bideoetan ere ageri dena.

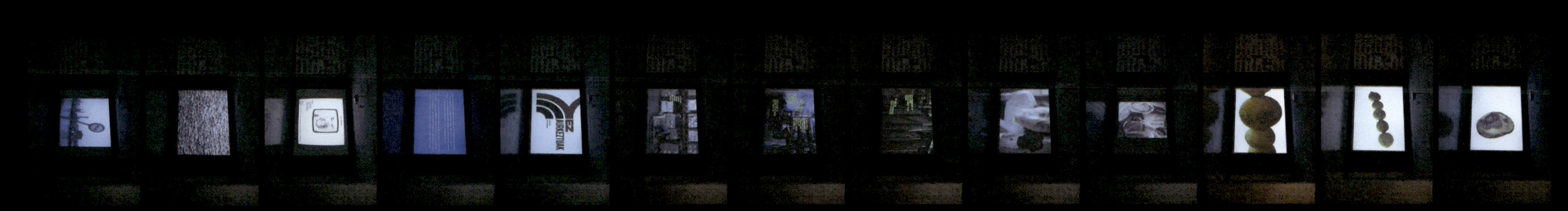

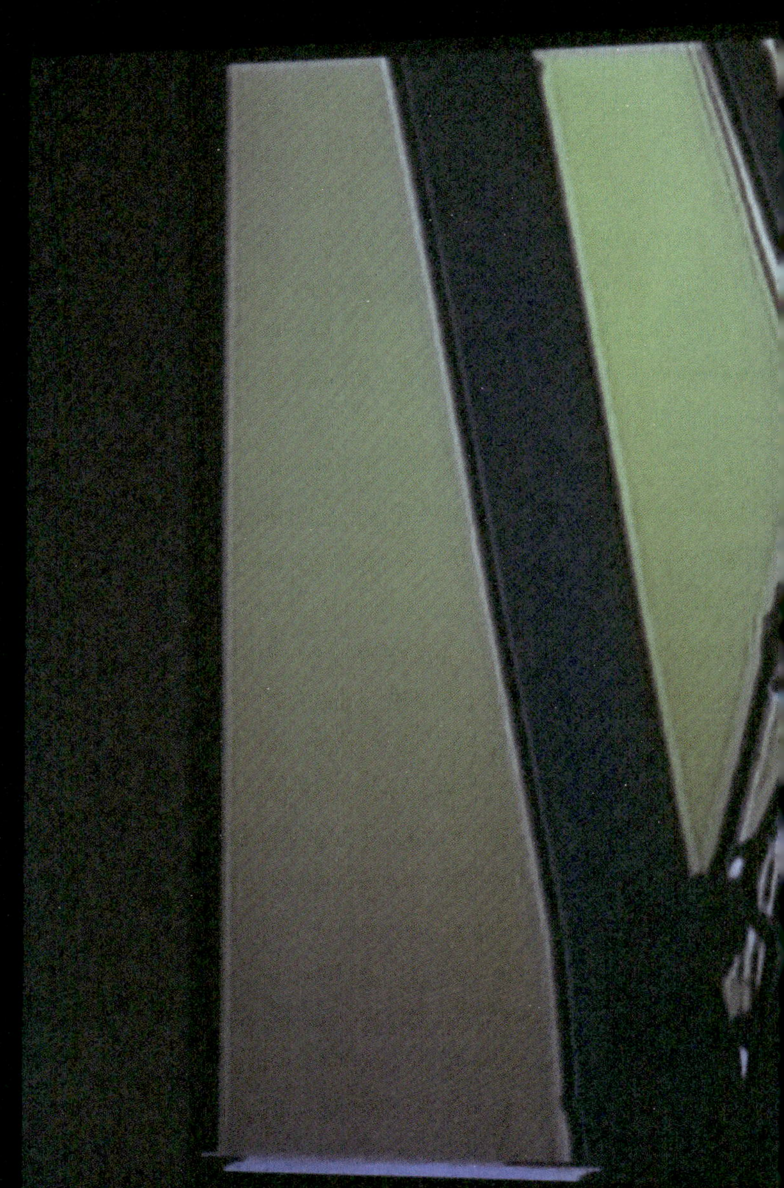

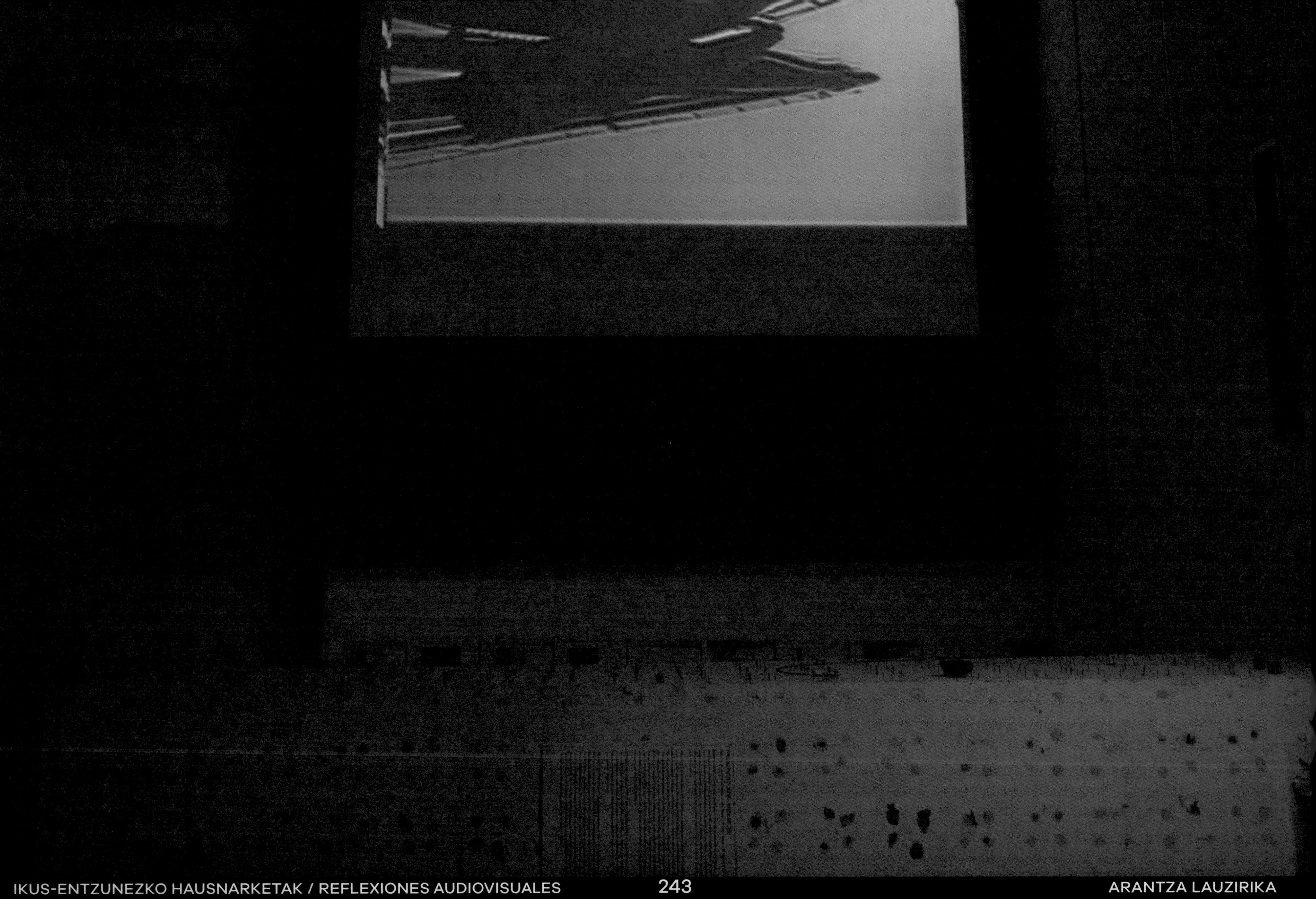

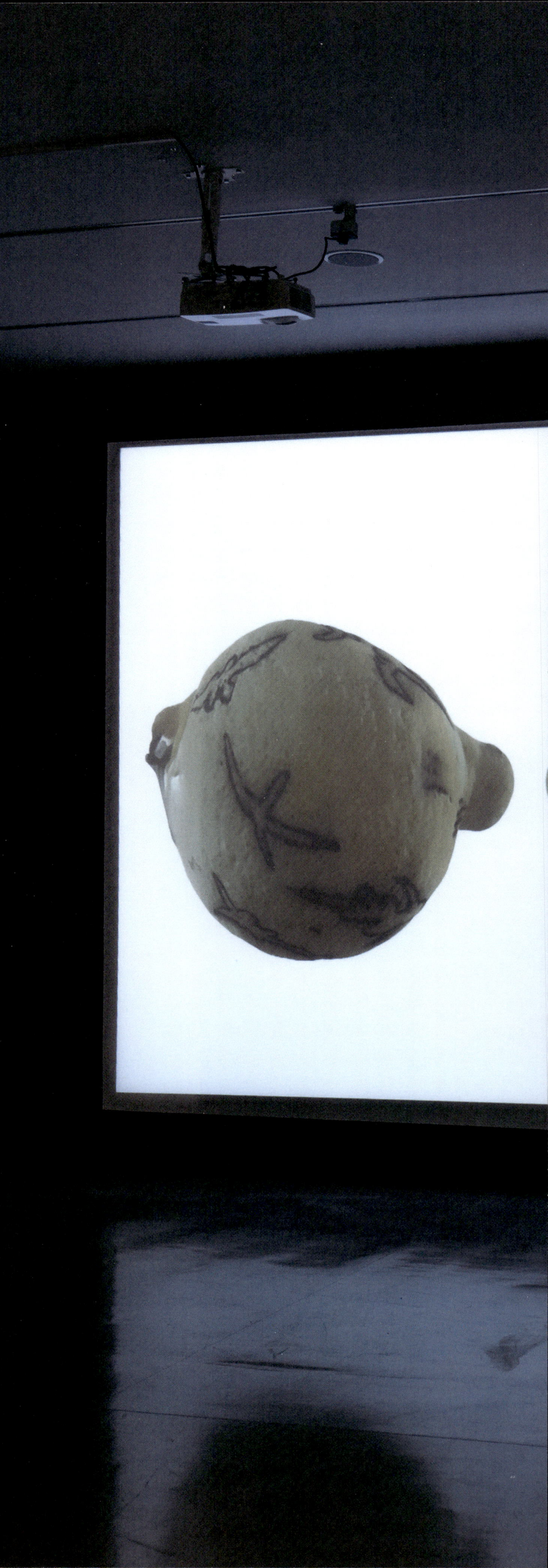

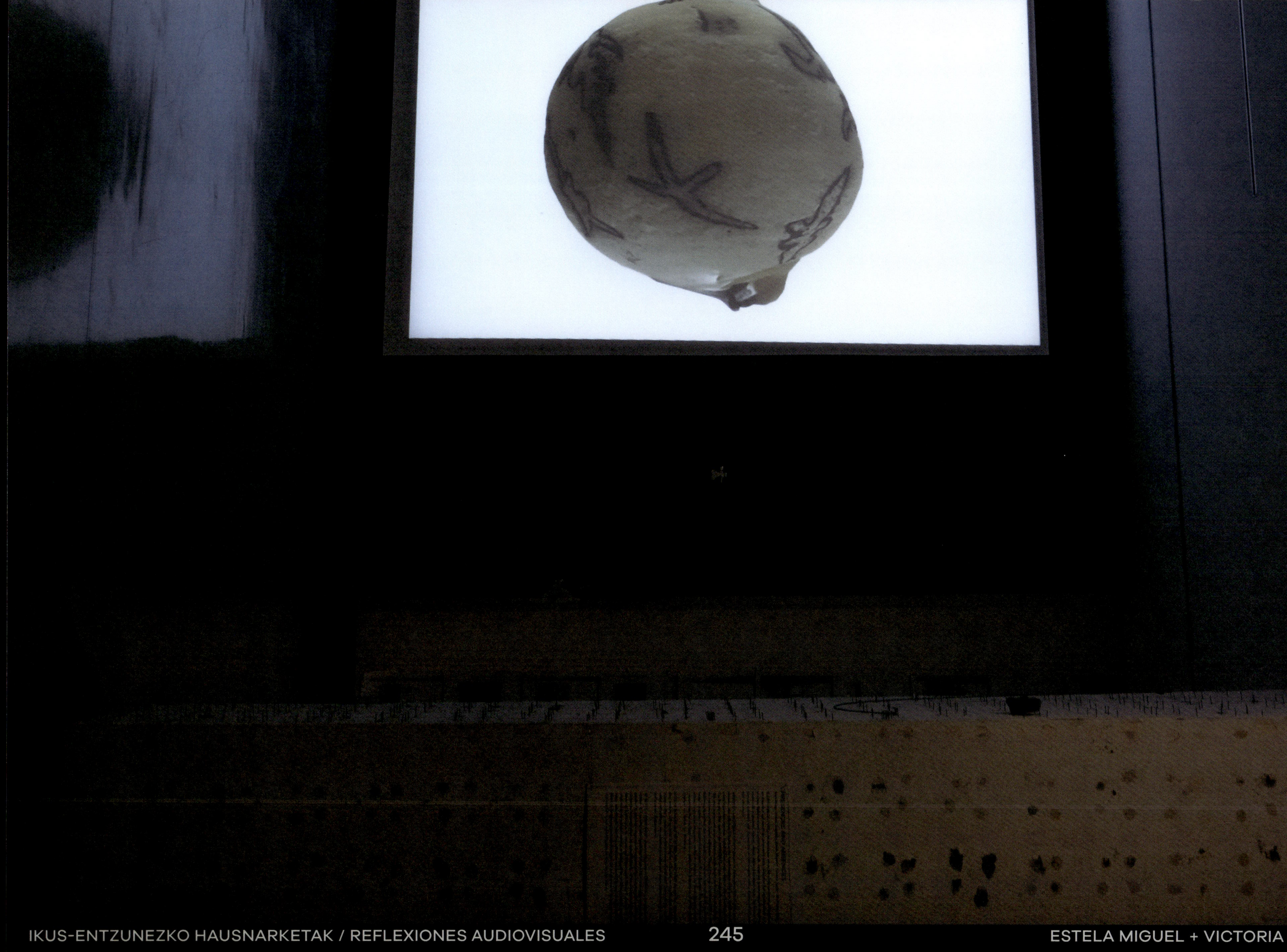

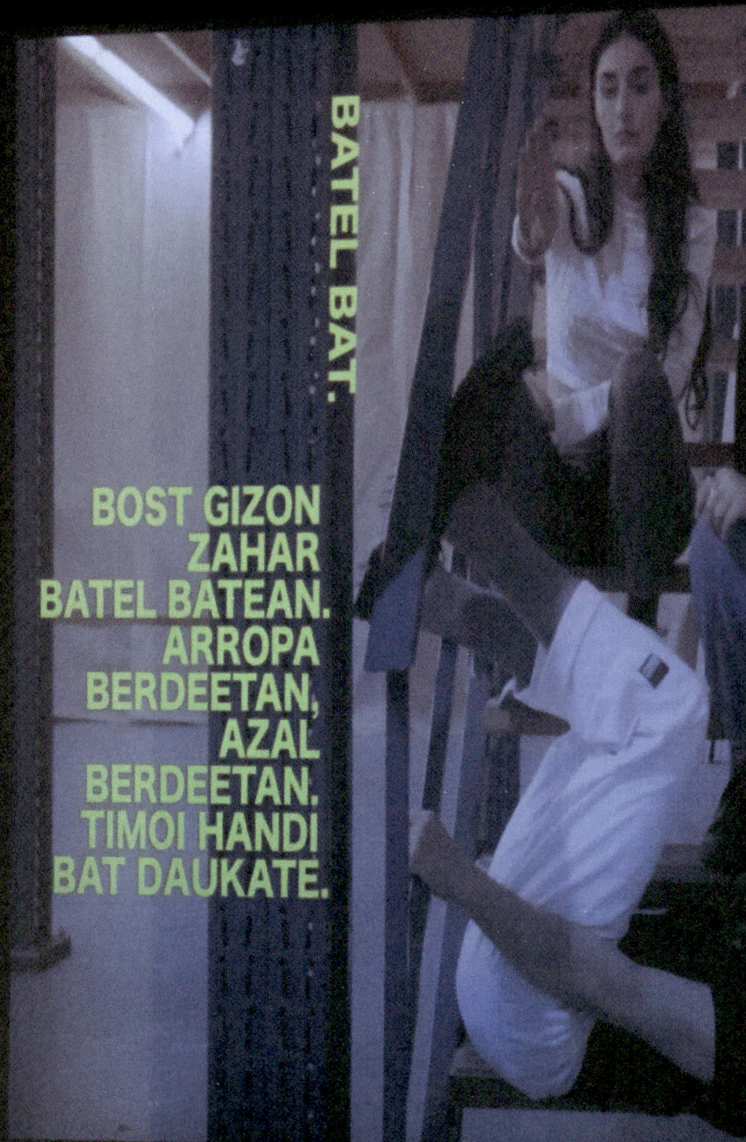
BATEL BAT.
BOST GIZON
ZAHAR
BATEL BATEAN.
ARROPA
BERDEETAN,
AZAL
BERDEETAN.
TIMOI HANDI
BAT DAUKATE.

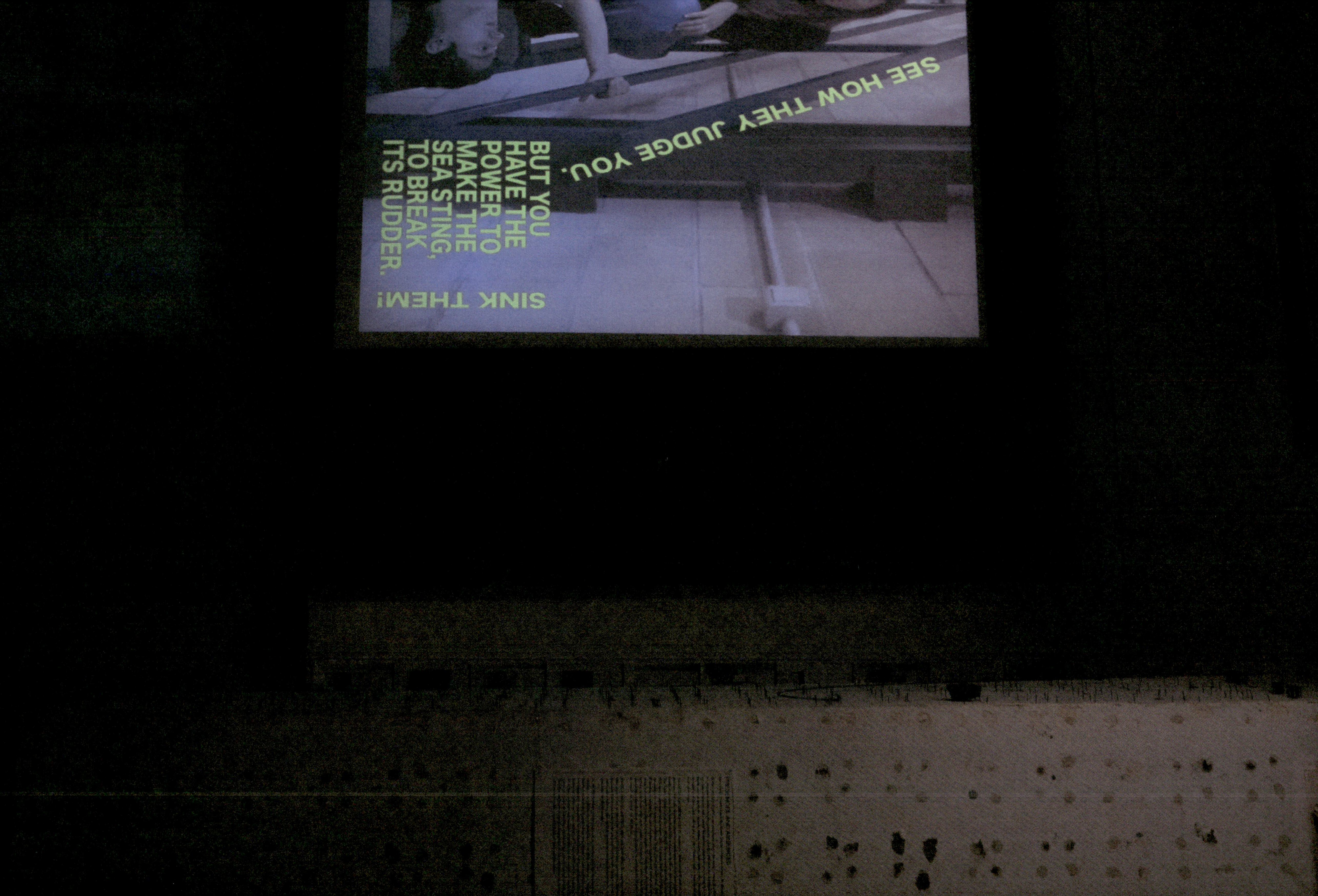
SEE HOW THEY JUDGE YOU.
BUT YOU HAVE THE POWER TO MAKE THE SEA STING, TO BREAK ITS RUDDER.
SINK THEM!

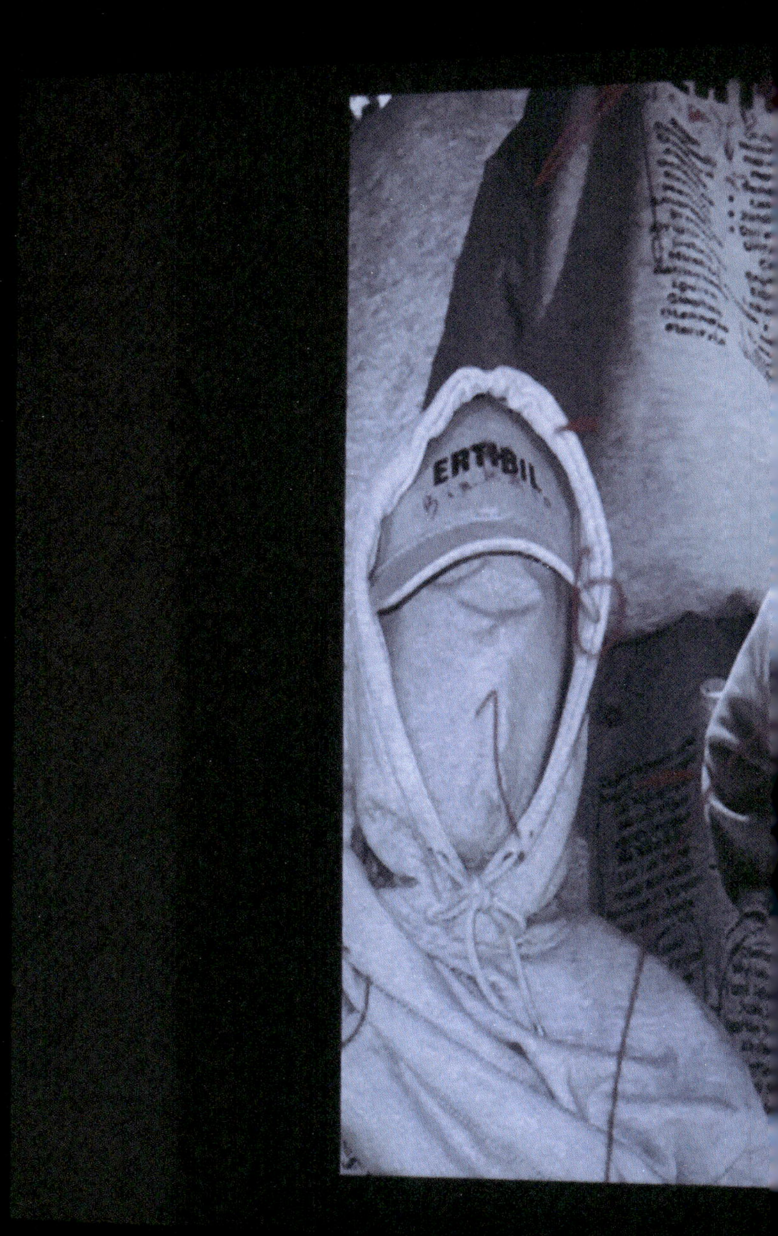

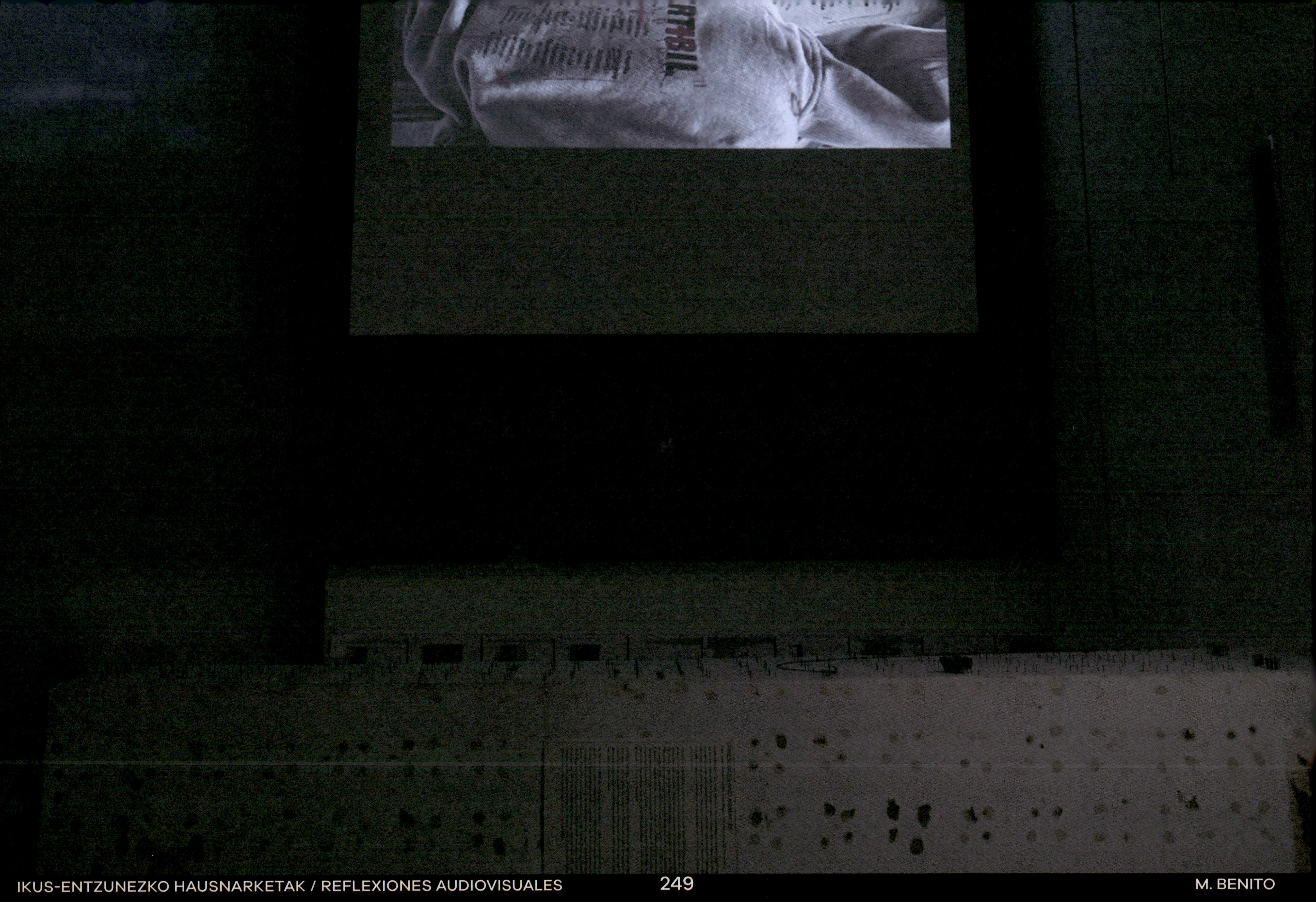

GRUPO 2

Cuerpos y ecosistemas de la creación artística

Raquel Asensi
Miren Barrena
Josu Rekalde

2. TALDEA

Sorkuntza artistikoaren gorputzak eta ekosistemak

Raquel Asensi
Miren Barrena
Josu Rekalde

La reflexión artística de Raquel Asensi sitúa Ertibil como un elemento integrado en un ecosistema del que forma parte. La palabra ecosistema es un significante que nos remite de manera automática al entorno natural. La función del arte no es tanto dar respuestas como formular preguntas. Imaginemos que sí, que somos un ecosistema en el arte. ¿Estamos realmente en un sistema nutrido e interdependiente? Si es así, ¿de qué manera? ¿No será que estamos realmente en una pecera? ¿Cómo se vive y cómo cambia nuestro sistema cultural-social en relación con lo que ocurre en el entorno? ¿Qué relación hay entre el cuidador y la especie? ¿Los peces saben que viven en ese ecosistema?

Josu Rekalde propone una mirada crítica a la episteme del arte, que es la base conceptual e ideológica sobre la que se articulan el pensam ento estético y el campo artístico. Nos sumerge en la propia tensión de la pulsión artística, así como en su relación con la belleza, la representación, la idea del creador y la comunicación de todo aquello que muestran y esconden las palabras.

La reflexión de Miren Barrena mantiene una tensión relacional con el ecosistema, situándonos en el cuerpo como elemento matriz de lo sensorial y de toda expresión artística. Cambia el eje proponiendo un enfoque alternativo: en lugar de pensar desde fuera hacia su cuerpo, lo hace desde su cuerpo hacia fuera, recordando el proceso del molde de la escultura como negativo de la forma definitiva.

Raquel Asensiren gogoetak Ertibil ekosistema bateko elementu integratu gisa kokatzen. Ekosistema hitzak automatikoki garamatza ingurune naturalera. Artearen funtzioa ez da erantzunak ematea, galderak egitea baizik. Demagun baietz, ekosistema bat garela artean. Benetan gaude sistema elikatu eta interdependente batean? Horrela bada, nola? Ez ote gaude arrainontzi batean? Nola bizi eta nola aldatzen da gure kultura eta gizarte-sistema ingurunean gertatzen denari dagokionez? Zer harreman dago zaintzailearen eta espeziearen artean? Arrainek ba al dakite ekosistema horretan bizi direla?

Josu Rekaldek artearen epistemearekiko begirada kritiko bat proposatzen du, horixe baita pentsamendu estetikoa eta eremu artistikoa artikulatzeko oinarri kontzeptual eta ideologikoa. Pultsio sortzailearen berezko tentsioan sartzen gaitu, bai eta horrek edertasunarekin, errepresentazioarekin, egilearen ideiarekin eta hitzek erakusten eta ezkutatzen duten guztiaren komunikazioarekin duen harremanean ere.

Miren Barrenaren gogoetak tentsio erlazional bat mantentzen du ekosistemarekin. Gorputzean kokatzen gaitu, sentsoriala denaren eta adierazpen artistiko ororen elementu nagusi gisa. Ardatza aldatzen du ikuspegi alternatibo bat proposatuz: kanpotik bere gorputzerantz pentsatu beharrean, bere gorputzetik kanporantz egiten du, eskulturaren moldearen prozesua behin betiko formaren negatibo gisa gogora ekarriz.

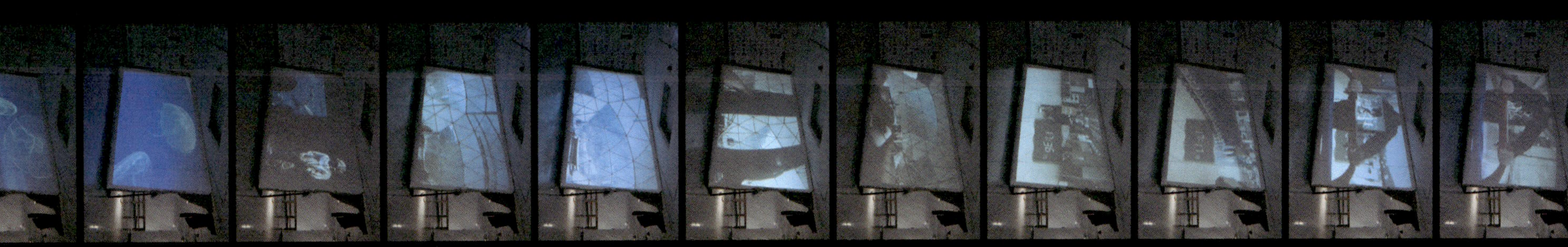

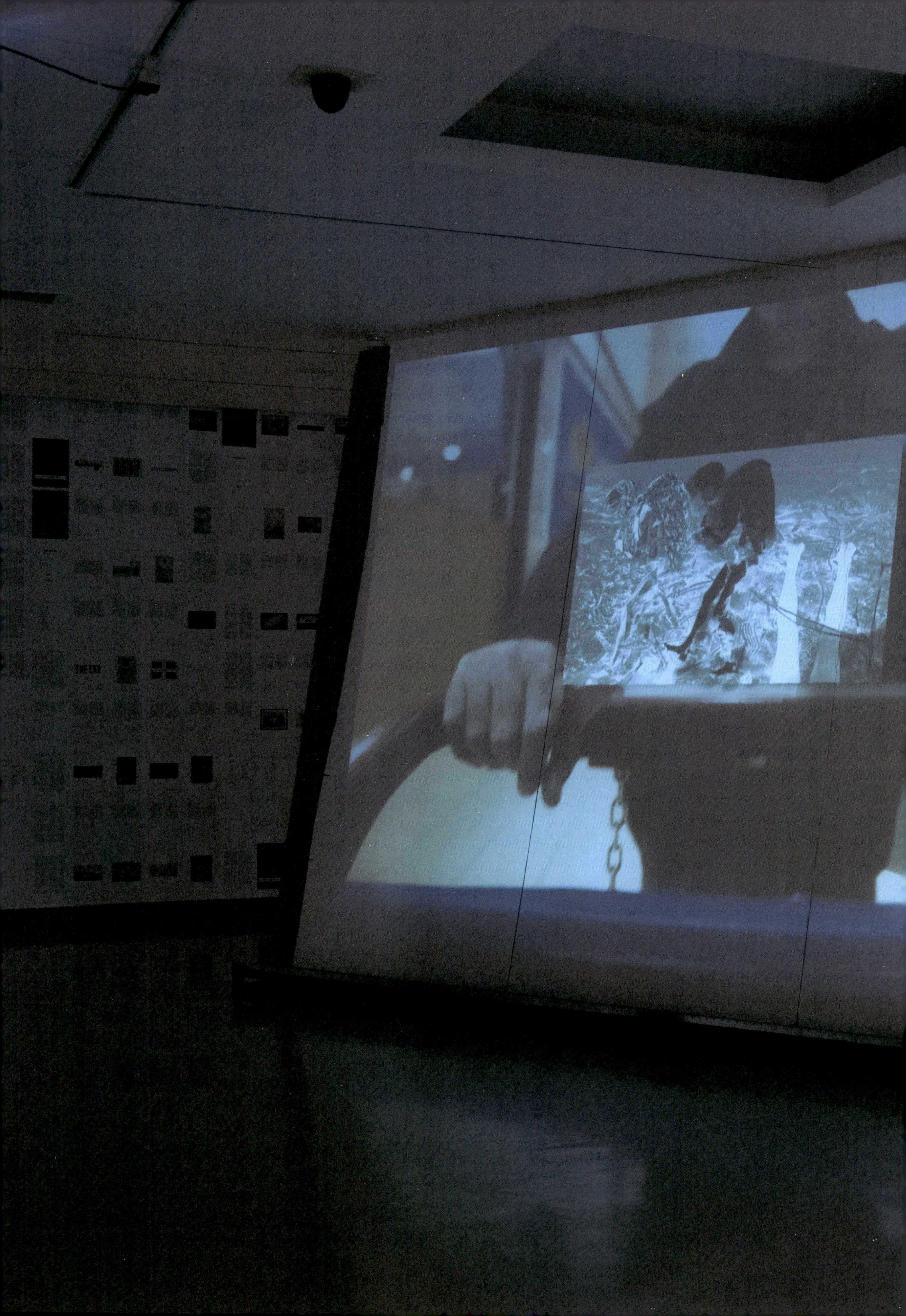

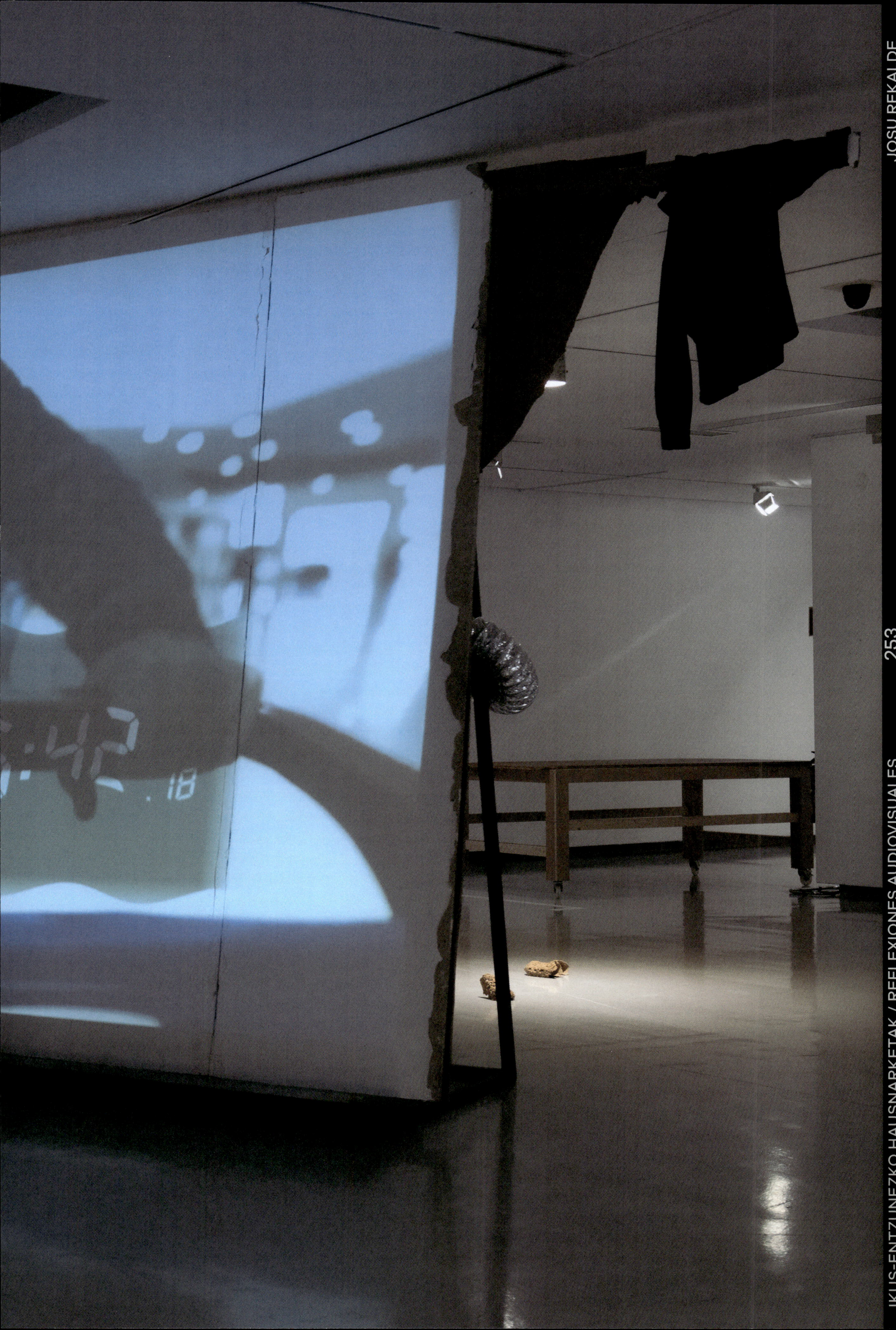

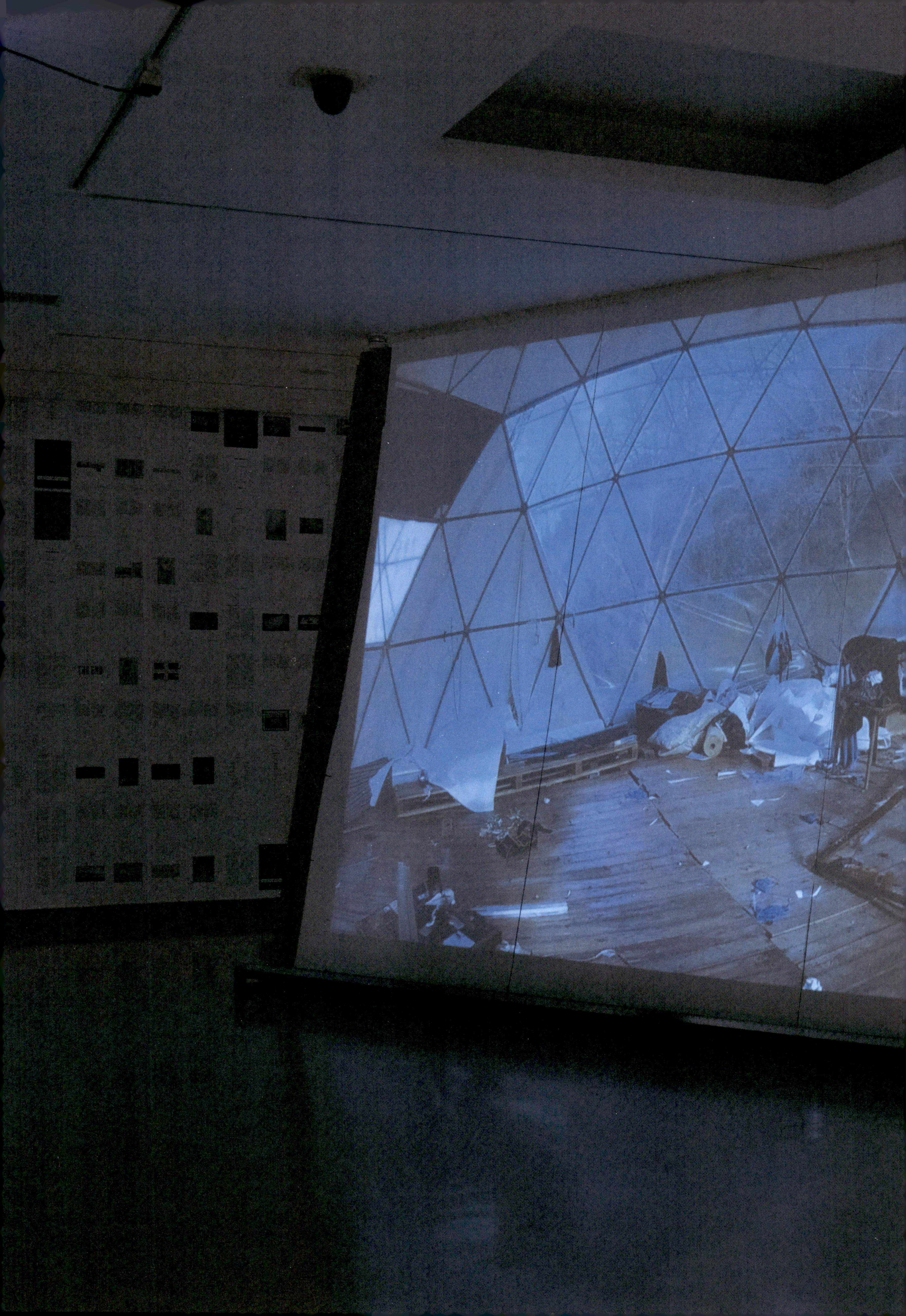

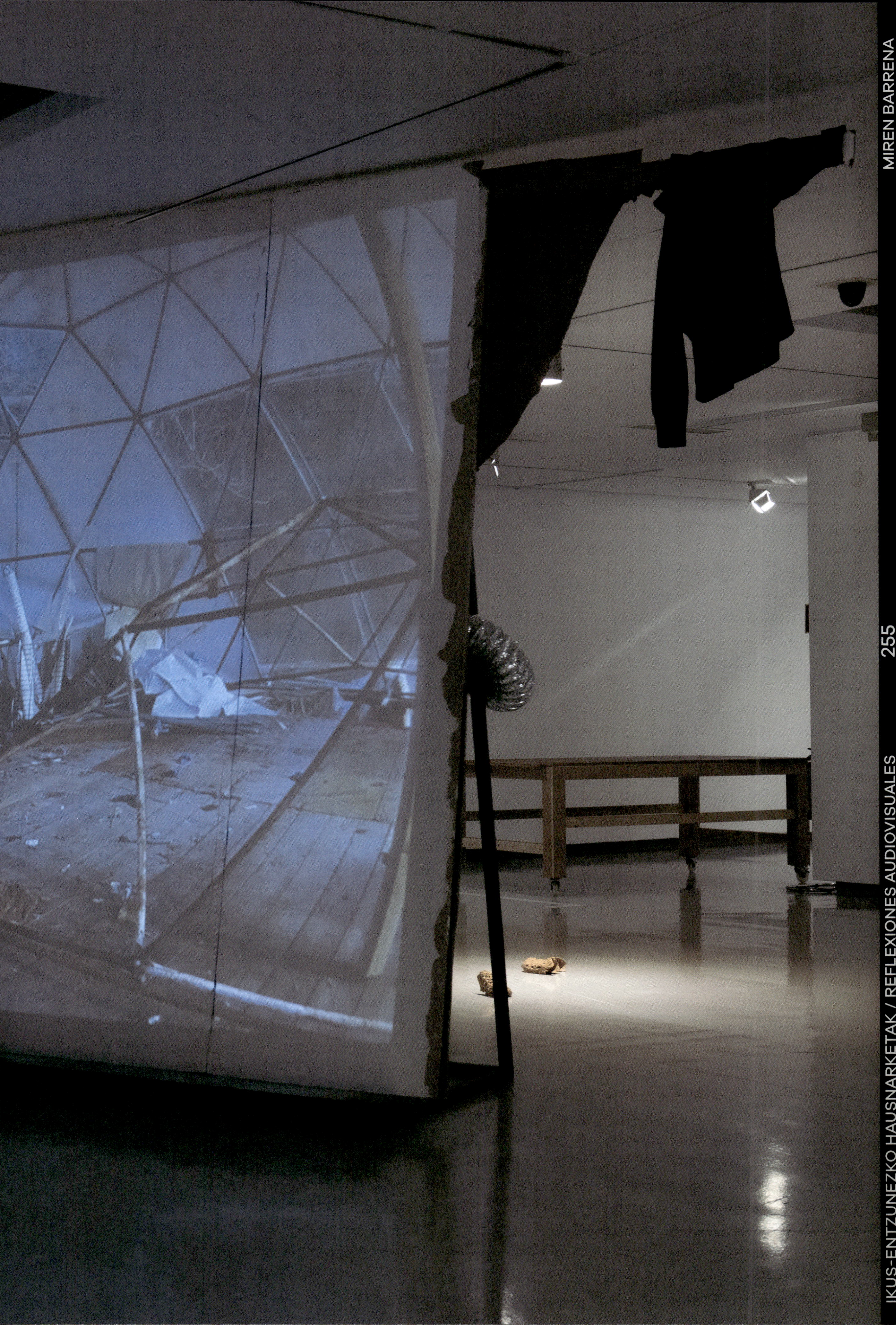

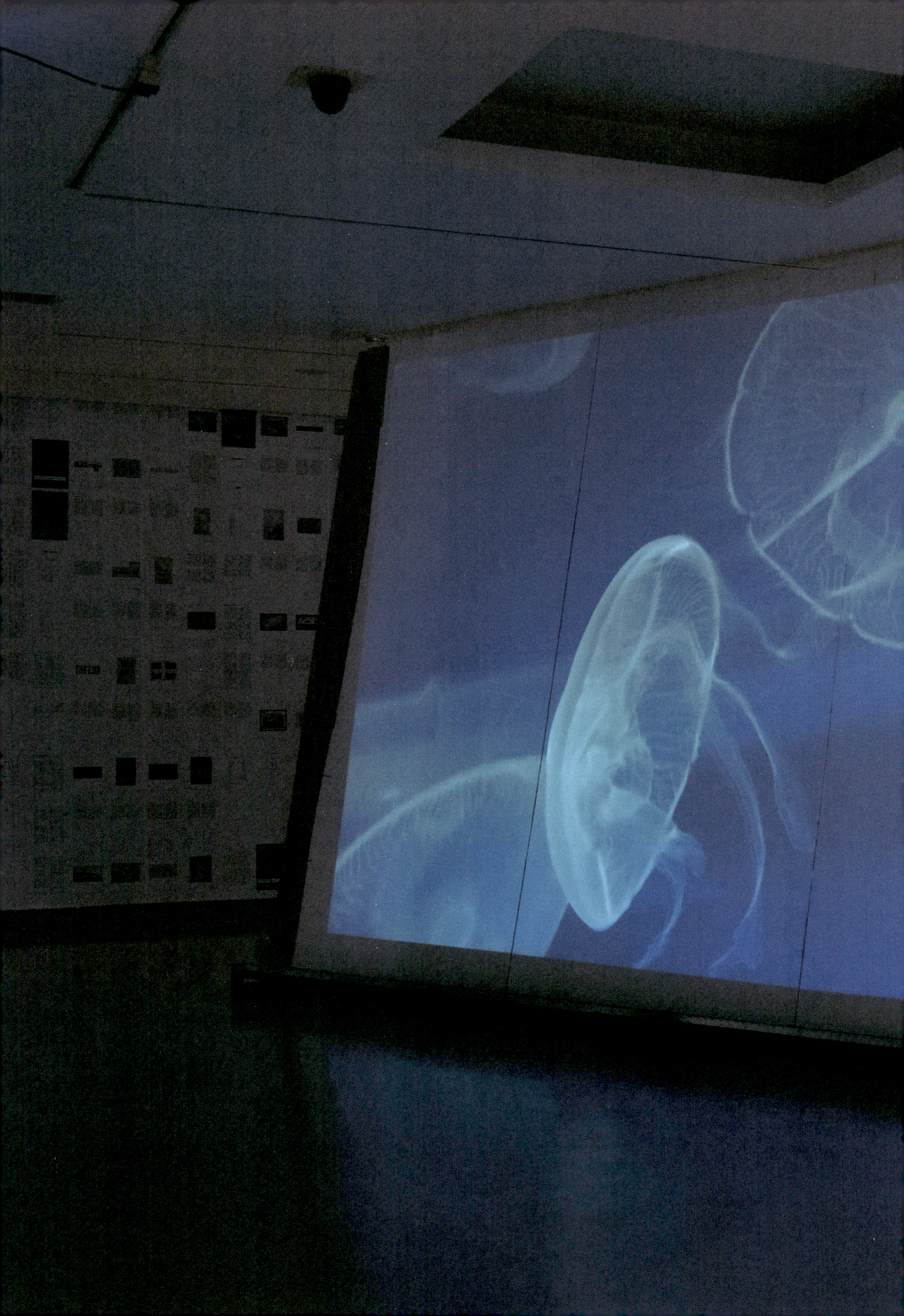

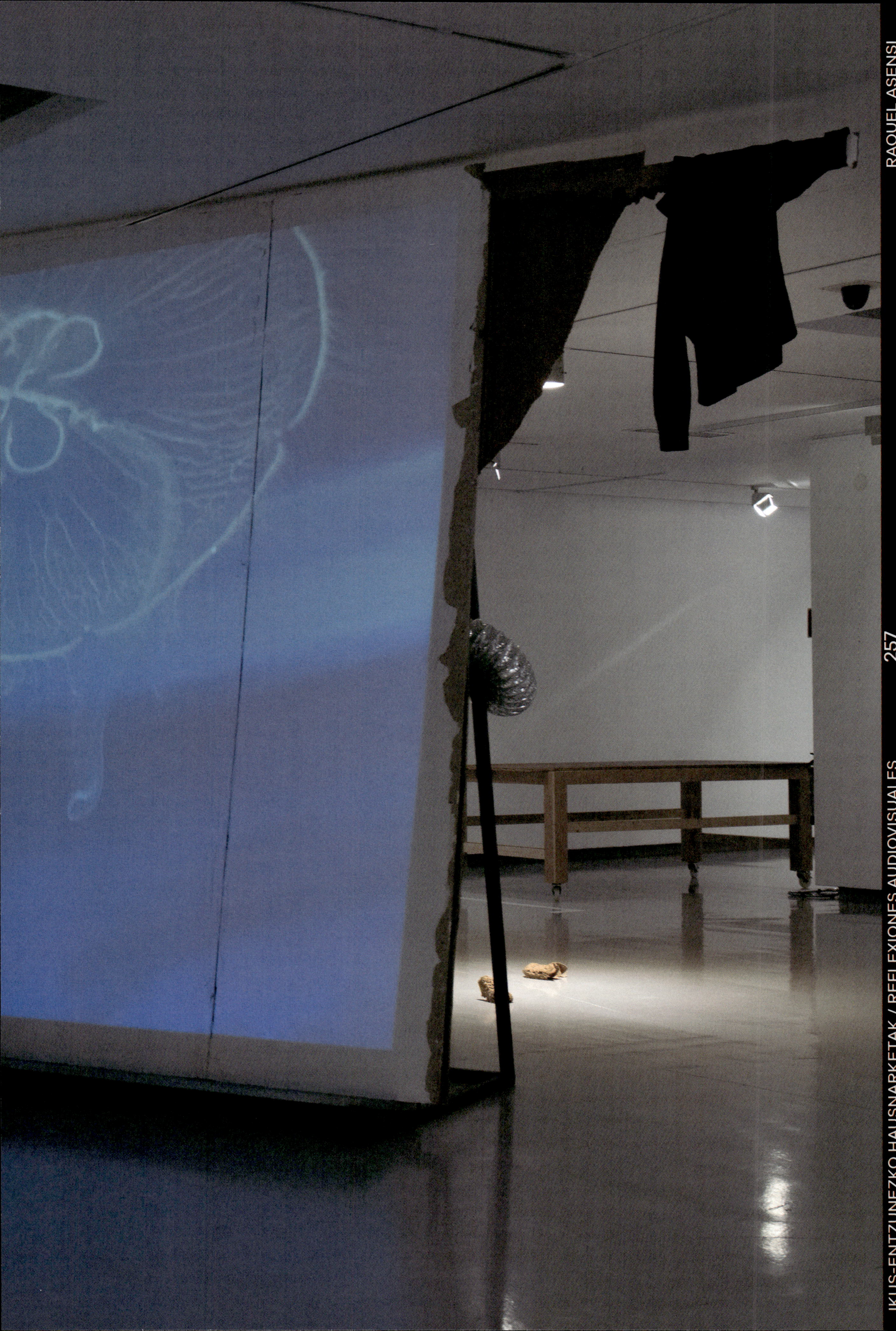

GRUPO 3

La imagen como código abierto.
Lo íntimo y lo colectivo.

Dr. Kortex
Helena Goñi
Luis Candaudap

3. TALDEA

Irudia kode ireki gisa.
Intimoa eta kolektiboa.

Dr. Kortex
Helena Goñi
Luis Candaudap

Dr. Kortex nos propone ERTIBIL40 como un paradójico viaje en el tiempo, utilizando la animación y su capacidad sintética para alterar las claves narrativas, los datos históricos, las cronologías y los paisajes. Crea un universo propio a partir de las imágenes de los catálogos, invitándonos a ver las obras descontextualizadas y a imaginarnos la vida en ese paisaje alterado, en una suerte de atmósfera de videojuego, de serie de animación.

Helena Goñi reflexiona sobre ERTIBIL40 a partir de las residencias artísticas en Japón que obtienen quienes ganan la convocatoria. Desde su experiencia personal, nos descubre una intimidad distorsionada, en la que el trabajo en el estudio y la manipulación creativa de las imágenes de las hojas de contacto forman parte de un plano secuencia. Los elementos narrativos son tanto los aspectos materiales como el proceso de la elección de la mirada, la percepción desde lo íntimo y su relación con lo exterior, la vivencia cotidiana en relación con un paisaje extraño que se vive y se intuye a través de sus manifestaciones sonoras.

Luis Candaudap reflexiona sobre la actividad pictórica desde la imagen como elemento esencial frente a otras dimensiones discursivas. Repasa la presencia de la pintura en la trayectoria y evolución de Ertibil y su vínculo con los distintos marcos normativos vigentes en las sucesivas ediciones. Asistimos al proceso de pintar, entendiendo que su capacidad para producir emociones y nociones sensibles en el espectador no puede traducirse en términos conceptuales o literarios, sino que, al contrario, da forma material y sensible a una idea en una superficie bidimensional que se transforma en campo de energía abierto a su interpretación.

Dr. Kortexek denboran zehar egindako bidaia paradoxiko gisa proposatzen du ERTIBIL40, animazioa eta bere gaitasun sintetikoa erabiliz gako narratiboak, datu historikoak, kronologiak eta paisaiak aldatzeko. Katalogoetako irudietatik abiatuta unibertso propio bat sortzen du, obrak testuingurutik kanpo ikustera gonbidatzen gaitu horrela, baita ere bizitza paisaia eraldatu horretan imajinatzera, animaziozko serie baten edo bideo-jokoen antzeko giro batean.

Helena Goñik deialdiaren irabazleek Japonian lortzen dituzten egoitza artistikoetatik abiatuta hausnartzen du ERTIBIL40ren inguruan. Bere esperientzia pertsonaletik, intimitate distortsionatu bat erakusten digu, non estudioko lana eta kontaktu-orrietako irudien manipulazio sortzailea plano sekuentzia baten parte diren. Elementu narratiboak alderdi materialak dira, eta baita begirada aukeratzeko prozesua, intimotik sortzen den pertzepzioa eta honek kanpoaldearekin duen harremana, eguneroko bizipena bere soinu-adierazpenen bidez bizi eta sumatzen den paisaia arrotz batekiko loturan.

Luis Candaudapek pintura-jarduerari buruzko gogoeta egiten du irudia funtsezko elementu gisa ulertuz beste dimentsio diskurtsibo batzuen aurrean. Ertibilen ibilbidean eta bilakaeran pinturak izan duen presentzia berrikusten du, bai eta ondoz ondoko edizioetan indarrean egon diren arau-marko ezberdinekin izan duen lotura ere. Pintatze prozesura hurbiltzen gara, ikuslearengan emozioak eta nozio sentikorrak sortzeko duen gaitasuna termino kontzeptual edo literarioetan ezin dela gauzatu ulertuta; aitzitik, energia-eremu bihurtzen den eta interpretaziora irekia dagoen bi dimentsioko gainazal batean ideia bati forma materiala eta sentsiblea ematen dio.

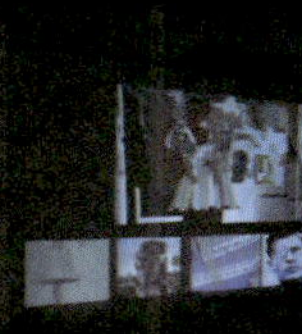
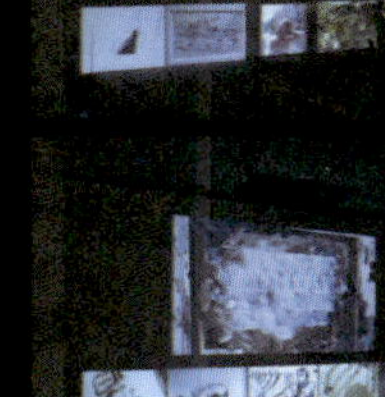
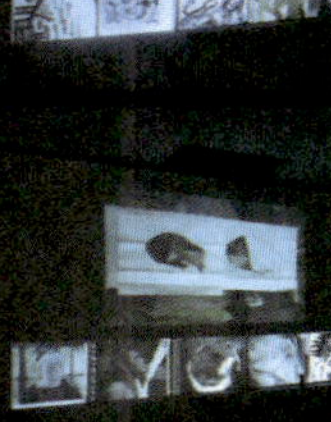
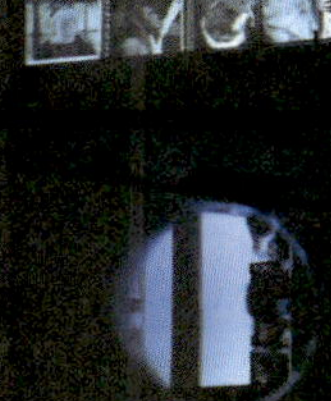
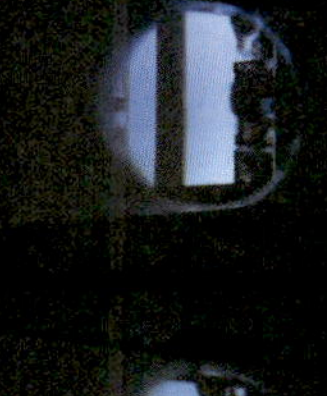
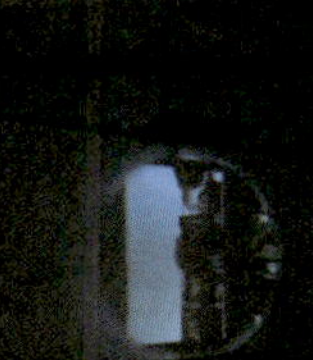
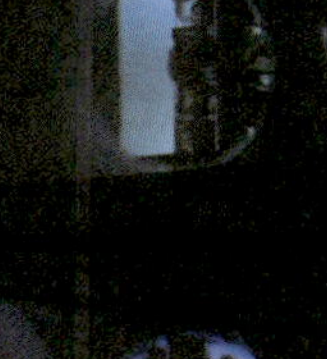
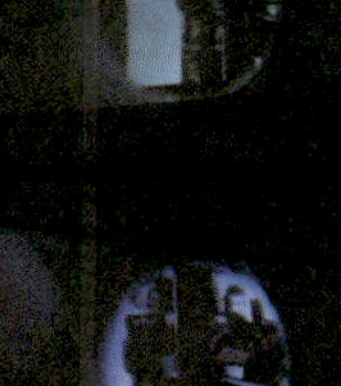
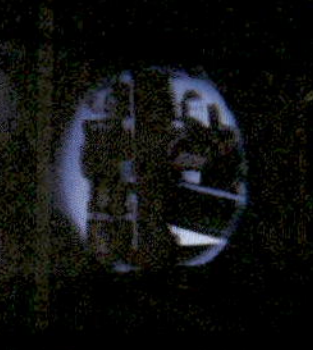

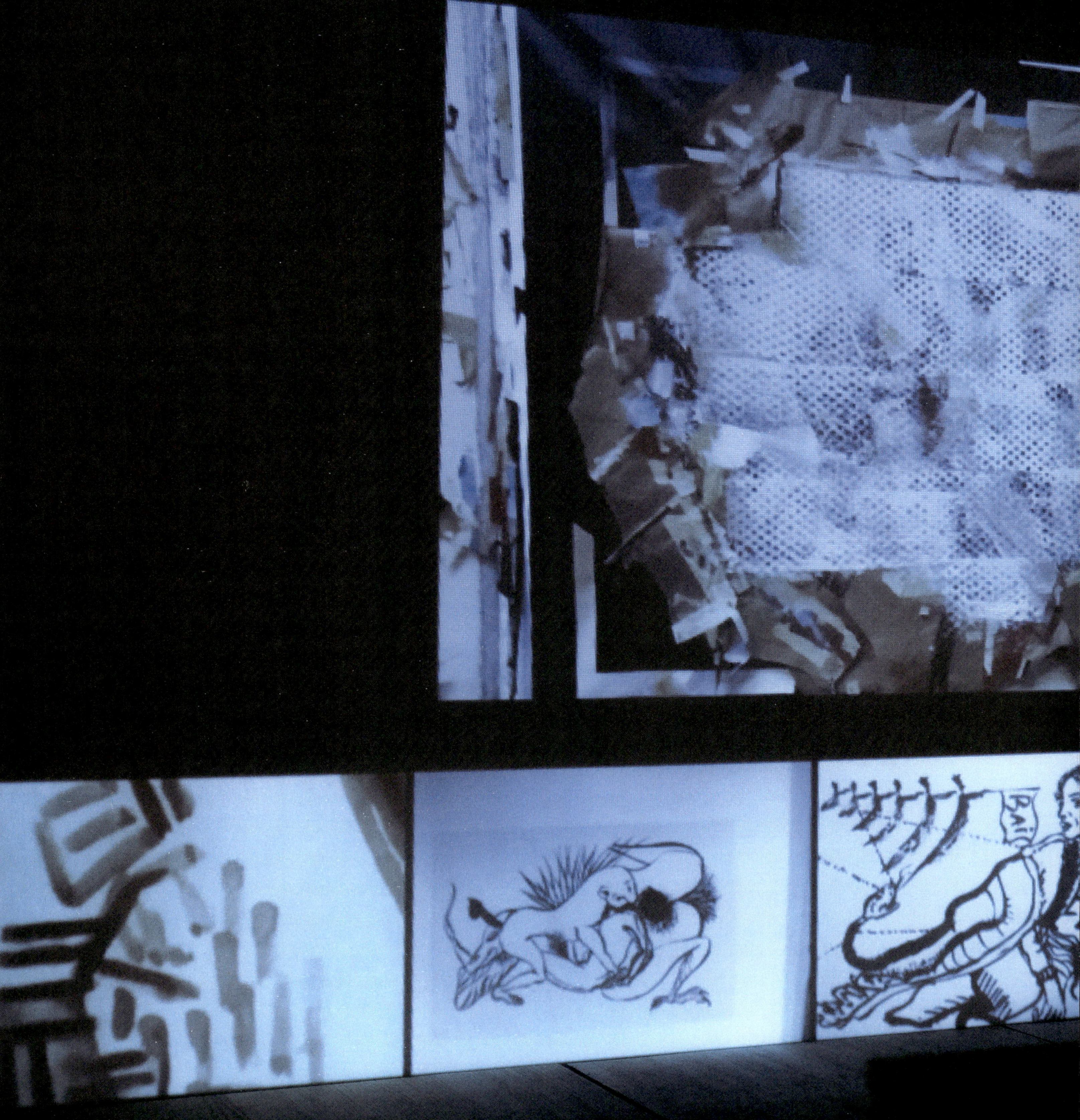

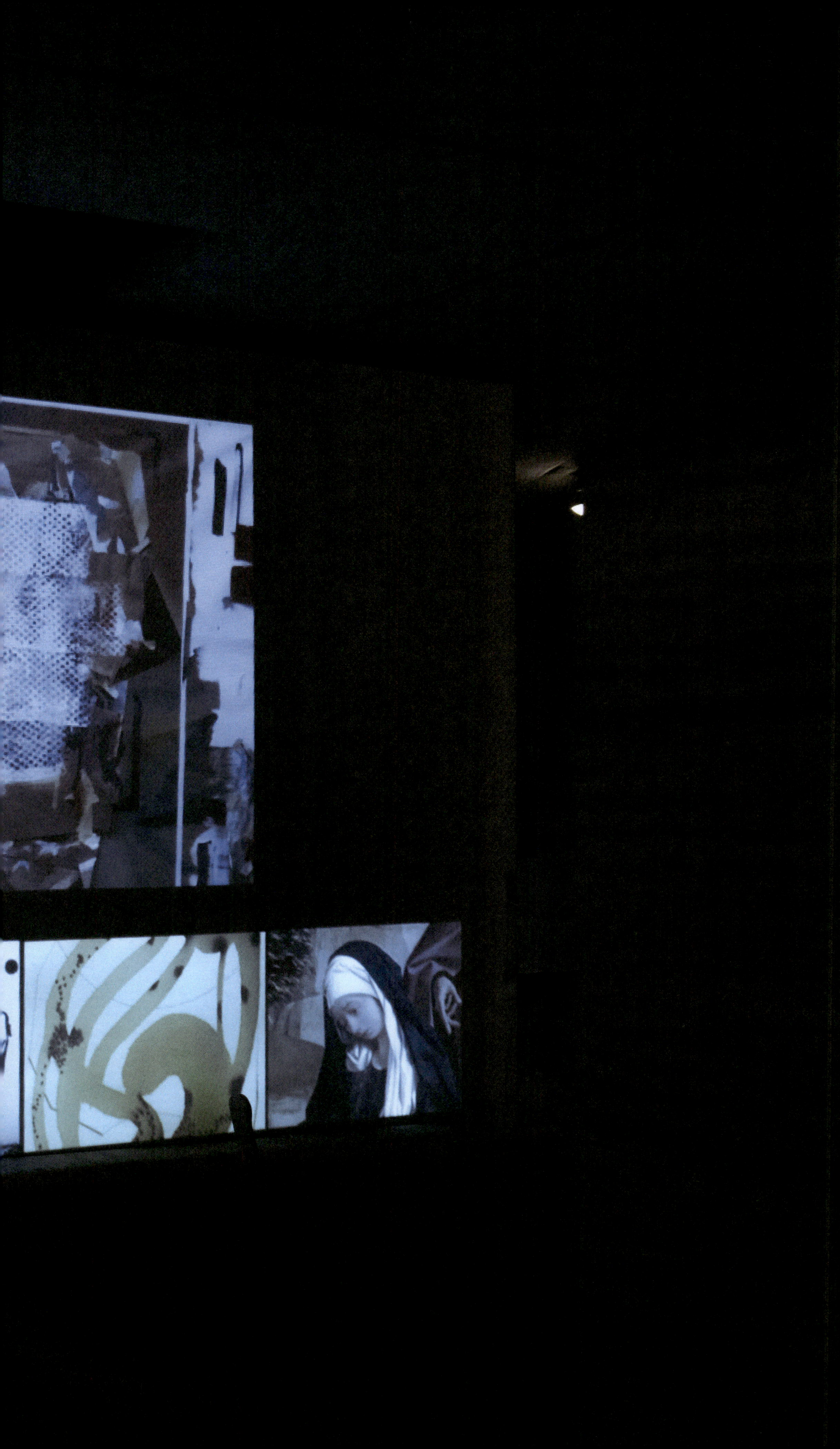

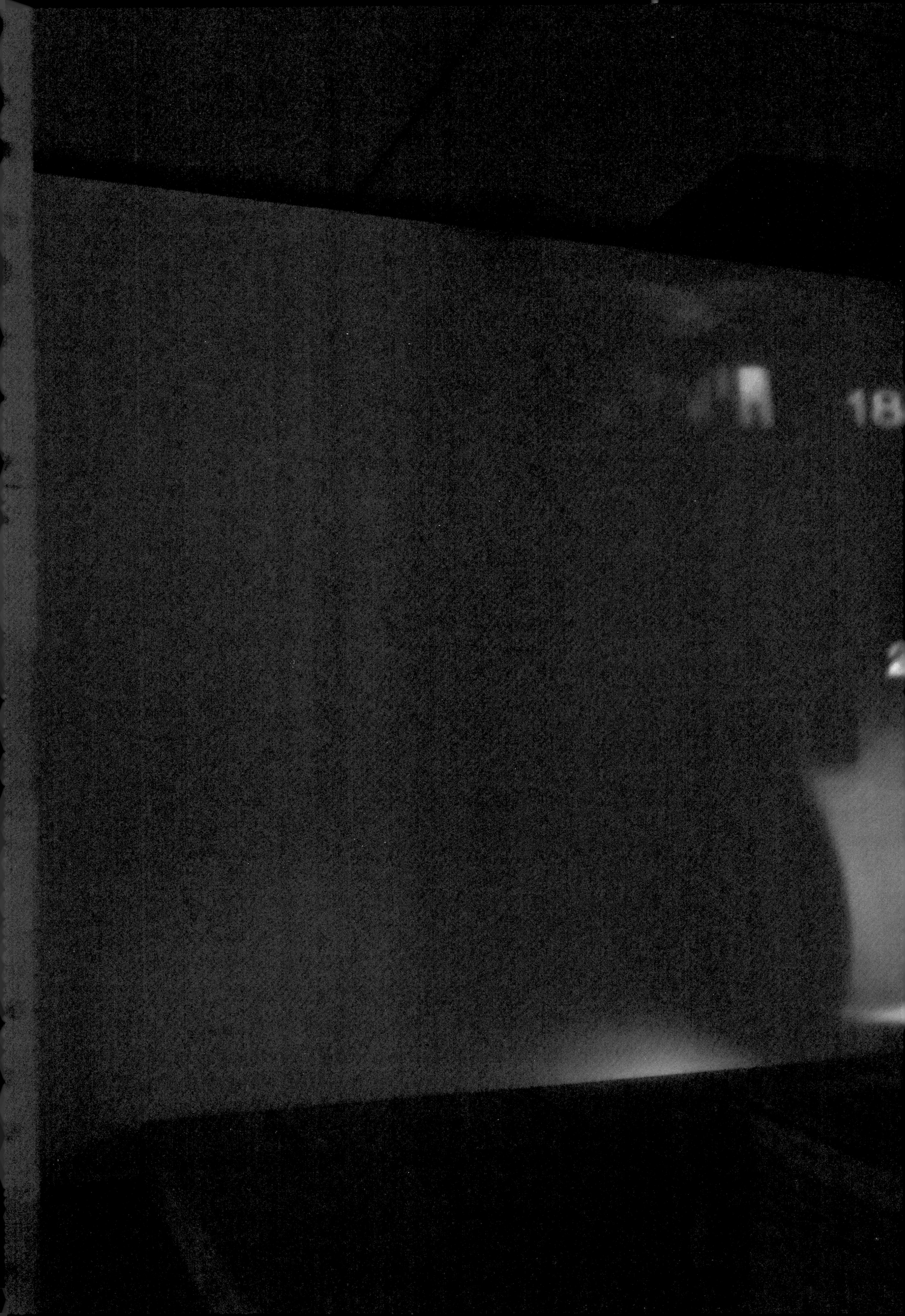

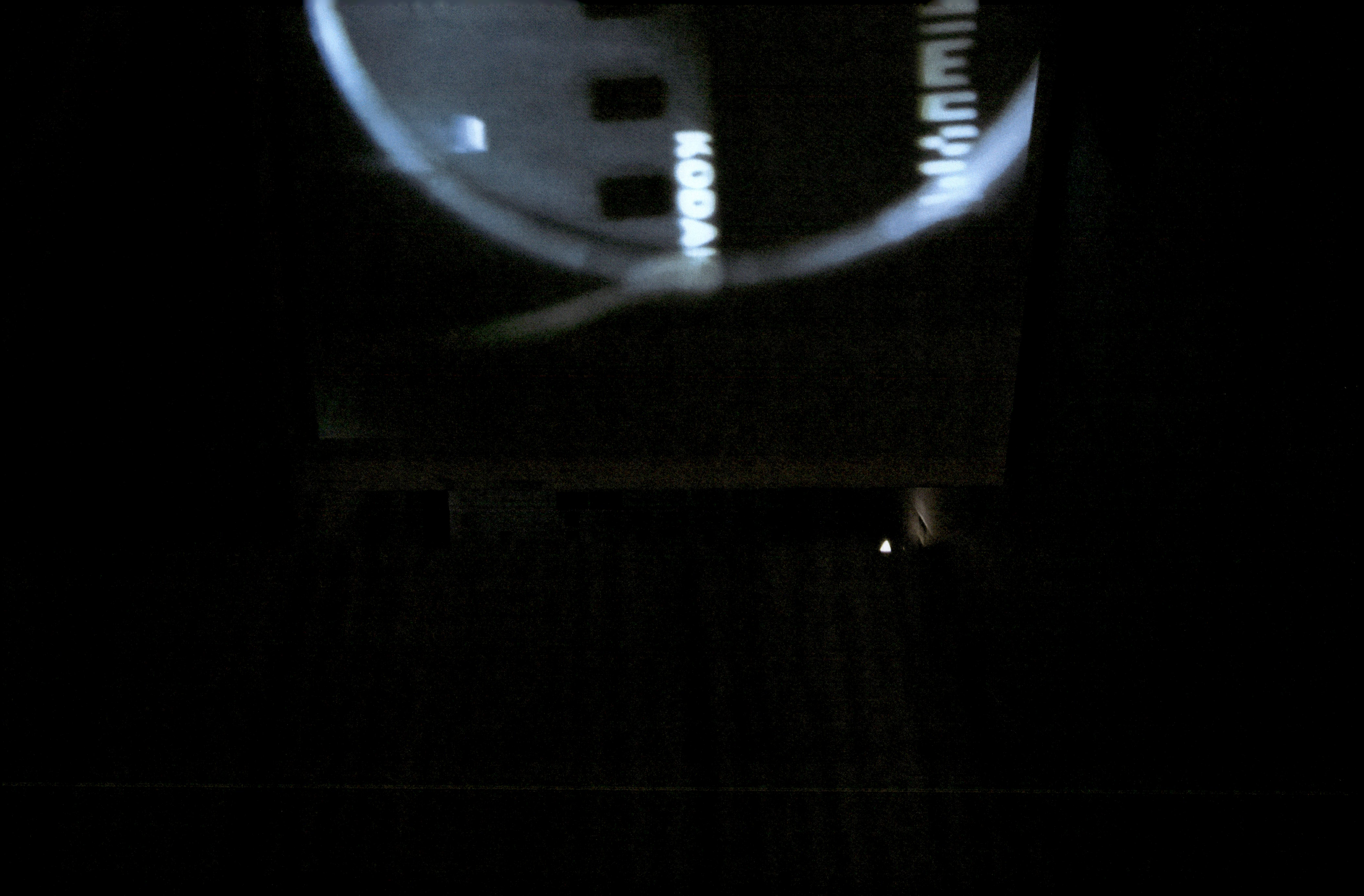

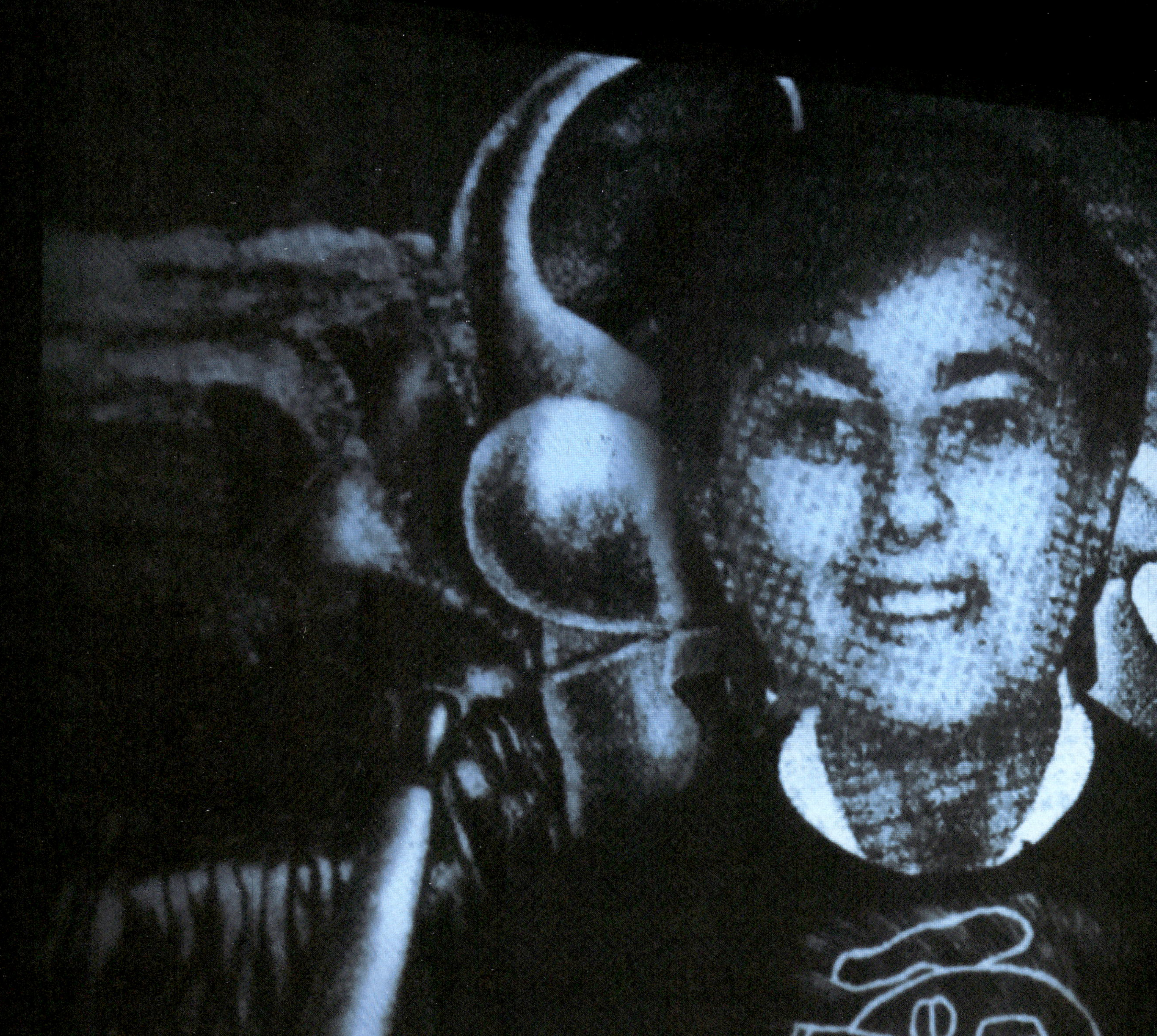
"ERTIBIL BIZKAIA"

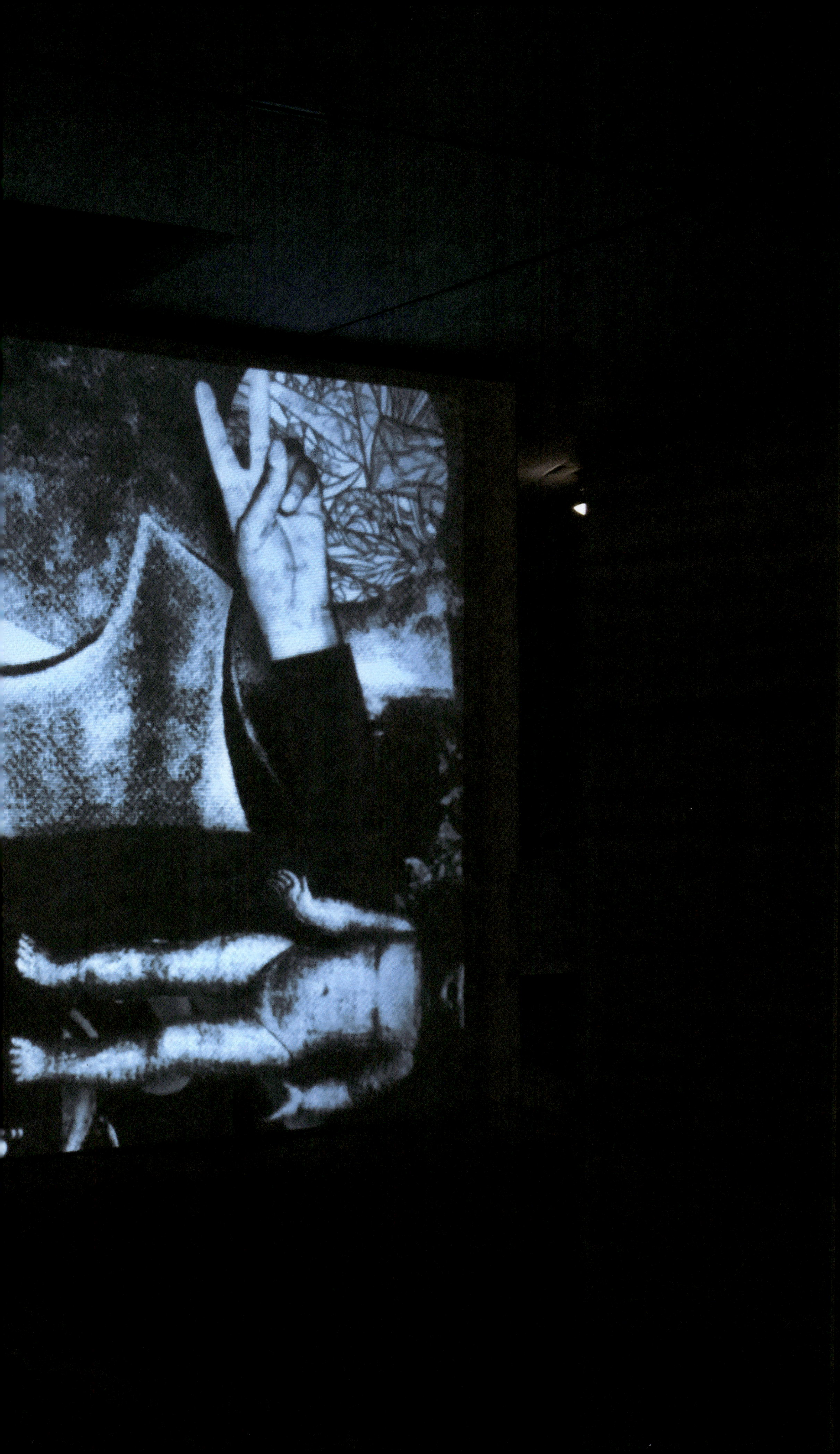

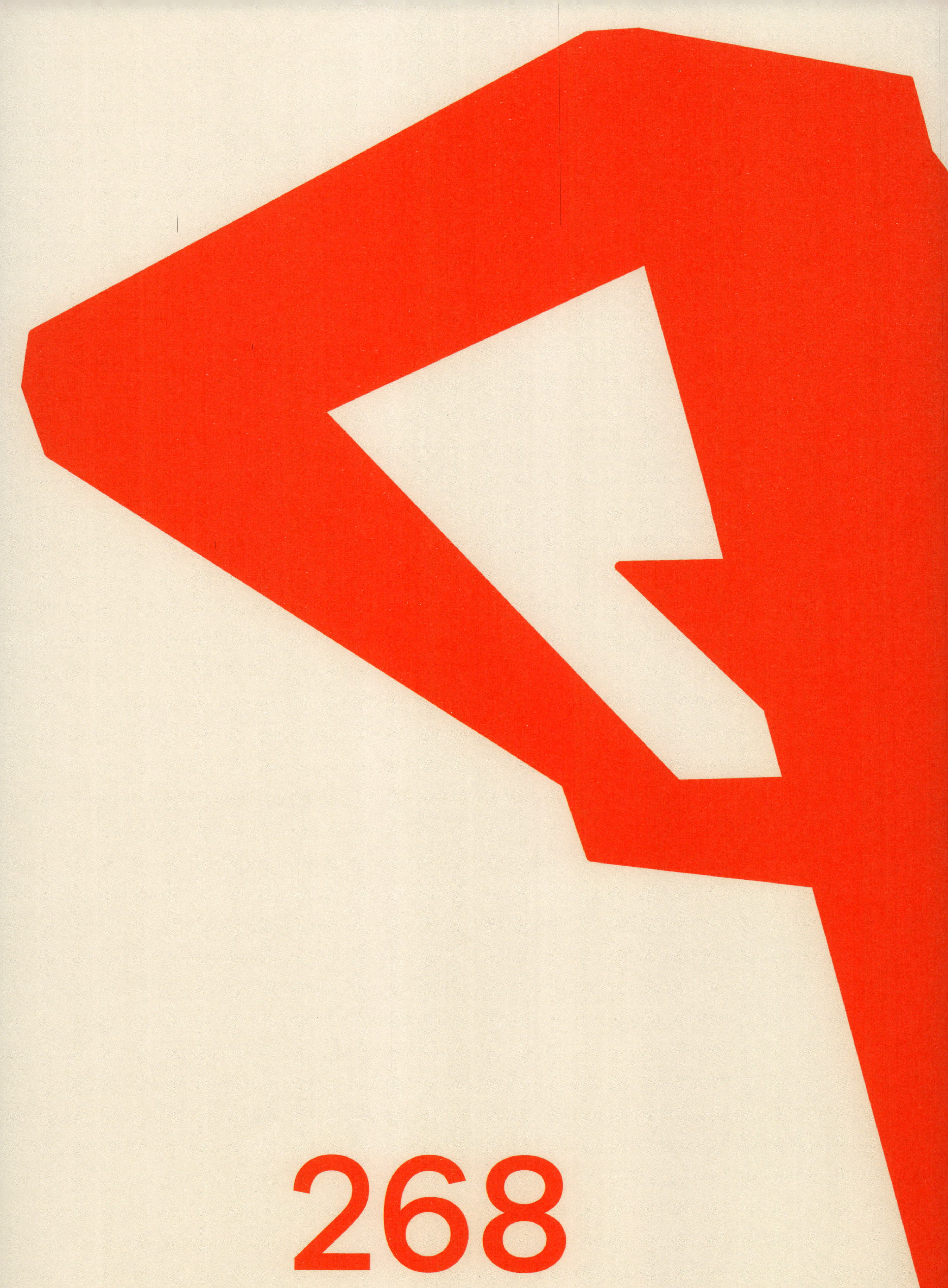

268

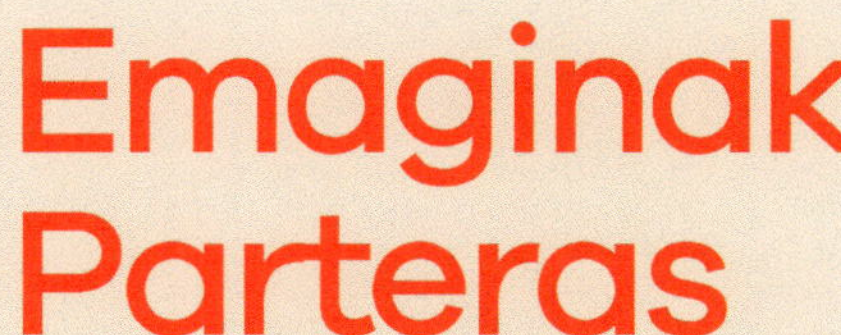

Emaginak Parteras

ANE RODRÍGUEZ
(ANEMOTORAZING) +
SANDRA AMUTXASTEGI
DIEGO VIVANCO

Workshop

ESTEL FALGAS
GARI ARAMBARRI
HODEI HERREROS
MAITE CHOYA
MARIEM IMAN
VÍCTOR ORTUÑO
VIVIANE STRAUB

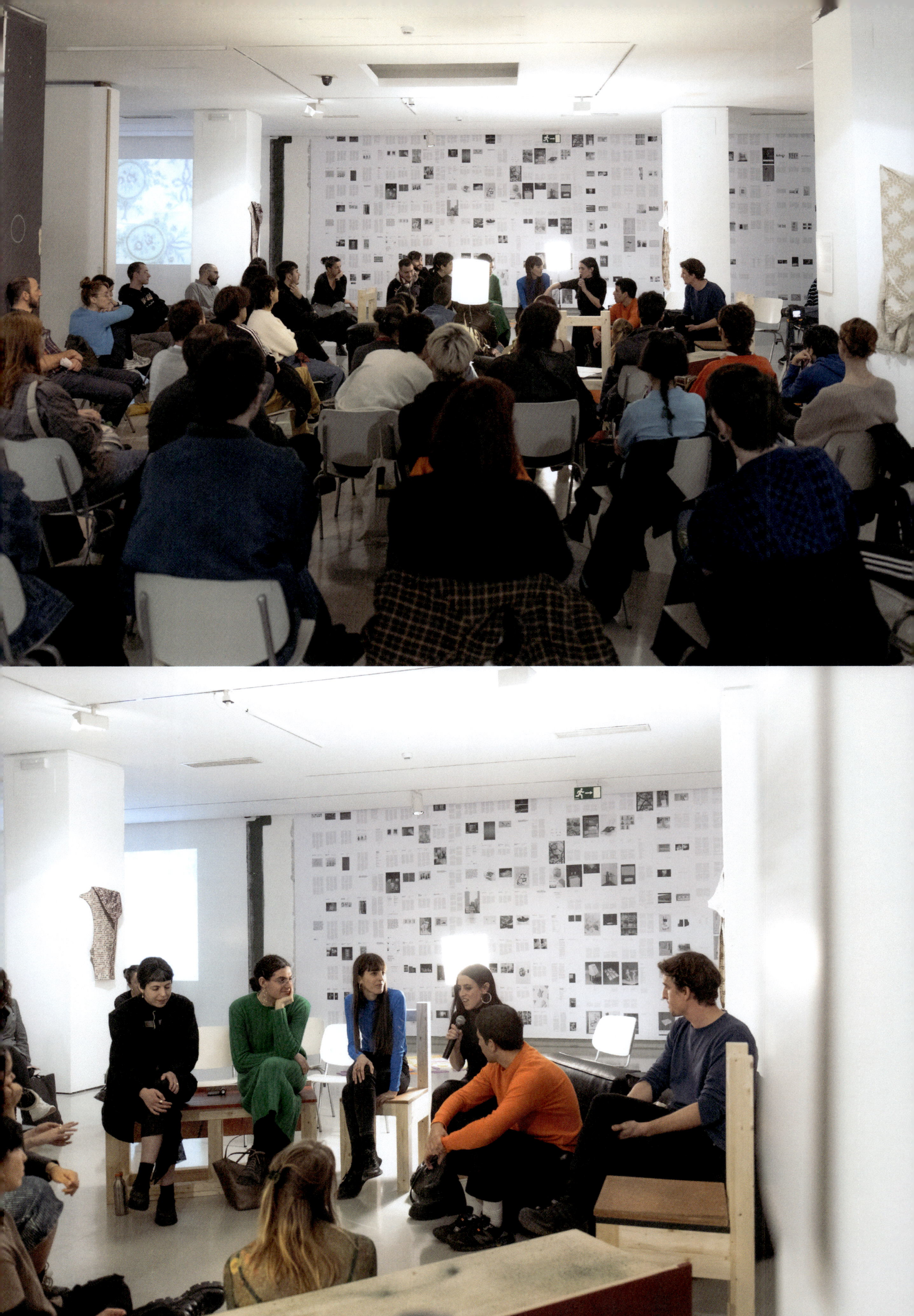

A.: Oso zaila iruditzen zait horri heltzea, ez dakit oso ondo...

S.: Elkarrizketa baten zergatiaz hitz egiten has gaitezke, ezta? Lehen esan duzuna interesgarria izan da...

A.: Ez... bai... hori da esaten ari nintzena, katalogoan esku hartzeko moduari buruz hitz egiten egon garenean, ikusi dugula zentzu handia izan lezakeela *elkarrizketa* formatua baliatzeak, ezta? Hau da, gure lan egiteko moduak zerikusi handia izan du logika horrekin, asko hitz egin behar izan dugu prozesu horretan... Ez bakarrik gure artean, baita ekimen honetan parte hartu duten gainerako pertsonekin ere. Etengabeko elkarrizketa moduko bat izan da, norabide askotan: bateratzeak, topaketak, desadostasunak, negoziazioak... Prozesuaren amaiera ere horrela aurkeztu zen, elkarrizketa gisa, eta uste dut formatu horrek zentzua izan dezakeela eta zintzoak izan behar garela... Horrela, beharbada, arinagoa, dinamikoagoa izango da... Dena delakoa, ezta?

S.: Testua modu koralean egin behar izateagatik ere badu zentzua, hau da, proposamenarekin edo ekimenarekin nahikoa ados egon gara, baina uste dut zaila dela hiru pertsonen artean testu bakarra egitea. Formatu honek hori konpontzen laguntzen digu.

D.: Bai, horrela eusten zaio elkarrizketa baten dinamikari. Gainera, kontuan izan behar da hasierako gonbidapenean tailer bat egitea proposatu zigutela, eta bertan, parte-hartzaile batzuk izango ziren eta guk jarraipena egin behar izango genien. Baina proposamena, berez, ez zen oso zehatza, eta parte-hartzaile horiek proposamen zehaztugabe samar baten bidez aurrez aurre jartzea eta bat-batean biluztu behar izatea heltzea esanez: «ez, gu ere zuen egoera berdinean gaude; ez dakigu oso ondo norantz goazen». Hori izan zen, nire ustez, Workshop guztiaren gakoa. Azkenean, honelako zerbait izan zen: «begira, ontzi berean gaude, eta ez dugu ideiarik ere nora garamatzan honek, zuek bezala, baina saiatuko gara honetatik zerbait interesgarri eta aberasgarria ateratzen eta aurrera egiten». Eta nik uste dut horixe bai lortu dela.

S.: Bai! Guztiz ados! Bai... hau da, hala ematen zuen... Nire ustez, ez zegoen proposamen argi eta sendorik hasieran, bazen esperimentatzeko leku bat irekitzea-edo. Baina gero, denboraren poderioz, hau da, denborak aurrera egin ahala, gauza nahiko itxita geratu zen, Workshopeko proposamena, eta nolabait esatearren... bete beharreko igurikimen batzuk egon ziren, ezta? Hasieratik ez zeuden argi, baina gero dena uste baino itxiago egon zen. Hau da, gero bai izan genuela zerbait itxita egongo zelaren pertzepzioa. Eta itxiera edo amaiera hori, erakusketa-edo ekitaldi-formatu moduko bat izatea... Orduan, jakina, gauzak horretara bideratzen hasi ziren bat-batean, edo ez dakit, une batez, Workshopean izan zuten edo izan genuen prozesuaren logikak dena bideratu zuen amaiera horretara. Izan ere, espazioak izugarri egituratzen zuen, erakusketa gune oso nabaria zen. Eta barkatu, gauza asko nahasten ari naiz-eta...

A.: Bai! Horrek zerikusi handia du itxiera-egunean, *finissage* egunean, hitz egin genuenarekin, ezta? Honako hau esateko erabakiarekin: «horixe da: erakusketa-espazio batean lan egiteak prozesua izugarri taxutu du, eta ekoizpen-mota ere zedarriztatu du, nahiz eta mugak zabalduagoak izan eta esku hartzeko gonbita ere oso modu irekian egin. Baina erronkaren zati bat zen, ezta?». Kontua zen logika horretatik nola atera, erakusketa gunea beste zerbait bihurtzea, nonbait, prozesuak garatzeko leku bilakatzea, edo, behintzat, neurri handi batean...

Beno, hori zen, hain zuzen ere, gai nagusietako bat, eta... Hor uste dut beti saiatu garela nahikoa azpimarratzen: prozesuak dirauenean gertatzen denaren garrantzia. Nahiz eta, jakina, garrantzi handia eman zaion piezak sortzeari eta egiten ari ziren proposamenen jarraipen handia egin den, baina, agian, espazioan esku hartzeko eran eta aretoarekiko elkarrizketa-eran gehiago, ia-ia aitzakia gisa, helburu gisa baino. Garrantzitsuena *egiteko egintza* izan da (nahiko erredundantea, ezta?), ez hainbeste jarduera amaitzeko modua.

Esan nahi dudana da une oro eman nahi izan diogula... Esan nahi dut, une oro, bukatutako emaitzaren ikuskera apaldu nahi izan dugula, eta garrantzi handia eman nahi izan diogula prozesuari, probatzeari, leku horretan hori gertatzen ari zela baitzen garrantzitsuena, ezta? Aretoa beste zerbait bihurtzea, hori zen, nolabait, interesgarria iruditzen zitzaiguna, besteak beste. Hau da, aretoak erakusketa-aretoa izaten jarraitzen zuelako, bazituen bere... bazituen proiekzioak, garrantzi handiko elementuak, hau da...[1]

S.: Jakina, erabat eratuta zegoen erakusketa-espazio gisa.

A.: Bai, hori da. Erakusketa gunea zen, eta nahasketa horretan edo topaketa horretan egon da interesgarriena, eta guretzat ere... ez dakit, niri behintzat zaila egin zait, edo, nire iritziz, proposamenaren gauzarik konplexuenetako bat izan da... Aretoa benetan lantoki gisa ulertzea, sormen-prozesu bati datxezkion irekitasun, konplexutasun eta guzti, ezta?[2]

Oso proposamen irekitik abiatu baginen ere, oso espazio ezaguna aurkitu dugu, hau da, muga batzuk zituena edo... izaera oso zehatza zuena, eta horrek, gure ustez, ekimena gerarazten zuen. Izaera hori zeharo nabarmena izan da, eta ildo horretan, sentitu naiz apur bat... taldekideak bezala sentitu naiz, zalantza berberak izan ditudala[3].

D.: Horregatik esan dut, azkenean, Workshopeko kideen maila berean jartzea izan dela guztiaren gakoa edo giltzarria. Eta, gainera, kontuan harturik hasierako jarraibiderik argiena Ertibilen berrogeigarren urteurrena zela. Abiapuntutzat hartzen badugu Ertibil deialdian artistak produktu egina eta amaitua eskaintzen duela, bat-batean, Workshop hori sorkuntza benetan gertatzen den laborategi-tailerra izateko aukera izatea... Ene bada! Iruditzen zait aukera ikaragarria dela areto hori bisitatu dezakeen jendearentzat, arruntean erakusketa-aretoa baita eta orain laborategi-tailerra izan da, bai eta parte hartzen duten artistentzat ere, ez baitira soilik lanaren ekoizleak, esperimentatzaileak ere badira, bertan dauden beste instalazio batzuetako materialak birziklatu dituzte, beste artista batzuen pentsamenduez eta egiteko moduez kutsatu dira... Egiatan, Ertibilen normalean gertatzen ez diren gauzak izana dira, eta uste dut hori zela falta zitzaiona. Zerbait bizigarriagoa, hots topalekua, eztabaidagunea eta sorkuntza-gunea izatea artisten komunitatearentzat.

A.: Bai! Bai, bai, bat nator erabat. Eta bada hor esan duzun zerbait (Ertibil deialdian, artistek amaitutako produktuak “eskaintzen” edo aurkezten dituzte, sorkuntza edo ekoizpen espazioa izan beharrean), taldeko partaideek, artistek, esaten zutena gogora ekarri didana... Ekoizte horretan, haiek ere produktu edo objektu izan direla... Pieza batzuk izan direla aretoan, ezta? Neurri batean... Zeren eta beste batzuek behatzen zituzten eta, nolabait esatearren, erakusketa gune horretako atal izan dira. Ekoizpen denbora horretan, haiek horren parte bilakatu dira… bai, bai, ekoizle bihurtu dira! Bai eta ikusgai dagoen edo ikusten eta begiratzen den zerbait ere. Hau da, aldi horren barruan aretora joan diren ikusleentzat taldea eta taldearen laneko prozesuak jarri dira ikusgai, hitzaren zentzurik zabalenean, esan nahi dut. Izan ere, nork bere kartela zuen, norberaren jarduera markoztatzen zuen testua, hor gertatzen ari zena azaltzen zuena eta artisten presentzia nolabait justifikatzen zuena, ezta?

Horrek luzaro pentsarazi eta hitz eginarazi zigun erakundeak bertan gertatzen dena kanporantz (eta baliteke barrurantz ere bai) mugatzeko, adierazteko eta justifikatzeko duen beharraz, agian lurra hartzeko modu bat bailitzan, edo hari-mutur solterik gera ez dadin, ia kontrolatzeko modu bat bezala, kasu honetan, bere burua kontrolatzeko.

Hain zuzen ere, artistek esaten ziguten ikusleekin harridurazko une bat sortzen zela aretoa bisitatzera joaten zirenean, jendea lanean zegoelako: inguratzeko zerra batekin lan egiten, egurra mozten, plastikoa lisatzen, zerrauts-orea egiten... ikusiak izan gabe egiten diren gauzak egiten. Eta hori guztia ederra da, aipatu beharreko gauza bat dela iruditzen zait, interesgarria, baina ez dakit oso ondo gaiari zelan heldu. Aretoko langileei ere oso interesgarria iruditzen omen zitzaien horrela gertatzea, ezta? Mugimendua egotea, eraikitzen ari zen zerbait, aldatzen ari zena, bilakatuz zihoana, atzera egiten zuena, azken batean, estatikoa ez dena eta errepikatzen ez dena... Era berean, polita izan da prestutasun hori eduki izana euren aldetik.

Beraz... ez dakit hemen geure esperientziaren ikuskeratik hitz egin beharko genukeen... Zaila egiten zait elkarrizketa bideratzea. Iruditzen baitzait etengabe saiatzen ari garela besteen esperientziak jasotzen, ezta? Baina... guk... non ikusi ditugu guk alderdi esanguratsuenak... edo interesgarrienak, edo... zer adierazi nahiko genuke? Zer utzi nahiko genuke idatziz ekimen honen gainean, iraun dezan? Hori da, zer nahi genuke geratzea...

S.: Bai, bai...

A.: Eta esango bagenu: «hau altxor baten modukoa da niretzat... aurkikuntza bat...». Zer izango litzateke hori?

S.: Beno, ba... ez dakit...[4] Nik uste dut gauza interesgarri asko sortu direla, Diego, zuk proposatzen zenuenetik, hau da, mugimenduan jartzetik, martxan jartzetik, ekintza espaziora bertara eramatetik. Espazio hori biziki interesgarria zen, eta horretan ere sakondu dezakegu. Niri, bereziki, arras gogatu nau sortu denaren hartu-emanen alderdiak, ezta? Hau da, espazio horretan lanean ari zen pertsona-talde bat osatu da, eta hor kontu erlazional bat eman da, Workshopeko saioek indartuta, oso potentea iruditzen zaidana. Eta guk hirurok talde gisa funtzionatu dugu, baina haiek ere beste talde bat eratu dute, eta gero, denok batera, talde izan gara. Jarduera desberdinak izan ditugu, baina ez dakit, gerta zitezkeen edo gertatzen ari ziren ekintzak eta/edo proposamenak edo gauzak partekatuz, eta zalantza ugari, ziurtasun ugari, hausnarketa ugari, eta hori, normalean, erakusketa baten proposamena dagoenean, ba... ez da gertatzen, nire ustez. Edo, gertatzen bada, beste modu batean jazotzen da eta beste espazio batzuetan. Ez aldi berean, ezta? Espazioak berak gauza asko eta asko eduki ditu. Beste era batera lan egin delako. Etengabeko elkarrizketa izateko bidea eman du. Pertsonen arteko elkarrizketa, piezen artekoa, bat-batean gurutzatu, partekatu eta garatu diren proposamenen artekoa... Uste dut zaila dela hori gertatzea. Eta espazio honetan harremanezko kontuei toki garrantzizkoagoa ematea erabaki da. Eta niri guztiz indartsua iruditzen zait hori...

A.: Bai, nik ere hala uste dut. Nire ustez, esan duzuna garrantzitsua da, eta lehen esan duzunarekin bat datorren zerbait gertatu da, Diego: sarritan agertu gara prozesuan, eta harreman estua eta hurbila izaten saiatu gara, bai gu hiruron artean, bai taldeko pertsonekin, edo… zalantzak partekatuz, ezta?

Hau da, zalantza laneko hilabete hauetan oso presente egon den eta une oro azaldu den zerbait da; etengabe egon da hor, eta prozesu bat izan da... nola esan... ahultasuna ageri da inguruabar horretan eta hein handi batean gorpuztu da zalantzaren bidez, ezta? Uste dut, ildo horretan, oso prozesu oso zintzoa izan dela, hain zuzen ere, hortik bideratua. Izan ere, ataka horretatik ere aurkeztu genuen gure burua, badakizu? Taldeka gertatzen den edo bidea partekatzen deneko prozesu baten harreman-alderdia indartzeko nahi horretan, eta hori garrantzitsua da, niri iritziz... Eta kasu honetan, uste dut esandakoa denbora guztian egin dela, zalantza partekatu denetik: gure eginkizuna zein den, hemen zer egin dezakegun edo zer ezin dugun egin, noraino irits gaitezkeen, noraino ezin garen iritsi, ekimenaren mugak zein diren...

Egia esan, zalantzak sortze-prozesuekin batera gertatzen dira beti, bakarka zein taldean, baina gure kasuan, tutore edo gidari gisa, primeran iruditu zait gure lana eta gure jarrera planteatzea *oso ondo ez jakitean*. Hau gustatzen zait. Nire aburuz, hortik abiatuta, oso ondo *ez jakite* horretatik edo erantzunak bilatzetik, prozesu bat ere antolatu da... nolabait kolektiboa, zalantza asko argitzean gertatu diren kutsadura gurutzatu guztiengatik, hain zuzen ere, horiek guztiak partekatu egin direlako eta elkarrekin lantzen ahalegindu garelako.

Esan genezake zalantza elementu egituratzailea izan dela, ez ala? Uste dut garrantzitsua dela aipatzea, hain zuzen ere, polita iruditzen zaidalako hortik lan egitea, ezta? Izan ere, askotan... badirudi gauzak beti argi izan behar ditugula, nolabaiteko irmotasunez ibili behar dugula, baina, egiatan… ezinezkoa da, ezta?

S.: Bai, oso garrantzitsua da zalantza... Eta baieztapenak proposatzea, ezta?

A.: Bai! Hori da! Ez hainbeste baieztatzeko edo berresteko jarreratik, baizik eta egiteko jarreratik... ezegonkortasunetik, zehaztugabetasunetik... bai eta egiten dena, nola egiten den, zertarako egiten den, zergatik eta non egiten den zalantzan jartzetik ere, ezta? Ederra iruditzen zait gauzarekiko hurbilketa hori, partekatzeagatik eta prozesu sendo bat edo bide zuzen bat sortzeko ideia aldarazten *saiatzeagatik*...[5] [6]. Kasu honetan, zerbait samurragoa balitz bezala bizi izan dut, likidoagoa, eta oso... izan da, ez dakit, uste dut horrela gertatu dela eta hori polita iruditzen zait.

S.: Guztiz ados.

D.: Bai, nolabait esatearren, oparia izan da parte hartu duten artistentzat beraientzat, azken erakusketa bisitatzera joan zen publikoarentzat baino gehiago, azken hori ere hala izan zen arren. Azkenean prozesuaz ari ginen, ezta? Apur bat, zuk diozuna, Ane, baita tutorearen eginkizuna eta zeregina ziurtasunak emanez eta dogmak irakatsiz ez egitea, parte-hartzaileei zerbait irakasteko asmoz. Aitzitik, honako hau esatea erabaki genuen: denok abiatuko gara ez-jakitearen urrakortasun horretatik, denok gaude zalantzaz eta ezbaiz beteak, geuk ere osatzen eta, beraz, atal garen osotasun horren inguruan; elkarrekin borrokatuko gara eta ikusiko dugu borrokak nora garamatzan. Zalantzazko esparru horiek oso gutxitan gertatzen dira arlo instituzionalean, egia esatera.

A.: Guztiz ados.

D.: ... agian artistek partekatzen dituzten estudio edo tailerretan gertatuko dira...

S.: Bai...

D.: ... jaialdi edo ekitaldiren batean, non azkenean elkarrizketa interesgarri bat izaten duzun, eta horrek beste pentsamendu batzuetara eramaten zaitu. Baina horrelako egoera bati aurre egiteko aukera izatea, baita sofa bat erabiliz proposatu zenituzten dinamikei esker ere, lonja-formatua eginez, non elkartu zaitezkeen, ideiak, pentsamenduak eta zalantzak partekatu ditzakezun, bai eta, azkenean proiekturik ez badago ere, ezer gertatuko ez dela ziurtatuta, normalean artista gisa erabili ezin dituzun joko-arauak dira, eta uste dut oso gozagarriak direla eta eskertzekoa dela horiek jazo izana.

Horren froga dugu ziurgabetasun eta zalantza horiekin guztiekin ere, unean-unean zeuden oinarri zehatz apurrekin, dena, azkenean, zein ongi atera den. Eta esan behar dut, hori ere horrela gertatu dela parte-hartzaileen jarrera, gaitasun eta interesei esker, eta ere gure artean, hiruron artean, aise moldatu garelako.

Uste dut oso prozesu aberasgarria izan dela ekimen honetan parte hartu dugun guztiontzat, eta, era batera edo bestera, bizkar-zorroan eraman egingo dugula eta haiek ere soinean eramango dutela.

A.: Bai, nik neuk badaroat daborduko. Zuk esaten zenuena da... normalean barrurantz gertatzen den hori guztia, erakusketa-espazio batean gertatu den zerbait izan arren (kanporantz proiektatzen den espazio batean) guretzat ere prozesu bihurtu dugu, gure-gurea, taldearentzat... ez dakit... Prozesu horretan arlo pribatua zeharkatzen duten auzi asko ukitu dira, arlo kolektibotik jorratzera bultzatu gaituen logika batetik; espazio publiko batetik, baina, aldi berean, gauzei heltzeko izaera edo modu intimo bat galdu gabe[7].

S.: Bai. Niri oso aukera ederra iruditu zait, eta oso eroso sentitu naiz —zuekin egiteagatik—, baina hori, neurri handi batean, saiakeraren, zalantzaren eta eztabaidarako guneak irekitzeko ideiatik abiatuta lan egiteagatik... Hau da, mahairatzen ziren zalantza guztiak asteko saioetan parte hartzen genuen talde bati proposatzen zitzaizkion, eta modu kolektiboan ebazten ziren zalantzak, ezta? Orduan, uste dut gustatu zaidala gure buruari galderak egitean oinarriturik lan egitea, geure burua zalantzan jartzea, gero hor geratuko diren gauzak pizteko interesgarriak izan daitezkeen elementuak sartzea, eta... hori, zerbait gauzatu edo gorpuztu beharraren presioa izateke, eta... ez dakit. Esan behar duguna da helburua, berez, prozesua bera zela.

A.: Bai.

D.: Amaierako solasaldian eta publikoarekin izandako elkarrizketan ere ikusi zen parte-hartzaileek han gertatutakoa defendatzeko iniziatiba hartzen zutela; esaterako: «Begira! Hauxe da hemen gertatu dena, bizi izan duguna eta horretaz harro gaude, gurearen alde lanean eta borrokan aritu gara, eta zuei erakutsi eta zuekin partekatu nahi dugu». Polita izan da, egia esatera.

A.: Bai, harrotasun pixka bat piztu da ekimenarekin, ezta? Harrotasunaz ari naiz hitzaren esangura onean, ez naiz nagusikeriaz ari, parte izateaz harro egoteari buruz baizik. Uste osoa dut, azkenean (distantziak gorderik, jakina) familia txiki bat sortu dela, nolabait, eta pertsonen artean bizi izandakoaren inguruko harrotasun-puntu bat, definizio maila ezberdinetako piezak, garapen handiagokoak edo txikiagokoak sortzeaz aparte, baina uste dut nolabaiteko harrotasuna sortu dela ekimen honetako kide izateagatik. Ni horrekin geratzen naiz, nik, behintzat, apur bat izan nuen, zinez.

Niri izugarri gustatzen zaidana zera da, Workshopeko kideekin edonon topo egitea, badiotsuet. Nire ustez harreman bat sortu da, ez zegoen zertan eman, baina sortu egin da. Jendearekin lan egiten den guztietan, ez dira horrelako harremanak sortzen edo loturak egiten. Egia esatera, ekimenak apur bat gehiago irauteko gogoz geratu naiz, ezta? «Amaitu da, hau da pena» sentsazioa izan dut. Hain zuzen ere, uste dudalako nahikoa harreman hurbila landu dugula, ia-ia une oro, eta aski batuta egon garela. Uste dut hesi bat haustea lortu dugula (denei buruz ari naiz) edo taldearekin sor zitekeen distantziak ezabatu dugula, horrek beldurra ematen zigularik, batez ere, gu geu eroso egongo ez ginelako. Denbora guztian saiatu gara distantzia desitxuratzen, eta hori ere ederra iruditu zait. Uste dut horri esker ere azaldu daitekeela nik neuk definitzen ez dakidan partaidetza-sentimendu hori. Gustatu zait ekimena esparru lauso batean gertatu izana, ezta? Laino horretan zerbait sendoagoa eraiki duen zerbait izango balitz bezala, beharbada?

S.: Bai, sendoa baino gehiago, kohesionatua. Lotura antzematen zen. Hala ere, lehen esan duzun bezala, likidoagoa da, moldagarriagoa, baina itsatsita eta sendo lotuta egon da.

A.: Gero, uste dut *gatazka* beste arazo

nagusietako bat izan dela... Izan ere, etengabe egon da mahai gainean, ezta? Alderdi askotan, gainera. Lehen ere aipatu dugu, zentzu honetan: guk, tutore garen aldetik, zer ikuskeratatik egin behar genuen gure lana esparru horretan; prozesua garatzeko moduari begira zein alderdi tekniko, formal eta kontzeptualei. Burura datorkit, adibidez, furgoneta bat aretoan sartzeko proposamenari lotutako guztia. Bereziki gogoratzen dut sortu zen eztabaida sutsua, mugei buruz, protokoloei buruz, artea zer den edo zer ez den, zer egin daitekeen edo zer ez, *asmoa* zer den eta *hitzarmenak* nola lantzen diren.

Nire ustez, gatazka erdigunean jarrita jorratu da, prozesuen parte dela ulertuz eta aldarrikatuz, eta, bereziki edo neurri handi batean, baita elkarbizitzarako eta kolektiboki lan egiteko espazioen parte ere. Gatazka beti azaleratzen da elkartzen zarenean edo beste batzuekin lan egiten duzunean. Garrantzitsua iruditzen zait gatazkak hainbesteko presentzia izatea eta zintzotasunez, argi, kontuz eta errespetuz heldu izana.

Hau da, une oro saiatu gara honela jokatzen: «begira, espazio honetan sortuko diren gatazka guztiei helduko diegu, eta errespetuz eta konfiantzaz jarri nahi ditugu mahai gainean». Hartara, uste dut hori izan dela maiz agertu den beste gai bat: *konfiantza*. Nik behintzat igarri dut, proposamenaren beraren arroztasun edo epeltasunetik at.

S.: Bai, gatazka-egoera horiei erantzuteko sortu diren tresnak kolektiboak izan dira. Osoro partekatu da... eta, bat-batean, kidetza-sentimendua edo gatazka hori konpontzeko beharra sentitu da guztion partetik. Hau da, gatazka oro norberarena bailitzan sentitu da, nahiz eta zuzenean pertsona bakoitzarena ez izan; nolabait esatearren, erantzuna edo ebazpena talde gisa lantzen saiatu gara.

A.: Bai, erabat ados! Elkarrekin ebazteko beharra, elkarrekin ekiteko beharra... baten gatazka, une batez bada ere, guztion gatazka bihurtuko balitz bezala...

S.: Hori da.

A.: Bai, hori ederra da. Gatazkak (eta ziurgabetasuna ere bai), nonbait, ez dira modu isolatuan jorratu... kolektibizatu egin dira eta taldeka konpontzen saiatu dira, gure laguntza-saioetan, behintzat.

Uste dut esandakoa garrantzitsua edo baliotsua dela prozesu bat bideratzen ari zarenean. Ederra iruditzen zait aipatzen ari garen honetan laguntzeko edo ahalbidetzeko gaitasuna izatea. Uste dut guretzat garrantzitsua izan dela, erronkatzat hartuta, lotura-ariketa hori egiten saiatzea.

S.: Bai, kontua da lotura hori egitea, baina askatzea ere bada. Askotan, bitartekaritzan edo prozesu kolektiboetan parte hartzean, beste pertsona batzuekin lan egiten da, eta etengabeko negoziazioa dago. Eta entzuketa dago. Eta badago lan bat entzundakotik erantzunak sortzeko. Baina esan nahi dudana da, prozesu horietan, askotan, aurreikuspen batzuk eraikitzen dituzula edo zure ustezko bidea eraikitzen duzula; bide hori jorratu eta horretatik jarraitu nahi duzulako. Eta, ildo horretan, askotan, garrantzitsua da askatzea eta hauxe esatea: tira, honen aurrean... ez dugu ezarriko bideak nondik joan behar duen, besterik gabe elkarrekin ibilbide bat egingo dugu. Eta hori egitea ere zaila izaten da eta prozesu bilakatu ohi da berez; eskuordetzen ikasi behar da.

A.: Bai, du asko egon litezke taldeari laguntzeko edo kidegoa gidatzeko proposamena bideratzerako orduan, ezta? Banakako tutoretzatik lan eginez, adibidez, eta lanari pertsonaz pertsona helduz, artista bakoitza garatzen ari zenari arreta handiagoa jarriz... eta, hala ere, erabakia beste bat izan da, itxura denez. Bakoitzak egindako proposamenari ahal bezain ondoen erantzuten saiatu ginen arren, parte-hartzaile bakoitzaren pieza, proposamen edo prozesuen arteko harremanaz asko hitz egiten saiatu ginen.

Era berean, asko hitz egin geunden testuinguru horretan egiteko eta *elkarbizitzeko*, bat egiteko eta bat ez egiteko orduan prest egoteaz... Askotan hitz egin genuen besteei nola eragiten genien eta inguruan gertatzen denak nola eragiten digun. *Afektazioaren* kontu horretatik ere bada pixka bat, ingurune hurbilean gertatzen dena nola ukitzen dugun, nola ukitzen gaituen eta/edo nola zeharkatzen gaituen, hortik lan egin nahi izan dugu. Hauxe oso argi utzi nahi genuen; beno, edo behintzat hasieratik guretzat kultura lantzeko oso garrantzitsua den zerbait zela argi uztea.

D.: Bai, tutore zaren aldetik, eskuordetzen jakin behar duzu, eta botere-jarrerarik ez hartu; parte-hartzaileengan konfiantza izan behar duzu, eta lortu nahi dena lortu nahi dela, eurekin joan, horretarako gaude hemen eta.

Horrek nolabaiteko lotura du Iván Gómezek lehen aldiz aipatu zuen ideiarekin, hau da, tutore gisa jardun behar genuela «emaginak» izanda. Hor egon behar dugula laguntzeko, handik ateratzen dena zeinahi gauza dela ere, erditze arina izan dadin eta ez mingarria, eta ahal den guztian, alboan egoteko. Ez ginen hor hazia jartzeko, ez inspirazioa pizteko, ez figura dogmatikoak edo erreferenteak izateko taldearentzat, baizik eta gidari izateko, bidaia-lagun esperimentatuagoak, eta emateko...

Nire ustez, funtsezkoa izan da, pertsonalki eta profesionalki nolakoak garen kontuan hartuz, komunikazioa hain asertiboa eta talde gisa begiratzera bideratua izatea, eta horrek eragin du, neurri batean, sortutako gatazkak edo arazoak jorratu diren bezala jorratzea eta arreta proiektu onenetan soilik jartzean ez eroriz. Denek balio bera izan dute, guztioi axola zaigu guztiona eta proiektu guztiek ordezkatzen gaituzte. Iruditzen zait horrela sortu dela kolektiboaren ideia hori, nork bere burua zaintzeko ideia bat sortu dela, eta denok talde berean gaudela jabetzeko ideia.

Uste dut hori ere biziki garrantzitsua izan dela, hain zuzen ere, gure lana bideratzeko, prozesu hau guztiona dela ulertuta, ezta? Non bakoitzak bere proposamena garatzen duen, baina aldi berean denok jakin badakigu talde bat garela.

Hau da, tokiren batetik hasteko ideia... Gure kasuan, Diego, zure ariketari esker prozesua aktibatuta zegoenez... guk zera pentsatu genuen: orain talde honetako kide guztiok garenari buruz hitz egingo dugu: zerk axola digun, zerk zeharkatzen gaituen, nola eta non kokatzen garen sortze prozesuan, artea egitean... Agian gehiago... gehiago norberaren desiotik, gutako bakoitza mugitzen gaituenetik, leku oso pertsonal batetik. Kilimak egiten dizkiguten edo haserrearazten gaitzuten gauza horietatik abiatu nahi ginen, gehiago gustatzen zaizkigun eta gutxiago gustatzen zaizkigun gauza horietatik, elkar ezagutzeko asmoz, norekin lan egiten ari garen jakiteko... gure interesak non elkartzen diren jakiteko edo talka non egiten dugun ezagutzeko, elkarri zer ekarpen egin diezaiokegun jakiteko, ezta?[8]

S.: Guztiz ados.

A.: Saiatu gara ulertzen espazio partekatu batean geundela eta proposamena ez zela hainbeste gertatzen emaitza elementu isolatuen collage bat bezala adituta... Hori guztia, ziur aski, ahalegin horiek egin gabe ere gertatuko zen, ezta? Baina horixe bera bultzatu nahi genuela argi geneukan.

Tira, gu hortik gatoz, egia esatera... distantzia laburretan lan egitetik, etengabean elkar ukitzen diren proiektuetatik, marruskaduratik... batzuetan oso suspergarria edo atsegina dena, eta beste batzuetan desatsegina, baina *kontaktuan* lan egitetik gatoz... Hori da! Kontaktu estuan lan egiteak bero handia ematen die horrelako prozesuei, nire iritziz. Eta, ni behintzat, eroso sentitzen naiz egitea tokatzen zaidanean...

D.: Bai, agian gu hor egon gabe gerta zitekeen berdin-berdin, baina ez dugu aipatu prozesua, guztira, nahiko laburra izan zela denboran.

A.: Bai, erabat ados.

D.: Hiru hilabeteko epea izan genuen, baina, errealitatean, bi hilabete baino ez ziren izan.

S.: Bai...

D.: Eta ez dut zalantzarik ondorio edo puntu jakin batzuetara iritsiko ziratekeela haien kabuz, oso gai direlako...

D.: Eta oso...

A.: ... oso potenteak.

D.: ... eta oso ondo egiten dute lan. Baina, jakina, guk kanpoko ikuspegia genuenez, egoera hobeto maneia genezakeen haiek zuten estresik gabe. Orduan, iruditzen zait gu hor egon ginenez, benetan erraztu genuela hori hain denbora laburrean gertatzea.

S.: Guztiz ados. Bai, prozesu eta harreman horiek, zerbait sortzen ez baduzu edo horretan arreta jartzen ez baduzu, oso zaila da gertatzea, ezta? Hain denbora laburrean. Testuinguru horretan, jendeak martxan jarri nahi duen horretan dauka arreta, lan egiteko denbora bilatzen, zertan lan egin nahi duten erabakitzen... bai, interes eta nahi horietan, material horietan... Horregatik izan zen primerakoa zure ariketa, Diego, honela: Atoan!, Brast!, pentsatu gabe, goazen martxan jartzera.

Izan ere, guk nahiko hitz egin dugu zergatik hasi nahi genuen «Lonja» delakoarekin, ezta? Konfiantzazko harreman hurbila sortzetik abiatzea zen kontua, non edozein gauza proposa genezakeen oso kolektiboa izatea bilatuz eta diskurtsiboagoak diren moduetaz aldenduz. Beste era bateko diskurtsoak eta hitz egiteko moduak baliatuz elkarrizketa bat hastea, zalantza ere prozesuaren funtsezko elementua izanik. Guk oso gogoan genuen hori guztia, sofa, lata eta patata-poltsez hornituriko espazio batean elkar gintezen proposatzerakoan. Dardoen ariketa proposatzerakoan: nondik abiatu zinen?[9]

D.: Zer egin ez jakitearen egoeratik jaio zen kontua, baina ez nik bakarrik, hirurek. Hau da, galdera honetatik: nola hasiko dugu hau? Eta ni nire lanetako batean dudan ariketa honetaz gogoratu nintzen, beste artista batzuekin egindako tailerretan ere erabili dudana, eta oso ondo funtzionatzen duela ikusi dut, erabaki beharraren pisua kentzen dizun zoriaren osagaia duelako. Azkenean, jakina, erabaki behar duzu, baina kontua da abioa aurrezten duzula. Premisa sinplea da, dardoa mapan erortzen den lekuan ekintza bat egin behar da eta nolabait dokumentatu. Eta edozein gauza izan daiteke, tokian tokiko material bat hartu edo bideo bat egin, grabazio bat egin edo bertako elkarrizketa edo pertsonaia batekin geratu eta horrek nora eramaten zaituen ikustea.

Proposamen hori hain da librea eta irekia, non edozein, zeinahi arte-arlotatik, ideia batera edo proiektu batera eraman dezakeen. Eta, hain zuzen ere, parte-hartzaile guztiek hasieratik partekatzen duten zori edo patu komuna da, guztiak maila berean jartzen dituena, pribilegiorik egon ez dadin laguntzen duena eta guztiak oinarri beretik abiarazten dituena. Eta hau proposamen bat izan zela esan beharra dago, ez betebehar bat. Eta, hain zuzen ere, zenbait parte-hartzailek ez zuten premisa horretatik abiatu nahi izan, baina, jakina, ez zen inolako arazorik egon. Partaide bakoitzaren proiektu pertsonala abiarazteko laguntza-proposamen bat besterik ez zen izan, eta xede horrekin eskaini zen.

A.: Bai, abiatzeko proposamena zen, aktibatzeko... Ariketa hau perfektua izan zela uste dut, ekimena martxan jartzen eta mobilizatzen zuelako, baina, era berean, edozeinen interesei erantzuteko moduko prozesu bat formulatzen hasteko bezain irekia zen. Hau da, ekintzara behartzen zuen, baina edonorentzat interesgarria izan zitekeen nonbaitetik.

S.: Eta, gero, horietako askok hasierako ariketatzat hartu dute, eta hortik abiatu eta lanean jarraitu dira, ezta? Hau da, pertsona batzuek toki horretatik egin dute lan. Beste baldintzatzaile batetik ere aritu dira lanean, edo espazioan soberan zegoen materiala erabiltzeko aukeratik...

D.: Berez, euren praktika artistikoarekin jarraitzen badute eta, adibidez, egonaldi artistikoak egin nahi badituzte, errutina horiek aurkitu egingo dituzte. Agian ezagutzen ez duzun leku batera iritsiko zara (kasu honetan, ezagutzen zuten) eta proiektu artistiko bat egin behar duzu berehala, 2 astetan hasi eta amaitu, 3 astetan, hilabete batean edo 2 hilabetetan. Eta jendea horrekin amiltzen da. Eta ez amiltzeko irtenbide on bat estrategia jakin batzuk bilatzea da. Eta hori izango litzateke estrategietako bat, egun batetik bestera zure fokua jartzeko leku bat izan dezazun, artista zaren aldetik duzun ikuspegiaren barruan. Eta horrexegatik egin zen. Hain denbora laburrean, erraztasunak emateko. Baina, benetan, beste hamaika aukera eta estrategia daude prozesu artistikoa formalizatu ahal izateko. Azkenean, ezer ez da zuzena edo okerra, horretara noa. Hau laguntza bat besterik ez zen izan, erabili nahi zuenarentzat dena errazagoa izan zedin.

S.: Bai, askoren gidari izan da. Gidaria edo mugatzailea. Askotan, denetarik egin ahal izatea ere... hau da, mugak jartzea ere askotan beharrezkoa da sortzeko, ezta?

Aretoaren mugak ere aurkitu ditugu, neurri batean beharrezkoak direnak eta hor daudenak, gauzak egiteko, eskatzeko eta gauzatzeko prozedurak eta protokoloak daude. Beraz, hori lantzea ere nahiko interesgarria da. Areto bat honetarako prest egotea interesgarria da.

D.: Egia esan, pozik zeuden Rekalde Aretoko neskak.

S.: Bai, horixe... Hura jende jatorra!

D.: Liburu bat egiteko moduan gaude, e!

A.: Bai, hau gelditu egin behar da! Niretzat, ona izan da arazo hau denon artean konpontzen saiatzea... ez dakit. Areto-orria idazteko prozesuarekin zerikusia zuten hitz batzuk aukeratu eta zerrenda bat egin genuen bezala... elkarrizketa honetan, prozesuan izan diren hitz garrantzitsu horiek ere entzun dira: zalantza, gatazka, kolektibitatea, zaurgarritasuna, konfiantza... Ez dakit! Beste behin berdina dela, saiatzen gara ekimenaz hitz egiten, prozesua egituratu duten eta sorkuntzan zein bizitza errealean oso garrantzitsuak diren zenbait gairi ikusten diegun distira nabarmentzen, ezta? Niretzat nolabait horraino.

S.: Hura amaiera, ezta?

A.: Ez dakit...

D.: Amaitzeko, aipatu nahi nuke, oraingo honetan hain esperientzia aberasgarria izan denez garrantzitsua iruditzen zaidala, bai artistentzat, bai Rekalde Aretoarentzat, honelako egoera eta proposamenak gehiagotan antolatzea, balioa ematen baitzaio ez produktuari eta artistari ekoizle gisa, baizik eta artistari esperimentatzaile gisa, bere laborategian, bere zalantzekin, bere kezkekin eta dena emankor egiteko beharrik gabe. Eta goza dezatela ikusleek eta artistek gauzek nora eramaten dituzten ez jakitearen tentsio horretaz, baina gauzak egitea eta horietan parte-hartzea plazer bat izanez.

A.: Bai, guztiz ados.

S.: Zoragarri.

A.: Kito!

[1] Izan ere, oso baldintza desberdinetan aurkituko genuela uste genuen. Hautsez betetako espazio bat irudikatzen nuen, zutabe biluziekin eta hondakinekin. Sinestezina izango zen, egia esatera. Askotan hitz egin dugu horretaz, aretoa «hain areto» zela aurkitzeak, obrak gorabehera, nahiz eta hormarik ez izan, nahiz eta aurreko forma galdu eta hormetatik ateratzen ziren hodiak eta narrioak izan, aretoa izaten jarraitzen zuela. Hainbesteraino, non beldurra ematen baitzuen modu erradikalagoan edo agerikoagoan esku hartzeak, esku-hartze sotilagoei bide emanez, gutxieneko lanarekin.

[2] Erronka bat izan da, eta polita izan da aretoa geurea den leku bat bezala ulertzea aldi baterako, zeinetan posiblea den huts egitea, norbere pausoetara itzultzea, aurrera egitea, apurtzea, zalantzan egotea, arakatzea...

[3] Kultur erakundeek, erakusketa aretoek, dituzten mugek, bere araudi eta protokoloekin, *bizikidetzaren* gaiari buruzko eztabaida piztu zen. Zer dakar, zer esan nahi du eta noraino jotzen da esku-hartze batzuk pieza eta espazio batekin bizikidetzan daudela?

[4] Bostehun «ez dakit» horiek ez dute soilik ziurtasun eza islatzen ideien bateratzean edo diskurtsoaren sorreran. Hain zuzen ere, gure prozesua oso ardaztuta egon da gure jarduera zalantzan jartzean eta kolokan jartzean, baina, batez ere, jarduera horren ondorioetan, harreran eta ikusaraztean. A.-k, D.-k eta S.-k behin eta berriz izan dugun elkarrizketetako bat egindako lana balioesteko orduan aurkitu ditugun zailtasunen ingurukoa izan da, eta, aldi berean, hori oso garrantzitsua iruditzen zaigularen ingurukoa; ia jarrera irmoa eta politikoa hartzea bezalakoa izan da.

[5] Uste dut garrantzitsua dela esatea «saiatzeak» ondo erantzuten diola izan denari... izan ere, azkenean, denbora laburrek ez dute bide eta aukera asko irekitzen edo jorratzen diren bideak aztertzen uzten. Baina birbilatzeko, zalantzan jartzeko eta gauzetan nahasteko asmoa egon da. Nire ustez.

[6] Nik ere hala uste dut. «Saiatzea» proposamen eragile garrantzitsua izan da, eta, batez ere, prozesuan kokatu gaituena izan da. Eta, agerikoa eta zentzugabea badirudi ere, nolabait emaitzari uko egitea eta produktibitatearen dinamikei aurre egitea dakar.

[7] Ez dakit ondo azaldu dudan...

[8] Edo, besterik gabe, nolabaiteko *guilty pleasures* batzuk ezagutu edo partekatzeagatik, artea egiteko orduan mobilizatzen gaituzten gauzei lotuta... desio barrukoenak edo aitortu ezin direnak.

[9] Galdera aitzakia bat baino ez da elkarrizketa pizteko eta ariketa horretan sakontzeko, une oro adosten baititugu taldeari eramaten dizkiogun proposamenak. Diegok hartu zuen lehen bi saioen ardura, gero Anek eta biok hartu genuen txanda hurrengo bietan, eta guztion artean jarraitu ginen gainerako saioekin.

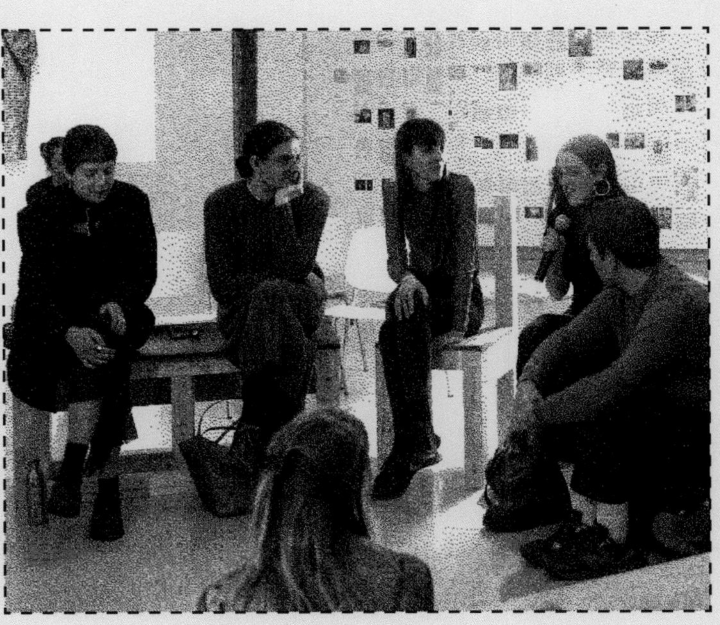

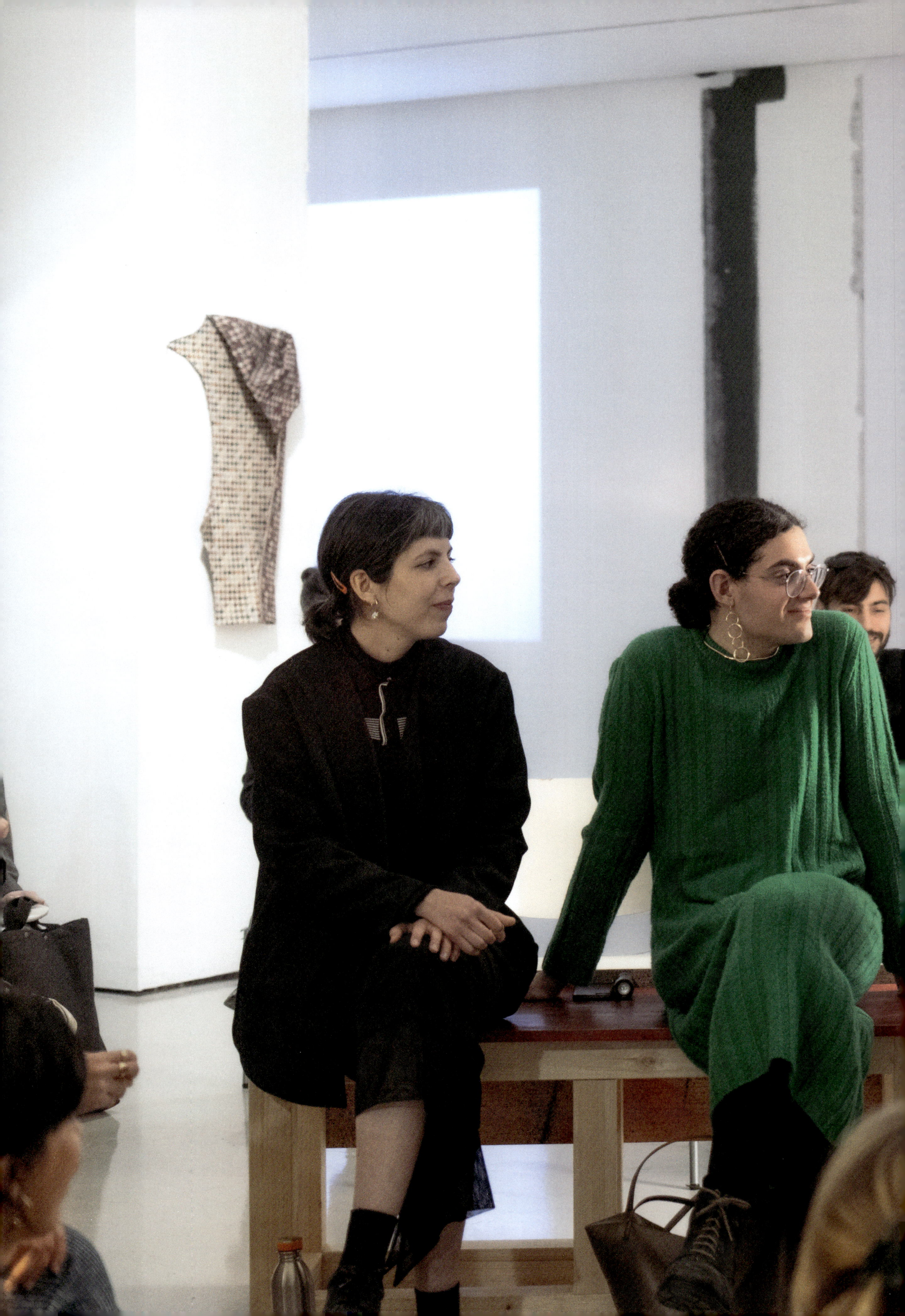

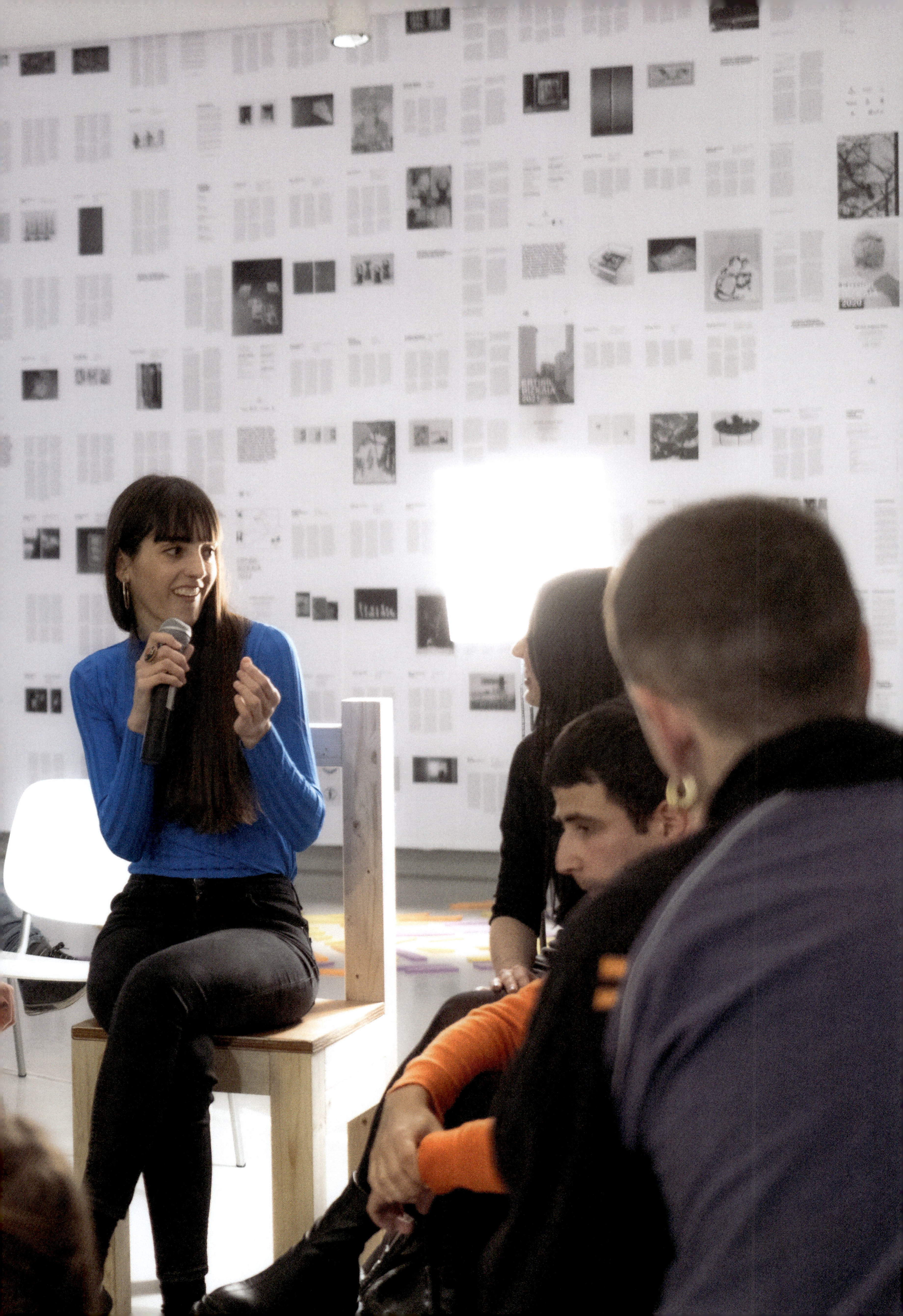

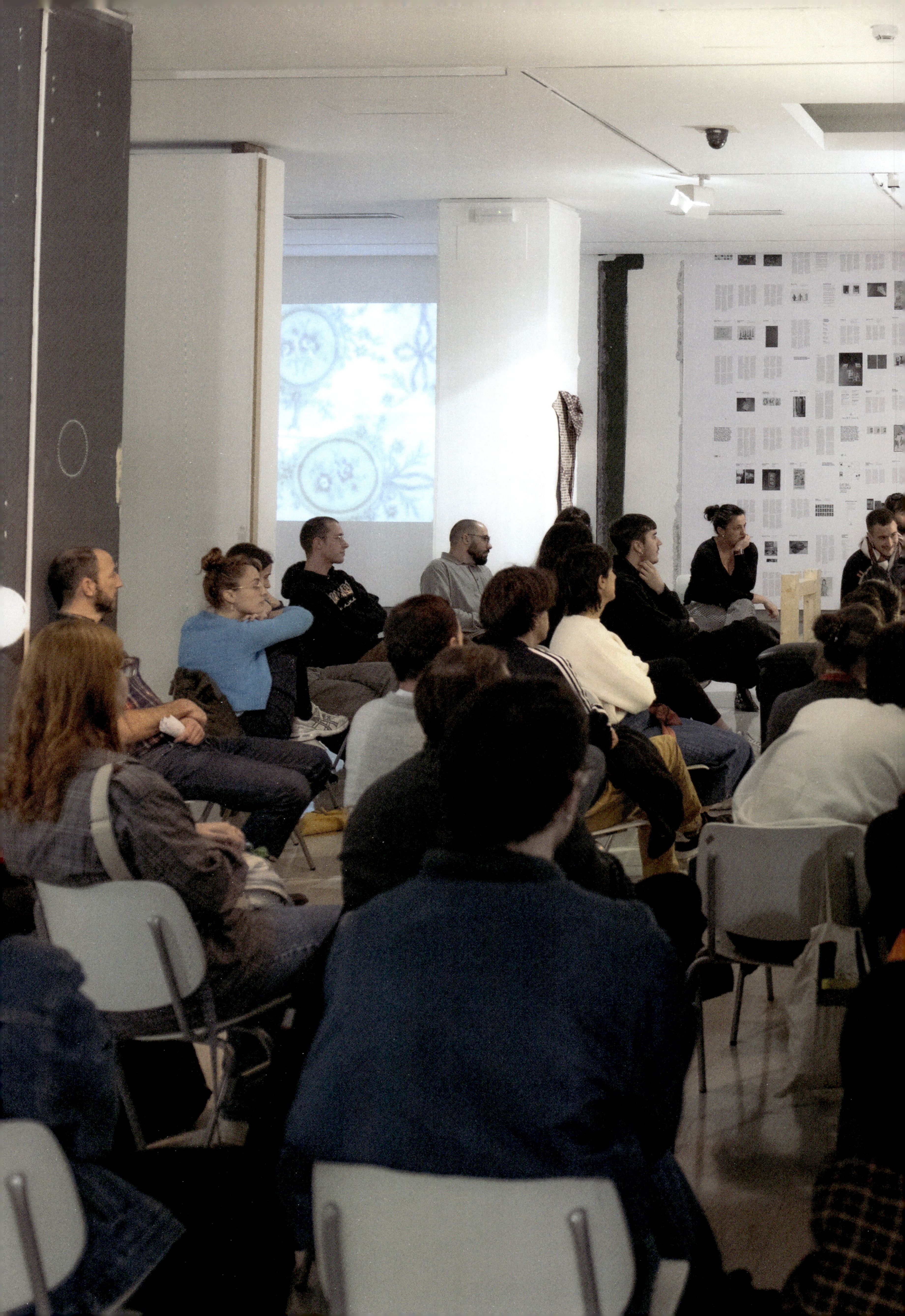

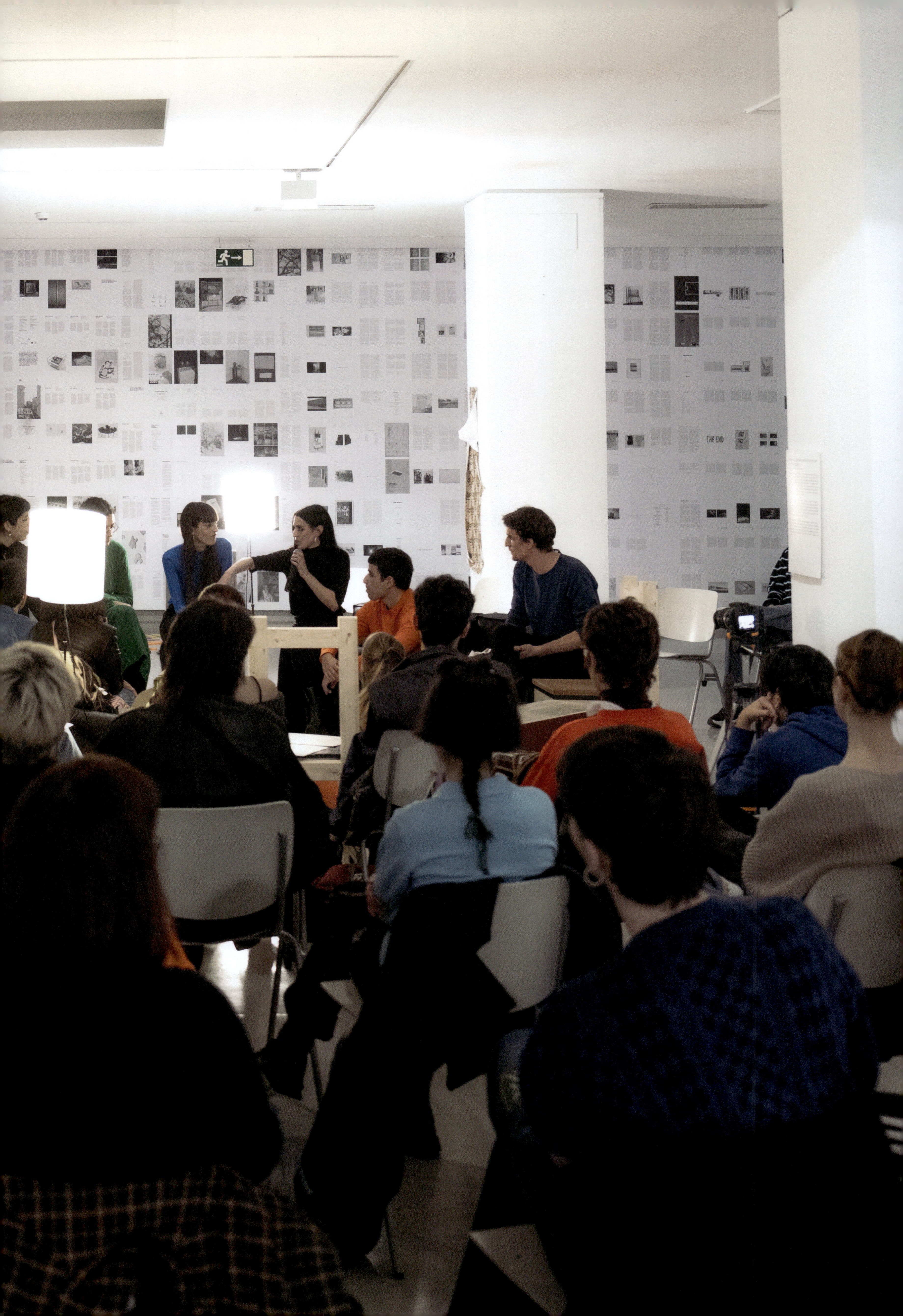

A.: Me parece super difícil abordar esta cosa, es como que no sé muy bien...

S.: Se puede empezar hablando del porqué de una conversación, ¿no? Lo que estabas diciendo antes era interesante...
A.: No... sí... lo que decía era eso, que cuando hablábamos de cómo podríamos abordar nuestra intervención en el catálogo, veíamos que podía tener mucho sentido continuar con el formato *conversación*, ¿no? O sea, nuestra forma de trabajar ha tenido mucho que ver con esta lógica, ha sido un proceso en el que hemos tenido que dialogar un montón... No solo entre nosotras, sino también con el resto de personas que han formado parte de esto. Ha sido todo una especie de conversación constante en muchas direcciones: puestas en común, encuentros, desencuentros, negociaciones... Se presentó así también el cierre del proceso, como una conversación, y pienso que este formato puede tener sentido y ser honesto con la cosa... así igual es un poco más fluido, dinámico... lo que sea, ¿no?

S.: También tiene sentido al tener que hacer un texto de forma coral, o sea, que sí que hemos estado bastante alineadas con la propuesta o con la cosa, pero que creo que es difícil hacer un texto entre tres personas. Este formato nos ayuda a resolverlo.

D.: Sí, así se mantiene la dinámica de una conversación. Además, hay que tener en cuenta que la invitación que nos lanzaban de inicio era hacer un taller en el que iba a haber unos participantes a los que teníamos que seguir durante unos meses. Pero la propuesta en sí era bastante poco definida y confrontar a esos participantes con una propuesta relativamente inconcreta y de repente llegar al punto de desnudarnos y de decir: «no, es que nosotros estamos en la misma situación que vosotros; no sabemos muy bien hacia dónde vamos». Para mí eso fue como el punto clave de todo el Workshop. Que al final era como: «mira, estamos en el mismo barco y no tenemos ni idea realmente de a dónde nos lleva esto, al igual que vosotros, pero vamos a intentar sacar algo interesante y enriquecedor de esto y a seguir adelante». Y bueno, yo creo que se consiguió.

S.: ¡Sí! ¡Total! Sí... o sea parecía... creo que parecía que no había una propuesta como muy clara y contundente, que era más como abrir un lugar para la experimentación. Pero luego, en el durante, o sea, según fue pasando el tiempo, sí que estaba bastante cerrada la cosa, la propuesta de Workshop, y sí que había como unas... unas expectativas que había que cumplir, ¿no? Que no estaban desde el principio claras, pero luego sí que estaba todo bastante más cerrado de lo que creíamos. O sea, luego sí que había como la expectativa de que hubiera un cierre. Y ese cierre, pues que tuviera como una especie de formato expositivo, de evento... Entonces claro, como que de repente se empezaron a dirigir las cosas hacia eso, o no sé, por un momento, la lógica del proceso que tuvieron o que se tuvo durante el Workshop dirigió todo hacia ese cierre. Y es que el espacio configuraba un montón, era un espacio muy expositivo. Y perdón

porque estoy mezclando como muchas cosas...
A.: ¡Sí! Esto tiene mucho que ver con lo que hablábamos el día del cierre, el día del *finissage*, ¿no? con la decisión de decir, «vale: trabajar en un espacio expositivo evidentemente ha configurado mucho el proceso y ha delimitado también el tipo de producción, por mucho que las limitaciones se planteasen más expandidas y que la invitación a intervenir se hiciese de manera muy abierta. Pero era parte del reto, ¿no?». La cuestión era cómo salir de esa lógica, que el espacio expositivo se convirtiese en otra cosa, en un lugar de procesos de alguna manera, o en gran medida, vaya...

Bueno, esta era realmente una de las cuestiones principales, de hecho, y... es ahí donde me parece que siempre hemos tratado de hacer bastante hincapié: en la importancia de lo que se da en el durante. Aunque, obviamente, se ha dado mucha importancia a la creación de piezas y se ha hecho mucho seguimiento de las propuestas que se estaban desarrollando, quizá más en clave de intervención en el espacio y de diálogo con la sala, casi como una excusa, más que como un fin. Lo importante ha sido *el hecho de hacer* (bastante redundante esto, ¿no?) y no tanto la manera en la que concluye el ejercicio.

Lo que quiero decir es que en todo momento le hemos querido dar como... Quiero decir que en todo momento hemos querido bajar la expectativa del resultado acabado y darle mucha importancia al proceso, a la prueba, a que lo importante era que eso estaba sucediendo en ese lugar, ¿no? Que la sala se transformara en otra cosa, en cierto modo era lo que nos parecía interesante, entre otras cosas. O sea, porque la sala seguía siendo una sala de exposiciones, tenía sus... tenía las proyecciones, tenía elementos con mucha presencia, quiero decir...[1]

S.: Claro, es que estaba totalmente configurado como espacio expositivo.

A.: Sí, eso es. Era un espacio expositivo, y en esa mezcla o en ese encuentro ha estado lo interesante, que para nosotras también... no sé, a mí por lo menos se me ha hecho difícil, o para mí ha sido una de las cosas más complejas de la propuesta... Entender realmente la sala como un lugar de trabajo, con todo lo abierto y lo complejo de un proceso creativo, ¿no?[2]

Si bien partíamos de una propuesta muy abierta, nos hemos encontrado con un espacio muy connotado, o sea, como con unas limitaciones o con un... con un carácter muy concreto, y eso era algo que para nosotras también frenaba un poco la cosa. Esto ha tenido muchísima presencia y en ese sentido me he sentido un poco como... un poco como las integrantes del grupo, como con las mismas dudas[3].

D.: Por eso decía, que ponernos al mismo nivel que las integrantes del Workshop al final fue un poco la clave de todo. Y, además, teniendo en cuenta que la pauta inicial más clara es que era el cuarenta aniversario de Ertibil. Si partimos de la base de que Ertibil es una convocatoria donde el artista ya ofrece un producto hecho y finalizado, de repente, tener la oportunidad de que ese Workshop sea el laboratorio-taller donde realmente sucede la creación... ¡Jo!, pues me parece que es una oportunidad increíble tanto para el público que puede visitar esa sala, que normalmente es expositiva y ahora es laboratorio-taller, como para el propio artista participante, que ya no es solo productor, sino que es experimentador, recicla los materiales de otras instalaciones del propio lugar, se contamina de los pensamientos y formas de hacer de los otros artistas... Son cosas que realmente en Ertibil no pasan normalmente y creo que era justo lo que le faltaba. Algo más vivencial, un punto de encuentro, discusión y creación para la comunidad artística.

A.: ¡Sí! Sí, sí, total. Y hay algo ahí que has dicho (en relación a que Ertibil es una convocatoria donde las artistas "ofrecen" o presentan un producto finalizado en contraposición a ser un espacio de creación o producción) que me ha recordado a esto que comentaban las participantes del grupo, las artistas, que... que en ese producir, ellas también han sido un poco producto u objeto... un poco piezas en la sala, ¿no? En cierto modo... porque ellas estaban siendo observadas y han formado parte de ese espacio expositivo de alguna manera. En ese tiempo de producir ellas se han convertido en parte en... ¡o sea, sí! en productoras, pero también en algo que ver, en algo que se mira. O sea, que para los públicos que han asistido a la sala durante todo ese tiempo el grupo ha sido expuesto, al igual que sus procesos de trabajo, en el sentido más amplio de la palabra, quiero decir. De hecho, tenían su propia cartela, tenían un texto que enmarcaba su intervención, que explicaba lo que estaba pasando ahí y que justificaba de algún modo su presencia, ¿no?

Esto nos hizo pensar y conversar un buen rato sobre la necesidad de la institución de acotar, significar y justificar hacia afuera (y puede que también hacia dentro) lo que sucede en ella, quizá como una forma de toma de tierra, o de que no haya cabos sueltos en relación a lo que ocurre en ella, casi como una forma de control, en este caso hacia sí misma.

Porque en ese sentido, las artistas nos comentaban que se generaba un momento de extrañeza con los públicos cuando iban a visitar la sala porque había gente haciendo cosas: trabajando con una caladora, cortando madera, planchando plástico, haciendo pasta de serrín... haciendo las cosas que se hacen sin ser vistas. Y esto es guay, me parece una cosa a mencionar, interesante, aunque no sé muy bien cómo enfocar esto. Por parte de las trabajadoras de la sala... parece que también les parecía muy interesante que esto estuviera sucediendo, ¿no? Que hubiera movimiento, algo en construcción, que cambia, que evoluciona, que vuelve hacia atrás, que no es estático y que no se repite... También es bonito que haya existido esa predisposición.

O sea que... en realidad no sé si aquí tendríamos que hablar más bien desde nuestra propia experiencia... Me cuesta enfocar la conversación. Es que me da la sensación de que nos vamos constantemente a intentar recoger la experiencia de los demás, ¿no? Pero... nosotras... dónde hemos visto nosotras como los puntos... no sé si interesantes, o... ¿qué nos gustaría dejar? Plasmar... dejar por escrito lo que queremos que quede de esta cosa... Sí, qué es lo que nos gustaría que quedase...

S.: Sí, sí...

A.: Si hubiese algo que dijéramos «esto es para mí como un tesoro... un hallazgo...». ¿Qué sería?

S.: Bueno, pues... no lo sé...[4] Yo creo que se han generado un montón de cosas interesantes, ya desde la propuesta que lanzabas, Diego, de ponerse en movimiento, ponerse en marcha, llevar la acción al propio espacio, que ya era super interesante, y que podemos profundizar en esto también. A mí, especialmente, me interesa mucho la parte relacional de lo que se ha generado, ¿no? O sea, se ha formado un grupo de personas que estaba trabajando en ese espacio y ha habido ahí una cuestión relacional, reforzada por las sesiones del Workshop, que me parece como super potente. Y que nosotras tres hemos funcionado como un grupo, pero ellas también han sido otro grupo, y luego, conjuntamente, también lo hemos sido. Hemos estado en diferentes posturas, pero, no sé, compartiendo acciones y/o propuestas o cosas que podían suceder o que estaban sucediendo, y mogollón de dudas, mogollón de certezas, mogollón de reflexiones, y eso creo que normalmente, cuando hay una propuesta expositiva, bueno... no se da. O si se da, es de otra manera y en otros espacios. No a la vez, ¿no? Y cómo el propio espacio, ha contenido muchísimas cosas. Ya que se ha trabajado de otra manera. Se ha dado pie a que haya una conversación constante. Una conversación entre las personas, entre las piezas, entre propuestas que de repente se han cruzado, se han compartido, y se han desarrollado... Creo que es difícil que eso se dé. Y en este espacio se ha optado por dejar un lugar importante a cuestiones relacionales. Y a mí me parece algo super potente...

A.: Sí, yo también lo creo. Me parece que lo que has dicho es importante, y es que ha ocurrido una cosa que conecta con lo que tú decías antes, Diego: nos hemos mostrado mucho en el proceso y hemos tratado de tener una relación estrecha y cercana tanto entre nosotras tres como con las personas del grupo, a través también de... de compartir la duda, ¿no?

O sea, la duda ha sido algo que ha estado muy presente en estos meses de trabajo y se ha explicitado en todo momento; ha estado constantemente ahí y ha sido un proceso... cómo diría... en el que la vulnerabilidad se ha mostrado y ha tenido mucha presencia a través de la duda, ¿no? Creo que en ese sentido ha sido un proceso muy sincero, precisamente enfocado desde ahí. De hecho, nos presentamos también desde ahí, ¿sabes? En ese deseo de potenciar la parte relacional de un proceso que se da en colectivo o en el que se comparte camino, creo que esto es importante... Y en este caso creo que esto se ha hecho todo el rato desde compartir la duda: la duda en torno a cuál es nuestra figura, en torno a qué podemos o qué no podemos hacer aquí, hasta dónde podemos llegar, hasta dónde no podemos llegar, cuáles son los límites de la cosa...

Que, en realidad, las dudas acompañan siempre a los procesos creativos, tanto en solitario como en colectivo, pero en nuestro caso como tutoras o guías me ha parecido muy guay el hecho de plantear nuestro trabajo y nuestra posición también en el *no saber muy bien*. Esto me gusta. Creo que desde ahí, desde ese *no saber muy bien* o desde la búsqueda de respuestas, se ha articulado un proceso también como... en cierto modo colectivo por todas las contaminaciones cruzadas que se han dado en la resolución de muchas dudas, precisamente porque se han compartido y las hemos tratado de abordar juntas. Es como si la duda hubiera sido un elemento vertebrador, ¿no? Me parece importante mencionarlo porque justamente me parece bonito trabajar desde ahí, ¿no? Porque muchas veces es como que... que parece que hay que tener siempre las cosas claras, andar como con cierta firmeza cuando realmente es... imposible, ¿no?

S.: Sí, super importante la duda... Y plantear afirmaciones, ¿no?

A.: ¡Sí! ¡Eso es! No tanto desde afirmarse o reafirmarse, sino desde el hacer, desde la... desde la inestabilidad, desde la indefinición... también desde cuestionar lo que se hace, cómo se hace, para qué se hace, por qué y dónde, ¿no? Me parece bonito ese acercamiento a la cosa también por el hecho de compartirlo y por el hecho de *intentar*[5] [6] desplazar la idea de generar un proceso sólido o un camino recto... En este caso lo he vivido como algo más blando, más líquido, y ha sido muy... No sé, creo que ha ido por ahí la cosa y esto me parece bonito.

S.: Total.

D.: Sí, es que ha sido, de alguna manera, más un regalo para los propios artistas participantes que para el público que fuese a visitar la exposición final, que también lo fue, aun así. Al final era del proceso de lo que se trataba todo, ¿no? Un poco lo que dices tú, Ane, también de no jugar el papel y el rol de tutor lanzando certezas e inculcando dogmas y con pretensión de enseñar algo a los participantes. Sino que hemos decidido decir: partimos todos de esa vulnerabilidad del no-saber, estamos todos con dudas y con incertezas respecto a qué es esto de lo que formamos parte y vamos a pelearla juntos y vamos a ver a dónde nos lleva. Y estos marcos inciertos se dan pocas veces en un terreno de lo institucional, la verdad.

A.: Total...

D.: ...si acaso se dan en estudios o talleres que se comparten entre artistas...

S.: Ya...

D.: ...en alguna fiesta o evento en el que al final acabas teniendo una conversación interesante que te lleva a otros pensamientos. Pero tener la oportunidad de tener una situación así, incluso gracias a dinámicas como la que propusisteis con lo del sofá, haciendo un formato de lonja, donde te puedes reunir, compartir ideas, pensamientos, dudas, incluso con la seguridad de que no pasa nada si finalmente no hay un proyecto, son unas reglas de juego que normalmente no tienes como artista y que creo que son muy disfrutonas y que es de agradecer que se hayan dado.

Prueba de ello es que incluso con todas esas incertezas y con todas esas dudas, con las pocas bases concretas que había, lo bien que ha resultado todo finalmente. Y tengo que decir, que también esto es así debido a la suerte que hemos tenido con la predisposición, capacidades e interés de los participantes, y también por lo bien que nos hemos entendido entre nosotras tres.

Creo que ha sido un proceso muy enriquecedor para todas las que hemos formado parte de esto y que de una manera u otra nos lo vamos a llevar y se lo van a llevar consigo.

A.: Sí, yo a nivel personal es algo que me llevo. Es lo que decías... es como que todo eso que ocurre normalmente hacia adentro, aun siendo algo que ha ocurrido en un espacio expositivo (en un espacio en el que se proyecta hacia afuera) ha sido un proceso que hemos convertido en algo muy para nosotras también, muy nuestro, muy para el grupo, para... no sé...

Ha sido un proceso en el que se han tocado mucho cuestiones que atraviesan lo privado desde una lógica que nos ha llevado a abordarlas desde lo colectivo; un espacio público pero sin perder, a su vez, un carácter o una manera íntima de abordar las cosas[7].

S.: Sí. A mí me ha parecido una oportunidad muy guay en la que me he sentido súper cómoda —por hacerlo con vosotras—, pero eso, en gran medida por trabajar desde la idea de tentativa, de las dudas y de abrir como espacios de debate... O sea, que todas las dudas que se planteaban se planteaban a un grupo del cual formábamos parte en los momentos de las sesiones semanales, y se respondía de manera colectiva, ¿no? Entonces creo que me ha gustado trabajar desde el hacernos preguntas, cuestionarnos, introducir elementos que puedan ser interesantes para encender cosas que luego queden ahí, y... eso, sin esa presión de tener que formalizar algo y... no lo sé. Lo que estamos venga a decir: que el objetivo en sí mismo era el propio proceso.

A.: Sí.

D.: Incluso en la charla final y conversación con el público se vio que ellos mismos tomaban la iniciativa de defender lo que había estado pasando allí; como de: «¡Mira! Esto es lo que ha pasado aquí, lo que hemos vivido y estamos orgullosos, hemos estado currando y luchando por lo nuestro y os lo queremos mostrar y compartir con vosotros». Fue bonito, la verdad.

A.: Sí, es que ha habido como cierto orgullo con la cosa, ¿no? Hablo de orgullo en el buen sentido de la palabra, no hablo de prepotencia, sino de un orgullo de formar parte. Siento que se ha generado, al final (salvando las distancias, obviamente), como un poquito de familia en cierta manera, y como un orgullo en torno a lo vivido entre las personas, aparte de que se hayan creado unas piezas más o menos definidas o con mayor o menor desarrollo, pero creo que ha habido cierto orgullo de pertenencia. Yo me quedo con esa sensación, al menos yo la tuve un poco, vaya.

A mí hay algo que me gusta mucho y es encontrarme con las integrantes del Workshop por ahí, os digo. Para mí se ha generado una relación que no tenía por qué haberse dado y lo ha hecho. No siempre que se trabaja con gente surgen este tipo de afectos o de encuentros. La verdad es que me he quedado con ganas de que esto continuase un poco más, ¿no? Me he quedado con la sensación de «joe, qué pena que acabe ya». Porque creo que se ha dado una relación bastante cercana casi en todo momento, hemos hecho bastante piña. Creo que hemos (con hemos me refiero a todas) conseguido romper una barrera o con una distancia que nos daba miedo que se generase con el grupo, principalmente porque nosotras mismas no estaríamos cómodas con ella. Hemos intentado desdibujarla todo el rato y esto también me parece guay. Creo que por ahí también se explica ese sentimiento de pertenencia que no sé definir. Me gusta que haya existido ese encuentro en un marco difuso, ¿no? Como algo que en esa niebla ha formado algo más... sólido, ¿de alguna manera?

S.: Sí, más que sólido, cohesionado. Es como que se sentía una unión. Aunque lo veo, como has dicho antes, como algo más líquido, más moldeable, pero que sí que estaba pegado y unido.

A.: Luego creo que el *conflicto* ha sido otra de las grandes cuestiones... De hecho, ha estado constantemente encima de la mesa, ¿no? En muchísimos aspectos, además. Lo hablábamos antes, en el sentido de: desde dónde nosotras, como tutoras, planteamos nuestro trabajo en este marco; pasando por cómo se desarrolla el proceso, así como por las cuestiones técnicas, formales y conceptuales que se han dado durante el hacer. Se me viene a la cabeza, por ejemplo, todo el tema de la propuesta de meter una furgoneta en la sala, me acuerdo mucho de la conversación que detonó en torno a los límites, a los protocolos, a lo que es o no es arte, lo que se puede o no se puede, la *intención* y los *acuerdos*.

Creo que el conflicto se ha abordado dándole una posición de centralidad, entendiendo y reivindicando que forma parte de los procesos y, especialmente o en gran medida, también de espacios en los que se convive y en los que se hace desde la colectividad. El conflicto es algo que está súper presente en el momento en el que te juntas o haces con otras. Que el conflicto haya tenido tanta presencia y se haya abordado con honestidad, con claridad, con cuidado y respeto, me parece importante.

O sea, en todo momento hemos tratado de decir, «vale, este es un espacio en el que vamos a abordar todos los conflictos que van a surgir y queremos ponerlos encima de la mesa con respeto y con confianza». Mirad, creo que esta ha sido otra de las cuestiones que ha estado muy presente: la *confianza*. Yo al menos la he sentido, fuera aparte de lo extraño o lo anodino de la propuesta en sí misma, vaya.

S.: Sí, las herramientas que se han generado para responder a esas situaciones de conflicto han sido colectivas. Se ha compartido mucho... y, de repente, ha habido una especie de sentimiento de pertenencia o de necesidad de resolver ese conflicto por parte de todas. O sea, todo conflicto se ha sentido como propio, aunque no perteneciera directamente a cada persona; de alguna manera la respuesta o la resolución se ha tratado de abordar como grupo.

A.: Sí, ¡total! Como de resolver juntas, como de abordar juntas... como que el conflicto de una se ha convertido, aunque sea por un momento, en el conflicto de todas...

S.: Eso es.

A.: Sí, esto es guay. De alguna manera los conflictos (y también la incertidumbre) no se han tratado de forma aislada... se han colectivizado y se ha tratado de resolverlos en conjunto, al menos durante nuestras sesiones de acompañamiento.

Creo que esto es algo importante o valioso cuando estás mediando un proceso. Me parece guay haber tenido la capacidad de ayudar o favorecer esto que estamos comentando. Creo que ha sido importante para nosotras, a modo de reto, tratar de hacer ese ejercicio de vinculación.

S.: Sí, es cuestión de hacer ese ejercicio de vinculación, pero también es soltar. Muchas veces desde la mediación o desde el formar parte de procesos colectivos se curra con otras personas y hay una negociación constante. Y hay una escucha. Y hay un trabajo para generar desde ahí respuestas a eso. Pero lo que quiero decir es que, muchas veces, en estos procesos construyes toda una serie de expectativas o construyes como tu propio camino; el camino que quieres seguir y continuar. Y en este sentido muchas veces también es importante soltar y decir: bueno, ante esto... no vamos a marcar por dónde debe ir el camino, sino que vamos simplemente a hacer un recorrido juntas. Y hacer eso también suele ser complicado y suele ser un proceso en sí mismo; hay que aprender a delegar.

D.: Sí, como tutora tienes que saber delegar, no tomar una posición de poder; confiar en los participantes, y a por lo que sea que vayáis, vamos con vosotros porque para eso estamos aquí.

Esto tiene que ver un poco con la idea que mencionó la primera vez Iván Gómez, que debíamos actuar como tutores siendo "parteras". Estar ahí para ayudar, para que sea lo que sea que salga de ahí, sea un parto liviano y poco doloroso y acompañar en todo lo posible. No estábamos ahí para poner la semilla, ni para dar inspiración, ni para ser figuras dogmáticas o referencia para el grupo, sino guías, compañeras de viaje más experimentadas, y dar...

Yo creo que ha sido clave que, siendo los tres como somos personal y profesionalmente, se haya dado esta comunicación tan asertiva y tan enfocada a la mirada como grupo, y que esto ha provocado en parte que los conflictos o problemáticas que surgían se tratarán como se han tratado y no se cayese en poner el foco únicamente en los mejores proyectos. Todos han tenido el mismo valor, a todos nos importa lo de todos y nos representa. Me parece que ha sido así que se ha creado esa idea de colectivo, se ha creado una idea de cuidarse y de ser conscientes de que estamos todos en la misma movida.

A.: Sí, es que podría haber muchas maneras de enfocar la propuesta de ayudar o guiar al grupo, ¿no? Podría haber sido únicamente desde la tutorización más individualizada, digamos, y abordar el trabajo persona por persona, atendiendo de manera mucho más centrada a lo que estaba desarrollando cada artista en concreto... y sin embargo la decisión ha sido otra, en cierto modo. Si bien atendimos a la propuesta de cada una como mejor pudimos, intentamos hablar mucho de la relación entre las piezas, las propuestas o los procesos de cada una.

También hablamos mucho de estar situadas a la hora de hacer y de *convivir*, confluir o *disentir* en el contexto en el que estábamos... Hablamos mucho de cómo afectamos a las demás y de cómo nos dejamos afectar por lo que sucede alrededor. Es un poco también desde esa cuestión de la *afectación* y de cómo tocas, te tocan y/o te ves atravesada por lo que pasa en el entorno inmediato desde donde hemos querido trabajar. Esto era algo que queríamos dejar muy claro; bueno, o al menos plantear desde el principio como algo que para nosotras es muy importante a la hora de trabajar en cultura.

Creo que esto ha sido importante también para, precisamente, enfocar nuestro trabajo desde entender este proceso como algo de todas, ¿no? En el que, bueno, cada una desarrolla su propuesta, pero en el que somos conscientes de que somos un grupo.

O sea, la idea de empezar por... En nuestro caso, como ya estaba activado el proceso gracias a tu ejercicio, Diego... nosotras pensamos: vale, ahora vamos a hablar de lo que somos nosotras, todas las integrantes de este grupo: de qué nos importa, de qué nos atraviesa, de cómo y dónde nos situamos cuando creamos, cuando hacemos arte... Quizá más desde... desde el propio *deseo*, desde lo que a cada una nos mueve, desde un lugar muy personal. Queríamos empezar por compartir precisamente esas cosas que nos hacen cosquillas o que nos enfadan, que nos gustan más y que nos gustan menos, con la intención de conocernos, de saber con quién estamos trabajando... de conocer dónde se rozan nuestros intereses o dónde chocamos para saber qué nos podemos aportar unas a otras, ¿no?[7]

S.: Total.

A.: Hemos tratado de hacer el ejercicio de entender que estamos en un espacio compartido y que la propuesta quizá no pasaba tanto por entender el resultado como un collage de elementos aislados... Que seguramente todo esto habría sucedido sin que hubiésemos hecho estos esfuerzos, ¿no? Pero era algo que teníamos claro que queríamos impulsar.

Bueno, es que nosotras venimos de ahí, en realidad... de trabajar en las distancias cortas, en lo que se roza todo el rato, un poco en la fricción... que a veces es súper reconfortante o agradable y a veces es desagradable, pero venimos de trabajar desde el *contacto*... ¡Esto es! Trabajar desde el contacto estrecho creo que es algo que le da mucho calor a este tipo de procesos. Y yo por lo menos es donde me siento cómoda cuando me toca hacer...

D.: Sí, igual podía ser algo que podría suceder sin que estuviéramos nosotros ahí, pero no hemos mencionado que el proceso en total fue bastante corto en el tiempo.

A.: Sí, total.

D.: Fue en el plazo de tres meses, pero realmente fueron únicamente dos meses.

S.: Sí...

D.: Y no tengo ninguna duda de que hubieran llegado a ciertas conclusiones o a ciertos puntos por ellos mismos, porque son muy capaces...

D.: Y son muy...

A.: ...muy potentes.

D.: ...y trabajan muy bien. Pero claro, al tener nosotras la perspectiva externa, podíamos manejar un poco mejor esa situación sin el estrés que tenían ellos. Entonces me da la sensación de que al estar nosotras ahí hemos favorecido que eso pasase en un espacio de tiempo tan corto.

S.: Total. Sí, porque estos procesos y estas relaciones, si no generas algo o pones la atención en eso es muy difícil que sucedan, ¿no? En tan poco tiempo. En un contexto en el que la gente está centrada en todo eso que quiere poner en marcha, en buscar tiempo para trabajar, en buscar en qué quieren trabajar... sí, en esos intereses y esos deseos, esos materiales... Por eso estuvo guay tu ejercicio, Diego, que fue: ¡ya!, ¡pum!, sin pensar, vamos a ponernos en marcha.

Porque nosotras hemos hablado bastante de por qué queríamos iniciar con «La lonja», ¿no? Como partir de crear una relación de confianza, cercana, en la que poder plantear cualquier cosa para buscar que fuera algo muy colectivo y para salir de unas formas de compartir más discursivas. Iniciar una conversación con otro tipo de discursos y de formas de hablar y donde la duda también fuera un elemento central del proceso. Nosotras teníamos super presente todo esto a la hora de proponer juntarnos en un espacio con sofás y latas y paquetes de patatas. A la hora de proponer el ejercicio de *los dardos*: ¿de dónde partías?[8]

D.: Nacía un poco también de la propia situación de no saber muy bien qué hacer, no solo yo, sino las tres. Es decir, de la pregunta: ¿cómo iniciamos esto? Y yo me acordé de este ejercicio que tengo en una de mis obras, de la que también he hecho uso en otros talleres con otros artistas, y he visto que funciona muy bien porque tiene el componente del azar que te quita el peso de tener que decidir. Que por supuesto, finalmente acabas decidiendo, lo que pasa es que te ahorra el arranque. La premisa es simple, donde caiga el dardo en el mapa hay que hacer una acción y documentarla de alguna manera. Y puede ser cualquier cosa, desde coger algún material del lugar o hacer un video, a hacer una grabación o quedarse con una conversación o con un personaje del lugar y ver a dónde te lleva eso.

Esta propuesta es tan libre y tan abierta que a cualquiera, de cualquier campo artístico, le puede llevar a una idea o a comenzar un proyecto. Y precisamente es un azar común que comparten todos los participantes desde el inicio, que les pone en un mismo nivel a todos, que ayuda a que no haya privilegios y que todos partan de la misma base. Y decir que esto fue solo una propuesta, no una obligación. Y precisamente se dio el caso de que varios participantes no quisieron partir de esa premisa y obviamente no ha habido ningún problema. Era simplemente una propuesta de ayuda para el arranque del proyecto personal de cada uno de los participantes y con esa idea se ofreció.

A.: Sí, era una propuesta para iniciar, para activar... Creo que este ejercicio era perfecto porque ponía en marcha y movilizaba la cosa, pero también era lo suficientemente abierto como para empezar a formular un proceso que pudiera responder a los intereses de cualquiera. O sea, obligaba a la acción, pero desde un lugar que podía ser interesante para todas de alguna manera.

S.: Y luego, ha resultado también que bastantes de ellas se lo han tomado como un ejercicio inicial desde el que partir y en el que continuar trabajando, ¿no? O sea, ha habido personas que han desarrollado su trabajo desde ese lugar. También han estado trabajando desde otro condicionante, o desde la posibilidad de utilizar el material sobrante que había en el propio espacio...

D.: Es que son rutinas que, si siguen con su práctica artística y quieren por ejemplo hacer residencias artísticas, es algo con lo que se van a encontrar. Llegas a un sitio que puede que desconozcas (en este caso lo conocían) y tienes que hacer un proyecto artístico ya, empezarlo y terminarlo en 2 semanas, en 3 semanas, en 1 mes o en 2 meses. Y hay gente que colapsa con eso. Y una buena solución para no colapsar es buscar ciertas estrategias. Y esta sería una de las estrategias para que rápidamente, de un día para otro, tengas un sitio en el que poner tu foco, dentro de tu perspectiva como artista. Y precisamente por eso se hizo. Para dar una facilidad ante el tiempo tan corto que había. Pero realmente hay otras mil alternativas y estrategias para poder formalizar el proceso artístico. Que al final no hay nada correcto o incorrecto, es a lo que voy. Que esto solo era una ayuda para que todo fuese más fácil para quien lo quisiese usar.

S.: Sí, ha servido de guía para muchas. Como de guía o de limitación. Muchas veces también el poder hacer de todo.. o sea, que plantear límites muchas veces también es necesario para crear, ¿no?

También nos hemos encontrado con los propios límites de la sala, que en cierta manera son necesarios y están ahí, hay procedimientos y protocolos para hacer las cosas, para solicitarlas y para llevarlas a cabo. Entonces, trabajar eso también es bastante interesante. Que una sala se preste a esto es interesante.

D.: La verdad es que estaban encantadas las chicas de la Sala Rekalde.

S.: Sí, es que... ¡Qué gente más maja!

D.: ¡Tenemos para un libro ya, eh!

A.: Sí, ¡esto hay que pararlo! Para mí ha sido guay intentar resolver este problema entre todas... no sé. Creo que de la misma manera que para escribir la hoja de sala elegimos algunas palabras que tenían que ver con el proceso y elaboramos un listado...de alguna forma en esta conversación también han resonado esas palabras importantes que han estado presentes en el proceso: la duda, el conflicto, la colectividad, la vulnerabilidad, la confianza... ¡No sé! Que es como otra vez, tratamos de hablar de la cosa como intentando resaltar el brillo que vemos a ciertas cuestiones que han articulado el proceso y que son súper importantes tanto en la creación como en la vida real, ¿no?, ¿sabes? Para mí un poco hasta ahí.

S.: Qué broche, ¿no?

A.: No sé...

D.: Me gustaría mencionar también, para terminar, que ya que ha habido esta vez una experiencia tan positiva, yo creo importante, tanto para los artistas como para el lugar, la Sala Rekalde, que se repitan situaciones y propuestas como esta, donde se da valor no al producto y al artista como productor, sino al artista como experimentador, en su laboratorio, con sus dudas, con sus inquietudes y sin una necesidad de hacer todo productivo. Y que disfruten tanto el espectador como el artista de esa tensión de no saber hacia dónde les llevan las cosas, pero que hacerlas y ser partícipe de ellas sea un placer.

A.: Es que, total.

S.: Súper.

A.: ¡Listo!

[1] De hecho, pensábamos que la encontraríamos en condiciones muy distintas. Yo imaginaba un espacio lleno de polvo, con columnas desnudas y escombros. Habría sido increíble, la verdad. Hemos hablado muchas veces de esto, de que encontrar la sala siendo "tan sala" a pesar de las obras, a pesar de no tener paredes, a pesar de haber perdido su forma anterior y de tener desperfectos y tubos saliendo de las paredes, seguía siendo muy sala. Tanto, que daba miedo intervenir de manera más radical o visible, dando paso a intervenciones más sutiles, al trabajo con lo mínimo.

[2] Ha sido un reto y ha sido bonito entender la sala como un lugar que nos es propio durante un tiempo en el que cabe la posibilidad de errar, de volver sobre los propios pasos, avanzar, romper, dudar y explorar...

[3] Los límites que tienen y que se le suponen a una institución cultural, a una sala de exposiciones con sus normativas y sus protocolos, activó el debate en torno a la cuestión de *la convivencia*. ¿Qué implica, qué significa y hasta dónde se considera que unas intervenciones conviven con unas piezas y un espacio?

[4] Los quinientos "no sé" no solo reflejan inseguridad en la puesta en común de ideas o en la creación de discurso. Precisamente nuestro proceso ha estado muy centrado en el cuestionamiento y la puesta en duda de nuestra práctica, pero, sobre todo, en los efectos, acogida y visibilización de esta. Una de las conversaciones recurrentes que hemos tenido A., D. y S. ha girado en torno a las dificultades que hemos encontrado a la hora de poner en valor el trabajo realizado y, a su vez, en lo importante que esto nos parece; casi como tomar una postura situada y política.

[5] Creo que es importante decir que "intentar" responde bien a lo que ha sido… porque al final los tiempos cortos no permiten que se exploren caminos en los que se abren o se abordan muchas vías y posibilidades. Pero sí ha existido esa intención de rebuscar, de cuestionar y de enredarnos en las cosas. Creo.

[6] No sé si me explico...

[7] O solo por saber o por compartir una especie de *guilty pleasures* relacionados con las cosas que nos movilizan a la hora de hacer arte… los deseos más íntimos o inconfesables.

[8] La pregunta solo es una excusa para llevar a la conversación y profundizar en ese ejercicio, ya que consensuamos en todo momento las propuestas que llevamos al grupo. Diego se encargó de las dos primeras sesiones, después tomamos el relevo Ane y yo en las dos siguientes, y continuamos el resto de sesiones todas.

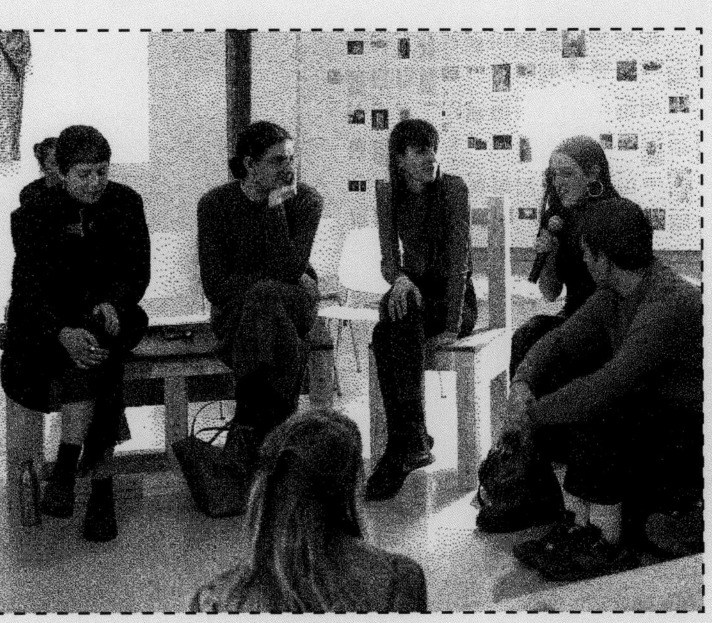

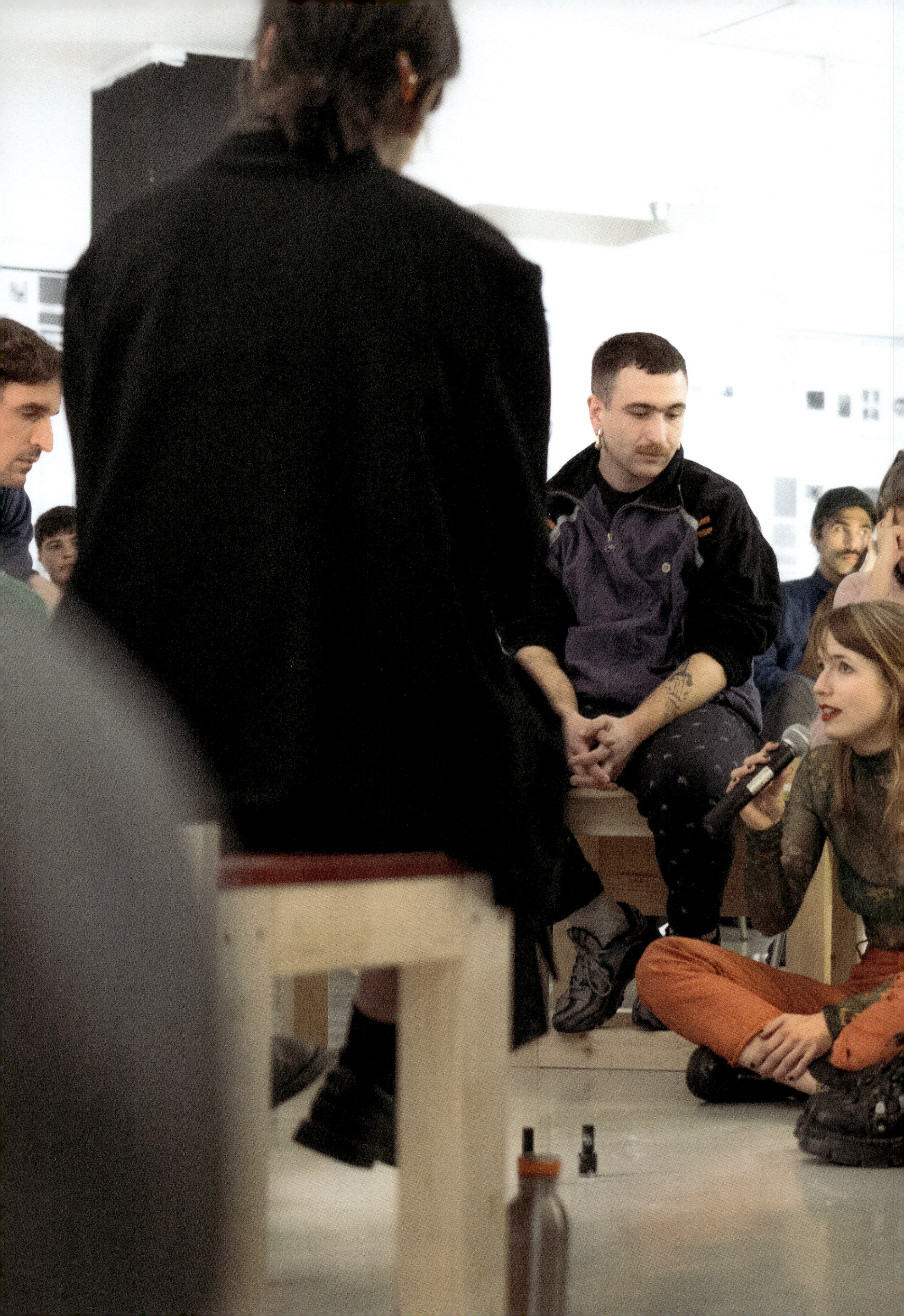

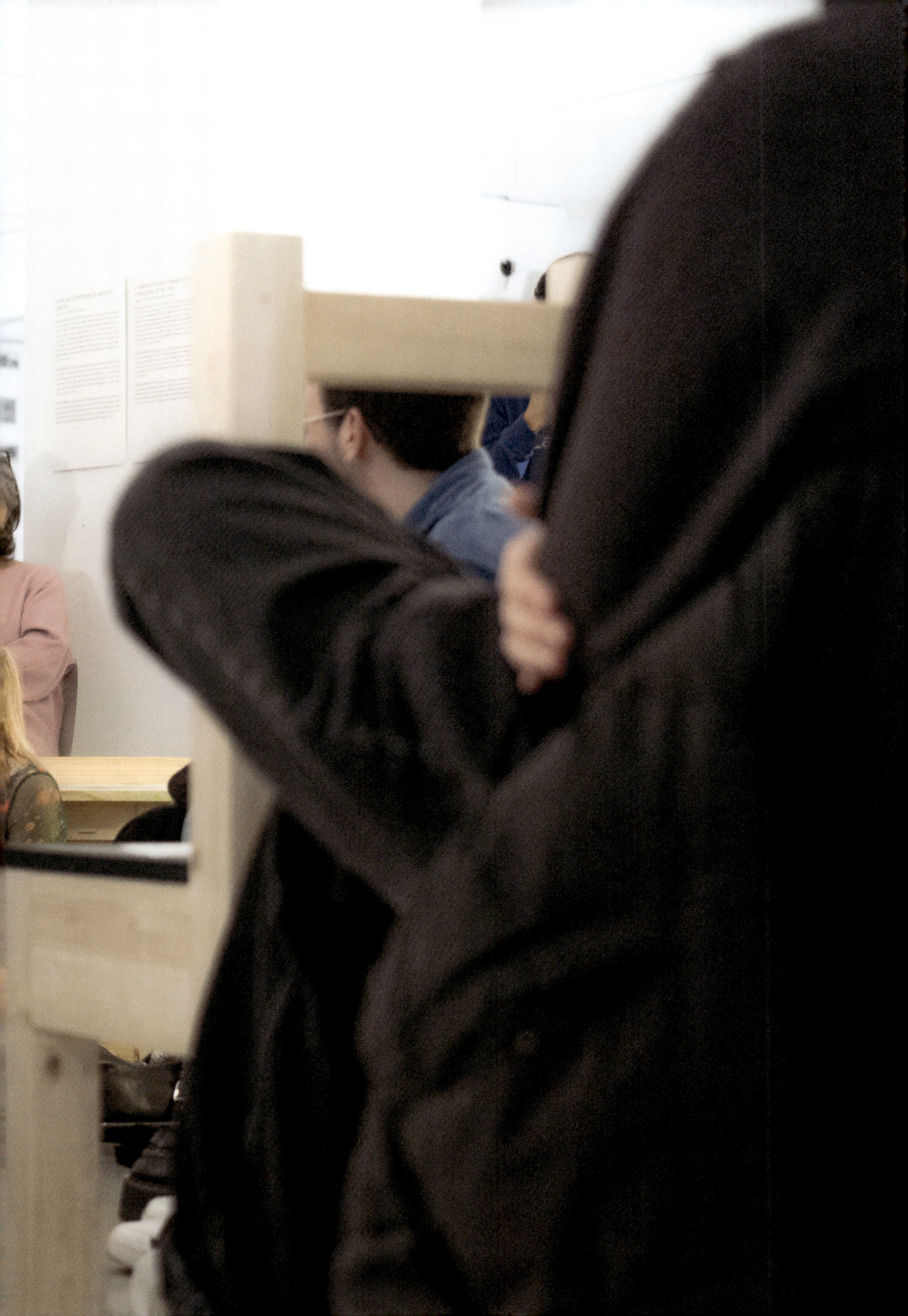

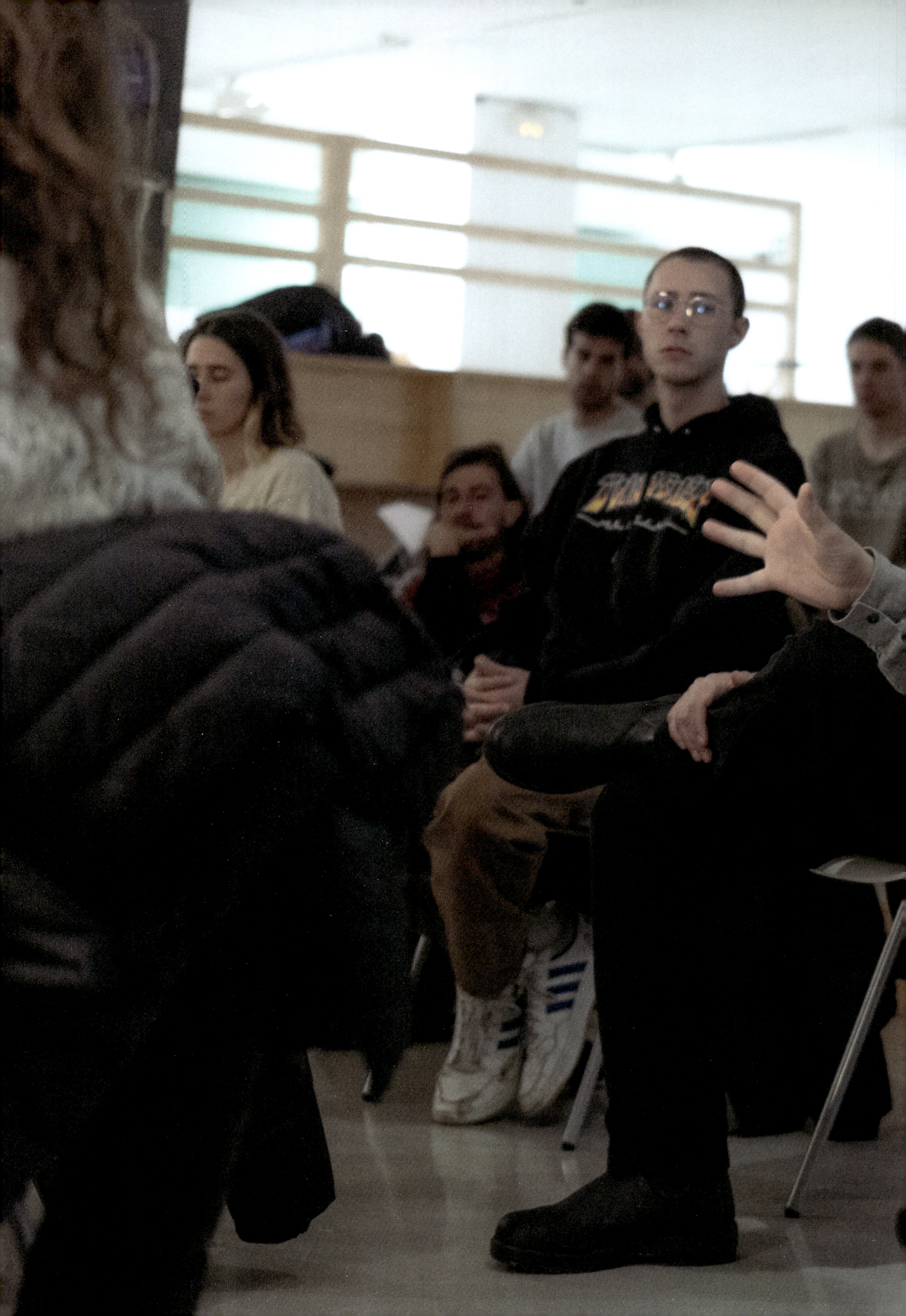

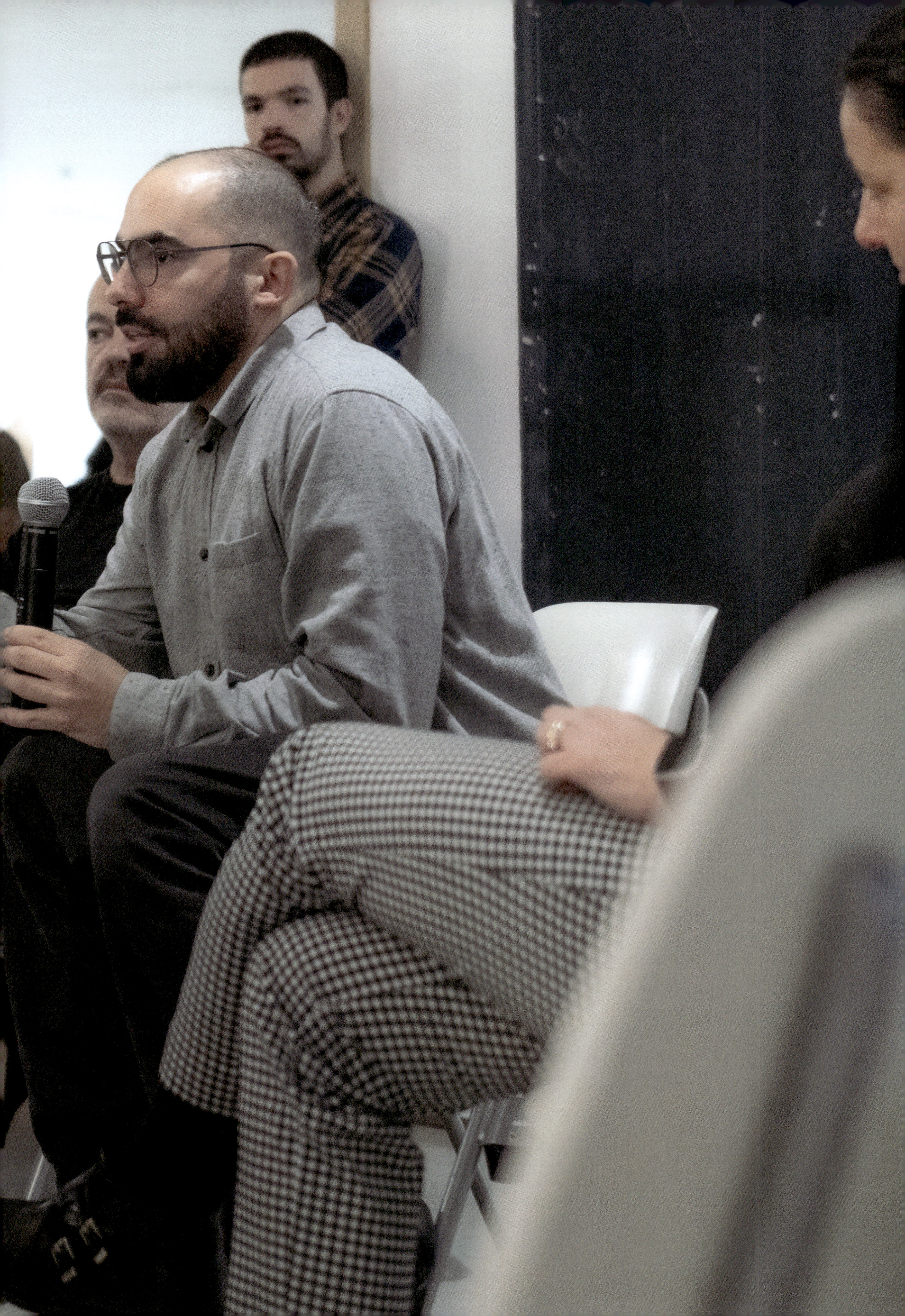

ESTEL FALGÀS CAMPS

VISTA ALEGREKO ZEZEN-PLAZAN HILTZEN ZIREN ZALDIAK ARANAKO TXARAN LURPERATZEN ZITUZTEN

Vista Alegreko zezen-plazan hiltzen ziren zaldiak Aranako Txaran lurperatzen zituzten.

Aurkitu dut Aranako Txara plazan Vista Alegreko zezen-plaza zaharrean hiltzen ziren zaldiak lurperatzen zituztela. Gaur egun, Bilboko Udal Liburutegien gordailu digitalean eskuragarri dauden eskuz idatzitako hiru aktatan aurkitutako informazioan oinarritu naiz. Agiri horietan, hiru zezenketa aipatzen dira: 1902ko azaroaren 1ekoa, 1909ko ekainaren 20koa eta 1851ko abuztuaren 1ekoa, hurrenez hurren, eta honela amaitzen dira aktok, zaldiak zenbatuta:

Hildako zaldiak: bat.

Hildako zaldiak: bederatzi.

Hildako zaldiak: hamazortzi.

Erasotua izan den zezenak zaldia erasotzen du, eraso egiten ari zaion multzoaren ataltzat jotzen baitu. Azalean geratuko naiz. Aranako Txaran ez da horren arrastorik geratzen, eta estratigrafia bat eraiki dut A4an. Belarraren berdearen koloreko zati bat hartu dut eta zulo marroi bat utzi dut airean, hots, ate ireki bat hilabetez. Gero, itzuli dut. Hilzorian dagoen behor bat aurkitu dudala amets egin dut, baina ez dago hilzorian, erditzeko zorian baizik; erditzen lagundu diot eta moxal mehe bat atera da, aldi berean kumea eta ama dena, ura eman diot, maite dudala sentitu dut eta ez dut inoiz abandonaturik utziko. Sarritan pentsatu dut zaldietan. Bat, bederatzi, hamazortzi.

ESTEL FALGÀS CAMPS

EN JARO DE ARANA ENTERRABAN A LOS CABALLOS QUE MORÍAN EN LA PLAZA DE TOROS DE VISTA ALEGRE

En Jaro de Arana enterraban a los caballos que morían en la plaza de toros de Vista Alegre.

Descubro que en la plaza Jaro de Arana enterraban a los caballos que morían en la antigua plaza de toros de Vista Alegre. Parto de la información encontrada en tres actas manuscritas, actualmente accesibles en el repositorio digital de las bibliotecas Municipales de Bilbao (BDL), que resumen tres corridas. Son del 1 de noviembre de 1902, del 20 de junio de 1909 y del 1 de agosto de 1851, respectivamente, y concluyen enumerando:

Caballos muertos uno.

Caballos muertos nueve.

Caballos muertos dieciocho.

El toro atacado ataca al caballo, al que percibe como parte del bloque que le está atacando. Me quedo en la superficie. En Jaro de Arana no queda nada de eso y construyo una estratigrafía en A4. Me llevo un trozo verde hierba y dejo al aire un hueco marrón tierra, durante un mes una puerta abierta. Después lo devuelvo. También sueño que encuentro una yegua moribunda y que no está moribunda, está de parto, la ayudo a dar a luz a un potro delgado que es el hijo y la madre a la vez, le doy agua y siento que lo quiero y que no quiero dejarlo nunca. He estado pensando mucho en los caballos. Uno, nueve, dieciocho.

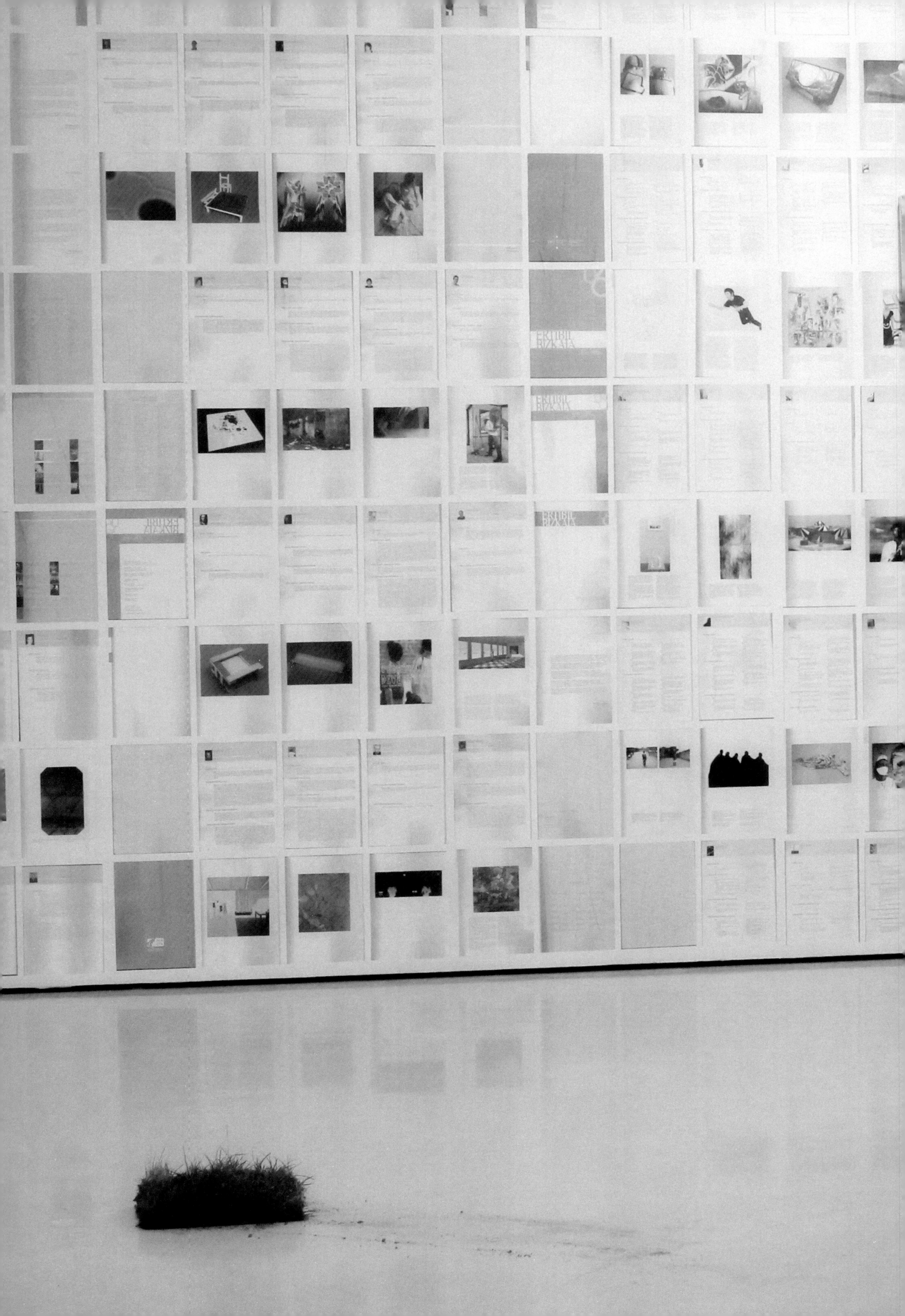

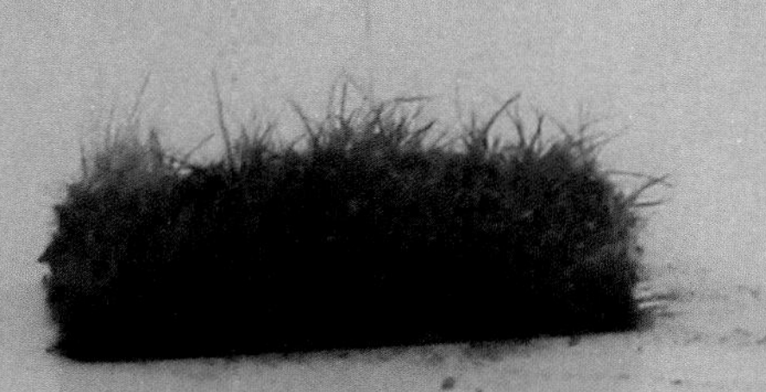

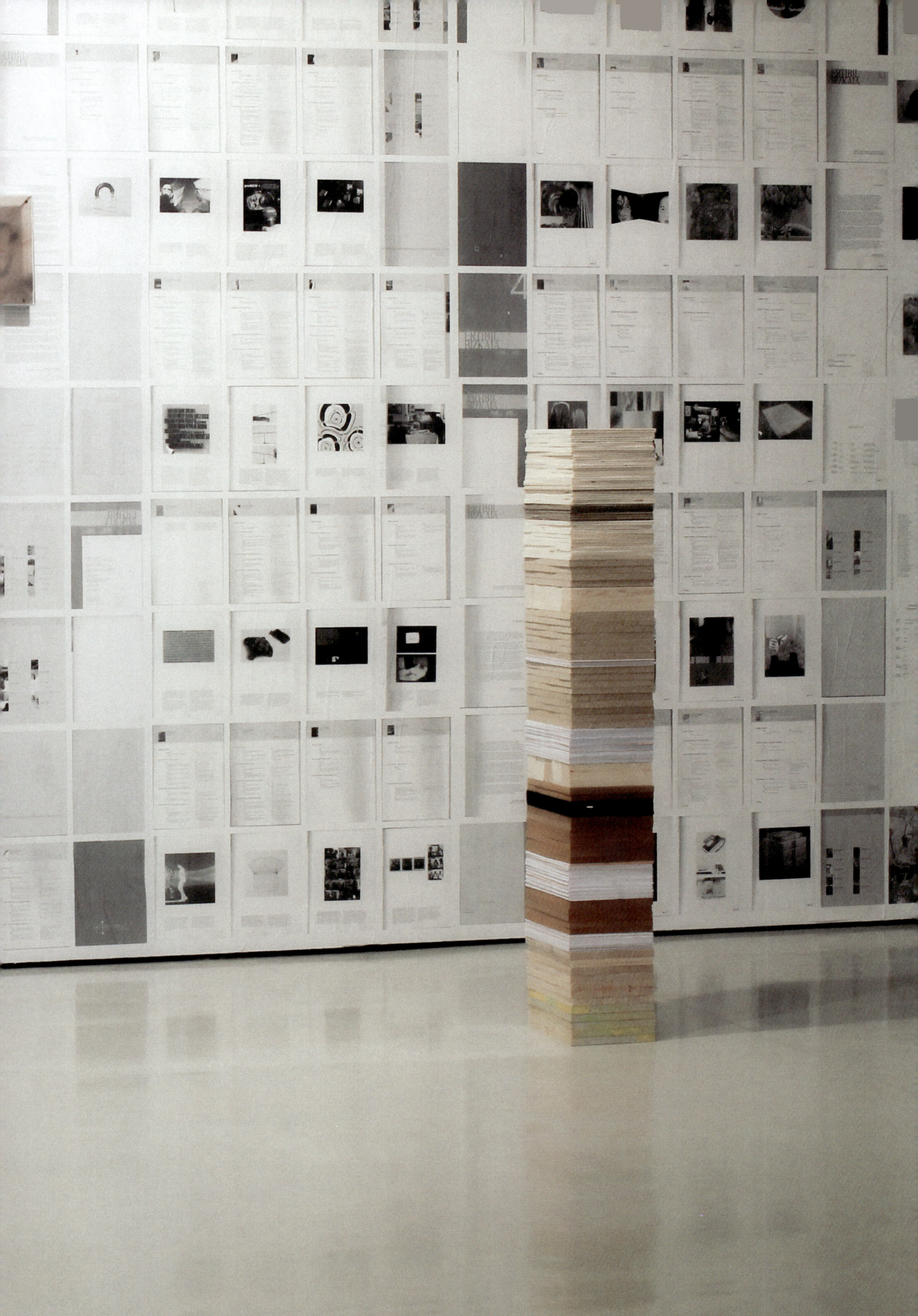

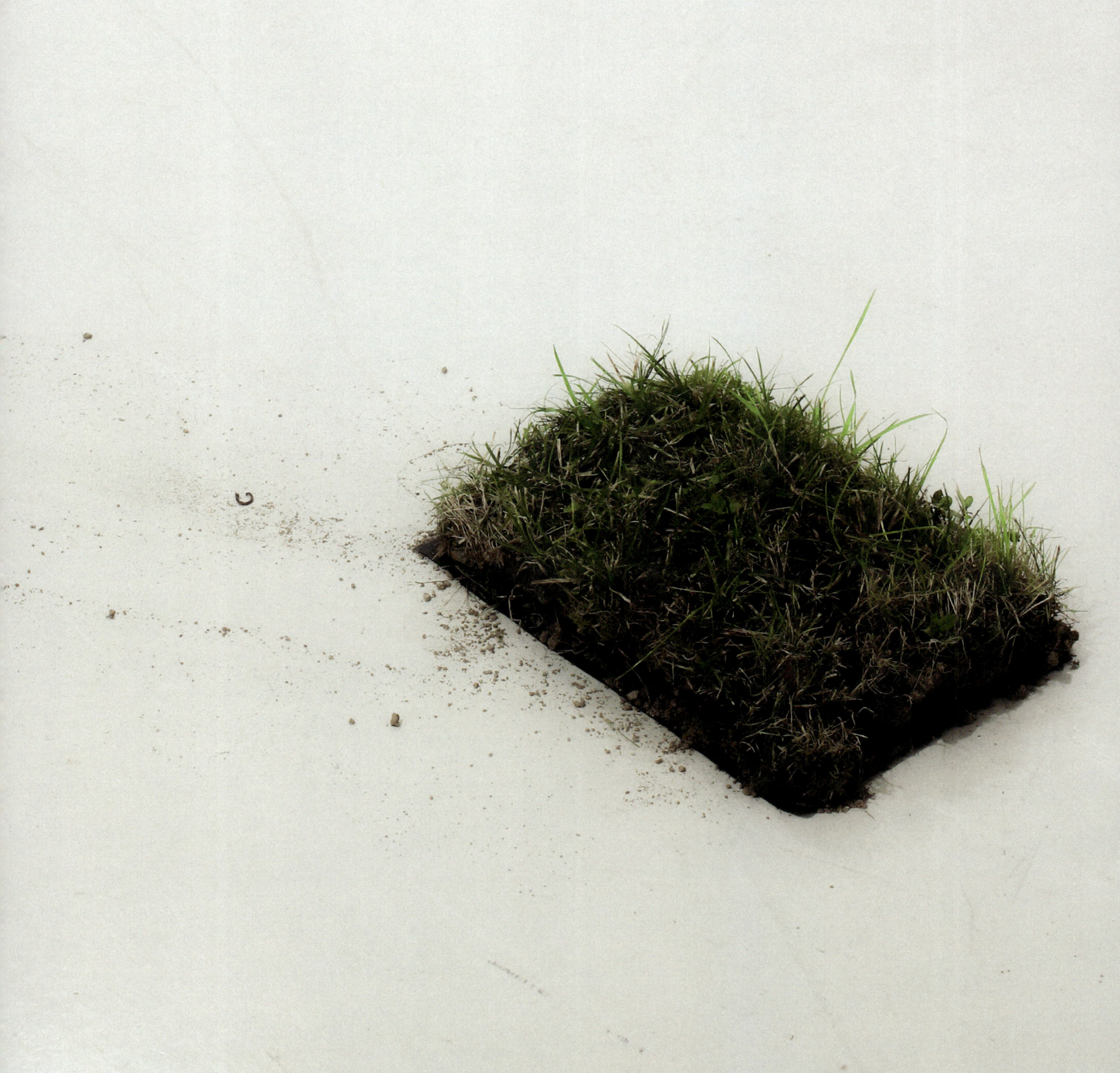

GARI ARAMBARRI ARREGUI

BADUT ZERBAIT ZURI EMATEKO

Esku hauek: nire eskuak. Bi eraztun zilarreztatuak ezkerreko hatz nagian, urrezkoa eskuineko erkinean edo hatz erakuslean. Bestea irailean galdu zen, irudi hauek mozten hasi nintzenean.

Estudioan makurtuta —belaunek min ematen didate, horrenbeste patroi marraztuta—, eta arrakala bat ireki da: pitzadura bat ostentzeko aukera ematen didan tolestura bat.

Zimur bat paperean. Oihalak pilatzea, alderantziz ikustea, azpialdea ikustea, sustrai nimiñoak balira bezala apurka-apurka askatzen diren hari granate eta morantz hauekin. Filma hamar minuturen buruan iragaten den betiereko haria bailitzan.

Agertzen ez diren esku hauek. Ibili dabilen jostura hori, lentearen atzean ostentzen dena, planoaren atzean datzana. Prozesu hori atzean geratzen da, baina aurrerantz begiratzen du beti, azkenean lausotzen den lehen irudira itzuliz.

Josturen arteko hutsune bat, erliebearen eta azaleraren artean, planoen artean, artikulazio erritmiko baten gisan jarduten duena. Filmak oihalaren pisua jasaten du, tapizeria astun hau, lorez betetako irudi hau.

Tolestura bat, aukera guztiak irekitzen dituena eta, aldi berean, atzealdearen korapiloan barnebiltzen dena. Pentsamendu arina, oihalean sortzen den ildaxka, gutxien espero den unean agertzen den distira, patroia desitxuratzen duen zimurra paperean. Interesatzen zaidan desplazamendu bat gertatzen da, egoteko beste modu baterantz, beste sasoi batean gertatzen ari zen egoera bat.

Estudioan makurtuta, beste aukera bat sortu zait: lerro hori marrazteko prest nago.

Marrazten duten baina egon ez dauden esku hauek. Kamera eusten dute, irudiari eusten saiatzen dira. Hari bat sartu da eta lerro zuzena hautsi.

Baina inoiz ez dut nahi izan zuzen bat, nire atzamarrekin batera mugitzen den uhina baizik, eraztun hauek astiro-astiro herdoiltzen dituena eta paisaia honetara isurtzen dena.

GARI ARAMBARRI ARREGUI

TENGO ALGO PARA DARTE

Estas manos: mis manos. Los dos anillos plateados en el anular de la izquierda, el dorado en el índice de la derecha. El otro se perdió en septiembre, cuando empecé a recortar estas figuras.

Agachado en el estudio, —me duelen las rodillas de dibujar patrones— se abre una brecha: un pliegue que me permite salvar una hendidura.

Una arruga en el papel. Apilar telas, verlas del revés, apreciar el envés, con estos hilos granates y violáceos soltándose poco a poco como si fueran pequeñas raíces. La película como un hilo eterno que discurre a lo largo de diez minutos.

Estas manos que no aparecen. Esta costura que también discurre, que se esconde detrás de la lente, que subyace tras el plano. Un proceso que queda atrás pero que siempre mira hacia delante, volviendo a una primera imagen que acaba diluyéndose.

Un hueco entre puntada y puntada, entre relieve y superficie, entre plano y plano, que actúa como una articulación rítmica. La película soporta el peso de la tela, esta tapicería pesada, esta imagen cargada de flores.

Un pliegue que abra todas las posibilidades y que al mismo tiempo se enquiste en el nudo del envés. Un surco en la tela como un pensamiento ligero, un destello que aparece en el momento menos esperado, la arruga en el papel que desdibuja el patrón. Se produce un desplazamiento que me interesa hacia otra forma de estar, una situación que se estaba produciendo en otro tiempo.

Agachado en el estudio, se me abre otra posibilidad: me dispongo a trazar esta línea.

Estas manos que dibujan y que no están. Sostienen la cámara, intentan sostener la imagen. Se cuela un hilo y se quiebra la línea recta.

Pero nunca he querido una recta, sino una ondulación que se mueva al mismo tiempo que mis dedos, que oxide lentamente estos anillos y que desemboque en este paisaje.

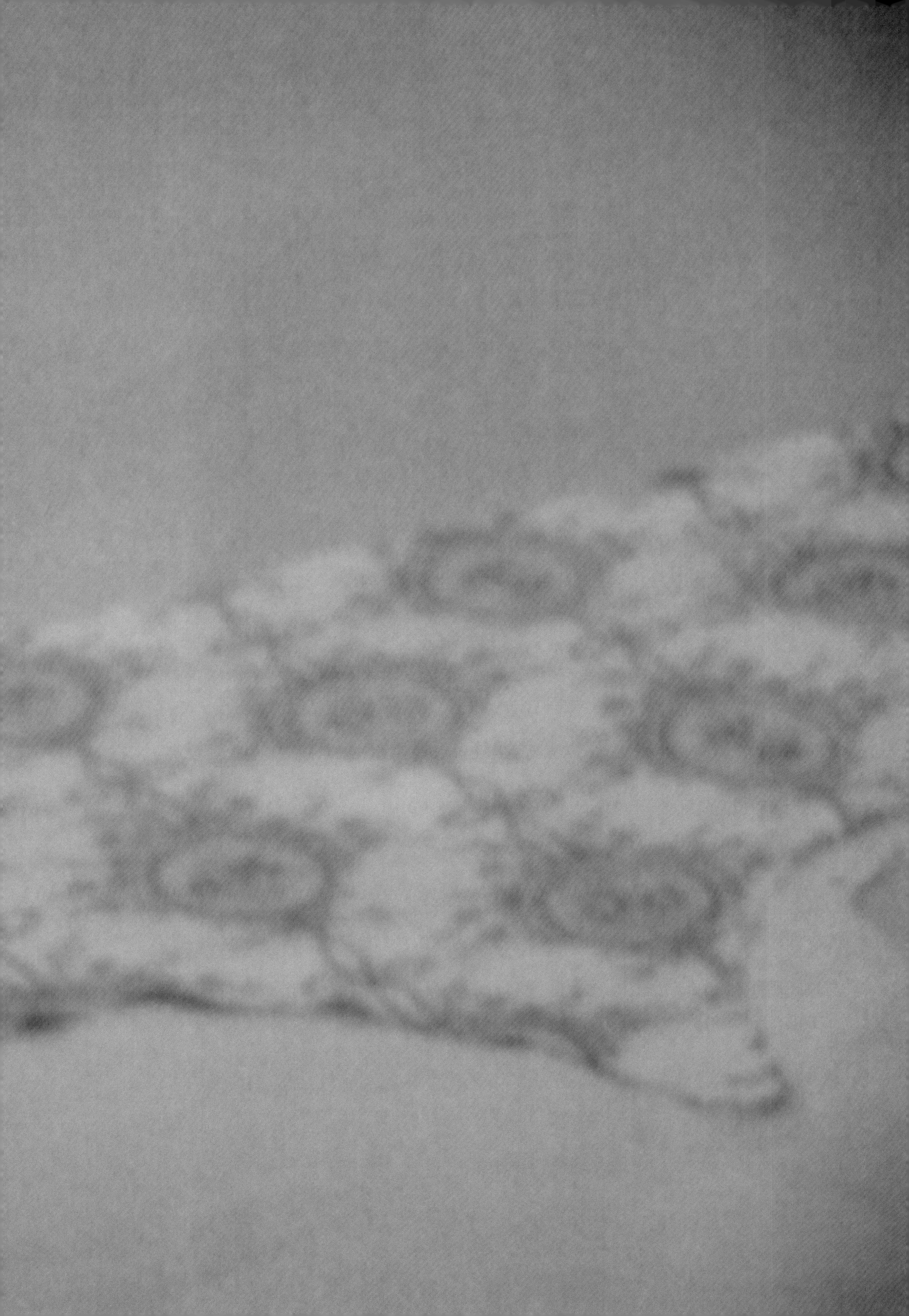

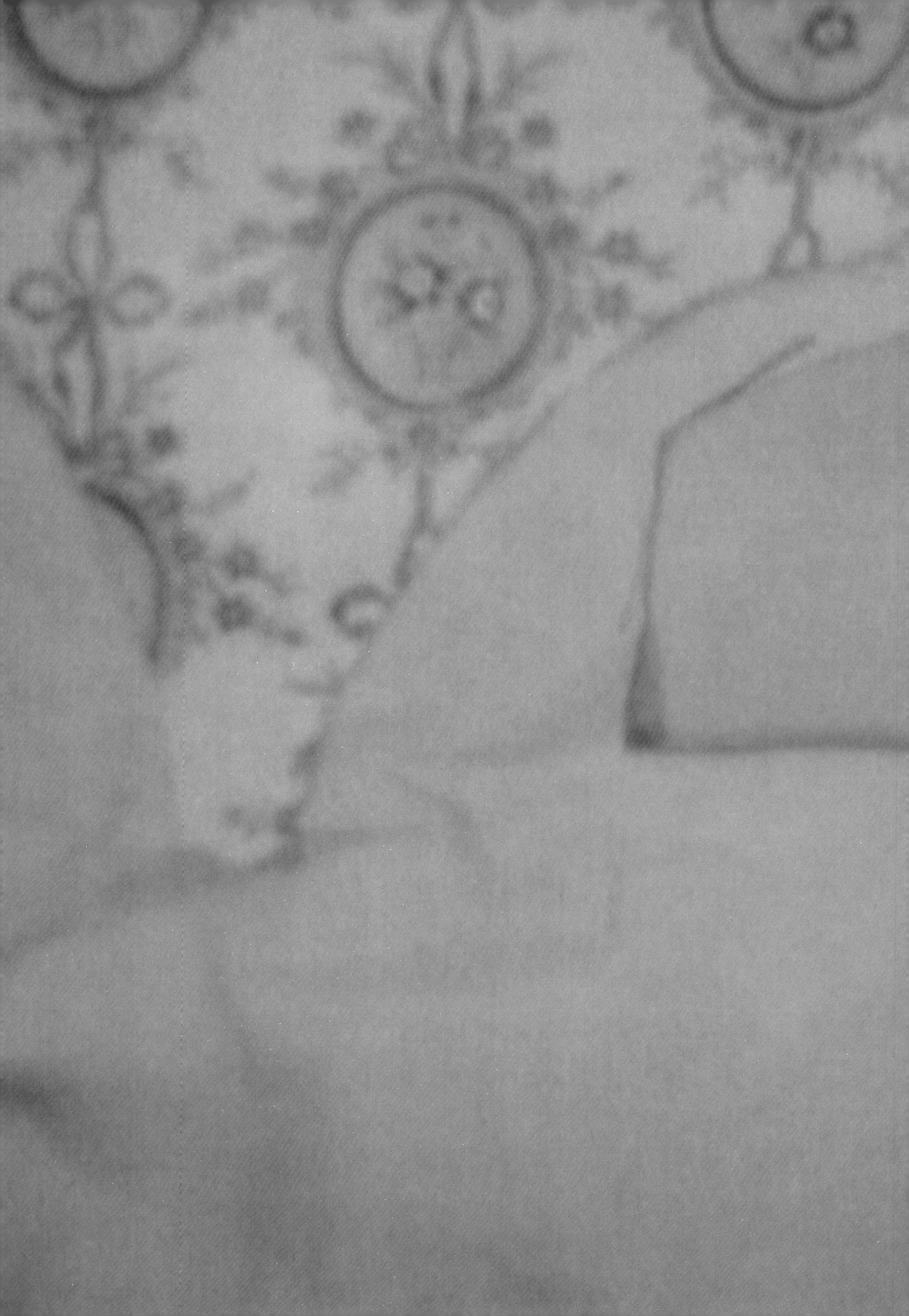

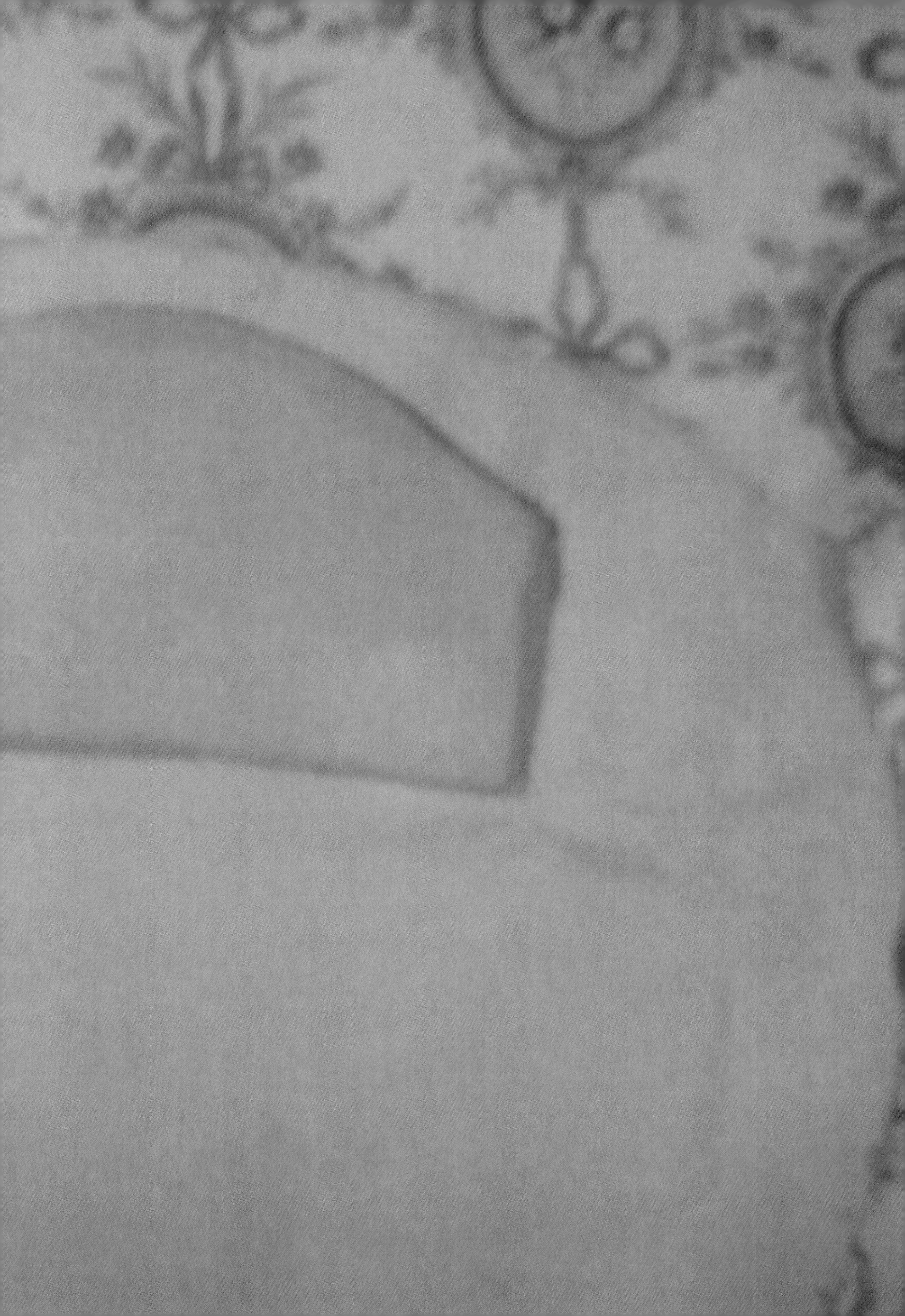

HODEI HERREROS

NIRE DESIRA ANITZEI

Eite bat ebakitzea. Ingerada marraztea.

Ebakitzea ekintza biderkatzailea da, beti dago negatiboa eta positiboa. Ebaketa ez da zauri bat, ezta muga bat ere, baizik eta forma batzuen eta beste batzuen arteko tarte konektibo bat, atzean beste eite batzuk utziz jaiotzen diren forma lauak. Neure buruari galdetzen diot ea ingeradek edo ertzek eitea gainazaletik bereizten duten.

Abenduan sartu nintzen Rekalde Aretora, buruan irudi bat neukala. Nire inguruan zebilen bueltaka, nigana guztiz hurbildu gabe. Batzuetan, irudiek forma edo material jakin bat behar dute atseden hartzeko, zertu ahal izateko. Orduan aretoa hutsik zegoen, eremu hutsa zen, mahai huts batez horniturik. Eskuak hotzaren hotzez minduta neuzkan eta Rekalde aterpea zen tailerra baino. Beharbada horregatik hasi ziren biztanle txikiak agertzen, batzuk tolestuta, makurtuta, kuzkurtuta, elkarren artean berotzen. Esan liteke irudia tokia aztertzen ari zela, horretara ohitzen, apaintzen.

Pixkanaka-pixkanaka, gorputzak iristen hasi ziren, irudien ondotik. Aretoa biztanlez bete zen. Espazio berriak eraiki behar ziren guretzat. Arkuak gustatzen zaizkit, leku bat eskaintzen dutelako beste leku baten barruan. Kapera edo otoiztegi baten antzeko zerbait. Erdi Aroan, arkuen langintzan, zinbria izeneko tresna erabiltzen zuten arkuei forma emateko, eta gero, zinbria kendu egiten zuten, baoaren zuloa utzita. Arkua, beraz, hormaren eta zinbriaren arteko ingerada baino ez da. Lautada ebakitzen duen marrazkia. Zer gertatuko litzateke zinbria kendu beharrean, horma kenduko bagenu? Nolakoa izango litzateke ganga baten barrualdean bizitzea, arkuz eginda baino, zinbriaz egina egongo balitz?

Eite bat ebakitzea. Bere ingerada marraztea.

Espazioan zinbriak jartzea.

HODEI HERREROS

À MES MULTIPLES DÉSIRS

Recortar una forma. Trazar su contorno.

El recortar es un acto multiplicador, siempre hay un negativo y un positivo. El corte no es una herida ni un límite, sino más bien un espacio conectivo entre unas formas y otras, formas planas que nacen dejando otras formas detrás. Me pregunto si un contorno es lo que diferencia la forma de la superficie.

Entré en diciembre a la Sala Rekalde con una imagen rondándome. Dando vueltas a mi alrededor sin terminar nunca de acercarse. A veces las imágenes necesitan de una forma o de un material donde pararse a descansar, donde poder cristalizarse. Entonces la sala estaba vacía, un espacio vacío con una mesa vacía. Las manos dolían del frío y Rekalde era más cobijo que taller. Quizás por eso empezaron a aparecer pequeños habitantes, algunos doblados, plegados, acurrucados, dándose calor. Casi como si la imagen estuviera tanteando el lugar, haciéndolo propio, ornamentándolo.

Poco a poco fuimos llegando los cuerpos, después de las imágenes. La sala ya estaba habitada. Había que construir espacios nuevos para nosotras. Me gustan los arcos porque proporcionan un lugar dentro de otro lugar. Algo íntimo similar a una capilla o un oratorio. Para hacer los arcos en la Edad Media usaban un objeto, la cimbra, que les daba la forma y después se retiraba dejando el hueco del vano. El arco, entonces, es solo el contorno entre el muro y la cimbra. Un dibujo cortando la planicie. ¿Qué ocurre si, en lugar de retirar la cimbra, retiramos el muro? ¿Cómo sería habitar el interior de una bóveda, no de arcos, sino de cimbras?

Recortar una forma. Trazar su contorno.

Cimbrear el espacio.

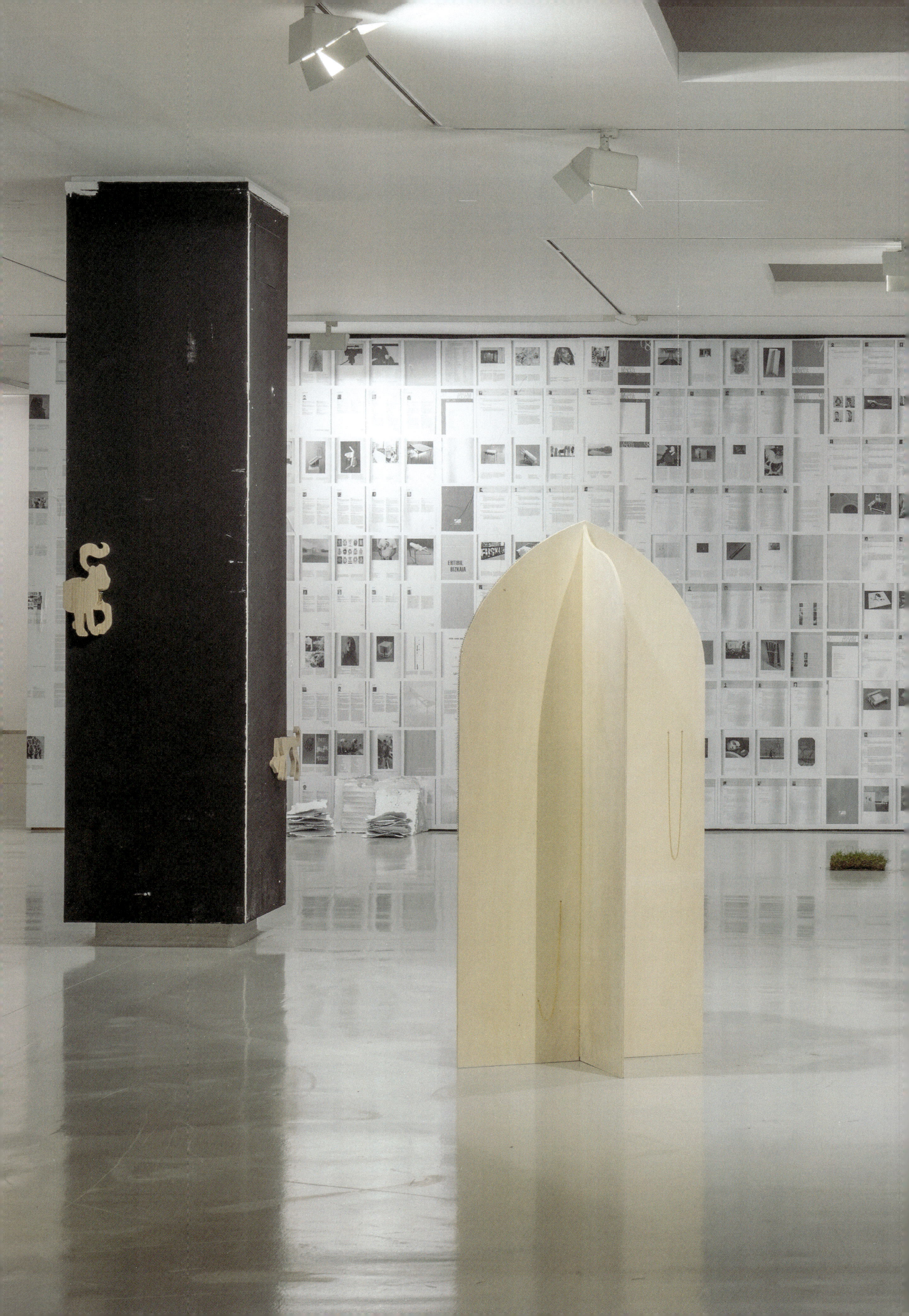
ERTIBIL
BIZKAIA

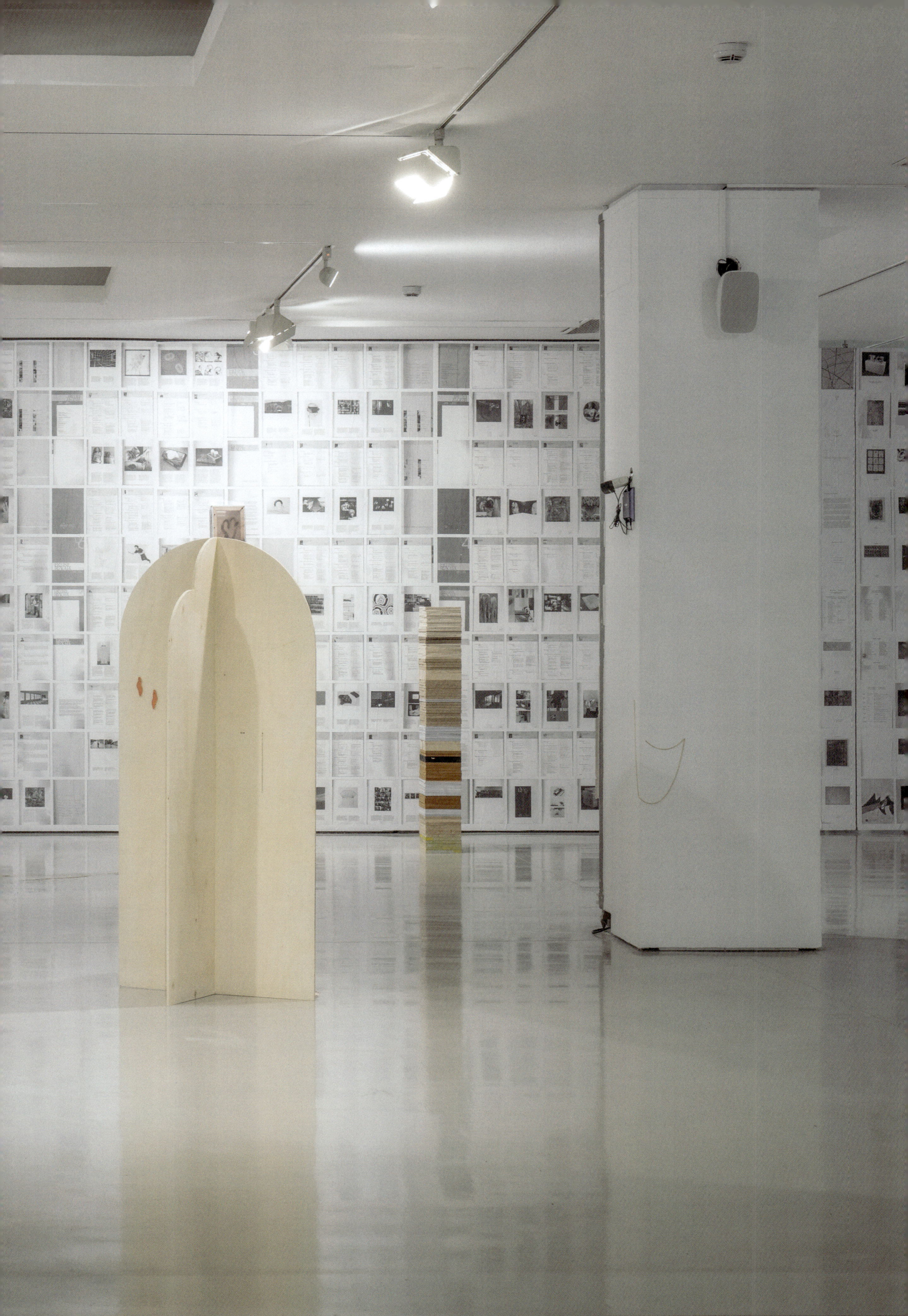

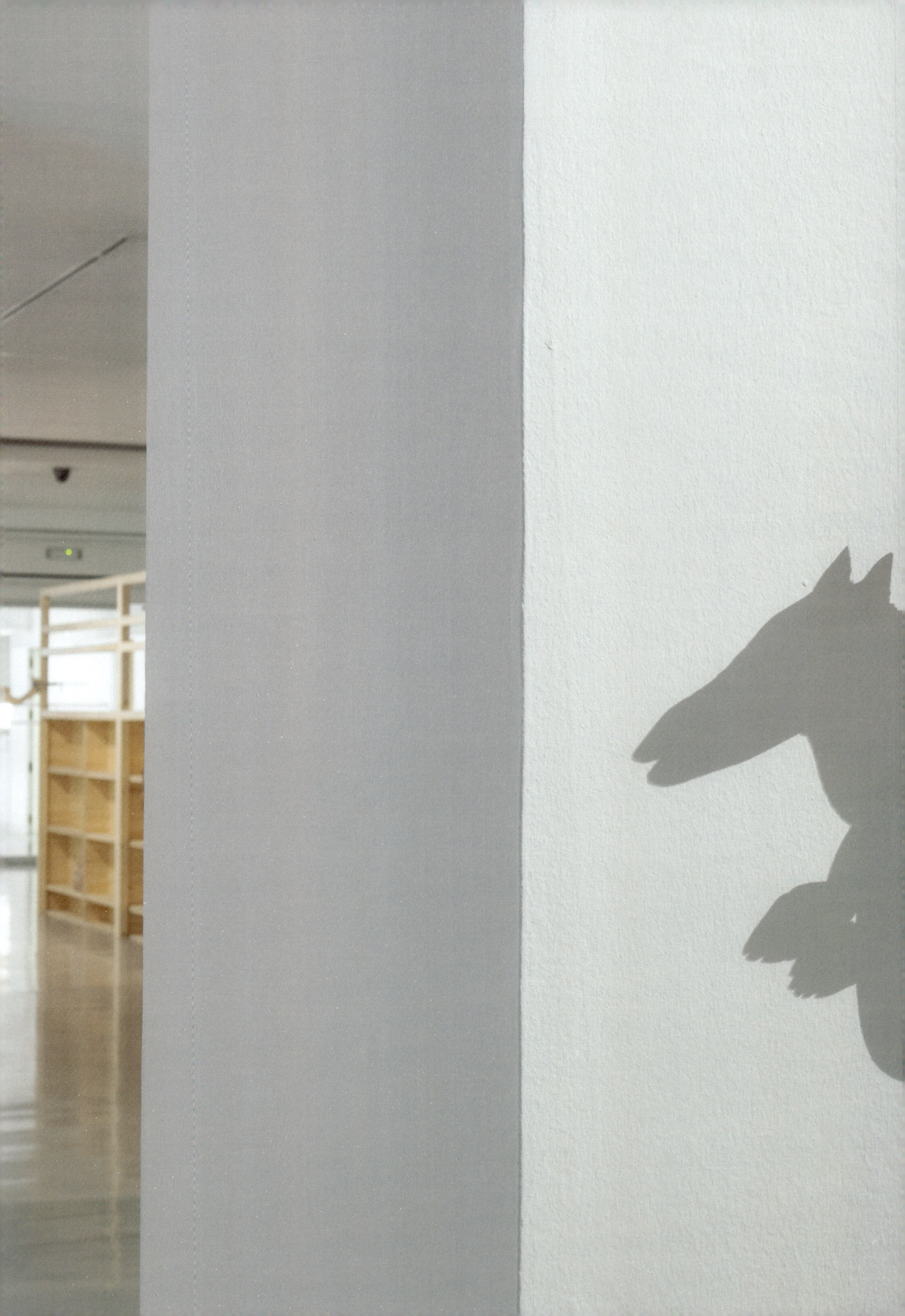

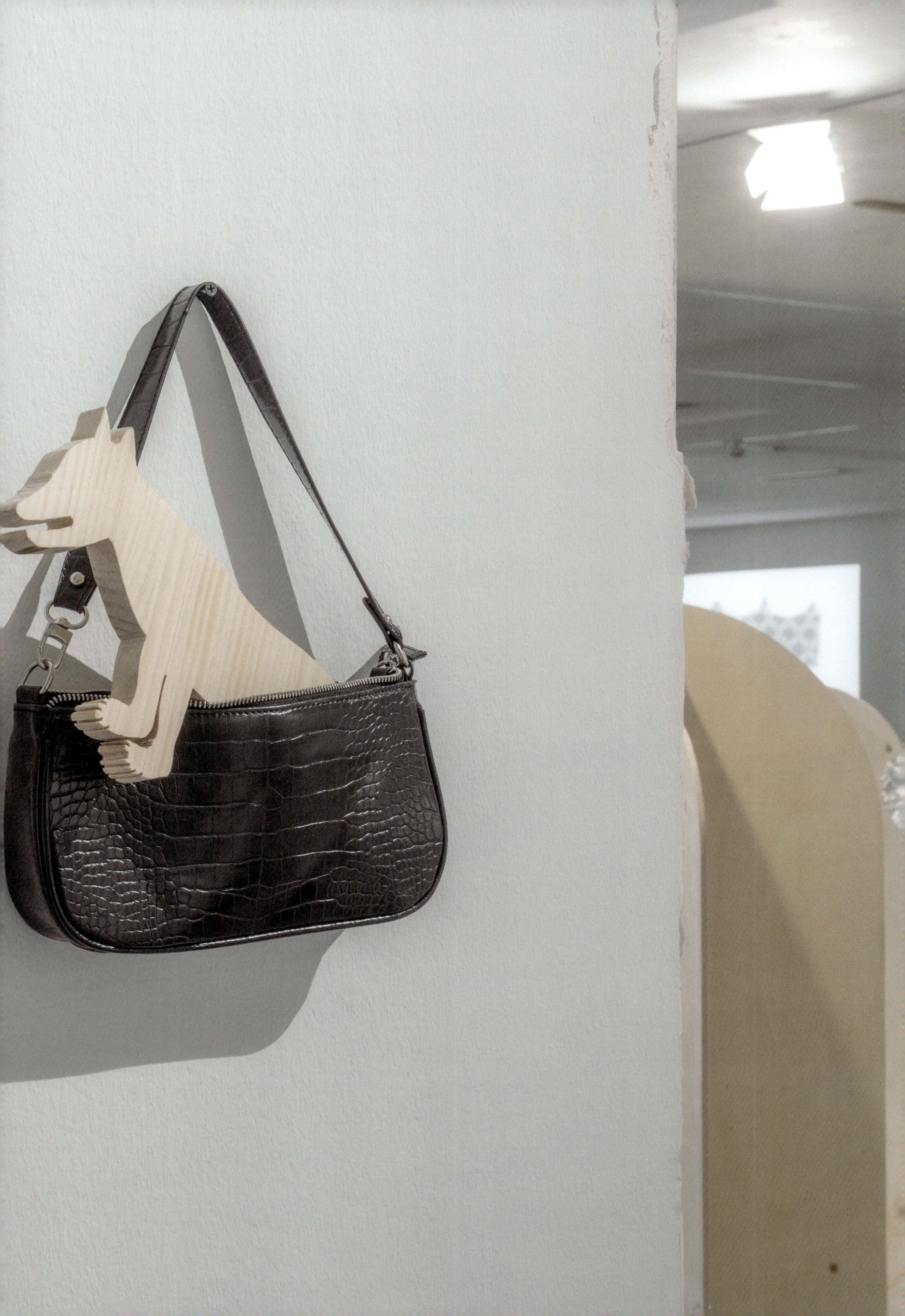

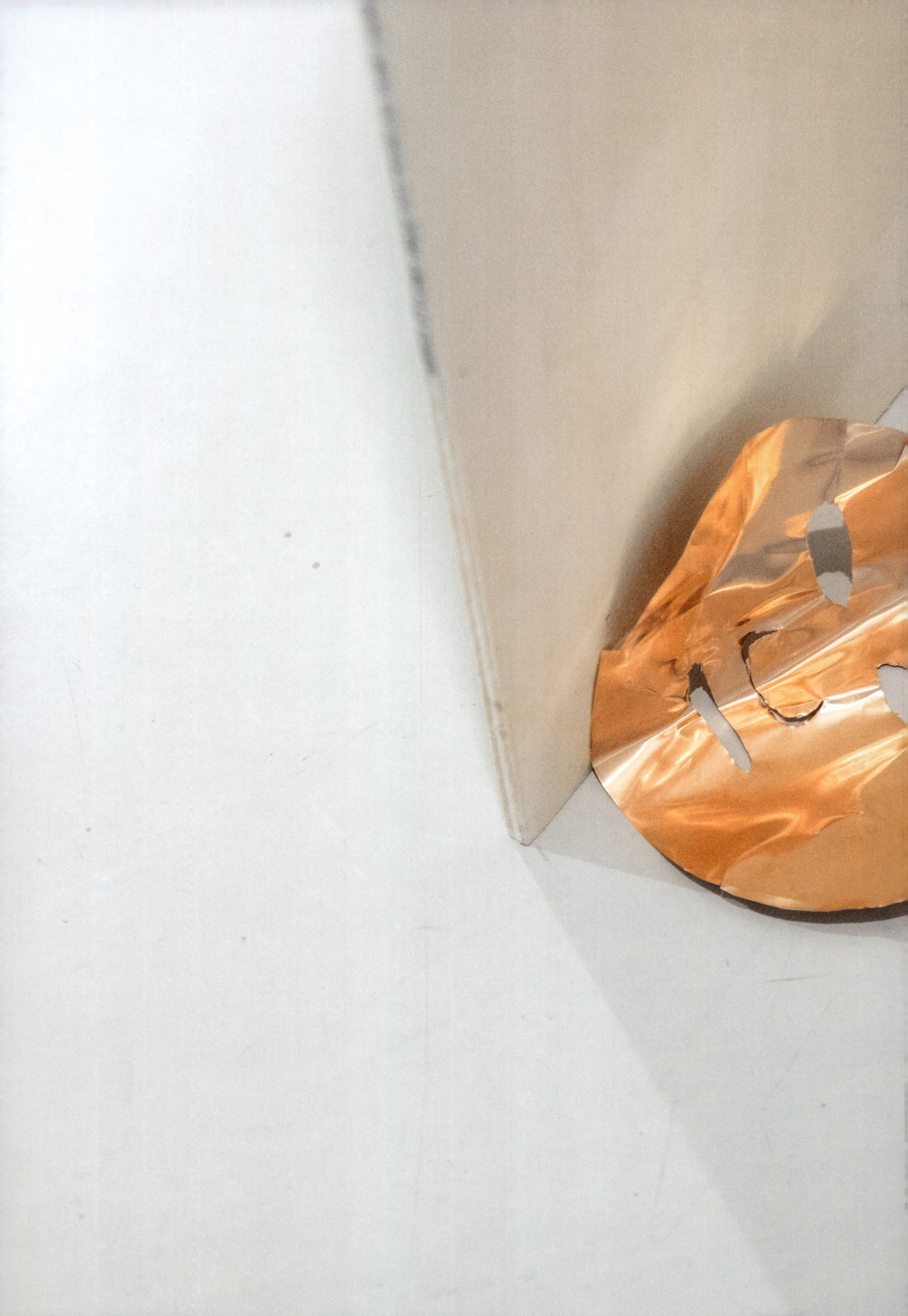

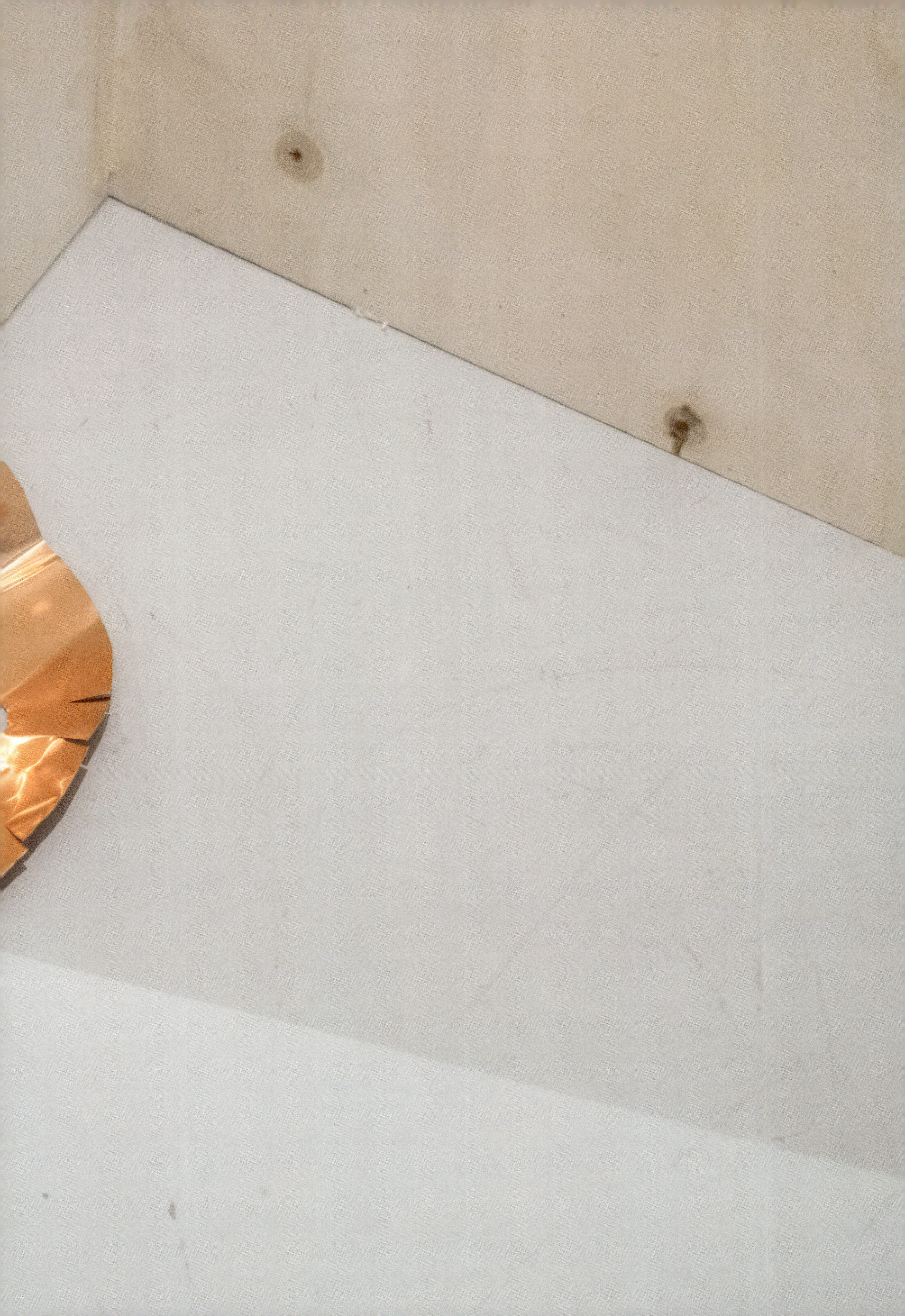

MAITE CHOYA

TÚ_'N _ÉL

Tailerraren lehenengo saioan, Diegok hurrengo ariketa proposatu digu: hiriko leku bat ausaz aukeratzea eta hurrengo topaketa baino lehen bisitatzea. Horretarako, parte-hartzaile bakoitzak Bilboko planoa duen taula batera jaurti du dardoa. Horixe da nire esku-hartzearen eragilea.

Hainbat saiakera huts egin ondoren, dardoa Artxandako tunelaren sarbidean erori da, Sondikan. Bi noranzkoko bidea da, Deustuko Ugasko bidetik ateratzen dena. Google Maps-en arakatzen saiatu naiz, baina sarbideen zati txiki baten irudiak baino ez daude. Kalitateak okerrera egiten du barrura sartzean, eta puntu horretan ezin da gehiago aurrera egin. Lerro guztiek bat egiten dute *irteeran*, eta argi-distira gisa agertzen da.

Irteera hori, era berean, *sarrera* bat da, mugitzen ari den ibilgailuaren norabidearen araberakoa; edo, agian, bidaiarien jatorriaren edo helmugaren araberakoa. Hemendik (planotik) zaila da bata edo bestea erabakitzea. Egia da, aukeratu beharko banu, esango nukeela dardoa erori den sarbidea nire irteera dela.

Hiritik *irtetean pentsatzen dut, bai eta argian, udan, oporretan ere. Irteteak ere badu zerbait arnastean airea kanpora botatzetik, itsasbeheran itsasadarra husten denean bezala. Aspalditik uste dut preposizioek funtsezko jakintza dakartela.*

a la boca, *ante* la duda, *bajo* la montaña, *contigo*, *contra* el suelo, *de* pie, *desde* casa, *durante* meses, *en* penumbra, *entre* nombres, *hacia allí*, *hasta* el fondo, *mediante* la observación, *¿para* quién?, *por* si acaso, *según* vea, *sin expectativas*, *sobre* la pared, *tras* los eucaliptos, *vía* satélite.

Esku-hartzea erraz eta azkar desmuntatu dut. Dena sartu zait kaxa txiki batean: pladur-zati bat, iltzedun poltsa bat, metakrilatozko ebakin batzuk eta beste zerbait. Aparrezko zerrendak biltegian gorde ditut eta Estelari itzuli dizkiot utzi zizkidan neoizko tutuak. Etxera bidean mandarina jan dut, jada lehor samar zegoen.

Laguntzen didaten gauzei leku bat eman nahian, kutxa hustu dut. Laneko alkandora garbituko dut, eta, oraingoz, botoi laranjekin geratuko da. Garbigailutik esekigailura, eta hortik armairura, batzuetan plantxatik igarota, eta azkenik gorputzera. Hau ziklo itxi bat da.

Metakrilatozko piezen artean, flexoaren diametro bereko bat aurkitu dut nire ohearen buruaren ondoan. Diskoa lanpararen metalezko uztaiaren gainean jarri dut, eta haren funtzioa estetikoa baino ez da, baina orain markoarena egiten du. Argia piztean, gela laranja kolorez blaitzen da, tungsteno lanpara baten antzera.

Pare bat hilabete igaro dira ordutik eta uste dut laster kenduko dudala iragazki inprobisatu hau, arrazoiren bategatik negua iradokitzen didana. Eguzkitan egon eta ilunabarrak ikusi nahi ditut hondartzan, itsasoak bihar arte beste disko handi gorrixka hori nola irensten duen begiratuta.

MAITE CHOYA

TÚ_'N _ÉL

En la primera sesión del taller, Diego nos propone el siguiente ejercicio: escoger un lugar de la ciudad al azar y visitarlo antes del próximo encuentro. Para ello, cada une de les participantes lanza un dardo a un tablero con el plano de Bilbao. Este es el desencadenante de mi intervención.

Después de varios intentos fallidos, el dardo cae en el acceso del Túnel de Artxanda, en Sondika. Es una vía de doble sentido que emerge en el Camino de Ugasko, en Deusto. Trato de recorrerlo en Google Maps, pero solo hay imágenes de una pequeña parte de los accesos. La calidad empeora al adentrarse, hasta llegar a un punto en el que no se puede avanzar más. Todas las líneas convergen en la *salida*, que aparece como un destello de luz.

Una *salida* que es, a su vez, una *entrada*, en función de la dirección del vehículo en movimiento; o quizás según la procedencia o el destino de los pasajeros. Desde aquí (el plano), es difícil decidirse por una u otra. Bien es cierto que, si tuviese que elegir, diría que el acceso donde ha caído el dardo es mi salida.

Pienso en *salir* de la ciudad y en la luz, el verano, las vacaciones. *Salir* también tiene algo de *exhalar*, *hacia* fuera, como cuando la ría se vacía en bajamar. Desde hace tiempo, pienso que las preposiciones guardan un saber esencial.

a la boca, *ante* la duda, *bajo* la montaña, *contigo*, *contra* el suelo, *de* pie, *desde* casa, *durante* meses, *en* penumbra, *entre* nombres, *hacia* allí, *hasta* el fondo, *mediante* la observación, *¿para* quién?, *por* si acaso, *según* vea, *sin* expectativas, *sobre* la pared, *tras* los eucaliptos, *vía* satélite.

El desmontaje de la intervención es sencillo y rápido. Todo me entra en una pequeña caja: un trozo de pladur, una bolsa con clavos, unos recortes de metacrilato y alguna cosa más. Guardo los filetes de espuma en el almacén y devuelvo a Estela los tubos de neón que me prestó. De camino a casa me como la mandarina, ya un poco seca.

En mi afán de dar un lugar a los objetos que me acompañan, desempaqueto la caja. Echo a lavar la camisa de trabajo que, por ahora, se quedará con los botones naranja . De la lavadora al colgador, y de ahí al armario, a veces pasando por la plancha, y finalmente al cuerpo. Este es un ciclo cerrado.

Entre las piezas de metacrilato, encuentro una con el mismo diámetro que el flexo junto a la cabeza de mi cama. Coloco el disco sobre el aro de metal de la lámpara, cuya función es puramente estética, pero que ahora hace las veces de marco. Al encender la luz, la habitación se baña de un color anaranjado, como de lámpara de tungsteno.

Han pasado un par de meses desde entonces y creo que pronto quitaré este filtro improvisado que, por algún motivo, me remite al invierno. Tengo ganas de sol y de atardeceres en la playa, de ver cómo el mar engulle ese otro gran disco rojizo hasta mañana.

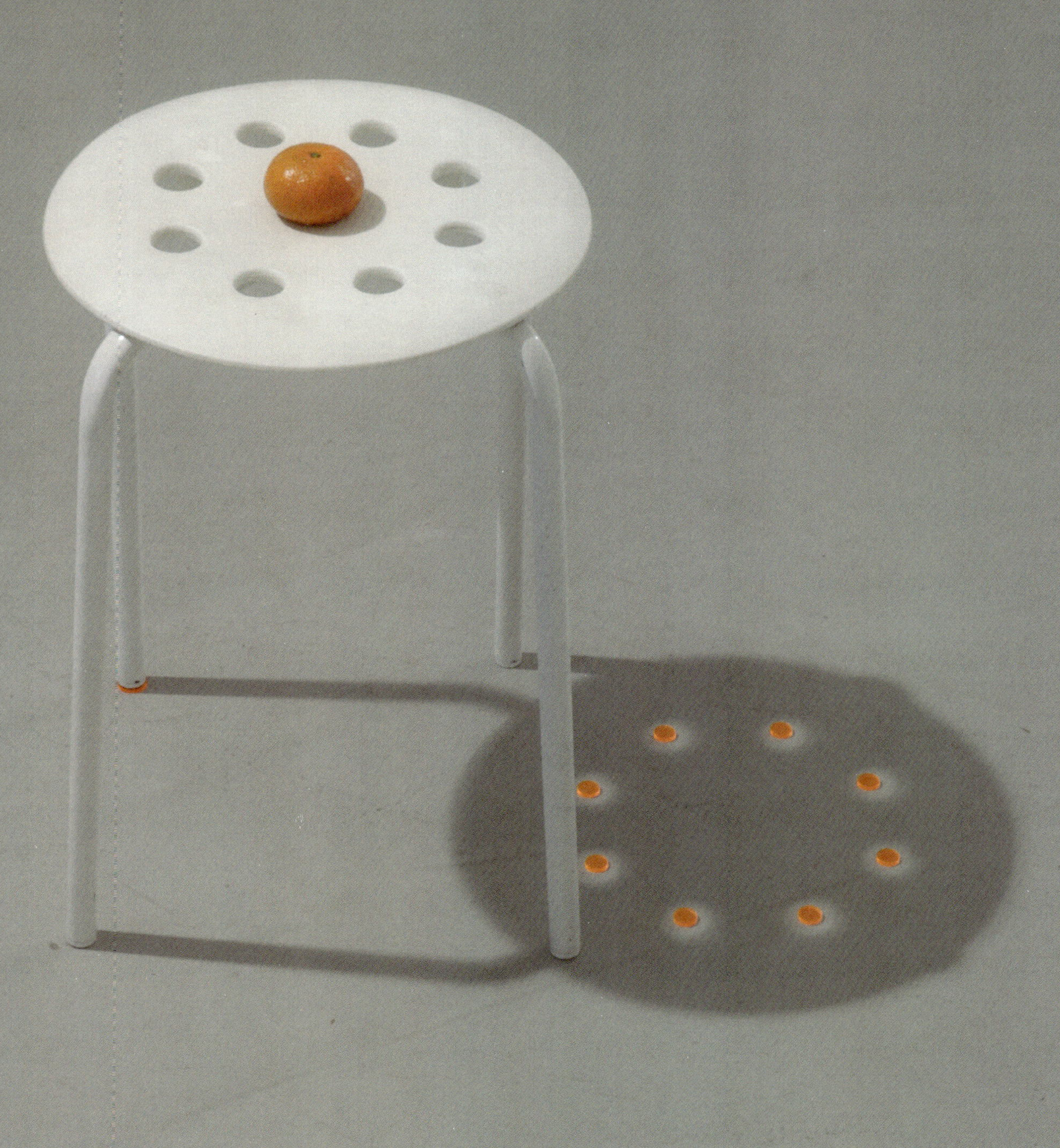

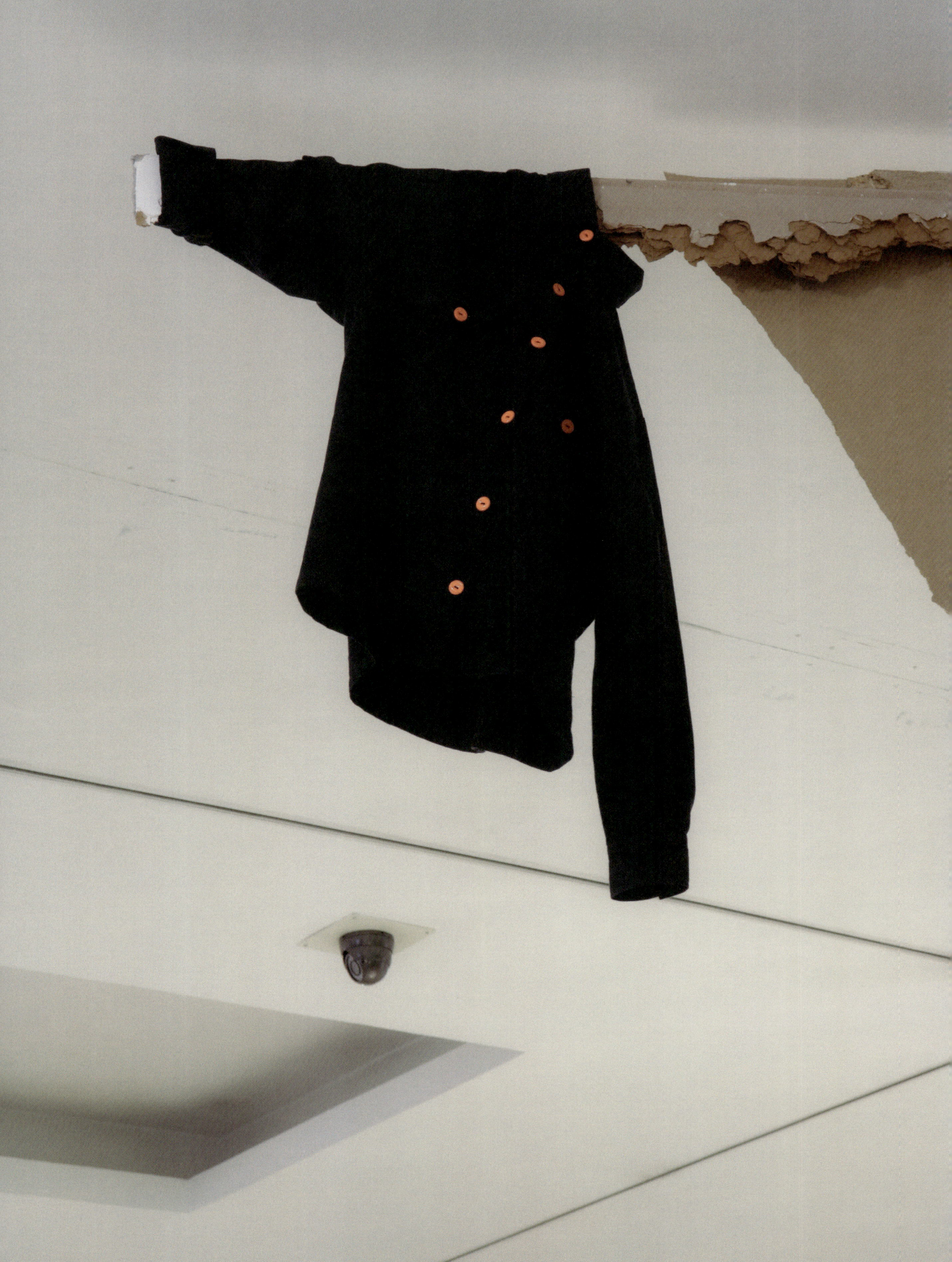

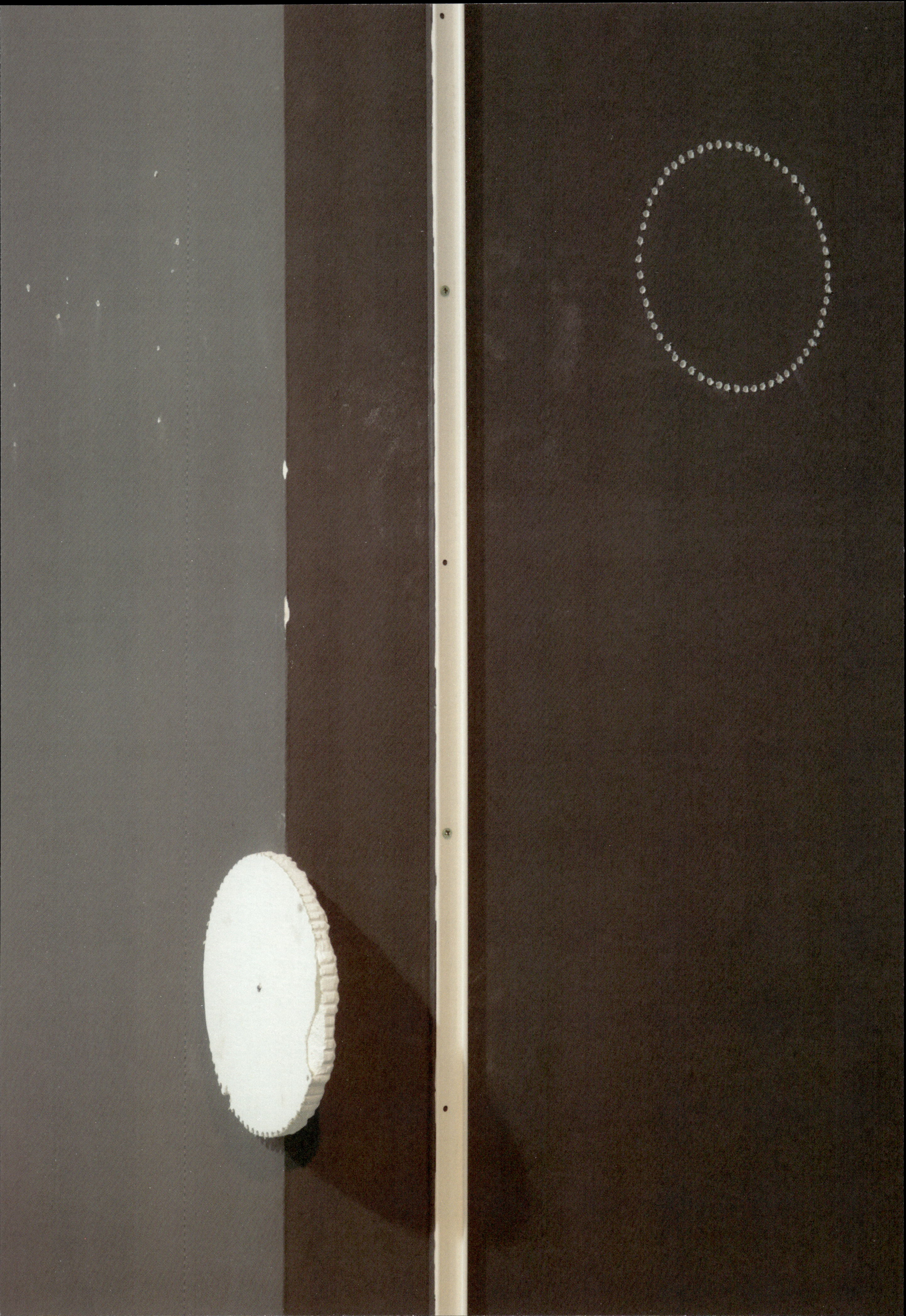

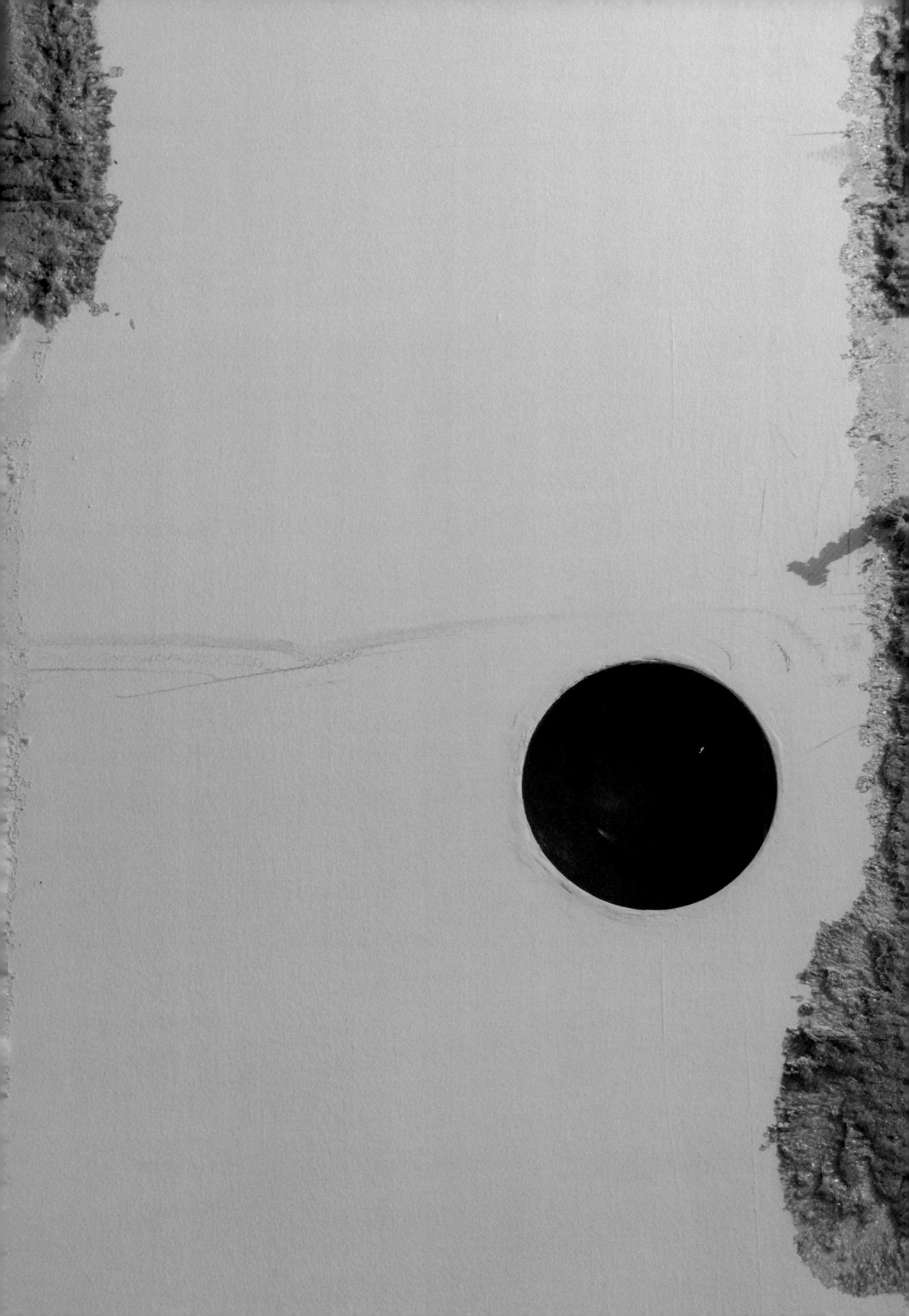

MARIEM IMAN CARAMES

PAZIENTZIA- ETA TREBETASUN-JOLASA

Tá tá tá tá

Beste batzuetan entzun dudan zarata hori entzuten da.

Tá tá tá tá

Nik ezin dut errepikatu eta badakit zerbait handiagoaren parte dela. Triangeluena, eskumuturrekoena, cihalena, abalorioena. Soinu horrek zerikusia du harengatik kezkatzen direnekin eta non dagoen galdetzen jarraitzen dutenekin. Nik errepikatzen badut, erritmotik kanpo geratzen zait. Beste batzuek galdetzen didate ea joan naizen, baina ez dakit bueltako bidea. Zantzu batzuk ditut, baina ez dira nahikoak deszifratzeko. Pazientzia- eta trebetasun-jolas baten piezak dira. Baina oraindik falta dira non dagoen jakiteko. Pieza horiekin nik arrastoa baino ez dut ezagutzen, joan aurretik ekarritako gauzengatik: alfonbra, ehunak, orrazia, arropa, belarritakoak.

Ezin da errepikatu oroimenaren hutsegiteagatik, oinordetzan jasotakoak bere deriba propioa hartzen du: besteek utzi dizkidaten materialak, baztertzen diren soberakinak edo erabilgarritasuna galtzen duten gauzak. Pazientzia- eta trebetasun-joko batean, piezak ez badira berriro beren lekuan egokitzen, beren espazioa betetzen dute, beren autonomia erabiltzen dute.

MARIEM IMAN CARAMES

JUEGO DE PACIENCIA Y HABILIDAD

Tá tá tá tá

Suena ese ruido que ya he oído otras veces.

Tá tá tá tá

Yo no lo puedo repetir y sé que forma parte de algo más grande. De los triángulos, las pulseras, las telas, los abalorios. Es un sonido que tiene que ver con los que se preocupan por él y me siguen preguntando que dónde está. Si yo lo repito me sale fuera de ritmo. Otros me preguntan que si he ido, pero no me sé el camino de vuelta. Tengo algunas pistas, pero no son suficientes para descifrar. Son piezas de un juego de paciencia y habilidad. Pero aún faltan para poder saber dónde está. Con esas piezas yo solo conozco el rastro, por las cosas que había traído antes de que se fuera: la alfombra, los tejidos, el peine, la ropa, los pendientes.

No se puede repetir por el desliz de la memoria, lo heredado toma su propia deriva: los materiales que otros me han dejado, los sobrantes que se descartan o cosas que van perdiendo su utilidad. En un juego de paciencia y habilidad, si las piezas no vuelven a encajar en su sitio ocupan su propio espacio, ejercen su autonomía.

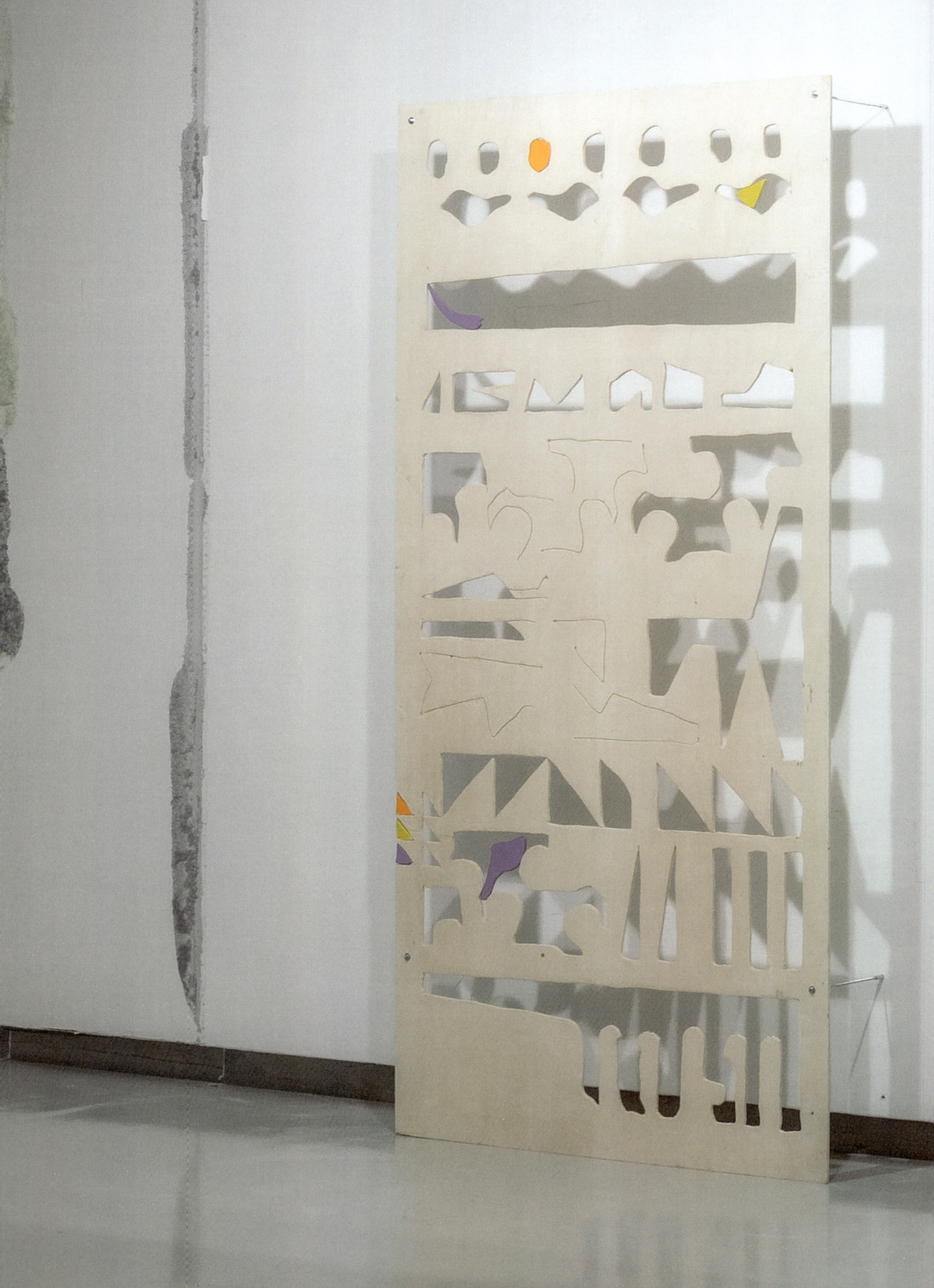

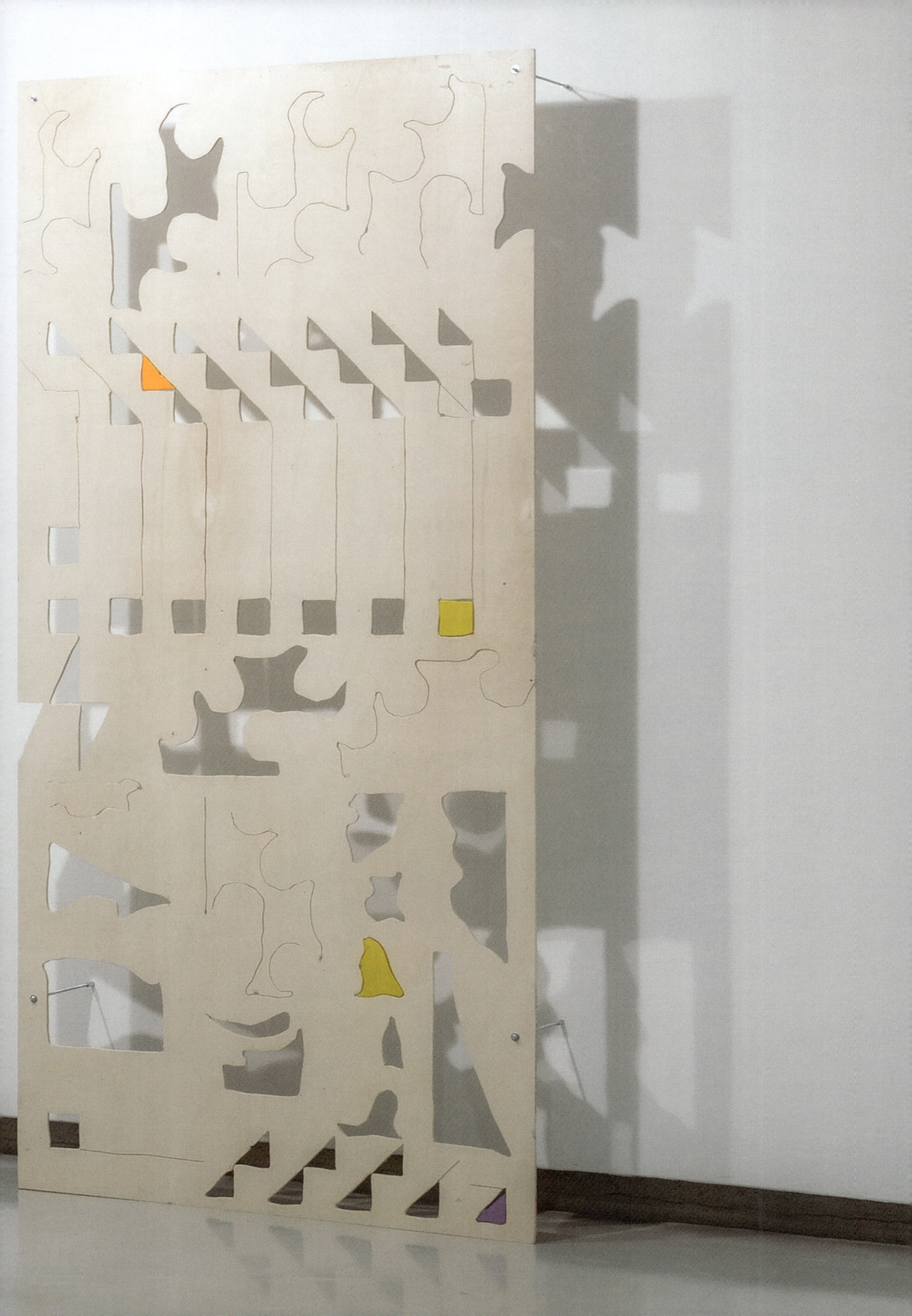

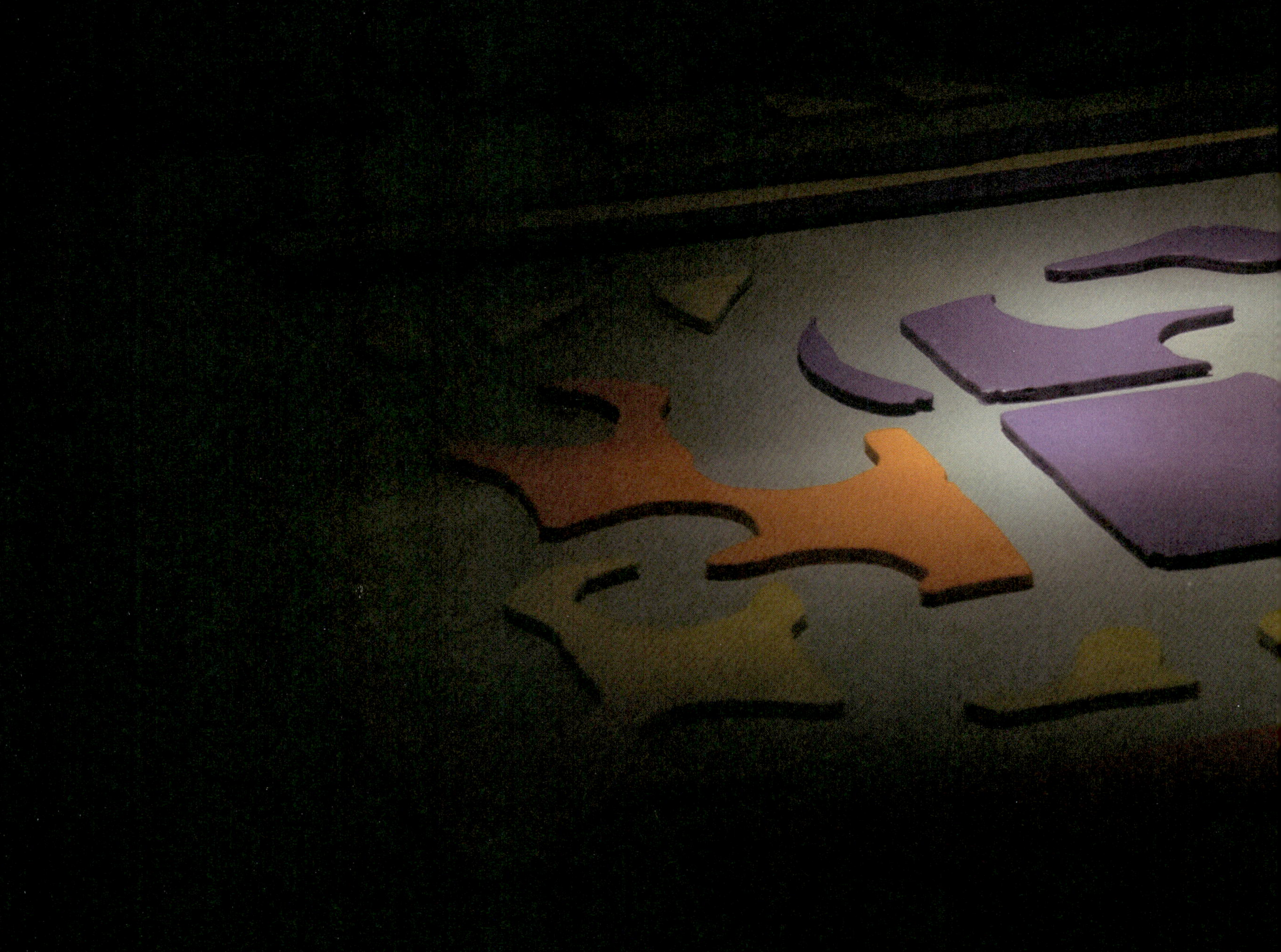

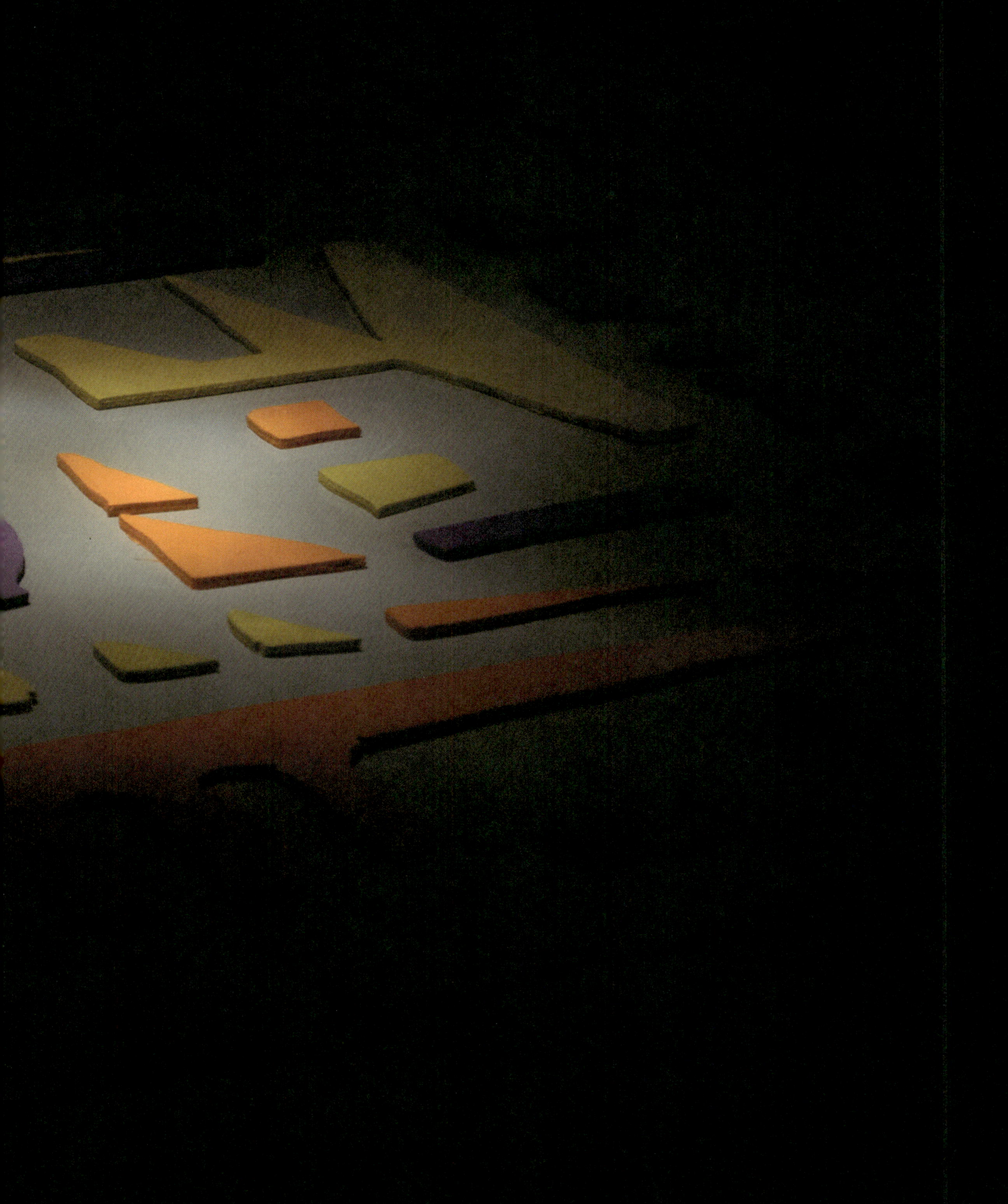

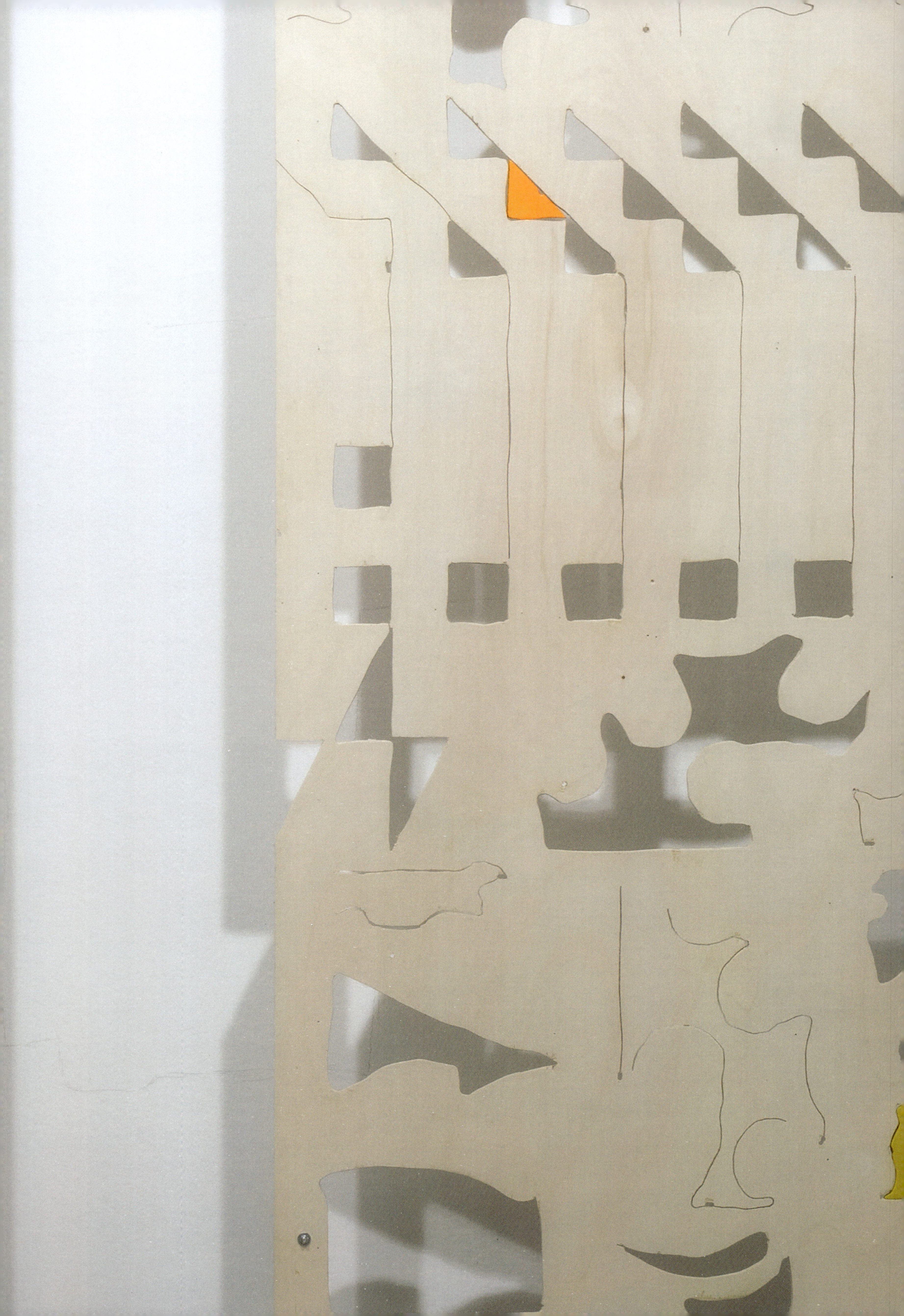

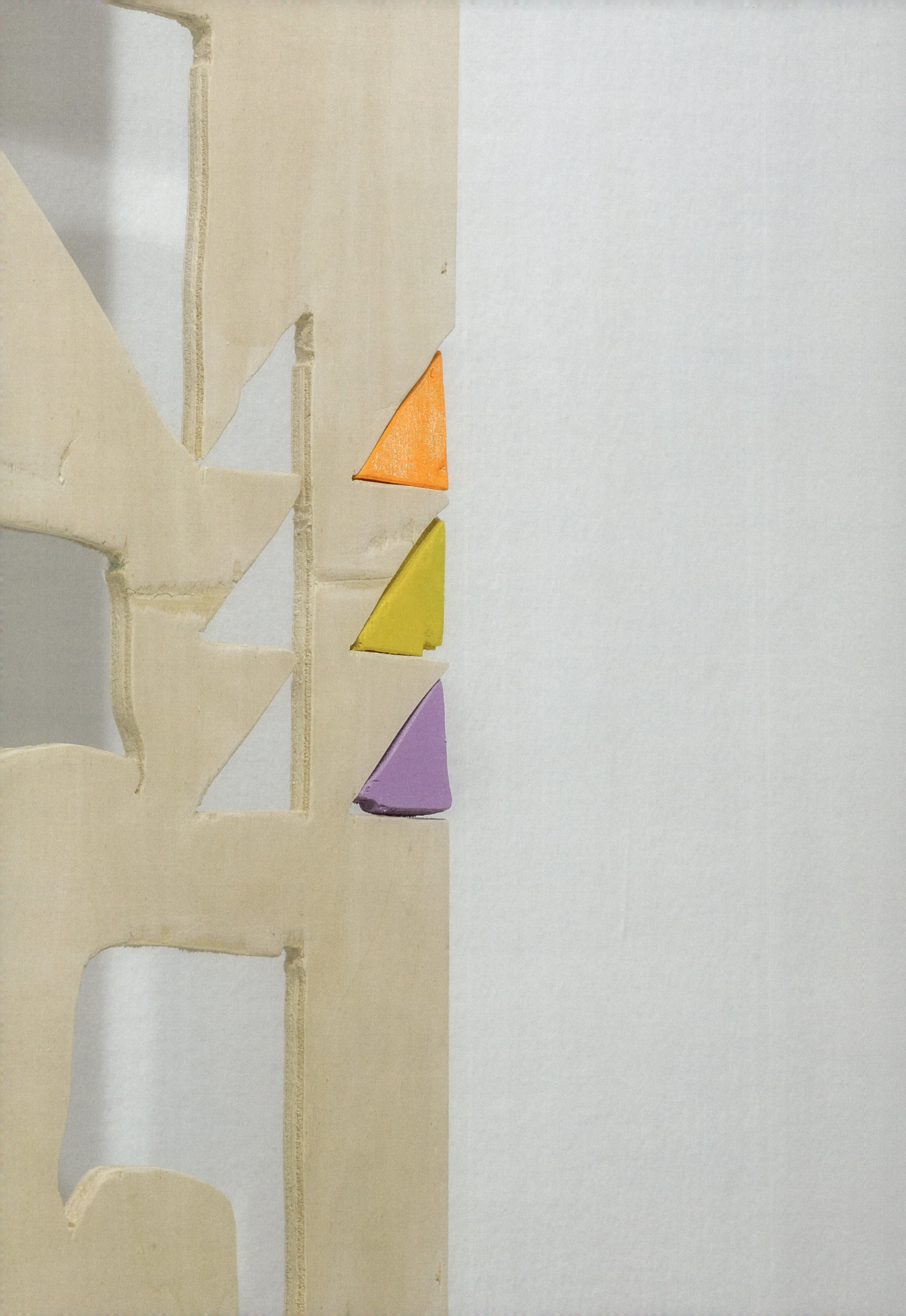

VÍCTOR ORTUÑO

HOGEITA BOST HATZEKO ESKULARRUA

Hau guztia oso txukun dago, orain hainbat gauza daude lurrean, zura dago eta ez dago zurik. Zurik egon daiteke bertan egon gabe?

Badirudi baietz, ez dakit oso ondo nola.

Eskuak eta eskuak daude, gero eta hatz gehiago. Ugaritu egiten dira. Hainbeste hatz duen eskularrurik bada?

Orain askoz errazago konta dezaket! Askoz gehiago konta dezaket:

1, 2, 3, 4, 5, 6, 7, 8, 9, 10, 11, 12, 13, 14, 15, 16, 17, 18, 19, 20, 21, 22, 23, 24, 25...

Nahi ditudan zenbaki guztiak ere konta ditzaket aldi berean. Eskularru hauek bikainak dira, janzten ditudanean nire hatzen kopurua ugaritzen dute!

Hau lehen baino erosoagoa da, ez dut eskuz aldatu behar. Atzamar piloa daukat eskularru hauekin... Hau zoriona!

Objektuak nire gorputza aldarazten du, nire ezaugarriak eta nolakotasunak aldatzen ditu nolabait.

X-23 Galtzerdiaren kasuan, gauza bera gertatzen da, ohi baino behatz gehiago ditut!

Horri esker, askoz azkarrago ibil naiteke eta gainazal handiagoa izan dezaket euskarri gisa; horrelako objektuek izugarri errazten dute nire beharrei erantzutea. Nire gorputzera egokitzeaz gain, egunerokotasunean eskertzen ditudan beste aukera batzuk sortzen dituzte.

Galtzerdi hau askoz dibertigarriagoa da, armiarma bat gogorarazten dit. Beste era batera mugitzen naiz, behatzak mugitzen ditudanean lurrean irristatzen naiz. Mugimendua beste bat da.

VÍCTOR ORTUÑO

GUANTE DE VEINTICINCO DEDOS

Qué ordenadito que está todo esto, ahora hay varios objetos en el suelo, hay madera y no hay madera. ¿Puede haber madera sin que esta esté presente?

Parece que sí, no sé muy bien cómo.

Hay manos y manos, cada vez hay más dedos. Se multiplican. ¿Hay guantes con tantos dedos?

¡Ahora puedo contar con mucha más facilidad! Puedo contar mucho más:

1, 2, 3, 4, 5, 6, 7, 8, 9, 10, 11, 12, 13, 14, 15, 16, 17, 18, 19, 20, 21, 22, 23, 24, 25...

Incluso puedo contar todos los números que quiera a la vez. ¡Estos guantes son geniales, cuando me los pongo multiplican mi número de dedos!

Esto es mucho más cómodo que antes, no tengo que estar cambiando de mano. ¡Con estos guantes que cantidad de dedos tengo...!¡Qué maravilla!

El objeto altera mi propio cuerpo, de alguna manera modifica las características y cualidades que tengo.

En el caso del Calcetín X-23, sucede lo mismo, ¡tengo más dedos de lo habitual!

Esto me permite andar mucho más rápido y tener más superficie sobre la que apoyarme; este tipo de objetos facilitan mucho la respuesta a mis necesidades. No solo se adapta a mi cuerpo, sino que genera otras posibilidades que en el día a día las agradezco.

Este calcetín es mucho más divertido, me recuerda a una araña. Me desplazo de otra manera, cuando muevo los dedos me deslizo sobre el suelo. El movimiento es otro.

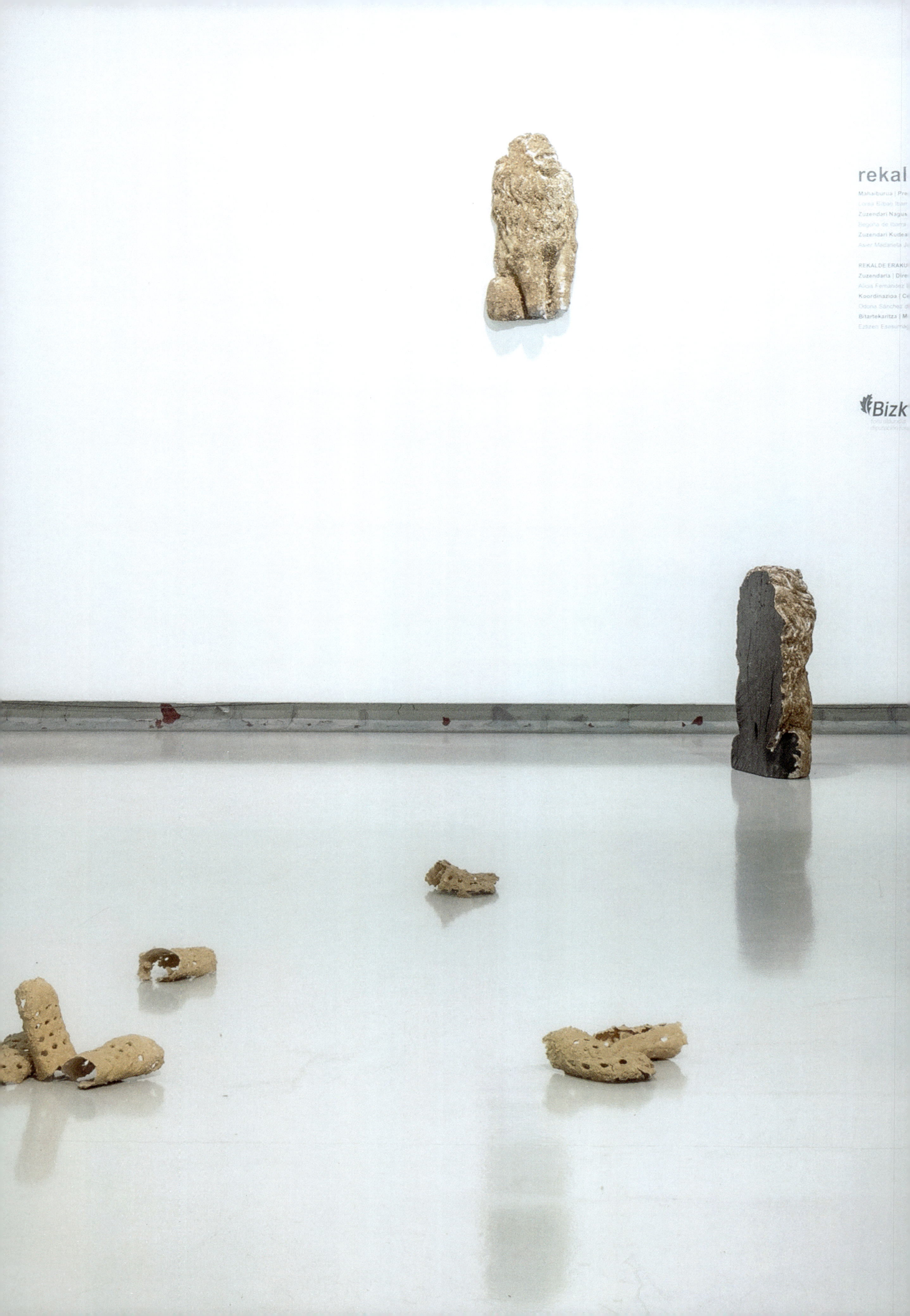

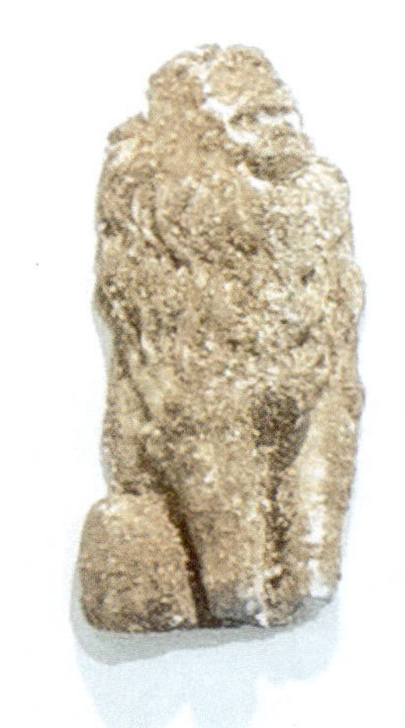

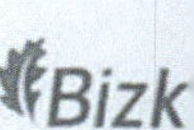
Bizk

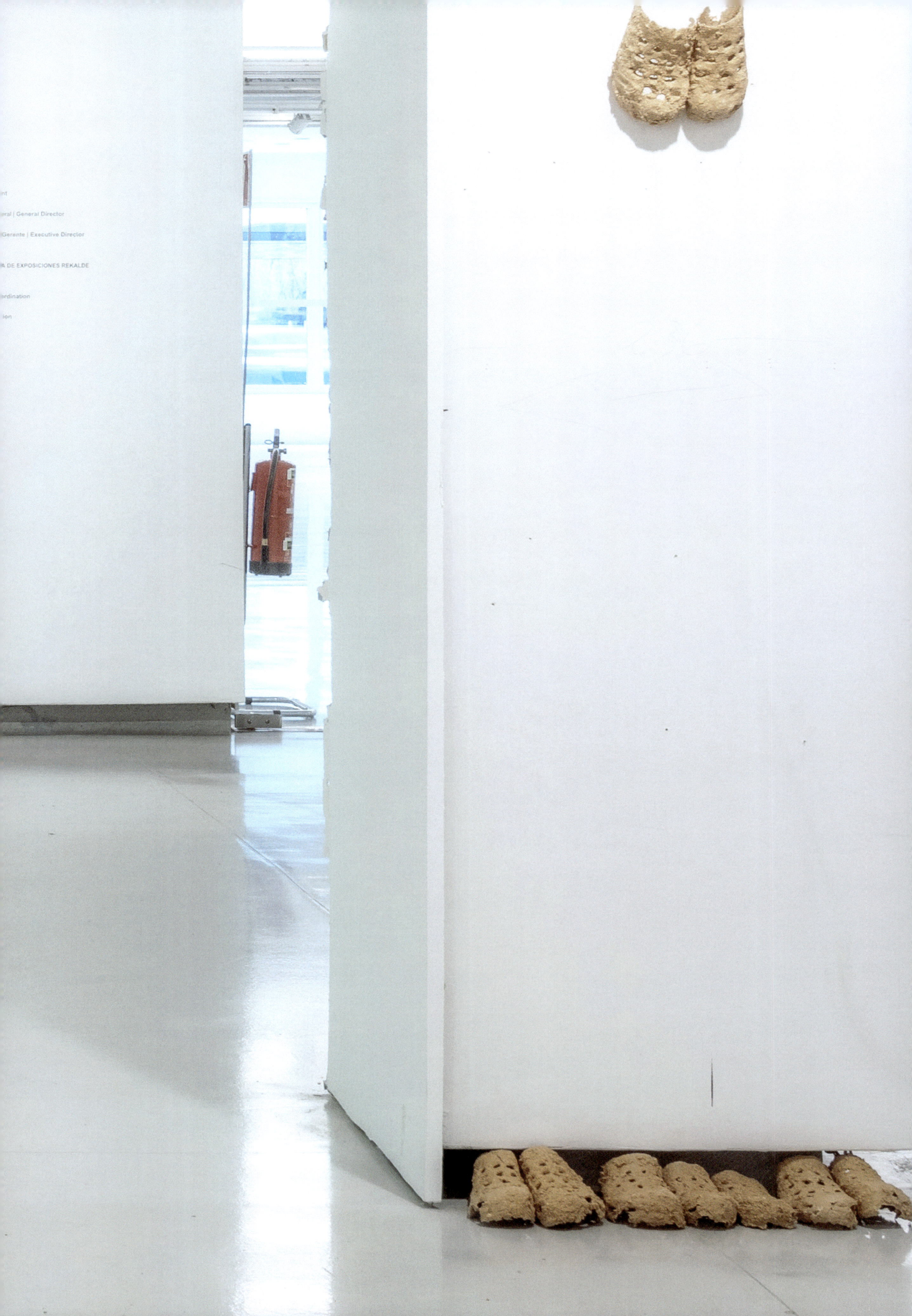
int
eral | General Director
Gerente | Executive Director
A DE EXPOSICIONES REKALDE
rdination
ion

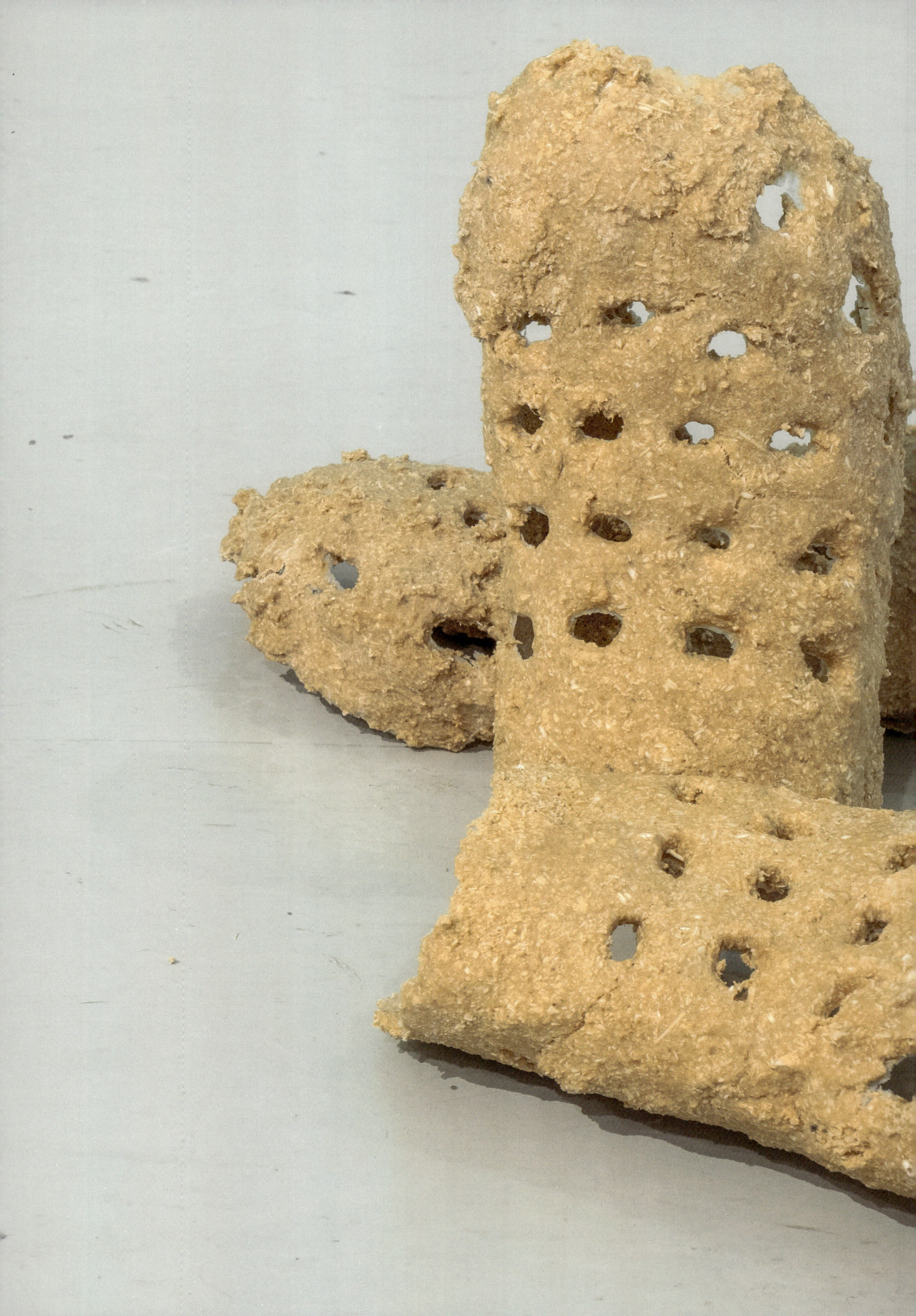

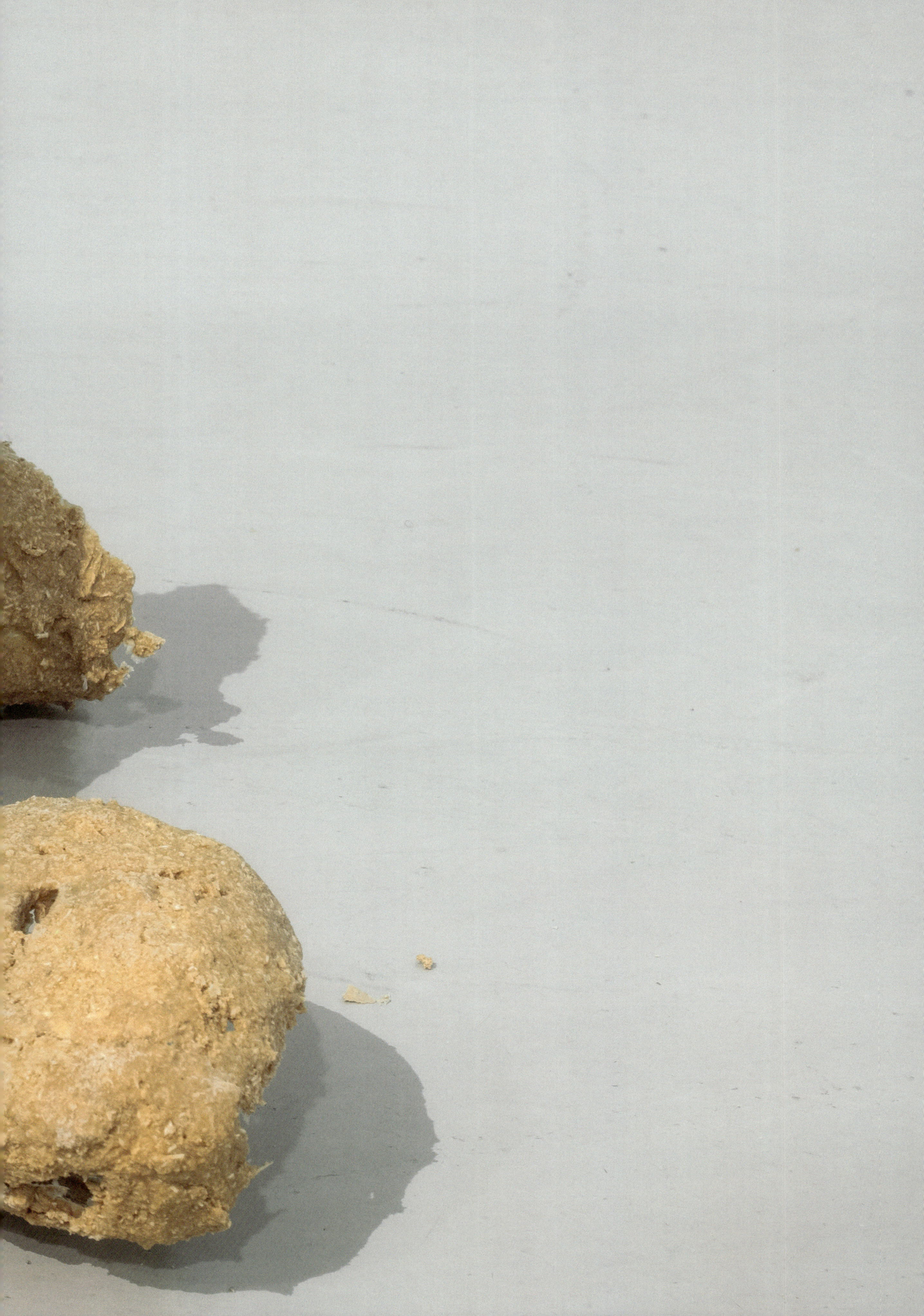

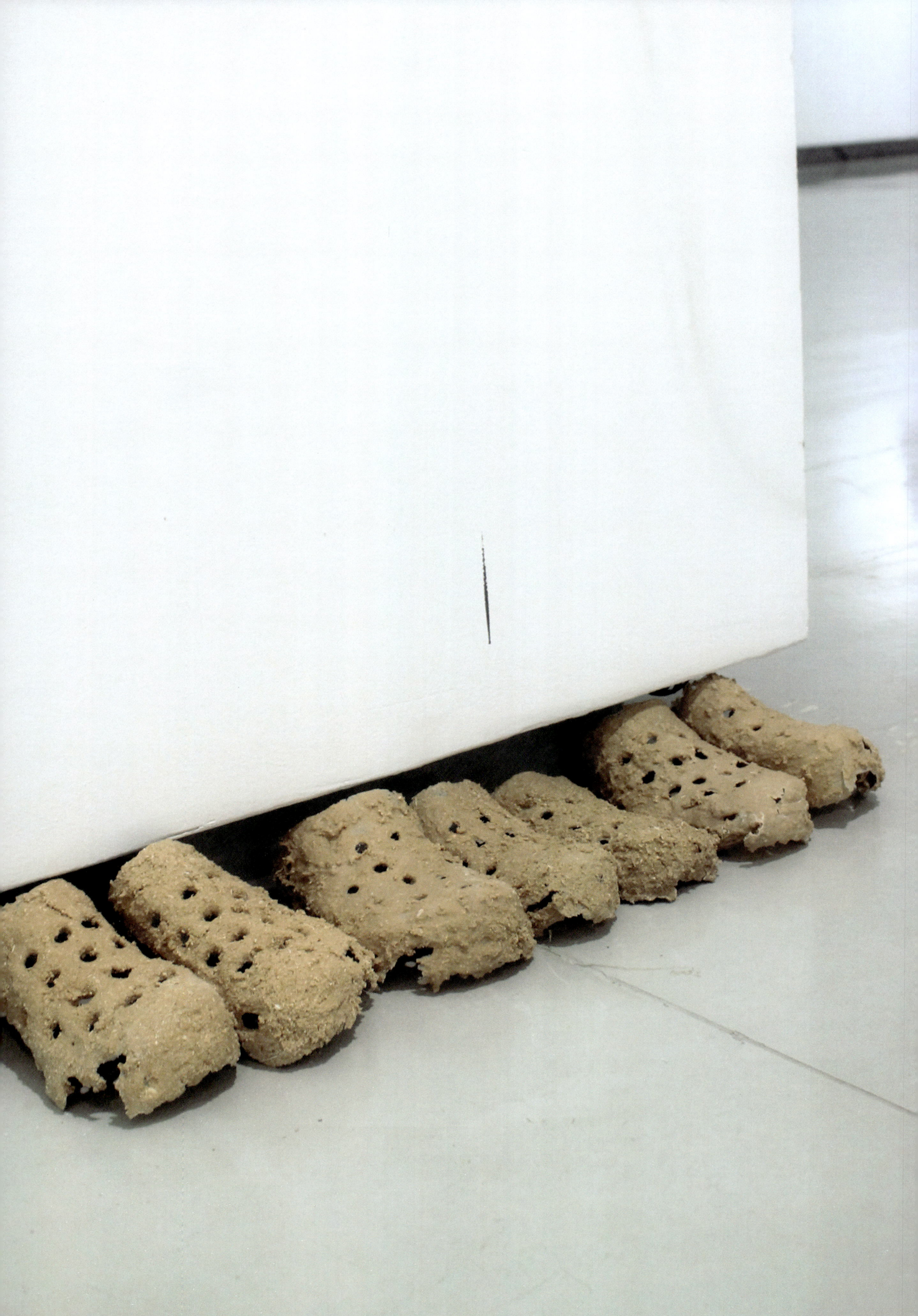

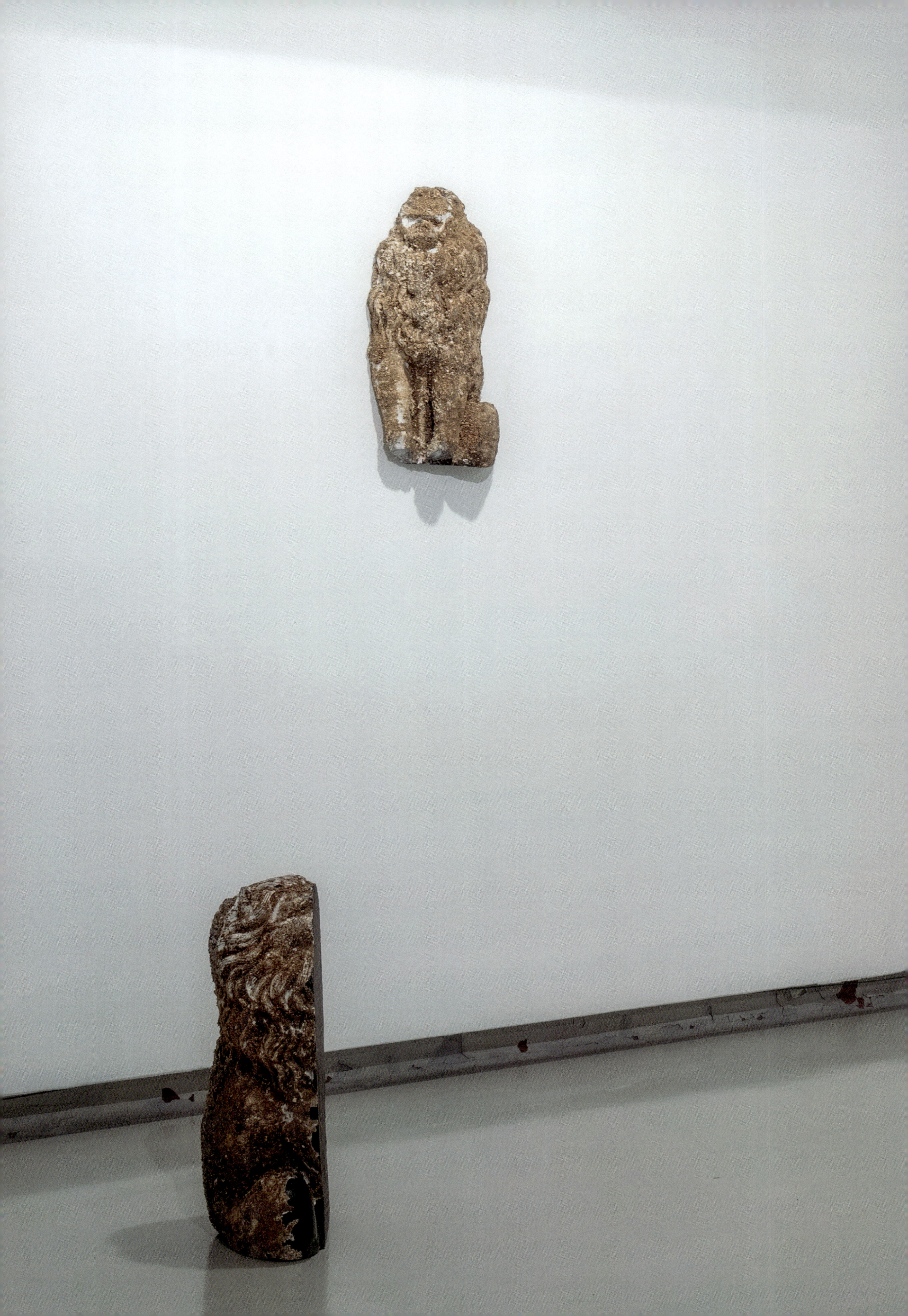

VIVIANE STRAUB

GAI SENTIKORRAK
(1. ZATIA: BESTE URTE BAT HAN, ERTZEAN.
/ 2. ZATIA: BESTE URTE BAT HEMEN, ATARIAN.)

1. zatia

2023ko urtarrilaren 4an, 22an eta 29an Nerbioi eta Deba ibaien ertzean bildutako plastikoak eta arkatza.

2. zatia

Paper birziklatua, azken 40 urteetako Ertibil lehiaketako katalogoak erabiliz, galbahea eta arkatza.

Irrealitate sentsazio lauso bat: "Nire" lekua ez-leku bat da. Nahiz eta penintsula bat izan —eta, beraz, ia erabat ibaiak inguratua egon—, bere ertza aldapan behera erortzen da, sasiz estalia, ura agerian ezkutatzeraino, nonahikoa eta, hala ere, iritsezina. Eta han zaude: itsasertzeko landaretzan harrapatuta geratu diren plastiko zati ugari, dekoratu beldurgarri triste bat bezala. Batzuetan, ia ez dira bereizten zuhaitz eta zuhaixken gorputzetatik: hainbeste korapilatu dira adarrekin, ezen horien sare-kumuluaren efektua baino ez baitute handitzen, hosto lehorrak, belarra, lohia... harrapatuz. Horietako askotan ekosistema oso bat bizi da: armiarmak, zimitzak, barraskiloak... (eta nahiago dut ikusten ez dudanaz ez pentsatu).

Ibaian flotatzen imajinatzen ditut (inoiz izan ez ziren lekuan, eta hala ere): hegodun potentzialtasun hutsa, irekitasun hutsa, jario hutsa.

Mintza bihurritu bihurtu, eroria, uretatik aterata izatean. Mila aldiz hausten, etengabe, korrontearen indarraren pean, hotzaren azpian, beroaren azpian, euripean, eguzkipean. Denboraren poderioz.

Eta han ikusten ditut, atxikirik (han geratzeko?), eskuen irismenetik kanpo, baztertzen ditugun begiraden aurrean.

/

Gela honetako hormetan dagoen katalogo handiaren aurrean zutik, ibaiko plastikoez oroitzen naiz.

Pentsatzen dut egitearen lehenaldiaz, bitarteaz eta ondorenaz, barneaz eta kanpokoaz, Historiaz, zeinen iraganak ez baitira guztiz iraganak eta orainaldiak ez erabat orainaldiak, sistemez, atxikia izateaz (ala ez), begiratua izateaz (ala ez), zahartzeaz.

Eta irribarre egiten dut galbahearen gaineko mamia, lehortu ondoren paper orri berria izango dena, grisaxka geratu dela ikustean.

(Ura besterik ez, beroa besterik ez: metafora gurutzatu bat).

VIVIANE STRAUB

CUESTIONES SENSIBLES
(PARTE 1: OTRO AÑO ALLÍ, EN LA ORILLA.
/ PARTE 2: OTRO AÑO AQUÍ, EN EL UMBRAL.)

Parte 1

Plásticos recogidos en la orilla de los ríos Nervión y Deba los días 4, 22 y 29/1/2023 y lápiz.

Parte 2

Papel reciclado a partir de catálogos del certamen Ertibil de los últimos 40 años, tamiz y lápiz.

Una vaga sensación de irrealidad: "Mi" sitio es un no-sitio. Por mucho que sea una península —y que esté, como tal, casi íntegramente rodeado por el río—, su orilla cae en cuesta, cubierta de zarzas hasta ocultar el agua a la vista, omnipresente y, no obstante, inalcanzable. Y allí están: múltiples trozos de plástico que han quedado atrapados en la vegetación de la orilla, como un triste decorado fantasmal. A veces, apenas se distinguen de los cuerpos de los árboles y arbustos en sí: se han enredado tanto con las ramas que solo aumentan el efecto de rejilla-cúmulo de estas, atrapando hojas secas, hierba, lodo… En muchos de ellos ya vive todo un ecosistema: arañas, chinches, caracoles… (y prefiero no pensar en lo que no veo).

Me los imagino flotando en el río (a donde nunca pertenecieron, y sin embargo): pura potencialidad alada, pura apertura, puro fluir.

Convertirse en membrana retraída, caída, al sacarse del agua. Rompiéndose mil veces, constantemente, bajo la fuerza de la corriente, bajo el frío, bajo el calor, bajo la lluvia, bajo el sol. Bajo el tiempo.

Y los veo allí, retenidos (¿para quedarse?), fuera del alcance de las manos, ante miradas que apartamos.

/

De pie delante del gran catálogo extendido en las paredes de esta sala, me acuerdo del plástico en el río.

Pienso sobre el antes, el mientras y el después del hacer, sobre el adentro y el afuera, sobre la Historia cuyos pasados no son del todo pasados y presentes no del todo presentes, sobre los sistemas, sobre ser retenido (o no), sobre ser mirado (o no), sobre envejecer.

Y sonrío al ver que la pulpa encima del tamiz, que tras secarse será una hoja de papel nueva, ha quedado grisácea.

(Nada más que agua, nada más que calor: toda una metáfora cruzada).

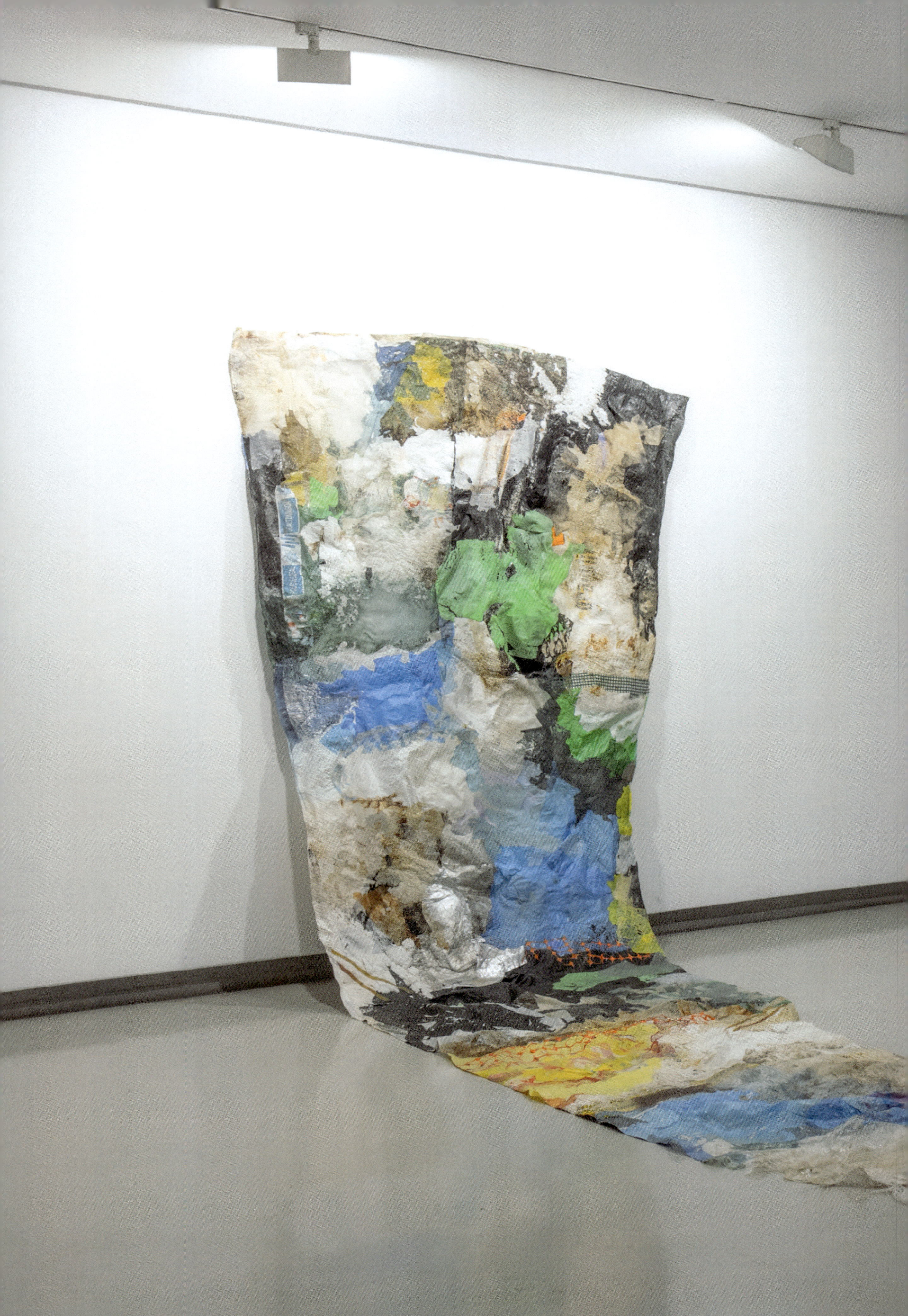

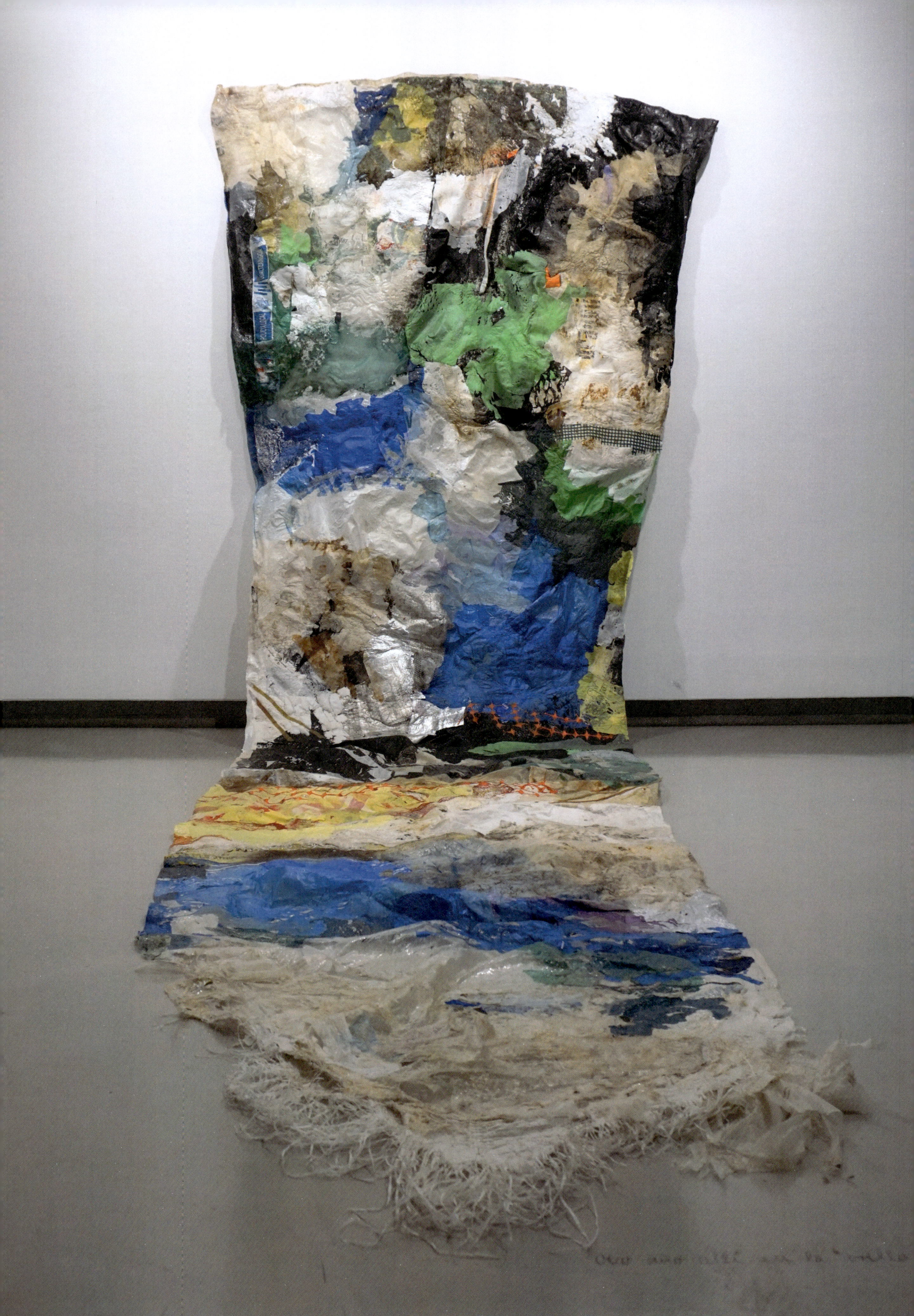

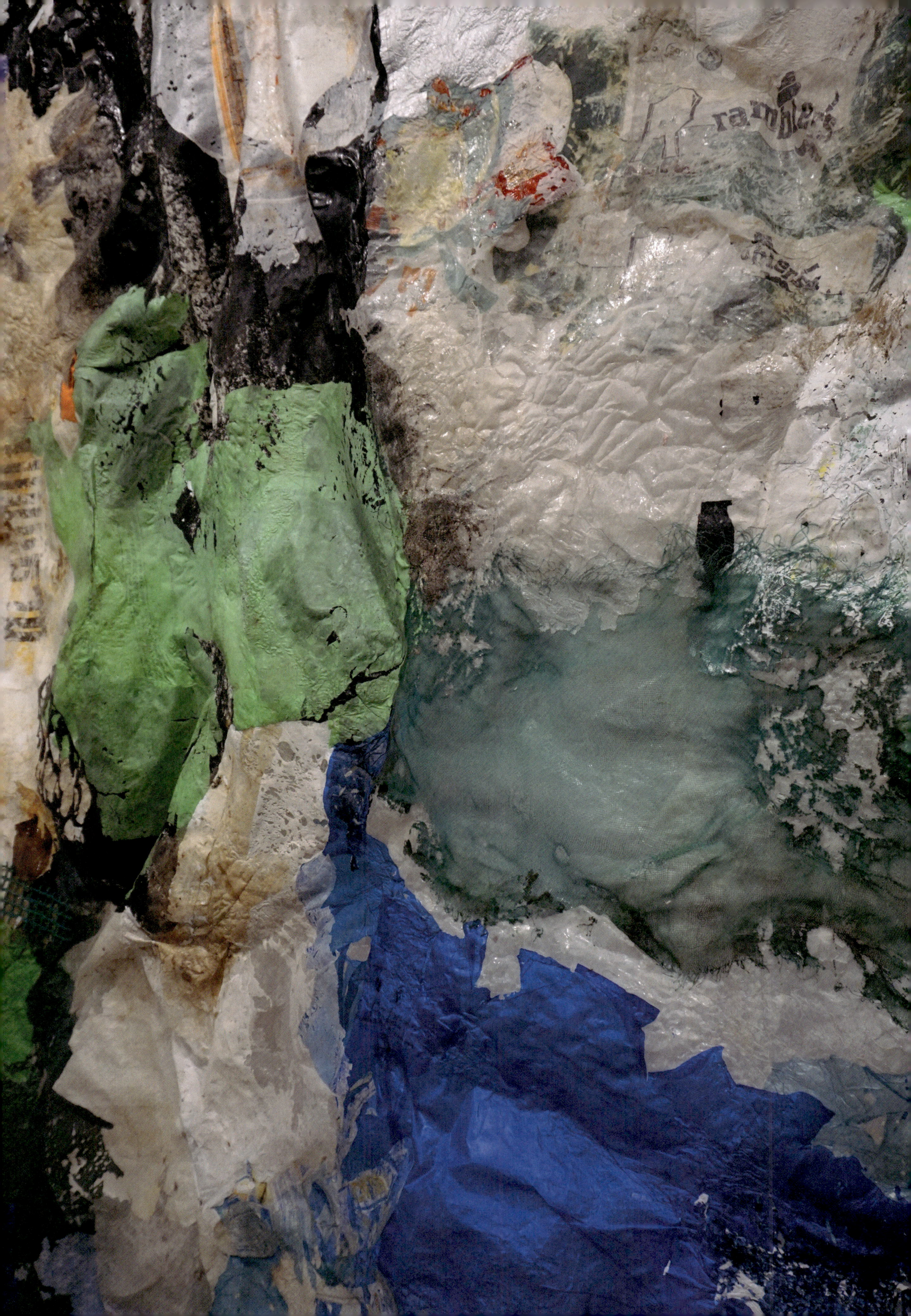
ramblers

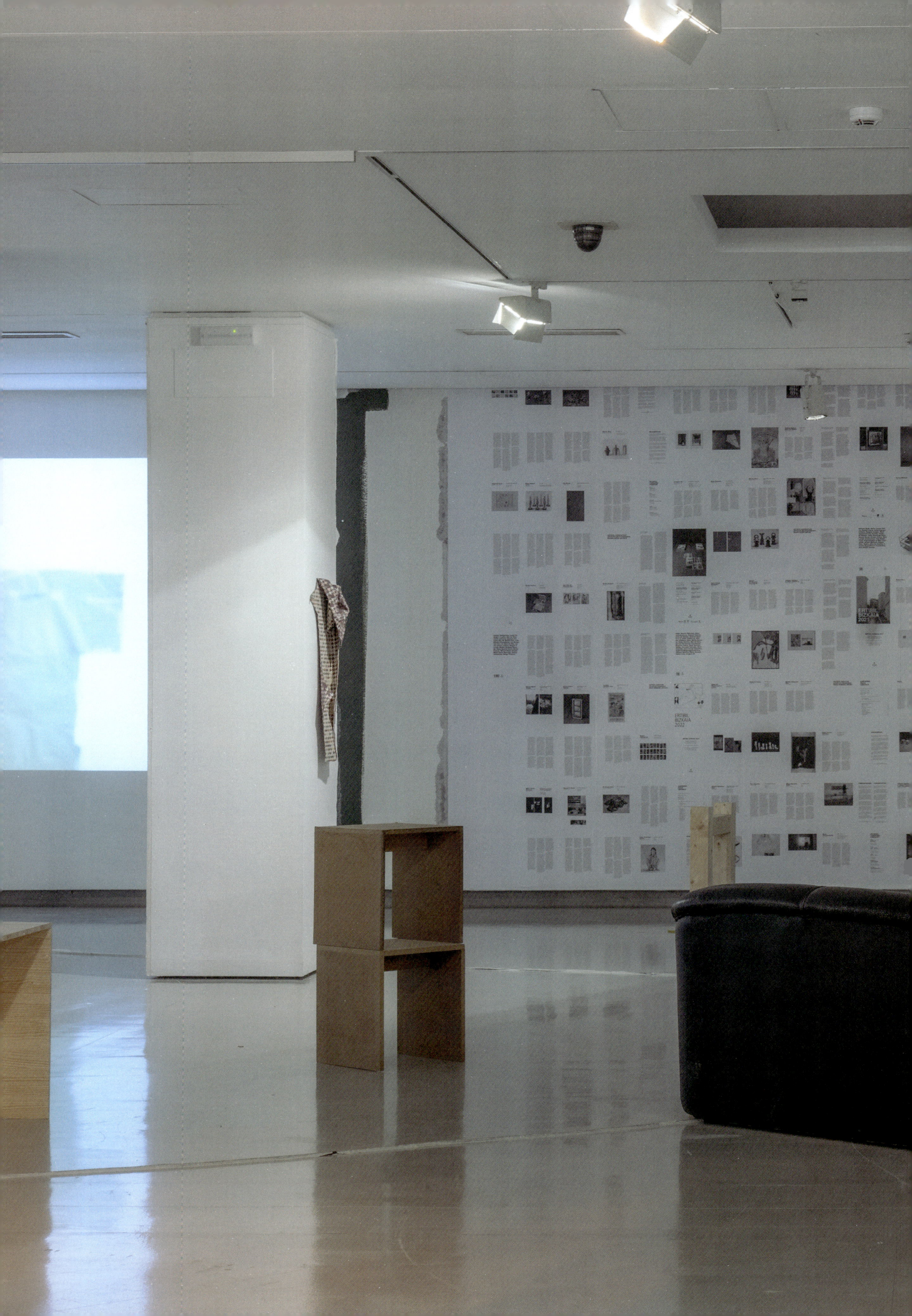
ERTIBIL
BIZKAIA
2022

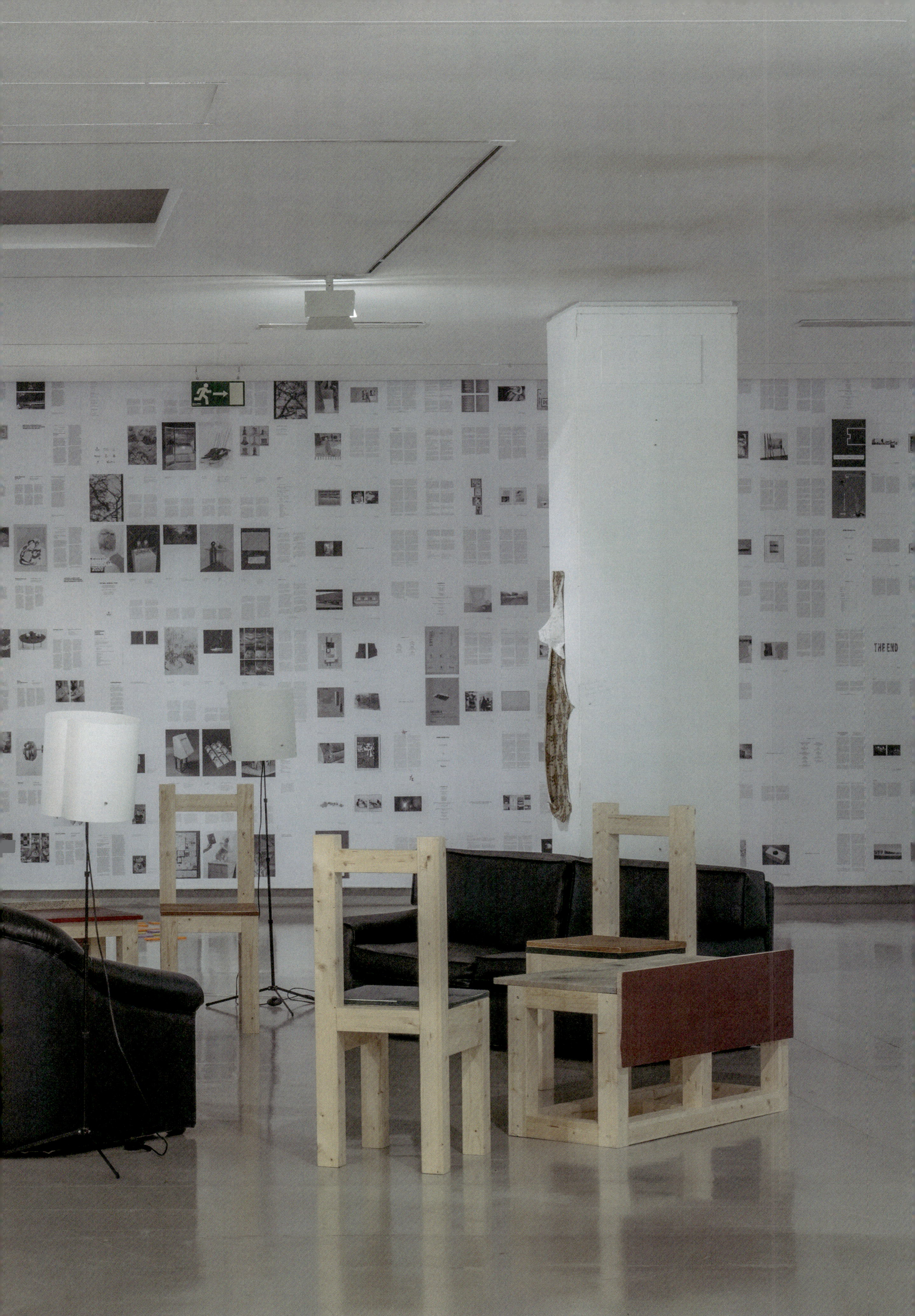
THE END

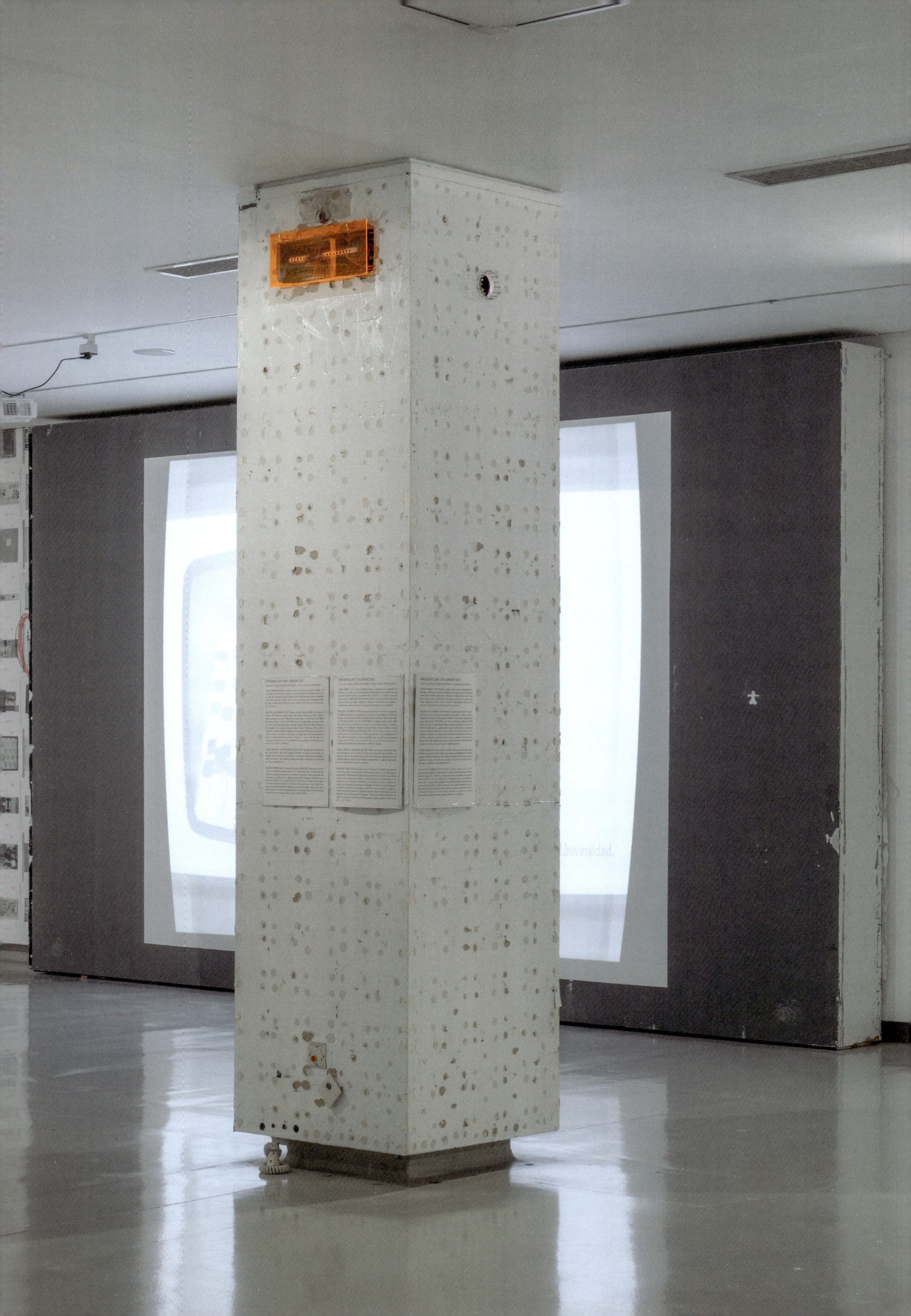
PRESENCES AND ABSENCES
PRESENCIAS Y AUSENCIAS
PRESENTZIAK ETA ABSENTZIAK
Universidad.

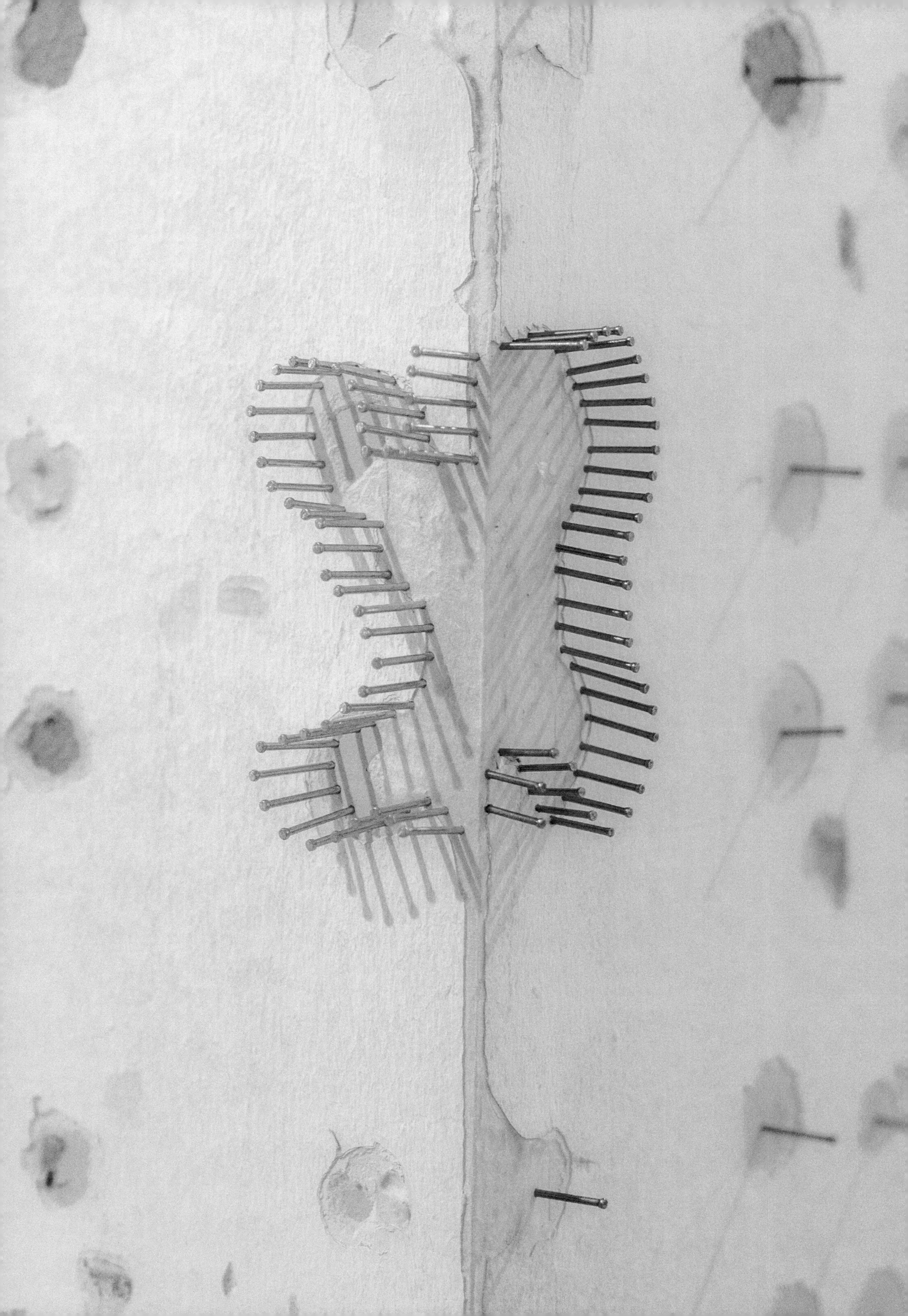

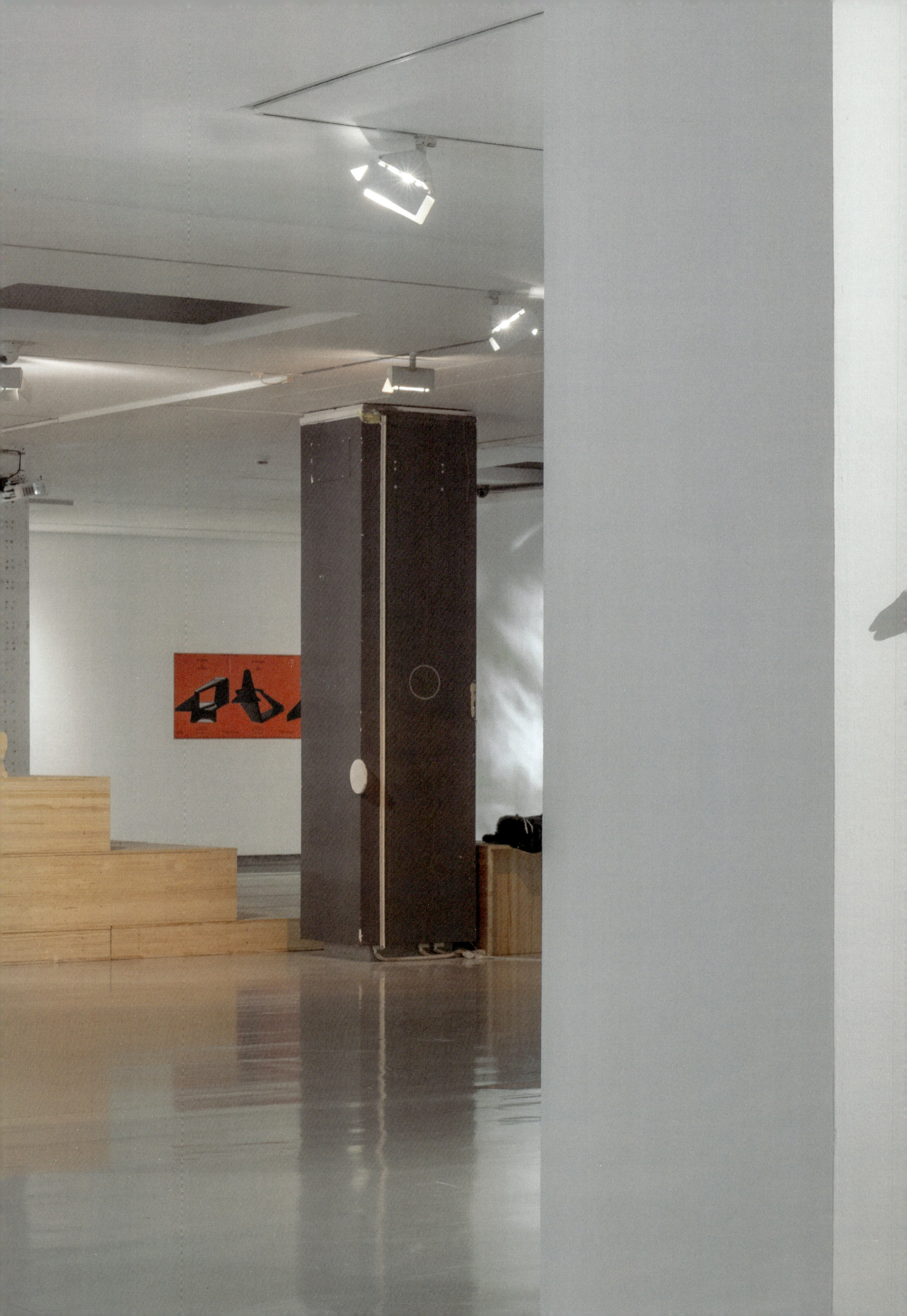

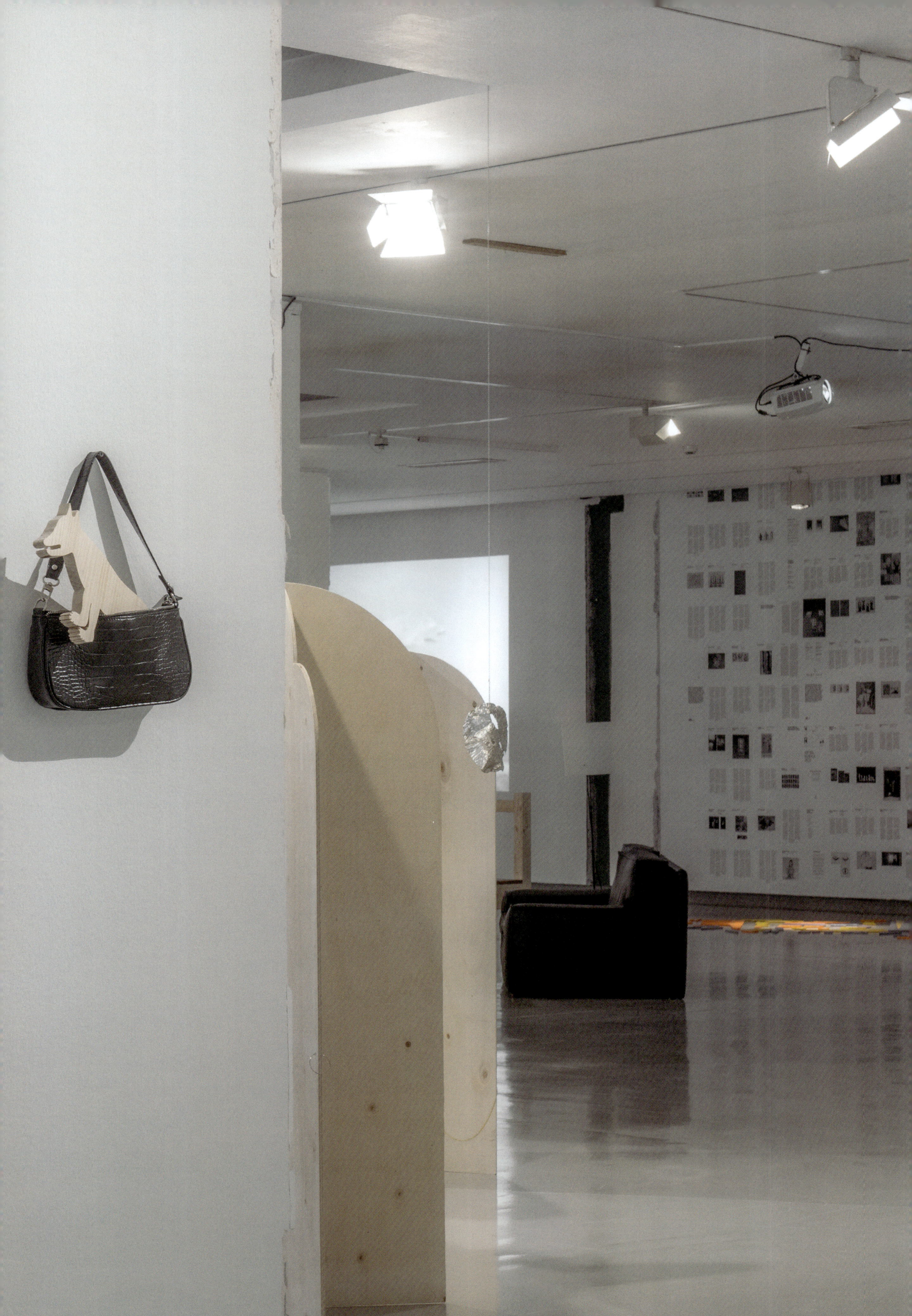

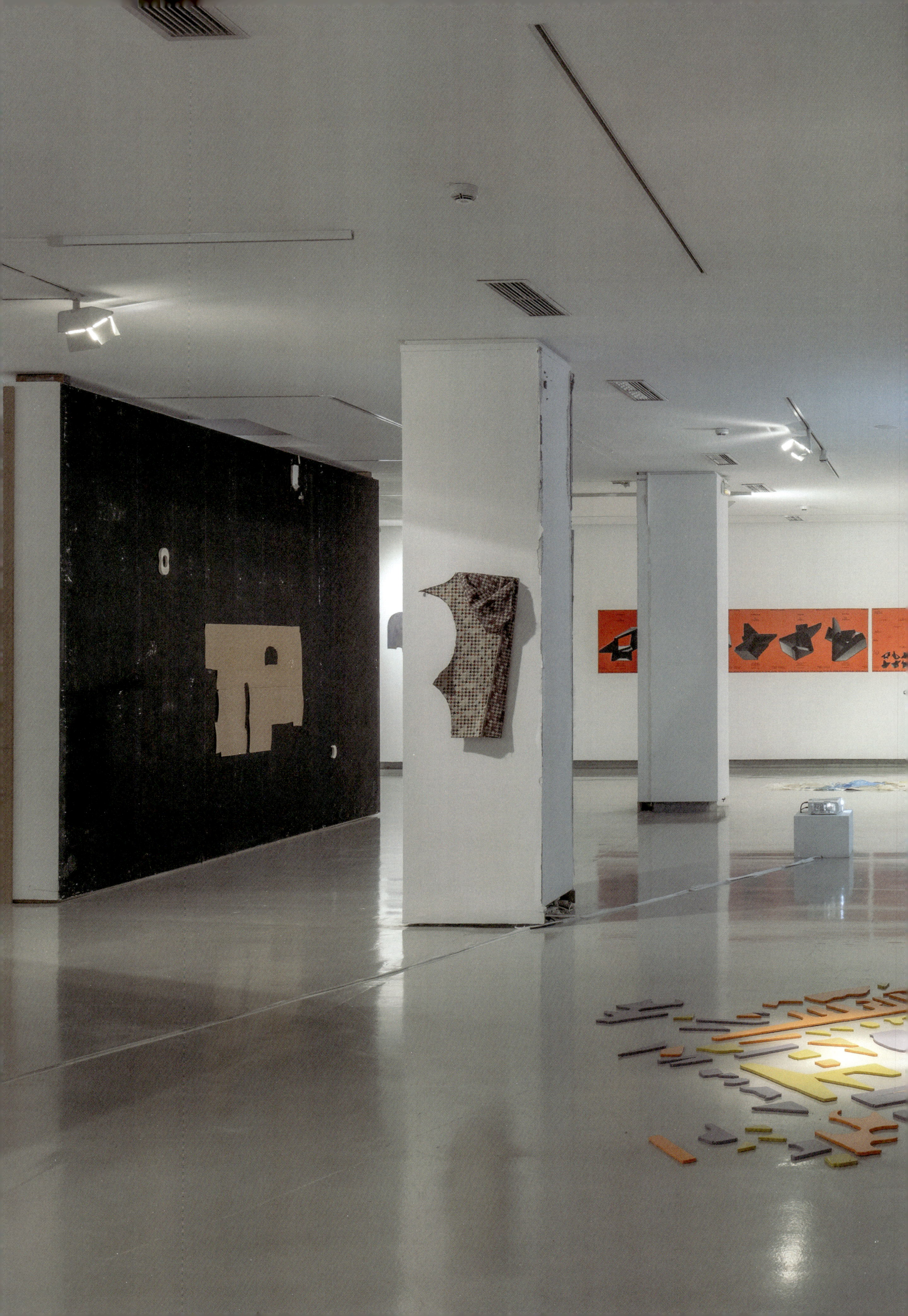

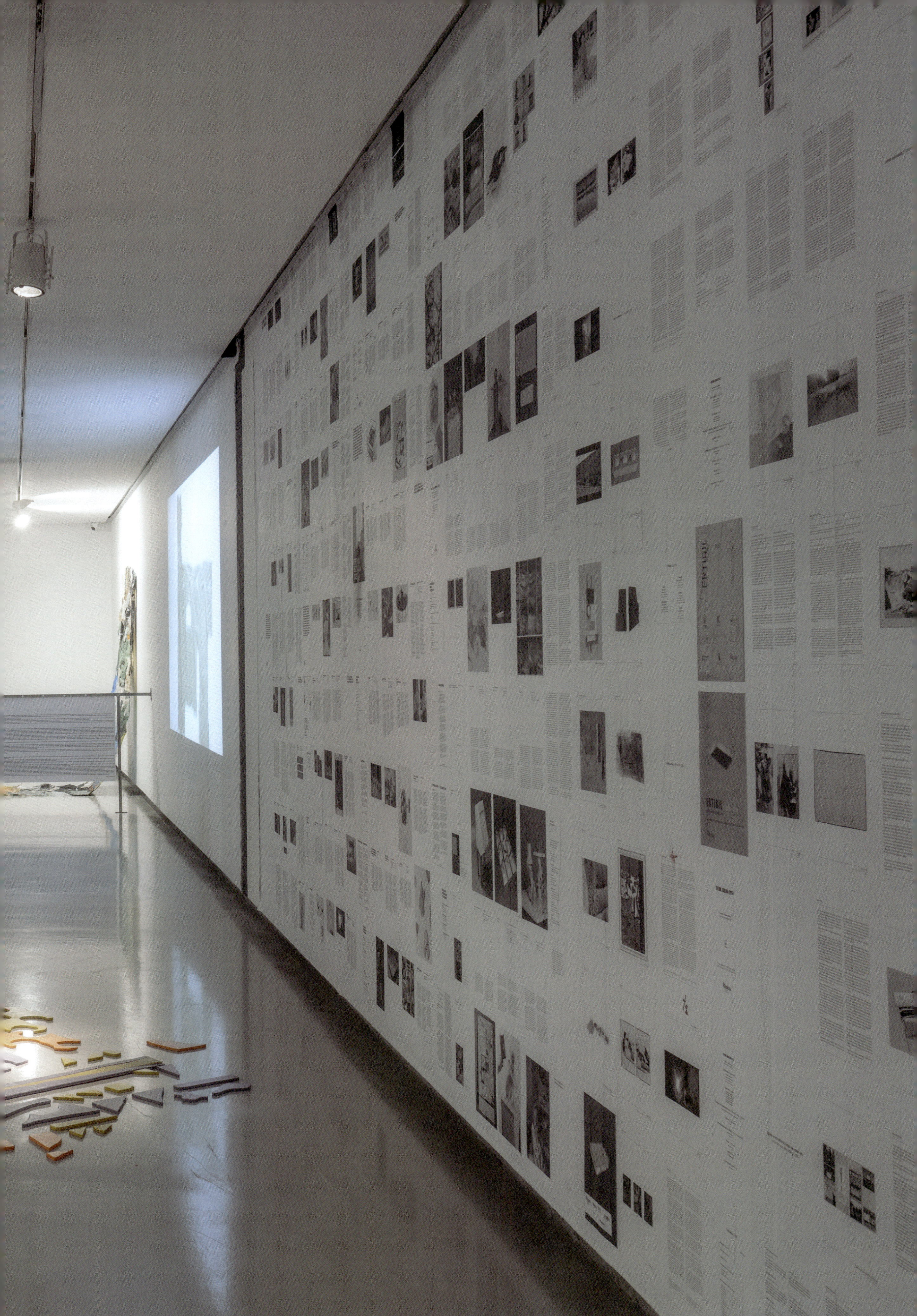

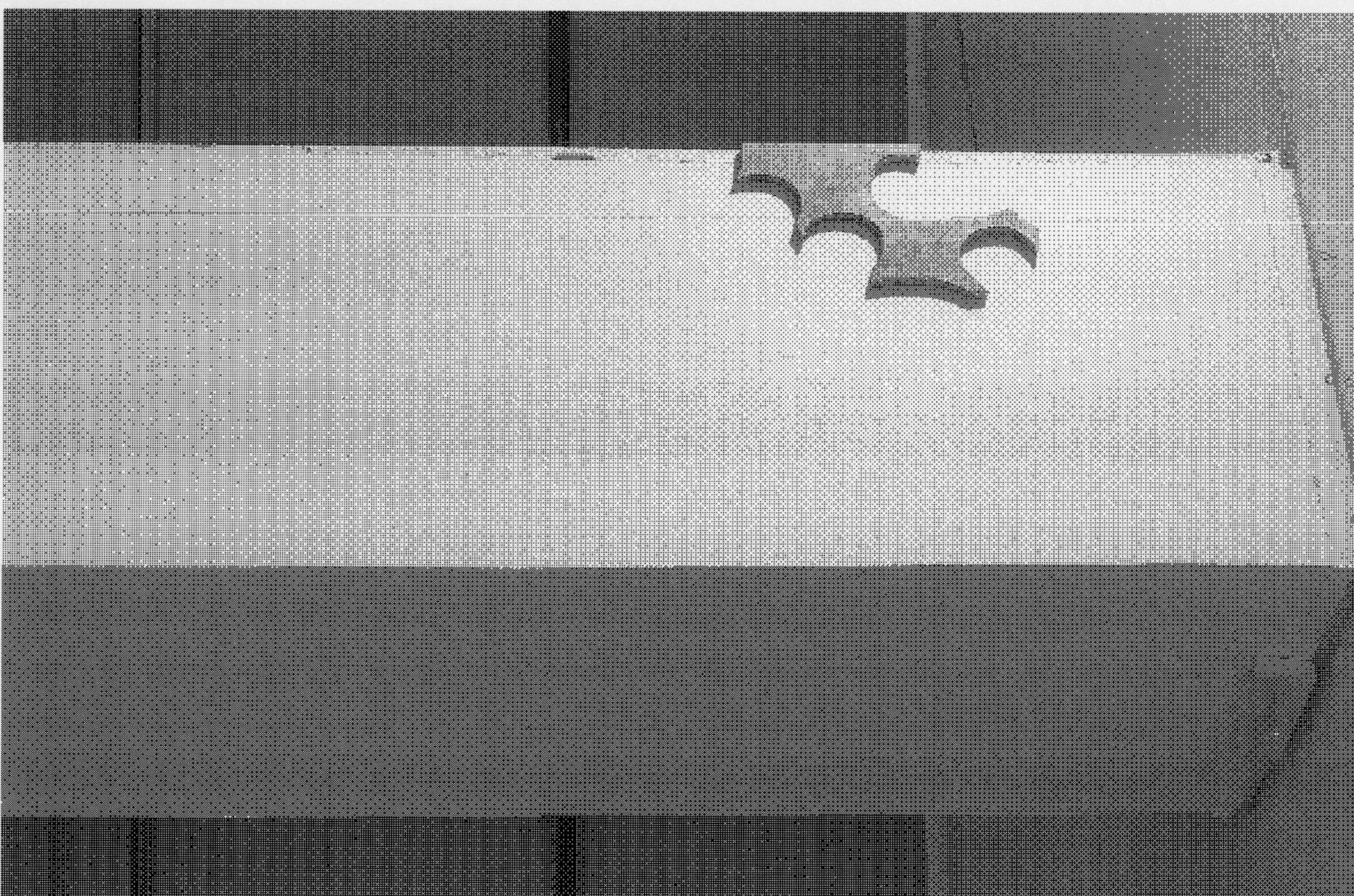

WORKSHOP

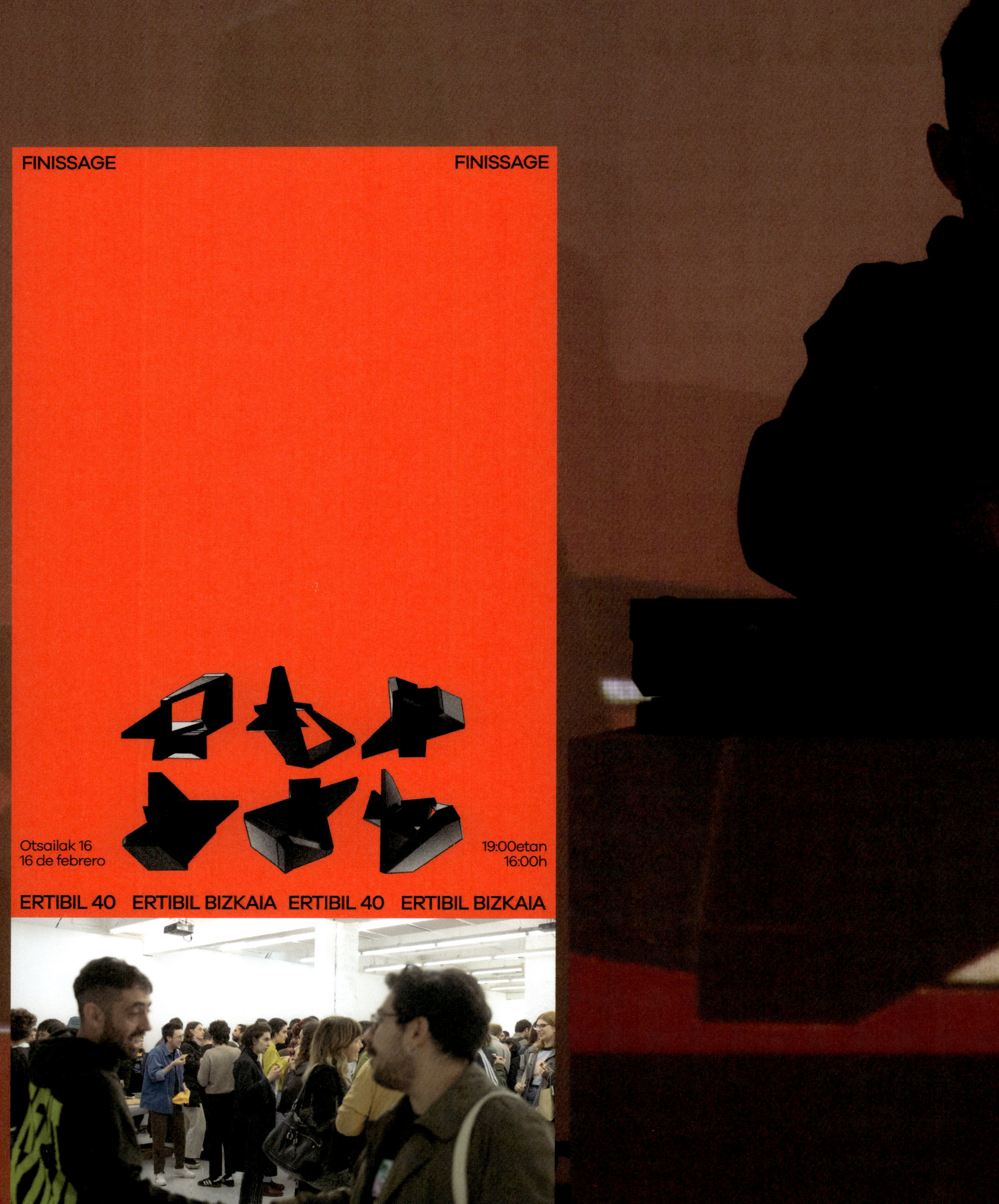
FINISSAGE
FINISSAGE
Otsailak 16
16 de febrero
19:00etan
16:00h
ERTIBIL 40
ERTIBIL BIZKAIA
ERTIBIL 40
ERTIBIL BIZKAIA

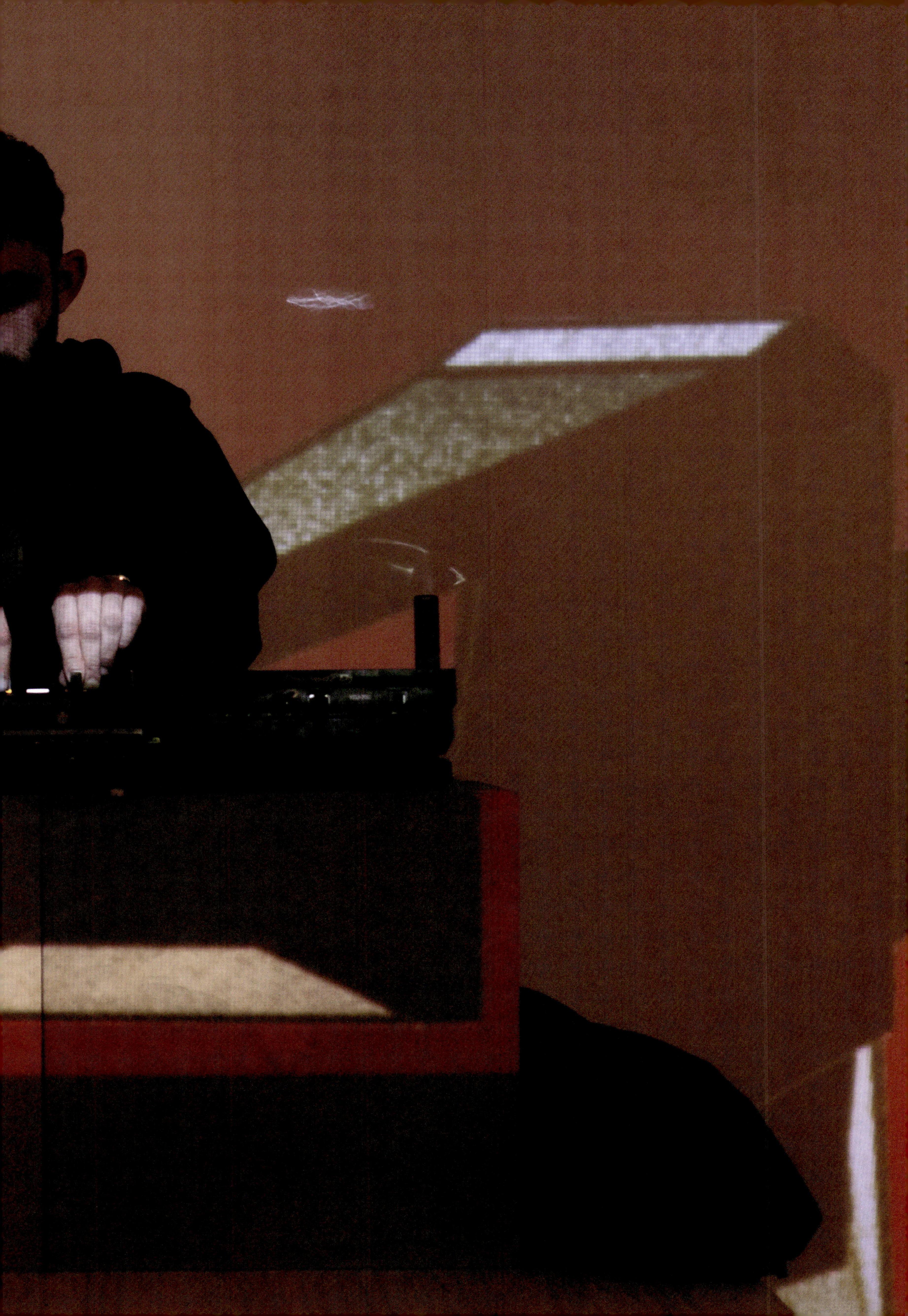

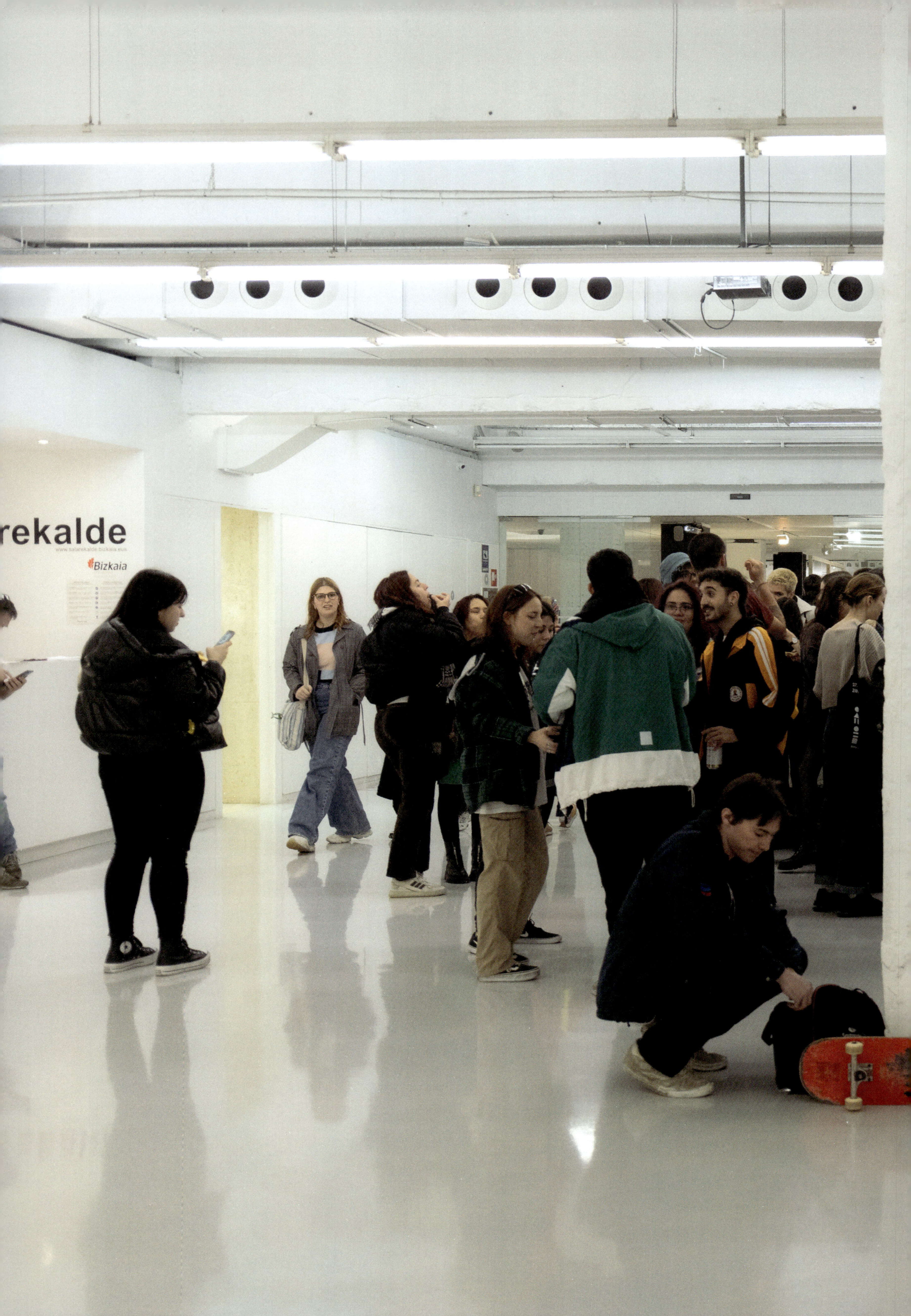
rekalde
Bizkaia

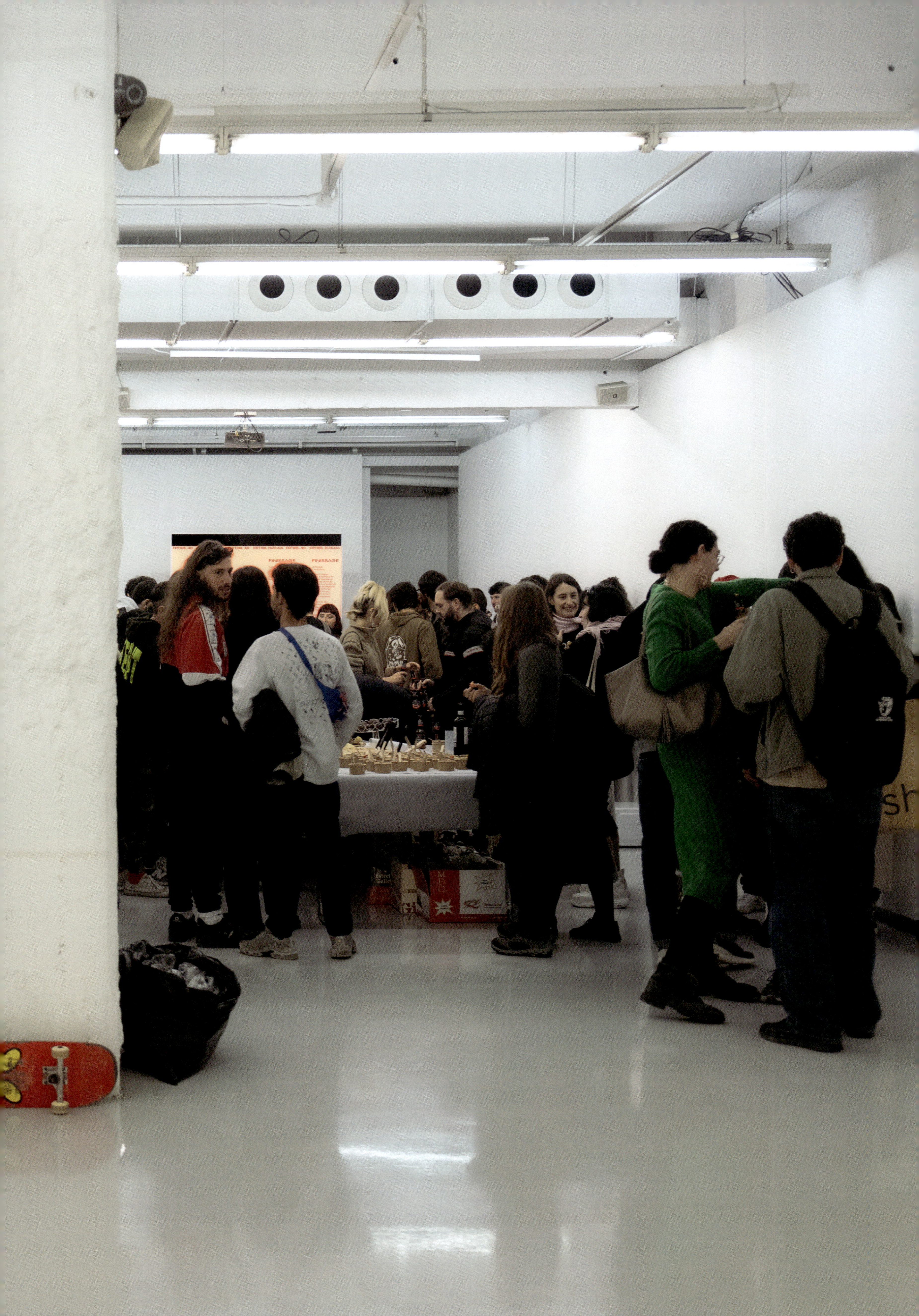
FINISSAGE
FINISSAGE

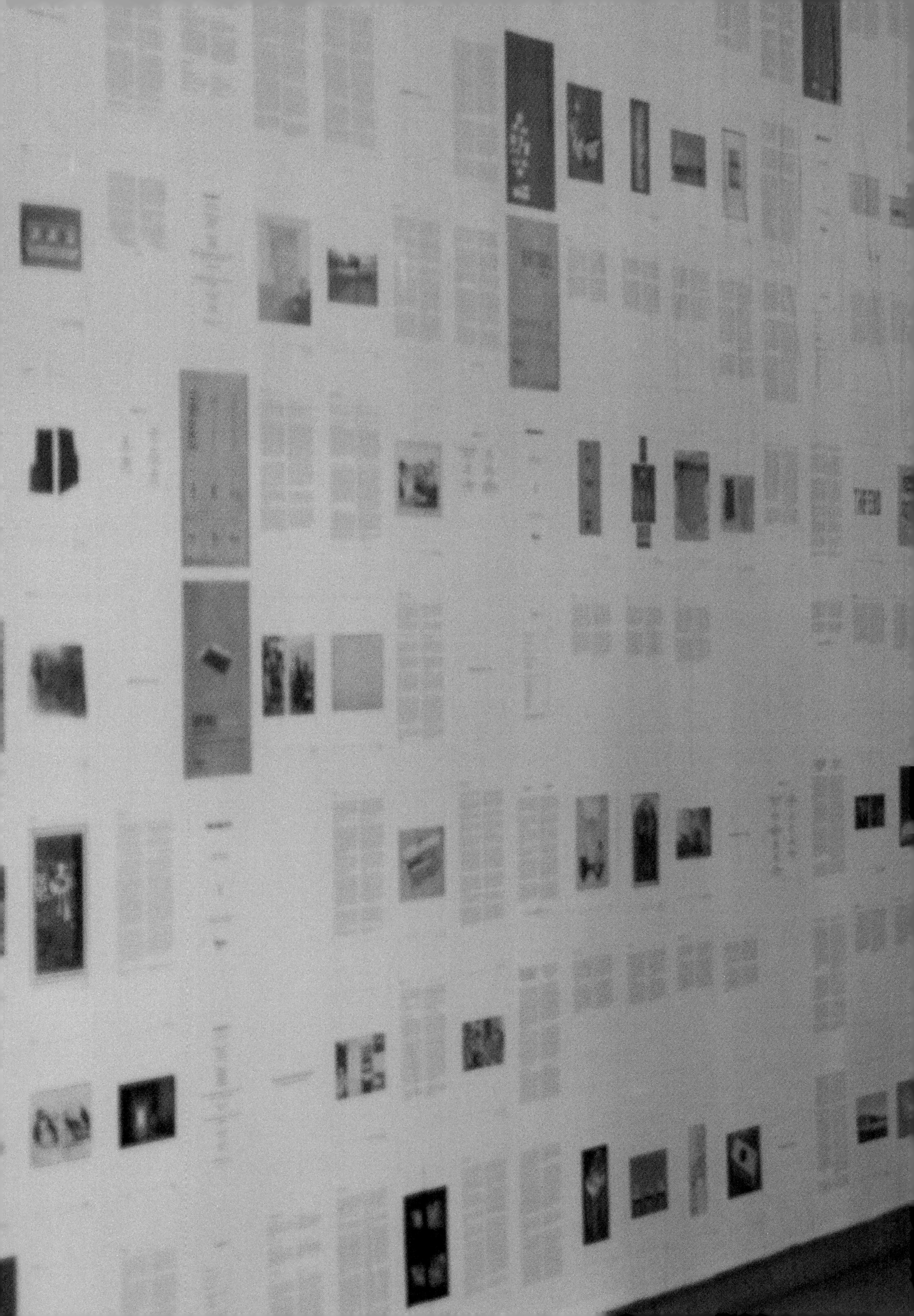

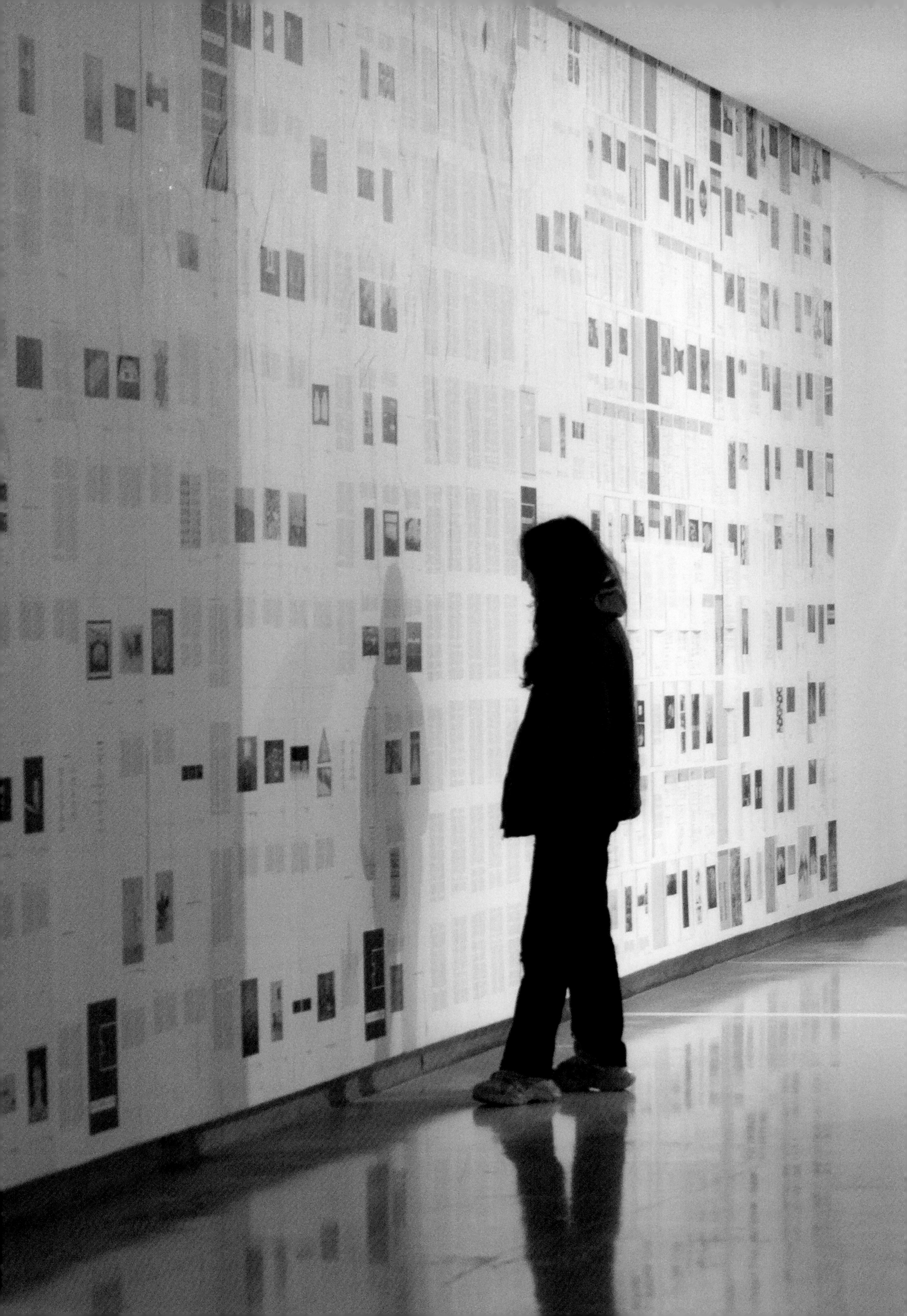

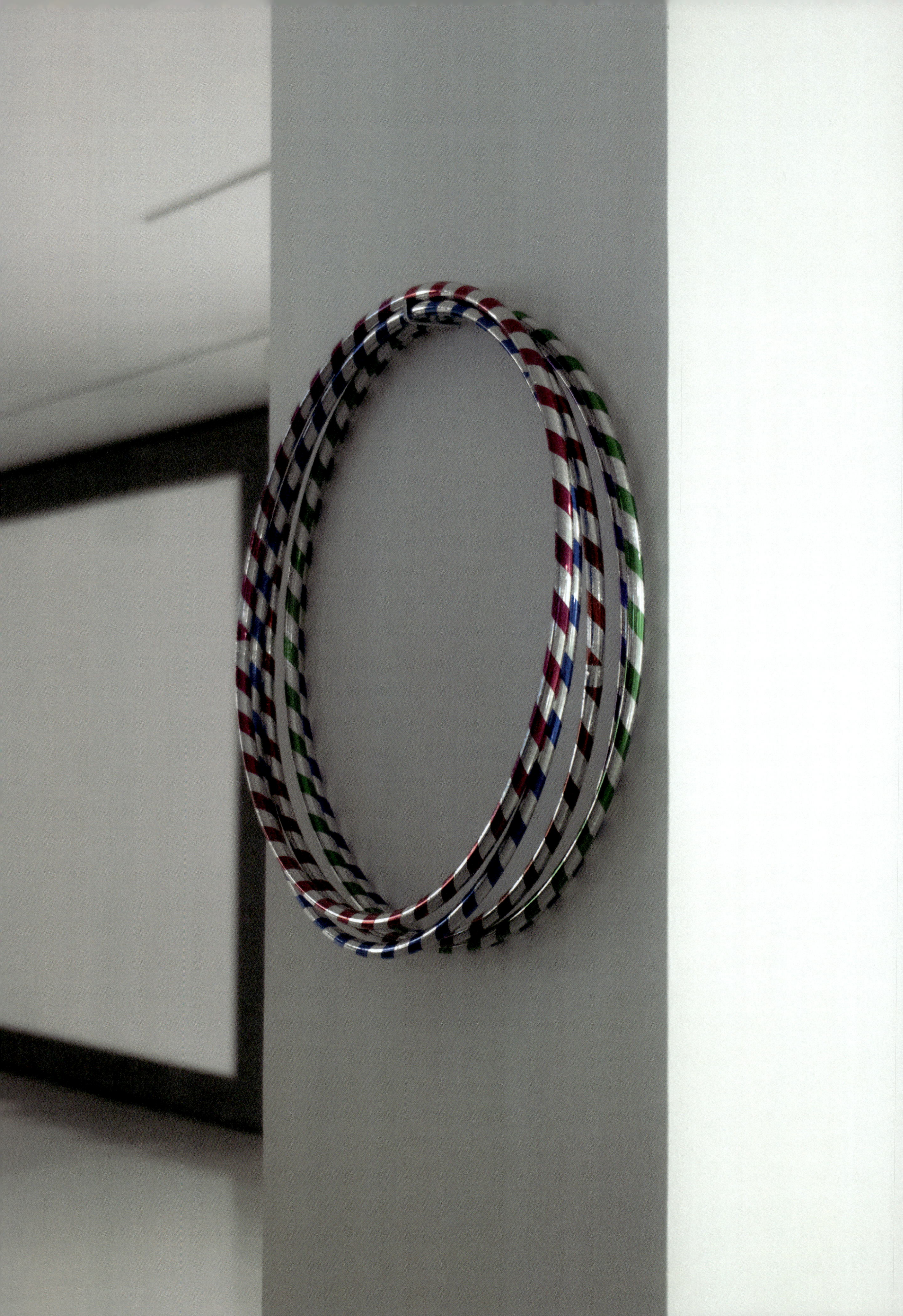

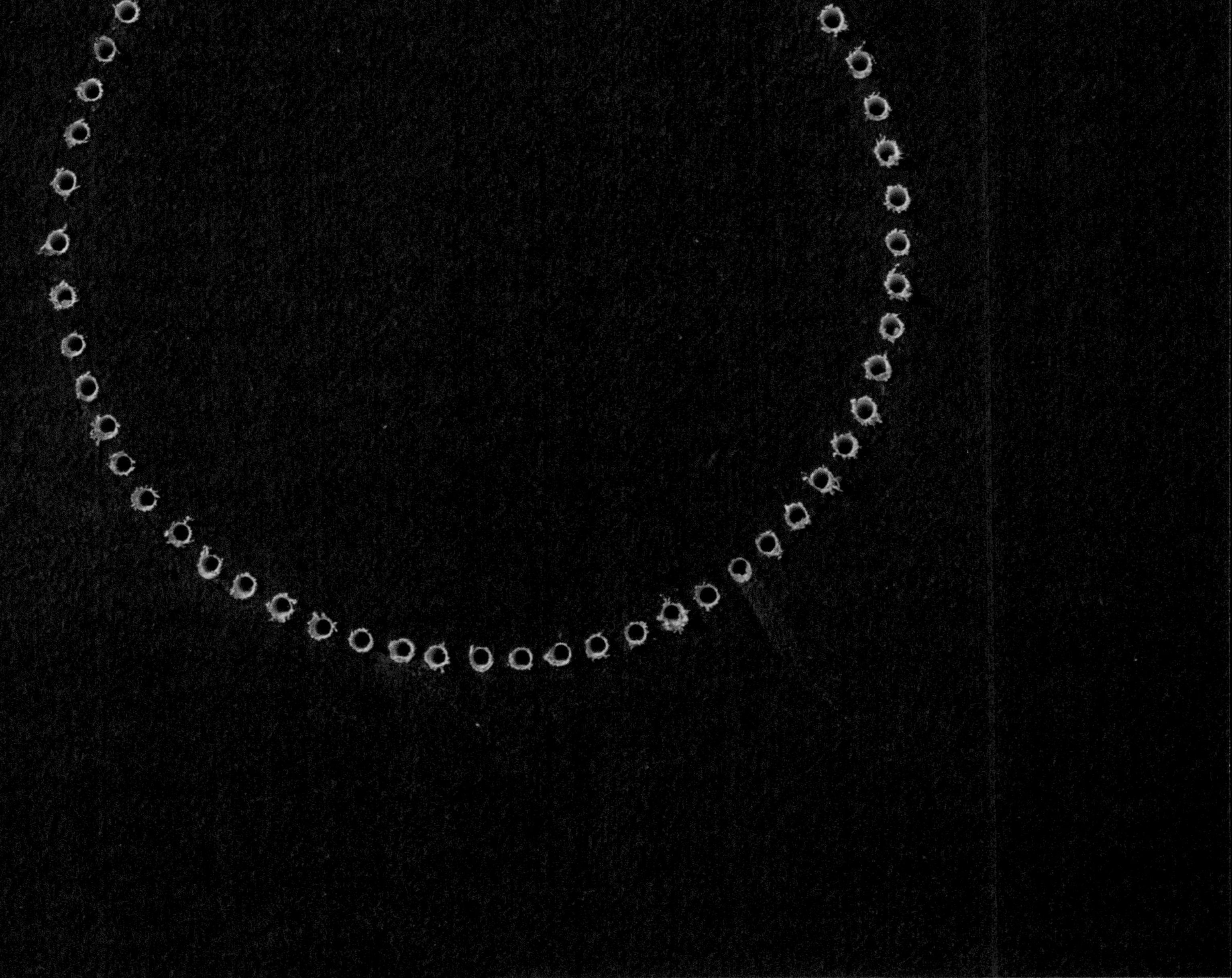

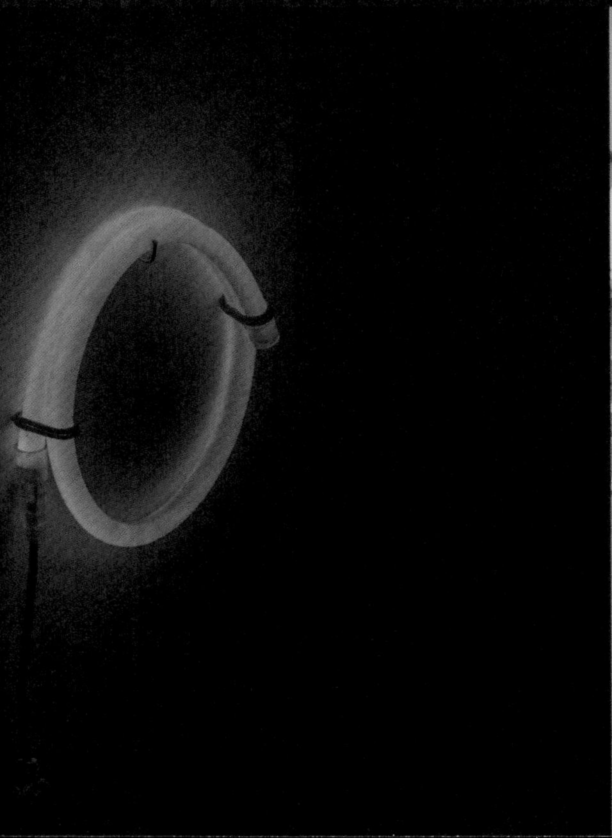

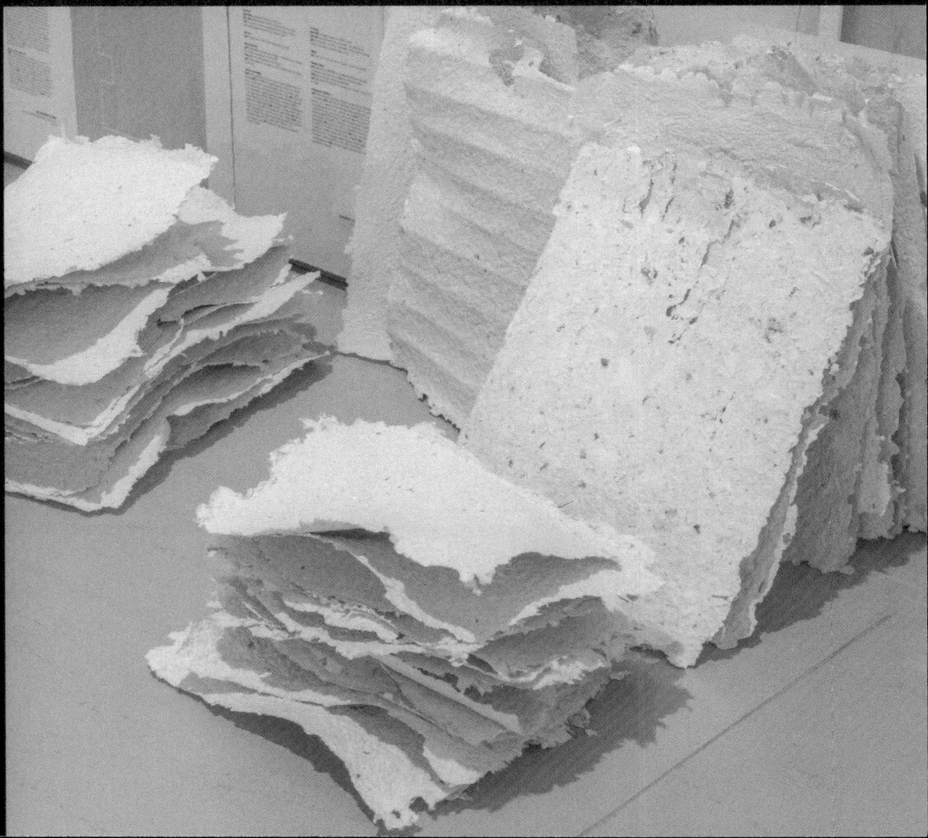

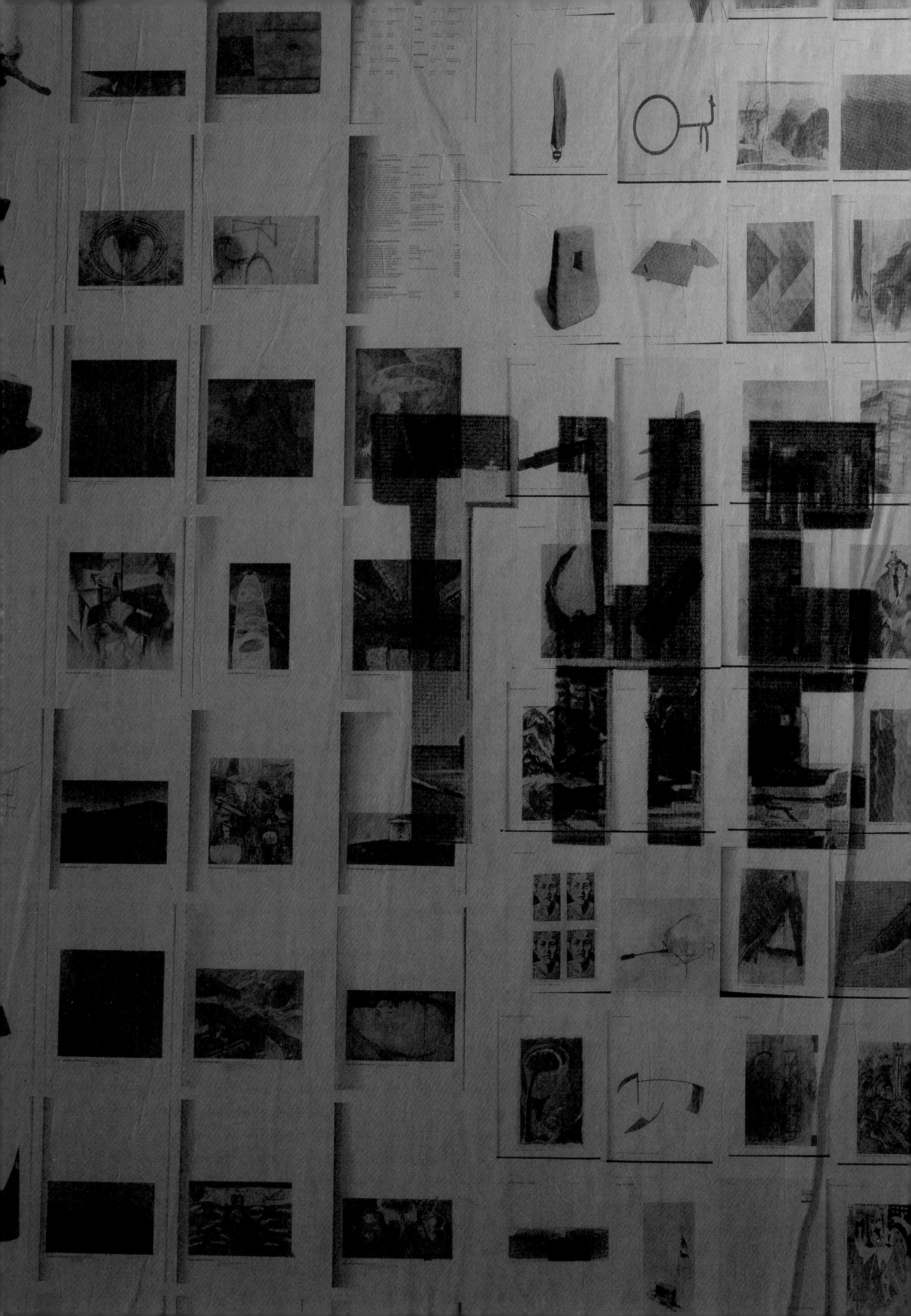

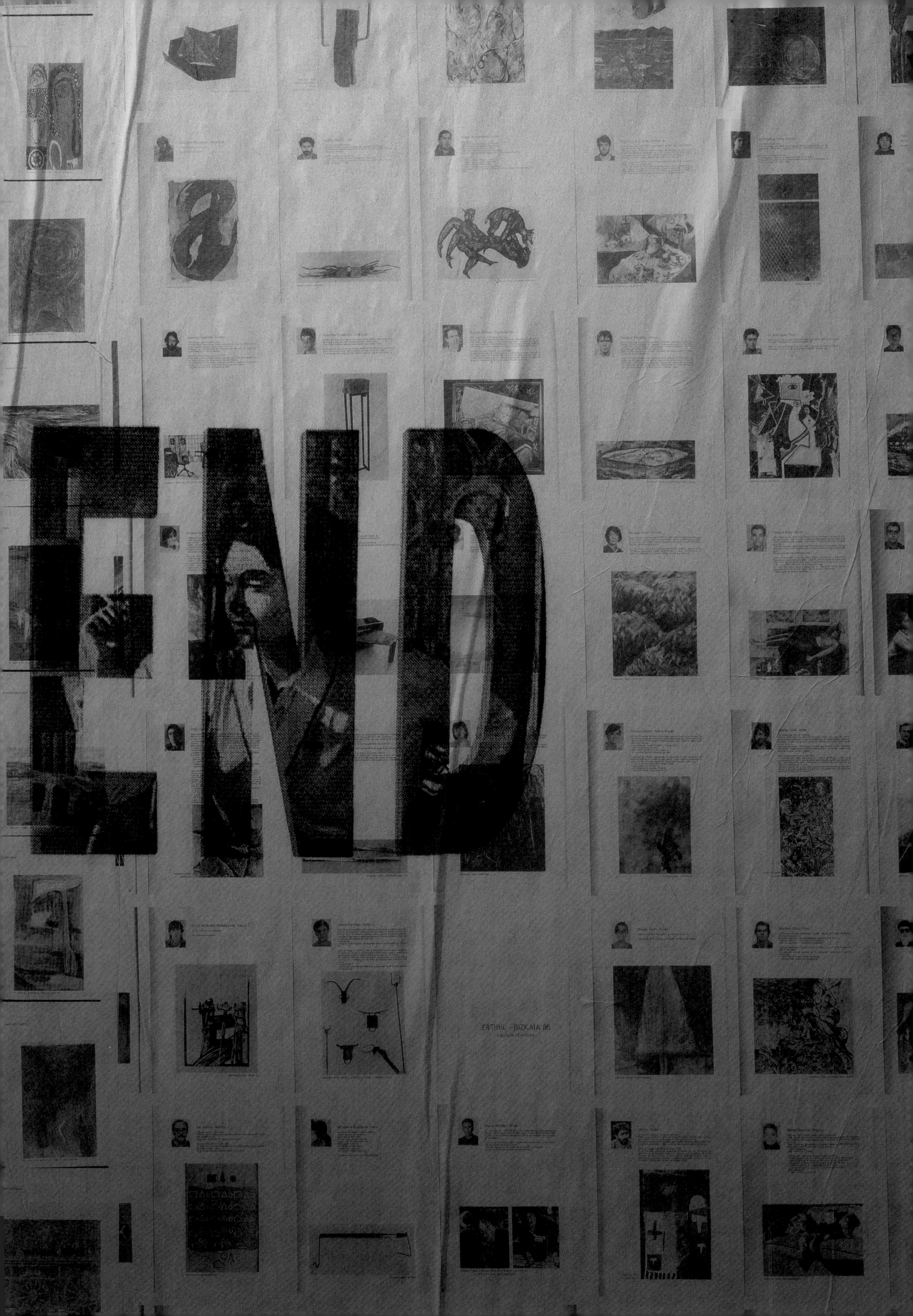
END
ERTIBIL - BIZKAIA'86